法治原理与实务丛书

行政执法原理与技巧

（第二版）

刘 平 著

学林出版社

丛书自序

在从事政府法制工作 17 年之后，从 2013 年开始，我以每两年写一部书的速度，完成了"行政法治四部曲"的写作与出版，即 2013 年的《法治与法治思维》、2015 年的《行政执法原理与技巧》、2017 年的《立法原理、程序与技术》、2019 年的《行政救济的法理思辨》。这四本书本意是分别写给领导干部、行政执法人员、立法人员、行政复议和诉讼从业人员看的，覆盖了行政法治的决策、立法、执法、救济等四个环节，形成了闭环。欣慰的是，"行政法治四部曲"被认为都是具有独特性的学术专著。《法治与法治思维》是党的十八大报告中提出领导干部要增强运用"法治思维和法治方式"要求之后，较早一部系统论述法治思维的学术专著；《行政执法原理与技巧》一书列入了清华大学法学院何海波教授所列的每年一版的行政法学推荐书目清单，很长一段时间是行政执法类目中唯一一本专著；《立法原理、程序与技术》属于立法学的专著，但作为一部将立法学原理与立法技术相结合的教材或者专著并不多见。《行政救济的法理思辨》一书，严格地说，是行政法与法理学结合的一部学术专著，并且将所有行政救济制度都列入研究范畴，这也是没有相似的专著的。此外，2012 年我还主编了《征收征用与公民财产权的保护》，2015 年出版了法理学专著《法律解释——良法善治的新机制》。

让我感到鼓舞的是，这些学术著作得到了同行的认可与市场的积极反响。其中，《法治与法治思维》是加印次数最多的；《行政执法原理与技巧》被不少行政执法单位作为岗位培训的教材来使用。这两部专著在经过了多次加印后，都出了修订版。

2023 年 7 月，应司法部邀请，我去贵州遵义为来自全国各地从事行政立法的领导和工作人员作了立法原理与技巧的讲座。之后许多地方同志都希望购买我的《立法原理、程序与技术》一书，虽然此书出版社也加印过，但目前网上已基本买不到。于是，我与上海人民出版社联系加印出版事宜，曹培雷副总编十分热情地把我推介给了学林出版社。学林出版社的吴耀根主任与李晓梅编辑在与我沟通了解之后，主动提出可以给我出一套系列丛书，定名为"法治原理与实务丛书"，就从出版《立法原理、程序与技术》（第二版）开始。我自然很赞成这样的提议，特别是将丛书定位在法治原理与实务的结合上，是非常有见地的。

法治，不该是一堆僵硬的法律概念的组合，它是活的，是能回应社会需求的制度规范，是要融入每一个人的血液里变成本能反应的行为准则。"法律必须被信奉，否则就不会运作，这不仅涉及理性和意志，而且涉及感情、直觉和信仰，涉及整个社会的信奉。"（伯尔曼语）法学本身就是一门实践科学，法律的生命也在于运用与实施。而当它在某些时候表现出僵化、迟滞的一面时，一定有另一股力量把它激活，让它直面现实，去创新制度规则，使法律再度发挥其规范、引领、教育的功能，推进社会的文明进步。因此，如何把法学原理在法治实践中运用和落地，是法学理论工作者和执法一线人员需要共同去努力实现的现实目标。

回想起来，我从1996年开始从事政府法制工作，是自己在上海市政府法制办公室的岗位优势，以及长期兼任上海市行政法制研究所所长的经历，为法学理论和实务结合提供了最佳的条件，使自己逐渐形成了将法学原理与实务综合考量的思维习惯，也使上述几本专著自然地带上了这种特征，即定位在需求导向＋学术思考；以实务为框架，以理论梳理、比较、分析为内涵。2019年，我去西安参加中国法学会立法学研究会年会，遇到了三位来自外省市高校讲授立法学的青年老师，之前我们并不认识，他们都是主动找到我，分别自我介绍说，为了讲授立法学，他们在书店里寻找相关参考书，结果都选择了我写的这本《立法原理、程序与技术》，结果发现，只要稍加充实，就能完成立法学的课程讲授，因为我这本书的体系十分完整，而且理论与实务的结合很好。他们当面对我表达了感谢之意。听到他们的介绍，我十分欣慰，也有一份自得。时任西北师范大学法学院副院长何俊毅教授，在发给我的微信中这么说："您的著作确是当前立法学领域理论与实务结合最好的著作。我给研究生讲立法学主要以您的大作为依托。"我知道这是同行对我的鼓励与认同，也是我今后继续努力的动力。

这套丛书目前计划出版8—10种。第一批已经确定的就是原来的"行政法治四部曲"，当然不是简单加印，而是要进行全面修订之后推出第二版。因为在党中央提出习近平法治思想，党的二十大报告对法治建设又提出新的要求和部署，加之《立法法》《行政处罚法》《行政复议法》等的修订，《民法典》的颁布，这一系列法治时代背景的新变化，原来写的内容有的难免已经滞后，甚至存在条文已经不适用的"硬伤"，所以需要与时俱进，进行修正、充实、完善。第二批专著的初步计划包括：法律解释的运用；征收与征用；社会信用的制度机理；基层治理的法治化。其中，前两本书是在原有出版物基础上的修订，后两本则是需要从头开始写的新著。这对我无疑也是一种自我加压，也是对法律学术更高追求的一种动力。此外，还会根据实践需要和法律知识的积累，增加其他内容。希望能继续得到法律同行们的指教和鼓励。

刘　平

2023 年 9 月于海上

作者的话

这是本专门为行政执法人员而写，想写给一线行政执法者和行政领导看的书，与此前主要写给领导干部看的《法治与法治思维》一书正好构成姊妹篇。如果说《法治与法治思维》的写作只是一时兴起、有感而为的话，本书却是"蓄谋已久"，可以说是一份夙愿了。从某种角度说，本书是我 20 年政府法制工作经历的一份总结和心路历程的一份实录。

1996 年初，我在从事了十多年共青团工作之后，转岗到政府法制工作岗位，在市政府法制办一干就是近二十年，其间从事过法制监督、行政复议、行政立法、法制理论研究等多个岗位和领域，还担任了新闻发言人。这二十年，我国法治建设不断突飞猛进，经历了 1997 年党的十五大确立依法治国基本方略、2011 年宣布形成中国特色社会主义法律体系、2014 年党的十八届四中全会确立依宪治国和依宪执政理念等法治中国的历史转折点。就政府依法行政而言，先后经历过《行政处罚法》《行政许可法》和《行政强制法》三部行政行为法的颁布实施、1999 年《行政复议条例》上升为《行政复议法》、2004 年国务院颁布《全面推进依法行政实施纲要》以及之后两个贯彻性文件的实施、2008 年政府信息公开制度的全面推行，以及 2014 年《行政诉讼法》在实施二十五年之后的首次修订等重要节点。可以说，我们赶上了一个好时节，让我有幸成为我国法治政府建设的一个亲历者、见证者和实践者，为此，我由衷地深感自豪和满足。

记得 1996 年刚到市政府法制办工作三个月，就遇上《行政处罚法》的颁布与实施，我还是个门外汉，但作为相关处室负责人，马上要承担起全市《行政处罚法》贯彻实施的重任，第一份关于行政处罚听证制度的规范性文件是自己亲自起草的，第一张行政执法证是我亲自设计的，全市法制干部的《行政处罚法》辅导报告也是我撰写的。现在回忆起来，当时真有点"无知而无畏"的气概。当 2004 年《行政许可法》贯彻实施时，在我的主持下，上海一下子制定了《上海市设定临时性行政许可程序规定》《上海市行政许可办理规定》和《上海市监督检查从事行政许可事项活动的规定》三个实施性规章，这在视立法为有限资源的今天看来，是够"奢侈"的。

国务院法制办在起草制定 2004 年颁布的《全面推进依法行政实施纲要》文件过程中，让上海完成一项课题研究，拿一个地方建议稿出来，这是我担任上海市行政法制研究所所长后接到的第一项重要任务，所以也算是那份在今天仍很有影响的纲领性文件的间接起草者，这是份可遇不可求的难得的荣幸。一些参加过专家讨论的学者，至今还常说起当年的那份自豪，和对国务院法制办民主决策作风的赞许。

上海市是全国首个推行政府信息公开的省级政府，时间是 2004 年 5 月 1 日，我是该规章起草的主持者，所以也自然成为全国最早研究政府信息公开制度的人员之一。当国务院法制办准备起草《政府信息公开条例》时，我的两位同事还很荣幸地借调到国务院法制办去参与条例的起草，因为上海比全国早推行了 4 年，有了实践的经验和教训。

二十年弹指一挥。回顾走过的历程，最大的感触是见证了我国依法行政实践的不断进步和变化。这种变化是正向的、有力的、持续的：

——我们已经从老的法制十六字方针时代走向新法治十六字方针时代。从"有法可依、有法必依、执法必严、违法必究"时只有政府一个主体，即以行政为中心，到"科学立法、严格执法、公正司法、全民守法"时拓展到四个法治主体，加上党的十八届四中全会《中共中央关于全面推进依法治国若干重大问题的决定》要求党要"领导立法、保障执法、支持司法、带头守法"，今天的法治应当有五个主体，进入以社会为重心的法治新时代。

——我们已经从严格规则主义时代转向正当程序主义时代。换句话来表述，就是依法行政正从"依法条行政"走向真正意义上的"依法行政"，即依据法理、原则行政，而不机械地依照法条办事。这一转变，成熟法治国家已在 100 多年前完成，即告别以《拿破仑法典》为代表的法典化的严格规则主义的神话时代。我们已从遵守"法定程序"转向遵循"正当程序"，即从只判断是否合法行政到审视是否合理行政的阶段，如不能当自己案件的法官、事先告知及听取申辩、流程公示、不利处分说明理由、听证、法律文书查阅、救济途径与时限告知、政府信息公开等正当程序，已经成为公众依法维权的重要武器。

——我们已经从控权行政转向构建"回应型政府"。我们经历过以公共秩序维护为重心的管制型行政阶段，之后进入了以限制和控制行政权力滥用为主要目标的控权行政阶段，即从积极行政到消极行政的转变，今天，我们需要克服这种陷入要么"治民"要么"治官"两个极端的法治状态，进入消极行政与积极行政相结合的第三阶段，即构建"回应型政府"阶段，这是一种合作型的行政、一种积极作为的行政、一种适度能动的动态行政、一种自省的行政、一种生态型的行政、一种以民为本的新行政。

——我们已经从"立法者时代"转向"执法者时代"，当2011年2月全国人大常委会委员长吴邦国向全世界宣布我们已经形成中国特色社会主义法律体系之后，我们已基本做到有法可依，虽仍然面临法律规范的改和废的繁重任务，但法律实施和严格执法已日益成为社会关注的焦点。过去我们还以法制不健全作为自己不作为或者"懒政"的理由和借口，现在这种借口已越来越不被社会所认可；相反，"立法如林，不执法等于零"的观点已成为社会共识。面对无法避免、客观存在的所谓"恶法"，立法修订固然重要，但社会更为关注如何在执法过程中加以矫正，以实现执法的公正和有效。

——我们已经从一味强调"柔性执法"的时代转向"刚柔相济"的执法时代。破窗理论给我们的启示是，对违法行为，要在第一时间予以制止或者惩戒，否则将难以维护基本社会秩序，用中国的通俗表述是，对违法行为要"零容忍"。法律的刚性决定了行政执法需要按照"严格、规范、公正、文明"，即由刚到柔的逻辑顺序执行，一味强调柔性执法，既非法律之本性，也不符合社会发展实际的需要。

在这样的对行政执法要求越来越高的法治大背景下，我更感觉到写这本书的必要与紧迫。从经常为行政执法人员授课与交流的经历中，我深切感受到大家对行政执法责任的压力和对行政执法知识的渴求。而类似的教材相当匮乏，在我有限的视野里，目前还没有一本在全国有影响力的行政执法综合性教材。我的同事杨惠基先生在1998年写过一本《行政执法概论》，被为其作序的应松年老师称为"第一本"。姜明安教授于2004年主编了一本《行政执法研究》，为国家社会科学基金项目和教育部人文社会科学"十五"规划项目。但仔细阅读后会发现，两本书基本延续了行政法教科书的脉络，注重学理的分析和梳理，对现实实践的"回应性"——用现在比较时髦的说法——"问题导向"显得不足，总体上感觉还不能解基层行政执法人员之渴。何况又都是十多年前所写，对今天的法治状况更难有回应之功。

这样的认知也就决定了本书写作的定位：需求导向、学术探究、问题思考。具体来说，这是本有别于一般行政法教科书，也与依法行政实用手册不同的书，其需要讲行政执法相关法理、渊源的"大道理"，更要讲回应实践中操作难题、技能、智慧等"小道理"，需要兼具法理阐述和实践指导两方面功能。

本书的框架由三部分构成：行政执法的基本原理、行政执法行为专论和行政执法的技巧。

行政执法的基本原理部分，是循着行政执法的实践逻辑延展开来的：从行政执法的概念论述，到行政执法权来源的追溯；从行政执法主体与行政相对方的界定，到行政执法原则与要求的论证；从行政执法行为的合法性认定到合理性裁量；从对行政执法行为的救济，到对行政违法行为的纠正。这一写作过程好比在海边上拾贝壳，我是在行政法学众多学术著作和见解的大海边，拾取与行政执法相关的一枚一枚贝壳，镶嵌到一个被称为行政执法体系的贝雕作品里。但如何把这些形态各异的贝壳整合到一个有艺术美感的贝雕作品里，需要独具匠心，并要创制许多缺失的材料。这无疑是个创造的过程。

行政执法行为专论部分的写作，则让我深切体会到"贫富不均"和两极分化的悲哀。考察行政法学研究的现状发现，目前行政法学研究的偏科和缺门现象十分严重。对一些主要的行政法领域，研究的论文可以说是汗牛充栋，如行政许可、行政处罚、行政强制等领域属于这种情况，但在一些实践中十分重要的领域研究甚少，甚至行政法学基本没关注到过，如，行政奖励、行政命令、行政确认等，没有太多学者关注和系统研究。据姬亚平研究，在中国期刊网上检索 1994 年至 2005 年的期刊中，篇名中含有"行政奖励"的论文只有 14 篇，与此同时，篇名中含有"行政处罚"的论文竟多达 1772 篇，是前者的 100 多倍。行政命令在一般的行政法教材里也鲜见踪影，只有少数学者如胡建淼教授等有所涉猎。还有些制度在实践中已普遍运用，但行政法学还未将其纳入研究范围，如技术标准、行政鉴定、行政备案等。这些都说明，我们的行政法学研究在整体上还不够平衡与成熟，与现实需求还有明显差距，写作中还有附带的发现，就是我们的研究重点与国外行政法有很大的差异，如，行政许可是中国行政法学的一门显学，但在域外行政法学里基本不研究和阐述，这是否意味着我国行政管理中对行政许可情有独钟，还有待论证；行政奖励也是中国行政法学特有的研究领域，域外基本没有这一概念。而域外行政法学体系中作为重要内容的行政组织法和行政程序法，在我们的行政法学里基本没有这两个概念的位置，虽然这也是国内行政法学界一直在孜孜以求，希望取得突破的，但目前还没有值得乐观的迹象。

　　行政执法的技巧部分，我自定为本书写作的重点。因为多年的工作实践让我深切感受到一线行政执法人员对此的需求和短缺。但这部分的写作十分沉重和艰难。所谓沉重，是指对于一些基本制度缺失和执法者能力缺失的无奈。如在逻辑推理即合法性认定中，主要面临着三大制度的缺失：一是在界定大前提法律规则时，面对不确定法律概念等"恶法条"问题，由于法律解释等制度的缺失，不能得到有效解决；二是在认定小前提法律事实时，由于行政证据规则和取证程序规范的缺失，从而出现"因为缺乏手段，导致不择手段"等违法取证等现象，尚未在制度上得到解决；三是作出结论法律后果时，由于行政裁量基准制度尚未落地和普及，执法的公平正义体现得不够彻底和充分。在辩证推理即合理性裁量中，行政执法者更是缺乏相适应的思维能力和方法能力，如行政合理性原则在实务中运用能力不足，法的价值判断能力和应用能力欠缺，权力与权利的平衡艺术没有掌握，正当程序尚不会熟练运用，行政执法方式不够优化，等等。这些都是行政执法部门和执法人员普遍缺乏的理念和技能。

　　所谓艰难，因为我们的行政法学不注重方法论的研究，当面对上述这些实践的困惑时，行政法学缺乏给予引领和指导的能力，现存的理论中较少可资借鉴和引述，需要通过跨学科的研究和借鉴才能得到需要的结果。以中国政法大学法治政府研究院编的《2013年度法治政府蓝皮书》所提供的数据为例：2013年，以行政证据为关键词发表的CSSCI论文共2篇；拓展到历年来，全部期刊中以行政证据为关键词的论文的数量也仅有十余篇。这一结果不免让人惊愕，也就是说，我国的行政法学基本不研究证据规则和取证规范。所以，行政证据一章的内容都要通过其他证据学理论和域外行政法学理论的研究和分析，解决行政证据的难题。法律解释更是行政法学界基本未涉足的领域，需要在法理学的理论体系中去寻找答案。

　　"著书"需要"立说"，这是学术的天性与本分。本书中自然也不乏学术原创，如将行政执法原则分成基本原则和特定原则两类，将与行政执法相关的行为归类为行政辅助行为，将《突发事件应对法》中的即时强制界定为第三种行政强制行为种类，将行政命令作为一种独立和重要的行政执法行为来研究，将行政征收征用与补偿、行政收费界定为复合性行政行为，将法律解释制度引入行政法，对行政证据和取证规范做系统梳理和阐述，注重行政执法行为的价值衡量，等等。但这些并不是我关注的重心，我在意的是著书的另一个功能："传道"，即传授知识与技能。希望本书能为行政执法一线的人员多少解决一些需要答疑解惑的问题，也因此，本书将书中所涉及的重要内容整理成 300 个疑难问题，引导读者去寻找答案。这也算是一种创意吧？

本书的写作，基本是用业余时间和上班时的零散时间完成的，这份辛劳自然难免，但更多的是一份收获的喜悦和一份小小的成就感。有的是一份与各种思想"神交"的充实和一份远离喧嚣浮躁的内心平静。

在本书即将付梓之际，再次真诚地对为此书出版给予支持和诸多付出的世纪文睿公司的邵敏先生表示由衷的感谢。也要感谢法治研究会的包志勤先生贡献了整理疑难问题以增强实用性的"金点子"。

刘 平

2015 年 8 月 25 日于沪上

绿洲雅宾利寓所

目 录

上篇　行政执法的基本原理

下篇　行政执法的技巧

上篇

行政执法的基本原理

第一章 行政执法概论

一、概念的界定

行政执法，作为一个法律概念，在行政法学教科书中较少有阐述，但在我国行政法治实践中却是个出现频率极高的常用词汇。这本身就是一种很奇特的现象，值得行政法学去研究。①

"行政"一词，无论是中文，还是英文 administration、德文 Verwaltung 以及拉丁文 administrare，本意均包含有执行、管理的意思。我国《辞海》对"行政"的解释是：国家行政机关或在其他特定的社会公共组织为实现公共利益对公共事务进行组织、管理的活动及其过程。是行政学、政治学、行政法学等领域所广泛使用的术语，最初大致可作"管理""执行"理解。②《现代汉语词典》的解释是：行使国家权力；指机关、企业、团体等内部的管理工作。③我国台湾学者陈新民认为："行政既与管理有密切的关联，行政一词，也就代表一种涉及'结构'（组织）与'纪律'（秩序）的行为。"④而通俗的理解，行政就是政府的代名词。

最早对"行政"的法律界定来自德国的福斯多夫（Ernst Forsthoff）：行政是"在法律的范围内，依法进行的面向未来的连续性的社会形成活动"⑤。一般理解，"行政是国家的组织活动"（马克思语）。进一步说，行政是与立法、司

---

① 在我国早期的行政法教科书里，如由罗豪才主编的《行政法学》（1989 年版）一书中有专章研究行政执法，之后的行政法研究都细化到具体行政行为的种类研究，所以"行政执法"的概念在行政法学里被逐渐淡化、边缘化。

② 陈至立主编：《辞海》（第七版缩印本），上海辞书出版社 2022 年版，第 2544 页。

③ 中国社会科学院语言研究所词典编辑室编：《现代汉语词典》（第 7 版），商务印书馆 2021 年版，第 1466 页。

④ 陈新民著：《行政法学总论》（修订八版），台北三民书局 2005 年版，第 1 页。

⑤ 转引自［日］南博方著，杨建顺译：《行政法》（第六版），中国人民大学出版社 2009 年版，第 4 页。

法相对的概念，"行政是指国家立法、司法以外的一类国家的职能"①。其源于国外比较流行的扣除说，这一学术观点以三权分立为基点，认为将立法和司法从国家作用中排除之后，剩余的国家作用便是行政。这也可以从世界法治发展历史中总结出来。原先的国家统治，国王拥有完整的统治权，包括立法权、行政权和司法权。之后，司法权首先独立出去，继而立法权也独立出去，最后留下的便是行政权。② 也有学者对此提出了质疑，因为现代行政已形成立法、行政、司法三种职权的交叉、混合，行政机关已同时拥有立法权（制定行政法规和规章）和准司法权（行政复议），所以行政已不能完全扣除立法、司法了。

执法，顾名思义，就是执行、实施、适用法律规范的行为。当然，这里的法律是一种广义的含义，包括了所有具有法律效力的规范性文件；执法的主体也是多元的，包括了立法、行政、司法等各个部门。从某种意义上，人大对法律实施情况的监督检查，也是一种执法行为。用另一个说法，执法就是国家公权力机关执行、实施、适用法律规范的行为。[1]③

行政执法行为，是指政府及其部门以及授权行使行政权的其他组织，为了实现行政管理目的，依照法定职权或职责，实施、适用法律规范，并对行政相对人直接产生权利和义务影响的公权力行为。尽管行政法学界对行政执法的界定有广义与狭义的争议和探讨，即行政执法是行政行为之全部还是行政行为之一部之争。④ 但在实务领域似乎没有这种分歧，基本是认同狭义的定义，即行政行为的一部分。笔者前述的定义亦属于狭义的界定。

根据前述定义，行政执法行为有下列特征：（1）它是政府作为公权力机构的一种履行职务行为，即以行政管理目的为行为指向；（2）它是行政执法主体一方与作为行政相对人一方的公民、法人和其他组织所发生的一种法律关系，是一种双方关系；（3）它会直接对行政相对人的权利和义务产生影响，具有外部性特征；（4）它是个具有法律后果的行为；（5）它是个不能不作为的行为；（6）行为的权力边界受法律规范的限制与监督。

狭义的行政执法行为既与行政立法行为或者抽象行政行为相区别，又与行政监督行为相区分。就过程而言，是处于两者之间的一种行政行为。行政

---

① 罗豪才主编：《行政法学》，北京大学出版社 1996 年版，第 2 页。
② 参见［日］南博方著，杨建顺译：《行政法》（第六版），中国人民大学出版社 2009 年版，第 4 页。
③ ［1］［2］……为本书后面所列"行政执法疑难问题 300 问"的答案序号，读者通过查询相关疑难问题，可在本书中寻找参考答案。
④ 参见姜明安主编：《行政执法研究》，北京大学出版社 2004 年版，第 6 页。

立法在行政执法之前，是行政执法的依据之一；而行政执法的合法合理，又要受行政监督的制约。从这意义上说，行政内部具有立法、执法、司法"三权合一"的特性，而这也是目前世界上法治国家普遍存在的现状和规律。[2]

关于行政执法，还有几个相关的概念需要厘清和甄别。

（一）行政执法与依法行政

行政执法一定是依法行政的行为，但两者不能简单地画等号。依法行政与行政执法应该是大概念和小概念的包含关系，依法行政是政府行使公权力过程中需遵循的基本原则，也就是说，政府的所有履行具有法律效力的行为都要有法律授权和法律依据，行政执法只是其中一种行为。政府还有行政立法行为，其有权制定行政法规、国务院部门规章和地方政府规章，行政立法一经颁布就是行政执法的依据之一；它还有行政契约，又称行政合同行为，是行政主体以实施行政管理为目的，与行政相对方的公民、法人或者其他组织在意思表示一致基础上签订的协议，行政契约属于具体行政行为之一，但不能归为行政执法行为；还有行政救济行为，包括行政复议、行政裁决等，是对行政执法等履职行为的监督和救济行为。可见，行政执法只是依法行政的组成部分之一，但应属于主体部分，其他部分都是为此服务的。[3]

（二）行政执法与行政管理

行政管理与行政执法一样，是另一个在实践中被广泛运用但在行政法学论著中鲜有论述的概念。仅从词义上来理解，行政本身就包含着管理的含义。但在法治实践中，已经习惯性地把行政管理与行政执法区分开来了。行政管理更多地被界定在公共产品、公共服务的提供，具有服务行政的特性，更多的是强调一种义务（职责）。而行政执法则更多地体现为一种权力（职权）。实践中，也有过一种提法，叫作"管执分离"，意思是提供公共产品和公共服务的行政管理部门要与执法职能相分离，以避免其既当运动员又当裁判员，如道路交通、绿化市容等部门都有过既自己提供相关领域的公共服务，又对这一领域社会主体提供的服务行使行政执法权的情况，这种所谓的"管执合一"的体制，容易产生保护主义、不正当竞争甚至权力寻租的现象。而从严格意义上说，行政管理与行政执法并不是两个平行的概念，而是属于包含关系，即行政管理中包含着行政执法，行政执法只是行政管理的一种方式，如社会管理中就有许多属于行政执法的内容。当然，公共产品的提供属于行政管理范畴，但不是行政执法行为。所以，"管执分离"的提法在法理上是值得推敲的。[4]

（三）行政执法与履行职务行为

行政执法自然是一种履行职务行为，按照权责统一的原理，也可视为履行职权兼职责的行为，这没有任何异议。但两者的外延并不一致，行政履职行为应该是个比行政执法外延更大的概念。履职行为可以分为履行法定职务行为和非法定职务行为，行政执法履行的是法定职务，但一些非法定职务行为就不能纳入行政执法范畴了，如落实政策、解决历史遗留问题，包括处理信访事项，虽然有《信访条例》作为依据，但信访制度本质上不是一种法律救济途径，只能作为对法律救济的一种补充。履职行为还可以分为行政外部行为和行政内部行为，如内部监督行为，行政执法只是行政外部行为中的一种主要行为，而内部行为则不属于行政执法。履职行为还可区分为法律行为和事实行为两种，行政执法只是一种法律行为，而事实行为是一种"不定式或非正式行政行为"，其作用不会产生、变更或消灭行政法上的权利与义务关系，而只是产生直接事实效果，所以后者不属于严格意义上的行政执法，尽管其产生可能是在行政执法的过程中，最多具有行政执法的派生行为性质。[5]

（四）行政执法与具体行政行为

有学者将抽象行政行为也视为行政执法行为①，这是很值得探讨和商榷的。因为抽象行政行为主要是指行政决策行为，是制度设计、规则制定的行为，其中还包括行政立法行为，如制定行政法规、国务院部门规章、地方政府规章的行为，将之称为行政执法行为，会将立法与执法相混淆，是不能逻辑自洽的。但将行政执法等同于具体行政行为，确是较为普遍认同的一种观点。笔者也认为，狭义的行政执法行为，都属于具体行政行为，但并不能反过来推定，所有的具体行政行为都是行政执法行为，如行政契约行为就不能认定为是一种行政执法行为，因为其建立在双方意思表示一致的基础上，不符合行政执法的基本特征。而从广义的行政执法行为来看，又不局限于具体行政行为，如作为行政执法辅助行为的行政规划、技术标准、行政鉴定、行政协助、行政备案等，都不是具体行政行为，但属于行政执法行为的范畴。在我国台湾地区的"行政法"里，通常不作抽象行政行为和具体行政行为的区分，

---

① 参见应松年主编：《行政法学新论》，中国方正出版社 2004 年版，第 161 页。

而是用"行政处分"的概念。这一概念源于法文 acte administratif，本意系指行政机关的一切法律行为，包括公法行为和私法行为在内。德国行政法学奠基人奥托·迈耶（Otto Mayer）在将其引入德国行政法时，将行政机关的私法行为排除，而只限于行政机关的公法行为。他将行政处分定义为："行政官署对于个别事件宣示何者为适法行为之公权力行为。"① 这一定义与本书所界定的行政执法较为相近。[6]

（五）行政执法与公务行为

公务行为（域外行政法学又称为公法行为）是与私人行为（又称私法行为）相对应的，原先，它泛指个人行为以外的所有行为，不仅包括国家的行为，还包括社会组织的行为。我国《公务员法》颁布实施后，公务行为被限定在国家公务机关及公务员的组织行为，即履行公权力的职务行为。社会组织的行为，有的经过授权或者委托，仍是一种公务行为；而纯粹的社会组织行为则构成了与公务行为和私人行为相对应的社会行为。按照现有的制度安排，行政执法行为当然属于公务行为，但两者不能简单地等同，公务行为包括了党政军各部门的机关及人员的职务行为，甚至包括工青妇、残联等人民团体的履职行为，行政执法行为只是行政机关公务行为的一个种类而已。另一方面，基于公法行为容易侵犯公民、法人和其他组织的权利的特性，所以，一个行政目的要通过公法行为还是私法行为来达成，如无法律特别规定，及依事务必须属公法关系外，可允许行政机关拥有选择私法行为的权力。赋予行政机关这一选择权，可以使行政权更有主动性及弹性来实现各种行政目的。当然，这种选择权要以执行其法定职权为限。② 最典型的是政府向社会及市场主体购买公共服务产品，将政府直接提供改为让社会提供公共产品，就是选择了私法行为来履行职务行为。[7]

二、行政执法的基本特征

任何一个事物，都有其区别于其他相类似事物的特征。与一般个人、组织

---

① 参见陈新民著：《行政法学总论》（修订八版），台北三民书局 2005 年版，第 299 页。
② 参见陈新民著：《行政法学总论》（修订八版），台北三民书局 2005 年版，第 44 页。

的行为相比，行政执法行为自然有不同的特殊征象。概括起来有以下几点：[8]

（一）国家意志性

行政执法行为是国家意志的一种体现，而不是某一行政机关、组织或者公务员个人意志的体现。公务人员的执法行为被认定为一种履行职务行为，这种履职行为是有国家强制力予以保障的；也因此，这种履职行为若有违法或者不当，是由行政执法的法定组织承担法律责任，或者由国家来承担行政赔偿责任，而不是由行政执法人员个人来承担法律责任或者赔偿。对行政执法人员只依法进行内部的行政处分与问责，或者进行行政赔偿的追偿，这种追偿与行政赔偿相比，一般不是足额的。

（二）法定性

行政执法行为能够实施的前提，是行政主体拥有某项行政职权，这种行政职权是通过立法设定，而不是自我设定的，即所谓"职能法定"原则。行政主体要取得行政执法权，有三种合法的途径：一是具有行政机关身份的主体，通过法律、法规、规章的直接规定而获得；二是属于社会组织的，通过有关法律、法规对它的特别授权而取得；三是对一些事业单位而言，通过行政机关依据法律、法规、规章的规定委托其执法而取得，而委托执法的主体，并不是完备意义上的行政执法主体，只是一种辅助执法组织。

（三）专属性

行政执法行为在主体上具有专属性，其只归属于依法履行职权的行政机关或者授权组织。也正因此，行政执法作为一种履行行政职权的行为，其与民事权利不同，后者可以按照意思自治的原则转让、放弃，而拥有行政职权的组织是不能任意转让、放弃、赠予其行政执法权的，这也被称为"不可处分性"。

（四）单方性

行政执法行为不是合同履约的双方行为，而是一种单方行为，由行政主体按自己单方面的意志作出，不以行政相对人的意志为转移。行政执法主体既可以不取得行政相对人的意思表示而主动履行义务、给予行政相对人个人利益，也可以违逆行政相对人表示的意愿而拒绝履行义务、拒绝给予行政相对人个人利益。行政相对人则有服从和配合的义务。在行政法上，行政相对人的意思表示仅仅是一种参与，并不具有决定性意义，只有在放弃某些并不违反公共利益的个人利益时才具有决定性意义。①

（五）优益性

行政执法者在履行行政职务时，均依法享有行政优益权，包括行政优先权和行政受益权。在任何一个行政法律关系中，对于行政相对人而言，行政执法主体均处于优先的法律地位，行政相对人需要履行配合协助义务；行政主体有交通通行、设备使用优先权；行政执法人员还有人身特别保护权。对于国家关系而言，行政主体有权要求提供公务经费、办公条件、交通工具等必要的保障。

（六）过程性

每一个行政执法行为都会有一个时间效力问题，即都有一个从开始生效到行为终止的过程。行政执法行为一般都要经过如下过程：立案、调查取证、事实认定、判断其是否违法、寻找适用的法律依据、经办人员提出案件处理建议、法制部门进行合法性审查、相关领导审核、法定代表人最终批准作出决定、决定依法送达当事人、当事人履行决定内容后结案并将全部材料整理归档；当事人不自觉履行决定的，行政执法主体依法强制执行或者申请人民法院强制执行后结案。行政执法行为就是这么一个"从成立到消灭"的过程。

（七）无偿性

行政执法行为涉及对公共利益的维护和分配，是一种公共服务，原则上都是无偿的。因为行政主体对良好社会秩序的提供，对社会成员从事相应职业的权利保障，对公共设施的营建和维护等，都是供全社会成员普遍享受的服务，理当是无偿的。也因此，行政执法行为并不是与行政相对人利益的相互交换，不存在民事法律关系那样的对价关系。当然，行政主体对个别社会成员的特殊服务，则应当是有偿的，如特许经营资格的获得往往是有偿的。

（八）效率性

行政执法总是以积极维护和促进一定层次的公共利益和个人正当利益关

---

① 参见叶必丰著：《行政法的人文精神》，湖北人民出版社 1999 年版，第 106 页。

系，从而促进两者的一致为目的。效率，意味着行政主体为更多的行政相对人提供更多的社会正义和公共服务。"行政法不仅是公民、法人或者其他社会组织控制行政权的法，更是行政主体控制相对人或社会的法。并且，行政法的功能，不仅是控权，还有'保权'，即既要保障相对人的个人权利，更要保护行政权。"① 因此，在行政法的价值取向上，强调以牺牲效率为代价的控权，已经是一种陈旧落伍的 19 世纪的人文精神和法治观念了。

（九）外部性

行政执法行为一定会对公民、法人和其他组织的权利或者义务产生直接影响，要么是赋予其权利，要么是科以义务。对于不直接对公民、法人和其他组织权利或者义务产生影响的行政行为，如行政内部行为，就不属于行政执法行为的范畴。

（十）救济性

行政执法行为因为其强制性的特质，很容易对行政相对人构成侵权，包括减损其权利或者多科以义务，需要通过行政复议、行政诉讼和国家赔偿等救济性制度来保障行政相对人的权利，即所谓"无救济即无行政"。

三、行政执法的主要功能

前述所阐明的行政执法行为的基本特征，其法理渊源与行政执法的功能定位有关。行政执法主要是为了实现以下法律目的：[9]

（一）维护社会秩序和公共利益

行政执法行为是通过规范行政主体、明确权力来源、正确履行职权和职责的方式，达到维护行政管理秩序、保障社会公共利益的实现，进而创造良好的社会法治环境。所以，法律赋予行政主体一定的强制性权力，就是为了保障其能够完成维护社会秩序和公共利益的任务。也因此，秩序法治是法治政府的固有内涵之一。

---

① 参见叶必丰著：《行政法的人文精神》，湖北人民出版社 1999 年版，第 109 页。

（二）保护公民、法人和其他组织的合法权益

行政执法行为除了实现维护社会秩序和公共利益的公益性目的外，还有一个重要的功能是维护公民、法人和其他组织的私益性权益，即防止其权益受到他人的不法侵害，保护其合法的、正当的权益。从某种角度讲，维护公共利益与维护公民、法人和其他组织的私益性权利同等重要，两者不能偏废。换一句话说，行政执法不能以维护社会秩序和公共利益为理由，轻易地侵害行政相对人的权益或者增加其义务，而应遵循最小利益侵害原则。

（三）为社会提供良好的公共产品和公共服务

现代政府既是法治政府，更是服务政府。为全体社会成员提供优质、均等的公共产品和公共服务，提供完善、便民的公共设施，是行政执法所要达致的重要任务。行政许可、给付行政等行政行为，均含有服务政府的内涵。

（四）促进经济、社会、文化、生态事业的发展进步

行政执法行为是全面依法履行政府职能的重要途径。现在通常对政府职能的表述是：宏观经济调控、市场秩序监管、加强社会管理、优化公共服务、保护生态环境。政府通过行政执法等途径，加强国家经济的宏观调控功能，理顺政府与企业的关系，维护市场的公平竞争和公共安全；政府承担着从社会管理到社会治理的职能，需理顺政府与社会的关系，发挥行业自治和基层社区自治的功能；政府要保障公民言论自由、奖励科学技术发明，促进各项文化事业的健康发展，弘扬优秀的传统民族文化，弘扬社会主义核心价值观，推动精神文明建设；政府还要积极推动生态保护，处理好人与自然的关系，为子孙后代留下可持续发展的青山绿水。这些都是行政执法所要完成的使命。

（五）规范和引领全民守法

行政执法行为合法、合理地行使，能有效地规范、约束行政相对人，纠正其违法或不当的行为，促使其积极履行法定义务，制止危害他人利益和公共利益的行为。同时，通过行政处罚、行政强制等制度，发挥法律的示范功能和警示功能，告知全体社会成员什么是合法的行为，什么是违法的行为，从而引领全体社会成员自觉地养成守法的习惯。这也正是行政执法所要达到的重要目的。也因此，现在正式推行了"谁执法、谁普法"的新制度。

四、行政执法依据的效力

行政执法依据，所指向的是具有法律效力的法律文本，包括法律、法规和规章。换句话说，法律、法规、规章等法律文本之所以能作为行政执法依据，是因为其具有法的效力，即法律规则具有的拘束力，也是对其所指向的行政相对人的强制力。

效力是法不可缺少的要素，是法律的一种特性（凯尔森语），也是法律秩序的核心问题。法的效力是从静态法的视角进行审视的，揭示的是法的规则的应然性，意味着法的规则具有天然的拘束力：对可能的违法者是"约束力"，对执法者是"执行力"，对法律监督者（司法等）则是判断是非并实施惩处的依据。

在世界法哲学中，实证主义法学派视法的效力为"逻辑的观念"，即法的效力就是国家的约束力，因而凡是出自有立法权的机关的规则就是有效力的法；自然法学派视法的效力为"伦理的观念"，即法的效力最终是法的道德约束力，因而有效力的法律必须是符合正义和道德的；社会法学派则视法的效力为"事实的观念"，即法的效力就是法对社会成员实际的或事实上的约束力，亦即"实效"，因而那些从未对或继续对社会生活起实际控制和指引作用的法律规则不能被看作真正有效力的法；现实主义法学派则视法的效力为"心理的观念"，即法的效力取决于法对人民施加的心理影响和人民（主要是官员）接受其约束的心理态度。[①]

行政执法依据所具有的法的效力，有属时、属地、属人、属事四个元素，即法的规则在什么时间、什么地域对什么人、什么事适用。

（一）时间效力

法的时间效力即法何时生效、何时终止以及是否对其颁布实施前的事项和行为有效的问题。其中，法生效的时间有三种情形：一种是自该法颁布之日起生效。这种规则，因为没有考虑执行的准备和民众守法的准备期而不尽合理，所以一般只在特殊情形下才可使用。另一种是由该法规定具体生效时

---

① 参见张文显著：《二十世纪西方法哲学思潮研究》，法律出版社 1996 年版，第 433—434 页。

间。这是最为常见的做法。实践中存在着颁布时间与生效时间过短而影响实施准备的情况，所以，现在一般都要求生效时间与颁布时间之间应间隔 1 个月以上。第三种是由非立法的专门机关决定该法的具体生效时间，这种情形要有三个先决条件：一是立法者客观上无法确定生效时间；二是由立法者明确授权；三是生效时间要通过与立法程序相当的途径事前公布。

法的终止时间，有五种情形：一是新法生效后原法自动效力终止；二是新法取代旧法同时宣布原法废止；三是法律本身规定的有效期届满而效力自然终止；四是由有关机关颁布专门文件宣布某项或几项法律废止；五是法律完成其历史使命后丧失其存在价值而自然失效。

法溯不溯及既往？即法对其颁布前的事项和行为是否有拘束力？基于法治国家所普遍遵循的法的安定性原则与信赖保护原则，行政执法原则上遵循"法不溯及既往"的理念，即新的法律规定不适用于之前已经发生的事项和行为，尽管该行为按照新的规定来说已经构成违法，以尊重和维持公民、法人和其他组织的既得权利与其他既成法律关系，维护法律生活的安定。

法不溯及既往，在刑事法律领域需要绝对地遵守，但在行政法领域是否可以溯及既往，则"是一个法学上极复杂的问题"①。但有一点是有共识的：涉及对行政相对人有利的溯及并不会产生侵害其权益的问题，因此"有利溯及"的法律一般不存在违宪问题，是被允许的。这一理念在我国《立法法》中也有体现，《立法法》第 104 条规定："法律、行政法规、地方性法规、自治条例和单行条例、规章不溯及既往，但为了更好地保护公民、法人和其他组织的权利和利益而作的特别规定除外。"如何来理解这除外条款？笔者解读：一是体现了"特别法优于一般法"的原理，若要突破"不溯及既往"的原则，需要作出特别规定；二是例外的目的必须是为了更好地保护公民、法人和其他组织的权利和利益，即不适用不溯及既往的情形一定是对行政相关人的利益更加有利的，否则就没必要例外；三是特别规定的解禁必须以没有别的方法可以解决为前提。我国《政府信息公开条例》便没有遵循"法不溯及既往"的原则，而是适用于既往所有的政府信息，其理由就是基于上述几条。[10]

（二）地域效力

法的地域效力也可称为空间效力。一般而言，一国法律适用于该国主权

---

① 陈新民著：《行政法学总论》(修订八版)，台北三民书局 2005 年版，第 99 页［注］四。

范围所及的全部领域，包括领土、领空、领水，也包括作为领土延伸的本国驻外使领馆、在域外的船舶和飞行器等。而地方立法则仅在其管辖的"行政区域内"有效。有些行政区域在空间上可能属于被其他行政区域割断的"飞地"，如上海梅山基地、大丰农场等远在江苏地界，大小洋山港区处在浙江地界，但在行政管辖上属于上海，因此仍适用上海的地方性法规和政府规章。

（三）对象效力

法的对象效力即法适用于哪些人。这里的"人"，包括自然人、法人和非法人组织。行政法原则上适用属地主义，即对该行政区域内全部的"人"都普遍适用。通常而言，法对其本国领土内的一切人和组织都是适用的，包括外国人和外国组织，只有依法享有外交豁免权的外国人和外国组织除外。在我国行政立法中，通常的表述是"公民、法人和其他组织"，但实际上在行政执法时，一般是不局限于本国公民，而是适用于外国人，即适用于管辖区域内的所有自然人。

有些立法例在附则中会明确适用外国人、外国法人或者无国籍人士；也有的没有特别规定，但并不意味着不适用外国人和外国组织。还有些法律法规中对外国人的适用则遵循国际法的对等原则执行，即两个国家之间对对方国家的公民、法人的法律适用按照对等的原则，给予同等的待遇，如政府信息公开的依申请公开，对境外人士的申请，即按照对等的原则进行。这种对等，有的是通过国家之间的协议或者条约确定，有的则按照实际状况认定。[11]

（四）事项效力

事项效力也可以称为行为效力。一般立法中，都会有一条"适用范围"的规定，明确该法适用于什么领域的什么事项，或者什么人的什么行为。由于地域效力、时间效力和对象效力具有一定的普遍性或者叫共性，通常适用于本国境内的公民、法人和其他组织，效力从实施之日起至失效之日止，因此一般立法中都无需加以表述，只有在需要作出特别规定时才加以规定。而事项效力或者行为效力包括特定主体的特定行为或者特定领域的特定事项，因为每一部法律、法规和规章所规范的事项或者行为范围可能都不相同，因此一般立法都会在总则中将其所规范的事项、行为范围作为"适用范围"予以具体明确。

五、行政执法行为的效力

行政执法"以事实为依据，以法律为准绳"，即以行政执法依据具有法的效力为前提。但其追求的是法的实效，即法律规范能得到有效的遵守和实施。而要实现这一目标，前提是该法律规范被普遍认为符合自由、正义、公平、秩序、效率、和平等价值取向，否则难以取得"实效"。

法的实效，是指法律规则事实上得到服从和适用的状态。说一个法律规则具有实效，意味着公众和官员实际地依照法律规则的规定，做其所当做，不做其所不当做。法的实效是人们实际行为的一种特性，而不是法律本身的一种特性（凯尔森语）。可以这么说，法的实效是从动态法的视角去判断的，揭示的是法的规则的实然性。

在实证法学派眼里，"法律规则是有效力的，因此才是法律规范"。而在社会法学派眼里，"法律规则是有实效的，因此才是法律规范"。事实上，他们在论证同一问题，又并非在谈论同一主题：实证法学派在谈"法律规范是什么"，而社会法学派却在谈论"法律规范应该是什么"。

从哲学层面来检视，法的效力与实效是可以相互转换的。首先，法律的实施就是一个从法的效力转化为法的实效的过程，即从应然向实然的转化过程。实证主义法学派的汉斯·凯尔森（Hans Kelsen）认为，从应然到实然的转换需要特定的法律行为或法律事实作中介，这种"转换率"的高低，反映着法律规则所承载的合理预期的比例。凯尔森的结论是："法律规则，如果有效力的话，便是规范。"① 对于这种转换，社会法学派认为，如果法律规则的效力值并未达到立法者期望的实效值，效力值与实效值之间的距离，即可视为公众或社会的合理预期与立法预期之间的差距，而这种距离与差距就直接反映规则理性的欠缺程度。另一方面，法律规则的效力取决于它所在的法律秩序的实效。实证法学派虽然否认一个法律规则的效力取决于其实效，但他们从规则约束力的宏观视角推理出：整个法律秩序的实效是该秩序的每个单个规范的效力的必然条件。如果只是个别规范失去其实效的，法律秩序并不失去其效力。如果法律秩序的规范总体上是有效的（即实际上被适用和遵守），

---

① 参见张文显著：《二十世纪西方法哲学思潮研究》，法律出版社 1996 年版，第 441 页。

该法律秩序就被看作有效力的。凯尔森也认为，实效是效力的一个条件，"规范只能在属于一个规范体系，属于一个就其整个来说是有实效的秩序的条件下，才被认为是有效力的"①。

对法的效力与法的实效的关系，应从法律规则的应然与实然、宏观与微观两个视角去考察。法的实效应以法律规则有效力为前提；而法的效力的真正实现取决于法律规则在总体上是具有实效的，两者应当是辩证的统一。在立法程序中，要注重法的价值的正义性、功能的社会适应性和实施的可操作性；在执法程序中，要注重将法的价值和功能有效实现，使效力与实效实现内在的合一。但总体而言，行政执法行为是法的效力的一种实现途径，即法的实效的具体体现。[12]

从道理上说，法的效力与法的实效应当是一致的，即从应然状态转化成实然状态。而实际状况是，这两者经常是不一致的，或者说，在当下中国，两者的不一致才是常态。美国法理学大家爱德华·博登海默（Edgar Bodenheimer）认为："宣称一项法律规则有效的目的就在于确保该项法律规则得以有效地遵守和实施。然而，如果许多人都认为该项规则是完全不合理的或非正义的，那么这一目的就无从实现。"所以，"当一条规则或一套规则的实效因道德上的抵制而受到威胁时，它的有效性就可能变成一个毫无意义的外壳。只有用服从正义的基本要求来补充法律安排的形式秩序，才能使这个法律制度免于全部或部分崩溃"②。博登海默其实是在论证法律辩证推理的法理依据，即当一条规则不符合正义原则而不可能被遵守时，应当进行必要的矫正和修补，才能避免法律规则的崩溃和失效。

一个具体的行政执法行为一旦作出，便对任何相关的组织和人员构成一种拘束力，意味着其具有了四种效力，即公定力、确定力、执行力和不可争力。

（一）公定力

公定力，又称先定力，系指行政执法行为一经作出，应推定其为合法有效，在经确凿证明并由有权的国家机关经法定程序变更或撤销以前，任何国

---

① ［奥］凯尔森著，沈宗灵译：《法与国家的一般理论》，中国大百科全书出版社1996年版，第44页。
② ［美］博登海默著，邓正来译：《法理学：法律哲学与法律方法》，中国政法大学出版社1999年版，第340页。

家机关、社会组织或者公民个人对其应给予承认、尊重和服从，而不得根据自己的判断对其无视、否定或抵抗。公定力是行政行为被提起诉讼而不停止执行的依据，其法理根据是，行政主体是代表国家和社会公共利益行使职权的，故应推定其执行法律的行为是合法有效的，否则，行政主体就失去了行使权力的基础。公民、法人和其他组织如对行政执法行为不服的，可以依法提起行政复议和行政诉讼。[13]

公定力的发生必须同时具备两个条件。一为积极条件，即行政行为已经作出而成为客观存在的事物。若行政执法行为尚未最终形成，就无法为外界识别，更无公定力可言。二为消极条件，即行政执法行为并非无效行为。无效的行政行为虽已成立，但自始至终都不具备法律效力，自然也没有公定力。

公定力传递着这样一种理念：不管行政执法行为是否合法，都能被推定为有效而对外界产生约束力。就本质而言，公定力所蕴含的有效性推定绝不意味着该行政执法行为已经当然地具备了实质效力，而只是表明其在形式上暂时被假定为有效。只要行政瑕疵、行政争议一日尚存，公定力即有继续存在的必要。至于该行为能否最终取得实质效力，还应当由其是否符合一切法定要件而定。总之，公定力只具有临时效用，它反映了行政执法行为效力在程序上的不间断性。

公定力主要是针对行政相对人而言的，也就是说，即使公民、法人和其他组织认为该行政执法行为是违法的，其可以去进行行政复议和行政诉讼要求纠正，但在复议机关或者人民法院没有作出决定之前，其必须服从和履行相关义务。公定力要求行政相对人承担先行服从义务，意味着行政相对人将对行政执法行为的异议诉诸事后的救济渠道加以解决，在此之前只能对其服从，否则，有关机关可直接动用强制手段迫使其履行相应的义务。

公定力还要求国家机关以及其他社会组织或者公民个人承担不容否定的义务，意味着对一个机关的行政执法行为，其他行政机关以及人民法院应当保持克制和容忍，不得无视甚至否定该行政执法行为的事实存在；行政相对人以外的其他社会组织和个人也应对其予以正视，不得以自己的行为破坏该行政执法行为所确定的社会关系。

只有对两种机关来说，公定力才不具有约束性：一是行政复议机关，有权纠正行政执法行为的错误；二是人民法院，行政法庭拥有对行政行为的违法审查权和纠正权。

（二）确定力

确定力，又称不可变更力，系指行政执法行为一经有效确定，就有相对稳定性，没有法定事由并经过法定程序不得变更或撤销。确定力表现为两个方面：一是对公民、法人和其他组织的确定力，已作出决定的行政执法行为，公民、法人和其他组织无权自行变更；二是对行政主体的确定力，已作出决定的行政执法行为，非经法定程序，行政主体自身也不得随意改变。可见，确定力有约束行为双方的效力，行政执法行为一经作出，对行政相对人的公民、法人或者其他组织和作出该行为的行政主体具有同等的拘束力。行政相对人必须按行政决定的要求履行相关义务，或者享有相关的权利；同样，行政主体也有义务维护已经作出的决定，除非经法定程序不得变更或撤销。而确定力的本质是限制行政主体一方依职权随意对其予以改变的一种作用力。[14]

确定力是法制稳定的要求，它使行政执法行为可以预期。但是，从另一方面看，行政执法行为在起诉期满以前，或进入诉讼以后，按照司法最终裁决原则，原行政行为的确定力其实处于待确定状态，其最后的确定权在人民法院。

对于确定力，需要弄清楚三个具体问题：一是确定力的发生时间在行政执法行为成立之时，即只要行政执法行为一经正式作出，行政主体就不能随意加以改变，这在客观上能有效地限制行政权的恣意行使；二是除无效的情况外，行政执法行为超过了法定的行政复议和行政诉讼救济期限后，便不得再就该行为的效力提出异议，这种效力称为形式性确定力；三是确定力所含的不可变更力，常用于说明对撤销权的限制。一般而言，行政执法主体可依照职权自行撤销或者变更行政行为。但也有例外，有些行政执法行为，因其行为涉及某种外因性事由（如行政相对人或者第三者的信赖保护的要求等），使得原本可以自行撤销的行为不得撤销。

所有行政执法行为都应当具有确定力即不可变更力，不论该行政执法行为是否已经超过法定救济时效，也不论其是否按照准司法程序作出或已经法院判决而确定，更不论其是授益性决定还是负担性决定，只要某个行政执法行为已经正式作出且非自始无效的，就具备确定力。

（三）执行力

执行力，系指行政执法行为一经作出，即具有必须得到执行和实施的法律效力。也就是说，行政执法的决定，不管有没有启动行政复议或者行政诉讼等救济程序，在没有被变更或者撤销之前，就可以实现该行政行为的内容。行政相对人可以自行履行相关义务；若不履行相关义务，行政机关将实施强制执行行为，迫使行政相对人履行义务。根据我国《行政强制法》的规定，行政强制执行权是一种法律保留的权力，只有全国人大的法律才可作出规定。[15]

行政强制执行有三种情形：一是行政主体依据法律的授权，可以自行执行；二是行政主体没有得到法律授权的，可以申请人民法院强制执行，最终由人民法院依法强制执行；三是行政机关向人民法院提出强制执行的申请后，人民法院作出裁定后，仍由行政主体依据裁定强制执行。从目前我国法律规定的情形看，授权行政主体强制执行的不多，所以总的以人民法院强制执行为原则，以行政机关自行强制执行为例外。总之，自行履行力与强制执行力都是行政执法行为执行力不可或缺的重要组成部分。

从行政执法行为的过程性来看，执行力具有三个基本特征：

其一，阶段性。从时间上看，执行力发生于行政行为生效之时，而且在行政行为失效之前，执行力始终都实际存在。在这一特定时间内，执行力可以划分为自行履行力和强制执行力两个阶段。对于行政相对人来说，其所面临的选择无非有三种：一是积极履行行政行为所设定的义务，从而使其效力自然地归于消灭；二是依法提起行政复议或者行政诉讼，并试图延缓行政行为的执行；三是逾期不履行义务的则转至强制执行阶段。

其二，有限性。行政行为的执行力并不是绝对的，尤其是对于行政相对人权益影响较大的强制执行力来说，所受的限制更多。如葡萄牙《行政程序法》在规定行政行为具有执行力的同时，还列举了不具有执行力的例外情形：效力被中止的行为；被已提起且具有中止效力的上诉所针对的行为；须经核准的行为；对具有执行力的行为加以确认的行为。另外，执行力还可能受到正在进行的诉讼程序的影响，在诉讼过程中，当行政行为的执行会造成难以弥补的损害、情况急迫且不影响公共利益时，诉讼机关可以根据行政相对人的申请决定停止对行政行为的强制执行。

其三，灵活性。虽然执行力是设定行政相对人义务的行政行为所特有的，但它并不意味着执行力的具体表现形式、实现方式都是一成不变的。相反，执行力因行政行为所设定义务的不同而互有差异。有时，行政行为所设定的义务只能依赖于行政相对人的自觉履行，行为本身并不能够强制执行；有时，行政行为的作出即意味着执行的完结，即不需要行政相对人的自觉履行，也不需要其他机关强制行政相对人履行；有时，执行力的灵活性还体现在其不同阶段转化上。①

（四）不可争力

不可争力，是指行政执法行为所具有的排除行政相对人在法定期限届满之后对其提起救济的作用力。不可争力所表达的基本思想是：当行政复议和行政诉讼的法定时效超过后，行政行为即告确定，行政相对人也将随之失去以正常的救济手段对其效力进行否定的权利。

不可争力是针对行政相对人行使法律上的救济权利而言的。当行政行为一经作出且被行政相对人知悉后，行政相对人就必须承认行政行为的客观存在。如果对其存有异议，也必须在法律所规定的期限之内向法定机关提出相应的救济请求。否则，行政相对人将丧失这项基本权利。可见，不可争力只适用于行政相对人一方。[16]

不可争力发生于法定救济期限届满之时，具体包括四种情形：一是当行政相对人在法定复议期限（为知悉行政行为作出之日起60日）内没有依法提出行政复议请求的，该期限的超过为不可争力产生的时间点；二是当行政相对人在法定诉讼期限（为知悉行政行为作出之日起6个月）内没有依法起诉的，该期限的经过亦为不可争力的发生时间；三是当行政相对人先行申请复议，但在知悉行政复议决定作出之日（或自复议期满之日）起的法定期限（一般为收到复议决定书或复议期满之日起15日）内未及时提起诉讼的，该期限的超过同样也是不可争力的发生时间；四是如果行政主体未能在行政行为中告知行政相对人享有救济权及其行使期限甚至当事人连该行政行为的内容都不知道的，法定救济时效的起算点也将随之向后推移。相应地，不可争力的实际发生时间也比正常情况下推后。按照新修订的《行政诉讼法》第46条第2款规定："因不动产提起诉讼的案件自行政行为作出之日起超过二十年，其他案件自行政行为作出之日起超过五年提起诉讼的，人民法院不予受理。"其潜在的前提就是行政机关未告知利害相关人行政复议或者行政诉讼的权利，才会有此20年和5年的延长诉权。

由于不可争力是行政相对人在法定期间内不行使救济权所导致的直接后

---

① 参见章志远著：《行政法学总论》，北京大学出版社2014年版，第180—181页。

果，因而也可视其为对行政相对人行使救济权的一种限制，要求其在法定的救济期限内及时行使其应有权利，否则，就会被视为自动放弃救济权。

六、行政执法行为的成立要素

每一个具体的行政执法行为，都要经历"从成立到消灭"的过程，有时中间还会经历"变更"的阶段，由此便形成了行政执法行为成立、变更和消灭的规则与原理。行政执法行为的成立，意味着其对外开始发生法律效力，对行政相对人的权利和义务发生影响。

确认行政执法行为是否成立，取决于其是否拥有必备的要素，这必备的要素包括：主体要素、对象要素、客体要素、内容要素、结果要素。[17]

（一）主体要素

行政执法行为是行政主体实施的法律行为，而行政主体必须具备行政法上的权力能力与行为能力。权力能力是指能够享有行政法上权利及承担行政法上义务的资格；行为能力是指以自己的行为行使权利并承担义务的能力。这与民法上自然人的行为能力是相似的，如未成年人、严格精神疾病患者等就属于无行为能力人。而无法人资格的组织也不会有行政执法的权力能力和行为能力。

（二）对象要素

行政执法行为是针对一定的对象作出的。行政执法行为一定会对一些人（包括自然人、法人和非法人组织三类）的权利和义务产生影响，这些人被统称为"行政相对人"。行政相对人应当具备行政法上的权利能力，得享有权利及负担义务之资格，这一权利能力与民法上的具有权利能力者基本是一致的，即无行为能力人在行政法上同样不能成为行政相对人，而要由其监护人承担行政法上的责任。① 当一个行政执法行为未表明适用对象时，这一行为意味着是无法实施的，也可视作不存在。有些场合，行政相对人是行政法律关系中的另一个主体，如行政合同、行政复议和行政诉讼等。

---

① 参见翁岳生编：《行政法》（上册），中国法制出版社 2009 年版，第 291 页。

（三）客体要素

行政执法行为所指向的客体主要有两类：物和行为。物，亦称标的物，指各种可以作为行政财产权利对象的财物，包括公物和私物、无主财物和有主财物，还包括物质利益、精神财富或者智力成果。行为，是指行政相对人各种为一定目的、有意识的活动，包括为一定行为的积极行为和不为一定行为的消极行为。当然，也不是所有的行为都可以成为法律关系的客体，只有具有法律意义的行为或经法律规范的行为，才能成为行政执法的客体，如较高层次的道德要求就不属于行政执法的客体。

（四）内容要素

法律不外乎调整权利和义务，所以，行政执法行为的内容就是行政相对人的权利与义务。不是赋予权利，就是科以义务，或是确认关系。如果一个行政执法行为虽然表明了主体与对象，但不具有行为内容，也同样不构成行政执法行为。

（五）结果要素

行政执法行为的意思通过一定的程序而得到最终的确定，便是行政执法行为的结果。这一结果不是酝酿中的决定，不是预备性的行为，而是一个具有法律效力的最终决定。这一决定一旦形成，任何人非经法定程序便不能改变或者消灭。

第二章　行政执法权的来源

一、宪法性渊源：权为民所赋

公权力来自哪里？这是个宪法性问题。我国现行《宪法》第2条明确规定："中华人民共和国的一切权力属于人民。"从权力来源看，人民拥有主体地位。在《宪法》所规定的人民主权之下，包括行政权在内的公权力本来的归属者是一国的全体人民，是基于国民的庄重委托和让渡，国家机关获得了行使公权力的权能，行政权归属于政府，立法权归属于立法机关，司法权归属于司法机关，监察权归属于监察机关，即"权为民所赋"。[18]

人民是依法治国的主体和力量源泉，而法治建设的目标是为了人民、依靠人民、造福人民、保护人民，以保障人民根本权益为出发点和落脚点，保证人民依法享有广泛的权利和自由、承担应尽的义务，维护社会公平正义，促进共同富裕。① 行政执法权的行使，就是为了实现上述宏观的或微观的目标，这意味着"利为民所谋"。[19]

法学理论界通常把公民的权利分成三种形态：一是应有权利，指历史地形成的非法定权利，如习惯权利、道德权利等；二是法定权利，指法律确认并予以保护的权利；三是实在权利，指权利人在一定条件下得以行使或者实现的权利。与此相应的权利运行有四个环节：权利形成（社会自在，属于道德、习惯范畴）——权利赋予（国家法定，属于立法范畴）——权利行使（权利实现，这既是权利人依法实现权利的过程，也是行政机关依法履行职责的过程）——权利救济（行政与司法事后补救）。行政执法主要是在第三个环节上依法履行职责，保障公民权利实现的过程。

行政主体除了维护和保障人民的权益，自身没有也不应当有特殊的、独立的利益。

---

① 参见《中共中央关于全面推进依法治国若干重大问题的决定》"坚持人民主体地位"部分。

二、行政执法的职能设定

政府职能，从总体上可以概括为从四大职能发展到五大职能。从党的十六大之后，我国对政府职能一般都规范地表述为"经济调节、市场监管、社会管理、公共服务"四个方面。党的十八大报告第一次将政府职能扩展为宏观经济调控、市场秩序监管、加强社会管理、优化公共服务、生态环境保护五大职能。政府需要依法全面履行上述五大职能。[20]

（一）职能法定原则

行政职能遵循职能法定原则，而行政职能的设定制度，则是职能法定的最主要形式。

对行政职能的设定，需要把握以下基本原理：（1）行政职能的设定主体是立法机关，行政机关不能自我设权，必须通过法律、法规和规章等立法途径取得行政管理职能；（2）行政职能的设定对象是需要履行相关管理职能的行政主体，包括行政机关，也包括授权的其他主体，但不能设定给任何个人。（3）行政职能设定的客体是行政职权和行政职责，行政职权要具体设定行政归属权和行政实施权，因为两者有时是分离的，如行政委托执法，委托的只是行政实施权，而不包括行政归属权，行政职责则要明确履行职责的范围；（4）行政职能的设定，才导致行政执法主体的确立，行政主体才具备合法的资格，法律、法规、规章规定的具体职权和职责，都要在已经设定行政主体的行政职能，具有行政执法主体资格的前提下才能作出；（5）行政职能设定的性质是一种立法行为，而不是一种行政行为，所以行政职能设定行为是不能通过行政复议和行政诉讼救济的。[21]

（二）行政执法机构与编制

行政执法机构必须符合三个条件：（1）具备法人资格，一般为机关法人，经过授权的行政主体，也应当具备事业法人、企业法人、社团法人或者民办非企业法人资格；（2）有独立的人力配置和经费保障；（3）依据相关法定的职权或者职责而设定。[22]

所谓"编制"，是指国家机关根据机构设置性质及其工作任务、职能范围而确定的人员定额和职位分配，也就是根据机构职能设置内设机构数量，再根据工作任务编制工作岗位和配备定员人数。其核心是确定科学、合理用人的数量标准、结构比例。

我国各级编制管理部门都依法拥有对每个行政执法机构进行"三定"，即定职能、定内设机构、定编制和职数的权力。通过编制管理部门的"三定"，赋予了行政执法机构具体职能，其才具有了从事行政执法的权力能力和行为能力，才拥有从事行政执法的资格。当然，具备了"三定"的资格，行政执法机构还不能直接开始行政执法，具体要有法律、法规或者规章明确其法定职权与职责后，才能从事行政执法行为。

那么，是先有职能还是先有职权与职责？即是先有"三定"还是先有"法定"？这是个"先有鸡还是先有蛋"的问题。在实践中，两种情形都存在。[23]

（三）行政职能的正式法律渊源

所谓法律渊源，是指法的外部表现形式，即指那些可以从体现为权威性法律文件的明确文本形式中得到的渊源。① 行政职能的正式法律渊源，也就是那些行政执法所依据的法律文本。在我国，主要有以下法律文本：

1. 宪法

这是国家的根本大法，它规定了国家和社会的基本制度、公民的基本权利和义务、国家机构和组织等具有根本性的制度安排，解决的是一国的政治体制和国家制度。根据我国现行《宪法》第62条和第64条规定，宪法由全国人民代表大会制定并由全国人民代表大会以全体代表的三分之二以上的多数通过才能修改。

作为行政职能的法律渊源，宪法中规定了一些与行政管理相关的内容，同时也是行政法的内容。如：规定了行政法的指导思想和基本原则；规定了行政主体的法律地位、组织机构和职能，以及行政行为的内容与形式；规定了企事业单位、社会团体与各级人民政府之间的关系；规定了公民在有关行政法律关系中享有的权利和应尽的义务，等等。

与其他法律形式相比，宪法是行政法的根本渊源，主要表现为两点：其一，宪法是行政立法的最高法律依据；其二，在行政执法中，宪法具有最高

---

① ［美］博登海默著，邓正来译：《法理学：法律哲学与法律方法》，中国政法大学出版社1999年版，第415页。

的适用效力。对这一点需要说明的是，宪法的这种适用效力，并不意味着行政执法中可以直接引用宪法条款，而是作为执法依据是否合法合理的判断依据，而这一判断权，在全国人大及其常委会，就是我们平时所说的"合宪性审查权"。作为宪法性文件的《立法法》第110条明确规定了，国务院、中央军事委员会、国家监察委员会、最高人民法院、最高人民检察院和各省、自治区、直辖市的人民代表大会常务委员会可以就法规、规章等立法行为是否与宪法相抵触，向全国人大常委会书面提出审查要求；前款规定以外的其他国家机关、社会团体、企事业组织以及公民个人也可向全国人大常委会书面提出立法"合宪性审查"建议。因此，就具体行政执法行为而言，一般不将宪法直接作为行政执法依据来适用。[24]

2. 法律

这是指全国人民代表大会或者其常务委员会根据宪法或依职权制定的规范性法律文件。根据制定机关的区别，它分为基本法律和一般法律。前者由全国人民代表大会制定，后者则由全国人民代表大会常务委员会制定。

根据《立法法》第11条规定，下列事项只能制定法律：（1）国家主权的事项；（2）各级人民代表大会、人民政府、监察委员会、人民法院和人民检察院的产生、组织和职权；（3）民族区域自治制度、特别行政区制度、基层群众自治制度；（4）犯罪和刑罚；（5）对公民政治权利的剥夺、限制人身自由的强制措施和处罚；（6）税种的设立、税率的确定和税收征收管理等税收基本制度；（7）对非国有财产的征收、征用；（8）民事基本制度；（9）基本经济制度以及财政、海关、金融和外贸的基本制度；（10）诉讼制度和仲裁基本制度；（11）必须由全国人民代表大会及其常务委员会制定法律的其他事项。

我国是个单一制的法制国家，要求做到法制统一，政令畅通。就行政执法依据而言，法律是可以直接适用的、效力最高的依据，其他立法行为与法律相抵触的，一律以法律规定为准，即所谓"法律优先原则"。

需要说明一点，在平时对"法律"或者相类似的"法""法定""依法"的表述中，常常有两种情形：一种是广义的表述，所称的"法律"或"法"其实是指所有具有法律效力的规范性文件，是包括了法律、法规和规章的统称；另一种是狭义的表述，专指全国人大及其常委会制定的法律性文件。这在行政执法过程中需要做好甄别。[25]

3. 行政法规

这是指国务院为领导和管理国家各项行政工作，根据宪法和法律制定的有关政治、经济、教育、科技、文化、外事等各类法规的总称。

根据《立法法》第 72 条规定，行政法规可以就下列事项作出规定：（1）为执行法律的规定需要制定行政法规的事项；（2）《宪法》第 89 条规定的国务院行政管理职权的事项；（3）根据全国人民代表大会及其常务委员会的授权所立法的事项。①

国务院是国家最高行政机关，是全国行政管理的最高指挥机关。制定行政法规是国务院依法领导全国行政工作的一种有效途径。行政法规作为行政法的重要渊源，集中体现了两个特点：一是以行政管理领域和公共服务领域的规范制定为主；二是注重将法律的规定具体细化和补充，以解决实施法律中的可操作性为目的。

4. 地方性法规

这是指享有地方性法规制定权的地方国家权力机关依照法定的权限，在不同宪法、法律和行政法规相抵触的前提下，制定在本行政区域内实施的规范性文件。根据《立法法》第 80 条、81 条、84 条规定，地方性法规的立法主体有三类：一类是省、自治区和直辖市的人民代表大会及其常务委员会；另一类是经济特区所在地的市的人民代表大会及其常务委员会。第三类是根据党的十八届四中全会《决定》的要求赋予地方立法权的所有设区的市、自治州的人民代表大会及其常务委员会（包括省、自治区的人民政府所在地和国务院批准的较大的市的人民代表大会及其常务委员会）。

根据《立法法》第 82 条规定，地方性法规可以就下列事项作出规定：（1）为执行法律、行政法规的规定，需要根据本行政区域的实际情况作具体规定的事项；（2）属于地方性事务需要制定地方性法规的事项；（3）除《立法法》第 8 条规定的事项外，其他国家尚未制定法律或者行政法规的事项，可以先行制定地方性法规。2015 年 3 月《立法法》修订时提出了新的要求："制定地方性法规，对上位法已经明确规定的内容，一般不作重复性规定。"2023 年 3 月《立法法》第二次修正，又增加了"区域协同立法"的新内容。②

对于党的十八届四中全会《决定》要求赋予地方立法权的设区的市人民

①《立法法》第 72 条第 3 款规定："应当由全国人民代表大会及其常务委员会制定法律的事项，国务院根据全国人民代表大会常务委员会的授权决定先制定的行政法规，经过实践检验，制定法律的条件成熟时，国务院应当及时提请全国人民代表大会及其常务委员会制定法律。"

②《立法法》第 83 条规定："省、自治区、直辖市和设区的市、自治州的人民代表大会及其常务委员会根据区域协调发展的需要，可以协同制定地方性法规，在本行政区域或在有关区域内实施。"

代表大会及其常委会，新修订的《立法法》第81条明确了其立法范围：设区的市的人大及其常委会可以对城乡建设与管理、生态文明建设、历史文化保护、基层治理等方面的事项制定地方性法规；法律对设区的市制定地方性法规的事项另有规定的，从其规定。自治州依照执行。这意味着，设区的市的地方性法规制定权比原来获得地方性法规制定权的地方人大及其常委会要小。

地方性法规是一种重要立法行为，也是地方人民政府实施行政管理的重要依据来源。地方性法规制定总体上可以定位为"四特"，即符合中国特色、体现时代特征、彰显地域特点、遵循地方特有。在坚持国家法制统一的前提下，地方立法有三种立法类型：实施性立法、创制性立法和先行性立法，总体上立足于"不抵触、有特色、可操作"，具体而言，对实施性立法，应遵循"不抵触"和"可操作"原则；创制性法规应当体现"有特色"；先行性法规应当坚持"可复制性"。①[26]

5. 自治条例和单行条例

自治条例是指民族地方的人民代表大会，即自治区、自治州、自治县的人民代表大会，依照当地民族的政治、经济、文化的特点，经法律程序制定的，用以全面调整本自治地方事务的综合性规范性文件。

单行条例是指民族自治地方的人民代表大会，即自治区、自治州、自治县的人民代表大会，依照当地民族的政治、经济和文化的特点，经法律程序制定的，用以调整本自治地方某个方面事务的单项性文件。自治条例和单行条例的主要功能是依照当地民族的特点，对法律和行政法规的规定作出变通规定，但其前提是不得违背法律或者行政法规的基本原则。

需要指出的是，自治条例与单行条例只限于民族地方的人民代表大会制定，其人大常委会无权制定自治条例与单行条例。这与地方性法规不同。

6. 条约和行政协定

条约是指两个或两个以上国家关于政治、经济、贸易、法律、文化、军事等方面规定其相互权利和义务的各种协议的总称。

行政协定是指两个或两个以上国家的政府相互之间签订的有关政治、经济、贸易、法律、文化和军事等方面内容的协议。条约与行政协定所签订的内容，对国内的机关、组织和公民同样具有法律约束力。因此，它们也可以成为我国行政法的一种表现形式。

---

① 参见拙作：《法治与法治思维》，上海人民出版社2013年版，第101—106页。

7. 国务院部门规章

规章在学理上称为行政规章，是行政机关依照行政职权所制定、发布的针对某一类事件或某一类人的一般性规定，是政府立法的一种形式。规章分为两种：部门规章和政府规章。

部门规章是指由国务院部委、中国人民银行、审计署和具有行政管理职能的直属机构以及法律规定的机构，根据法律和行政法规、决定、命令，在本部门的权限范围内制定的规范性文件。根据《立法法》第91条第2款规定，部门规章规定的事项应当属于执行法律或者国务院的行政法规、决定、命令的事项。这意味着，部门规章主要是实施性的立法，并不具有创制性立法的权限，最起码要得到国务院决定、命令的授权。[27]

而目前的现实与《立法法》的规定是有明显差距的，一些国务院部门仍延续着《立法法》之前的部门立法的习惯，产生了不少已超出部门规章立法权限的规定内容，并造成基层行政执法时"依法打架"。也因此，新修订的《立法法》增加了如下禁止性规定："没有法律或者国务院的行政法规、决定、命令的依据，部门规章不得设定减损公民、法人和其他组织权利或者增加其义务的规范，不得增加本部门的权力或者减少本部门的法定职责。"应该说，这是十分有针对性的，希望以此能改变部门规章的"惯性"和任性。

根据《立法法》第92条的规定，涉及两个以上国务院部门职权范围的事项，应当提请国务院制定行政法规或者由国务院有关部门联合制定规章。

8. 地方政府规章

政府规章由省、自治区、直辖市和所有设区的市、自治州的人民政府制定。根据《立法法》第93条规定，地方政府规章可以就下列事项作出规定：（1）为执行法律、行政法规、地方性法规的规定需要制定规章的事项；（2）属于本行政区域的具体行政管理事项。（3）设区的市、自治州的人民政府限于城乡建设与管理、生态文明建设、历史文化保护、基层治理等方面的事项。

新修订的《立法法》第93条对地方政府规章的立法权限又作了新的限制："没有法律、行政法规、地方性法规的依据，地方政府规章不得设定减损公民、法人和其他组织权利或者增加其义务的规范。"这其实意味着，规章，无论是国务院部门规章还是地方政府规章，基本都是实施性的立法，其创制性的立法空间已很小：一是属于地方特定行政管理事项的立法权领域；二是属于中央与地方共有立法权的行政管理事项，尚未制定法律、行政法规的领域；三是对地方政府规章授予了两年临时性行政措施创制权："应当制定地方性法规但条件尚不成熟的，因行政管理迫切需要，可以先制定地方政府规章。规章实施满两年需要继续实施规章所规定的行政措施的，应当提请本级人民代表大会或者其常务委员会制定地方性法规。"① 笔者对此的理解是：这类规章其实是具有了两年的地方性法规立法权。[28]

（四）关于非正式法律渊源

域外法治国家或者地区一般将法律渊源分为正式法律渊源和非正式法律渊源两种。所谓非正式渊源，是指那些具有法律意义的资料和值得考虑的材料，而这些资料的值得考虑的材料尚未在正式法律文件中得到权威性的或至少是明文的阐述与体现。②

而在我国，从实践层面来考察，非正式法律渊源并没有实质性意义。因为我们目前仍遵循着严格规则主义的理念，非正式法律渊源只是在学术层面可以研究，实务中并不承认其法律上的意义和价值，因而也是不能实际运用的。[29] 所以，在这里所能引用的也大都是域外的相关信息。域外的非正式法律渊源主要有：

1. 习惯法

这是指多年的习惯被一般国民确信为应遵守的规则，因而将其作为法的规范予以承认的法。构成一个习惯法有几个要件：一是在客观上，必须是一个长期性的惯行事实；二是在主观上，必须是所涉及的民众对此惯行事实产生法的确信心，也就是人人承认这个惯行事实具有法规范的拘束力性质；三是外在上，必须没有一个实在法与之相抵触，即必须是法律无规定时，才有习惯法的适用。③ 但是，现实中，"在立法机关或法院赋予习惯以法律效力以前，习惯是否具有法律实效往往是不确定的"④。也因此，习惯法只能作为法的非正式渊源。另一方面，在国外，习惯仍常常以间接方式渗入法律领域，如当一个法院在确定某一行为是否是疏忽行为时，法院可能必须确定理智正常的人所遵守的习惯性谨慎标准是什么。⑤ 在我国，似乎还没有域外法治国家所

---

① 《立法法》第 93 条第 5 款。

② ［美］博登海默著，邓正来译：《法理学：法律哲学与法律方法》，中国政法大学出版社 1999 年版，第 415 页。

③ 参见陈新民著：《行政法学总论》（修订八版），台北三民书局 2005 年版，第 109—110 页。

④ ［美］博登海默著，邓正来译：《法理学：法律哲学与法律方法》，中国政法大学出版社 1999 年版，第 470 页。

⑤ 参见［美］博登海默著，邓正来译：《法理学：法律哲学与法律方法》，中国政法大学出版社 1999 年版，第 472—473 页。

界定的习惯法，但我们所说的公序良俗、乡规民约、市民规约等，应可视作为习惯法。

2. 司法判例

判例是指法院以判决揭示的先例。传统认为，我国不是判例法国家，判例在我国没有在英美法系国家那样的法律效力。但各个判决中所包含的法的解释及运用的基准，经过不断累积，最终由最高人民法院以案例的形式予以承认和发布，在事实上拘束了法院以后的判决，一般公众、行政主体也自然将其作为行为基准来看待。这在行政法领域是有现实意义的。日本的盐野宏也认为："在行政法中，尽管采取成文法主义，但判例所发挥的机能实际上是极其重要的。"①

3. 一般行政法原理

一般法治国家都遵循"原理优先定理"，运用信赖保护原则、禁止反言法理、合理性、平等对待原则、利益衡量、比例原则、禁止权利滥用等原则，解决和矫正实体法中的"恶法"和法律盲区。但在我国，实践中并不遵循"原理优先定理"，即当法律规则与原则（原理）相矛盾或冲突时，依照原理优先的理念进行处置。当然，这种情况并不正常，是有待改变的。需要从严格的"法条主义"转向"法理主义"思维。

4. 公共政策

按照博登海默的定义，这里所说的公共政策，是指尚未被整合进法律之中的政府政策和惯例，主要包括某些政治或社会紧急措施的准则。② 也因此，作为非法律渊源的公共政策，是与法定政策或法律政策相区别的。在我国，也有公共政策，总体上与博登海默所界定的公共政策相似，实践中也不是正式的法律渊源，其在法律秩序中的价值等级序列中低于法律，但在整个法律体系中有着一定的存在价值，特别在非常态社会背景下发挥着法律所不能替代的功能和作用。

5. 法的学理解释

一般指学者或者立法工作者以个人的名义对某一具体法律文本所作的解释，常见的形式是某一法律或者法规文本的释义。学者的解释是依托法理和专业学说的掌握；立法工作者的解释则是依据其参与立法过程对法律文本条

---

① ［日］盐野宏著，杨建顺译：《行政法》，法律出版社 1999 年版，第 45 页。

② ［美］博登海默著，邓正来译：《法理学：法律哲学与法律方法》，中国政法大学出版社 1999 年版，第 465、466 页。

文产生过程的实际情况掌握。因此，从某种角度来看，立法工作者的学理解释比学者的解释更符合立法本意，因为其掌握的第一手立法资料比学者多。但从本质上讲，学理解释都只能属于非正式的法律渊源，并不具有立法解释的性质。

三、行政执法的职权与职责

行政职权是国家行政权的转化形式，系指行政主体依法拥有的实施国家行政管理活动的资格及其权能。行政职权是行政法学的中心概念，因为行政法的使命在于保障行政主体行使行政职权的合法性和合理性。① 行政执法权属于行政职权之一。

行政职责系指行政主体及其行政人员在行使行政职权过程中依法必须承担的义务。任何行政主体在享有或行使行政职权时，必须同时履行行政职责，即所谓"权责统一"。

行政职权与行政职责构成一对基本法律范畴。根据胡建淼教授的观点，行政职权与行政职责是行政法上的"权利"和"义务"在行政主体及其行政人员身上的转化形式。② 也就是说，对于公民、法人和其他组织来说是权利和义务，对于行政主体来说，就是职权和职责，两者是同义的。[30]

按照权责统一的理念，行政职权与行政职责具有不可分割性和对应性，有行政职权必然同时有行政职责，法律不允许存在无行政职权的行政职责，也不允许存在无行政职责的行政职权。这是权利义务统一性的具体体现。当然也要看到，这两者毕竟是两个不同的概念，分属权利和义务的范畴。在具体的行政执法中，不同类型的行政行为会有不同的侧重，如行政处罚、行政强制等更多地表现为行政职权的"权利"一面；而行政确认、行政给付等则更多地表现为行政职责的"义务"一面。

依法行政的首先一个要求，是行政职权职责法定③，即行政机关履行职能，不能仅仅依据编制部门的"三定"（即定机构、定职责和定编制），而且要以法

---

① 胡建淼著：《行政法学》（第三版），法律出版社 2010 年版，第 108 页。
② 胡建淼著：《行政法学》（第三版），法律出版社 2010 年版，第 115—116 页。
③ 党的十八届四中全会《中共中央关于全面推进依法治国若干重大问题的决定》中，已经将"权责法定"列为衡量法治政府的六个指标之一。

律、法规和规章的具体规定作为执法依据。所谓合法行政的守则是："法无明文规定不得为；法有明文规定必须为。"或者用另一种提法："法无授权不可为，法定职责必须为。"作为一个公民与作为一个行政执法人员的守法理念可以是完全相反的。对公民而言，是"法不禁止即自由""法无禁止皆可为""法无明文规定不为罪"，因为公民的权利是公民自身固有的，所以才有《宪法》里"一切权利属于人民"的表述。而行政机关的职权并不是行政机关固有的，而是由人民让渡、授予的，其授权的途径就是通过立法。因此，非经法律授权，行政机关不可能行使任何一项职权和职责。

（一）行政职权——法无授权不可为

行政职权的设定，是一项通过立法赋予国家行政机关或者授权其他组织某项具体行政职权的法律制度。这一制度意味着，行政职权必须由法律、法规和规章设定，其结果是行政主体的确立。

职权法定是依法行政原则的具体体现，包含四个基本要素：（1）行政职权的履行必须依据法律、法规或者规章的规定，法无明文规定的，不得实施；（2）行政职权必须由依法取得行政执法权（如行政处罚权、行政许可权、行政强制权、行政征收征用权、行政收费权、行政给付权、行政奖励权、行政补偿权等）的行政机关、法定授权组织或者行政机关依法委托的组织实施；（3）行政职权有具体的权限，包括行政职权的事项、管辖与层级等；（4）行政职权的行使必须遵守法定程序，如《行政处罚法》第4条就明确规定：行政处罚依照本法由法律、法规、规章设定，并由行政机关依照本法规定的程序实施。[31]

对行政职权最精炼的概括就是"法无授权不可为"，或者说是"法无明文规定不得为"。

为保障行政职权全面、有效地履行，法理上行政职权行使主体拥有行政优益权，即国家赋予行政主体及行政人员职务上和物质上的优益条件。行政优益权由行政优先权和行政受益权两部分构成。[32]

行政优先权，是指行政主体及行政人员在行使行政职权时依法所享有的种种优越条件，包括：（1）获得社会协助权，在行政主体履行职权时，有关单位、个人均有协助的义务；（2）优先通行、使用权；在行政执法时，执法车辆依法拥有优先通过的权力，也享有优先使用有关器具的权力；（3）人身特别保护权，从事公务时的行政人员，其人身受到法律的特别保护，我国的《刑法》和《治安管理处罚法》对此均有体现，如袭警罪、妨碍公务罪等，《人民警察法》第 5 条也规定："人民警察依法执行职务，受法律保护。"行政优先权是法治国家的通行理念。法国早就确立"公务优先原则"，并把"推定有效"作为其主要内容；在美国，行政优先权被称为"行政特权"（executive privilege）。行政优先权的享受必须符合三个条件：（1）主体必须是行政主体及其工作人员；（2）只有在行使行政职权、从事公务时方可享受该权利；（3）所享受的优先条件为法律所特许，没有法律依据的不能享有。

行政受益权，是指国家为保证行政主体有物质能力行使行政职权而向它提供的物质条件；行政主体享受这些条件的资格便是行政受益权。行政受益权是国家所给予的，表现为国家向行政主体提供必要的行政经费、办公条件、交通工具等。因此，行政受益权仅体现为行政主体与国家之间的关系，这不同于行政优先权，后者主要是行政主体与行政相对人和利害关系人之间的关系。

（二）行政职责——法定职责必须为

行政职责是个与行政职权相对应的概念，构成了一对法律范畴。如果说行政职权是"权利"概念在行政主体身上的转化形态，那么，行政职责便是"义务"概念在行政主体身上的转化形态。

行政职责，系指行政主体及其工作人员在行使行政职权过程中依法必须承担的义务。这种义务有以下法律特性：（1）法定性，其应当有法定依据，具有法律后果；（2）不可缺位，是行政主体必须履行的，不能失职、不能不作为或者缓作为，否则会被强制承担法律责任；（3）不可越位，即不能随意行使，既不能超越实体权限，也不能超越程序权限；（4）不可错位，不去干该由别的行政主体干的活，不行使应当由民事关系、司法关系、社会自治组织等去调整的事项权利。

对行政职责最精炼的概括则是"法定职责必须为"，或者说是"法有明文规定必须为。"

行政职责和行政职权具有不可分割性，用通俗的话来说，是一对"孪生兄弟"。任何行政主体在拥有行政职权的同时，必然承担行政职责，以实现"权责统一"。行政职责会随行政职权的产生、变更或消灭而相应变化。至于现实中政府"权力有限、责任无限"的情形并不是法治状态下应有的状态，是需要去研究和解决的。[33]

四、行政执法权限的配置

有一个与行政职权相关的重要概念是行政权限，其法理基础是，任何行政职权都是有限制、有边界的，行政权限就是行政职权的"限度"，行政职权不能超越这一"限度"即边界，否则就构成违法行政，即行政越权，视为无效。

行政权限是行政职权的最外围的界限，是行政职权履行中不能越过的底线。从这意义上说，行政职权是本体概念，行政权限是派生概念。行政权限可以区分为几对主要范畴来加以讨论。

（一）纵向权限与横向权限

纵向权限，系指有上下级行政隶属关系的行政主体之间的权限划分。这种纵向的隶属关系，既可能是上下级领导关系，如省人民政府与市、县人民政府、实行垂直领导的上下级部门；也可能是上下级指导关系，如省政府工作部门与市县政府相应的工作部门。

纵向权限有两个特征：一是权力同类性，即上下级行使的是同一领域的管理职权；二是权限递减性，从上到下的各级行政主体之间，其权限呈逐级递减趋向，越到下面，其权限越小。

纵向权限的核心是行政事项的层级管辖权的划分。一般来说，行政事项的层级管辖权会考虑按社会公共利益的影响程度、对行政相对人权利义务的影响程度、标的物的价值大小等因素进行划分，影响越大的，管辖权的层级会越高。但目前，随着社会需求和行政执法体制的调整，行政执法越来越强调"横向到边，纵向到底"，强调行政执法力量重心下移，如改革探索的市场监督管理综合执法，综合了工商行政、质量标准、食药监等领域的执法事项，明确派驻街道、乡镇一线执法人员不得少于70%。相应地，其执法权限也会呈现向基层一线的逆向倾斜。这是种新的趋向，其规律值得跟踪研究。

横向权限，系指没有行政隶属关系的同级行政主体之间的权限划分。横向权限可以是同类权，如两个无行政隶属关系的公安局之间的权限；也可以是非同类权，如公安局、交通委和城市综合管理局之间的权限。横向权限主体之间的职权可以是等量的，也可以是不等量的；可以是递增的，也可以是递减的。

横向权限的核心是行政事项在同级行政主体之间的地域管辖权的划分。这种划分有三种模式：一是属地原则，即由该事项所在地的行政主体管辖，如涉及不动产、土地权利义务或法律事实的事项；二是属人原则，即由行政相对人所在地的行政主体管辖，公民的住所地（户籍所在地、经常居住地）、居所地（临时居住地）；法人和其他组织的注册所在地，都属于行政相对人所在地域管辖权的体现；三是行为发生地原则，即由行政相对人的行为发生所在地的行政主体管辖，如机动车交通事故的处理、违反工商行政管理的行为处理（包括有证经营和无证经营行为），都由该行为发生地的行政主管部门管辖。所以，从本质上说，行为发生地原则是另一种属地原则。行为发生地还可区分为行为实施地、经过地和结果发生地。因此，有时会出现对同一行政相对人的同一事项有两个以上行政主体都有地域管辖权的"职权交叉"问题，需要协调解决，以防止"一事二罚"等错罚不相当情形的发生。[34]

（二）中央权限与地方权限

我国是单一制法治国家，现行《宪法》第3条第3款明确："中央和地方的国家机构职权的划分，遵循在中央的统一领导下，充分发挥地方的主动性、积极性的原则。"关于中央权限与地方权限的问题，过去研究不多，但随着法治政府和社会治理的不断发展，对这一问题的认识也不断得到深化。

在《立法法》中，除了在第11条明确了国家法律保留的10个领域的立法权外，还明确了对"属于地方性事务"的事项可以制定地方性法规；对"属于本行政区域的具体行政管理事项"可以制定政府规章。①但实施过程中，对于什么是地方性事务、本行政区域的具体行政管理事项，并没有清晰的界定标准，见仁见智，成为立法中的争议点之一。本质上，是中央权限与地方权限不明确的折射反应。因为，从现在《立法法》的表述来看，并不周延，在中央立法权限与地方立法权限之间，还应该有中央与地方共有立法权限的领域，在国家未制定法律、行政法规的情况下，可以先制定地方性法规或者政府规章，即所谓先行性立法。

党的十八届三中全会《中共中央关于全面深化改革若干重大问题的决定》对此有了进一步的认识，明确要建立事权和支出责任相适应的制度，其中国

---

① 参见《立法法》第82条、第93条。

防、外交、国家安全、关系全国统一市场规则和管理等作为中央事权；部分社会保障、跨区域重大项目建设维护等作为中央和地方共同事权区域性公共服务作为地方性事权。明确中央和地方按照事权划分相应承担和分担支出责任。

党的十八届四中全会《决定》则更进一步提出，推进各级政府事权规范化、法律化，完善不同层级政府特别是中央和地方政府事权法律制度，强化中央政府宏观管理、制度设定职责和必要的执法权，强化省级政府统筹推进区域内基本公共服务均等化职责，强化市县政府执行职责。这是第一次将中央、省级和市县三级政府的职责作了明确的划分。

（三）事项权限与对象权限

事项权限，系指某一行政主体根据事物的性质所确定的管辖事务的范围。我们平时说的某主管部门所管辖的事项，就是其拥有的事项权限。

对象权限，系指行政主体根据行政相对人的不同所确定的一种职权划分。如行政相对人中有自然人、法人和非法人组织的区别，有国内的组织和个人与外国组织和个人的区别。在一般的行政管理领域，可能会同时适用自然人、法人和非法人组织；但在一些特殊领域，尤其是社会保障法律领域，往往适用特定的个人或者组织。

之所以要将行政执法对象分为事项（事）和对象（人），是从管理的客观规律的差异性出发的，如对违法工具的扣押甚至没收，与对违法行为人的人身限制就不可同日而语，对后者的保护要比前者高得多。

当然，对于一个行政管理部门来说，事项权限和对象权限常常可能是交织在一起，难以区隔的。往往是特定的事项本身就是针对特定的对象的，如最低生活保障制度，既有事项权限，又有对象权限。

不同部门之间的事项权限容易产生重叠、交叉，所以实践中经常会面临"执法交叉"（即两个以上部门都依法拥有管理或执法的事项权限）或者"执法盲区"（即两个以上部门都有事项权限的领域都认为不是本部门的事项权限而不作为），也因此会出现"一事二罚"的情况。说明在事项权限上还没有真正划分界定清楚，给行政不作为提供了借口。

（四）平常权限与紧急权限

行政职权的行使总是在一定的时间和空间中进行的。就权限适用的时间而言，可分为平常权限与紧急权限两类。

平常权限是一种常态，即行政主体在正常履行职权时所必须遵循的权力边界，其受一般法律规范的约束。

紧急权限则是一种非常权限，或者称为特别权限，是要有特别法的授权才能行使的权限。一般国家都是通过紧急状态法和行政程序法作出专门授权的。在我国，紧急权限主要体现在《突发事件应对法》、相关的特别法以及实施性的行政法规①。这些一般法、特别法和实施性法规中，都赋予了相关政府和行政部门平时不曾拥有的特别的强制性的职权。如《突发事件应对法》在第四章应急处置与救援中，对于发生自然灾害、事故灾难、公共卫生事件后，赋予了履行统一领导职责的人民政府可以采取下列强制性处置措施：封锁危险场所，划定警戒区，实行交通管制，禁止或者限制使用有关设备、设施，关闭或者限制使用有关场所，中止人员密集的活动或者可能导致危害扩大的生产经营活动，必要时调用其他急需物资、设备、设施、工具（即紧急征用等）。② 对于发生社会安全事件后，赋予了公安部门可以采取下列强制性处置措施：强制隔离使用器械相互对抗或者以暴力行为参与冲突的当事人；对特定区域内的建筑物、交通工具、设备、设施以及燃料、燃气、电力、水的供应进行控制；封锁有关场所、道路，查验现场人员的身份证件，限制有关公共场所内的活动；严重危害社会治安秩序的事件发生时，公安机关应当立即依法出动警力，根据现场情况依法采取相应的强制性措施，尽快使社会秩序恢复正常。③ 这样的行政强制权，在平常的行政执法中是被严格限制的。

需要说明的是，紧急权限不受行政法"越权无效"的一般规则约束，即

---

① 按照突发事件的四种分类：自然灾害、事故灾难、公共安全事件和社会安全事件。目前相关的特别法有：

自然灾害类 5 部：《防洪法》《防沙治沙法》《防震减灾法》《气象法》《公益事业捐赠法》。

事故灾难类 15 部：《消防法》《劳动法》《安全生产法》《煤炭法》《建筑法》《矿山安全法》《道路交通安全法》《海上交通安全法》《环境保护法》《水污染防治法》《大气污染防治法》《环境噪声污染防治法》《固体废物污染环境防治法》《海洋环境保护法》《放射性污染防治法》。

公共安全事件类 6 部：《传染病防治法》《食品安全法》《国境卫生检疫法》《动物防疫法》《进出口动植物检疫法》《职业病防治法》。

社会安全事件类 11 部：《国家安全法》《反分裂国家法》《集会游行示威法》《戒严法》《监狱法》《人民警察法》《人民武装警察法》《治安管理处罚法》《中国公民出境入境管理法》《外国人入境出境管理法》《价格法》。

② 参见《突发事件应对法》第 49 条。

③ 参见《突发事件应对法》第 50 条。

行政主体在行使紧急权限时，拥有先行处置权，但负有事后告知被越权主体的义务。[35]

五、行政执法权限的争议处理

所谓行政执法权限的争议，是发生在行政主体之间就行政职权的配置所产生的争议。这种争议不发生在行政主体与行政相对人之间。

产生行政执法权限争议的原因，主要有两个：一是客观上立法规范对行政职权的划分不明确或者不合理，造成实际操作中的困惑；二是行政主体主观上的原因，如对有利可图的事项争相要管辖权，造成"重复执法"；对无利可图只有责任的事项，则相互推诿，产生"执法盲区"。社会和媒体经常诟病的"七顶八顶大盖帽，管不住一顶破草帽""九龙治水""一条路、多家管，越管越乱""只管有证的、不管无证的"等现象，背后都存在着行政执法权限的争议问题。

观察世界上其他法治国家，对行政执法权限的争议，有通过议会等权力机关作为中间人进行裁决的模式，如英国议会便具有此功能；也有通过法院走司法途径来解决的模式，如日本行政诉讼中的"机关诉讼"便是指法院裁决行政机关之间权限争议的制度。而在我国，没有采用立法机关或者司法机关的裁决模式，而是由行政机关自身作为中间人裁决行政主体之间的权限争议，即解决行政执法权限争议的主要方法是通过内部协商、协调。所谓内部协商，是指争议双方直接进行沟通、协商，按照依法、合理、高效、便民等原则确定权限的划分。所谓内部协调，是指由争议双方的共同上级政府或者部门出面，在听取双方意见、陈述之后，按照依法、合理、高效、便民的原则，明确实施的行政主体，从而解决"交叉执法""重复执法"或者相互推诿造成执法盲区的问题。

（一）管辖权争议

行政执法权限的争议，比较重要的是管辖权遵循属地原则、行为发生地原则还是属人原则的争议。行政法基本遵循属地管辖原则和行为发生地原则，所以外国人和外国组织、无国籍人士，一旦生活和工作在中国的土地上，都要遵守中国的法律规范。新修订的《行政处罚法》第22条明确："行政处罚由违法行为发生地的行政机关管辖。法律行政法规部门规章另有规定的，从其规定。"

所谓管辖权争议往往发生在一个跨行政区域的违法行为上，如违法运输、超载等，若不同的行政区域的管理主体对同一违法行为都实施行政处罚，就违背了"一事不二罚"的原则，那么由哪家行政主体实施管辖呢？是行为最早发生地还是行为终结地呢？实践中并没有统一的规范，从而产生管辖权的争议。直到新修订的《行政处罚法》第25条才明确："两个以上行政机关都有管辖权的，由最先立案的行政机关管辖。"

又如，经营主体的工商注册地与违法行为发生地不在同一行政区域内，如果要作出停产停业或者吊销营业执照或者其他许可证的行政处罚，非工商注册地的行政主体能否作出处罚？按照行为发生地原则是有权实施的，而实际上是不具有操作性的，因为其不掌握许可登记的相关材料，一旦实施，就会产生管辖权的争议。

要解决这类管辖权争议，不同行政区域的同行之间，应当有相应的协议加以确定，并依照协议实施管理。

（二）纵向争议与横向争议

纵向争议发生在上下级有行政隶属关系的行政主体之间。如同一执法领域，法律、法规规定了由县级以上的行政主体实施，那么具体到省、市、县三级行政主体要不要划分职权范围，并没有具体规定，因而容易产生争议。因为客观上存在着"执法重叠"的可能性。纵向争议的解决，原则上在该部门内部协商或者协调，按照下级服从上级的原则来解决，不应当提交到政府去解决。

实践中，可以把握这样一个规律：如果法律、行政法规明确该项执法由县级以上行政主体实施的，说明已论证清楚需要下放到县级机构执法，地方原则上不能通过地方立法或者规范性文件将此职权上收到市、省级，从而剥夺县级行政主体的执法权。如果法律、行政法规只明确到省级行政主体实施，要不要再下放到市、县级行政主体实施，地方可以从实践需要进行论证；若需要下放的，就需要通过地方立法加以确定。[36]

横向争议发生在无行政隶属关系的行政主体之间。这种争议往往发生在执法领域有交叉或者重叠的部门之间，各自都有相关的法律、法规或者规章作为执法依据，被称为"依法打架"。对这类争议的解决，先应当由争议的双方协商解决；协商不成的，报请其共同的上级行政机关协调处理，或者指定管辖。

我国行政内部处理行政争议一般采取三项规则。一是纵向领导关系中的争议：被领导机关有权越级向上级行政机关报告，但在领导机关行为被依法撤销之前，必须服从领导机关的决定。二是纵向指导关系中的争议：争议双方机关都应向各自所属政府报告，由双方政府处理。双方政府意见分歧，按第一规则处理。三是横向关系中的争议：争议双方机关各自向自己的领导机关报告，最终由共同上级领导机关裁决。①

实践中，不少地方的政府已经形成了一套较为完备的内部协调争议的程序机制。如上海于 2010 年制定的《上海市人民政府关于进一步规范和加强行政执法工作的意见》（沪府发〔2010〕21 号）就明确规定：（1）涉及同一系统内部不同区县行政执法单位之间因管理区域等问题产生的行政执法争议，由市级行政主管部门负责协调；（2）涉及某一综合管理领域内不同行政执法单位之间因管理事项分工以及执法衔接、配合等问题产生的行政执法争议，由市或者区县政府归口的综合协调部门负责协调；（3）涉及行政执法单位在具体适用有关法律、法规、规章过程中发生的行政执法争议，由市政府法制机构负责协调；（4）涉及行政执法单位之间因管理职能交叉产生的行政执法争议，由市或者区县机构编制管理部门会同同级政府法制机构负责协调。[37]新修订的《行政处罚法》第 25 条第 2 款最终明确："对管辖发生争议的，应当协商解决，协商不成的，报请共同的上一级行政机关指定管辖；也可以直接由共同的上一级行政机关指定管辖。"

（三）消极争议与积极争议

所谓消极争议，是指两个或者两个以上的行政主体都主张对某一管理事项或者领域不享有管辖权，因而拒绝履行管理义务，从而出现管理"真空""盲区"。

所谓积极争议则刚好相反，是指两个或者两个以上行政主体都主张自己依法对某一管理事项或者领域享有行政管辖权，因而争相履行行政职权，从而导致管理"重复""交叉"。

这两种争议，其结果都是消极的，所以都需要通过内部协商或者协调的方式加以解决。

---

① 参见罗豪才主编：《行政法学》，中国政法大学出版社 1989 年版，第 59 页。

第三章　行政执法主体与行政相对方

一、行政法律关系概述

行政法律关系，是指由行政法规范和调整的，因行政权力的行使而形成的行政主体与其他当事人之间的权利义务关系。这种关系包括行政主体与行政相对人及其利害关系人之间、行政主体与行政人员之间、行政主体之间的权利义务关系。[38]

（一）行政法律关系的内涵

首先，行政法律关系是基于行政权的行使会涉及的各种社会关系。"法律关系就其原型来说是社会的经济关系、家庭关系、政治关系等，这是法律关系原初的属性。"① 也就是说，行政法律关系源于行政权力实际行使过程中所产生的各种社会关系。

其次，行政法律关系是由行政法律规范对一定社会关系加以确认和调整之后而形成的某类法律关系的总称。行政权力行使过程中所产生的各种社会关系充其量只是一种客观存在的事实关系，只有等到行政法律规范对其进行调整之后才能上升为行政法律关系。行政法律关系是个动态成长的过程，随着行政法治的日益发展，将会有更多的社会关系被纳入行政法律规范的调整范围。

最后，行政法律关系是行政主体与其他当事人之间的权利义务关系。只有在行政法律规范对各种社会关系加以调整之后，当事人之间的权利义务才得以从模糊、不确定变得明确、稳定。因此，行政法律关系中必有一方当事人是行政主体，另一方当事人可以是公民个人、社会组织、其他国家机关。

---

① 张文显著：《法哲学范畴研究》（修订版），中国政法大学出版社 2001 年版，第 98 页。

（二）行政法律关系的类型

梳理行政法学界对行政法律关系所作的研究，可以将其分为行政管理法律关系、行政服务法律关系、行政合作法律关系、行政指导法律关系、行政补救法律关系和监督行政法律关系六种类型。[①]

1. 行政管理法律关系

这是最传统的行政法律关系，其典型的特征是"命令-服从"，即行政主体一方往往以行政权力的行使者身份出现，而行政相对人更多地表现出对命令、决定的服从。这种管制型的法律关系在新的社会背景下，受到了越来越多的限制，行政相对人在仍负有服从义务的同时也享有很多重要的权利。

2. 行政服务法律关系

这是一种新型的行政法律关系，其典型的特征是"提供-接受"，即行政主体一方在这类关系中是以服务的提供者身份出现的，而行政相对人则是接受服务的权利享有者。

3. 行政合作法律关系

这也是一种新型的行政法律关系，它通常发生在行政合同、行政委托等行政活动过程中，其典型的特征是"协商-合作"，即行政主体与行政相对人双方在充分协商取得一致的基础上进行合作，从而达到既定的行政目标。在行政合作法律关系中，行政主体与行政相对人既享有约定的权利，同时也应当履行相互约定的义务。行政合作法律关系的兴起是契约精神与现代行政理念融合的结果，体现了当代行政法民主性的发展趋势。

4. 行政指导法律关系

这又是一种新型的行政法律关系，其典型的特征是"诱导-选择"，即行政主体为了实现特定的行政目标，施以一定的利益诱导促使行政相对人作出选择并付诸实施。在这类关系中，行政主体担负着实施行政指导的义务，而行政相对人则享有选择是否接受行政指导的权利。

5. 行政补救法律关系

这是因行政相对人认为其合法权益遭到行政行为侵犯向法定机关提出请求，受理机关依法对其进行审查并作出相应决定而形成的各种关系，其典型的特征是"补救-接受"，即行政主体负有补救（如补偿、赔偿等）的义务，而行政相对人享有接受补救的权利，包括行政复议、行政诉讼、行政赔偿、

[①]　参见章志远著：《行政法学总论》，北京大学出版社 2014 年版，第 107—108 页。

行政补偿等救济活动。行政补救法律关系是以当事人维护个人权益为目的而产生的，因此与监督行政行为有差别，也就是我们平时所讲的"救济"与"监督"的关系，两者既有联系，又有区别。

6. 监督行政法律关系

这是各类法定的监督主体在对行政主体及其公务人员实施监督的过程中所形成的关系，其典型的特征是"监督-被监督"，即法定的机关或行政相对人有权对行政主体及其公务人员进行监督，而后者负有接受监督并予以配合的义务。行使监督职责的机关包括立法机关、上级行政机关、审计部门以及司法部门。监督行政的机关及可以依职权主动作出，也可能因行政相对人的申请而启动。在监督行政法律关系中，行政主体负有接受监督并给予积极配合义务。

（三）行政法律关系的特征

行政法律关系具有以下四个特征：

一是主体身份的多重性。在行政法律关系中，作为不可缺少的一方的行政主体会以多种身份出现，包括法定行政机关、法律或法规授权的组织、法律法规和规章委托的组织等；它们在不同的法律关系中会以不同的法律身份或角色出现，包括权力行使者、服务提供者、指导提供者、合作一方当事人、补救义务履行者、受监督者等。与此相对应的，是行为另一方当事人的行政相对人和利益相关人的角色上也是多重的，包括被管理者、接受服务者、选择指导者、合作一方当事人、接受补救者、监督者等。

二是权利义务的对应性。这是行政法律关系在内容方面的重要特征。无论是什么样的法律关系，主体双方在法律地位上都应当是平等的，它们在法律上都是具有独立身份和相对自主性的主体，都应当平等地遵守法律，平等地受到法律保护。权利义务的对应性即是指行政法律关系主体双方相互行使权利并履行义务，不允许存在一方只享有权利而另一方只履行义务的情况。如行政主体在行使处罚、强制等职权时，其也必须履行说明理由、听取意见、接受监督等义务；作为行政相对人，在它应当履行服从管理、给予配合义务的同时，也享有知情了解、陈述申辩、参与监督等权利。当然，这里讲法律地位平等，并不表明行政法律关系双方当事人的权利义务上是完全对等或者等量的，这正是行政法律关系与民事法律关系的根本区别所在。对于行政主体来说拥有处罚、强制等权力，行政相对人则无此权力；但其拥有行政复议、行政诉讼等救济权，而行政主体则无此救济权。对行政主体是权力，对行政相对人则是义务。

三是行政主体的主导性。在行政法律关系中，行政主体始终处于主导地位，享有很大的优益权。这与民事主体之间那种完全平等、等价、有偿、意思自治的关系有很大不同。行政主体的主导性表现为三个方面：一是行政法律关系的产生、变更或消灭，大多取决于行政主体的单方行为，无须以双方协商一致为产生前提；二是为保证行政法律关系的实现，行政主体可以对行政相对人采取直接的强制手段，而行政相对人则没有这种权力；三是行政主体在实施行政权的过程中享有不少要求相关组织和个人配合的行政特权，而行政相对人只有配合的义务。

四是权力（利）处分的限制性。在行政法律关系中，行政主体享有的权力是法定的、不可分割的，表现为一种职权和职责，因此要遵循依法行政的原则，不能随意处置法律的权力，包括不能放弃或者自主转让，也不能与行政相对人就权力进行任何形式的约定，否则将是一种失职行为。反之也一样，行政相对人对行政主体的监督权等权利也不能自主随意处分。双方都要受到法律规范的约束和限制。[39]

二、行政执法主体

行政权的归属者，称为行政主体。任何一项行政执法行为，要判断其是否合法有效，主要审查两个指标：一看该行为由谁来实施；二看该行为是如何实施的。前者是主体的权力来源正当性问题；后者是行为的合法性问题。主体不合格，行为肯定无效，而且是自始无效；主体合格，行为也未必合法。两者不可偏废。

（一）行政主体理论的演变

行政主体，这一概念在我国行政法学中是一个不折不扣的舶来品。在此之前，我国行政法学中是以"行政机关""行政组织"来指称行政管理和行政执法的主体，并由此引申出行政行为、行政法律责任等相关的概念。

随着行政执法实践的深化和行政法学理论研究的深入，行政机关的概念日益显示出其内在缺陷，如行政机关内部的组成机构各式各样，在法律上的地位也各不相同；行政机关身份多重，在民事、行政管理中身份各异；除了行政机关外，其他社会公共组织也承担着一些行政任务。在 20 世纪 80 年代末期《行政诉讼法》制定过程中，行政机关概念的局限性进一步显现了出来：如何来确定行政案件适格的被告主体？行政机关概念已难以胜任这一使命。

也正是在这一时期，法国、日本的行政法学相继被引入我国，王名扬教授的《法国行政法》于 1988 年正式出版；同年，日本行政法学者南博方的《日本行政法》也在我国出版。"行政主体"这一概念及相关理论也随之引入我国行政法学界。于是，自 1989 年开始，"行政主体"逐渐取代"行政机关"，成为国内行政法学教科书中的核心概念。

虽然不同的学者对行政主体的含义有不同的理解和表述，但对其基本特征的理解是一致的，表现为四个方面：其一，行政主体必须是一定的组织而不能是个人；其二，行政主体必须是享有行政职能的组织；其三，行政主体必须是能够以自己的名义行使行政职能的组织；其四，行政主体必须是能够独立承担法律责任的组织。①

（二）法定行政机关

法定行政机关，是指由法律、法规和规章明确行政职权的国家行政机关，也被称为"职权行政主体"。在国家层面包括国务院、国务院组成部门、国务院直属机构、国务院部委管理的地方局；在地方上包括各级地方人民政府、县级以上地方人民政府的职能部门、县级以上地方人民政府的派出机关。行政机关的内设机构不能以自己的名义独立对外行使职权。[40]

行政机关要取得行政执法权，首先要具备"硬件"条件，即具备行政机关的资格，必须具备以下条件：（1）其成立已获法定机关（即编办）批准；（2）已由组织法或者组织规则确定了职权、职责与权限；（3）有法定编制并按编制配备了人员；（4）有独立的行政经费；（5）设置了办公地点和必要的办公条件；（6）通过公开的方式宣告成立。②

从逻辑上来推定，行政机关应当是行政执法的主体，因为实施、执行法律是行政机关的基本职能。但这并不能反向推定出，行政机关都是执法机关，因为有一些行政机关并不具有执法职能，而只有决策职能，或者提供公共服

---

① 参见章志远著：《行政法学总论》，北京大学出版社 2014 年版，第 126—128 页。
② 参见罗豪才主编：《行政法学》，中国政法大学出版社 1989 年版，第 54 页。

务职能，或者按照政策进行管理的职能。因此，只有法律、法规和规章明确规定了行政机关的职权和职责，其才能成为执法机构，所以行政执法主体需要"法定"。

行政机关是一种组织。组织的活动必须由一定的个人来代表，依法代表组织从事行政行为和救济活动的个人便是"法定代表人"。行政机关法定代表人具有三个特征：（1）它是人而不是组织，且只是一个人；（2）这个人是用来代表行政机关的，代表它从事行政行为和复议诉讼活动；（3）这种代表人是法定的，不由人们随意决定。①我国行政机关法定代表人指以下三种人：（1）行政机关单位的正职行政负责人；（2）在行政机关单位没有正职行政负责人的情况下，由主持工作的副职行政负责人作为法定代表人；（3）在行政机关单位没有正副职的情况下，由主持工作的行政负责人担任法定代表人。法定代表人与行政首长实质上是相同的。[41]

（三）法定授权组织

在国际公法理论中，"授权"（delegation of power 或 empower）主要在两种意义上使用：一是指法律、法规对权力的最初设定（授予）；二是已获得权力的主体把自己的权力转移给其他主体，使后者亦拥有这种权力。②从我国目前的实践来看，已把第一种使用方法变成了行政职能的"设定"，即所谓法定行政机关，不再使用授权的含义。对第二种使用方法，则转化成了两种：如果通过法律、法规的立法形式获得职权的叫作"授权"；如果不通过法律、法规立法，直接由行政机关给予行政职权的叫作"委托"（仅是委托中的一种）。我们在这里所说的法定授权组织仅指第二种意义上的"授权"情形。

法定授权组织，是指经法律、法规的授权可以行使行政职权的具有管理公共事务职能的组织，包括事业单位、企业单位、社会团体，也被称为"授权行政主体"。我国最早规范表述法定授权组织的是《行政处罚法》第 19 条："法律、法规授权的具有管理公共事务职能的组织可以在法定授权范围内实施行政处罚。"

法定授权有如下法律特征：（1）法定授权的主体是立法机关，而其仅是有法律、法规制定权的立法机关，有规章制定权的国务院部门和地方政府具

---

① 参见罗豪才主编：《行政法学》，中国政法大学出版社 1989 年版，第 55 页。
② 参见：《简明不列颠百科全书》第七卷，中国大百科全书出版社 1986 年版，第 340 页。

有授权资格；（2）法律、法规授出的是完整的行政职权，既包括行政归属权，也包括行政实施权，即其可以自己的名义独立行使行政职权，而行政委托仅只涉及行政实施权，意味着不能以自己的名义执法；（3）授权的对象是行政机关以外的社会组织，其应该是一个公务法人，从《行政处罚法》的授权来看，社会组织包括事业单位、企业单位（如盐业公司）和社会团体（如残疾人联合会），这与行政职权设定有本质区别；（4）法定授权遵循"一次性授权原则"，即当被授权组织得到行政职权之后，其不得将行政职权再行授予或者委托其他组织和个人行使。这符合一般法治国家普遍遵循的"被授予权力不得再委任"的法治原则；（5）授权的方式必须以公开的、规范化的方式进行，能为社会公众所了解。[42]

三、几种特殊主体的行政执法权认定

在实践中，除法定行政机关、法定授权组织两类行政执法主体外，客观上还存在着其他一些行政执法主体，其中有些并没有法律依据，因而在此不再研究分析，还有一些主体则是在特定的社会条件下形成，其存在具有一定的社会合理性，在特定情况下承认其行使行政执法功能的特殊主体，包括行政委托组织、非常设性议事协调机构、行使相对集中行政执法权机构、居委会与村委会等。

（一）行政委托组织

法定行政机关原则上应该亲自行使行政职权。但当某些法定行政机关因受条件限制无法亲自行使职权，需要由其他组织代其行使职权时，行政委托制度便应运而生了。

行政委托制度并非中国特有。在许多法治国家都有类似的制度安排。如在德国，行政委托是指国家等行政主体将公权力交由人民行使的现象，而且将受托行使公权力之人民视为德国（1976 年）《行政程序法》第 1 条第 4 款所称的"行政机关"。① 行政委托理论比较成熟的是日本，对我们有较强的借鉴意义。日本把行政委托称作"行政（权限）代理"，并认为行政代理是指：

---

① 参见胡建淼著：《行政法学》（第三版），法律出版社 2010 年版，第 132 页。

"将 A 行政厅的权限的全部或一部分，交由 B 行政厅以 A 的名义来行使，B 行使该权限所产生的效果，作为 A 的行为所发生的效果。"日本行政法学把行政代理分为两类：授权代理和法定代理。①

在我国，最早规范性表述行政委托组织的是《行政处罚法》，之后在《行政许可法》里也有表述，但两者有明显差异。概括起来说，有如下法律特征：[43]

1. 行政委托的一方应当是行政机关。其他组织性质的行政主体和非行政主体都无委托权，如，授权组织就不能将行政职权再行委托给其他组织代为实施。

2. 行政委托要有法律、法规、规章的具体规定，也就是具有法定的性质，同时，又要有委托机关具体的授权。如《行政处罚法》第 20 条规定："行政机关依照法律、法规、规章的规定，可以在其法定权限内书面委托符合本法第 21 条规定条件的组织实施行政处罚。"从中可以解读出：一是行政机关的委托要有法律、法规或者规章的依据；二是可以在其权限范围内委托合法的组织代为实施行政处罚。实践中，这一委托还需办理相关手续，即以书面方式进行，或是形成委托文件，或是签订委托协议。委托文件或者委托协议应当明确下列内容：委托方、行政主体预备委托组织的名称、地址、性质、法定代表人等基本信息，委托行使的具体事项与权限，委托期限，法律责任。委托书应当向社会公布。其实，我国的行政委托是将日本的法定代理与授权代理合二为一。当然，有了法律、法规和规章的规定，行政机关也可以不委托给其他组织执法，其具有自主权。

3. 行政受委托组织可以是事业单位，也可以是其他行政机关。具体来说，行政处罚的事项，只能委托给具有管理公共事务能力的事业组织。② 行政许可的事项，只能委托给其他行政机关。③ 行政执法时，受委托组织的身份应当通过法律文书向行政相对人明示。

4. 行政委托的客体是行政实施权而不是行政归属权，是行为权能而不是

① ［日］南博方著，杨建顺译：《行政法》（第六版），中国人民大学出版社 2009 年版，第 15 页。
② 《行政处罚法》第 21 条规定："受委托组织必须符合以下条件：（一）依法成立的管理公共事务的事业组织；（二）具有熟悉有关法律、法规、规章和业务并取得行政执法资格的工作人员；（三）需要进行技术检查或者技术鉴定的，应当有条件组织进行相应的技术检查或者技术鉴定。"
③ 《行政许可法》第 24 条规定："行政机关在其法定职权范围内，依照法律、法规、规章的规定，可以委托其他行政机关实施行政许可。委托机关应当将受委托行政机关和受委托实施行政许可的内容予以公告。"

行政权能。因此，行政委托不导致行政归属权的转移，只导致行政实施权的转移。通俗一点说，受委托组织不能以自己的名义执法，而要以委托行政主体的名义执法。在行政复议和行政诉讼中，只能以委托者为被申请人或被告，而不能以受委托者为被申请人或被告。

5. 受委托者是行政机关以外的社会组织的，还需具备一定的条件，一般需要具备管理公共事业的能力。如《行政处罚法》第21条规定，行政处罚委托中的受委托人，必须是依法成立的管理公共事务的事业组织，而且还具有熟悉有关法律、法规、规章和业务并取得行政执法资格的工作人员。如果对违法行为需要进行技术检查或者技术鉴定的，应当有条件组织进行相应的技术检查或者技术鉴定。

6. 受委托组织不得超越委托权限从事委托行为，否则其行为构成越权，并由受委托组织自行承担违法责任。1999年11月最高人民法院《行政诉讼法若干问题解释》第20条第3款规定："法律、法规或者规章授权（实质是委托——作者注）行使行政职权的行政机关内设机构、派出机构或者其他组织，超出法定授权范围实施行政行为，当事人不服提起诉讼的，应当以实施该行政行为的机构或者组织为被告。"

7. 遵循"一次性委托规则"，即受委托的职权不得再次委托。

（二）相对集中行政执法权

相对集中行政执法权，包括相对集中行政处罚权和相对集中行政许可权。这是颇有中国特色的一种行政职权的配置。第一次出现在原《行政处罚法》第16条，其规定："国务院或者经国务院授权的省、自治区、直辖市人民政府可以决定一个行政机关行使有关行政机关的行政处罚权，但限制人身自由的行政处罚权只能由公安机关行使。"这就是平时所称的"相对集中行政处罚权"制度。最初，国务院直接批准了北京等地的城管执法领域的相对集中权，后来国务院授权给所有省、自治区、直辖市人民政府自行审批。从目前来看，基本集中在城管执法领域。之后，《行政许可法》第25条也作了相似的相对集中行政许可权的规定，但从实施情况看，国务院未批准过地方行使相对集中行政许可权，也未将此权力授予省、自治区和直辖市人民政府，所以，相对集中行政许可权制度可以说从未真正实施过。

对这一具有创新性的制度，学界有诸多质疑，认为有违职权法定的原理和行政机关的正常序列。我们理解，这一制度产生的主要背景是：行政机构改革难度很大，政府职能转变也面临较大阻力，所以，想通过根据精简、统一、效能的原则"相对集中"的特殊方式，让一个行政机关客观上已经在行使几个职责相关的行政机关的权力，这就为下一轮的"大部制"机构改革作了铺垫。当然，实践的情况并未完全达到这种主观的预期。所以这一制度还需要在实践中继续探索和完善。[44]

（三）非常设机构

非常设机构是指除按《中华人民共和国地方各级人民代表大会和地方各级人民政府组织法》设立的常设机构外，为完成某项综合性、临时性任务而设立的具有行政管理职能的跨地区、跨部门的组织协调机构。为组织协调某一方面工作而设置的非常设机构，一般称委员会；为组织协调某项特定任务而设置的非常设机构，一般称领导小组；为组织协调某项建设工程项目而设置的非常设机构，一般称指挥部。

严格地说，非常设机构并不具有行政执法的主体资格，其功能定位：一是议事，就是讨论、研究跨部门的行政执法或者行政管理事项；二是协调，以解决各行政部门步调不一致，甚至冲突的问题，形成工作合力。所以，非常设机构也被称为"议事协调机构"。

非常设机构最常用的工作方式是通过召开联席会议的讨论、研究，形成协商性或指导性文件，对行政执法或者行政管理提出具体要求。这类规范性文件，对外不能作为行政执法的直接依据，但对于成员单位具有内部的制约力，往往是内部绩效考核的依据。

非常设机构一般在立法中不予明确其法律地位，或者说其在法律上基本不具有地位，也不承担法律上的职权和职责。[45]

（四）居委会、村委会

根据现行《宪法》第111条的规定："城市和农村按居民居住地区设立的居民委员会或者村民委员会是基层群众性自治组织。居民委员会、村民委员会的主任、副主任和委员由居民选举。居民委员会、村民委员会同基层政权的相互关系由法律规定。"依据宪法，居委会、村委会的主要任务是办理本居住地区的公共事务和公益事业，调解民间纠纷，协助维护社会治安，并且向人民政府反映群众的意见、要求和提出建议。

作为基层群众性自治组织，应该不具有行使政府行政管理和执法职能的职权和职责。但是，从宪法的规定也可以看出，居委会和村委会作为基层政权的自然延伸，与政府有着千丝万缕的联系①。实际工作中，居委会和村委会确实承担了不少政府或者部门交办的行政性事务。在有些立法中，还规定了居委会和村委会相应的职权和职责，变相地在行使行政执法权，如行政审批、行政确认、行政给付等。从依法行政来说，这种行政职权和职责的设定都是有违法治精神的。所以，严格地说，居委会和村委会不应认定为行政执法的主体。在实践中，居委会和村委会也要把握好其自治组织的功能定位，防止朝行政化变异。[46]

四、综合执法体制改革与探索

我国的法治建设从新中国成立之后起步，经历了废旧法运动，颁布《中国人民政治协商会议共同纲领》，制定"五四宪法"等法治实践，到党的十一届三中全会，法治建设进入新的更高的阶段。这一阶段所确立的法制十六字方针"有法可依、有法必依、执法必严、违法必究"，是针对政府提出来的。在这过程中，一直伴随着行政执法体制的改革从未间断过。总结回顾，这一过程始终循着两条改革路径展开的：一是从自下而上到自上而下的改革；二是从以"条"为主到以"块"为主的改革。

（一）由地方到中央的体制改革路径

行政执法体制改革需求，首先是由地方在经济社会发展和法治建设实践中提出来的，到了一定阶段再上升为国家层面的改革推进或者统一规范，基本遵循着从自下而上到自上而下的路径开展。以上海城管行政执法体制为例，1990 年，上海市政府在黄浦、静安两区分别组建公安巡警队和城市管理监察队，开始城市管理综合执法试点。1992 年 11 月，市政府在黄浦、静安、徐汇三区试行人民警察综合执法。1993 年 7 月，上海市人民代表大会常务委员会通过《上海市人民警察巡察条例》，明确由巡警负责维护道路、广场等公共区域的市容环境整洁、市政公用设施完好，全市各区推广巡警综合执法。但巡

---

① 我国《宪法》将居委会、村委会放在第三章"国家机构"第五节"地方各级人民代表大会和地方各级人民政府"的最后一条来表述，足以表明其与国家机关和地方政府有着自然的联系。

警综合体制并未持续探索下去。1996 年，上海市委、市政府确定了从街道到区县再到市级层面自下而上"三步走"建立城市管理集中执法体制的工作目标。同年，群众监督队伍由于不属于《行政处罚法》所规定的具有行政处罚权的组织而撤销。1997 年 1 月，上海市人大常委会制定的《上海市街道办事处条例》规定，街道办事处设立街道监察队，至 1998 年全市 100 个街道撤销市容监察分队建制，建立街道监察队，对辖区内违反市容、环卫、环保、市政设施、绿化等城市管理规定以及违法建筑、设摊、堆物、占路等行为，实施简易程序的综合执法。2000 年 7 月，市人大常委会通过了《关于同意在本市进行城市管理综合执法试点工作的决定》，授予试点区开展相对集中行政处罚权的工作，组建区级层面的城市管理监察大队，作为城市管理相对集中行政处罚权实施机构，自此，上海正式出现城管综合执法队伍。2005 年 6 月，市政府决定成立上海市城市管理行政执法局，在上海市市容环境卫生管理局增挂市城管执法局牌子，实行"两块牌子、一套班子"。市城管执法局下设市城管执法总队，同时撤销上海市市容监察总队、上海市园林绿化监察大队。区、县城管执法部门在区县政府领导下开展相对集中行政处罚权工作，业务上受市城管执法局指导和监督。城管执法部门相对集中行政处罚权的范围也扩大至涉及 11 个行政管理部门的 269 项行政处罚事项。至此，"三步走"城管执法体制改革目标基本实现。2008 年，市政府组建上海市绿化和市容管理局，为市政府直属机构，挂市城管执法局牌子。2014 年底，上海市发布《关于进一步完善本市区县城市管理综合执法体制机制的实施意见》，启动了新一轮城管执法体制机制改革工作，将市城市管理行政执法局从原来在市绿化市容局挂牌，调整为单独设置，由市住房城乡建设管理委管理，负责加强全市城管执法领域的工作统筹协调。2015 年底，中共中央、国务院发布了《关于深入推进城市执法体制改革 改进城市管理工作的指导意见》（中发〔2015〕37 号文，以下简称《指导意见》），在国家层面确立了新一轮城管执法体制改革的指导思想、基本原则，指明了改革方向，标志着城管执法体制改革进入了全国统一推进的历史新阶段。

（二）从以"条"为主到以"块"为主的体制改革路径

在制定《行政处罚法》过程中，由于该法是第一部行政行为法，也是立法者第一次面对行政执法主体的规范问题，需要研究行政执法队伍设在哪个层级的行政机关为宜，经过充分调研论证，最后明确我国行政执法队伍设在县级人民政府的工作部门以上，乡镇、街道以派驻的方式为宜。主要考虑的是，行政执法队伍的素质和管理要求比较高，需要相对集中管理，而设的乡镇、街道行政执法队伍，队伍过于分散，并不能实现这样的管理体制要求。所以，最先启动的行政执法体制改革是以"条"为主的，即解决多头执法带来的执法交叉或者执法盲区，如"九龙治水""七顶八顶大盖帽，管不住一顶破草帽""铁路警察，各管一段"的现实难题；同时，以"条"为主的改革也强调尊重专业性。直到 2014 年党的十八届四中全会《决定》中进一步列举综合执法改革的重点部门，并明确："推进综合执法，大幅减少市县两级政府执法队伍种类，重点在食品药品监管安全、工商质检、公共卫生、安全生产、文化旅游、资源环境、农林水利、交通运输、城乡建设、海洋渔业等领域内推进综合执法，有条件的领域可以推行跨部门综合执法。"2018 年完成新一轮党和政府体制改革之后，新修订的《行政处罚法》第 17 条将此改革予以了法制化保障，明确："国家在城市管理、市场管理、生态管理、文化市场、交通运输、应急管理、农业等领域推行建立综合行政执法制度，相对集中行政处罚权。"即我们平时说的"6+1"综合执法体制改革。

与此同时，以"块"为主的执法体制改革也一直在一些地方探索推进，其改革目标是行政执法实现"横向到边、纵向到底"，主要方向是探索乡镇、街道作为行政执法主体的综合执法体制改革。这一改革经过多年的探索、努力，终成正果。新修订的《行政处罚法》第 24 条将这一制度固定了下来，明确："省、自治区、直辖市根据当地实际，可以决定将基层管理迫切需要的县级人民政府部门的行政处罚权交由能够有效承接的乡镇人民政府、街道办事处行使，并定期组织评估。决定应当公布。"同时分别对承接者乡镇、街道和授权的政府部门分别提出了具体要求：要求"承接行政处罚权的乡镇人民政府、街道办事处应当加强执法能力建设，按照规定范围、依照法定程序实施行政处罚"，"有关地方人民政府及其部门应当加强组织协调、业务指导、执法监督，建立健全行政处罚协调配合机制，完善评议、考核制度"。据此，目前乡镇、街道的综合执法体制正在有序推进之中，其综合执法的范围也已经远远超出城管执法的范围。

但总体而言，无论是"6+1"的部门综合执法体制改革，还是乡镇、街道综合执法体制改革，都还处于探索、实验阶段，还未真正定型，其中还面临着许多法理和实务的疑难问题，需要我们持续以改革的精神面对，以创新的理念破解遇到的现实难题。

国务院办公厅于 2023 年 9 月印发的《提升行政执法质量三年行动计划（2023—2025 年）的通知》明确提出："省、自治区、直辖市人民政府司法行政部门要加强对赋权乡镇、街道行政执法事项的法制审核，指导、监督同级有关行政部门分区域、分类别依法研究提出可以赋权的行政执法事项清单。对拟予清理的行政执法事项不再赋权乡镇、街道。完善赋权事项评估和动态调整制度，各地区 2024 年底前要对已经下放乡镇、街道的行政执法事项至少进行一次评估，对基层接不住、监管跟不上的及时予以调整。各地区要组织开展乡镇、街道行政执法规范化试点。"其中，可以赋权的行政执法事项、评估制度、动态调整制度、规范化试点等工作都是新提出的要求，准确反映了这项行政执法体制改革处于探索、实验阶段的特征。

五、行政执法人员

我国为行政执法主体设定了"两重主体资格"制度，即执法单位资格制度和执法人员资格制度。行政执法人员原则上应由公务员来承担，但基于现实的执法需要，与授权执法和委托执法相匹配，还有事业编制的参照公务员管理的行政执法人员，以及其他编制性质的行政执法人员。

（一）行政执法人员资格认定制度

行政执法人员实行持证上岗、亮证执法。从《行政处罚法》颁布实施之后，行政执法人员的资格制度成了法定制度，推动了行政执法人员全面申领行政执法证，作为行政执法的前提条件。

那么，哪些人员有资格申领行政执法证呢？行政执法人员资格制度是与行政执法机构的资格制度相配套和衔接的。与法定行政机关、法定授权组织和行政委托组织相对应，有资格取得行政执法证的人员有四类：一类是法定行政机关的公务员，当然，并不是所有的公务员都需要取得行政执法证，仅仅要求履行行政执法职能的相关公务员，包括分管领导也要领取行政执法证，之后才具备行政执法的资格；第二类是依法授权或者被委托的事业单位编制人员，属于参照公务员管理的人员；第三类是依法授权的企业单位的工作人员，这类执法人员在政企分离的大背景下，已越来越少；第四类是依法授权的人民团体和社会团体工作人员，如工会、妇联、残联等人民团体和社会团体，目前都依法拥有一定的行政执法权，其工作人员也可以依法申领行政执法证，没有取得行政执法证的，一律不得从事行政执法活动。[47]

行政执法证需要经过考试合格才能取得，考试的内容包括行政执法所需要的基本法学理论、规范共同行政行为的法律知识和专业领域的法律知识。在行政执法证获得之后，还需要对行政执法人员进行定期复查。要建立定期培训制度，对于新出台的规范共同行政行为的法律、行政法规以及新的专业法律规范，都要及时地培训、考试，以确保行政执法人员始终具备相关的素质和能力。如《上海市人民政府关于进一步规范和加强行政执法工作的意见》就要求：行政执法机关的负责人要两年培训一次；基层执法人员要实行轮训；要建立行政执法人员培训情况记录和考试结果登记制度；在每次培训之后，行政执法机关要进行相应的考核以确保培训的效果，对于考核不过关的应当进行再次培训，多次培训不合格的，应当依法对其工作岗位进行调整。

行政执法证由行政执法机关负责发放，政府法制机构负责组织、监督和指导。

（二）行政执法人员的素质要求

行政执法人员是依法行使公权力的特别人员，应当有特别的素质要求。概括起来有三方面：[48]

1. 具备相应的法律素养

首先，要具有依法行政的意识和能力；其次，要熟练地掌握与行政执法相关的法律知识，包括宪法、法律、法规、规章以及其他规范性文件的规定；第三，要有尊法、学法、守法、用法的意识和能力，自觉形成依法办事的理念。在行政执法中，既要严格执法，又能充分尊重人权，保障行政相对人的基本权利；既要懂得合法性推理，又要掌握合理性推理，从而实现良法善治。

2. 拥有专业知识素养

行政执法涉及不同的行政管理领域，除了共同行政行为，如行政许可、行政处罚、行政强制、政府信息公开，以及行政复议和行政诉讼等知识外，还有大量的专业领域的法律知识和专业性知识。专业知识有的是通过学习掌握的，有的还要依托仪器设备来实现，所以还可以分为普通执法和专业执法两类。如果不掌握专业的法律知识和专业性知识、技能，就无法认定事实、适用法律，从而作出公正的法律结论。

3. 具有较高的道德素养

行政执法人员的品行对社会有表率作用，"民以吏为师"，执法者品行不正、行为不端，会给行政相对人作出坏的榜样。行政执法活动与行政相对人权益密切相关，行为不当容易对行政相对人的权益构成侵害；行政执法人员如果以权谋私、滥用职权，更会严重损害法律权威，给行政相对人造成严重伤害。执法人员的品行不端会直接影响执法的权威性和公信力，所谓"身不正而令不行"。执法人员的道德修养不足，也会给违法犯罪分子提供施放"糖衣炮弹"，将其拉下水的机会。所以，对行政执法人员的道德素养要求要比一般公民高出许多。如《上海行政执法人员行为规范》规定："行政执法人员从事行政执法活动，应当仪表整洁、语言文明、举止得体、方式得当。行政执法人员在行政执法中，不得使用粗俗、歧视、侮辱以及威胁性语言，不得刁难当事人或者作出有损行政执法人员形象的行为。"

（三）关于行政执法辅助人员

在我国，辅助执法区别于行政执法，它既非授权执法也非典型的委托执法。作为行政执法的辅助人员，在行政执法过程中是对行政执法人员施以辅助、配合行为。

行政执法辅助人员大致可分为两类：一类是辅助执法人员，这类执法具有法定授权，目前比较典型的是辅警，辅警可以在公安派出机构统一组织和民警的带领下，协助民警从事公共安全和治安防范方面行政执法检查等辅助性执法工作。还有一支辅助执法队伍是协税员队伍，其根据国家《税收征收管理法实施细则》的有关规定组建，主要职责是协助税务机关做好税法宣传和街道（乡镇）的零星分散的税收征管等工作。另一类是协管员，顾名思义，就是协助行政管理而不是协助执法的人员，协管员的工作性质是政府组织、劳动者参与社会管理和公共服务的公益性、辅助性工作，属于非正规就业形态。协管员一般不具有独立的行政执法权能，主要分为社会管理类和公共服务类两种。据 2007 年的统计，上海共有 8 支协管员队伍：交通协管、劳动保障协管、社区综合协管、市容环境协管、房屋协管、商品交易市场协管、特种设备安全协管、环境保护协管。①〔49〕

辅助执法人员在实践中存在的主要问题是：没有相关的立法授权，属于

----

① 参见郑文伟主编：《上海法治建设 30 年要闻解读》，上海人民出版社 2008 年版，第 52 页。

擅自组建的非法执法现象较多，突出地表现在各地城管领域的辅助执法人员，基本没有法律依据，人员准入的门槛也低，甚至没有设置门槛，成为解决就业的一种途径，因而素质不能保证。

协管员队伍在实践中的突出问题是：没有区分协管员与协助执法人员的差别，一些地方赋予了协管员以协助行政执法的权能。如北京市于2011年赋予了交通协管员对违法停车的"贴条权"，即协管员有权在违章停车的车辆上粘贴《告知单》，之后由交通警察审核确认属于违法停放机动车辆行为的，将依法予以处理。这类授权已超出了对协管员的定位，因而引发争议。从某种角度来讲，协管员的"贴条权"甚至超过了协助执法人员的权力，因为协管员可以无需在民警的带领下，独立行使"贴条"的行政执法检查和处置权。

行政执法辅助人员制度总体上处于在地方层面探索阶段，还没有形成国家层面的统一制度。无论是辅助执法人员还是协管员，都有待进一步完善相关体制和机制，总体上要实行总量控制，合理设定职权与职责。

六、行政相对人

一般认为，行政相对人是指参与行政法律关系，对行政主体享有权利或承担义务的公民、法人或者其他组织。行政相对人又被称为管理相对人。在这里，并不能把行政相对人仅仅理解为行政行为的作用对象，而应把其看作行政法律关系中的另一个"主体"，是行政法律关系中双方当事人的一方当事人。在行政程序中，行政相对人往往不是被动的被管理者，而是实际参与行政程序、享有程序性权利或者负有程序性义务的一位当事人。

（一）行政相对人的指向

就主体身份而言，中国的公民、法人和其他组织是当然行政相对人，而在中国境内的外国人、无国籍人、外国法人和其他组织，只要与行政程序的结果具有法律上或者事实上的利害关系的，也是适用中国法律的行政相对人。所以，也有学者提出，现行我国行政法律规范中习惯使用的"公民、法人和其他组织"的表述，严格地说是不周延、不准确的，更准确的提法应该是《民法典》所称的"自然人、法人和非法人组织"。

行政相对人更多的还是一个学理上的概念。在法律文本中，行政相关人的表述是多元化的，在《行政处罚法》和《行政强制法》中使用的是"当事人"；在《行政许可法》中使用了"申请人""被许可人"等称谓；在《行政复议法》中也称为"申请人"。

在我国的行政执法活动中，行政相对人的常见形态包括：一是行政执法活动所直接针对的人，即依职权的行政决定中权利或义务的直接承担者，如行政处罚中的被处罚者，行政强制执行中的被强制执行者；二是依申请行政执法活动中的申请人以及与申请活动相关的人，如行政许可中的申请人，以及行政许可事项直接关系到其重大利益的相关人；三是接受行政执法主体行政指导的人；四是权利义务受行政程序影响的人，如行政复议中因行政相关人为提出行政复议申请而依法直接提出行政复议申请的第三人。

（二）行政相对人的权利

行政相对人的权利，是指由行政法律规范所规定或确认，由行政相对人享有，并与行政主体义务相对应的各种权利。[50]

通常认为，权利有三种形态，即应有权利、法定权利和实有权利。应有权利是行政相对人作为行政法律关系的一方所应当享有的权利，这只是一种理想状态的权利；法定权利是行政相对人根据有关法律规定所享有的权利，是应有权利的法律化；实有权利是行政相对人实际能够享有的权利，也即属于实然状态的权利。概括起来说，从应有权利转化为法定权利，再从法定权利转化为实有权利，是权力在社会生活中得到实现的基本形式。

事实上，在行政活动程序的进展中，行政相对人并不仅仅是作为行政主体行使行政职能的承受对象出现的，其还是行政程序的积极参与者，享有相应的权利。行政相对人的权利分为实体性权利和程序性权利两类。

行政相对人的实体性权利有六项。

1. 行政受益权

其是指行政相对人通过行政主体积极履行职务行为而获得的各种利益及利益保障的权利，如行政给付所保障的都属于这种权利。

2. 行政保护权

其是指当行政相对人的合法权益受到其他组织或者个人侵犯时，应当受到行政主体依法保护的权利。相应地，行政主体有防止危险发生和侵权行为发生的积极义务。

3. 行政自由权

其是指行政相对人所享有的不受行政主体违法行政行为侵害的各种合法权益。相应地，要求行政主体履行消极容忍的义务。

4. 行政补偿、赔偿权

行政相对人的合法权益受到行政主体职务行为的合法影响时，有获得行政补偿的权利；行政相对人的合法权益受到行政主体及公务员的不法侵害时，有权获得行政赔偿。

5. 隐私保密权

即行政主体在行政活动中，非经法定程序，不得公开个人的隐私。个人享有对自己的隐私保密的权利，行政主体则有为公民的隐私保密的义务。

6. 获得帮助权

其是指行政相对人在参与行政执法过程中，享有获得行政主体给予必要帮助，从而更方便其自觉配合行政主体、服从行政管理的权利。行政指导、行政主体的便民咨询服务等，都是实现行政相对人获得帮助权的有效途径。这是行政主体法定义务外应当积极履行的职责义务，其遵循的原则是高效与便民，如《行政许可法》第30条规定：行政机关应当将法律规定的许可事项、条件、依据、数量、申请书示范文本等在其办公场所公示，但如果申请人对公示内容不理解，行政机关应当说明、解释，提供准确、可靠的信息。

行政相对人的程序性权利有七项。

1. 被告知权

即获得通知权，是指当行政相对人的合法权益可能受到行政主体权力行使的不利影响时，享有行政主体及时通知或者告知其的权利。通知应当在合理的期限内送达；通知应当以合法与合理的、最直接的方式送达，或者以行政相对人日常能够看到的途径告知；对于不利决定，行政相对人还应当有知悉正当理由的权利。

2. 政府信息知晓权

又被称为"了解权"（Right to Know）。政府在依法履行职权过程中所制作或者获得的公民、法人和其他组织的信息，应当以公开为原则，不公开为例外。一般公民都有政府信息的知情权，何况作为当事人的行政相对人，除了政府依法主动公开的信息外，《政府信息公开条例》以及《行政复议法》还特别规定了当事人的政府信息知晓权：一是可以依法申请公开申请获取相关政府信息；二是可以要求查阅并更正涉及自己的错误信息；三是享有卷宗阅览权，即可以查阅行政主体制作的与行政案卷有关的卷宗材料。①

　　3. 陈述申辩权

　　这里可以分为陈述权和申辩权两种。陈述权，是指行政相对人在参与行政执法过程中，享有对行政案件所涉及的事实向行政主体进行陈述，表达自己对事实认定和法律适用等问题的看法，从而实际地影响行政决定的作出的权利。申辩权又称抗辩权，是指行政相对人针对行政主体所提出的对己不利的指控，享有依据其掌握的事实和法律进行辩解、说明理由和反驳的权利。对于行政主体来说，可以通过让行政相对人行使陈述权和申辩权，从而做到"兼听则明"，避免失之偏颇。因此，陈述申辩权应当在行政决定作出前让其行使，《行政处罚法》第 44 条规定的事先告知制度，就是为了让当事人及时行使陈述申辩权而设计的。《行政处罚法》第 7 条、《行政许可法》第 7 条和《行政强制法》第 8 条都明确规定了公民、法人和其他组织依法享有陈述权、申辩权。此外，在《行政处罚法》《行政许可法》和《行政强制法》都规定了听证制度，都是为实现行政相对人的陈述申辩权而专门设计的。行政主体不能因为行政相对人的陈述申辩而加重对其的处罚。

　　4. 拒绝权

　　其是指行政相对人在行政执法过程中，享有拒绝服从明显违反法定程序而作出的行政决定的权利。就实质而言，拒绝权属于程序抵抗权的一种形式。程序抵抗权的法理基础是行政执法行为可能无效，而无效制度"实际上是在法律上赋予人们直接根据自己对法律的认识和判断，公开无视和抵抗国家行政管理的权利"②。这意味着，对于存在重大且明显违法的行政行为，行政相对人无须等到有权机关对其作出撤销决定，即可实施正当防卫——拒绝履行、不予合作。这种程序性权利已被我国的立法所肯定，《行政处罚法》第 70 条规定："行政机关及其执法人员当场收缴罚款的，必须向当事人出具国务院财政部门或者省、自治区、直辖市人民政府财政部门统一制发的专用票据；不出具财政部门统一制发的专用票据的，当事人有权拒绝缴纳罚款。"当然，实践中这项拒绝权的运用并不尽如人意。有学者这样评价：从实践层面观之，拒绝权几乎是一项"无法实际行使的"权利。公民拒绝权身陷尴尬处境还直接源于"权利

---

　　① 《行政复议法》第 23 条第 2 款规定："申请人、第三人可以查阅被申请人提出的书面答复、作出具体行政行为的证据、依据和其他有关材料，除涉及国家秘密、商业秘密或者个人隐私外，行政复议机关不得拒绝。"

　　② 于安编著：《德国行政法》，清华大学出版社 1999 年版，第 127 页。

行使对象判断上的巨大风险""权利行使方式运用上的现实困境"及"主体抗衡中理性交往渠道的缺失"，公民拒绝权的实现依旧任重道远。①

5. 参与权

广义的参与权也可称为参政权，是"公权"的一种，也是公民政治权利之一。②狭义的参与权则是指行政相对人基于行政法主体的地位，在行政主体为其设定权利义务时参与意思表示，从而形成、变更和消灭行政法律关系的权利，这是一种个人参与权、直接参与权，是一种法律上的参与权。行政相对人参与意思表示，是基于公共利益和个人利益的一致性原理。行政相对人的参与，使行政主体与行政相对人的意志得以沟通与交流，可以将行政意志融化为行政相对人的意志，也可以将行政相对人的意志吸收到行政意志中，从而使行政法关系真正具有双方性，体现一种合作的新行政法理念。

6. 行政行为检举权

其权利源自《宪法》第41条："中华人民共和国公民对于任何国家机关和国家工作人员，有提出批评和建议的权利；对于任何国家机关和国家工作人员的违法失职行为，有向有关国家机关提出申诉、控告或者检举的权利，但是不得捏造或者歪曲事实进行诬告陷害。"一般而言，检举是指"向司法机关或其他有关国家机关和组织揭发违法、犯罪行为"。③就行政相对人而言，检举权包括投诉和举报：投诉是针对与自身利益相关的违法或不当行政行为，是一种申诉行为；举报则是针对与自身利益无关但关系公共利益或者他人合法权益受行政行为侵害的事项，可归为一种控告行为。[51]

7. 行政救济权

救济权是由原权利派生的，为在原权利受到侵害或由受侵害的现实危险而发生的权利，是保护性法律关系中的权利。"无救济便无行政"，对行政执法行为的救济，主要有行政复议、行政诉讼、行政裁决、行政赔偿、行政补偿等制度。行政救济遵循着一般救济制度普遍适用的"不告不理"的原则，而一旦行政相对人启动了法定的救济程序，相关行政主体和司法主体都要立案审查，作出处理决定。

---

① 参见章志远著：《行政法学总论》，北京大学出版社2014年版，第150页。

② 我国一般将公民的政治权利概括为知情权、参与权、表达权和监督权四种权利，于2006年10月党的十六届六中全会作出的《中共中央关于构建社会主义和谐社会若干重大问题决定》中首次提出，党的十七大报告中进一步明确。

③ 中国社会科学院语言研究所词典编辑室编：《现代汉语词典》（第7版），商务印书馆2021年版，第635页。

（三）行政相对人的义务

有权利必有义务。与行政相对人的权利相对应的义务主要有：

1. 遵守行政法律规范的义务

行政法律规范规定人们在一定条件下必须做什么，在一定条件下禁止做什么，违反这些规定就会构成行政违法。行政相对人不得违反行政法律秩序，否则将接受行政主体的处罚。

2. 服从行政管理的义务

行政主体的管理意志通过某种行政命令表现出来，行政相对人应当服从行政主体的管理命令，对行政主体的命令有异议的，应通过法定的途径解决，如行政复议、行政诉讼等，而不能以拒不执行和服从的方式非法对抗行政主体的执法、管理命令。

3. 协助执行公务的义务

行政相对人协助行政主体执行公务既是项权利也是项义务。因为行政主体从事国家行政管理活动事关国家利益和社会公共利益，因而行政相对人都有协助行政主体实现管理目标的义务。

七、行政利害相关人

行政利害相关人又叫利害关系第三人，是指虽不是行政相对人，但因行政程序结果而影响或者可能损害其利益，行政主体必须依职权或依申请通知其参加行政程序的第三人。利害相关人也是特殊的当事人。

行政相对人以外的个人之所以有相关利益的请求权，一是源于行政行为与民事行为的竞合，如对违法建筑的强制执行，因为有第三人与违法建筑行为人之间的民事租赁合同关系，而形成了第三人的相关利益；二是源于其具有国家行为的"反射利益"。日本学者认为，所谓"反射利益"，是指国家实施法律，维护公共利益，从而产生的对个人有利的结果；个人对这种利益的享受完全取决于实定法规范的规定，并且对国家不具有请求权即不受法律保护。① 而在我国，这种"反射利益"并不排除当事人的请求权。[52]

我国行政法学界普遍认为，行政相对人以外的个人在与行政主体的意思

---

① 参见王和雄著：《论行政不作为之权利保护》，台北三民书局 1994 年版，第 124 页注 135。

表示有法律上的利害关系时构成第三人，与行政相对人一样具有参与权和救济权。《行政复议法》第 16 条明确规定："申请人以外的同被申请行政复议的行为或者行政复议案件处理结果有利害关系的公民、法人或者其他组织，可以作为第三人申请参加行政复议，或者由行政复议机构通知作为第三人参加行政复议。"而从《行政复议法》第 2 条的适用规定来看，如果行政相对人不提起行政复议申请，利害关系人也可以独立提出行政复议申请。①

---

① 《行政复议法》第 2 条："公民、法人或者其他组织认为行政机关的行政行为侵犯其合法权益，向行政复议机关提出行政复议申请，行政复议机关办理行政复议案件，适用本法。"

第四章　行政执法的原则与要求

一、行政法治原则概说

域外和国内的教科书上，一般都没有专指行政执法的原则，有的是行政法的一般原则，一般指向"依法行政"，有的表述为"行政法治"，我国现在更多地表述为"法治政府"。这种表述的差别并不是本质性的，而对其理解和解释的差别才比较大。

英国法学家 A. V. 戴西（Albert Venn Dicey）是历史上第一个提出"法治"（rule of law）概念的人，他将英国的法治原则归纳为三项：（1）人民非依法定程序，并在普通法院确认违法，不受财产及人身上不利的处罚。这是法治的第一要义，旨在制止"人治政府"拥有广泛、擅断限制人权的裁量权；（2）法律面前一律平等，一切等级平等地服从司法法院形成的或运用的普通法，即行政权受司法权的直接监督，这是英国法治的主要特点之一；（3）英国宪法是各法院由个案判决所累积的成果，所以法院是保障人权的结果，而非人权之本源，即个人权利源于普通法院的司法判决，而不是宪法。这是英国制度的"专有德性"。英国的行政法学鼻祖威廉·韦德（William Wade）从控权理论和观念出发，提出了法治政府的四项原则：（1）合法性原则，即每个政府必须能够证实自己所做的事是由法律授权的，几乎在一切场合这都意味着要有议会的授权；（2）合理性原则，即政府必须根据公认的、限制自由裁量权的一整套规则和原则办事；（3）接受司法监督原则，即对政府行为是否合法的争议应当由完全独立于行政之外的法官裁决；①（4）法律平等原则，即法律

---

① 英国行政法一直不认同由行政法院即政府体系内对行政违法行为进行救济的法国行政法模式，其坚持司法对行政的独立监督理念。戴西就认为，法国行政法保护官吏利益，法国行政法院则是维护官吏特权的机构，与英国的法律平等观念是对立的。

平等地对待政府和公民，不享有不必要的特权和豁免权。①

美国的法治原则包含下列因素：（1）法治原则承认法律的最高权威，要求政府依照法律行使权力，但法律必须符合一定标准，包含一定内容，否则，法律也可作为专制统治的工具；（2）正当的司法程序，为保护公民权益不受政府官员不正当行为的侵犯，还必须在程序方面对政府权力的行使加以限制；（3）法律规定的权利和程序必须执行，为此，必须有保障法律权威的机构。②

德国行政法学有"行政法一般原则"的概念，其是指由诉讼实务（包括释宪）及学术界所发展出来的行政法原理，也被称为行政法"法理"。③奥托·迈耶在《行政法》一书中认为，依法行政的重点为：（1）法律的规范创造力原则；（2）法律优越原则；（3）法律保留原则。④迈耶所创立的这一学说对亚洲国家影响很大，日本、我国台湾地区都将依法行政原则概括为法律优位原则和法律保留原则。这被认为是奥托·迈耶的重大贡献之一。之后，行政法又延伸出诸多一般原则，如诚实信用原则、比例原则、公益原则、明确性原则、平等原则等。

行政法律原则来自不同的途径和渊源：（1）来自宪法的具体化，因为宪法所规定的多是根本性的事项，行政法是宪法的具体化，因此宪法的规定和原则可以推导出一般行政法原则；（2）源于法律的抽象化，对于成文法的许多规定，行政机关和司法部门可以通过体系化、抽象化以及类型化的观察方法，获得一般原则后转用于其他未设规定的事项；（3）直接从正义的要求导出，这些原则属于普通的、任何人皆能认识的"法律基本原则"，如比例原则、诚实信用原则等；（4）得自于习惯法，如公益牺牲的公法补偿原则即属于此情形。⑤[53]

我国对行政法基本原则的研究，从1981年恢复行政法学研究为起点，经历了一个从各自表述到逐渐统一的过程。在早期的教科书中，常常将行政法的基本原则和行政管理的基本原则混为一谈。之后，逐步统一到两项原则，即行政合法性原则和行政合理性原则。⑥这被称为行政法原则的"通说"，但

---

① 参见［英］威廉·韦德著，徐炳等译：《行政法》，中国大百科全书出版社1997年版，第25—28页。

② 王名扬著：《美国行政法》，中国法律出版社1995年版，第10—11页。

③ 参见陈新民著：《行政法学总论》（修订八版），台北三民书局2005年版，第115—116页。

④ 陈新民著：《行政法学总论》（修订八版），台北三民书局2005年版，第76页。

⑤ 姜明安主编：《行政执法研究》，北京大学出版社，2004年版，第74—75页。

⑥ 参见应松年主编：《行政法学新论》，中国方正出版社2004年版，第29页。

学界对此通说也有许多反思，甚至质疑其缺陷，希望能对通说有所超越，进行重新概括，如章志远在其著作《行政法学总论》中，就将行政法基本原则概括为行政法定原则（包括法律优位原则、法律保留原则）、行政正当原则（包括合乎比例原则、程序正当原则）和行政诚信原则。并认为，行政法定原则是对依法行政理念的坚守，行政正当原则是对行政法治实践发展新要求的回应，行政诚信原则是面向行政法未来发展的一种展望。①

　　而在实践领域，对依法行政基本原则的探索不逊色于理论界。2004 年 3 月，国务院发布《全面推进依法行政实施纲要》，在总结 20 多年依法行政理论与实践的基础上，提出了依法行政的六个基本要求，其实质是基本原则：（1）合法行政；（2）合理行政；（3）程序正当；（4）高效便民；（5）诚实守信；（6）权责统一。这六项基本原则的确立，可谓是集理论与实践之大成，成为行政法治推进中的重要指标。到今天来看，这一依法行政基本要求的表述仍是十分全面、理念先进和高标准的。2014 年 10 月党的十八届四中全会《决定》则提出了法治政府的六个标准：职能科学、权责法定、执法严明、公开公正、廉洁高效、守法诚信。在笔者看来，这是 2004 年依法行政六个基本要求的升级版。2021 年 8 月，中共中央、国务院印发的《法治政府建设实施纲要（2021—2025）》将法治政府的标准调整为：职能科学、权责法定、执法严明、公开公正、智能高效、廉洁诚信、人民满意。进一步突出对数字法治政府和提高人民群众满意度的要求。

二、行政执法的基本原则

　　笔者在这里将行政执法应遵循的原则分为基本原则和特定原则两个层次。这并不是标新立异，而是从法治实践中体会到的。

　　有些原则对所有的行政行为都具有适用性，也就是行政法的一般原则，笔者称其为基本原则。罗豪才教授认为："行政法基本原则是指贯穿于行政法律关系之中，作为行政法的精髓，指导行政法的制订、修改、废除并指导行政法实施的基本准则或原理。"②而另有一些原则是仅仅在特定行政执法领域里

---

　　① 参见章志远著：《行政法学总论》，北京大学出版社 2014 年版，第 95—102 页。
　　② 罗豪才主编：《行政法学》，中国政法大学出版社 1989 年版，第 34 页。

适用，如仅适用行政许可、行政处罚、行政强制等某个领域，笔者称其为特定原则。[54]

国务院提出的依法行政六个基本要求，都属于基本原则，具有普遍适用性。当然，从今天的法治政府和服务政府实践来看，还有拓展的空间和必要。所以笔者在这里提出八项基本原则。

（一）合法行政原则

合法行政，要求行政机关实施行政管理，应当依照法律、法规、规章的规定进行；没有法律、法规、规章的规定，行政机关不得作出影响公民、法人和其他组织合法权益或增加公民、法人和其他组织义务的决定。

英国行政法上有两项基本原则，即越权无效原则和自然正义原则。前者接近我国的合法行政原则，后者则接近我国的合理行政原则。作为合法性原则的"越权无效原则"的核心内容是：越权的行政行为不具有法律效力。该原则既约束行政实体行为，也约束行政程序行为。实体上的越权包括：（1）超越管辖权的范围；（2）不履行法定的义务；（3）权力滥用；（4）记录中所表现的法律错误。程序上的越权则是指行政主体违反成文法明文规定的程序规则。①

在法国，由长期的行政判例所确立的行政法治原则包含了三项基本内容：（1）行政行为必须有法律依据；（2）行政行为必须符合法律；（3）行政机关必须以自己的行为来保证法律的实施。②

从世界法治发展历史来看，有个从"依法律行政"向"依法行政"的转变过程。德国奥托·迈耶时代所建立的是"依法律行政"，强调行政必须依实体法律的规定为之，也就是我们通常所理解的"依法条行政"，其带来的问题是，如果立法体系不健全或者存在不具有操作性的"恶法"，就无法实现对社会的管理和对行政权力的有效控制。所以，二战之后，德国《行政程序法》在第20条第3项规定：行政权（及司法权）应受法律及法之拘束。前面的"法律"作狭义理解，指各种实体法；而后面的"法"不仅仅指成文法，亦包括宪法的理念如权力分立、法治国家理念及基本权利等。奥托·迈耶时代的"行政合法律性"因此转变成了"行政合法性"。一字之差，体现的是整个行

---

① 参见王名扬著：《英国行政法》，中国政法大学出版社1987年版，第151—177页；胡建淼著：《十国行政法——比较研究》，中国政法大学出版社1993年版，第3—9页。

② 参见王名扬著：《法国行政法》，中国政法大学出版社1989年版，第196—198页。

政法理念的转变。①［55］

　　在我国，合法行政原则的确立，首先有宪法的依据。现行《宪法》在第一章总纲中明文规定："国家维护社会主义法制的统一和尊严。一切法律、行政法规和地方性法规都不得同宪法相抵触。一切国家机关和武装力量、各政党和各社会团体、各企业事业组织都必须遵守宪法和法律。一切违反宪法和法律的行为，必须予以追究。任何组织或者个人都不得有超越宪法和法律的特权。"②

　　合法行政原则也可概括为行政合法性原则，其基本内容是两条：一是权力来源合法；二是行政行为必须符合法律规定。

　　合法行政意味着遵循"职权法定主义"，其中，行政机关的职权由法律直接设定；非行政机关需行使行政职权的，必须由法律或者法规授权；行政机关需要委托事业单位或者其他行政机关行使行政职权的，必须通过规章以上法律性文件予以明确。这样才能确保权力来源的合法性。

　　合法行政要求行政机关依法律规定履行职权，这里的"法律"是个广义的概念，包括法律、法规和规章，它们都属于立法行为。对于法律规定的职权，同时又是职责，要做到不越位（即没有超越法定权限乱作为）、不缺位（即没有怠惰性的不作为、缓作为）、不错位（即没有不当运用权力滥作为）。

　　合法行政还要求行政机关在履行职权时应当遵循"法律优先"和"法律保留"两项原则。法律优先原则是指行政应当受现行法律（仅指具有最高效力的成文法——笔者注）的约束，不得采取任何违反法律的措施。这一原则无限制和无条件地适用于一切行政领域。③当法规、规章与法律不一致或相抵触时，应当以法律的规定为准。法律保留原则是指行政机关只有在取得法律授权的情况下，才能实施相应的行为，这一原则是从议会民主原则和法治国家原则引申出来的。我国现行的法律制度里，有相当部分的权力是由法律保留的专属权力，如行政强制执行权、征收征用权等，在这些领域的行政执法行为都要有全国人大及其常委会制定的法律为依据。法律保留原则比法律优先原则更为严格。"优先原则只是（消极地）禁止违反现行法律，而保留原则是（积极地）要求行政活动具有法律依据。在法律出现缺位时，优先原则并

　　①　陈新民著：《行政法学总论》（修订八版），台北三民书局 2005 年版，第 81—82 页。
　　②　现行《中华人民共和国宪法》第 5 条。
　　③　参见［德］哈特穆特·毛雷尔著，高家伟译：《行政法学总论》，法律出版社 2000 年版，第 103 页。

不禁止行政活动，而保留原则排除任何行政活动。"①

　　合法行政的核心是有效地控制权力。"控权"是现代法治的特征，也是行政法的理论基础。世界上对权力控制存在两种模式，即严格规则模式和正当程序模式。严格规则模式以大陆法系国家如德国为代表，注重通过制定详细的实体规则，实现对行政权力的实体性控制；正当程序模式以英美法系如英国为代表，注重通过行政程序的合理设计，实现对行政权力的程序性控制。简言之，德国的实体控权模式，是以立法权为优位；英国的程序控权模式，是以司法权为优位。从世界法治发展的趋势来看，是由前者向后者转变。

　　需要特别指出的是，对合法行政的理解要防止机械和僵化，不能简单解读为政府的每一个行为都要有法律文本的依据。对于会给公民、法人和其他组织带来利益减损或者义务增加的行政行为，或称为"负担性行为"，应该严格遵照"法无授权不可为"的原则执行；而对给老百姓带来实际好处和利益的行为，称为"授益性行为"，即属于服务行政范畴的事项，则无需有法律依据，只需属于本机关的职责就可，所遵循的是"法定职责必须为"的理念。

　　事实上，前面已有一些表述，从二战以来，世界各国都纷纷抛弃了行政主体的一举一动都要有法律依据的形式法治理念，而奉行实质法治的理念，即不论行政相对人的行为还是行政行为，不违反行政法规范的规定都应视为合法，用我们现在比较流行的说法，就是"法无明文规定皆可为"。日本的田中二郎教授在《依法行政之原理》一书中就此分析："（1）最初谓一切行政行为，均须依据法律，始合于依法行政的本义；（2）其后谓仅系侵害人民权利，或是人民负担义务之行为，必须有法律之根据，其余行为，可听由行政机关自由决定，其解释已较前为广泛；（3）迄于最近，学者谓依法行政一词，仅有消极之界限，即指在不违反法律范围内，允许行政机关自由决定而言，非谓行政机关一举一动，均须法律根据之意，其解释与前更不相同。"②我国的依法行政实践还没进展到这一步，但抛弃僵化的形式法治和控权行政理念应当成为共识。

（二）合理行政原则

　　合理行政，要求行政机关实施行政管理，应当遵循公平、公正的原则。

---

　　①　［德］哈特穆特·毛雷尔著，高家伟译：《行政法学总论》，法律出版社 2000 年版，第 104 页。
　　②　参见林纪东著：《行政法》，台北三民书局 1988 年版，第 49 页。

行使自由裁量权应当符合法律目的，排除不相关因素的干扰；所采取的措施和手段应当必要、适当；行政机关实施行政管理可以采用多种方式实现行政目的的，应当避免采用损害当事人权益的方式。

世界行政法史上，对合理行政原则的研究和实践最为系统并构成文化标准的是德国。德国行政法把合理行政原则的基本内容归纳为三项具体原则：（1）适当性原则（principle of suitability），即要求行政主体在执行一项法律时，只能够使用那些适合于实现该法目的的方法，而且必须根据客观标准，不是按照行政主体的主观判断来决定某种措施的适当性；（2）必要性原则（principle of necessity），又称为最温和方式原则，要求行政主体在若干个适合用于实现法律目的的方法中，只能选择使用那些对个人和社会造成最小损害的措施；（3）比例原则（principle of proportionality），即禁止越权原则，要求适当地平衡一种行政措施对个人造成的损害与对社会获得的利益之间的关系，也禁止那些对个人的损害超过了对社会的利益的措施。①

合理行政以合法行政为前提，也就是说，不合法的行政行为就不存在合理性问题，或者说不用考虑合理性问题。只有在合法的基础上，行政行为才有研究是否合理、合情的必要。[56]

合理行政要求行政执法遵循公平和正义的原则。公平是法治所具有的重要价值，亚里士多德称公平为百德之总。公平总是与正义连在一起的，因为正义正是强调以一种正当的倾斜保护式的分配方式，达到一种理想的社会秩序。古罗马的查士丁尼《民法大全》提出了由乌尔比安（Ulpianus）首创的正义定义："正义乃是使每个人获得其应得的东西的永恒不变的意志。"② 概而言之，如果说公平注重的是平等保护的话，正义则更注重对个人特殊利益的倾斜保护。"对平等地位的人平等对待，对地位不平等的人根据他们的不平等给予不平等待遇，这是正义。使一些政治和经济物质的拥有者在不同的程度上占有的多些，另一些人占有的少些，这也合乎正义。"③ 合理行政就是该同样对待的同样对待，该倾斜保护的倾斜保护。社会法的本质就是倾斜保护，体现社会正义。

合理行政也称行政适当性原则，行政适当性的一个重要内涵是行政自由

---

① 参见胡建淼著：《行政法学》（第三版），法律出版社 2010 年版，第 53—54 页。

② 转引自［美］博登海默著，邓正来译：《法理学：法律哲学与法律方法》，中国政法大学出版社 1999 年版，第 264 页。

③ ［美］艾德勒著，郗庆华译：《六大观念》，北京大学出版社 2004 年版，第 39 页。

裁量权的适当性，需要建立裁量基准制度，实现行政执法内容的标准化，从而防止畸轻畸重；要正确界定不确定的法律概念，使模糊的概念变得清晰和标准统一，可以准确适用；裁量要符合法律目的、具备合理动机；裁量要考虑相关因素、排除不相关因素；要保持法律适用于解释的一致性；要按照普通人的理性和常识作出推定；行政执法方式要措施得当、方式得体。[57]

合理行政要求行政执法遵循比例法则，即目的和方式之间要平衡，手段要适当，与需达到的目的相称。比例原则在行政法上运用较多的是"错罚相当"原则，即如果行政相对人违反行政管理而应当被处罚时，行政主体所决定的处罚力度应当与被处罚人违法行为的恶性程度相匹配。

合理行政要求行政执法行为遵循"最小利益侵害原则"，即对违法者不能无故地、过度地侵犯其正当的权益，而应当选择牺牲行政相对人利益最小而最接近实现行政法目的的行为。可以采取其他方式实现行政执法目的的，尽可能不要采取损害行政相对人权益的措施和方式，保障其应有的合法权益。

（三）平等对待原则

平等对待原则是笔者增加表述的一项原则。国务院的依法行政六项基本要求里没有单独表述，只在合理行政里有相关表述："要平等对待行政管理相对人，不偏私、不歧视。"而笔者认为，平等对待涉及法的价值和法的基本秩序，远不是合理行政所能涵盖的。美国当代著名行政法学家伯纳德·施瓦茨（Bernard Schwartz）就指出："如果说当代公法有一个反复出现的主题，那么，这一主题就是平等，包括种族之间的平等、公民之间的平等、公民与侨民之间的平等、富人与穷人之间的平等、原告与被告之间的平等。"① 所以法理学将平等视作法的普遍价值加以重视。

关于平等，法理上一个经典的表述是"法律面前人人平等"。"这可能是最知名也是在实践中运用最频繁的一个一般原则。"② 我国现行《宪法》第33条就明确规定："中华人民共和国公民在法律面前一律平等。"法律面前人人平等是现代法治所确立的基本原则。作为一个政治法律口号，它产生于资产阶级革命时期；作为正式的法律规定，产生于1789年的法国《人权宣言》以

---

① ［美］伯纳德·施瓦茨著，王军等译：《美国法律史》，中国政法大学出版社1998年版，第251页。

② ［英］L.赖维乐·布朗、约翰·S.贝尔著，［法］让-米歇尔·加朗伯特协助，高秦伟、王锴译：《法国行政法》（第五版），中国人民大学出版社2006年版，第219页。

及包含着《人权宣言》的法国宪法，其规定的主要含义：一是全体公民都有权亲身或经由其代表去参与法的制定；二是法对于所有的人，无论是施行保护或处罚都是一样的；三是全体公民可以按其能力担任一切官职、公共职位和职务，除德行才能上导致的差别外不得有其他差别。

今天，对法律面前人人平等的含义基本理解为：所有的人被法律赋予的权利和被法律规定的义务都是同等的，不因民族、种族、性别、职业、地位、出身、宗教信仰、受教育程度、智力、年龄、居住期限、财产状况、政治态度和政治面貌的不同而有所差别。[58] 有外国学者这么评价："平等这个词概括了人类迄今为止所取得的一切进步，也可以说它概括了人类过去的一切生活。从这个意义上说，它代表着人类已经走过历程的结果、目的和最终的事业。"①

关于平等，在行政法学上的一个专业表述是："同等情况同等对待，不一样情况不一样对待。"用通俗的话说，就是一视同仁。然而，对平等的解读是极为多元的，即平等是个有多种含义的概念。也因此，有学者深刻地提醒道，绝对的平等在世界上是不存在的。德国的古斯塔夫·拉德布鲁赫（Gustav Radbruch）就是其中之一，他指出："此处所言平等在其特定及本来的意义上还在于，所有法律的每一形式特征的特殊性都要置于一般规定之下，不平等性亦然。因为同等在这个世界上是不存在的，存在的只是如此不同的事物'就像一个鸡蛋和另一个鸡蛋'，同等总是显有不同等的抽象。"②

平等与公平在法律上常常是同义词。从中国的实际来看，已经将平等概括为权利的平等、机会的平等和规则的平等三种。③

权利平等，也就是法律基本权利的平等，即前面已提到的"法律面前人人平等"，也就是博登海默所说的"人类基本需要的平等"。今天，这一平等概念已经成为几乎所有法治国家在宪法或宪法性文件中都确认的法律基本价值目标。所以，也可以把权利平等看作一种宪法性权利，即宪法里所确认的公民基本权利。"基本权利是设立主观权利、客观法律规范和一般解释原则的基础，对一切国家权力和国家机关具有直接的约束力，只有根据法律或者通过法律才能限制基本权利。"④ 人的这种基本权利是不可缺失、不可替代、不

---

① ［法］皮埃尔·勒鲁著，王允道译：《论平等》，商务印书馆 1988 年版，第 256 页。
② ［德］拉德布鲁赫著，米健、朱林译：《法学导论》，中国大百科全书出版社 1997 年版，第 7 页。
③ 党的十八大报告中即是将公平分成了权利公平、机会公平和规则公平三类。
④ ［德］哈特穆特·毛雷尔著，高家伟译：《行政法学总论》，法律出版社 2000 年版，第 107 页。

可转让的。按照我国现行《宪法》，公民基本权利包括人身权、财产权、人格权、政治权、文化权、社会权、环境权、平等权、正当诉讼权等。① 诚如博登海默所言："如果享有实施与执行法律职能的机关能够使赋予平等权利同尊重这些权利相一致，那么一个以权利平等为基础的社会秩序，在通向消灭歧视的道路上就有了长足的进展。"②[59]

机会平等，博登海默称为"交换对等之平等"，即在交换交易中，人的正义感在某种情形下会要求允诺与对应允诺之间、在履行与对应履行之间达到某种程度的平等。③ 机会平等是与市场经济体制和机制相适应的，是一种"经济人"而非"身份人"的平等，旨在让所有人都有发挥才干、靠自己的劳动和智慧增长财富的机会。但结果可能不是绝对平等的。从平衡效率与公平的角度来看，机会平等是以效率和激励为主的一种平等观，它是与当下我们建设中国特色社会主义市场经济体制的需求相匹配的。社会常常为起点公平、过程公平还是终点公平（结果公平）而争论不休。起点公平看似绝对公平，但结果并不一定是公平（相同）的，因为同样的教育，智商不同的人的学业成果会有天壤之别。竞争者开始的机会是平等的，但竞争的结果亦会造成不平等，因为优胜劣汰是市场的法则，而新一轮竞争时更无平等可言了。终点公平看起来也是绝对的公平，但若按照不同人的自然需要，也可能是不公平的，因为每一个人经历、生理、性别、年龄等因素的不同，其需求都可能是不同的。所以，绝对的公平是不可能的。[60]

规则平等，是博登海默所说的"法律待遇的平等"、约翰·罗尔斯（John B. Rawls）所称的"补偿正义"。法律上的平等应该有两种含义：一是法律视为相同的人，都应当以法律所确定的一致的方式来对待，任何人没有特权。二是对于人类因出身、天赋和受教育等不同产生的自然差别的不公正性，法律应当加以补偿来实现正义，而不能默认这种不公平而产生事实上的歧视。规则平等属于第二种平等，其包含着对弱势群体的倾斜保护。正如罗尔斯所说："所有的社会的基本的善——自由和机会、收入和财富及自尊的基础——都应被平等地分配，除非对一些或所有的社会基本善的一种不平等分配有利

---

① 参见拙作：《法治与法治思维》，世纪出版集团、上海人民出版社 2013 年版，第 92—94 页。

② ［美］博登海默著，邓正来译：《法理学：法律哲学与法律方法》，中国政法大学出版社 1999 年版，第 286 页。

③ ［美］博登海默著，邓正来译：《法理学：法律哲学与法律方法》，中国政法大学出版社 1999 年版，第 287 页。

于最不利者。"① 核心是最后一句话：对有利于最不利者（弱者）的不平等分配是可以被接受的。规则平等有个前提，即规则本身是体现公平的，否则执行的结果一定不是平等的。这是对社会法和民生立法提出的要求。[61]

在行政执法中，是遵循权利平等，或是机会平等，还是规则平等，要视行政执法行为的性质，即是授益性行政行为还是负担性行政行为而定。对授益性行政行为，应当遵循机会平等（平等保护）或者规则平等（倾斜保护），对负担性行政行为则应遵循权利平等（义务平等）。

还需指出的一点是，法律上的平等原则是对合法权利的平等保护，而不是所谓"不法的平等"，即公民不能以行政执法人员未处理其他人的违法行为，而主张自己同样情况遭处理是违法之处分。② 这种违法的平等权是没有的。虽然行政执法这种行为可能会被冠以"选择性执法"遭到质疑，要求改进，但行政相对人并不能以此作为主张"不法的平等"权利的理由。[62]

（四）正当程序原则

正当程序要求行政机关实施行政管理要严格遵循法定程序，依法保障行政相对人、利害关系人的知情权、参与权、表达权和监督权，行政机关工作人员履行职责，与行政相对人存在利害关系时，应当回避。

正当程序具有技术层面和价值层面双重含义。从技术层面而言，正当程序是行政主体实施行政行为过程中依法所应当遵守的一系列的方式、步骤、顺序和时限。方式是实施和完成某一项行为的方法及行为结果的表现形式；步骤是完成某一行为所要经历的阶段；顺序是指完成某一行为所必经的步骤间的前后次序；时限是完成某一行为的时间期限。为了保证行政权力运行有序，必要的方式、步骤、顺序和实现是不可缺少的。③ 从价值层面而言，正当程序不仅仅是实现行政法实体结构的技术性工具，它还具有独立于实体而存在的内在价值，这种内在价值即程序自身的正当性，它在一定程度上主要取决于程序自身是否符合争议的要求，而并不取决于通过该程序所产生的实体结果如何。

美国法理学家、社会法学派的罗伯特·萨默斯（R. S. Summers）提出，

---

① ［美］约翰·罗尔斯著，何怀宏、何包钢、廖申白译：《正义论》，中国社会科学出版社1988年版，第292页。

② 参见陈新民著：《行政法学总论》（修订八版），台北三民书局2005年版，第87页。

③ 参见张树义著：《行政程序法教程》，中国政法大学出版社2005年版，第6—7页。

一种法律制度必须建立以下四个方面的程序方法：（1）为了使法律体现"程序价值"，应当建立一系列能够体现"程序价值"基本内容的法律原则、规则、准则等；（2）在"程序价值"受到侵害时可以发挥作用的纠正机制和制裁手段；（3）程序实施者和受程序影响的人能够用以判断"程序价值"实际得到实现的方法；（4）程序实施者用以判断"程序价值"受到侵害的方法。①对萨默斯上述四点论述，可以解读为：一是要求有一套体现程序价值的基本法律规范给予实体制度以保障；二是对程序违法要有与实体违法相似的纠错机制；三是要有一套程序合法正当的客观评价标准；四是要有程序违法的衡量标准。

正当程序原则即自然正义规则，最早在英国普通法的法院和法定裁判所的司法程序中得到运用，最初包含两项根本规则：一个人不能在自己的案件中做法官；人们的抗辩必须公正地听取。②后逐渐应用于行政活动中，形成了听取意见制度，并且适用于一切影响个人权利或合法预期的决定。听取意见制度主要包含三项具体内容：一是公民在合理时间以前得到通知的权利；二是公民有了解行政机关的论点和根据的权利；三是公民有为自己辩护的权利。③[63]

自然正义规则在欧洲已得到广泛推行。1977年，欧洲议会部长委员会提出正式建议，要求成员国遵守以下五项原则：（1）受审判的权利（辩护、证据）；（2）在行政行为之前获得有关的信息；（3）在行政程序中的协助与代理；（4）在行政程序中或在合理时间内应请求书面陈述理由；（5）指明救济及所给的时间限制。④上述五条，除第一条外，其余四条都是针对行政执法行为的。与英国最初的自然正义规则相比，其内涵已有明显的扩展。

在我国，《行政处罚法》《行政许可法》《行政强制法》三部行政程序法的颁布实施，标志着正当程序原则在我国行政执法中的落地，开始走出"重实体、轻程序"的传统执法理念，开始普遍建立利害关系人回避、事先告知及听取申辩、对不利处分说明理由、办事流程告示、救济途径时限告知、听证会、法律文书公开或查阅等制度。

---

① 参见李龙主编：《良法论》，武汉大学出版社2001年版，第140页。

② ［英］威廉·韦德著，徐炳等译：《行政法》，中国大百科全书出版社1997年版，第95页。

③ 参见薛刚凌主编：《国有土地上房屋征收与补偿条例理解与运用》，中国法制出版社2011年版，第70页。

④ 参见［英］威廉·韦德著，徐炳等译：《行政法》，中国大百科全书出版社1997年版，第101—102页。

正当程序要求行政机关在执法过程中，应保障行政相对人在知情权实现前提下的陈述权、申辩权，复议和诉讼的救济权，请求国家赔偿权，并要明确告知其相关权利。我国第一部行政程序法——《行政处罚法》——的第6条就明确了公民、法人和其他组织的上述五项权利，之后的《行政许可法》和《行政强制法》都作了相类似的规定。

就实践层面而言，我们需要转变一种观念，即从"法定程序"到"正当程序"的提升。目前我们都知道，违反法定程序的行为一定是错误的，需要被纠正的。但在有些领域，法律对程序的规定较为原则性，或者没有具体的程序规定，是否还有程序违法问题呢？这需要我们对"正当程序"有正确的认知，所谓正当程序，意味着即便法律没有规定具体的程序，但只要你违背了一般的正当程序要求，如前面所提到的回避原则、事先告知、听取陈述申辩、不利处分说明理由、办事流程公示、救济途径时限告知、必要的听证等程序，也可以被认定为行政行为不合理而予以撤销和纠正。所以说，正当程序对我们的要求，已经从合法行政提高到了合理行政的层面，要求更高了。对此，行政执法部门并没有形成共识，也没有做好观念上和制度上的准备。

（五）高效便民原则

高效便民，是颇有中国特色的行政法理念。因为域外行政法里较少强调高效，但会注重便民和为民。这也许同我国处于社会主义初级阶段，强调以经济建设为中心，全社会讲究发展速度、追求效率的价值取向有关。

高效便民要求行政机关实施行政管理时，应当讲究办事效率，遵守法定时限，履行承诺的约定时限。这是将民法中的"约定优先"原理运用到行政法领域，即如果行政机关作出承诺的办事时限短于法定时限的，就应当按照约定的时限办理，如果超出约定时限的，也应追究其行政责任。

高效便民要求行政机关积极履行法定职责，提供优质服务，方便公民、法人和其他组织。在办事方法、程序的设计上，要从方便百姓、企业的角度出发，即体现"以民为本"的理念，要克服"官本位"的思维定式，以便民为准则，而不能仅从方便行政管理的角度考虑问题、设计制度。

高效便民是一种积极的行政。传统的消极行政是通过制约机制，防止公权力滥用，侵犯行政相对人的合法权益，即所谓制约公权力"做坏事"；而现代的积极行政则是通过激励机制，促使公权力积极作为，为人民谋福利，维护和增进行政相对人的权利、自由，即所谓推动公权力"做好事"。①

高效便民还要求行政机关正确处理好高效与便民的关系。当高效有时与便民产生冲突时，不能为了效率而轻易牺牲行政相对人的正当权益。[64]

（六）公开透明原则

公开透明，在 2004 年国务院依法行政的六个基本要求中，并没有单独作为一个要求，只在诚实守信原则中表述道：行政机关公布的信息应当全面、准确、真实。而在 2008 年 5 月《政府信息公开条例》正式施行后，社会对政府公开透明有了更高的要求，所以仅作为诚实守信的一部分来对待，显然已经不适应社会和民众的期待和要求。党的十八届四中全会《决定》确立了衡量法治政府的六个指标，其中之一是"公开公正"，这是一种认识的进步。

公开透明要求行政机关对自己在行政管理和行政执法中制作或者获得的信息，应当遵循"以公开为原则、不公开为例外"的原则，除涉及国家秘密、商业秘密和个人隐私的信息外，都应当全面、准确、真实地向社会公开。能主动公开政府信息的应当主动公开；对符合条件的依申请公开政府信息的，应当及时提供。

公开透明是公民政治权利的实现途径。公民拥有的政治权力，在我国被概括为"知情权、参与权、表达权和监督权"四方面。而知情权是后面三项政治权利能否行使的前提和基础。只有知道了政府的运行和相关信息，才能参政议政；当对政府的公共政策有异议时，就可以表达自己的想法和意见建议；当认为自己的权利受到公权力不当侵害时，就能够行使监督权。而政府行为的公开透明，是保障公民知情权的重要途径。

（七）信赖保护原则

信赖保护，用通俗的话说，就是政府要"诚实守信"，非因法定事由并经法定程序，行政机关不得撤销、变更已经生效的行政决定；因国家利益、公共利益或者其他法定事由需要撤回或者变更行政决定的，应当依照法定权限和程序进行，并对行政相对人因此受到的财产损失依法予以补偿。信赖保护原则的宗旨在于保障私人的既得权，并维护法的安定性以及私人对其的确信。

从世界法治史来看，信赖保护也好，诚实守信也罢，都是从私法领域逐

---

① 参见姜明安著：《法治思维与新行政法》，北京大学出版社 2013 年版，第 307 页。

步适用到行政法领域，即公法私法化的产物。"诚信原则"原为私法之"帝王条款"，但是否属于行政法一般原则而为法源之一，在德国曾有过见解的变化，其先是以类推适用的方式加以肯定，之后才认为可以直接适用，在 1973年 10 月德国法学者大会后才真正奠定信赖保护原则在行政法中的地位。在日本则始终肯定诚信原则适用于行政法的原则。从另一个角度来审视，诚实守信也是一个道德准则，是道德原则的法制化。我国在 2003 年 8 月的《行政许可法》中第一次将信赖保护原则写入法律，标志着信赖保护原则在我国行政法治中的真正确立。①

信赖保护又称信赖利益保护，其理念源于宪法保障人民对"法安定性的信赖"以及宪法对"财产权保障"的基本原则。这里的信赖保护所称的"信赖"之标的，须具有拘束力的行政公权力行为，包括违法的行为与合法的行为。②

信赖保护要求行政机关对授益性行政行为，轻易不得撤回；若因公共利益的需要必须撤回的，应当按照法定权限、经过正当程序，尤其要向利益相关人说明理由，听取其意见，并要依法给予补偿；未经补偿的，不得剥夺行政相对人已经获得的授益性权利。

信赖保护还适用于行政机关违法的授益性行政行为。从某种角度来说，信赖保护更注重的是对违法的行政行为，出于信赖保护的需要，必要时需要将错就错，即便是行政相对人依法不具有的权益。[65]举个对信赖保护原则确立起过推动作用的案例：

1956 年，德国柏林高级行政法院受理了一个案件，在该案中，德国西柏林内政部书面答应给予民主德国某个公务员的寡妻一定数额的生活补助，随即她从民主德国迁徙至西柏林。在她到达后，内政部即开始给予其安置金。但是，后来事实证明她并不符合取得安置金的法定条件，从而给予安置金是违法的。内政部因而决定停止对她发放补助并且通知她归还业已取得的补助。柏林高级行政法院作出了支持该寡妇的判决（该判决后来得到联邦行政法院

---

① 《行政许可法》第 8 条规定："公民、法人或者其他组织依法取得的行政许可受法律保护，行政机关不得擅自改变已经生效的行政许可。""行政许可所依据的法律、法规、规章修改或者废止，或者准予行政许可所依据的客观情况发生重大变化的，为了公共利益的需要，行政机关可以依法变更或者撤回已经生效的行政许可。由此给公民、法人或者其他组织造成财产损失的，行政机关应当依法给予补偿。"

② 参见李惠宗著：《行政法要义》，台湾元照出版公司 2012 年版，第 122—123 页。

的支持）。法院认为，在依法行政原则和法律安定性原则之间存在着冲突：给予津贴的决定确实是违法的，然而该寡妇又有正当的理由信赖这样的决定是合法有效的。法院解决这一冲突的办法是将两个原则都承认为法治国原则的要素，因而没有哪一个原则自然地优越于另一个原则。相反，行政机关在作出决定前，应当对依法行政原则所保障的公共利益和保护私人对行政行为合法性的信赖的需要进行衡量。只有在前者对后者占据优势时才可以撤销原行政处理。①

信赖保护的条件是：受益人信赖行政行为的存在，并且根据与撤销的公共利益的权衡，其信赖值得保护。因此，对于确认权利或法律利益的行政行为原则上不能撤销，此时，"信赖保护原则"高于"法律优先原则"。德国行政程序法明确规定："提供一次性和持续性的金钱给付或可分物给付的违法行政行为，如受益人已信赖行政行为的存在，且其信赖依照公益衡量在撤销行政行为时需要保护，则不得撤销……"

（八）权责统一原则

权责统一，要求行政机关依法履行经济、社会、文化事务管理职责，要由法律、法规赋予其相应的执法手段；行政机关违法或者不当行使职权，应当依法承担法律责任，实现权力与责任的统一。依法做到执法有保障、有权必有责、用权受监督、违法受追究、侵权须赔偿。

权责统一是依法行政的基本要义。今天的政府已经从过去的无限政府转变为有限政府，从权力政府转变为责任政府。从法理上讲，这意味着行政机关有多大权力就承担多大的责任，但现实情况则并非如此，而是遵循着权力有限而责任无限的路径，这是由中国现实国情决定的。对此，往往会出现两种误判：行政机关会对权责统一作理想化的解读，成为推脱责任、不积极作为、不回应社会和民众需求的"法理依据"；社会民众则仍把无限责任政府视为理所应当，对政府有过度依赖的惯性，社会一旦出现问题都简单地归结为政府的错或者政府的责任。这两种认识都是需要矫正的。[66]

对于政府的过错和违法行为，政府要有担当，要有内部监督机制，有问责制度，有国家赔偿制度予以保障。

---

① 转引自姜明安主编：《行政执法研究》，北京大学出版社2004年版，第91页。

三、行政执法的特定原则

特定原则，是指在行政执法行为实施过程中，不同的具体行政行为除了遵循基本原则外，还会有一些具有该类型的具体行政行为特性和特征的原则。以下只列举一些主要行政执法领域的特定原则。

在行政许可中，有"四个优先"的原则，即"自主决定优先、市场竞争优先、行业自律优先、事后监管优先"①。这意味着虽然符合设定行政许可的条件，但能够通过"四个优先"解决的，可以不设行政许可。在立法10多年以后来审视，当年的立法理念是非常先进的，今天我们仍在实践这些原则，强调由事先监管改为事中事后监管便是一例。

在行政处罚中，有"错罚相当"原则，即设定和实施行政处罚必须以事实为依据，与违法行为的事实、性质、情节以及社会危害程度相当，不能重错轻罚，也不能轻错重罚；有"教育与处罚相结合"原则，即实施行政处罚，纠正违法行为，应当坚持处罚与教育相结合，责令当事人改正或者限期改正违法行为，教育公民、法人或者其他组织自觉守法，不"以罚代教"，也不"以教代罚"；还有"一事不二罚"原则，即对当事人的同一违法行为，不得给予两次以上罚款的行政处罚。

在行政强制中，有"公共利益优先"原则，又称应急性原则，即根据公关利益的需要，在紧急情况下行政主体采取的非法行为可以有效。应急性原则作为合法性原则的例外是必要的。需要说明的是，适用这种例外本身也应尽可能通过法律实现。有"最小利益侵害"原则，即适当性原则，若采用非强制手段可以达到行政管理目的的，不得实施行政强制，在实施强制手段时，在达到行政目的的前提下，应当采用对当事人损害最小的措施。还有"禁止谋利"原则，即行政机关及其工作人员不得利用行政强制权为单位或者个人谋取利益，如不得使用被查封、扣押的财产，不得收取保管费。实行收支两条线，合理确定代履行费用等。

在土地、房屋征收中，有"公平补偿"原则，即有征收必有补偿，通过对被征收人因征收造成的损失给予公平的补偿，使之最大限度地恢复原有土

---

① 参见《行政许可法》第13条。

地使用权人、房屋所有人权利圆满行使的状态；有"先补偿、后征收"原则，行政机关作出征收决定前，征收补偿费应当足额到位，专户存储、专款专用，强制执行申请书应当附具补偿金额和专户存储账号，否则不予执行。

在行政收费中，有成本补偿和非盈利原则，与社会承受能力相适应原则，促进环境保护、资源节约和有效利用原则，符合国际惯例和国际对等原则。

上面只是列举了部分行政执法行为中的特定原则，并未穷尽所有行政执法行为。对这些特定原则的分析与把握对于行政执法合法合理具有重要的价值。

四、行政执法的基本要求

坚持"严格、规范、公正、文明"执法，是党的十八届四中全会《决定》中对法治政府提出的明确要求。笔者认为，这是对行政执法规律的一种准确把握，是法治政府标准中"执法严明"的具体内涵。实践中，我们常常在行政执法应该"刚一点好还是柔一点好"之间徘徊，也有过走极端的时候，要么过于刚性，限制了老百姓的权利和自由；要么一味强调柔性执法，丧失了行政执法公定力、确定力、执行力、不可争力的本性。而"严格、规范、公正、文明"的执法要求，体现了两个理念：一是行政执法应该是"有刚有柔、刚柔相济"的，不能片面强调行政执法的公益性和强制性，而只注重刚的一面，造成对公民、法人和其他组织权利的过度限制甚至侵害，也不能一味强调柔性执法而不守法律秩序的底线；二是行政执法应该是一个"由刚到柔、先柔后刚"的过程，所谓由刚到柔，是指行政执法的首要目的是维护公共秩序和人民群众正当权益，所以从理念上来说，是以严格执法为起点，其顺序就应当是"严格—规范—公正—文明"，即由刚到柔的排列；所谓先柔后刚，是指行政执法从方式上来说应当教育与惩罚相结合，即先教育后惩罚，也就是"先礼后兵"的理念在行政执法中的体现。[67]

（一）严格执法

行政执法首先应该立足于"依法惩处各类违法行为，加大关系群众切身利益的重点领域执法力度"①。衡量行政执法是否严格的标准，是看行政主体是

---

① 党的十八届四中全会《决定》中的要求。

否做到了"依法全面履行政府职能",是否做到了控权前提下的积极行政。比如,2014 年,上海市政府加大对违法重点领域的执法力度,集中整治城市管理中的"四大顽症",即违法搭建、非法客运(黑车)、群租和无序设摊,究其原因,都是因为在一段时间内由于法律资源不足、行政机关消极无为等主客观原因,造成这些领域违法行为明显抬头甚至泛滥,成为一种较难克服的"社会顽症"。这说明,行政执法不能因为存在难度,就可以消极不作为,否则会积重难返。严格执法是行政机关依法行政的起点和基础。

(二)规范执法

在严格执法的前提下,要规范行政执法行为,完善行政执法程序,防止行政权力被滥用。如党的十八届四中全会《决定》中要求:建立行政执法全过程记录制度,明确具体操作流程,严格执行重大执法决定法制审核制度,建立健全行政裁量权基准制度,规范裁量范围、种类、幅度;全面落实行政执法责任制,严格确定不同部门及机构、岗位执法人员执法责任和责任追究机制等内容。这都是对行政执法的规范化要求。

(三)公正执法

行政执法中要体现公正,有两方面含义:一是公平,二是正义。

这里的公平与平等同义,即坚持"法律面前人人平等",做到"相同情况相同处理",不讲特权、没有歧视、一视同仁。我国台湾学者李慧宗提醒,公平原则,虽然是依法行政的基本原则之一,但作为行政法和法律解释的依据,其适用受到一定的限制,即需其他具体法律规定或其他法律原则已经适用穷尽,仍无法获得"合乎正义"的解决时,始能引用"公平"作为依据。所以,就方法论而言,公平原则应仅具有"补充"的效力,即它往往不是一开始就适用的原则,而是最后才适用的原则。[①] 这里的含义是,行政执法应当先以具体的法条为依据,当法条存在不确定、模糊、有漏洞、滞后等不"合乎正义"的情形时,才可以运用原理、原则(包括公平原则)来作为行政执法的依据,而不能动辄运用原理优先定理来执法。

而正义,则是对弱势群体的倾斜保护,即遵循"法律规则面前人人平等"的理念进行授益性行政执法,在给付行政、服务行政中,这种理念得到了最

---

① 参见李惠宗著:《行政法要义》,台湾元照出版公司 2012 年版,第 133 页。

集中的体现。

（四）文明执法

　　什么样的行政执法方式才是文明的？一是措施得当，按照最小利益侵害原则行事，行政执法手段与要达到的目的成正比，慎用限制相对人人身自由和财产自由的强制性执法措施，不过度侵害行政相对人的权益；二是方式得体，做到礼貌、稳重、理性，在一般情况下，应当做到"骂不还口，打不还手"，尽守法制教育的义务；三是公开透明，对行政相对人作出不利处分的都要事先告知、说明理由、听取陈述申辩；四是"等距离执法"，对违法行为少的，减少对其的行政执法检查频率，对违法行为多的，才增加对其的行政执法检查次数，从而形成让守法者感觉方便自由，而让违法者感到不方便不自由的法治环境。

第五章　行政执法行为的合法性认定

一、法理基础——逻辑推理

按照古希腊哲学家亚里士多德（Aristotle）对法治的设想，法治对于政府官员等"统治者"而言，应当是"守法的统治"。要老百姓守法，政府官员首先要做到守法，即依法行政。

判断一个具体行政行为是否合法？最基本的思维方式是运用逻辑推理。逻辑推理是一种形式推理，博登海默称之为"分析推理"。从理论上说，逻辑推理有演绎推理、归纳推理和类比推理三种，但就法律推理而言，这三种推理的功能和适用范围都是不同的。其中，演绎推理是最主要的方式，而归纳推理和类比推理在我国法律推理中的运用都有明显的局限性。

演绎推理，主要是运用三段论方法进行推理，即由大前提和小前提推导出结论。这是从一般到特殊的推理，是一种最基本的法律推理方式。因为现代法典主要是由把一定的行为构成要件和一定的法律效果联系起来的假言命题而构成的，这就促使法律的适用也按照形式逻辑三段论的格式进行——法律的规则为大前提，法律实施者认定的事实为小前提，推理的结论便是判决。①这种三段论方法被亚里士多德称为"一种论述，在这种论述里，如果先行陈述了某些东西，那么由这些东西就必然可以得出并不是这些东西的其他东西"②。[68]下面就是亚里士多德三段论方法的一个例证：

所有人都会死

---

① 季卫东：《"应然"与"实然"的制度性结合（代序言）》，参见［美］麦考密克、魏因贝格尔著，周叶谦译：《制度法论》，中国政法大学出版社1994年版，代序言第2页。

② 转引自［美］博登海默著，邓正来译：《法理学：法律哲学与法律方法》，中国政法大学出版社1999年版，第491页。

　　苏格拉底是人

　　因此，苏格拉底会死

　　可以认为，一切制定法的法规则都预设了调整某一社会关系的大前提，从而也为行政机关和法院适用它处理符合该规则的具体案件提供可靠的依据。在行政执法过程中，对行政相对人的行为是否构成违法与合法，以及对行政行为的合法性的判断，都是运用的演绎式逻辑推理。

　　归纳推理，是一种从特殊到一般的推理，其适用的合理性是人类对正义的需求的不可或缺性和制定法的滞后性带来的必然选择。归纳推理可以运用于立法、行政执法和司法审判等不同环节。在行政执法过程中，用归纳法可以使相同案件得到相同的处理，体现法的公平性和一致性，从而实现行政执法的公正与合理。当然，归纳推理有其局限性，"从呈现出共同要素的特殊案例中以归纳方式得出的一般性概括，很少能符合逻辑的必然性"[①]。中国不是判例法国家，以演绎推理为主，但在法治实践中，也有归纳推理的运用。在行政执法中，行政裁量权的规范，便是为了防止畸轻畸重等不公正结果的出现，也是通过归纳法确定裁量的幅度。

　　类比推理，这是把一条法律规则扩大适用于一种并不为该规则的语词所涉及的，但却被认为属于构成该规则之基础的政策原则范围之内的事实情形。[②]与演绎推理相比较，类比推理可看作从一种特殊到另一种特殊的推理。类比推理可以在行政执法和司法过程中合理运用。对规则进行类推适用的目的就是要通过同样对待属于相同政策原则范围内的事项和案件来帮助实现正义原则。美国法学家伯顿（Steven J. Burton）认为，类比法律推理与普通法系的判例法有着渊源，"遵循先例原则支撑着普通法的判例学说，该学说把先前判决的案件当作此后案件的判决依据。判决学说下的推理主要是通过类比进行的，其基本要求是同样案件同样判决。这是形式主义的要求"[③]。但类比推理的运用有一定的限制，在法律适用中不是所有情形都可以随意运用类比推理的，如在有明确规范性指定的刑事法律领域就不能适用类比推理。在英美

　　① ［美］博登海默著，邓正来译：《法理学：法律哲学与法律方法》，中国政法大学出版社 1999 年版，第 493 页。

　　② ［美］博登海默著，邓正来译：《法理学：法律哲学与法律方法》，中国政法大学出版社 1999 年版，第 494 页。

　　③ 参见［美］史蒂文·J. 伯顿著，张志铭、解兴权译：《法律和法律推理导论》，中国政法大学出版社 2000 年版，第 31 页。

国家，甚至不鼓励对非刑事法律领域适用类比推理。我国还不是判例法国家，其判例不具有先例的法定依据效力，所以，类比推理的运用在我国更被压缩到最小限度。

从一般立法规范来看，法律规范由三要素组成，即法律权利（法定规则）、法律行为（事实要件）和法律责任（法律后果）三者有机地构成法律制度的本体要素。"法律规范是一种包含条件的命令。一旦具体案件事实符合法律规范的事实要件，就应当产生法律事先规定的法律后果。"德国行政法学家哈特穆特·毛雷尔（Hartmut Maurer）认为，三段论推理其实也是个法律适用的过程，依次包括四个阶段：

（1）调查和认定案件事实：发生了什么事实，存在哪些证据？

（2）解释和确定法定事实要件：法定事实要件包括哪些内容？

（3）涵摄：案件事实是否符合法定事实要件？

（4）确定法律后果：如何处理？

上述四个阶段并非相互孤立，而是相互关联的。对案件事实的调查应当按照法定事实要件进行；解释法律应当考虑具体的案件事实及其对各个方面的影响；适用法律不仅是寻求逻辑结果的过程，而且也是一个判断性的认识过程。[1] 需要注意的是，我们必须把三段论的合法性同它的真实可靠性区分开来。真实可靠性不仅取决于具体的三段论是否合法，而且取决于前提是否真实。[2]

（一）大前提——法定规则

"法律是以权利和义务为核心的，法律规范的一切内容都是围绕这一核心而展开的。法律就是通过权利和义务的设定进行利益调整。"[3] 作为行政执法依据的法律文本中设定的规则，又被称为"法定条件"，主要是解决设定什么权利和义务，以及给谁设定权利和义务的问题。这构成判断一个事实或者行为是否合法的基本前提，也就是逻辑推理的大前提。这些权利和义务，在法律文本中的表现形式是一套规则体系。法律规则从内容上可分为授权性规则和

---

① ［德］哈特穆特·毛雷尔著，高家伟译：《行政法学总论》，法律出版社 2000 年版，第 122、123 页。

② ［美］理查德·A.波斯纳著，苏力译：《法理学问题》，中国政法大学出版社 2002 年版，第 55 页。

③ 孙笑侠著：《法律对行政的控制——现代行政法的法理解释》，山东人民出版社 1999 年版，第 46 页。

义务性规则。

授权性规则是指人们可以作出或要求别人作出一定行为的规则，也就是哈特所说的次要规则，其特点是任意性和自由选择性，法律文本的表述是"可以""有权""有……的自由""不受……干涉"等。

义务性规则是指直接要求人们从事或不从事某种行为的规则，也就是哈特所说的主要规则。义务性规则又可分为命令式规则和禁止性规则两种：命令性规则是要求人们必须作出某种行为的规则，法律条文的通常表述是"应当""必须""应该"等；禁止性规则是限制或严禁作出某种行为的规则，法律文本里表述为"不得""禁止""严禁"等。

对行政执法人员来说，要熟练掌握法律文本相关的授权性规则和义务性规则，以准确判断行政相对人的行为是否符合这些规则，并在行政执法过程中正确地适用这些规则。也就是要解释和确定法定的事实要件内容：法定事实要件包括哪些内容？

（二）小前提——事实要件

法律是以人为调整对象，以人的行为和物为调整客体的。而作为逻辑推理的小前提，是判断人（包括法人）的行为模式是否符合法律规则，这构成特定的法律行为，也构成明确无误的事实要件。

在一个具体案件的行政执法中，执法人员的一个重要使命是通过获取真实、有效且充分的证据，来认定行政相对人的行为或者条件是合法还是违法这一事实，即调查和认定案件事实：发生了什么事实？存在哪些证据？具体来说，是符合还是违反大前提所列明的法定条件。如果行政相对人对"应当"履行的义务没有履行，就属于违法行为，或者不符合法定的条件，不具有相应的权利；如果行政相对人从事了"不得"从事的活动，也属于违法行为，可能要承担相应的行政处罚。

（三）结论——法律后果

根据大前提和小前提，就可以推断出相应的结论，也就是法律后果。法律后果分为肯定性后果和否定性后果。对于符合授权性规则的主体给予肯定性后果；对于违反命令性规则和禁止性规则的主体，则给予否定性后果。

法律后果常常表现为法律文本里的法律责任。但法律后果并不完全等同于法律责任。对于法律责任来说，只有义务性条款及否定性条款，而无肯定性条款。法律责任是权利义务实现过程中派生的义务，是"以破坏法律上的义务关系为前提而产生的法律上的不利后果"①。反之，则没有法律责任。

德国的汉斯·凯尔森这样评价义务和责任的关系："同一法律规范既代表了义务又代表责任。法律规范意味着一个关于不法行为的可能主体的义务：它意味着对制裁的可能客体的一种责任。"② 也就是说，对于行政相对人的违法行为，在法律责任中应当设定义务性的罚则。而对于行政相对人的肯定性规则，则应当在法律责任中相应设定行政执法机关的责任和违反责任的罚则。

二、行政执法行为合法性的标准

行政执法行为合法性认定也是一种逻辑推理，但与前面作为法理基础的三段论推理所指向的恰好相反，前面的三段论推定的是行政相对人行为的合法性，而这里所指向的是行政主体的行为合法性。美国的伯纳德·施瓦茨认为，行政法可分为三个部分：（1）行政机关所具有的权力；（2）行使这些权力的法定要件；（3）对不法行政行为的补救。③ 其逻辑也是一种三段论：

大前提：法律条文规定的行政职权或职责
小前提：行政主体的行为事实（与条文规定一致或不一致）
结　论：法律后果（肯定或需要纠正）

认定一个行政行为是否合法，有五项标准，即：认定事实清楚、证据确凿；适用依据正确；符合法定权限；程序合法；形式要件合法。④[69]

（一）认定事实清楚，证据确凿

这是行政执法行为的事实要件。事实分为客观事实和法律事实两种。客

---

① 孙笑侠著：《法的现象与观念》，群众出版社1995年版，第203页。
② ［奥］汉斯·凯尔森著，沈宗灵译：《法与国家的一般理论》，中国大百科全书出版社1996年版，第77页。
③ ［美］伯纳德·施瓦茨著，徐炳译：《行政法》，群众出版社1985年版，第1页。
④ 我国《行政复议法》第68条对行政行为的正确性确定了四项基本标准：认定事实清楚、证据确凿；适用依据正确；程序合法；内容适当。其中，内容适当属于合理性判断，其余三项均属于合法性标准。笔者结合实践中的体会，增加了两项：符合法定权限，形式要件合法。

观事实是实际发生的、能用逻辑推理出来的事实；而行政执法行为所认定的是法律事实，即用真实、有效、充分的证据锁定的客观事实。行政机关所合法取得的证据要能证明该事实发生或存在的时间、空间和其他条件，而不是主观臆断或猜测，甚至也不能进行常识性合理推定。① 所以证据对于行政执法来说是至关重要的。行政执法人员的基本素质之一，要学会发现证据和固定证据，以证明行政相对人的合法或违法事实。

证据要证明事实，必须具备证明力。这种证明力应当符合以下标准：

一是证据的种类应当符合法律规定。目前，根据《行政诉讼法》第 33条和《行政复议法》第 43 条的规定，行政执法中被承认有效的证据种类包括：（1）书证；（2）物证；（3）视听资料；（4）电子数据；（5）证人证言；（6）当事人的陈述；（7）鉴定意见；（8）勘验笔录、现场笔录。这与民事诉讼中的证据种类基本相同。其他的所谓证据都不具有证据效力。

二是主要证据应当是真实的、确凿的，具有证据力。无论是主观故意还是无意识取得的虚假证据，甚至伪造的证据，都不具有法律上的证据力。在《行政诉讼法》里，"主要证据不足的"将导致行政行为违法。如果证据不能证明法律事实的存在，即属于"主要证据不足"，意味着事实不存在、事实不清、没有证据证明事实的存在。

三是取得证据的程序应当符合法律规定或者正当性要求，这样的证据才是有效的。采用威胁、利诱、强迫、欺骗等不正当手段获取的证据，即使是真实的，也不能被采信；所有的证据都应当在作出具体行政行为之前获取并认定，在此之后，包括行政复议和行政诉讼阶段取得的补充证据，除非是经人民法院准许的，否则其补充的证据即便被证明是真实的，也不具有法律效力。以非法手段取得的证据，在行政复议和行政诉讼中都要被排除，即不得作为认定案件事实的根据。

四是证据应当有充分的证明力。证据能证明该法律事实具有唯一性，不存在相互矛盾的证据，在与反面证据质证时具有优势，而不会被反面证据所推翻。

在行政执法过程中，行政执法人员有权依法调查取证，包括听取当事人的陈述笔录；收集证人的证言，要求行政相对人做调查笔录；制作现场笔录或勘验笔录；查阅核实相关资料；采集相关的视听资料或者电子数据等。行

---

① 参见陈新民著：《行政法学总论》，台北三民书局 2002 年版，第 478 页。

政相对人和相关人员有配合调查取证的义务。

在调查取证基础上，行政机关依据所掌握的证据，认定法律事实这一小前提，并对照法定条件的大前提，作出当事人的行为或者请求是否合法的法律结论，并依法作出相应的处理。

在行政复议或者行政诉讼阶段，作出行政行为的行政主体对其行政行为的合法性承担举证责任。申请复议人或者原告有举证以支持自己主张的权利。复议机关和诉讼机关则承担复核、审查、判断、认定行政主体的证据是否真实、有效并能充分地证明法律事实的权利和义务。

（二）适用依据正确

行政执法要以事实为依据，以法律为准绳。无论是授益性行为还是侵益性行为，原则上都要有法律依据，这是依法行政的内在要求。这里所说的法律依据，是个广义的概念，泛指所有具有法律效力的法律性文件。

我国是统一的、单一制的法制国家，国家法律体系由横向和纵向两个方面的法律性文件构成：横向是由七个法律部门组成，即宪法相关法、民法商法、行政法、经济法、社会法、刑法、诉讼与非诉讼程序法。纵向来看，我国的法律体系有中央立法和地方立法组成，中央立法包括宪法、全国人大及其常委会制定的法律、国务院制定的行政法规、中央军委制定的军事法规、国务院部门制定的部门规章等；地方立法则包括地方人大及其常委会制定的地方性法规、民族自治地区制定的自治条例的单行条例、经济特区人大制定的经济特区法规、有权的地方政府制定的政府规章。

对于行政执法而言，并不是所有的法律性文件都可以作为执法依据的。宪法、民法商法、刑法以及民事诉讼法和刑事诉讼法、军事法规等，都不是行政执法的依据。行政执法的依据主要由行政法、经济法、社会法以及行政诉讼法组成，以法律、法规和规章的形式出现。

实践中比较有异议的是，规范性文件能否作为行政执法的依据？[70]目前，与行政执法相关的规范性文件主要有实施类文件、创制类文件、解释类文件和内部性文件四类。这四类文件在行政执法中有不同的定位，其法律效力也不同。需要把握以下几点：

1. 实施类规范性文件，是指对法律、法规、规章作实施性细化的配套性文件。这类文件可以作为行政执法的依据，但只能与法律、法规或者规章配套适用，不能单独作为行政执法依据。实施类文件需要进行合法性备案审查，其是否合法的标准可以概括为两条：不得增设行政相对人的义务；也不得减损行政相对人的权利。这是条非常重要的原则和底线。在行政复议和行政诉讼中，当事人对实施类规范性文件的合法性有异议的，可以一并提出合法性审查的请求，但不能单独就规范性文件提出行政诉讼和行政复议。

2. 创制类规范性文件，是指被授权的地区或者部门，依照职权，在相关管理领域，根据改革或者管理的需要制定的规范性文件。这类文件的内容往往可能已对现有法律、法规、规章作了一定的变通规定，但其不能违背基本的法律原则和法理，不能与国家大政方针相冲突。所以从某种角度说，这类文件也可称为改革类规范性文件。当然，这类创制类规范性文件可以独立作为行政执法的依据。

3. 解释类规范性文件，是指有法律实施权的行政主体对行政执法所依据的法律、法规和规章通过应用性解释的方式，进行实施性的细化，以解决法律条文的模糊、多意、歧义，以及不确定的法律概念，使法律文本中缺乏操作性的条文得到合理的适用。需要说明的是，虽然我国的法律体系中并没有赋予法律实施者（包括行政执法者和法官）以明确的法律解释权，但实践中，行政执法者和法官都有意无意地在解释着法律文本，因为通过立法者的解释来解决行政执法中的疑难问题，既不现实，也无必要。因此，解释类规范性文件的产生便变得不可避免。解释性规范性文件具有立法同等的效力，因此能够作为行政执法的依据适用。

4. 内部性文件，只是行政机关实施内部管理的制度，其性质与行政执法和履职没有直接的关系，所以，这类规范性文件不是行政执法的适用依据。但有些文件具有内部性与外部性混合的性质，需要甄别和推敲。如规范行政执法队伍纪律和管理的规范性文件，虽属于内部管理性文件，但行政执法人员的纪律是要接受行政相对人监督的，所以又具有外部性，这类规范性文件应该是行政执法时要遵循的规范，可以视作为行政执法的程序性规范，应当作为行政执法依据的一部分。

上述四类规范性文件，只要是作为行政执法依据的，都应当向社会公开，只有纯粹的内部性文件不用向社会公开，即不属于政府信息公开的范畴。

（三）符合法定权限

所谓法定权限，是指法律、法规和规章对具体行政行为和处分应有明确的裁量方式和幅度的规定，在此方式和幅度之内的属于行政裁量权限，都具有合法性，但会存在畸轻畸重的不合理性问题，需要进行合理性的审查和把握。超出规定权限的行为构成行政越权。行政越权严重者会导致无效。

　　需要重点探讨的是，法定权限有上限和下限规定，对于行政裁量不能超出上限是有共识的，而对能不能超过下限进行处分就有不同的认知了（如法定罚款额为 1000 元至 10000 元，能否罚 1000 元以下）。有观点认为，按照刑法的规定，从轻处罚是在法定刑限度内按较轻的刑罚予以处罚；减轻则是在法定刑以下作出处罚。既然《行政处罚法》规定了从轻和减轻两种方式，尽管未区分情形，可以参照刑法规则，在法定处罚幅度以下作出减轻处罚。对此，笔者认为明显不妥。理由如下。其一，按照行政法定原则，《行政处罚法》第 32 条规定的依法从轻或减轻的情形，并未对从轻与减轻的具体标准予以明确；而《刑法》在第 62 条 ① 和 63 条 ② 分别对从轻与减轻两种情形作了具体的明确。所以，简单参照刑法的规定缺乏法定依据，有违依法行政原则。其二，从《行政处罚法》的立法本意来看，也并未想赋予行政机关这种裁量权，从行政处罚设定权来看，规定了行政法规、地方性法规设定相关处罚时，都限定在上位法规定的种类和幅度范围内作出具体规定，部门规章和地方政府规章的罚款限额则由国务院或地方人大决定，在法律责任第 76 条明确：擅自改变行政处罚种类、幅度的，要追究相关人员的法律责任。这意味着不能超出行政裁量权设定的范围。其三，目前《行政处罚法》规定的与从轻和减轻相关的三种情形，也都没有可以在法定幅度以下执行的规定：第 33 条规定，违法行为轻微并及时纠正，没有造成危害后果的，不予行政处罚，亦没有选择处罚幅度的权力。第 66 条规定，当事人确有经济困难，需要延期或者分期缴纳罚款的，经当事人申请和行政机关批准，可以暂缓或者分期缴纳。也没有在法定幅度以下处分的规定。《行政强制法》第 42 条也只规定了执行和解制度，即实施行政强制执行，行政机关可以在不损害公共利益和他人合法权益的情况下，与当事人达成执行协议。执行协议可以约定分阶段履行；当事人采取补救措施的，可以减免加处的罚款或者滞纳金。也没有可以减免至法定的罚款幅度以下的规定。[71]

---

　　① 我国《刑法》第 62 条规定："犯罪分子具有本法规定的从重、从轻处罚情节的，应当在法定刑的限度内判处刑罚。"

　　② 我国《刑法》第 63 条规定："犯罪分子具有本法规定的减轻处罚情节的，应当在法定刑以下判处刑罚；本法规定有数个量刑幅度的，应当在法定量刑幅度的下一个量刑幅度内判处刑罚。"

（四）程序合法

一个行政行为，既要求实现实体正义，也要求确保程序正义。因为正确的具体行政行为一定是实体与程序的统一体。实体正义又可称为实质正义，是以制度正义为前提，在于通过对实体权利与义务的安排，为社会提供一种秩序，使人们都能发挥自己的才能，享有自由、平等、安全等权利。程序正义又可称为形式正义，其实际上是一种社会冲突解决的正义，要求没有偏私，公平对待，程序一旦启动不受任何不正当力量的干扰，坚持以公正标准促进纠纷解决，而不仅仅是把它们了结，是保证实现制度正义的形式正义方法。

那么，什么是程序？程序包括方法、步骤、顺序和时限等要素。[72]如季卫东教授所言："程序的本质特点既不应该是形式性，也不应该是实质性，而应该是过程性和交涉性。"①

在法治实践中，程序的法律载体包括法定程序和正当程序两种。法定程序是以程序法的形式出现的，一种是专门的行政程序法，为程序法中的一般法。我国虽然没有一部综合性的行政程序法，但已先后制定了《行政处罚法》《行政许可法》和《行政强制法》，构建了行政程序法的主要结构。另一种是各种部门法里有相应的行政程序规定，为程序法的特别法。所以，对照相应的程序规定，能检验具体行政行为是否做到了程序合法。当专门的法律里有程序规定的，按照特别法优于一般法的原理，应当优先适用相关程序；当专门法律里没有程序规范的，就适用《行政处罚法》《行政许可法》和《行政强制法》等一般程序法的规定。

另一方面，正当程序并不限于法律规定。作为一种形式正义，在法律规定外，行政机关出于平等、公正、无特权、不歧视等理念，可以自行履行正当程序。如听证程序，只在行政处罚等部分法规范中有明确规定，但若为了体现公平正义，即便法律没有规定的领域，行政机关也可以自行决定举行听证。又如公告程序，除了法律规定的外，行政机关如果认为有必要，也可自行增加公告程序，以在以后的救济程序中取得主动②。当然，增加程序的是非标准是看对谁更加有利，只要对公民、法人和其他组织有利的程序，即便没有法律依据，也是正义的、正当的。

从行政行为的合法性认定来看，主要关注的是法定程序是否被遵循的问

---

① 季卫东：《法律秩序的意义》，载于《中国社会科学》1993 年第 1 期。
② 《行政诉讼法》增加了不动产诉期 20 年，其他的诉期 5 年的规定。

题；而法定程序以外的正当程序判断，则是行政行为合理性的裁量问题。

（五）形式要件合法

所有行政行为都是应当可以救济的，所以都应当是有书面形式的要式行为。除了上述内容的正确外，书面形式要件的合法性也是必不可少的，否则，轻则会有瑕疵，重则造成行政行为无效，如行政处罚决定书未按规定盖上公章①，该文书便无效；若盖的是行政机关内设机构的印章，也是不合法的。[73]

---

① 《行政处罚法》第 59 条规定，行政处罚决定书必须盖有作出行政处罚决定的行政机关的印章。

第六章 行政执法行为的合理性裁量

一、法理基础——辩证推理

行政行为的合理性，是相对于合法性而言的。如果说合法性推理是一种形式推理，即逻辑推理的话，行政合理性则是一种实质推理，博登海默称之为"辩证推理"，其前提是行政主体和行政行为已具备合法性，即符合法定要件，但成文法并没给出唯一性的法律后果，有两个以上或一定的幅度可供选择，构成裁量。按照亚里士多德的观点，辩证推理是要寻求"一种答案，以对在两种相互矛盾的陈述中应当接受何者的问题作出回答"①。其潜在含义是，当形式推理并不能明确无误地推理出法律结论时，需要通过实质推理去寻求体现正义的结论；当推理基础的前提是清楚的、众所周知的或不证自明的时候，是不需要实质推理即辩证推理的。[74]

制度法学派的奥塔·魏因贝格尔（Ota Weinberger）把辩证推理与正义相联系，认为"对正义的分析实际上是由理性构成的，但这些分析只有通过充满了评价的辩证推理才能得出结论"，因为"人们可以说出一些规则，但没有任何规则能够把关于正义的考虑转换为数学式的运算"②。孙斯坦也认为："未完全理论化的协议对于法律推理至关重要。它是社会稳定的重要来源，也是人们表示相互尊重的重要途径，尤其是在法律以及自由民主中更是如此。"③

辩证推理可以解决以下几个问题：一是可用法的目的和价值等抽象的原

---

① 参见［美］博登海默著，邓正来译：《法理学：法律哲学与法律方法》，中国政法大学出版社1999年版，第497页。

② ［美］麦考密克、魏因贝格尔著，周叶谦译：《制度法论》，中国政法大学出版社1994年版，第203、204页。

③ ［美］凯斯·R.孙斯坦著，金朝武、胡爱平、高建勋译：《法律推理与政治冲突》，法律出版社2004年版，第3页。

则来检视和矫正法律条文的正当性和适用性；二是解决两种以上需要选择适用的条款的选择标准问题，实现法的公正价值；三是解决"合法"与"合理"的矛盾，使法更加符合人性和善良。而以上这些，都是逻辑推理无法回避和解决的缺陷。

其实，形式（逻辑）推理与实质（辩证）推理不是截然分离的。"逻辑和经验在行使司法职能过程中与其说是敌人，毋宁说是盟友。"①博登海默明确指出："我们不应当这样认为，即人们必须在推理的分析形式和辩证形式之间作出排他性的选择，即使用一种推理形式就得排除采用另一种推理形式。实践中经常发生的情况是，这两种论证方式在同一案件的过程中往往会以某种混合的形式出现。"②

二、行政执法行为合理性裁量标准

现代法治国家通过对行政过错、谨慎义务和行政侵权责任的认定，对行政权力与社会权利之间的关系进行调整，不断地确认行政主体在行政活动中的义务边界，既要充分保障社会安全和社会成员的权利，又要合理界定行政主体违法行政、疏忽行政的责任限度，避免因责任过重而束缚行政主体积极行政的手脚。

行政合理性，在行政复议法里被称为"内容适当"，另一个表述是"行政自由裁量权"。自由裁量权的概念从美国的罗纳德·德沃金（Ronald M. Dworkin）于 1963 年发表《司法自由裁量》一文后才流行起来。但自由裁量所涉及的问题，是最近 50 多年西方法学中"争论最热烈的少数问题之一"。

行政裁量权，源自立法的授权，法律期望透过行政主体在个案上的充分斟酌，作成最佳化的法律效果的决定。裁量的本质是："先量"而"后裁"，行政主体先就法律所规范的构成要件事实作出明确认定（先量）后，再对法律效果作出决定（后裁）。行政主体的裁量权内容不论是"决定裁量"还是"选择裁量"，皆属于对法律效果所作的决定，而不是对法律要件所作的判

---

① 参见［美］博登海默著，邓正来译：《法理学：法律哲学与法律方法》，中国政法大学出版社 1999 年版，第 497 页。

② 参见［美］博登海默著，邓正来译：《法理学：法律哲学与法律方法》，中国政法大学出版社 1999 年版，第 501 页。

断。① 概括而言，行政主体有以下行政合理性的裁量权：

（一）符合法律目的

法律作为社会关系的调整手段，总为一定的目的而制定。依照法律授权，行政主体在授权范围内可以行使行政裁量权，即决定可以采取何种手段。但这种行政裁量权必须符合法律所规定的目的，必须遵守一个默示的限制条件，即不得违背法律的目的。[75] 德国《行政程序法》第 40 条规定："如果行政机关被授权根据其裁量而作为，它必须按照授权的目的行使裁量权，并遵循裁量权的法律界限。"

实践中有这种情形：行政执法者有行政裁量权，但其在实施时却是不合理的，如行政机关在查处看黄碟的违法行为中，要强行扣押当事人的影碟机，因为被视作违法行为的工具。从合法性上来说，行政机关有此强制权，但从合理性上要检验其是否符合法律目的？按照《行政强制法》的规定，扣押这种行政强制措施的法律目的必须是出于为了制止违法行为、防止证据损毁、避免危害发生、控制危险扩大等四种情形。② 而如果行政机关是为了能迫使当事人前来行政机关接受处理而实施扣押行为（当年延安警察收缴黄碟案中，警察扣押影碟机正是出于这一目的），显然不符合法律目的，因而属于不合理的行政行为。又如，行政主体有扣车的行政强制权，但其扣车的目的是为了让车主能及时来缴纳罚款，相当于一种抵押行为，这就违背了法律目的，也是不合理行政行为的一种。

要审查行政执法行为是否符合法律目的，不能简单地看这一行为有没有法律依据，而要审查其实施这一行为的真正动机是什么。如果其动机与法律目的是一致的，那就是个既合法又合理的行为；如果该行为不符合法律目的，或者是出于行政机关要找碴儿报复、寻租等不正当动机的，则是不合理的行政行为，应当予以纠正；更不能以行政执法的名义，将其意志强加于行政相对人，甚至假公济私。

在英国行政法里，不适当的目的最常见的情形是行政机关对其权力的错误解释，有时则归因于对于公共利益的过于热心。而行政权本身存在着需要依其适当的设立目的行使的属性，离开了这一适当的目的而行使的行政权，

---

① 参见李惠宗著：《行政法要义》，元照出版公司 2012 年版，第 139 页。
② 参见《行政强制法》第 2 条。

将会因不适当的目的而使其结果无效，而不是撤销。①

（二）考虑相关因素与排除不相关因素

在行政法里，如果决定者考虑了在法律上认为不相关的事项或者没有考虑相关的事项，则权力没有被依法地行使。②因此，在行政裁量过程中，要考虑相关因素，合理地作出裁决；同时要排除不相关因素，防止作出不公正的裁决。关于考虑相关因素，"北京的哥司机为救孕妇闯红灯案"堪称经典：

2004年12月9日，北京出租车司机高海军为了紧急送一位临产的孕妇，连闯了6个红灯，孕妇和孩子安然得救，但的哥闯红灯行为构成严重违法。当时的媒体和舆论形成了两种截然相反的观点：有反对处罚的，也有认为应当处罚的。北京交警最后是这么处理的：因闯红灯是严重违法行为，出租车不是特种车辆，没有闯红灯的权利，按照交通法规，要扣3分并罚款200元。但考虑到司机不是为了自己赚钱，而是为了救人，给予见义勇为奖励180元。这样，奖罚相抵，自己还得因违法承担20元的罚款。这里，考虑相关因素是符合正义原则的。

2005年3月，在北京又发生了类似的的哥为救人闯红灯的事件。经媒体报道后，这次，交警部门则表示，在经核实并报有关部门批准之后，可以将其违法行为的纪录予以撤销并撤销立案。

对此，笔者认为值得商榷。按照依法行政原理，交通管理部门要撤销违法行为，必须要有法律依据，而《行政处罚法》所规定的不予处罚只有一种情形："违法行为轻微并及时纠正，没有造成危害后果的，不予行政处罚。"（第33条）而本案的情节显然不符合该规定，闯红灯就属于严重违法行为，按照最高处罚标准罚款200元，何况连闯红灯；这也不符合《行政处罚法》所规定的从轻或者减轻的情形。这样处理的结果，客观上鼓励大家只要有正当理由就可以乱闯红灯而无需接受处罚。这不符合法治的基本理念。

问题是，如果没有见义勇为的奖励制度，该怎么考虑相关因素呢？国际上通常的做法是遵循"谁受益，谁承担"的原理，意味着的哥司机因闯红灯

---

① 参见张越编著：《英国行政法》，中国政法大学出版社2004年版，第281页。
② 张越编著：《英国行政法》，中国政法大学出版社2004年版，第279页。

所应该接受的罚款，由孕妇家庭来承担。[76]

与考虑相关因素相反的是，在行政裁量过程中，要排除不相关因素。在英国行政法里，就不相关因素而言，只要考虑了，则一定是非法的（比我们的执法更严格——笔者注）；但对于相关因素而言，则不一定是必须考虑了所有的相关因素后才是合法的，也就是说，疏于考虑某些相关因素，并不一定构成结论违法。只有当制定法明确或者默示地规定了行政机关在实施行为时必须考虑某些因素的要求，并将这条件作为其法定的义务时，则疏于考虑这些相关因素的决定才是非法的决定。① 当然，这时的行为性质已经不是合理性问题，而是合法性问题。

以对违法行为的处分为例，法律的要求是遵循"错罚相当"，即有多少错接受多少惩罚。哪些是应该排除的不相关因素呢？一曰领导批示，是否意味着要求从严处理呢？二曰熟人打招呼，该卖这个人情吗？三曰国有单位或下属单位，自己人相煎何急？四曰违法者经济困难，怎下得了手？上述这些因素的考虑都背离了"错罚相当"的原则，与所要处分的行为无法律上的关联性，都是不应该考虑的因素。五曰正当理由，从上述"的哥救孕妇连闯红灯案"的分析，自然得出结论，即便违法行为出自正义的动机，并不意味着可以考虑，因为对"错罚相当"的原理而言，这仍属于不相关因素，所以通过考虑相关因素的途径来实现合理行政更为恰当。

（三）遵循平等对待原则

平等对待原则，用通俗的话来表达，就是"一视同仁"。在行政执法中的具体体现，是要做到"不歧视、无特权、不放纵"。[77]

所谓"不歧视"，就是对不同地域、不同地位的人，都视其为"人"，给予平等看待，法律上应有的同样待遇同等给予，法律上应有的惩罚也一样给予。对城市外来人口的不歧视和"同城待遇"是法治建设中一个敏感而又无法回避的问题。

所谓"无特权"，是防止"法外开恩"，不能让特定人员享受"超国民待遇"。河南沁阳市通过红头文件赋予外来客商以"超国民待遇"是个典型案例②：

---

① 张越编著：《英国行政法》，中国政法大学出版社2004年版，第279—280页。
② 参见保山、阿计：《沁阳客商"超国民待遇"调查》，载于《民主与法制》2007年第4期。

为了吸引外来投资，河南省沁阳市于 2004 年 6 月下发了一个"优化经济发展环境"的红头文件，囊括了从税收到土地、从企业维权到社会服务等全方位"力挺"外地客商的种种优惠政策。按照该文件的规定，凡投资 500 万元以上的投资者，将被授予"荣誉市民证"，并在其管辖范围内享受"法外特权"，甚至交通违章、治安检查等方面可以有"豁免权"，还可以享有免费体检、半价看病、风景区免收门票、子女入学自由择校、配偶免费参见市政府组织的大型文体活动等"超国民待遇"。据记者采访了解，实施后的三年里，因触动有关客商"特权"这条"高压线"，先后有 7 名公务员被摘"官帽"，4 家单位责任人被给予效能告诫处分，17 名干部被给予党纪政纪处分。2006 年 12 月，国务院法制办开始对沁阳客商"超国民待遇"事件进行调查。之后，沁阳市向投资者发放的 60 多张"荣誉市民证"被收回，相关红头文件也被收回废止。

所谓"不放纵"，就是要防止行政裁量权的滥用，坚持"错罚相当"原则，不畸轻畸重，不选择性执法，也不与行政相对人进行无原则的协商式执法。从这一意义上说，行政裁量权基准制度的推行是有积极作用的。

（四）按普通人的理性和常识推定

常识，是基于人的理性。"理性乃是人用智识理解和应对现实的（有限）能力。有理性的人能够辨识一般性原则并能够把握事物内部、人与事物之间以及人与人之间的某种基本关系。有理性的人有可能以客观的和超然的方式看待世界和判断他人。"①

在法律文本中，常识经常是以"不言而喻"的形式出现的，即在法律文本中是没有直接表述的，潜藏或隐含在相关条文之中的。尽管如此，常识往往是社会公众能"心领神会"的一种理念的共识，也就是我们平时说的"合乎情理"[78]。例如：

在英国行政法里，有个被称为"温斯伯里判据"（Wednesbury Test）的著

---

① ［美］博登海默著，邓正来译：《法理学：法律哲学与法律方法》，中国政法大学出版社 1999 年版，第 473 页。

名原则，其基本含义是，如果行政机关作出的决定太不合理，以致任何有理性的行政机关都不可能得出这样的结论的话，法院就可以宣布某一不合理的行政决定无效，其本质是根据普通人的常识断定行为人决定的合理性。这一原则的依据是，所有的行政机关在法律上都被推定为是由有理性的人组成的，因此他们作出的决定应当是符合普通正常人的理性的。如在英国1996年的一个判决中，上诉法院就认为，不合理的决定之所以不合理，是因为它超出了一个通情达理的（reasonable）决定者所能作出的反应的范围。但是，在决定某一行政行为的决定是否超出了这一适当的界限时，对于人权方面的相关因素的考虑是非常重要的。事情的实体方面涉及干涉人权的程度越深，则法院对相关的决定的合理性提出的要求也越高。①

　　但如何识别这种"不言而喻"的常识，是需要进行辩证推理的。这个过程有时很艰难，因为诚如博登海默所言："在多数情形中，人之理性根本不可能在解决人类社会生活所呈现出的疑难情形方面发现一个而且是唯一的一个终极正确的答案……仅凭靠理性，立法者或法官并不总是能够在两个或两个以上可以用来解决某个问题的方法中作出一个确然的和完全令人信服的选择。"②

（五）准确界定"知道与应当知道"

　　行政相对人守法的前提是要懂法，即知道法律规范的具体内容。所以，加强普法宣传，让公民、法人和其他组织知法懂法，是行政主体应尽的义务。但由此是否可以依逻辑推理出"不知法就可以不守法"的结论呢？答案是否定的，即"不知法不构成不守法的理由"。传统的社会观念里有"不知者无过""不知者无罪"的说法，在这里是不适用的。英国的威廉·韦德就说过："'不知法不构成不守法的理由'，这一原则是英国民主制度中的法治赖以存在的有效前提。然而，这一原则的基础在于，我们的全部法律，无论成文还是不成文的，都是社会公众所能理解的——这就是说，无论如何，随时可以获得法律方面的咨询和了解当然是公众的权利。"③[79]

---

　　①　张越编著：《英国行政法》，中国政法大学出版社2004年版，第286—287页。

　　②　［美］博登海默著，邓正来译：《法理学：法律哲学与法律方法》，中国政法大学出版社1999年版，第473页。

　　③　［英］威廉·韦德著，徐炳等译：《行政法》，中国大百科全书出版社1997年版，第597页。

法律常识里，有"知道"和"应当知道"两个不同的概念。所谓"知道"，是指实际已经知晓法律规定的情形；而"应当知道"，则是指其按照常理应当知晓但因为其自身的原因尚未知晓法律规定，因而其权利不受法律保护的情形。笔者在行政复议实务中遇到过这样的案例：

一个申请人的申请过了复议申请期限，其提出的理由是，行政机关的决定书由其秘书收到，但未转交他也未告诉他，所以其实际不知情。这显然属于"应当知道"的情形，秘书工作失误是由其岗位训练不到位形成的，与行政机关无关，所以其要为自己的过失承担后果，因此而丧失了行政复议的救济权。但如果是因为行政机关未告知其行政复议和行政诉讼的期限的话，则结果就完全不同了。

对行政主体来说，对当事人是否知法的问题，要作两方面的合理性审查：一是行政机关是否已经将所有法律依据向社会公布，并且以公众可以正常获得的方式公开；二是如何辨别"应当知道"的情形，这也是要进行辨证推理从而得出的。

（六）尽谨慎义务 [①]

谨慎义务（duty of care），又被译为谨慎责任，在我国的法律法规中更多地被称为注意义务。谨慎义务是源于英美法系的一个重要法律概念，广泛应用于侵权法、合同法、商法等领域，是在司法实践中通过判例逐渐形成的规则。谨慎义务既可以来自制定法，也可以来自以往的判例、习惯、行规、经验等。在大陆法系，基于将过错认定为一种主观的意识状态，所以早期并未关注谨慎义务理论，后随着客观过错理论在大陆法系的确立，谨慎义务观念才逐渐深入人心。在我国，鉴于"违法"概念的缺陷，行政"违法"原则适用范围有限，以及对"过错"概念的回避，使行政"违法"原则缺乏道义基础和说服力，引入谨慎义务的理论和实践显得十分有意义。

谨慎义务意味着，基于道德上的正义观念，行政机关工作人员应当对其没有采取合理的谨慎方式履行职责过程中引发的损害承担相应的侵权责

---

① 本节内容参见由徐东执笔的《行政执法中的谨慎义务研究——以英美侵权法谨慎义务理论为视角》，载于上海市行政法制研究所编：《行政执法：挑战与探索（2007—2009 年研究报告集）》，上海人民出版社 2011 年版，第 1—17 页。

任，无论这种谨慎行政的要求有无法律的明确规定；反之，行政机关工作人员对其已经采取了合理的谨慎仍然发生的损害无过错，也不应承担赔偿责任。

适用谨慎义务应遵循三个基本原则。一是危险的可预见性原则，这是确定公务活动是否产生谨慎义务的一般原则。这一原则主要源于侵权法上的"邻居原则"。"邻居原则"是阿特金大法官（Lord Atkin）于1932年在多诺霍诉史蒂文森案（Donoghne v. Stevenson）一案中提出的确定谨慎义务的一般原则。邻居原则将《圣经》上应当爱护你的邻人的规则转化为法律上的规则：你不应当损害你的邻居；那些同你有密切关系并受到你的行为影响的人即你的邻居；你应当承担合理的谨慎以避免那些可以合理预见到有可能损害你的邻居的作为或不作为。邻居原则体现了人们追求社会安全和社会合作的基本理念。而行政执法行为的目的正是在于保障社会安全，促进社会福利，因而也适用这一原则的精神。二是与公务密切相关原则，这源于谨慎义务理论中的近邻性原则。所谓近邻性是指关系的紧密性，仅仅以危险的可预见性作为判断标准，可能导致行政机关责任的无限扩大，束缚行政机关的手脚，因此，与公务是否密切相关也是确定行政主体谨慎义务的重要原则，它要求有一些联系点，使得行政机关与当事人之间形成一种特殊的公务关系，否则就不构成谨慎义务。三是政策因素考量，在英美法里，政策是一个与法律相对而内容更为广泛的概念。虽然法官以服从法律为原则，但在确定行政机关是否负有谨慎义务时，法官会充分考虑政策因素，使谨慎义务制度符合社会发展的需要，在权利保障与行政免责之间寻求平衡。举例来说：

2000年9月2日晚，某公安局下属城关派出所巡逻队员对正在县电影院前游逛的刘某进行盘问、检查。因刘某身上携带有他人工作证并夹有现金，遂将其带至派出所，经所长批准后，对其继续盘问。约30分钟后，发现其精神并不完全正常。次日早晨，派出所民警将刘某带入隔壁另一个房间进行询问，在过程中，刘某趁其不备从二楼跳下，致使腰部扭伤，花费医疗费5000元。后查明，案发前，其曾有精神不正常的行为。本案中，刘某跳楼并非属于"行政机关及其工作人员在行使行政职权时违法造成公民身体伤害或者死亡"的情形，也就是说，派出所的行为并没有构成违法，但是否构成不合理，即未尽谨慎义务？答案是肯定的。因此需要承担一定的赔偿责任。

实践中，较为有难度的是谨慎义务的判断标准问题。谨慎义务的标准是一个客观标准，是指在行政活动中，作为一个受过一般培训，具备一般公务经验的普通公务人员谨慎履行职务的标准，并不要求具有专业技术的普通公务人员应达到的谨慎标准，即一般理性人的谨慎标准。

确定是否达到谨慎标准，要考虑以下四个因素：

1. 致害事件的发生概率

当受害人由于行政机关公务人员的行为受到损害的概率非常低的情况下，法院可能认定行政机关的行为是合理的；反之，如果致害概率比较高的，则行政机关的行为被认为是不合理的，没有达到其所应达到的谨慎标准。

2. 人身伤害或物品损害的严重程度

行政机关的行为如果按正常的情况将会产生比较小的损害，则倾向于认为行政机关的行为是合理的，因为损害后果轻微，这些风险是可以接受的；如果行政机关预见到可能产生严重的损害而又未采取适当的防范措施，其将因为不合理的行为违反其负有的谨慎义务。

3. 消除危险的难度

在决定行政机关的行为是否违反谨慎义务的时候，法院会考虑各种相关因素，包括经济因素。一定程度上，成本-效益的分析被用来判断行政机关是否谨慎地行事以避免不当的损害。

4. 行政机关冒险行为的目的

行政机关的一些活动，虽然带有一定的危险性，但却对整个社会有重大利益。判断这种情况下行政机关的行为是否违反了谨慎义务，应当充分考虑其活动的社会价值，避免抑制其为促进社会利益的行政积极性，如在救火过程中，救火人员的谨慎义务标准应当按照明显低于正当情况的谨慎标准进行评判。[80]

（七）措施得当、方式得体

在行政执法行为因有法律授权而具备合法性的前提下，行政行为的方式和措施是否得当也会构成合理性问题。我们强调的"严格、规范、公正、文明"执法的要求，不是越刚越好，也不是越柔越好，而是方式得体，措施得当，是以方式能实现执法的目的为底线。举例来说，城市管理部门曾经向交警部门学习，想借鉴其规范、文明的执法方式，包括敬礼、告知权利、说明违法事实等，但实践后发觉无法照搬，因为在整治乱设摊等违法行为时，还没等城管执法人员敬礼，行政相对人就已经逃避了，根本没机会行使敬礼、告知权利等执法规范行为。这说明，规范、文明执法方式不是千篇一律的，而是从各自的行政执法特点中归纳、总结出来的；也不是要求越高越好，如现场执法的方式与受理窗口的执法方式就明显有差别，前者需要口头告知，后者则在窗口或电子平台书面告知即可。执法方式和措施不文明，并不一定构成违法，但一定是不合理的，需要纠正。[81]

第七章 对行政执法行为的救济

一、法律救济制度

"无救济就无行政。"对行政相对人实施权利救济，从而控制和矫正行政主体的行政违法、不当或事实损害行为，是正当性之程序中必不可少的内容。对行政执法行为的法律救济途径有内部救济和外部救济两类。内部救济制度有行政复议、行政裁决；外部救济制度是行政诉讼，还有行政赔偿制度"托底"。

（一）行政复议

行政复议，系指行政相对人或者利害相关人认为行政行为侵犯其合法权益，向行政机关提出行政复议申请，行政机关受理申请，审查行政行为是否违法或不当，并作出复议决定的一种法律制度。行政复议是大陆法系和英美法系都通行的一种行政救济制度，尽管用词不尽相同：在英国称行政救济，在美国是行政上诉制度，在日本称行政不服审查，在德国行政复议依附于行政申诉制度。

我国的行政复议制度也是源远流长。1950 年 12 月政务院通过的《税务复议委员会组织通则》，标志着行政复议制度的建立。1989 年 4 月《行政诉讼法》颁布，对行政复议提出了统一规范的客观要求。1990 年 12 月《行政复议条例》公布，完成了行政复议制度在全国范围的统一规制。1999 年 4 月，《行政复议条例》上升为《行政复议法》，由全国人大常委会审议通过，使行政复议制度重新焕发活力。2007 年 5 月《行政复议法实施条例》颁布，对行政复议制度又作了补充和优化。2023 年 9 月，《行政复议法》第一次修订。

1. 行政复议的性质

对行政相对人而言，它是行政救济制度，对行政机关而言，它也是建立在层级监督机制上的内部监督制度，是监督与救济合一的制度。行政复议机关是行政行为作出机关的上级机关，既可以"块"监督"条"，如政府复议其所属部门；也可以"条"监督"条"，如实行垂直领导的上一级部门复议下一级部门；省级政府的行为先同级复议，不服的再向国务院申请最终裁决。[82]

2. 行政复议确立的法律原则

一是体现人民利益至上的宪法原则，实现从"权力本位"向"权利本位"的转变，始终以利民便民为宗旨；二是体现行政权力制约的法治原则，启动的主体是公民、法人和其他组织，针对的是行政行为的合法性和合理性，并以公开公正为衡量标准；三是体现有错必纠的依法行政原则，强调发挥行政复议化解行政争议的主渠道作用。

3. 行政复议的启动

行政复议是依申请行为，通俗地说，是"不告不理"，提出申请者是行政行为的相对人。此外，与行政行为的利益相关人，可以作为第三人参加行政复议；若行政相对人未提出行政复议的，利害相关人也可以提起行政复议。申请人、第三人可以委托代理人参加行政复议。

4. 行政复议的审查内容

行政复议指向的是违法或者不当的行政行为，即行政复议既审行政行为的合法性，也审行政行为的合理性。对行政立法之外的抽象行政行为（即制定规范性文件的行为），不能单独提起行政复议，但可以在对行政行为申请行政复议时，对其依据的规范性文件一并提起合法性审查（即意味着不审查合理性）。

5. 行政复议的方式

简易程序可以书面审理，一般程序应当当面调查。在行政复议制度改革试点中，部分地方还探索了行政复议委员会审议案件制度。2023 年 9 月修订的《行政复议法》第 5 条明确行政复议机关可以进行调解。第 50 条明确，审理重大、疑难、复杂的行政复议案件，行政复议机构应当组织听证。

6. 行政复议的审案标准

即判断行政行为是否合法合理的标准，主要有：（1）主体合法；（2）认定事实清楚，证据确凿；（3）适用依据正确；（4）程序合法；（5）内容适当；（6）形式要件合法。反之，则构成行政行为违法或者不当。

7. 行政复议结果

对没有违法或不当的行政行为，作出维持决定；对违法或不当的行政行为，作出撤销、变更、确认违法的决定；对不作为行为责令在一定期限内履行；对行政行为存在瑕疵，无需撤销的，在作出维持决定的同时，应当制发行政复议建议书，指出存在的问题和改进建议。

（二）行政裁决

行政裁决又称行政仲裁，是指行政主体依照法律授权，裁决与行政管理有关的，处于平等地位的双方当事人之间纠纷的活动。行政裁决是行政机关依法运用行政权处理与合同无关的特定民事纠纷以及不动产行政纠纷的单方行政行为。① 因此，行政裁决是行政主体进行的司法裁判居间活动，属于行政司法行为。

在我国行政法学发展早期，对行政裁决的理解是广义的，除了行政机关对民事争议的裁决外，还包括了对行政争议的裁决，即行政复议制度，还包括了行政调解等。② 在《行政复议法》里还留有此痕迹，对行政复议的结果是作出裁决决定的行为。之后，行政裁决的界定才逐渐向狭义的方向演变，到今天，主要界定在行政主体处理民事纠纷争议的范围。

民事争议，在传统上是由法院管辖的。但在进入20世纪以后，随着行政权力的不断扩张和"从摇篮到坟墓"积极行政理念的确立，行政权也开始介入民事争议的管辖领域。因为"由于当代复杂社会的需要，行政法需要拥有立法职能和司法职能的行政机关。为了有效地管理经济，三权分立的传统必须放弃"③。关于行政裁决，有的是传统上由法院管辖的争议，如合同争议、土地所有权与使用权争议等，还有的是由于时代发展而新出现的民事争议，如商标争议、专利争议、著作版权争议、环境污染争议、工伤事故或医疗事故争议、交通事故争议、产品质量争议等。但哪些争议可以由行政机关管辖，各国不存在统一标准，通常由法律加以具体规定。

1. 行政裁决的范围

张尚鷟教授将行政裁决概括为三类：（1）裁决权属纠纷，指双方当事人因某一物体的所有权、使用权的归属产生争议，依法向行政主体提出申请，要求行政主体进行确认，并作出裁决的活动，如土地所有权、使用权权

---

① 叶必丰等：《行政裁决研究》，载于上海行政法制研究所编：《通往法治政府之路（2010—2012年研究报告集）》，上海人民出版社2013年版，第195页。

② 参见罗豪才主编：《行政法学》，中国政法大学出版社1989年版，第190—196页。

③ ［美］伯纳德·施瓦茨著，徐炳译：《行政法》，群众出版社1986年版，第6页。

属纠纷，房产权属纠纷；（2）裁决侵权纠纷，是由于一方当事人的合法权益受到他方的侵犯而产生的纠纷，如商标权、专利权、著作版权的侵权纠纷；（3）裁决损害纠纷，是一方当事人的权益受到侵害后，要求侵害者给予损害赔偿所引起的纠纷，如交通事故中责任认定纠纷、医疗事故的责任纠纷、环境保护中的纠纷、食品药品质量纠纷等。①

据叶必丰教授的专项研究，行政裁决涉及自然资源所有权和使用权、损害赔偿、知识产权、电力、民间纠纷、国有资产产权以及外贸七个类别，具体有二十个领域：（1）土地管理领域，即乡级或县级人民政府对单位之间、个人之间、个人与单位之间土地所有权或使用权争议的处理；（2）房屋拆迁领域，即行政机关对拆迁人与被拆迁人或拆迁人、被拆迁人与房屋承租人因未能达成拆迁补偿安置协议所进行的裁决；（3）林木林地领域，即乡级或县级人民政府对个人之间、个人与单位之间、单位之间发生的林木、林地所有权和使用权争议所进行的处理；（4）草原权属领域，即乡级或县级人民政府对个人之间、个人与单位之间、单位之间的草原所有权、使用权争议所进行的处理；（5）水事领域，即水行政主管部门对因水土流失所造成损害赔偿责任纠纷进行的处理；（6）渔业养殖领域，即行政机关对当事人因使用国家规划确定用于养殖业的水域、滩涂从事养殖生产所发生争议的处理或裁决；（7）环境污染领域，即县级以上人民政府对环境污染致害赔偿纠纷的处理；（8）矿产资源领域，即县级以上人民政府对矿山企业之间的矿区范围争议所作的处理；（9）专利领域，即国务院专利行政部门就当事人之间专利许可费纠纷所作的裁决；（10）商标领域，即国务院商标局对注册商标争议所作的裁决；（11）企业名称领域，即工商行政管理机关对企业名称争议所进行的处理；（12）中药处方领域，即国务院卫生行政主管部门对中药处方转让使用费争议所作的裁决；（13）植物新品种领域，即植物新品种审批机关对植物新品种使用费争议所作的裁决；（14）域名领域，即行政机关对域名争议的裁决；（15）集成电路领域，即国务院知识产权主管部门对集成电路布图设计使用报酬争议所作的裁决；（16）科技奖励领域，即科技奖励主管部门对科技奖励异议的处理；（17）电力领域，即电力监管机构对发电厂与电网并网、电网与电网互联的争议以及电力市场交易争议所作的裁决；（18）民间纠纷领域，即基层人民政府对民间纠纷的处理；（19）国有资产产权领域，即国有资产主管部

---

① 参见张尚鷟主编：《行政法学》，北京大学出版社1991年版，第214—215页。

门对国有资产产权纠纷的裁决；（20）外贸领域，即国务院商务主管部门对就保障措施、反补贴、反倾销方面所作的裁决。①[83]

从上述的行政裁决内容来看，行政裁决的设定主要在两个领域：民事纠纷领域和行政纠纷领域。民事纠纷领域的行政裁决必须符合两个条件：一是由法律授权；二是属于行政管理中的民事纠纷。

2. 行政裁决的法律适用

纠纷的性质决定法律的适用，基于行政裁决的两种不同类型，其法律适用也因此有所不同。对于行政纠纷的行政裁决，无论是处理程序规范还是实体规范，都应该是适用行政法规范，而不是私法规范。而对于民事纠纷的行政裁决，行政机关原则上应适用私法，因为民事性质并不会因解决途径的不同而改变，不会因此而成为行政纠纷。

3. 行政裁决与行政调解的区别

行政裁决与行政调解虽然都是解决行政争议的方式，但两者有明显区别：行政裁决并不以双方自愿为前提，大多仅以争议一方当事人的申请为条件；而行政调解是以当事人双方自愿为原则的。

4. 行政裁决与行政复议和行政诉讼之间的关系

行政裁决虽然和行政复议、行政诉讼同属于法定的行政救济制度，但一般情况下，行政裁决不应当是最终裁决，按照司法最终救济的原则，对行政裁决不服的，应该可以通过行政复议和行政诉讼再予以救济。

（三）行政诉讼

在我国，行政诉讼是最早确立的行政行为救济制度，1989 年由第七届全国人大第二次会议通过的《行政诉讼法》于 1990 年 10 月 1 日施行，从此确定了"民告官"的制度，行政机关从此确立守法理念，《行政诉讼法》因而成为依法行政的第一次推动力，具有里程碑意义。在 25 年之后的 2014 年 11 月，通过全国人大常委会审议，该法完成了第一次修正。2017 年 6 月作了第二次修正。

对行政诉讼法的分析，可以有两个参照系：一是新旧法之间对比；二是与行政复议制度比较。主要有以下变化：[84]

---

① 叶必丰等：《行政裁决研究》，载于上海行政法制研究所编：《通往法治政府之路（2010—2012 年研究报告集）》，上海人民出版社 2013 年版，第 183 页。

1. 立法目的更明确

从原来的既维护又监督行政机关依法行政，改为强调"监督"目的，删除了"维护"的表述；同时强调了"解决行政争议"的功能。

2. 明显扩大了受案范围

一是从原来的适用于"具体行政行为"修改为"行政行为"，意味着包括了事实行为、技术鉴定行为等全部履职行为，从原来与"抽象行政行为"相对应，变成与"规范性文件"相对应，从而解决具体行政行为概念存在的模糊空间。二是列举了更多的行政行为，《行政诉讼法》是采用"列举＋口袋"的立法方式，以方便公众掌握，修改后的列举行为从8项增加到了12项。三是赋予了人民法院对"规范性文件"的附带审查权，经审查认为不合法的可以不作为认定行政行为合法的依据，并向制定机关提出处理建议。这项权利原来只有行政复议机关才有，现在让人民法院也拥有了审查政府立法行为以外的"抽象行政行为"的权力，对于解决规范性文件的"不规范"问题有重要价值。

3. 审查内容既审合法性，又审合理性

原来的制度设计，"既审合法性，又审合理性"是行政复议制度与行政诉讼制度的重要区别之一。行政诉讼只对行政处罚明显不当的赋予了人民法院以变更权，而新法第70条对所有"明显不当"的行为赋予了撤销或者部分撤销的权力，从而与行政复议基本无异了。

4. 增加了两项加大监督政府力度的制度

一是行政复议机关当共同被告。原来行政复议机关只在作出撤销、变更的决定后才当被告，新法则增加了行政复议机关作出维持决定的为共同被告。二是增加了要求行政机关负责人应当出庭应诉，"让老百姓告官能见官"；不能出庭应诉的，应当委托行政机关相应的工作人员出庭。客观地说，这两项新增的制度，在立法修改过程中一直存在很大争议，即使在新法颁布以后，争议仍然存在。因为这两项制度都不符合国际惯例，在法理上也值得推敲和商榷。

5. 延长了起诉期限

起诉期限从原来知道具体行政行为之日起3个月内，延长为自知道或者应当知道行政行为之日起6个月内；当然，增加的"应当知道"情形对行政机关是有利的。另外规定：因不动产提起诉讼的自行政行为作出之日起超过20年，其他案件自行政行为作出之日起超过5年提起诉讼的，人民法院不予受理。这既是对当事人未获得告知权利的倾斜保护，也给了一个尽注意义务的期限，对行政诉讼双方都有约束性。

6. 受理方式更加便民

一是增加了"可以口头起诉"，这是将行政复议中的可以口头申请的制度移植过来了。二是变立法审查制为立案登记制。第 51 条明确："人民法院在接到起诉状时对符合本法规定的起诉条件的，应当登记立案。"且是否受理应当在收到起诉状 7 日内作出，以解决"起诉难"的现实问题。这是党的十八届四中全会《决定》中司法改革事项的具体落地。

7. 完善了证据规则和证据认定规则

一是增加了电子证据作为证据的种类；二是原告提供证据不成立的，不免除被告的举证责任，这是举证责任倒置原则的具体体现；三是因被告的原因导致原告无法举证的，由被告承担举证责任，同样是举证责任倒置的体现；四是人民法院不能为证明行政行为的合法性而调取被告作出的行政行为时未收集的证据；五是排除非法证据，即以非法手段取得的证据，不得作为认定案件事实的根据，如"钓鱼执法"中取得的证据即属于应当排除的非法证据。

8. 完善了审理方式和程序

一是探索设立跨行政区划的人民法院，这也是党的十八届四中全会《决定》中明确的改革事项，第 18 条第 2 款明确："经最高人民法院批准，高级人民法院可以根据审判工作的实际情况，确定若干人民法院跨行政区域管辖行政案件。"以解决法院"地方化"的问题。二是强调简易程序的运用，明确了可以适用简易程序的三种情形：被诉行政行为是依法当场作出的；案件涉及款额 2000 元以下；属于政府信息公开案件的。并规定，前三种情形以外的第一审案件，当事人各方同意适用简易程序的，也可以适用简易程序。多运用简易程序以解决案件量大、法官少的矛盾，这是趋势。从实践来看，我国法院行政庭和行政机关都还不太习惯和学会运用简易程序以提高案审的效率，这是亟须加强的。三是完善了审判与监督的程序，明确了从一审到二审的程序与权力，还明确了上级法院的再审程序、提审程序，检察院的抗诉程序、检察建议等审判监督程序。

9. 诉讼是否适用调解

原来，行政诉讼和行政复议都明确不适用调解，后来行政复议中先有了突破。《行政复议条例》上升为《行政复议法》时，不再明确规定行政复议不适用调解的原则，但也没有明确适用调解。2007 年颁布的《行政复议法实施条例》第 50 条则明确了可以调解的两种情形：属于行政机关裁量权范围的内容；当事人之间的行政赔偿或者行政补偿纠纷。新《行政诉讼法》的表述颇让人费解，第60条既明确表述"人民法院审理行政案件，不适用调解"，又用"但是"作出了例外规定："但是，行政赔偿、补偿以及行政机关行使法律、法规规定的自由裁量权的案件可以调解。"其实，这已与行政复议制度无异。但行政复议没有"不适用调解"的表述，新《行政诉讼法》中的这种表述让人感觉有些矛盾。

10. 规定了裁决书公开制度

第65条明确："人民法院应当公开发生法律效力的判决书、裁定书，供公众查阅，但涉及国家秘密、商业秘密和个人隐私的内容除外。"将这一人民法院实践中已经开展的制度法制化，表明了司法透明走在了政府前面。虽然行政部门已经有了政府信息公开制度，但行政复议决定的公开并没有在全国形成气候，只属于少数地方探索的制度，与人民法院系统是有差距的。

（四）行政赔偿

行政赔偿是国家赔偿制度的组成部分。我国的国家赔偿由行政赔偿和司法赔偿两部分构成。行政赔偿是指行政机关及其工作人员违法行使行政职权，侵犯行政相对人的人身权和财产权并造成损害，而依法必须承担赔偿的一种法律责任制度。1994年5月颁布的《国家赔偿法》确立了我国的国家赔偿制度。

依据《国家赔偿法》，判断行政赔偿的要件有三个：一是行政主体的履职行为，既可能是具体行政行为，也可能是事实行为，而行政机关工作人员与行使职权无关的个人行为，或者因行政相对人自己的行为致使损害发生的，则不属于行政赔偿范围；二是侵犯了行政相对人的合法权益，若是行政相对人的违法所得等不当权益（如违法搭建行为），不属于行政赔偿范围；三是侵权行为直接造成了行政相对人的人身和财产两种权益受到损失，侵犯行为未造成人身或财产损失的，亦不用赔偿。[85]

1. 行政赔偿的前提

为行政侵权行为的存在，即行政主体不法侵害行政相对人的人身和财产权利，并造成了损害的事实。

2. 行政赔偿的主体

行政赔偿以违法行使职权的国家行政机关为赔偿义务机关，即行政机关工作人员的履职行为不独立承担行政赔偿，只在内部承担行政责任和一定的追偿责任。

3. 行政赔偿的原则

行政赔偿以依法赔偿为原则，其赔偿的标准完全以《国家赔偿法》为依据，而不以学理或判例为尺度。

4. 行政赔偿的程序

有两种类型：单独请求行政赔偿和附带请求行政赔偿。对单独请求行政赔偿的，由赔偿义务机关先行处理解决，对行政机关的处理不服的，可再提起行政诉讼。这意味着，单独提起行政赔偿的，不适用行政复议。在行政复议或行政诉讼中附带请求行政赔偿的，行政复议机关和行政诉讼机关应当受理并单独立案，根据具体情况可以合并审理，也可以单独审理。对行政机关有否致害行为或是否违法予以确认后作出是否支持赔偿请求的裁决。在行政赔偿的行政诉讼中，行政诉讼机关可以适用调解，这是行政赔偿诉讼与一般行政诉讼的明显区别。①

5. 行政赔偿的方式

共有四种：支付赔偿金；返还财产；恢复原状；消除影响，恢复名誉，赔礼道歉。

6. 行政赔偿的计算标准

分为四种情况：

（1）对侵犯人身自由权的赔偿，每日的赔偿金按照国家上年度职工日平均工资计算。

（2）对侵犯健康权的赔偿，造成身体伤害的，应当支付医疗费、误工费，最高额为国家上年度职工平均工资的 5 倍；造成部分或全部丧失劳动能力的，应当支付医疗费和残疾赔偿金，部分失劳的最高赔偿额为国家上年度职工年平均工资的 10 倍；全部失劳的赔偿额为 20 倍，并对其扶养的人支付生活费。

（3）对侵犯生命权的赔偿，应当支付死亡赔偿金、丧葬费，总额为国家上年度职工年平均工资的 20 倍，并对其扶养的人支付生活费。②

（4）对侵犯财产权的赔偿，能返还财产的返还财产；应当返还的财产损坏的，能恢复原状的恢复原状，不能的按损害程度支付赔偿金；应当返还的财产灭失的，给付相应的赔偿金；财产已经拍卖的，给付拍卖所得的价款；

---

① 依照《行政诉讼法》第 60 条规定："人民法院审理行政案件，不适用调解。但是，行政赔偿、补偿以及行政机关行使法律、法规规定的自由裁量权的案件可以调解。"

② 对侵犯健康权和生命权的赔偿标准，具体详见《国家赔偿法》第 27 条。

停产停业的，赔偿期间必要的经常性费用开支。其他财产损失按照直接损失给予赔偿金。

二、非法律救济制度

非法律救济途径，是行政相对人与行政主体之间在争议或纠纷产生后一种非正式的沟通解决机制，所表现的方式并非固定的，具有多样性、动态性，但易为当事人所接受，甚至能够在不知不觉中起到潜移默化的理解合作作用。因此，各国的实践中都积极摸索这类非正式纠纷解决机制。在我国，对行政执法行为的非法律救济制度主要由行政和解、行政调解和信访制度组成。

（一）行政和解

和解，是当事人双方自愿达成谅解的一种柔性的纠纷解决方式。行政和解，是指行政主体一方在履行职责的过程中，以事实为依据，以法律为准绳，在不违背法治原则和法律精神的前提下，与行政相对人就行政行为达成一种妥协，从而既实现行政管理目的，又能化解与行政相对人的纠纷的一种救济制度。《行政复议法实施条例》第 40 条明文规定，行政机关与申请人的行政复议决定作出前自愿达成和解的，复议机关应当准许。前提是，和解内容不损害社会公共利益和他人合法权益。[86]

和解的法律表现形式，往往是当事人对行政复议申请和行政诉讼请求提出撤回申请，复议机关和法院经审查，并不影响公共利益和他人合法权益的，裁定同意撤回申请。

（二）行政调解

调解，是一种争议当事人之外的第三方居中对纠纷进行调停、劝解等活动，它作为解决争议的古老方式之一，为世界各国所采用。行政调解，则是指由行政机关主持的，以当事人自愿为原则，以法律和政策为依据，通过论理说法，促使争议双方当事人友好协商、互谅互让、达成协议，从而解决争议和纠纷的方法和活动。

在日本，被称为行政型 ADR 即"替代性纷争解决"程序，包括了行政不服申诉、行政审判、斡旋、调停、仲裁、苦情处理等，尤其是简易的纷争处理程序（以苦情处理为主），已广泛地涉及日照妨害、公害、环境保全、消费者保护、废弃物的处理和清扫等，几乎遍布所有的行政领域，承担苦情处理的机关，有设置在各省厅的行政咨询官、总务省行政评价局、行政咨询员、法务省人权保护局、人权咨询委员，市民咨询室，公害苦情咨询员，警察署暴力咨询所等多元主体。① 法国从 1973 年起设有调解员制度，其职责是受理对国家行政机关、公共机构以及所有负有公共服务使命的机构的运行的申诉。调解员可就申诉的问题进行调查、调停，提出建议和报告，对某些问题还可以发出命令、进行追诉。② 在美国，《联邦侵权求偿法》把行政调解适用于行政赔偿纠纷之中。③ 在中国，调解更是运用得十分广泛，甚至有传播到国外，被外国所借鉴的美誉。目前，由人民调解、行政调解和司法调解三者构成了我国"大调解"体系。

行政调解有以下法律特征：（1）行政调解的主体是国家行政组织，即由行政机关担当调解人，而不是司法机关或者其他社会组织；（2）行政调解遵循调解的一般原则，即以自愿为原则，不能由行政主体单方面强制作出决定，否则，强制调解无效；（3）行政调解的对象既可以是民事争议，也可以是行政争议，这与行政复议和行政裁决明显不同，行政复议只以行政争议为处理对象，而行政裁决只以民事争议为处理对象；（4）行政调解是诉讼外的调解，即行政调解不是诉讼的必经程序；（5）行政调解的效力，可以分为两大类，一是正式调解，一经成立，即具有强制执行力，如我国对经济合同仲裁中的调解；二是非正式调解，成立后不具有强制执行力，只依赖当事人自觉履行，当事人不履行调解协议的，只能通过行政处罚或提起民事诉讼等其他方式来解决，我国大多数行政调解属于这种性质。[87]

2010 年 10 月《国务院关于加强法治政府建设的意见》要求建立健全社会矛盾纠纷调解机制，明确"要把行政调解作为地方各级人民政府的有关部门的重要职责，建立由地方各级人民政府负总责、政府法制机构牵头、各职能部门为主体的行政调解工作体制，充分发挥行政机关在化解行政争议和民事纠纷中的作用……对资源开发、环境污染、公共安全事故等方面的民事纠纷，以及涉及人数较多、影响较大、可能影响社会稳定的纠纷，要主动进行

---

① ［日］南博方著，杨建顺译：《行政法》（第六版），中国人民大学出版社 2009 年版，第 152、167—168 页。

② 参见王名扬著：《法国行政法》，中国政法大学出版社 1989 年版，第 523 页。

③ 《美国法典》第 28 编，第 2677 条。

调解"。表明行政调解可以大量适用于民事纠纷。

关于行政调解另一个纠结的问题是：调解是否适用行政复议。在行政复议制度实施中，很长一段时间内是与行政诉讼相似，不适用调解的。但在实践中遇到过于简单化的质疑。所以在 1999 年 4 月通过的《行政复议法》里就不再明确不适用调解的原则。对此，有两种理解：一种是认为，既然从原来明示的不适用调解原则到取消这样的表述，应该认定为对调解运用的开放；另一种则认为，按照依法行政的原则，没有明确可以适用调解的表述，仍然不能在行政复议中适用调解。2007 年 5 月国务院颁布的《行政复议法实施条例》第 50 条则明确了适用调解的两种情形：行政自由裁量权、行政赔偿或行政补偿纠纷。在行政复议中适用调解才最终尘埃落定。至此，我们可以描画出调解在行政复议中的发展脉络：从明确复议救济不适用调解原则，到不再明示不适用调解也不明确可以适用调解，再到明确规定部分行政行为在复议中适用调解。2023 年 9 月新修订的《行政复议法》第 5 条明确："行政复议机关办理行政复议案件，可以进行调解。"

新修订的《行政诉讼法》又将调解制度引入了行政诉讼之中，适用调解的情形基本与行政复议相似。[88]

（三）信访救济

2005 年 1 月国务院修订的《信访条例》第 2 条对行政领域的信访作了界定：信访是指公民、法人或者其他组织采用书信、电子邮件、传真、电话、走访等形式，向各级人民政府、县级以上人民政府工作部门反映情况，提出建议、意见或者投诉请求，依法由有关行政机关处理的活动。

长期以来，信访制度一直是作为一项党和国家机关联系群众的纽带而存在的。倾听民意、了解民情，并借此加强党和政府与人民群众的联系和沟通，既是信访最原初的意义，也是信访首要的功能。而考察从 1951 年 6 月政务院颁布《关于处理人民来信和接见人民工作的决定》，确立新中国信访制度以来半个多世纪的演变历史，会发现信访的功能已经发生明显的变化，原有的联系群众、反映社情民意等功能趋于弱化，事实上担当起了解决行政争议和行政救济的功能，承担了行政监督、解决行政纠纷的特殊使命。因此，从现实出发，我们不得不承认，信访制度已是非法律行政救济的途径之一。[89]

应该看到，与行政复议、行政诉讼等法律救济制度相比，信访制度在纠纷解决方面具有一些特定的优势：一是信访受案范围具有广泛性，只要是对行政机关的职务行为"反映情况，提出建议、意见，或者不服"（《信访条例》第 14 条）皆可提出信访；二是信访注重协商、调解等非正式解决方式，拥有解决方法的商谈性和温和性；三是信访解决纠纷机制具有可接近性，方便群众运用该方法解决纠纷；四是信访对当事人来说成本较低，具有"亲民"的本性。①

　　尽管如此，我们仍应看到信访制度存在的问题与弊端。信访制度需要按照建设法治国家和法治社会的新要求进行改革和完善，从而实现与法律救济制度的良性衔接和补充，成为全面推进国家各方面工作法治化的具体体现。

---

　　①　参见喻少如著：《行政给付制度研究》，人民出版社 2011 年版，第 239—240 页。

第八章　对行政违法行为的纠正

一、行政违法行为的界定

行政违法行为，是指行政主体所实施的，违反行政法律规范，侵害受法律保护的行政相对人的权益，尚未构成犯罪，但需承担行政责任的过错行为。

法律责任可以分为惩戒性法律责任和补救性法律责任两种。对于公民、法人或者其他组织违反行政法律规范的行为，通常适用惩戒性的法律责任，如行政处罚、行政强制等；对行政执法人员的行政违法行为，通常适用补救性法律责任，如责令作为、撤销、确认违法、国家赔偿等。之所以对行政执法行为不适用惩戒性法律责任，是因为国家作为法律主体，只是一种拟制的抽象人格主体，其人身权不能由法律加以剥夺或限制。"公法是国家法，统治者的法，因此人们就不能想出反对国家行使的一种公法的直接制裁的方式。"①

行政违法行为的构成要件有三点：其一，行政主体负有履行相关法定职责的义务，包括作为义务和不作为义务。如果没有法定职责，就不构成失职。其二，实际上行政主体未履行法定职责，具有不作为的行为。其三，这种不作为的行为是行政主体的一种过错，即存在故意或者过失。若行政主体不存在故意或者过失，即使未履行法定职责也不构成过错。

《行政复议法》第 64 条、第 66 条明确了违法行政行为的五种情形：行政不作为即行政失职；主要事实不清、证据不足；适用的依据不合法；违法法定程序；超越职权或者滥用职权。

对行政违法行为作出分类，可以分为以下几对范畴：

1. 积极的违法行为和消极的违法行为

积极的违法行为就是"乱作为"，即行政越权，或者滥用职权；消极的违法行为就是"不作为"和"缓作为"，即行政失职、不当延迟。当然，对缓作

---

① ［法］狄骥著，钱克新译：《宪法论》，商务印书馆 1962 年版，第 504 页。

为的认定在实践中有点难度，其法律的边界并不那么清晰。

2. 实体性违法与程序性违法

实体性违法包括主要事实认定不清、证据不足，适用依据错误，行政侵权或者滥用职权。程序违法即违反法定程序；有时，违反正当程序也会构成程序性违法。

3. 单方行政违法与双方行政违法

单方行政违法是指行政主体单方面违法，因此需要纠正，并且不能对行政相对人再作出不利处分。双方行政违法是指行政主体和行政相对人都存在违法行为。对此，按照《行政处罚法》的规定，行政主体改正了违法行为之后，仍可以对行政相对人的违法行为进行处罚，但不能依据与原行为同样的事实和依据作出处罚。

4. 有后果的行为与无后果的行为

有后果的行为即构成行政侵权，需要考虑是否要承担行政赔偿。无后果的行为即违法但不构成侵权，因而也不存在赔偿的问题。

二、对行政违法行为的处理

对违法行政行为，根据不同的性质和程度，有行政违法确认权的国家机关应当依照职权作出不同的处理。

（一）责令作为

责令作为也叫责令履行，即对行政主体未依法履行职责，行政复议机关或者行政诉讼机关依法认定属于"不作为"的，应当责令其在一定期限内履行法定职责。对在行政复议或者行政诉讼期间，行政主体已自行改正，履行了相关职责的，可以向行政复议申请人或者行政诉讼原告作出说明，当事人愿意撤回申请或者起诉书的，作终止处理；申请人或者原告不愿撤回的，则要作出确认违法的决定。经查实，行政主体在申请人申请行政复议前或者提起行政诉讼前就已经履职的，就作出驳回的处理。

（二）行政行为的撤销与限制

对行政行为违法或者不当的情形，需要使该行政行为效力消灭，让法律关系恢复到原来的状态，这就是撤销行为。《行政复议法》所列举的五种违法行政行为中，除了行政不作为和行政侵权行为外，都可以适用撤销的措施。《行政诉讼法》也相似，其第70条列举了判决行政行为撤销或者部分撤销的六种情形：（1）主要证据不足的；（2）适用法律、法规错误的；（3）违反法定程序的；（4）超越职权的；（5）滥用职权的；（6）明显不当的。[90]

行政行为撤销的启动，既可以根据利害关系人的请求，也可以依职权行使。实施撤销的主体与作出原行政行为的主体不是同一的，一般包括上级行政机关、行政复议机关、人民法院和同级人民代表大会常务委员会。

当然，撤销权的行使也有限制，如对授益性行政行为，因行政主体的过错而撤销，会违背信赖保护原则，也有害于法的稳定性，所以要加以一定的限制。信赖保护原则意味着对于确认权利或法律利益的行政行为，原则上不能撤销，此时"信赖保护原则"高于"法律优先原则"。德国行政程序法明确规定："提供一次性或持续性的金钱给付或可分物给付的违法行政行为，如受益人已信赖行政行为的存在，且其信赖依照公益衡量在撤销行政行为时需要保护，则不得撤销……"可见，信赖保护的条件是：受益人信赖行政行为的存在，并且根据与撤销的公共利益的权衡，其信赖值得保护。

对信赖保护原则的解读，也可以用更通俗的话来表述，就是：行政主体将错就错。当然，对信赖保护的适用，需要进行必要的审查：（1）受益人是否事实上信赖行政行为的存在？如果受益人根本不了解行政行为，应予否定；（2）受益人是否通过恶意的欺诈、胁迫或行贿而促成行政行为？如有，信赖保护不成立；（3）受益人是否通过对重大问题的不正确或不完整的陈述而促成行政行为？若是，则信赖保护不成立；（4）受益人是否明知或因重大过失而不知行政行为违法？若是，信赖保护也不成立；（5）受益人是否已经使用了给付或作了财产处置，无法恢复原状或者恢复将使受益人遭受不可预期的损失？如果存在这样的信赖证明或者表现，一般应当提供信赖保护；（6）受益人的信赖利益是否占优势？权衡取决于具体情况及具体事件中的重点，在撤销对受益人的影响和不撤销对社会与第三人的影响之间要作权衡。对有持续效果的行政行为（连续给付）一般是向后（将来）撤销，而不是向前（过去）撤销；但在例外情况下，可以全部撤销。信赖保护确认的结果是：给付决定不得撤销，其他行政行为只有在充分补偿优先的、属于值得保护信赖的情况下才能撤销。①

---

① ［德］哈特穆特·毛雷尔著，高家伟译：《行政法学总论》，法律出版社2000年版，第281—283页。

信赖保护原则在我国立法中已有所体现，如《行政许可法》第69条区分了三种情形：（1）对被许可人以欺骗、贿赂等不正当手段取得行政许可的，应当予以撤销；（2）对行政机关工作人员滥用职权、玩忽职守，超越法定职权，违反法定程序等作出的行政许可，可以撤销；（3）对前面所列可撤销的行政许可，可能对公共利益造成重大损害的，不予撤销。上述三种情形中，第二种和第三种都体现了撤销权限制即信赖保护的理念。但今天来看，仍有明显的不足：一是用"可以"来授权行政主体自由裁量，难免畸轻畸重，缺乏制度的刚性；二是对公共利益的保护明显强于对私权利的保护，而对政府信赖保护的强调不够。

（三）行政行为的撤回

行政行为的撤回，是与撤销相对的概念。在我国，行政行为的撤回是指行政主体在作出行政行为后，发现该行为违法或不当，便依职权收回该行政行为，使社会关系回归未作出该行政行为的状态。简言之，撤回是使违法或不当的行政行为"归零"，视为从未发生，使该行政行为自始不具有法律效力。

有意思的是，行政行为的撤回这个概念，在实践中是无法回避的、经常遇见的，但我国行政法学对此的研究甚少。其实，这是个法理性的概念，即使法律条文中未作明确规定，在实践中遇到此情形是可以按照行政法原理作出处置的。在日本，通说、判例都采取了将撤回的根据置于行政行为的公益适合性（即法理——笔者注）上，采取了不需要个别的法根据的观点。

当然，对撤回权也有必要的限制。"法律关系成立之后，没有发生任何事由，而以对私人带来不利的形式使其消灭，是不能允许的。与此相对，对相对人赋课义务，或者课处其他不利时，原则上可以自由地撤回。"① 也就是说，对于授益性行政行为的撤回或废止，应当有法律的明确规定；对于负担性行政行为的撤回或废止，无须法定。在我国立法例中，也可找到相关的依据，如《行政许可法》第70条第4项规定，"行政许可依法被撤销、撤回，或者行政许可证依法被吊销的"，需依法办理注销手续。这里出现了撤回的概念，但在前面未有相关的规定。说明在我国行政法体系中，这一概念还没得到系统地规范，但这对实践带来了负面影响。有案例显示，行政主体不知道或者

---

① ［日］盐野宏著，杨建顺译：《行政法》，法律出版社1999年版，第124—125页。

并不认同撤回权可以按照行政法原理行使（因为这违背所谓依法行政原则），但又找不到依据，陷入进退两难的境地。这有赖行政法的完善和正确观念的宣传和普及。[91]

（四）确认违法

确认违法的前提是违法行政行为不具有可撤销性，也可称可废除性 ①，即虽然是违法行政行为，但已无法或无必要恢复原状，或在撤销会给国家利益、社会公共利益造成重大损害的，只能确认其行为违法，其功能是作为当事人事后提起国家赔偿的依据。如行政主体对当事人作出的行政处罚决定违法（不管何种原因），其具有可撤销性的，就可作出撤销的复议决定。若尚未执行的，就停止执行；若已执行，可从国库里退还相应钱款，并依法赔偿损失。但如果对违法建筑实施的依法拆除行为构成程序违法，但违法建筑的事实认定清楚的，要恢复原状已无可能，也无必要，因其不是合法权益，本质上不受法律保护。因此，没必要撤销拆除行为，只作出确认违法即可。而从违法建筑的性质来看，也不具备提起国家赔偿的正当理由，因为根据《国家赔偿法》第 3 条规定，行政赔偿范围仅限于受害人的人身权和合法财产权遭受行政主体侵犯两种情形，而违法建筑并不属于当事人的合法财产，所以即使确认违法了也不一定能获得国家赔偿。

（五）变更

在行政法学理上，有违法行政行为的转换概念，其指行政主体在救济过程中发现行政行为有错误或瑕疵，但无法用程序补正的方法予以弥补，因而转换成一个合法、无瑕疵且有相同实质及程序要件的行政处分行为。用通俗的话来表示，就是行政行为的变更。

行政行为的变更不同于行政行为的改变。《行政诉讼法》第 74 条第 2 款所涉对行政行为的"改变"，应从广义理解，它包括了行政行为的变更和撤销。

变更的适用范围。并不是所有的行政执法行为的内容都可以变更的，目

---

①　在德国行政法学里，可撤销性与可废除性是两个不同的概念。可撤销性是从公民的角度而言的，指公民在认为行政行为违法是可以诉诸法律手段（复议、诉讼）；而可废除性是从行政机关或行政法院的角度而言的，只有他们可以废除行政行为，清除其法律效果。参见［德］哈特穆特·毛雷尔著，高家伟译：《行政法学总论》，法律出版社 2000 年版，第 243 页。但在我国行政法学里，这两个概念并未作区分。

前有法律依据的变更范围，主要涉及三种情形。一是对行政执法行为内容的不合理性进行变更，即指该行政行为所包含的存在于一定时间和空间中的权利和义务的不合理进行调整。内容变更主要包括三种情况：（1）内容的实质性变更，如把权利变更为义务，或把一个权利变更为另一个权利；（2）内容的数量上变更，如把"罚款10000元"变更为"罚款5000元"；（3）实现权利与义务的时间或空间上的变更，如把"限期两个月拆除违法建筑"变更为"限期3个月拆除违法建筑"。二是对行政执法依据进行变更，主要是行政执法行为所适用的法律、法规、规章依据错误，但其他法定要件都合法，既认定事实清楚、证据确凿、程序合法、符合法定权限的，通过变更所适用的错误依据，使该行政执法行为符合合法性要件。三是对行政执法所认定的事实进行变更，即该行政执法行为认定事实不清，证据不足，但是经过有权变更部门审理查明事实，证据确凿的，通过变更事实，从而使行政执法行为合法。

那么，哪些主体具有行政执法行为的变更权？[92]

一是作出该行政行为的行政主体自己有变更权，但须受下列规则约束：（1）法定事由原则，行政行为一经作出，除非符合法定理由，否则不得改变，"法定事由"包括作出该行为的法律依据的改变，或出于公共利益的需要，其他就不得作为理由；（2）程序同一原则，变更行政行为的程序必须与作出该行政行为的程序相同，即表现为主体相同与步骤相同；（3）补偿原则，行政执法行为依法进行变更后对行政相对人造成损害的，行政主体应当承担补偿责任。

二是作出该行政行为的行政主体的上级行政机关，依照层级监督的权限，对下级行政机关行政行为行使变更权。根据我国《宪法》第108条规定："县级以上的地方各级人民政府领导所属各工作部门和下级人民政府的工作，有权改变或者撤销所属各工作部门的下级人民政府的不适当的决定。"

三是行政复议机关对被复议行政行为依法行使变更权。根据《行政复议法》第63条第1款第1项规定，行政复议机关经过审理，针对内容不适当、未正确适用依据和经行政复议机关查清事实和证据等三种行政行为，可以决定"变更"。概而言之，除了程序违法不能变更而使之合法化外，对事实的认定、适用依据和内容的不合理性，都可以通过行政复议机关的直接变更而实现违法行政行为的转换，即变为合法。

四是人民法院对审查行政行为行使变更权。根据新修订的《行政诉讼法》第77条规定，"行政处罚明显不当，或者其他行政行为涉及对款额的确定、认定确有错误的，人民法院可以判决变更"，"人民法院判决变更，不得加重原告的义务或者减损原告的权益。但利害关系人同为原告，且诉讼请求相反的除外"。

行政行为的变更，主要是从节约行政成本的角度作的制度安排。但变更要有两个限制条件：一是不能背离原来行政行为的目的，对当事人的权利授予或限制应当与原行为相同；二是变更后的法律后果不能增加对行政相对人的不利。

（六）对行政行为瑕疵的治愈

在我国，"行政瑕疵"是个没有在任何法律文本里作出明确规范的概念，我国法学理论界也未加以重视和系统研究，但却是在实践中常常遇到的疑难问题。[93]

日本的盐野宏在其《行政法》一书里倒是对瑕疵作为专门的问题作了研究。① 在日本行政法里，瑕疵是个较为广义的概念，分为应予撤销的瑕疵、无效的瑕疵和可以治愈的瑕疵。应予撤销的瑕疵是指即使是有瑕疵的行政行为，要在裁判上否定其效果，必须通过撤销诉讼；而无效的瑕疵是指在撤销诉讼以外的诉讼中，法院也可以认定行政行为因瑕疵而无效。上述两种瑕疵的纠正都以行政行为有重大和明显的瑕疵为前提。而瑕疵轻微，并且有第三人的既存利益的，可以治愈，即通过追加、补充其所欠确定要件使其瑕疵消除。盐野宏甚至认为："严格地说，这不是治愈，而应该视为不属于应予撤销的瑕疵的瑕疵。"韩国的行政法对行政瑕疵的理解与日本相似，分为无效原因的瑕疵、撤销原因的瑕疵和不属于上述原因的瑕疵。但都是可以更正的。② 德国行政法对"瑕疵"概念的认识有不同理解。毛雷尔教授认为，瑕疵与违法的含义相同，瑕疵即违法，违法即瑕疵；温弗里德·布罗姆（Winfried Bloom）教授则认为，瑕疵与违法不是同一概念，瑕疵是指行政活动的一切不良行为，其中包括明显失误、裁量不当（不合目的性）、违法等情况。违法是指比较严重的、具有法律后果的瑕疵而言。③

我国虽没有明文的有关"行政瑕疵"认定和救济的规定，学理上也研究

---

① ［日］盐野宏著，杨建顺译：《行政法》，法律出版社 1999 年版，第 113—117 页。

② 参见［韩］金东熙著，赵峰译：《行政法》1 卷，中国人民大学出版社 2008 年版，第 238—239 页。

③ 参见［德］哈特穆特·毛雷尔著，高家伟译：《行政法学总论》，法律出版社 2000 年版，第 129 页译者注。

不多，但实践中是个广泛运用的法理概念，其认定基本与台湾地区的行政法相似，为狭义的概念，即在违法行政、不合理行政之外存在一定错误但不影响其合法性与合理性，因而无需纠正的行政行为。用对中文的通常理解："瑕不掩瑜"。就是说，虽有瑕疵但不影响其整体的性能，是一种小的、无需作出负面评价的瑕疵，所以总体不用否定。行政执法行为的瑕疵通常都是程序性和形式性的要件错误。实践中遇见的有：（1）行政机关内设机构以自己的名义答复行政相对人程序性问题；（2）书面答复或决定中有表述错误但不影响其合法有效；（3）对同一事实表述的文字有错误之处，也有正确之处，但不影响对其事实的认定结论；（4）法律文书的期限超过法定期限，但未影响行政相对人救济权利；（5）法律文书中应告知而未告知救济权利和途径；（6）数字计算错误或表述错误，未影响到对其客观事实的认定，等等。

　　对行政瑕疵的纠正，有以下几种途径。其一，对程序性瑕疵进行补正，即行政机关向行政相对人补充履行规定的程序，使不合法的行政程序矫正为合法的程序，并将结果告知行政复议或行政诉讼机关，行政复议或行政诉讼机关认定程序已补救的，予以支持。其二，对实体性瑕疵的转换，即对一个被发现有瑕疵的行政行为无法补正的，就转换成一个合法、无瑕疵的行政行为，但不能对行政相对人更加不利。从某种角度说，行政复议或行政诉讼机关的变更就是对瑕疵的一种转换，另外，对无法补正的瑕疵，由行政机关自行向相对人作出口头更正说明，并记录在案，也是一种瑕疵转换的方式，在行政复议或行政诉讼中可据此作出支持决定。其三，对无需补正或转换的瑕疵，直接在书面决定中告知其不作纠正的理由：并未对当事人的实际利益构成影响。在德国行政程序法里，对实体决定不具影响力的瑕疵，宽松到可定义成"不具法律评价意义的瑕疵"或"不视为瑕疵的瑕疵"的地步。① 可见，对轻微瑕疵的处置，是可以不作实体处理的，但需要说明理由，其本意也应是为了节约行政成本的考量。

（七）对程序违法的处理

　　程序违法应当撤销或确认违法，这在前面已经有阐述。之所以单列出来专门分析，全因对程序违法的处置其实并不那么简单。对于程序违法是否应当与实体违法同样对待？这其实是个疑难问题。德国的毛雷尔在《行政法学

---

① 参见翁岳生编：《行政法》（上册），中国法律出版社 2009 年版，第 685 页。

总论》一书里作了专门分析。在德国行政程序法里，如果程序违法的治愈不可能或者徒劳无益的，就不能主张撤销程序违法的行政行为，其中有两种情形：一种是程序违法事实上对实体决定没有明显影响的（即徒劳无益的），就没必要撤销决定；另一种事实上不可能作出其他决定的（即治愈不可能），就不能要求撤销程序违法的行政行为。据此，需要把握三条：（1）程序违法的撤销请求权只适用于法律羁束行政行为，而不适用于裁量行政行为，防止行政主体作出其他决定；（2）以程序违法的原因为出发点，如果程序违法对实体决定没有影响，撤销请求权即不成立；（3）违法的"瑕疵"的原因必须"明显"，可以直截了当地认识并且没有疑义。① 而在我国的现有法律规定中，并没有对程序违法作如此具体的区分，客观上对于程序违法都予以撤销的单一处置方式，造成行政成本过大，所以有必要对程序违法作出细化的救济。[94]

（八）行政行为的重新作出

《行政复议法》第 64 条规定，决定撤销或者部分撤销行政行为违法的，可以责令被申请人在一定期限内重新作出行政行为。其前提是行政相对人有违法事实是证据确凿的。该条同时还规定，行政行为被撤销的，被申请人不得以同一的事实和理由作出与原行政行为相同或者基本相同的行政行为。这是否与可以重新作出行政行为相矛盾呢？其实不矛盾，根据立法解释，这里所谓的同一事实和理由是指新作出的行政行为所依据的事实和理由与被撤销的事实和理由完全相同或者基本相同，即没有改正原来错误的事实和理由而重新作出行政行为。这是《行政复议法》所禁止的。

当然，在实践中，行政机关对重新作出行政决定有为难之处，因为当事人在经过漫长的救济程序后，证实了行政主体行为违法，但最终其仍难以避免承担原有的处罚等负担性义务，会有种被法律耍弄的对立感。这固然与行政相对人法律观念不足有关，但面对这种情绪的对立，有错在后（与行政相对人的错相比）的行政主体再重新作出对当事人不利处分，显然也有心理上的歉疚感。而若简单地"公事公办"，对政府的形象也会产生负面影响。所以，关键是把握好《行政复议法》指的"可以"的分寸，即不是义务而是可以自由裁量的权力，行政复议机关要根据行政相对人违法行为的恶性程度和

---

① 参见［德］哈特穆特·毛雷尔著，高家伟译：《行政法学总论》，法律出版社 2000 年版，第 257—258 页。

社会负面影响，考量重新作出行政行为是否必要，再决定是否责令行政主体重新作出。而若行政复议机关没有责令，那行政主体便不能擅自重新作出行政行为。[95]

三、对行政违法行为的责任追究

对行政违法行为的责任追究，是指在对违法行政行为依法予以纠正的基础上，进一步对相关的履行职务人员进行责任认定并予以惩罚性处置的行为。"责任"一词最初源于伦理学，是人们对于行为的一种道德评价，其基本含义是指人们应当对自己的行为负责，如果一个人本可以采取某种行为却没有采取，那么他就是有责任的，并因此受到别人的责备。法理学的出现从消极、否定的视角为"责任"赋予了一种新的内涵，它强调人们的不负责任行为应该受到强制性的惩罚。法理学上的责任是伦理意义上的责任观念上升为一种强制性规则的结果。通俗的理解是，责任追究就是要相关的人员因未承担起应有的责任而承受必要的惩戒。

对行政违法行为的责任追究，可分为广义和狭义两种。广义的行政违法责任包括法律责任（如刑事责任、民事责任）、行政责任（如政务处分、行政追偿）、政治责任（如党纪处分）、道义责任（如领导责任、引咎辞职）；狭义的行政违法责任单指依照《公务员法》《公职人员政务处分法》所作出的行政处分责任和道义责任，不包括法律责任和政治责任。[96]

（一）行政责任的分类

行政责任，可以分为以下五种类别：

1. 个人责任与集体责任

在我国行政法里，对个人责任通常的表述是："对直接负责的主要人员和其他直接责任人员依法给予行政处分。"[①] 一般理解，直接负责的主要人员是指案件经办人员，其负责对证据的收集和事实的认定，并有处理的建议权；其他直接责任人员则是指审核并签字的机关内设处室负责人、分管领导和最终签字作出决定的机关负责人。而集体责任是行政责任的一种特点，如《行政

---

① 参见《行政处罚法》第 76 条。

处罚法》第 57 条第 2 款规定："对情节复杂或者重大违法行为给予行政处罚，行政机关的负责人应当集体讨论决定。"既然是集体决定的，一旦有过错，自然由集体负责。

2. 过失责任和主观故意责任

鉴于行政法中的职务行为在法律上由单位承担法律责任，那么是否应当因此而追究履职人员的责任？要判断其相关履职人员是否有过错，以及该过错与行政行为之间是否有因果关系。因为作为行政依据的"恶法"的客观存在，使有些领域是否违法显示出不确定性。所以，一般倾向不简单挂钩，即案件被撤销或被确认违法，并不对应地一定追究个人或领导集体责任，而应以其是否有过错为必要条件。过错包括主观故意和过失两种情形，尽管在行政法里很少直接表述这种分类，但客观上是存在的，即若有主观故意的，往往其恶性明显增加，可能不仅涉及行政责任的问题。但鉴于一个行政执法行为从经办人员到行政首长批准，要牵涉到多个程序环节，仅一个环节的人员有主观故意不会直接产生后果，往往具有"团伙作案"性质，如一些地区暴露出的违法办理第二个以上户籍或身份证，仅个别人有意基本是不可能实现的。所以，主观故意在行政执法的实践中是极个别的现象，大量的还是过失责任即失职行为。

3. 有后果的责任和无后果的责任

从某种角度看，行政责任是一种"严格责任"（但与民事侵权中的严格责任有区别），不管是否有后果，即是否对行政相对人的实际权益构成侵害，只要有过错就产生行政责任。所以行政法里要区分监督与救济，若是一个有过错而没有后果的行政执法行为，救济途径是不予支持的，但在监督层面上是有价值的，实践中的司法建议书、复议意见书等，大多是这种监督而不是救济功能的实现。

4. 违反合法性的责任和违反合理性的责任

这与合法行政和合理行政的原则相对应。从行政复议来看，行政执法行为的合法性与合理性是要全面审查的；对行政诉讼而言，过去只对行政处罚是否"显失公正"进行合理性审查，并不对所有行政行为都进行合理性审查，但新修订的《行政诉讼法》似乎对"显失公正"的行为审查已不局限于行政处罚，有扩大到全面审查合理性的趋势。

5. 乱作为的责任与不作为的责任

乱作为即恣意地滥用行政职权行为，是对权力的不规范行使，一旦由此产生的损害，自然要承担责任。在英国行政法里，不作为有两种情形：权力不行使和不履行义务。过去，对权力不行使，是不能起诉和法律救济的，而对不履行义务是可以起诉的。而现在，这种分野已不那么绝对了。"不行使一项自由裁量的权力，如果严重地玩忽职守，可能涉及违反照管义务，因而涉及责任问题。"尽管还有争议，但"无论如何，不行使权力已经不再享有绝对豁免权"①。而在我国，似乎对不行使权力从来就没有豁免权，只要群众有投诉或举报，就要履行作为义务，不管其是属于权力范畴还是义务范畴。

（二）政务处分

处分，是公务员违反纪律应当承担的法律责任，是一种惩戒形式。对行政违法行为的责任人员作出处分，是行政责任追究的主要形式。《公务员法》第 55 条规定："公务员因违法违纪应当承担法律责任的，依照本法给予处分；违纪行为情节轻微，经批评教育后改正的，可以免予处分。"鉴于免予处分的情形是公务员的违纪行为，并显著轻微，所以，对于行为违法行为不适用免予处分的规定。[97]

1. 政务处分的种类及期间

1957 年《国务院关于国家行政机关工作人员的奖惩暂行规定》确立了警告、记过、记大过、降级、降职、撤职、开除留用察看、开除八种纪律处分的种类。1993 年《国家公务员暂行条例》规定了警告、记过、记大过、降级、撤职、开除六种行政处分。2005 年 4 月全国人大常委会审议通过的《公务员法》则沿用了上述《条例》，依照《公务员法》第 56 条的规定，行政处分分为警告、记过、记大过、降级、撤职和开除六种。2018 年 12 月修订《公务员法》，将行政处分改为政务处分。种类仍为六种：

（1）警告，是一种警戒性的纪律制裁方式，也是最轻微的一种制裁方式，是指公务员的行为已经构成了违纪，应当予以警示，督促其及时纠正。警告可以是书面的，也可以是口头的。

（2）、（3）记过、记大过，也是警戒性的纪律制裁方式，但在程度上较之警告要严厉。记过、记大过应当是书面的。

（4）降级，是指降低公务员级别的纪律制裁方式，使受处分者的待遇直接受到损失。

（5）撤职，是指撤销公务员所担任的职务的纪律制裁方式。受撤职处分

① ［英］威廉·韦德著，徐炳等译：《行政法》，中国大百科全书出版社 1997 年版，第 464—465 页。

的，应当同时降低一定的级别。

（6）开除，是解除公务员与机关的人事关系的纪律制裁方式，也是最为严厉的制裁方式。被开除后，被处分人不再具有公务员的身份。

处分期间为：警告 6 个月；记过 12 个月；记大过 18 个月；降级、撤职 24 个月。

2. 政务处分的基本原则

根据《公务员法》第 63 条的规定，对公务员进行处分，应当坚持以事实为依据、以法律为准绳的法治原则。具体有六项要求：

一是事实清楚。违法事实是定案的基础。要对公务员违法行为发生的时间、地点、情节、危害及后果等情况查证属实，这是对公务员进行处分的客观依据，否则会造成冤假错案。

二是证据确凿。证据是指证明案件真实情况的所有事实。证据确凿，就是要做到收集的证据必须是真实的、充分的，是能够互相印证的。证据确凿是事实清楚的必要条件，证据不真实、相互矛盾、不充分的，会导致事实不清楚。

三是定性准确。定性是指在事实清楚、证据确凿基础上，依照公务员的纪律标准，认定公务员的行为属于何种性质，是违法还是违纪；情节严重还是轻微。定性是处分工作的关键环节。

四是处理恰当。对违法者的处理，应当根据行为的性质、危害程度、违法者的责任大小、主观故意或者过错的程度、对违法行为的认识态度，予以全面、客观的分析，按照过罚相当的原则给予恰当的处分。要做到不偏不倚、不枉不纵，避免受不理性的外部舆论影响。

五是程序合法。调查处理违法行为的整个过程应当依照法定程序进行，确保客观、公正，包括调查、听取陈述申辩、书面通知处分决定、告知对处分不服的申诉权，行政处分决定应当的规定的时限内作出。

六是手续完备。涉及案件的材料要全面准确和完整，如初查审批手续、立案审批手续、调查报告、处分决定书、复查决定书、复核决定书等必须齐全。手续完备是对违法公务员合法权益的保障，体现程序正义的原则。[①]

3. 政务处分的对象与行为

政务处分的对象是所有对行政违法行为有履职责任的公务人员，既包括

---

① 参见张柏林主编：《〈中华人民共和国公务员法〉教程》，党建读物出版社、中国人事出版社 2005 年版，第 219—220 页。

一般案件经办人员，也包括承担审核、批准的各级行政领导，也就是一般法律文本中所表述的"直接负责的主要人员和其他直接责任人员"。

需要说明的是，《公务员法》所适用的是公务人员违反纪律的各种行为，包括违反政治纪律、组织纪律、财政纪律、廉政纪律、工作纪律，玩忽职守、滥用职权、严重违反家庭道德和社会公德，侵权行为、泄密行为、违法行为、犯罪行为等，履职过程中的行政过错行为只是其中很小一部分。根据《公职人员政务处分法》第 39 条规定，对各种滥用职权、玩忽职守、贻误工作、形式主义、官僚主义、弄虚作假等行为，可以给予警告至开除的政务处分。

对公务员给予政务处分，由任免机关或监察机关按照管理权限决定。

4. 政务处分的法律后果

这是指受处分公务员在受处分期间承受的法律规定的不利结果，主要是在晋级工资档次、级别、职务上所受到的影响。根据《公职人员政务处分法》第 19 条、24 条的规定，政务处分的后果是：（1）在处分期内，不得晋升职务、职级、衔级和级别；（2）受记过、记大过、降级、撤职处分的，在受处分期间，不得晋升工资档次。（3）受撤职处分的，在受处分期间应降低职务、职级、衔级和级别，同时降低工资和待遇。（4）受开除处分的，法律后果有二：一是自处分决定生效之日起，解除其与单位的人事关系；二是不得被再次录用为公务员。

5. 政务处分的救济与解除

对政务处分不服的，公务员可以申请复核或者申诉，不能因此而被加重处分。

除受到开除处分的不适用解除处分外，对受到处分的解除必须同时具备以下条件：（1）处分期满；（2）在受处分期间有悔改表现，即认识到自身行为的错误，并能够改正错误；（3）在处分期间没有再发生违纪行为。解除处分的机关，只能是作出该行政处分的机关；在处分期内该公务员调离作出处分的机关，仍由原作出处分决定的机关解除。解除处分应当以书面形式作出，并送达该公务员。

（三）行政问责

行政问责制度，是在行政机关发生或被认定有行政违法或不当行为，依法被追究相应的法律责任之后，对作出行政行为的相关人员的后续追究责任制度。对"行政问责"有广义和狭义两种理解，广义的行政问责即对行政领导和工作人员的责任追究；狭义的行政问责是与官员问责同义，专指对行政领导的责任追究。在政务处分制度实施之后，现在越来越倾向是狭义的理解行政问责，即将"问责"与领导责任相对应。[98]党的十八届四中全会《决定》中的有关表述，也印证了这种观点："完善纠错问责机制，健全责令公开道歉、停职检查、引咎辞职、责令辞职、罢免等问责方式和程序。"这里所列举的问责方式，都是针对领导干部的。可以这么理解：政务处分与行政问责是并行不悖、互不重复的，行政问责是在追究政务处分之外，对领导干部增加的一部分道义责任。所以，也可以将行政问责视为对政务处分不足部分的一种补充追责。

1. 责令公开道歉

公开道歉的问责方式，在《公务员法》里并没有出现，而是在实践中产生的。严格地说，这是一种道义责任的担当，在一般民主法治国家都很流行。向公众和社会公开道歉，其实质是通过一种姿态，重新唤回民众对政府的一种信任。目前公开道歉这种方式的运用还存在着下列问题：一是没有法治化或者制度化，什么情况下应当公开道歉，没有统一的标准，从而影响这一道义责任制度的效应；二是公开道歉的主体应当是行政正职，而不应当像目前我们从媒体上看到的基本是由行政分管领导负责出来道歉，让公众和社会感觉政府对自己的过错仍缺乏道歉的诚意；三是公开道歉要责令才作出，与这一制度的道义性质不相匹配。应当是有个基本的标准，在达到标准的情形出现后，行政主要领导主动向社会公开道歉，方是此问责方式的应有之义。

2. 停职检查

这应该是个传统的内部问责方式，主要是针对领导干部的，但行政处分并没有将此列入。在降级、撤职等政务处分之外，增加停职检查的方式，应该是对有过错但可以挽救的行政领导的一种柔性问责方式，因为这种方式比较高效，停职时间较为灵活；检查作为自我认识错误，也容易检验效果；检查完之后也无需解除的期限，可以轻装再上阵，所以比任何一种政务处分种类都要柔性。

3. 引咎辞职[99]

从语义学来理解，"引咎"的字面意思是：归过失于自己。① 中国有成语"引咎责躬"，意思是主动承担过失并作检讨。② 可见，引咎的行为是一种个人

---

① 《汉语大词典》简编（上册），汉语大词典出版社 1998 年版，第 2645 页。
② 《中国成语大辞典》，上海辞书出版社 1987 年版，第 1611 页。

自觉的主动将责任揽到自己身上，以向社会作出道义上的表示的一种政治伦理。"引咎辞职"是世界上许多国家的官员承担政治责任最常见的一种方式，但同时也是一种道义责任。笔者之所以将政治责任与道义责任加以分类，主要是从我国政治体制的特点出发，将党纪责任与行政领导责任分离，既是对两者性质差别的客观反映，也是为了更有利于行政首长问责制度的健全和完善。从语义学上来分析，将党内责任归为政治责任，将行政领导责任归为道义责任，似乎更能揭示其各自的特性。

《公务员法》第87条对领导引咎辞职作了规定：领导成员因工作严重失误、失职造成重大损失或者恶劣社会影响的，或者对重大事故负有领导责任的，应当引咎辞去领导职务。

引咎辞职制度作为一项新的政治伦理制度，实践还不是很充分，需要加以完善：一是要明确可以提请引咎辞职的领导干部级别，引咎辞职的适用对象应限定在通过民主选举或组织任命产生的政务类官员以及其他担任重要职务的领导者，而不应包括其他公职人员；二是要防止一些恶性重大事故的直接负责人欲以引咎辞职作为保护伞，冠冕堂皇地逃避刑事等更严厉的责任，要避免以引咎辞职代替更严格的行政问责，如果领导干部违纪、违法，即便在引咎辞职后，仍应追究其相应的政务处分、党纪处分和法律责任；三是在制度上要预防有过错而引咎辞职的干部能上不能下，异地为官的潜规则存在，对于引咎辞职的领导干部，应当视其责任的轻重程度，分别设定在一至两年或更长的期限内，不得再官复原职或异地为官。

4. 责令辞职

《公务员法》第87条还有明确规定：领导成员应当引咎辞职或者因其他原因不再适合担任现任领导职务，本人不提出辞职的，应当责令其辞去领导职务。

若将责令辞职与引咎辞职作一比较，两者在问责程度上是有区别的。引咎辞职是一种主动担责的道义行为，责令辞职则是一种带有一定惩戒性质的被动行为，其问责程度要比引咎辞职强。但其比撤职要好一些，所以其惩罚的程度低于政务处分。

上述行政问责机制在实践中都还不是很成熟，如在《公务员法》实施后相当一段时间内，我们并没有区分引咎辞职与责令辞职的区别，采用了"责令引咎辞职"的方式（如原环保部长解振华因"松花江污染事件"而被问责时便是这种措辞），殊不知这从语义学上都是讲不通的。可见，行政问责制度需要不断探索和完善，这也就是十八届四中全会《决定》提出这项任务的初衷。

四、行政责任的豁免制度

在强调行政责任追究的同时，为了鼓励依法行政和积极作为、保护改革创新热情，防止"多做多错"的心理效应蔓延，应当同时建立行政问责的豁免制度。深圳在这方面是先行者，其在2006年3月颁布的《深圳经济特区改革创新促进条例》第41条就规定了改革创新工作未达到预期效果的免责情形：一是改革创新方案制定和实施程序符合有关规定；二是个人和所在单位没有牟取私利；三是未与其他单位或者个人恶意串通，损害公共利益的。

笔者认为，建立行政责任的豁免制度是符合现实需要的。可以豁免的情形应当有下列方面：（1）对于改革创新领域的事项，已按照法定程序或实现明确的民主程序，听取过各方面意见的，即使最终失败了，也可豁免相关决策者的责任；（2）在重大行政决策中，有不同的意见时，行政首长有权最后拍板，但不同意见都应当记录在案。若实践证明该决策是失败或失误的，当时决策时发表的意见最终被证明是正确的决策者应当免除责任追究；（3）在行政执法过程中，严格按照相关程序执行，但因为非过失性原因被行政复议机关或行政诉讼机关撤销、变更或确认违法的，也不应当追究相关人员的责任，因为实践中会面临许多"不确定法律概念"，存在着不同的法律理解，且未形成明确的立法解释或司法解释，在这种情况下出现的被纠正的行为，应当予以豁免；（4）公务员按照《公务员法》第60条的规定，对上级的错误决定或者命令提出过改正或者撤销意见，上级不改变决定而执行后造成失误或者过失，但不属于明显违法的，相关公务员不承担责任。[100]

目前，我国行政实务中存在着一种"泛问责化"倾向，只以结果和社会反响为衡量问责程序的条件，而不严格、细致地区分责任与问责之间的行为因果的关联程度。季卫东教授也评价过法院系统的法官责任制和误判追究制等问责制度，与国际法律家协会在1982年通过的司法独立最低限度标准第44条规定的关于法官免责的原则形成了鲜明的对照。① 从这一意义上说，对行政人员和司法人员实施终身追究责任的制度是值得进一步探讨的。

---

① 参见季卫东著：《法治秩序的建构》，中国政法大学出版社1999年版，第140页注［70］。

中篇

行政执法行为专论

第九章　行政执法行为的种类

一、行政行为的功能与范畴

由于行政执法行为在行政法学教科书中较少涉及，所以也没有对其分类的表述，所指向的一般是对行政行为的分类。

行政行为（administrative act）[1]是 19 世纪行政法理论的创造，德国的奥托·迈耶是重要的贡献者，他揭示了行政行为的本质特征，他的定义至今仍然具有决定性的影响：行政行为是"行政机关对相对人在具体事件中作出的决定其权利和优越性的宣示"[2]。而从实践层面考察，行政行为则是一个当代概念，逐步流行于第二次世界大战后的行政法学界。美国著名学者赫伯特·A.西蒙（Herbert A. Simon）曾在 1968 年出版的《国际社会科学百科全书》中使用了"行政行为"一词，但他并未对含义作出明确解释。而后，大多数行政法学家采用了这一概念。但对于这一概念的内涵和外延，各国行政法是有不同理解的。法国是将这一概念与行政诉讼管辖范围相同一的；德国学者则专指具体行政行为；英美普通法系并没有一个清晰明确的理论上的界定。[3]

行政行为的法律特征：它是由行政主体作出的行为；它是国家实施与体现行政职能的行为；它会直接或间接产生法律效果；最终要受行政法规制。

行政行为的功能表现在多个方面，有政治功能、社会功能与法律功能。仅就法律功能而言，主要围绕行政相对人的权利和义务展开，具体体现在四

---

[1]　行政法学一般研究的是"行政行为"（administrative act），是"行政法律行为"的简称，与民事法律行为相区别。

[2]　参见［德］哈特穆特·毛雷尔著，高家伟译：《行政法学总论》，法律出版社 2000 年版，第 181 页。

[3]　参见胡建淼著：《行政法学》（第三版），法律出版社 2010 年版，第 146—147 页。

个方面：（1）设定权利和义务的规则，其含义是，行政行为虽不能创制行政相对人的权利和义务，但可以落实行政相对人权利和义务的实现途径和程序；（2）形成权利和义务，有的行政行为可以直接产生行政相对人的权利和义务，如行政许可能赋予行政相对人一定的权能，行政处罚则对行政相对人科以一定的义务；（3）处分权利和义务，在行政相对人的权利与义务关系形成之后，行政行为又直接导致权利与义务的变化或消灭，如行政征收导致行政相对人被征收物所有权的转移；（4）确认权利与义务，有的行政行为仅仅是对行政相对人已有权利进行确认，从而使行政相对人的权利获得国家的宣示与保护，如房地产管理部门对权利当事人的房地产权登记。[101]

随着行政法学的发展，现在行政行为的类别已经越来越丰富、完整。胡建森教授在其《行政法学》一书中将行政行为的基本范畴归纳为二十对。这二十对行政行为的范畴是：（1）内部行政行为与外部行政行为；（2）依职权行政行为与依申请行政行为；（3）羁束行政行为与裁量行政行为；（4）有利行政行为与不利行政行为；（5）作为行政行为与不作为行政行为；（6）肯定性行政行为与否定性行政行为；（7）要式行政行为与非要式行政行为；（8）明示行政行为与默示行政行为；（9）对人行政行为与对物行政行为；（10）主行政行为与从行政行为；（11）基础行为与执行行为；（12）实力行政行为与意思行政行为；（13）无条件行政行为与附条件行政行为；（14）中间行政行为与最终行政行为；（15）终裁行政行为与非终裁行政行为；（16）单一行政行为与共同行政行为；（17）实体行政行为与程序行政行为；（18）合法行政行为与违法行政行为；（19）有效行政行为与无效行政行为；（20）行政规定与行政决定。①

正如胡建森教授自己所说，其归纳并未穷尽。从其他学者那里还可以罗列多种行政行为的范畴。如：（1）积极行政行为与消极行政行为；（2）财产性行政行为与非财产性行政行为；（3）经常性行政行为与偶然性行政行为；（4）自律性行政行为与他律性行政行为；（5）权利性行政行为与义务性行政行为；（6）法律行为与事实行为；（7）权力关系与非权力关系；（8）一般权力关系与特别权力关系；（9）支配关系与管理关系；（10）秩序行政与服务行政；（11）平常状态行政行为与紧急状态行政行为，等等。②

①　参见胡建森著：《行政法学》，法律出版社 2010 年版，第 152—165 页。
②　参见应松年主编：《行政法学新论》，中国方正出版社 2004 年版，第 41 页。

二、行政执法行为的主要分类

就上述众多的行政行为分类进行分析，可以发现，其中许多的分类是适用行政执法行为分类的，有的则并不适用，如内部行政行为与外部行政行为；有的虽然适用，但实践中意义不大，仅是一种学理上的分类，如中间行政行为与最终行政行为。笔者认为，下列七对适用行政执法行为的范畴，最有必要进行重点阐述与分析：

（一）依职权行为与依申请行为

依职权行为，是行政执法主体的一种主动性履职行为，其只需依照法定的职权就可以启动执法程序，而无需别人的指示或者行政相对人的要求。当然，实践中，行政相对人的投诉、举报等，往往是行政执法主体启动依职权行为的动因，在有的行政机关是立法的依据之一；另外，上级部门或者领导对信访、投诉的批示，也可能成为行政执法主体立案并依职权采取行动的动因。但从法律本质上来说，依职权行为是因为其有法律所赋予的权能，所以是一种主动积极的行政行为。行政处罚、行政强制、行政征收征用、行政收费等都属于这类性质的行为。依职权行为是行政执法行为中最大量的行为种类。

依申请行为，从词义上就不难理解，这是行政主体的一种被动行为，是一种只有在行政相对人提出某一事项申请之后才实施的行政执法行为。这意味着没有行政相对人的依法提出申请，行政主体就不能主动作出这类行政行为。行政许可、行政确认、行政给付等行为都属于这类性质。

区分依职权行为与依申请行为的意义在于：依职权行为要求行政主体积极行政，主动作为，否则构成行政失职，其更多地体现为一种刚性执法；依申请行为虽然是一种被动的行为，但要体现服务行政的理念，要及时回应和处理行政相对人的申请行为，即使作出拒绝申请的决定，也要说明理由，争取行政相对人的理解和信任，总体上是一种柔性执法。当然，两种行为都会产生不作为或者缓作为（即拖延、用足法定时限）的问题，需要用制度和规范加以避免和克服。[102]

依职权行为和依申请行为，基本涵盖了行政执法行为的全部。也就是说，行政执法行为，不是依职权的主动执法行为，就是依申请的被动执法行为。

（二）授益性行为与负担性行为

所谓授益性行为，也可称为授益行政，是指行政主体通过设定或者证明，赋予行政相对人以权利或者法律意义上的利益，或者对此予以确认的行政行为。对公民、法人或者其他组织而言，授益性行政行为是其获得权利的一种主要途径。如各类行政许可、行政确认、行政给付等。

所谓负担性行为，也就是义务性行为，也可称为侵害行政，是指行政主体侵入公民权利领域并且限制其自由、财产或者给其施加负担的行政活动，其性质是对行政相对人的不利处分，可能是对权利的限制，也可能是对权利申请的拒绝，或者是对通过不法途径获得权利的剥夺，如所有的命令和禁止令、登记或注册的取消、违法建筑的拆除等行为。在日本行政法里，有一个"侵益行为"的概念，是个与授益行为相对的概念，主要指限制权利利益的行为，课处义务的行为，消极性确认行为等。① 这一概念比我们的负担性行为内涵更多，外延更宽些，如消极性确认就不在我国行政法负担性行为范围内。[103]

行政执法行为，基本能归入两者中的一类，不是给予授益性权利，就是课以负担性义务。

有的行政执法行为具有"复效性行政行为"特征，即具有授益和负担二重效应。如申请人申请三项经营范围，市场监管部门经审核许可了两项而拒绝的一项，对申请人来说，是得到了授益性批准的同时又有负担性的申请拒绝；又如，对申请人的授益批准，对第三方可能是负担性义务。[104]

上述两种行为，对于法律约束性的要求是有一定差别的。负担性行为应该严格遵循"法定原则"，即"法无授权不可为"，或者严格适用法律保留原则；而对授益性行为，并不要求每一个行为都要有法律依据，即不必严格受法律约束，但需受平等原则、程序公正、符合公共财政制度等约束。就总体价值而言，授益性行为是要遵循"法定职责必须为"的积极行政理念。

（三）规制性行为与给付性行为

规制性行为也被称为秩序行政，还可称为干预行政、干涉行政，是指通

---

① 参见［日］南博方著，杨建顺译：《行政法》（第六版），中国人民大学出版社2009年版，第40页。

过限制公民、法人或者其他组织的权利、自由或对其施加义务、负担，达到维护公共秩序和安全目的的行政活动。规制性行为的特性是"管理性"，其往往都是以下达命令的方式表现于外，必要时可以采取一定的强制性措施确保行政任务的完成。行政机关从事的大量的维护公共秩序的行为都属于规制性行为。

给付性行为也被称为给付行政，或称为服务行政、福利行政，是指通过给予公民相应的利益、便利等达到增进公共福祉目的的行政活动。给付性行为的特性是"服务性"，其表现形式很多，大体上可以分为对个人提供特定形式的给付和通过兴建公共设施等形式为社会全体成员提供给付两种。前者如政府对企业下岗人员、失地农民、受灾群众、留守儿童、残疾人等特定的社会弱势群体提供免费就业培训、发放救济金、减免学费等形式的帮扶活动；后者如政府兴建道路、桥梁、隧道、垃圾处理场等公共基础设施，以及兴办教育、医疗卫生、体育等公共服务事业等活动。[105]

（四）羁束性行为与裁量性行为

所谓羁束性行为，也可称为羁束行政，是指行政执法主体的行为被依法严格局限在极小的范围之内，法律规范将行政行为的要件、行使方式以及行使效果都作了详尽规定，只要依照法条执行即可。通俗一点说，羁束性行为是一种受法律规范严格限定的行政活动，其实质是要求行政执法主体必须严格按照法律条文的规定执行和实施法律，不能自由裁量，即严格遵循"法定原则"。

所谓裁量性行为，也可称为裁量行政，是指行政主体因立法者的授予而享有较大的自由裁量权。通俗一点说，裁量性行为是一种受法律规范宽松约束的行政活动。裁量，意味着行政活动的实施者在行政过程中拥有相对自由的选择和判断权力，对复杂多变的行政事务进行一定程度的灵活处理。"'裁量'常有这种功能，从法律和法规僵化的控制中抽取关系当事人利益的敏感裁量事宜，转由行政使用灵活的手段处理。"① 当然，这种"裁量权"也是由立法者通过立法给予的，但与羁束行政不同的是，行政主体的自由裁量权虽也要依据法律、法规和规章的规定，但规定本身在范围、种类、数额等方面都有一定选择的余地和幅度，行政主体在执行时可以根据具体情况，进行适

---

① ［德］平特纳著，朱林译：《德国普通行政法》，中国政法大学出版社1999年版，第58页。

当选择后作出决定。例如：《治安管理处罚法》规定的行政处罚为三种，即警告、罚款和拘留，罚款数额从 1 至 200 元，拘留天数从 1 到 15 天，由公安机关根据具体情况予以适用。

羁束性行为和裁量性行为两者都是属于依法行政范畴，但羁束性行为的违反后果是违法，即违背行政合法性原则；裁量性行为的违反后果是不合理，既违背行政合理性原则。两者过错的程度有一定差别。[106]

（五）实体性行为与程序性行为

将法律分为实体法与程序法，是法律界普遍公认的分类。行政机关的行政执法行为，其依据的是两部分法律规范：一类是实体性规定，基本赋予行政执法主体实际的职权或者职责，即实体法上的权力与责任；另一类是行使权力的程序规定，是保障实体法实现的程序规范，包括权力行使的方法、步骤、顺序、时限等要素，也就是大家平时讲的操作规程。

行政执法所依据的实体法是分散在各种部门法内的包括法律、法规和规章。从趋势看，也不可能将行政实体法统一为一部法典化的法律。而行政程序规范却有制定为统一的行政程序法的可能。自 20 世纪初，伴随着程序正义理念的苏醒，行政程序立法成为一大趋势。目前在许多国家，已经有统一的行政程序法。1899 年，西班牙制定并颁布了世界上第一部行政程序法，共有条文 159 条；1925 年，奥地利颁行了内容更为完备的《行政程序法》，之后波兰、南斯拉夫等国纷纷效仿；美国于 1946 年制定了《联邦行政程序法》，成为行政程序立法新的样板，许多国家纷纷响应；日本于 1964 年提出了《行政程序法草案》，经过近 30 年的讨论和争议，最终于 1993 年得以颁布。在我国，澳门地区亦于 1994 年通过了《行政程序法典》。我国内地虽然还没有一部统一的行政程序法，但对主要的行政执法行为（即主要的具体行政行为），都制定了相对集中的程序法，主要由 1996 年制定的《行政处罚法》、2003 年制定的《行政许可法》和 2010 年制定的《行政强制法》三部法律组成，被称为行政程序法三部曲。笔者认为，还应当将《突发事件应对法》纳入其中，理由是，该法其实是中国式的《即时强制法》，它与《行政强制法》共同构成了完整的行政强制程序法，即即时强制、行政强制措施和行政强制执行三部分①。

---

① 具体在本书中篇第十五章"依职权行为（二）：行政强制"中有详细阐述。

而实际上，在一般立法中，都是兼有实体性规定和程序性规定两部分。除了行政执法的主体有明确规定外，在规定行政相对人的权利义务和行政主体职权职责时，都会规定相应的操作程序，作为是否体现公正、公平、公开等法治原则的衡量标准。因为三部行政程序法并没有穷尽所有行政执法行为，需要专门法律中予以明确。即使对行政许可、行政处罚和行政强制行为，各个专门执法领域也会有不同的要求，需要作出细化和补充规定，这就是"特别法优于一般法"法理依据的具体实现。

（六）单一性行为与复合性行为

单一性行为是指行政执法行为从启动到作出决定，整个过程只构成一个具体行政行为，法律救济时也是针对一个行为实施。如依申请行为的行政许可、行政确认、行政给付、行政奖励，依职权行为的行政处罚、行政强制等，都属于单一性行为。

复合性行为是指行政执法行为从启动到得到结果，不只是由一个具体行政行为构成，而必须由两个以上具体行政行为才能得到结果。如行政补偿，必须要以另一个构成合法侵害的具体行政行为为前提，否则其不会独立构成一个行政行为；行政征收中的土地征收行为，包括了公益性的认定、征前土地调查、征地预公告、征地标的确认、征收的通知与公告、补偿方案的裁决、征收土地决定的强制执行等一系列具体行政行为，每一个行为都有独立的法律救济途径；房屋的行政征收行为，包括了房屋征收补偿方案的拟订、房屋征收的决定、房屋征收补偿决定、房屋征收的执行等多个具体行政行为；行政收费，由财政部门的项目许可和价格主管部门的收费价格标准审批两个具体行政行为构成。我们平时经常面临的对违法主体或行为的"取缔"行为，其实也是一个兼有行政处罚加行政强制的复合性行为。[107]

复合性行为在一般行政法里不会出现，因为行政法以抽象行政行为和具体行政行为为分类标准，不会涉及这一情形。但以行政执法来分类，就出现了上述的情形。这一分类在实践中是有积极意义的，即关注程序上先后有关的具体行政行为的衔接与协调。

与复合性行为有点相似的是行政行为的竞合、吸收或者合并，但仔细分析都是有区别的。

竞合行为系指两个以上的行政行为发生交叉，一个行为的手段或结果又构成了另一个法律关系，但只能按一个法律关系处理的行政行为。如对违法建筑的强制拆除，就是财物关系和人身自由关系两个法律关系的竞合。行政行为的竞合是以法律的竞合、法律关系的竞合为前提的，所以不能按多个行政行为对待，而应按一个行政行为对待。而复合性行政行为则是区分为不同的法律关系，进行不同的法律救济的。[108]

行政行为的吸收，是指当前一个行为被后一个行为所替代或覆盖时，使前一个行为的独立性失去意义，由后一个行为吸收前一个行为，前一个行为不再作为一个独立行为对待的法律制度。如对违法货运行为的查处，就包括行政命令、行政检查、行政扣押与行政处罚四个具体行政行为，但当行政执法程序已经进入"没收与罚款"时，即意味着已经吸收前面三个行政执法行为了，若行政相对人提出异议时，只能就最后的处罚行为提出行政复议或行政诉讼。而复合性行政行为则并不将前面的行政行为吸收，而是各自可以救济的。[109]

行政行为的合并，是指在同一个事由或同一类事由的前提下，将两个以上的行政行为合并于一个行为形式中作出的法律制度。包括多个行政主体针对一个当事人作出的行为，一个行政主体针对多个当事人作出的行为，一个行政主体对一个当事人的多个行为一并进行处理或分别处理一并执行。行政行为的合并必须以"同一个事由或同一类事由"为前提，否则就不宜合并。而复合性行为只是在同一程序中，不是同一事由，所以与行政合并也是有区别的，不能混为一谈。[110]

（七）法律行为与事实行为

所谓法律行为，通指依据法律规范，对行政相对人的权利和义务直接产生影响，具有法律效力的行政行为。前面所分析的六对行政执法行为的范畴，其性质都属于法律行为。

所谓事实行为，又称"不定式或非正式行政行为"，是一个与法律行为相对应的范畴。确切地说，事实行为是行政执法的一种衍生性行为，其不会产生、变更或消灭行政法上的权利与义务关系，而只是产生直接事实效果。行政事实行为因其种类繁多，各国都无法统一规范，甚至没有统一的定义，因而外国行政法也大多未将其纳入行政程序法的调整范围。但在法理上的运用和研究还是比较丰富的。

事实行为的概念，在德国魏玛共和时代由学者耶律纳克（W. Jellinek）提出"单纯高权行政"后，正式纳入行政法的理论体系中。① 但总体上说，其性质仍是"立于法的灰色地带""学理上被忽视者""属未被理解的领域"。② 事实行为虽不产生法律效力，但能产生侵权等法律后果和法律责任，包括行政赔偿和刑事制裁（公务员渎职）。我国台湾地区的陈新民评价："事实行为必须负盈法律优越、法律保留以及比例原则，已是行政法学界不争之共识。"③

在我国台湾地区的行政法规里，事实行为可分为五类：（1）执行性行为，即将一个行政措施付诸实现的行为；（2）通知性行为，即行政机关所作的无拘束力的意见表示行为；（3）协商性行为，即行政机关与人民就某些观点及事实所作出的不具有法律效力的协商行为；（4）公营机构和设施维护行为，即行政机关设立、经营及维持公共机构（公立学校、医院）、公共设施（马路、桥梁）的行为；④（5）提供资讯与公告行为。⑤

韩国的金东熙则将事实行为分为以下五种：（1）物理性事实行为和精神性事实行为，如公共设施等设置和维持行为、预防接种行为、代执行的执行行为等属于前者，行政调查、报告、警告、行政指导等属于后者；（2）执行性事实行为和独立性事实行为，前者如代执行行为，后者如行政调查、行政指导等；（3）权力性事实行为和非权力性事实行为，如关闭违法的营业场所的措施、强制隔离传染病患者、收管违法的关税物品的行为均属于权力性事实行为；（4）公法性事实行为和私法性事实行为；（5）内部性事实行为和外部性事实行为，前者如行政组织内部旨在进行文书编辑、整理，行政决定的预备行为等，后者如文件的接收、金钱的收纳和给付、人口普查等，行政事实行为一般指的是外部事实行为。⑥

德国行政法把"公共警告"作为事实行为的一种特殊形式。公共警告指行政机关或者其他政府机构对居民公开发布的声明，提示居民注意特定的工商业或者农业产品，或者其他现象如青少年性行为。⑦ 这在我国的行政法例并没有明确的界定，更多地倾向于属于行政指导范畴。

---

① 参见陈新民著：《行政法学总论》，台北三民书局 2002 年版，第 473 页。

② 参见翁岳生编：《行政法》（下册），中国法制出版社 2009 年版，第 888 页。

③ 参见陈新民著：《行政法学总论》，台北三民书局 2002 年版，第 478 页。

④ 参见陈新民著：《行政法学总论》，台北三民书局 2002 年版，第 474—477 页。

⑤ 参见翁岳生编：《行政法》（下册），中国法制出版社 2009 年版，第 891 页。

⑥ ［韩］金东熙著，赵峰译：《行政法》Ⅰ卷，中国人民大学出版社 2008 年版，第 146—147 页。

⑦ 参见［德］哈特穆特·毛雷尔著，高家伟译：《行政法学总论》，法律出版社 2000 年版，第 393 页。

近年来，随着行政事务的持续扩张和依法行政理念的强化，事实行为在国内外的行政法上都越来越扮演起重要角色。在我国，学理上的研究已经达成广泛共识。在实务方面，事实行为已经作为一种履职行为，纳入了行政诉讼的救济范围。但在行政复议和其他行政救济领域，因没有法律明文规定而并未统一的实施救济。仔细分析，对执行性事实行为的侵权，还有相应的救济，如行政赔偿；对其他几类（如通知性事实行为、协商性事实行为、公营机构的公共设施的维护）的侵权救济，都没有明确的说法，所以有的基本不救济，如通知、协商性行为；有的则更多地纳入民事救济。可见，在我国，事实行为还是个亟须完善的重要行政法领域。[111]

三、行政执法行为的效力表现形式

行政执法行为的效力，以发生的先后顺序，其表现形式有无效、生效、有效和失效四种情形。其中，无效是行政执法行为效力的非正常状态；生效、有效和失效则是正常状态。[112]

（一）无效

无效，是指行政执法行为作出之时因欠缺法定条件而自始不发生法律效力的状态。行政执法行为的无效有四个基本特征：一是自始无效，即从行政执法行为正式作出时就没有法律上的约束力；二是当然无效，不论行政相对人是否提出主张，是否知道无效的情况，也不论是否经过法院或行政机关的确认，该行政执法行为都是无效的，确认只是对一个已经存在的事实加以确认而已；三是确定无效，行政执法行为不仅成立时不发生法律效力，而且此后的任何事实也都不可能使之有效；四是绝对无效，即行政执法行为所蕴含的意思表示内容绝对不被法律所承认，"一旦法院宣布某一行政行为在法律上无效，那就如同什么事也没发生一样"①。

无效行政行为在我国司法实践中已有不少判例，但在立法上并没有建立起无效行政行为制度。对此，叶必丰教授认为，建立无效行政行为制度，对受欺诈行政行为至少具有两个方面的意义：第一，对于构成无效的受欺诈行

---

① 〔英〕威廉·韦德著，徐炳等译：《行政法》，中国大百科全书出版社1997年版，第45页。

政行为，可以不受起诉期限和诉讼时效的限制，当事人可以在任何时期提起行政诉讼；第二，当事人不仅可以通过行政诉讼来解除因欺诈而引起的无效行政行为，而且还可以通过民事诉讼要求法院确认该行政行为无效，并由法院判令欺诈行政行为人承担民事责任。①

无效的行政执法行为也有些例外情形。一是在某些特殊情形下，无效的行政执法行为所衍生出来的事实在法律上仍然被视为有效。葡萄牙《行政程序法》第 134 条第 3 款即规定，行政行为无效"不妨碍因时间经过及按法律一般原则，而对从无效行为中衍生的事实情况赋予某些法律效果的可能性"。如某矿区的采矿许可证被宣布无效之后，矿主就不能以此为由要求矿业主管部门及税务部门退还其经营期间缴纳的管理费用及税款。二是当行政执法行为部分无效时，除非无效部分是该行为不可分割的组成部分，否则行政执法行为的其他部分仍然有效。这就如同一棵树，当它生出一两根病枝时，人们剪掉它并不会影响树的继续存活；但是，当树的毛病出在根部或基本树干上时，去掉这部分也就意味着整个树的生命的终结。②

（二）生效

生效，是指行政执法行为在符合特定条件时开始产生形式效力。从理论上说，行政执法行为的成立与生效应当是一致的，但实践中却有不同的情形。

行政执法行为何时生效，有四种规则：一是即时生效，指行政执法行为一经作出即具有效力，一般适用于当场作出决定或者紧急情况等场合；二是告知生效，指行政执法行为须在告知行政相对人后方能对其产生效力，一般以口头或公告等形式告知；三是受领生效，指行政执法行为须经行政相对人受领后才能生效，一般都是以实际送达作为受领的标志；四是附条件生效，指行政执法行为的作出附有条件，只有当该条件达到之时才为该行政行为生效之时。

（三）有效

有效，是指已生效的行政执法行为因符合法定条件而具备或视为具备实质效力的状态。它是行政主体所积极追求的一种状态。

---

① 叶必丰著：《行政行为原理》，商务印书馆 2014 年版，第 181—182 页。
② 参见章志远著：《行政法学总论》，北京大学出版社 2014 年版，第 183 页。

　　有效的概念一般是和"合法"的概念紧密相关的，甚至平时已形成"合法有效""违法无效"的观念定式。但其实，行政执法行为的有效与合法并不能简单地画等号。"合法性只是效力判断的一个基准而非全部基准，是进行判断的重要条件而非充分条件。"①

　　合法是对行政执法行为的肯定性法律评价，其条件一般比较严格。我们可以把行政执法行为的合法视为有效的一般要件，包括主体合法、职能合法、权限合法、内容合法和程序合法五项要素。

　　而在有的情况下，行政执法行为虽然不合法却也可能是有效的。其一，行政相对人在法定实效届满时未提出救济请求的，除了无效行政行为之外，不管该行政行为是否合法，一般都视为有效。其法理依据是，法律的安定性要求行政相对人在特定期限内及时行使救济权，否则时间的延续会使违法行为"合法化"，进而在法律上认可其效力。也就是说，已生效的行政执法行为将不经审查、判断阶段而直接进入有效状态。其二，对于某些程序上存在轻微瑕疵的行政执法行为，经过补正之后同样承认其为有效。目前世界各国的行政程序法大都对程序的轻微瑕疵持适度宽容的态度，只要对这一瑕疵经补正之后，就不影响行政执法行为取得实质效力。其三，对于某些一般性违法行政行为，有权主体可以根据利益衡量原则或通过追认、转换等手段维持其效力从而使其达到有效的状态。其中，追认是有权限的机关对无权限机关作出的行政执法行为的事后确认。如葡萄牙《行政程序法》第137条第3款即规定："如属无权限的情况，则有权限作出该行政行为的机关有追认该行为的权力。"转换则是行政机关利用违法行政行为中的合法内容将其置换为具有与其相同目的及实质、形式要件的另一行政行为。如德国《行政程序法》第47条第1款及规定："具瑕疵的行政行为与另一行政行为目的相同，作出前者的行政机关依已发生的程序和已采取的形式也可能合法作出后者，且具备作出要件的，可将前者转换为后者。"从法理上说，违法的行政执法行为无论是经过追认还是转换，都被视为自始有效。

（四）失效

　　失效，亦称为行政行为效力的"消亡"或"终止"，意指已生效的行政执法行为因某些主客观原因而不产生实质效力或产生后归于消灭。行政执法

---

① 江必新：《行政行为效力判断之基准及规则》，载于《法学研究》2009年第5期。

行为的失效，既包括行政行为形式效力的丧失，也包括行政行为实质效力的消灭。

行政执法行为的失效应当具备两个基本前提条件：一是该行政行为已经生效，即已经发生形式效力，否则就谈不上失效问题；二是已生效的行政行为必须具备某些特定的失效原因，如行为本身违法、不当或行为所指向的行政相对人死亡、消亡等。

行政执法行为的失效主要表现为客观失效和主观失效两种不同的情形。其中，客观失效是由某些客观事实的出现而引起的，主要是因为行政执法行为自身某种要素的完结而发生的，如行为的期限届满、行政对象消失、权利义务履行完毕等致使法律关系消亡而导致其效力的自然消灭，所以客观失效也被称为自然失效、自动失效；主观失效则是因法定机关的撤销、废止或变更而引起行政执法行为效力的消灭，它是因行政执法行为自身存在违法、不当等瑕疵或因其不适应情势的变迁由法定机关决定废弃而引起的，所以主观失效也称为废弃失效。

行政行为的失效，只使该行政行为往后失去法律效力，但不溯及既往。

第十章 依申请行为（一）：行政许可

一、对行政许可制度的评价

在《行政许可法》颁布实施之前，我国行政许可制度已散见在各种法律、法规和规章里，地方也创设了不少行政许可。2003 年 8 月，全国人大常委会通过并颁布了《行政许可法》之后，全国的行政许可制度实现了统一和规范。但当时对行政许可的社会反应总体是负面大于正面，认为政府行使许可权和审批权过大、过多，甚至有视行政许可为影响经济发展的"万恶之源"。客观地说，这是有失偏颇的。

其实，行政许可是一般国家控制社会和经济活动风险的最主要方式，概莫能外，差别只在范围和程度不同。但笔者也发现一个有趣而令人费解的现象：域外行政法教科书中，很少有专门阐述行政许可内容的，这与国内行政法教科书形成了很大反差。这是否也从一个侧面显示了我国存在着行政许可过多过滥的问题，值得行政法学界深入研究。

在我国法治进程中，又面临特殊的国情，即从计划经济向市场经济的转变，行政许可成为政府从"运动员"转变为"裁判员"过程中的主要工具，因为在计划经济状态下，许可对政府来说意义不大，而在市场经济状态下，许可作为政府对市场和社会主体的控制手段变得重要起来了。有专家指出，在我国市场经济发展初期，行政许可制度还是"有功之臣"。当然，之后的发展中确实存在着运用过度的问题，行政机关把许可当作灵丹妙药，视其为"万能工具"，将其等同于管理，在立法中也有"不给设定许可权就等于白立法"的思维定式。《行政许可法》的实施，其实是在视行政许可为"万能工具"与视行政许可为"万恶之源"之间寻求一种理性的平衡。[113]

党的十八届四中全会之后，行政执法理念从事前监管（行政许可）转向事中事后监管；2018 年之后又推开"证照分离"改革，强调"先照后证""照后减证"，目标是减少不必要的行政许可，简化行政审批程序。

二、行政许可的概念和特点

根据《行政许可法》所作的界定，所谓行政许可，是指行政机关根据公民、法人或者其他组织的申请，经依法审查，准予其从事特定活动的行为。

行政许可在经济学里一般被称为政府规制或者行政规制，其在经济学中的定义是：规制是由行政机关制定并执行的直接干预市场配置机制或者间接改变企业和消费者的供需决策的一般规则或者特殊行为。政府规制对市场交易行为的控制方式主要有：对企业进入某一市场或者人员进入某一职业的进入限制，对特定产业部门费率及其结构的确定，对产品和服务质量以及产品安全性能等特征的限制；对作业场所健康和安全条件的限制，对排污和公共资源利用的限制，对特定行业的合同条款内容的限制等。[1]

行政许可有三个法律特征：

其一，在行为类别上，行政许可是依申请行为，同时是一种管理性行为和外部行政行为。所谓管理性行为的特点是单方面性，公民、法人和其他组织有违反行政机关依法作出的管理性行为即构成违法；而外部行政行为是对外部管理对象即公民、法人和其他组织作出管理行为。

其二，在行为构成上，行政许可是一种赋权行为，即是准予公民、法人和其他组织从事某项特定活动的行为。这项权利本属于行政机关，对公民、法人和其他组织来说是禁止行为，通过行政许可，公民、法人和其他组织才获得一般人不能享有的权利，即禁止行为的被解除。

其三，在行为功能上，行政许可是对特定活动的事先控制，即属于行政机关的事前监督行为。

三、行政许可的功能与种类

综合经济学、行政管理学、法学等学科对行政许可功能的认识，借鉴国外通行做法，总结我国实践经验，《行政许可法》对行政许可的主要功能定为

---

[1]　参见汪永清主编：《中华人民共和国行政许可法释义》，中国法制出版社 2003 年版，第 6—7 页。

三方面：一是控制风险，主要是对可能发生的系统性安全问题提前设防，以从源头上控制某种危险的发生，这是行政许可最主要、最基本的功能；二是配置资源，对有限公共资源，包括公共自然资源和公共服务资源，由政府通过行政许可的方式予以配置，这是世界各国的通行做法；三是证明或者提供某种信誉保证，使行政相对人获得合法从事涉及公众关系的经济、社会活动的某种能力。[114]

基于上述功能定位，《行政许可法》规定了六种行政许可种类即普通许可、特许、认可、核准、登记以及其他许可。[115]

（一）普通许可

普通许可主要适用于直接涉及国家安全、公共安全、经济宏观调控、生态环境保护以及直接关系人身健康、生命安全、财产安全等特定活动，需要按照法定条件予以批准的事项。其性质是确认具备行使既有权利的条件，是实践中运用最广泛的行政许可种类。

普通许可的功能是防止危险、保障安全，主要特征有三个：一是对行政相对人行使法定权利或者从事法律没有禁止但附有条件的活动的准许，也就是通常所说的"禁止的解除"；二是一般没有数量控制；三是行政机关实施这些行政许可一般没有自由裁量权，符合条件的就应当予以许可。

（二）特许

特许主要适用于有限自然资源开发利用、公共资源配置以及直接关系公共利益的特定行业的市场准入等，需要赋予特定权利的事项。对这些事项设定的行政许可，是由行政机关代表国家依法向行政相对人出让、转让某种特定权利，所以是一种赋权行政。如国有土地使用权许可、矿产资源开发许可、无线电频率配置、海滩使用权出让许可、出租车经营许可、排污许可、公用事业经营许可、城市机动车额度配置等。

特许的功能是分配有限公共资源，其主要特征有：一是行政相对人取得特许权一般要支付一定费用；二是一般有数量限制；三是行政机关实施这类许可一般都有自由裁量权；四是申请人获得这类许可要承担很大的公益义务，如提供普遍服务义务，不得擅自停止从事活动等；五是可以依法转让。特许的上述特征，可以说是与其他五种行政许可特征都有区别，是特有的。所以特许在行政许可种类中是较为特殊的一种。

（三）认可

认可主要适用提供公众服务并且直接关系公共利益的职业、行业，需要确定具备特殊信誉、特殊条件或者特殊技能等资格、资质的事项，如律师资格、注册会计师资格、建筑师资质等。

认可的功能是提高从业水平，提供某种技能、信誉的证明，其主要特征：一是一般都需要通过考试并根据考试结果决定是否认可；二是这类许可往往与人的身份、能力有关系；三是没有数量限制，符合标准的都要予以认可；四是行政机关实施认可一般没有自由裁量权。

（四）核准

核准主要适用于直接关系公共安全、人身健康、生命财产安全的重要设备、设施、产品、物品，需要按照技术标准、技术规范，通过检验、检测、检疫等方式进行审定的事项，如消防验收、生猪屠宰检疫、电梯安装运行标准、出入境商品检验检疫等。

核准的功能也是为了防止危险、保障安全，其主要特征有：一是依据的主要是技术标准、技术规范，具有很强的专业性、技术性、客观性；二是一般需要根据实地检测、检验、检疫作出决定；三是没有数量限制，凡是符合技术标准、技术规范的，都要予以核准；四是行政机关实施这类许可没有自由裁量权。

（五）登记

登记主要适用于企业或者其他组织的设立等，需要确定主体资格的事项。这类登记是行政机关确立企业或者其他组织特定的主体资格、特定身份，使其获得合法从事涉及公众关系的经济、社会活动的能力的许可，如工商企业登记、社团登记、民办非企业单位登记、合伙企业登记等。

登记的功能是使行政相对人获得某种能力，并向公众提供证明或者信誉担保，其主要特征有：一是未经合法登记取得特定主体资格或者身份，从事涉及公众关系的经济、社会活动是非法的；二是没有数量限制，凡是符合条件、标准的许可申请都要准予登记；三是对申请材料一般只作形式审查，通常可以当场作出是否准予登记的决定；四是行政机关实施登记没有自由裁量权。

（六）其他许可

《行政许可法》还有一个"兜底性"的条款，明确法律、行政法规规定可以设定行政许可的其他事项。这一规定意味着：一是原有法律、行政法规对其他行政许可事项的规定仍然保留、有效；二是《行政许可法》实施以后的法律、行政法规还可以根据实际情况在上述五类行政许可事项外设定其他行政许可事项；三是地方性法规、政府规章、国务院决定都不得设定上述五类许可事项以外的行政许可，已经设定的，一律予以取消。

四、行政许可的设定原则

《行政许可法》明确了许多依法行政的共同原则，如法定原则[①]，公开、公平、公正、非歧视原则[②]，便民高效原则[③]，依法救济与补偿原则[④]。还明确了特定的原则，概括起来是"一遵循二有利"加"四个优先"。

（一）"一遵循二有利"原则

《行政许可法》第 11 条对于设定行政许可原则作出了规定，概括起来是"一个遵循二个有利"。

1. 设定行政许可应当遵循经济和社会发展规律。设定行政许可，首先必须界定政府与市场的关系。中国特色社会主义市场经济体制是社会主义制度与市场经济两者的优化组合。市场经济通过竞争优化资源配置，最具活力；但是，市场经济也有自发性、盲目性和滞后性，市场并不是万能的。所以，党的十八届三中全会《决定》强调：使市场在资源配置中起决定性作用和更好发挥政府作用。[⑤] 行政许可就是更好发挥政府作用的体现，包括改善客观经济环境、合理利用公共资源、维护社会公共利益等。当然，发挥政府作用要建立在发挥市场在资源配置的决定性作用基础之上，是对"市场失灵"情形的补台和矫正；还要处理好政府与社会的关系，要充分发挥社会主体的自治

---

① 《行政许可法》第 4 条规定："设定和实施行政许可，应当依照法定的权限、范围、条件和程序。"

② 《行政许可法》第 5 条规定："设定和实施行政许可，应当遵循公开、公平、公正、非歧视的原则。"

③ 《行政许可法》第 6 条规定："实施行政许可，应当遵循便民的原则，提高办事效率，提供优质服务。"

④ 《行政许可法》第 7 条规定："公民、法人或者其他组织对行政机关实施行政许可，享有陈述权、申辩权；有权依法申请行政复议或者提起行政诉讼；其诉讼权益因行政机关违法实施行政许可受到损害的，有权依法要求赔偿。"

⑤ 参见习近平：《关于〈中共中央关于全面深化改革若干重大问题的决定〉的说明》。

功能和自律功能，实现与社会治理的良性互动。

2. 设定行政许可应当有利于公民、法人或者其他组织的积极性、主动性，维护公共利益和社会秩序。行政许可作为一项公权力，其在行使中不可避免地会影响到公民、法人和其他组织的权利。原则上，不致损害国家、社会、集体的利益和他人的自由和合法权利的，通过民事赔偿或者追究其他民事责任能够解决，并且不致造成难以挽回的重大损害的，都不应当设定行政许可，由公民、法人和其他组织自主决定。

3. 设定行政许可要有利于促进经济、社会和生态环境的协调发展。设定行政许可时，必须注意评估是否有利于经济、社会和生态环境的协调发展，凡是妨碍三者协调发展的，尤其是对生态环境产生消极影响，不符合可持续发展要求的，就不应当设定行政许可；有利于促进三者协调发展的，才可以设定行政许可。

（二）"四个优先"原则

《行政许可法》第 13 条确立的"四个优先"的行政许可设定原则，是对行政许可设定范围的一种主动限制，其前提是属于行政许可的设定范围，但能够通过其他方式予以规范的，可以不设定行政许可。[116]

一是自主决定优先，即公民、法人或者其他组织能够自主决定的事项，不设定行政许可。从法理上讲，公民和法人基本遵循"法不禁止即自由""法无禁止皆可为"的原则行使权利，包括民事权利和政治权利。原则上说，对民事权利，法律一般不能加以限制，由公民、法人和其他组织意思自治、自主决定。只有当公民、法人和其他组织行使这些民事权利可能对他人利益或者公共利益造成损害，并且这种损害不能通过事后赔偿加以扼制、补救时，才能设定行政许可。

二是市场调节优先，即市场竞争机制能够有效调节的事项，不设定行政许可。在市场运行过程中，参与市场活动的任何当事人，按照等价交换的原则，通过争夺经济利益的竞争，使得社会资源得以有效配置。因此，市场机制是最具活力、平等、自主、开放的机制。要充分发挥市场在资源配置中的决定性作用，只有对市场竞争机制解决不了的事项，才能设定行政许可。

三是行业自律优先，即行业组织或者中介机构能够自行管理的事项，不设行政许可。成熟的行业组织或者中介机构是联系市场主体和政府的桥梁，它具有自律性、公正性，能充分反映市场主体的利益和要求等特点，管理成本低，效率较高。所以，在行业组织已经发育得比较成熟的领域，政府不宜大包大揽，如资格资质的管理，国外大多数国家都是交由行业协会管理的，对此就不必设定行政许可。

四是事后监管优先，即行政机关采用事后监督等其他行政管理方式能够解决的事项，不设行政许可。行政管理方式是多种多样的，在行政许可之外，还有行政备案、制定标准、行政处罚、行政强制等方式。相比而言，在有些领域，事后监督的方式比行政许可的方式成本要低，效果更佳。因此，凡是能够采用事中事后监管方式解决的事项，尽量不设定行政许可，通过日常监督检查来解决。

五、行政许可的设定权

行政许可的设定权，属于中央和地方共有立法权的范畴，其遵循下位法不与上位法相抵触的原则分配设定权。具体规定：

一是法律，可以设定所有种类的行政许可。

二是行政法规，在尚未制定法律的情况下，可以设定各种行政许可；必要时，国务院可以采用发布决定的方式设定行政许可，这里所说的"必要"系指临时、紧急情况、为试点试验需要，但一时又难以制定法律、行政法规的情形。

三是地方性法规，只能设定普通许可、特许、核准三种许可，不得设定认可、登记。

四是政府规章，只能设定一年的临时许可，到期需要继续实施的，要提请本级人大常委会制定地方性法规。部门规章则不能设定任何行政许可，《行政许可法》颁布前部门规章已经创设的行政许可，可由国务院行政法规予以确认。

五是上述下位法，可以在上位法设定的行政许可事项范围内，对实施该行政许可作出具体规定。

六是其他规范性文件，一律不得设定行政许可。

六、行政许可的实施主体

在《行政处罚法》对行政处罚主体作了规定之后，行政许可实施主体有了可参照的依据，其中只有一种情形即委托执法作了调整，其他都基本参照了行政处罚的主体规定。

一是法定行政机关，即由具有行政许可权的行政机关在其法定职权范围内实施。

二是法定授权组织，即法律、法规授权的具有管理公共事务职能的组织，在法定授权范围内以自己的名义实施行政许可。

三是受委托行政机关，即行政机关在其法定职权范围内，依照法律、法规、规章的规定，可以委托其他行政机关实施行政许可。受委托行政机关在委托范围内以委托行政机关名义实施行政许可，不得再委托其他组织或者个人实施行政许可。这是唯一与行政处罚相区别的地方。行政处罚是可以委托事业单位实施行政处罚。

四是相对集中行政许可权，即经国务院批准，省、自治区、直辖市人民政府根据精简、统一、效能的原则，可以决定一个行政机关行使有关行政机关的行政许可权。

七、行政许可的实施程序

行政许可的实施程序是规范行政许可行为，防止滥用权力、保证正确行使权力的重要制度安排，其核心是解决公开与公正、高效与便民的问题。

（一）申请与受理

这是行政许可的启动阶段。在这一环节，主要要解决公开和便民的问题。主要制度有：一是申请书格式化，行政机关应当提供行政许可申请书格式文本（第29条第1款）；二是多途径的申请方式，申请人可以通过信函、电传、传真、电子数据交换和电子邮件等方式提出行政许可申请（第29条第3款）；三是信息公开，行政机关应当公开有关行政许可的事项、依据、条件、数量、程序、期限以及需要提交的全部材料的目录，必要时需向申请人进行解释、说明（第30条）；四是补正与一次性告知制度，申请材料不齐全或者不符合法定形式的，应当当场或者在5日内一次告知申请人需要补正的全部内容（第32条第1款第4项）；五是提倡电子政务，方便申请人了解有关行政许可规定，可以网上申请行政许可（第33条）。

（二）审查与决定

这是行政机关作出行政许可决定的必经环节，也是最核心的环节。需要重点解决的是效率和公正问题。主要制度有：一是认真审查材料，必要时派两名工作人员进行核实，确保申请材料的真实性（第34条）；二是倡导当场决定，对申请人提交的申请材料齐全、符合法定形式的，应当当场作出书面的行政许可（第34条第2款）；三是征求意见制度，即征求利害关系人的意见，听取申请人和利害关系人的陈述和申辩，以充分保护利害关系人的合法权益（第36条）；四是规定法定期限，行政机关应当在20日内作出行政许可决定，经负责人批准，可以延长10日（第37条、第42条）；五是限制自由裁量权，除特许外，对符合条件的申请人，应当依法作出准予行政许可的书面决定，并颁发加盖本行政机关印章的证件（第38条第1款、第39条）；六是说明理由制度，即对作出不予行政许可决定的，审批机关应当说明理由，以切实保护申请人的合法权益（第38条第2款）；七是保障查阅权，明确行政许可决定应当予以公开，公众有权查阅（第40条）。

（三）听证

《行政许可法》也沿用了《行政处罚法》第一次引入的听证制度，但听证的内容和范围与之不同。适用行政许可听证的有三种情形：（1）法律、法规、规章规定实施行政许可应当听证的事项，即法定情形；（2）行政机关认为需要听证的其他涉及公共利益的重大行政许可事项，即自定情形；（3）申请人、利害关系人经告知其听证权利后，要求听证的，即申请情形。（第46条、第47条）

听证要求公开举行；主持人有利害关系的应当回避；行政机关应当根据听证笔录，作出行政许可决定，这比《行政处罚法》听证制度的规定要有进步，明确了听证笔录的法律效力。（第48条）

（四）变更与延续

变更的主要内容是行政许可的范围，需要变更的应当提出申请，由原批准机关进行审查，对符合条件、标准的，依法办理变更手续（第49条）。变更其实是履行又一次行政许可程序。

行政许可延续，亦称行政许可延展，是指在行政许可的有效期届满后，延长行政许可的有效期间。对于需要延续行政许可的，应当在该行政许可有效期届满 30 日前提出申请（第 50 条第 1 款）。对于一次性有效的行政许可，如爆破作业许可、挖掘路面许可等，不能申请延续；没有有效期限制的行政许可，如律师资格等，不需要提出延续申请。

行政机关应当在收到延续申请后，在有效期届满前作出决定；逾期未作出决定的，视为准予延续（第 50 条第 2 款）。对这一制度安排，在《行政许可法》起草过程中是有争议的，但最后作出了对行政相对人有利的安排，这也要求行政机关及时依法行政，讲求效率。

八、对行政许可事项的监督检查

行政许可制度是一项事前监督制度，但《行政许可法》的立法中，却十分注意事前监督与事中事后监督的平衡，其专设了一章（第六章）来规范行政许可事项的监督检查。这种立法理念，从 20 多年以后的今天来看，仍然是十分先进的，具有前瞻性的。

在这方面，需要解决的突出问题有：一是重许可、轻监管的传统执法观念，有的甚至是只许可、不监管；二是突击式、运动式的执法方式，干扰行政相对人的正常活动；三是行政机关只享受权力，不承担责任。为此，《行政许可法》安排的主要制度有：一是书面检查为主，实地检查、定期检查为辅，监督检查的情况和处理结果要记录、归档，公众有权查阅（第 61 条）；二是被检查人有配合义务，规定了行政机关监督检查时，被许可人应当如实提供有关情况和材料，接受行政机关依法开展的检查活动（第 62 条）；三是实地检查权的限制，规定行政机关实施监督检查，不得妨碍被许可人正常的生产经营活动，不得索取或者接受被许可人的财物，不得谋取其他利益（第 63 条），目前实践中，又推出了"双随机、一公开"制度，是对实地检查权限制的深化；四是责令停止违法行为权，在监督检查过程中发现违法行为的，行政机关有权责令其停止违法行为，并依法作出处理（第 66 条）；五是规范行政机关撤销权、注销权，其中区分了应当、可以、不予等情形：对于各种违法许可的行为，作出许可机关或者其上级机关"可以"作出撤销决定；对于被许可人以欺骗、贿赂等在正当手段取得行政许可的，"应当"予以撤销；如果撤销行政许可可能对公共利益造成重大损害的，"不予"撤销；撤销后，被许可人的合法权益受到损害的，应当依法予以赔偿（第 69 条）。而注销行为，只是行政机关依据法定程序收回行政许可证件或者公告行政许可失效的一种管理行为，其本身并不产生对行政相对人的权利和义务，只是履行一下相关手续而已（第 70 条）。[117]

九、对《行政许可法》实施状况的评估

与《行政处罚法》的实施相对比较平稳形成鲜明对照的是，《行政许可法》实施 20 多年来，始终伴随着行政审批制度改革的步伐，不断对行政执法现实提出新的改革的要求，可以说是一直没有平静过。直到今天，行政许可制度仍是政府职能转变中最重要的需要改革和调整的领域。

（一）行政许可与行政审批的纠结

《行政许可法》实施起步伊始，就面临一种尴尬境地：国务院各部门在实施准备工作中发现，有许多部门规章规定的不属于《行政许可法》所界定的行政许可行为，但需要继续保留的，大约 500 多项，经过论证和博弈，最后以国务院文件的形式予以了保留，并创制了一个概念，叫"非行政许可类审批"。原本设想通过《行政许可法》的实施，减少不必要的不属于行政许可的行政审批事项，最后通过"法外开恩"的方式继续存活，这本身就是对《行政许可法》的一种否定，可谓"出师不利"。这种状况延续了 10 多年，尽管伴随着一轮又一轮的行政审批制度改革，都没有将这些不合法的行政审批事项取消掉。直到 2015 年 5 月，国务院才下决心，取消了全部非行政许可审批事项，对有必要保留的归入行政许可范畴；对纯属于行政内部审批的归入内部审批事项加以保留，这才最后解决了行政许可与行政审判的纠结。① 但这一过程仍然发人深省。[118]

（二）信誉证明何去何从

《行政许可法》立法从一开始就明确了行政许可的三种功能，其中一种

---

① 2015 年 5 月 6 日国务院常务会议决定，按照依法行政要求，在去年大幅减少各部门非行政许可审批事项的基础上，彻底取消这一审批类别。分类清理剩余的非行政许可审批事项，对中小企业信用担保机构免征营业税审批等 49 项予以取消，对保健食品注册审批等 20 项按程序转为行政许可，对其他不直接涉及公众或具有行政确认、奖励等性质的事项调整为政府内部审批或通过权力清单逐一规范。（资料来源：国务院政府网站）

功能是信誉证明功能，即资格资质的认可行为。在三聚氰胺有毒奶粉事件以及其他类似事件中，都暴露出政府所提供的信誉证明的政治风险，政府的公信力容易被违法企业和个人所绑架。所以，从 2013 年以来，国务院不断出台文件，对行政审批行为进行清理，其中之一便是政府不再为企业提供信誉证明，转而让市场或者行业协会去提供信誉证明，政府只在少数与公共利益联系紧密的领域内提供有限的信誉证明和担保。这就意味着，虽然《行政许可法》中关于信誉证明的内容并未修订，而在实践中，已不再按照法律的规定，而是以比行政许可法更严格的标准实施信誉证明行为。这应该说是一种进步，但也反映出了法律未能及时修订的滞后性问题。[119]

（三）特许制度的危机

特许制度，是针对有限公共自然资源和公共服务资源设定的，是《行政许可法》中比较特殊的制度，其可以有数量控制、可以有偿取得和有偿转让、行政机关有自由裁量权等特性，都是别的行政许可种类所不具备的。但实践中，对于什么是公共资源，认知也是不一致的。如机动车额度限制是否属于城市有限公共资源，就见仁见智了。如果承认城市道路是公共资源，是地方城市管辖事务，不属于国家统一管理事务，那么，对于有限公共资源的配置，地方就有权力支配和调整，就可以按照《行政许可法》的规定，对使用有限公共资源的物品进行数量限制，但需要通过法规以上作出授权性规定，因为规章不能设定行政许可。按此逻辑，上海的机动车拍牌行为就是合法的，因为其是由地方性法规作出具体授权规定的，而其他城市作出的牌照限制措施，因为没有地方性法规的授权，存在着法律依据不足的问题。而现实中有部分学者并不认为机动车额度属于有限公共资源，其从民事权利的角度来论证，认为公民购买了机动车，拥有了车辆所有权，就自然拥有了使用权、处分权和收益权，政府以额度来限制其拥有财产的所有权和使用权，是对其民事权利的侵犯。谁是谁非，还真不能简单下结论。这也从一个侧面反映了特许制度的某种困惑。[120]

（四）行政许可"弱化"与"强化"的博弈

行政许可是应当弱化还是应当强化？这在实践中一直处在博弈状态。无论是在市场调控领域，还是社会管理领域，这种博弈从未间断过。一方面，社会常感觉政府管了许多不该管的事，应该还权给市场，降低市场准入门槛；

还权给社会，充分发挥社会自治的功能和作用。而当一些社会重大事件发生后，又希望政府是全能政府，能都管起来，而且不能事中"事后监管"要事前监管，所以，才有对食品安全实行"最严格的市场准入"的冲动，行政许可似乎成了"灵丹妙药"。而当经济下行压力加大，或者招商引资出现困难时，又把罪魁祸首归为行政许可制度。行政许可到底是应该弱化还是强化，到今天仍是个没有明确结论的话题。其实，无论在经济领域、城建领域还是社会领域，都存在着需要弱化行政许可的事项和需要强化行政许可的事项，单线型即非此即彼的思维模式，在这里会暴露出明显的局限性。对于行政许可，还是要从实际出发，具体情况具体分析，不能简单地一刀切，该弱化的领域就弱化，该强化的领域就要强化，该优化的领域就要优化，不能走极端和简单化。[121]

（五）检验检测机构：新的寻租空间

行政许可中的第四类：核准，要求行政机关按照技术标准、技术规范依法进行检验、检测、检疫，依据检验、检测、检疫的结果决定可否给予行政许可。《行政许可法》是将这一行政许可的检查权赋予行政机关的，《行政许可法》第55条明确："行政机关实施检验、检测、检疫，应当自受理申请之日起5日内指派两名以上工作人员按照技术标准、技术规范进行检验、检测、检疫。不需要对检验、检测、检疫结果作进一步技术分析即可认定设备、设施、产品、物品是否符合技术标准、技术规范的，行政机关应当当场作出行政许可决定。"但在《行政许可法》实施一段时间后，各地纷纷以行政审批制度改革为由，将检验、检测等技术论证的权力委托给社会中介机构和技术服务机构来实施。技术服务机构是指利用专业知识和专门技能，为行政相对人申请行政审批，发表或出具证明材料或批准文件等，实行有偿服务并承担相应法律责任的机构或组织，其出具的证明材料包括项目建议书、评估、评审、项目可行性研究、考核、调查、咨询、检测、技术审查、核查、检验、验资等报告，以及论证、造价、方案、文件、鉴定、鉴证、测绘、意见、审图合格证书等。这些技术服务机构大多数是行政机关指定的，具有垄断性质，被称为"红顶中介"。由于其不属于行政执法范畴，检验、检测的收费也可以按照市场价格自主决定，不知不觉中形成了一个新的行政寻租空间。需要说明的是，这些机构的授权大多没有法律依据，属于行政机关擅自授权。这一改革，虽然解决了政府直接寻租的现象，但这些机构因为其垄断性质，寻租的空间更大，增加了行政相对人的成本，服务质量也得不到保证，社会反响更加负面，其中还难免存在着行政机关与这些中介机构利益输送的腐败问题。好在 2015 年，国务院针对这种现象专门发文 ① 予以了制止，明确凡没有法律、法规、规章依据的检验检测机构一律取消；行政机关或者所属单位与这类中介机构必须在人员、财务、资产、职能、机构等方面一律脱钩，从而使这一现象得到了遏制。[122]

（六）负面清单制度

"负面清单"这一概念，因在中国（上海）自贸区试点中首次提出而影响广泛，其含义是：对于需要行政许可的领域，行政机关列出一份"负面清单"，之外的领域无需获得行政许可就可从事。从这意义上说，传统的行政许可制度是一种"正面清单"制度，即所有公民、法人和其他组织需要从事的经济、社会活动，都要经过行政机关的许可。"负面清单"制度的实施大大缩小了行政许可的范围，由于仅限于"负面清单"所列范围内的事项才需要继续实行行政许可，这就解放了一大片领域的市场准入，或者说是取消了市场准入门槛。从法治的视角来看，"负面清单"制度其实是对《行政许可法》的一种修订，当然其方法是通过改革而不是修法实现的。[123]

---

① 参见《国务院办公厅关于清理规范国务院部门行政审批中介服务的通知》（国办发〔2015〕31 号）。

第十一章　依申请行为（二）：行政确认

一、行政确认的界定

行政确认，系指行政主体对既存的法律事实和法律关系进行审查、认定，并宣示其法律效力的行政行为。行政确认是国家行政管理的重要手段，是使其他行政主体得以作出其他行政行为的前提。但在我国，行政确认还只是一个学理概念，因为没有统一的立法规范。而且在《行政许可法》颁布后，由于没有严格区分行政许可与行政确认，还是存在歧义和混乱。

（一）行政确认的特征

行政确认有如下法律特征：一是既存性，它是对业已存在或发生了的事实与关系的认定；二是非处分性，其并不直接形成或处分行政相对人的权利和义务，只是对既存权利与义务的认可与固定；三是中间性，又称中立性，对于行政相对人来说，行政确认既不是赋权行为，也不是行政限权，而是一种中间行为，它或许对行政相对人有利，或许对行政相对人不利；四是宣示性与保护性，其法律功能是对外宣示某种已被确认的法律事实与法律关系的存在与效力，并起到对抗第三人的法律作用。

平时经常用到的一个概念是"行政确权"，其实，行政确认与行政确权是大小概念的包含关系，行政确权是有关行政主体依法认定房地产及自然资源所有权或使用权权属与效力等的法律行为。所以，行政确权是行政确认的一部分。行政确认除了确权外，还有确认责任、确认资格等。[124]

（二）行政确认与行政许可

就法理而言，行政确认与行政许可的区别是明显的：

一是两者的行为性质不同。行政确认是行政主体对行政相对人权利的认定行为；而行政许可是行政主体将法律权利赋予某些符合条件的行政相对人的批准行为。

二是两种行为所针对的对象不同。行政确认是对行政相对人的法律地位、权利义务以及客观的法律关系所作出的决定，一般情况下是指对行政相对人财产、身份、能力以及争议事实的确认，比方说夫妻关系、不动产权关系等等；行政许可的对象是许可行政相对人为了获得某种权利与资格而提出的申请，申请内容即为行政许可的对象。

三是两种行为的内容不同。中立性是行政确认行为内容的固有特点，是根据具体事实作出的行政决定，无论对当事人有利还是不利都会作出；而行政许可行为则是禁止性前提下所进行的一种授益性行政行为，申请人根据自己的需求提出申请，获得行政许可后将获得实实在在的利益。

四是两种行为的方式不同。行政确认的方式并非单一，除了依申请的确认外，还有依职权的确认，行政确认部门具有一定的职责性；而行政许可更像民法中"不告不理"的原则，一般只能是在申请人提出申请后才能发生。

五是两者的行为结果不同。行政确认的结果是对业已存在的事实、能力、身份等加以认定，行政相对人并不因此获得新的权利；行政许可的结果是使行政相对人获得某项新的权利，从而具有从事某种活动的资格。[125]

而随着《行政许可法》的颁布与实施，行政许可制度与行政确认制度在实践中相混淆起来。主要是《行政许可法》将行政许可定位为三种情形：控制危险、公共资源的配置和信誉证明。其中的信誉证明行为将一部分行政确认行为也纳入了其中，如工商登记、社团登记等，使得行政许可中有了行政确认行为，但又没有将所有的行政确认行为都纳入。因此，在《行政许可法》实施以后，行政许可与行政确认两者的边界变得模糊不清了，而行政法学界也开始较少关注行政确认了，对行政确认的法理也没有更深入的研究。

从严格的法理分类来说，应当将资格、资质的认定从行政许可的范畴中剥离开来，纳入行政确认的规范和研究范围。

（三）行政确认与证明行为

这里所说的证明行为包括行政证明、行政鉴定和公证行为等。行政确认行为与上述行政证明行为有相似之处，但本质上是不同的。[126]

行政证明，系指行政主体以一定的形式来表明某一法律事实与法律关系的存在。日常工作和生活中常表现为各种"证明"，主要是各种能力、资格的证明行为。行政证明以行政管理中所产生的个人信息和资料为依据，并为行政管理工作所需要，因而被行政机关广泛采用。但它与行政确认是有区别的：（1）行政证明无须法律授权，各行政单位均可出具，而确认权须由法律、法规设定；（2）证明是一个事实行为，只作为行政证据使用，而确认是个法律行为，虽然有时也有证据功能，但它能直接发生确认效力的作用；（3）证明可以对外出具，也可对内出具，所以它可以是外部行为，也可以是内部行为，而确认只能是外部行为；（4）证明行为不可诉，而确认行为是可诉的。

行政鉴定，系指有关行政鉴定机构通过技术手段对某一客观事实进行探真、分析，得出客观结论的活动，如劳动能力鉴定等。行政鉴定同样是一种事实行为，与行政证明相同。行政确认是针对法律事实的，而行政鉴定是对某一客观事实进行还原。因此，行政鉴定与行政确认也是有明显区别的。

公证行为，也是一种证明行为。根据《公证法》第2条的规定，公证是公证机构根据自然人、法人或者其他组织的申请，依照法定程序对民事法律行为、有法律意义的事实和文书的真实性、合法性予以证明的活动。它是具有法律效力的证明活动。但公证机构不是行政机关，而是"依法设立，不以营利为目的，依法独立行使公证职能、承担民事责任的证明机构"，因而与行政证明和行政确认都没有关联性。

二、行政确认的特定原则

一是依法确认原则。基于行政确认的性质，其中立性与羁束性表明，行政确认需要严格按照法律或章程办事。行政确认的目的在于保护公民、法人和其他组织的合法权益，因此，行政确认只有严格按照法律、法规和规章的规定进行，遵循法定程序，才能确保法律所保护的公益和行政相对人权益得以实现。

二是尊重事实原则。客观公正是法治精神的精髓之一，行政确认也须遵循这一法治精神。行政确认是对法律事实和法律关系的证明或者明确，因而必须始终贯彻客观公正的原则，尊重客观事实，不允许有任何偏私、主观、武断。为此，需要建立一系列监督、制约机制，还须完善程序公开、权利告知等有关公正程序。

三是保守秘密原则。行政确认的结果会影响到当事人双方的法律地位与相关利益，因此，在行政确认过程中，是不能向任何一方透露任何裁定信息的。行政确认往往涉及商业秘密和个人隐私，尽管其确认程序要求公开、公正，但同时必须贯彻国家法律规定的保守秘密原则。并且，行政确认的结果不得随意用于行政管理行为的信息提供，其档案也要封存，不可随意外泄。

三、行政确认的种类

行政确认包括了确认权利、确认责任和确认资格。为了方便理解，可以掌握两个核心的概念：登记和认定。

一般用"登记"概念的属于确认权利或者确认资格的行为，如土地权属登记、房地产登记、财产抵押登记、机动车登记、婚姻登记、收养登记、专利登记、商标权登记、社团登记、工商登记。这些登记行为，从法律性质上来界定，都属于确认权利或者确认资格。目前，从立法的角度来审视，前几者仍保留在行政确认范围，只有后两者（即工商登记和社团登记）因为《行政许可法》的缘故纳入了行政许可范围。而从党的十八届三中全会《决定》关于商事登记制度改革的要求来看，由先证后照改为先照后证，注册资金从实缴登记制改为认缴登记制，其实质是从行政许可回归行政确认。因为从理论上来说，认缴制意味着公民用一元人民币也能注册一家公司，体现了"人人都有做老板的权利"的理念。

一般用"认定"概念的属于确认责任的行为，如行为能力认定、交通事故责任认定、工伤认定等。

（一）财产权确认

财产权确认包括了不动产权利、动产权利和财产性权利，主要有土地权属登记、房地产登记、财产抵押登记、机动车登记、专利登记、商标权登记等。上述所有财产权确认行为，都有相关的法律规定。财产权确认涉及多个行政主体，其共有的特点是都用了"登记"的概念，其主要功能都是为了保护行政相对人的财产权不被侵犯，可以对抗善意第三人。[127]

（二）主体资格确认

主体资格的确认主要有商事登记、社团登记。需要说明的是，目前我国的《行政许可法》将这两项列入了行政许可范围，这可能是从维护公共秩序的角度作出的制度安排，商事登记制度涉及经济秩序的安全；社团登记则涉及社会秩序的稳定。但从法理的角度来判断，将这两种"登记"行为界定为行政许可，是一种错位。商事登记基于"人人都能当老板"的权利观念，社团登记则是基于"结社自由"的权利观念，这两项权利都属于宪法性的、不可剥夺的公民权利。[128]

此外，民政部门还有对现役军人、武警在执行公务中的死亡性质、伤残等级、烈士追认等方面的确认等制度。

（三）身份关系确认

目前法定的身份关系确认制度有：一是婚姻登记；二是收养登记。[129]

根据《中华人民共和国婚姻法》的规定，婚姻登记包括结婚登记、离婚登记和复婚登记。

1. 结婚登记

在中国，符合法定结婚条件的男女，只有在办理结婚登记以后，其婚姻关系才具有法律效力，受到国家的承认和保护。《婚姻登记办法》具体规定，登记时，男女双方须持本人居民身份证或户籍证明及所在单位或村民委员会（居民委员会）出具的关于本人出生年月和婚姻状况的证明，共同到一方户口所在地的婚姻登记机关提出申请。离婚后申请再婚时，还应持离婚证件。婚姻登记机关，在城市是街道办事处或区人民政府、不设区的市人民政府，在农村是乡、民族乡、镇人民政府。

2. 离婚登记

在中国，男女双方自愿离婚并对子女抚养和财产处理达成协议的，可按照《婚姻登记办法》的规定，到一方户口所在地的婚姻登记机关申请离婚登记。申请时，应持居民身份证或户籍证明和结婚证。婚姻登记机关查明双方确实是自愿并对子女和财产问题已有适当处理时，应即准予登记，发给离婚证，收回结婚证。

3. 复婚登记

离婚后，男女双方自愿恢复夫妻关系的，应到一方户口所在地的婚姻登记机关申请复婚登记。婚姻登记机关按照婚姻登记程序办理登记，发给结婚证，收回离婚证。

根据《中华人民共和国收养法》，办理收养登记的机关是县级人民政府民政部门。具体分为四种情形：收养社会福利机构抚养的查找不到生父母的弃婴、儿童和孤儿的，在社会福利机构所在地的收养登记机关办理登记；收养非社会福利机构抚养的查找不到生父母的弃婴和儿童的，在弃婴和儿童发现地的收养登记机关办理登记；收养生父母有特殊困难无力抚养的子女或者由监护人监护的孤儿的，在被收养人生父母或者监护人常住户口所在地（组织作监护人的，在该组织所在地）的收养登记机关办理登记；收养三代以内同辈旁系血亲的子女，以及继父或者继母收养继子女的，在被收养人生父或者生母常住户口所在地的收养登记机关办理登记。

（四）行为能力确认

行为能力确认并不是行政机关的专属权力，司法机关在这方面的权力运用得更多。行政机关是基于行政执法和维护公民权利的需要才涉及行为能力的确认。如《行政处罚法》第30条规定："不满十四周岁的未成年人有违法行为的，不予行政处罚，责令监护人加以管教；已满十四周岁不满十八周岁的未成年人有违法行为的，应当从轻或者减轻行政处罚。"第31条规定："精神病人、智力残疾人在不能辨认或者不能控制自己行为时有违法行为的，不予行政处罚，但应当责令其监护人严加看管和治疗。间歇性精神病人在精神正常时有违法行为的，应当给予行政处罚。"前者即年龄的确认只要形式调查即可；而后者即精神病、智力残疾人的认定则要专业的实体性鉴定。行政能力的确认是实施行政处罚的前提条件。[130]

（五）事故责任确认

事故责任的认定有许多种类，涉及多个行政主体，如交通事故责任认定、工伤事故责任认定、生产事故责任认定等。[131]

1. 交通事故责任认定

这是公安部门运用专业的知识和技能，在查明交通事故原因后，根据当事人的违章行为与交通事故的因果关系以及违章行为在交通事故中的作用，依法对当事人各方的交通事故责任进行认定的行为。公安部门在行政确认中的权限包括：对交通事故的车辆、人员、货物、天气等客观情况进行科学的检验和鉴定；根据交通事故的严重程度以及社会影响来确认事故的等级；根据当事人的客观操作情况以及有无酒驾等情况而进行交通责任的认定。

公安部门应当根据当事人的行为对发生道路交通事故所起的作用以及过

错的严重程度，确定当事人的责任：（1）因一方当事人的过错导致发生道路交通事故的，承担全部责任；（2）因两方或者两方以上当事人的过错导致发生道路交通事故的，根据其行为对事故发生的作用以及过错的严重程度，分别承担主要责任、同等责任和次要责任；（3）各方均无导致发生道路交通事故的过错，属于交通意外事故的，各方均无责任；（4）一方当事人故意造成道路交通事故的，他方无责任。

公安部门的责任认定实际上是对造成交通事故原因的确认，要避免将公安部门的责任认定简单等同于民事责任的分担，应将其作为认定当事人承担责任或者确定受害人一方也有过失的重要证据材料。交通事故认定应把握下列四项原则：

一是行为责任原则。如果当事人对某一起交通事故负有责任，则必定因其行为引起，没有实施行为的当事人不负事故责任。交通事故认定是确定当事人行为在事故中所起作用程度的技术认定，在认定交通事故责任时，应实事求是地表述当事人行为在事故中所起作用的程度，无须考虑法律责任问题。交通事故责任认定是过错认定原则。当事人的行为对发生交通事故所起的作用，其中"过错的严重程度"是以"当事人的行为"为前提的。在认定交通事故责任时，先看"当事人的行为对发生交通事故所起的作用"，然后，确定该行为过错的严重程度。

二是因果关系原则。根据《交通事故处理程序规定》第45条第1款的规定，认定交通事故责任时，必须认定哪些行为在事故中起作用及作用的大小。要确定交通事故当事人的责任，其行为必须与事故有因果关系。交通事故认定是技术认定，在确定行为与事故因果关系时，只需要确定行为人的行为是否事实上属于事故的原因即可。行为人的行为是实实在在的足以引起交通事故及损害后果发生的因素，就构成事实上的原因，即直接原因。交通事故认定作为技术认定，应载明事故发生的直接原因，交通事故认定只是证据之一，在认定交通事故责任时，应从技术的角度出发，认定直接行为人的责任，而无须考虑应承担相关法律责任人的事故责任。

三是路权原则。即各行其道原则。《道路交通安全法》第38条规定："车辆、行人应当按照交通信号通行；遇有交通警察现场指挥时，应当按照交通警察的指挥通行；在没有交通信号的道路上，应当在确保安全、畅通的原则下通行。"现代化交通设施给所有的交通参与者规定了各自的通行路线，行人、不同类型的非机动车和机动车都有各自规定的通行路线。在交通事故认定中如何体现各行其道的原则，应考虑以下两个方面。一是借道避让原则，为了合理利用交通资源，在法律法规允许的情况下，交通参与者可以借用非其专用的道路通行。交通参与者实施借道通行时，有可能与被借道路本车道的参与者产生冲突点，为保证安全，必须明确谁有义务主动防止冲突的发生。二是行人在没有交通信号控制的路段横过道路与机动车发生事故的特殊原则。行人在没有交通信号的路段横过机动车道时，虽属借道通行，但对此情况，机动车有避让行人的义务，同时行人也有确保安全的义务。这是行人在没有交通信号控制的路段横过道路的特殊通行规定，也是《道路交通安全法》以人为本指导思想的具体体现。各行其道原则认定交通事故责任，其本质就是认定事故当事人在通行规定上应承担的安全义务大小，如借道通行者应承担确保安全的义务应大于本车道正常通行参与者的义务，在划分责任时，应承担较大义务的参与者也应负主要及以上的责任，反之负次要及以下责任。

　　四是安全原则。确保安全义务是衡量当事人交通事故责任的标尺。那么，横过道路的行人和机动车谁应承担的义务更大呢？机动车和横过道路的行人应承担同等的安全义务。个体的利益需要法律保护，但社会的利益需要每个人共同维护。行人横过道路与机动车发生交通事故，行人固然是受害者，但社会的利益也受到了侵害，行人同样有义务维护社会的利益。

　　认定期限。公安部门应当自现场调查之日起10日内制作道路交通事故认定书。交通肇事逃逸案件在查获交通肇事车辆和驾驶人后10日内制作道路交通事故认定书。对需要进行检验、鉴定的，应当在检验、鉴定结论确定之日起5日内制作道路交通事故认定书。发生死亡事故的，公安部门应当在制作道路交通事故认定书前，召集各方当事人到场，公开调查取得证据。证人要求保密或者涉及国家秘密、商业秘密以及个人隐私的证据不得公开。当事人不到场的，公安部门应当予以记录。

　　认定事故责任的程序。当事人对道路交通事故认定有异议的，可以自道路交通事故认定书送达之日起3日内，向上一级公安部门提出书面复核申请。复核申请应当载明复核请求及其理由和主要证据。上一级公安部门自受理复核申请之日起30日内，对下列内容进行审查，并作出复核结论：（1）道路交通事故事实是否清楚，证据是否确实充分，适用法律是否正确；（2）道路交通事故责任划分是否公正；（3）道路交通事故调查及认定程序是否合法。复核原则上采书面审查的办法，但是当事人提出要求或者公安部门认为有必要时，可以召集各方当事人到场，听取各方当事人的意见。经审查认为原道路交通事故认定事实不清、证据不确实充分、责任划分不公正，或者调查及认定违反法定程序的，应当作出复核结论，责令原办案单位重新调查、认定；经审查认为原道路交通事故认定事实清楚、证据确实充分、适用法律正确、责任划分公正、调查程序合法的，应当作出维持原道路交通事故认定的复核结论。

2. 工伤事故责任认定

主要是对工伤事故中是否属于工伤的认定。工伤认定，是工伤事故责任认定的基础事实认定，它关系到工伤事故责任的构成问题。工伤认定应当按照《工伤保险条例》第 14 至第 16 条的规定进行。工伤、视同工伤者，构成工伤事故责任的基础事实；不得认定为工伤的，不属于工伤事故。工伤认定申请的申请人分为用人单位、职工或者其直系亲属。提出工伤认定申请应当提交下列材料：一是工伤认定申请表；二是与用人单位存在劳动关系（包括事实劳动关系）的证明材料、医疗诊断证明或者职业病诊断证明书（或者职业病诊断鉴定书）。其中工伤认定申请表应当包括事故发生的时间、地点、原因以及职工伤害程度等基本情况。在接受工伤认定申请之后，劳动保障行政部门有权进行调查核实。用人单位、职工、工会组织、医疗机构以及有关部门应当予以协助。职业病诊断和诊断争议的鉴定，依照《职业病防治法》的有关规定执行。对依法取得职业病诊断证明书或者职业病诊断鉴定书的，劳动保障行政部门不再进行调查核实。如果受伤害职工或者其直系亲属认为是工伤，而用人单位不认为是工伤的，用人单位应当负举证责任，提出不是工伤的证据。证明属实的，认定为不属于工伤；不能证明或者证明不足的，认定为工伤。劳动保障行政部门应当自受理工伤认定申请之日起 60 日内作出工伤认定的决定，并书面通知申请工伤认定的职工或者其直系亲属和该职工所在单位。

工伤认定后，再配合以劳动能力的鉴定，才能最终完成工伤事故责任的认定过程。

3. 安全生产事故责任认定

安全生产事故，是指生产经营单位在生产经营活动中发生的造成人身伤亡、安全生产事故或者直接经济损失的事故。

一是主体认定。《安全生产法》所称的生产经营单位，是指从事生产活动或者经营活动的基本单元，既包括企业法人，也包括不具有企业法人资格的经营单位、个人合伙组织、个体工商户和自然人等其他生产经营主体；既包括合法的基本单元，也包括非法的基本单元。《安全生产法》所称的生产经营活动，既包括合法的生产经营活动，也包括违法违规的生产经营活动。国家机关、事业单位、人民团体发生的事故的报告和调查处理，参照《生产安全事故报告和调查处理条例》的规定执行。

二是事故认定。下列情形均属于生产安全事故：（1）无证照或者证照不全的生产经营单位擅自从事生产经营活动，发生造成人身伤亡或者直接经济损失的事故；（2）个人私自从事生产经营活动（包括小作坊、小窝点、小坑口等），发生造成人身伤亡或者直接经济损失的事故；（3）个人非法进入已经关闭、废弃的矿井进行采挖或者盗窃设备设施过程中发生的造成人身伤亡或者直接经济损失的事故，应按生产安全事故进行报告；（4）由建筑施工单位（包括无资质的施工队）承包的农村新建、改建以及修缮房屋过程中发生的造成人身伤亡或者直接经济损失的事故；（5）虽无建筑施工单位（包括无资质的施工队）承包，但是农民以支付劳动报酬（货币或者实物）或者相互之间以互助的形式请人进行新建、改建以及修缮房屋过程中发生的造成人身伤亡或者直接经济损失的事故；（6）在能够预见或者能够防范可能发生的自然灾害的情况下，因生产经营单位防范措施不落实、应急救援预案或者防范救援措施不力，由自然灾害引发造成人身伤亡或者直接经济损失的事故；（7）在刑事侦查结案后认定不属于刑事案件或者治安管理案件的，包括因事故，相关单位、人员涉嫌构成犯罪或者治安管理违法行为，给予立案侦查或者给予治安管理处罚的，均属于生产安全事故；（8）矿山存放在地面用于生产所购买的炸药、雷管等爆炸物品，因违反民用爆炸物品安全管理规定造成的人身伤亡或者直接经济损失的事故；（9）矿山存放在井下等生产场所的炸药、雷管等爆炸物品造成的人身伤亡或者直接经济损失的事故；（10）农用船舶非法载客过程中发生的造成人身伤亡或者直接经济损失的事故；（11）农用车辆非法载客过程中发生的造成人身伤亡或者直接经济损失的事故；（12）专业救护队救援人员、生产经营单位所属非专业救援人员或者其他公民参加事故抢险救灾造成人身伤亡的事故。

四、行政确认的程序正义

行政确认的多元性决定了不便制定一部统一的《行政确认法》，建立统一的行政确认程序。但这并不意味着不需要有规范的程序安排，我们需要确立行政确认行为的正当程序理念，具体应当包括：一是依据公开，便于行政相对人了解和掌握；二是办事流程公开，方便老百姓监督；三是对不利结论说明理由；四是书面结论要依法送达当事人；五是相关人员可以查阅，或者主动公开；六是告知当事人复议和诉讼的救济权利。

第十二章　依申请行为（三）：行政给付

一、行政给付的概念与特征

"行政给付"是我国行政法学的特定概念。在德国、日本等大陆法系国家或地区一般称之为"给付行政"，两者并无本质的差异，主要的差别是界定的角度不同，行政给付主要侧重于行政行为的角度，而给付行政则侧重于行政模式、行政活动的领域。

给付行政的概念和理论最早都是由德国行政法学家创立的。福斯多夫于1938年发表的《当成是服务主体的行政》一文中首次使用"给付行政"概念。[①]第二次世界大战之后，德国、日本等国先后按照社会国家原理，开始实践现代意义上的给付行政。给付行政与行政国家、福利国家相联系，在行政国家和福利国家中，给付行政发挥着广泛的作用，以致给付行政在20世纪后期成为行政法的关注重心和具有时代特征的制度。有日本学者将行政作用法体系划分为秩序行政、整序行政和给付行政三类，便是佐证。[②]

行政给付有广义与狭义之分。广义的行政给付，又可称为服务行政或福利行政，系指提供人民给付、服务或给予其他利益的行政作为。广义的行政给付包括了各种社会保险、社会救助，兴办公用事业、公共设施，普及文化建设，提供职业训练，环境维护，提供经济辅助，甚至还包括行政指导。[③]

狭义的行政给付，等同于行政救助或行政物质帮助，通说认为："行政物质帮助或行政救助，是指行政机关对公民在年老、疾病或丧失劳动能力等情

---

① 参见陈新民著：《公法学札记》，中国政法大学出版社2001年版，第47页。

② 参见［日］南博方著，杨建顺译：《行政法》（第六版），中国人民大学出版社2009年版，第25页。

③ 参见翁岳生编：《行政法》（上册），中国法制出版社2009年版，第30—31页。

况下或其他特殊情况下，依照有关法律、法规规定，赋予其一定的物质权益或与物质有关的权益的具体行政行为。"[1] 狭义的给付行政与社会福利和保障制度相联系，但不包括整个社会保障体系，只涉及公共财政支付的部分。

行政给付有以下特征：

1. 财物性

行政给付的标的物是给予行政相对人一定的财物，包括金钱或财产性利益，其获得的是一种财物的增量，所以是一种以"生存照顾"为目的，以财产性给付为内容的授益性行为。也因此，国家对行政相对人提供的人身权与财产权保护，如行政补偿、行政赔偿等，不属于行政给付行为。

2. 单向性

行政给付是国家通过行政主体向行政相对人支付财物，而不是相反，所以属于行政主体针对行政相对人的单向性行为。

3. 依申请性

行政给付一般需要由当事人向特定的行政主体提出申请，行政主体对其情况和条件进行审查后，再依法决定准予货币支付、准予其申请事项。

4. 法定性

行政给付的主体是负有法定职责的行政机关或者法律、法规授权的组织，其对象也往往是法定的符合一定条件的行政相对人，包括个人和组织。从理论上说，行政给付是公民的法定权利，所有公民均拥有要求国家给予一定给付的潜在的请求权，但潜在的请求权要转化为现实的请求权，还需要通过法律的规定。

在我国，行政给付基本还是个法理的概念，在很多行政法教材里有分析和论述，在法律条文中只有分散的规制，没有系统化的梳理。但这并不影响我们对行政给付的实施。

二、行政给付的分类

行政给付作为一种授益性行政行为，主要形式有：抚恤金发放，由民政部门负责的特定人员离退休金，社会救济金、福利金，灾民的生活救济费和

---

[1]　罗豪才主编：《行政法学》，北京大学出版社 2000 年版，第 209 页。

救济物资、安置费等，中小学贫困生助学金、高校贫困生助学贷款贴息等。①
对这些给付行政方式作一定的归纳，可以区分为以下几类：

（一）生存型给付与发展型给付

生存型给付直接指向年老病残等生存发生困难的个体，其目的旨在"预防贫困"。对于生存型给付，应当适用法律保留原则。发展型给付则注重社会经济结构的改善，对社会成员的普遍关爱和服务。对发展型给付则不必严格适用法律保留原则，应有更为宽泛的裁量权。

（二）现金给付、实物给付、服务提供和其他给付

现金给付如最低生活保障金、财政补贴、减免学费等。实物给付则是提供公共福利如公立学校、医院、福利院、图书馆、廉租房等，以及设置一般公众均可使用的公共设施，如公共交通设施等。服务提供的范围更加广泛，如老人照顾、儿童入托、残疾康复、职业介绍以及就业培训等。其他给付如信息给付等。有学者认为："行政给付制度发展的一个趋势就是给付标的的种类的多样化，其出发点在于更加尊重相对人的选择权，更加注重济贫与预防贫困的结合……行政给付制度从生存权的经济性层面的历史起点出发，日益深入生存权的文化性层面。"②

（三）直接给付与间接给付

行政直接给付是行政主体以行政给付决定的方式直接对行政相对人予以援助，如最低生活保障费。间接给付则是指行政主体运用社会的力量，通过间接方式为公民提供基本生存条件给付，即行政主体通过购买公共服务等多样化方式，实现行政供给的民营化、社会保障的社会化、行政资助领域的担保行政给付等目的。直接给付与间接给付分类的意义在于可以更好地研究国家与社会、政府与市场的互补关系，使政府更自觉地运用社会力量来共同完成行政任务。

（四）依据公法形式的给付与依据私法形式的给付

公法形式的给付可以通过行政契约来实施，如公共设施的利用关系的设

---

① 参见胡建淼著：《行政法学》（第三版），法律出版社 2010 年版，第 214—216 页。
② 喻少如著：《行政给付制度研究》，人民出版社 2011 年版，第 57 页。

定可以通过招投标方式缔结行政契约；也可以通过行政决定来提供，如最低生活保障金、抚恤金等。通过私法主体及民事契约提供给付则越来越普遍，它是行政管理和公共服务的市场化改革的产物，是公法"私法化"的体现。

三、行政给付的特定原则

行政给付行为应当遵循合法性原则、合理性原则、公开公正原则、信赖保护原则、平等原则等一般依法行政的基本原则，此外，还应遵循下列特定的原则：社会国家原则、国家辅助性原则、法律保留原则。

（一）社会国家原则

社会国家是指国家承担社会义务，国家对人的经济和社会权利提供宪法保障。一般认为，社会国家理念始于 1919 年《魏玛宪法》，这种理念特别是将如下两点具体化，即"对经济自由权的积极限制和'社会权'的引进"①。在社会进入工业和后工业时代后，不断增加的经济、科技与社会关系的复杂化，使国家有必要更多地进行干预、调控与计划。国家任务中增加了社会平衡、社会安全、促进经济以及生存保障等社会性任务。当然，有学者认为，由于自由权与社会权的并存与冲突，社会国家也受到法治国家特别是实质法治国家原则的限制，欲取消个人承担责任之自由的"保姆式"全能福利国家的设想，均不符合社会法治国家的原则。②[132]

应当说，我国现行宪法已经确立了社会国家原则。其第 14 条第 3 款就人民生活对国家提出了"逐步改善"的积极义务；第 4 款规定了国家"建立健全"社会保障的"制度性保障义务"；第 19 条至第 22 条规定了国家发展教育、科学、文化、医疗、卫生、体育等事业的"国家政策性规范"义务。这些都可视为社会国家原理的法律体现。

（二）国家辅助性原则

国家辅助性原则，也称为补充性原则、附属原则。由提出"生存照顾乃

---

① ［日］杉原泰雄著，吕昶、渠涛译：《宪法的历史——比较宪法学新论》，社会科学文献出版社 2000 年版，第 114 页。

② 喻少如著：《行政给付制度研究》，人民出版社 2011 年版，第 121 页。

现代行政之任务"命题的德国学者福斯多夫在 1959 年提出，这是他根据战后社会情势的变化，对生存照顾概念作出重大修正后①，正式提出生存照顾的"辅助性理论"，即只有当社会不能凭己之力维持稳定时，国家权力才介入，扮演一种"国家补充功能"。这种补充功能可概括为：其一，凡是个人能够独立承担的事务，政府任由个人自己承担。如果个人无法独立承担，则由政府提供辅助；其二，如果下级政府能够独立承担的事务，仍由下级政府承担，如果下级政府无法独立承担，则由上级政府提供辅助；其三，国家对个人或上级对下级政府的辅助不能代替个人或下级政府的自助。②

辅助性原则主要用于解决两个层面的问题：一是个人、社会、国家之间的关系层面；二是中央与地方、共同体与成员单位之间的关系层面。这一原则成为德国"至高的社会哲学原则"，在给付行政法、经济行政法、国家结构形式领域得到广泛运用。德国的辅助性理论在欧洲有着十分广泛的影响，成为欧洲委员会 1985 年通过《欧洲地方自治宣言》的原则，1991 年的《马斯特里赫条约》也将辅助性原则确定为欧共体的基本原则之一。有鉴于此，国内一些行政法学者积极主张将此原则引入我国行政法，以指导我国行政给付制度的构建。[133]

（三）法律保留原则

给付行政或行政给付领域是否适用法律保留原则？从历史的视角来看，它一直是德国、日本公法学普遍关注和长久争论的问题。我国自 2000 年《立法法》引入法律保留原则以来，对于是否适用于行政给付领域，也一直存在着争议。有"否定说"，认为行政给付不适用法律保留，只要议会进行预算监控即可；有"肯定说"，坚持行政给付领域适用法律保留原则；还有"折中说"，以国家事务对基本权利行使或实现是否重要为标准，来判断法律保留的范围，即以"重要性理论"为支撑。其核心问题是，行政能否以及在多大程度上可以积极能动地作出行政给付行为。

作为依法行政的核心理念，法律保留与法律优先是由德国行政法学鼻祖

---

① 福斯多夫在其 20 世纪 30 年代发表的关于给付行政的论文中认为，鉴于《魏玛宪法》之下的政府无力解决经济危机，提出生存照顾发展的逻辑是由"个人负责"转变到由社会之力来解决个人生存的"团体负责"，再到由党纪国家的政治力量提供个人生活保障的"政治负责"，并宣称，"任何合法的革命，必须能够继续掌握生存照顾之功能……若革命能够给人民更好的生存照顾，便可取得合法性。"参见陈新民著：《公法学札记》，中国政法大学出版社 2001 年版，第 79 页。

② 参见陈新民著：《德国公法学基础理论》，山东人民出版社 2001 年版，第 189 页。

奥托·迈耶于 1895 年在《德国行政法》一书中最先提出的。其法律保留原则是指"行政机关只有在取得法律授权的情况下才能实施相应的行为。"① 这是否意味着，没有法律的规定就不能实施行政给付了呢？有学者通过对德国法律保留理论历史变迁进行鸟瞰式的梳理，得出结论：

> 法律保留制度已经发生若干重大变化。② 一是法律保留的功能发生转向，从侧重限制国会怠于立法、恣意授权立法，转向注重禁止授权行政立法；二是法律保留的理论根据不断深化，从传统理论倾向于法律保留中的法治主义，转向强调法律保留中的民主主义，即要求议会不放弃其立法职责；三是法律保留中的"法律"形式增多，从限于议会制定的形式法律，拓展到行政根据议会授权的法规命令，即行政立法也已成为法律保留的渊源；四是法律保留的适用范围日渐扩大，从传统的侵害行政或干预行政扩大到"特别权力关系"等内部行政行为、给付行政等领域，即从侵害保留发展到基本权利保留。

笔者倾向于将法律保留作为行政给付的适用原则，但对法律保留的界定应与时俱进，不能陷于古典的法律保留原则。这里所说的法律保留应包含四点。一是强调预算法定，强调人大的预算保留。只要建立在完备的由人大监管之下的财政预算制度基础之上，行政给付就不可能被恣意滥用。二是行政立法从职权立法转向授权立法。新修订的《立法法》明显地体现了这一理念，原来还保留给地方政府规章的创制性立法空间，在禁止法律、法规以外设定权力理念下，已经基本不具有创制权利与义务的空间。在此前提下，行政立法也是法律保留的渊源之一。三是建立层级化的法律保留体系。这一体系依次分为绝对法律保留（全国人大保留）、相对法律保留（国务院行政法规、地方人大的法规保留）以及非属法律保留事项（行政保留）。四是行政给付行为也要视其对公民基本权利的重要程度而具体决定保留的层次，直至行政可以决定行政给付的事项。也就是说，行政给付既要受到法律保留原则的支配，又不能要求所有的行政给付活动都具有法律的个别授权，必须赋予行政机关一定程度的自主性、灵活性和应变性。

---

① ［德］哈特穆特·毛雷尔著，高家伟译：《行政法学总论》，法律出版社 2000 年版，第 104 页。

② 参见喻少如著：《行政给付制度研究》，人民出版社 2011 年版，第 141—144 页。

四、行政给付的主要适用领域

行政给付的适用范围，在世界各国并无统一的标准和模式，各国根据自己的国情和历史发展，都有不同的界定。值得我们借鉴的有德国模式和日本模式。

（一）德国的行政给付范围

根据德国汉斯·沃尔夫（Hans J. Wolf）等学者的概括，德国的给付行政分为以下几类：

（1）基础设施行政，通常是指为全体或者若干社会成员提供政策性给付的设施和措施，如计划、财政资助和建设、维护或者发展有关的设施。

（2）担保给付行政，指为了实现公共福祉，以管制、参与或者监督等形式为设施建设提供各种保障。担保行政实际上是协助行政和监控行政，是行政任务私有化或者民营化的相应表现形式。

（3）社会行政，指为共同体成员个人提供预防性的生存照顾，尤其是社会保险、社会保障和社会救助。

（4）促进行政，指为了实现特定的商业、经济、社会、环境或者文化的政策目标，采取措施改善特定生活领域的结构，如提供补贴刺激经济增长。

（5）信息行政，指通过提供设施、数据和其他知识促进或简化交流、行政活动和决策过程，提供行政的透明度，构筑"信息社会"。[①]

（二）日本的行政给付范围

日本学者南博方将给付行政分为供给行政、社会保障行政和资助行政三类：

（1）供给行政，指提供日常生活中必不可少的公共服务的行政作用，通过公共用物、公共设施（营造物）、公企业等设置和经营来实现。

（2）社会保障行政，指为了保障国民能够过上最低限度的健康与文化生

---

① 参见［德］汉斯·J. 沃尔夫、奥托·巴霍夫、罗尔夫·施托贝尔著，高家伟译：《行政法》（第1卷），商务印书馆2002年版，第30—34页。

活，而进行的国家或公共团体的给付活动。社会保障行政包括公共扶助（行政救助）、社会保险、公共卫生和社会福祉。

（3）资助行政，指行政主体为了国民经济的稳定，而对私人及其企业提供资金及其他财产性利益的行政作用。广义的资助行政还包括青少年的保护和培养、知识和技术的提供等非经济性的内容，而其主要的内容是经济性资助行政。①

大桥洋一也认为："在现代行政上，公物法与社会法（社会保障、社会救助、社会福利）、资助法（补贴）共同构成了给付行政的三驾马车。"② 可见，日本学者对行政给付的归纳大体一致。

（三）我国行政给付的适用范围

我国目前没有行政给付的统一立法，通过对相关的立法进行梳理，笔者归纳出以下三类：[134]

1. 公共产品的供给

包括：（1）公共设施（包括道路、公园、广场等供公众使用的公共用物）；（2）公共服务企业（包括直接提供的和购买的交通、邮电、水电气、电信等企业）；（3）公用产品（包括学校、医院、博物馆、图书馆等）。

2. 社会保障

包括社会保险、社会救助、社会抚恤和社会福利四个方面。有学者提出，科学的社会保障体系应当"以社会救助为基础，以社会保险为核心，以社会福利和社会优抚为补充"③。（1）社会救助，是最低层次的社会保障，制度主要有：城乡居民最低生活保障制度、灾害救助制度、农村扶贫开发等特殊性质的救助制度、城市流浪乞讨人员救助制度，专项救助制度则已细分为法律援助、司法救助、医疗救助、住房救助、教育救助和就业救助等制度。（2）社会保险，在社会保障制度中处于核心地位，其采用普遍性原则，以保障公民的基本生活，具体包括养老、医疗、失业、计划生育等保险种类。（3）社会福利，主要是对特殊人群实施倾斜性保护，主要包括三种：一是专

---

① 参见［日］南博方著，杨建顺译：《行政法》（第六版），中国人民大学出版社 2009 年版，第 32—33 页。

② ［日］大桥洋一著，吕艳滨译：《行政法学的结构性变革》，中国人民大学出版社 2008 年版，第 192 页。

③ 参见许兵著：《政府与社会保障——基于给付行政角度的分析》，国家行政学院出版社 2013 年版，第 159—161 页。

门针对老年人、孤儿、残疾人等弱势群体提供的给付活动，即传统的民政福利；二是农村五保制度，最早的"五保"是在1956年全国人民代表大会通过的《高级农村生产合作社示范章程》中规定的，对生活没有依靠的农村老弱孤寡残疾人员，给予保吃、保穿、保烧、保葬以及年幼的保教等，之后逐渐演变为政府在吃、穿、住、医、葬方面给予有困难的老年的、残疾的或者未满16周岁的村民的生活照顾和物质帮助。三是由单位为其职工提供的职工福利。（4）社会抚恤，包括残疾军人及烈士家属和军人家属抚恤金、特定人员离退休金、社会救济金和福利金、自然灾害救济金及救济物资等四种情况。

3. 行政资助

包括财政补贴、贴息贷款、出口退税等，如中小学贫困生助学金资助、对高校贫困生助学贷款贴息、对农业的财政资助、对中小企业的贴息贷款、对特定行业的财政补贴等。

五、行政给付的基本程序

由于行政给付本身是一个涉及领域广泛、种类差异性大的行政行为，因此，不可能通过设计一个通用程序就能解决所有的行政给付行为需求，需要进行分类化的程序设计。但行政给付的正当程序应当遵循一些基本的理念。有学者将这种理念概括为四种：一是尊严之给付，从广义而言就是公民作为救助权利主体，不能作为行政程序的客体，而应拥有参与行政行为过程的权利；狭义的尊严之给付要求给付过程及情景要尽可能使求助者在得到物质帮助的同时感受到尊重；二是公平之给付，简单地说，公平之给付在实体上要求每位弱势者得到给付，"应保尽保"，在程序上则通过设置听证程序，给付相对人、利害关系人异议程序，监督程序等确保行政给付的平等性；三是效能之给付，有效率的给付不仅能够提高给付资金的使用效率，而且可以避免受救助者因给付的拖拉陷入更加不利的生活境地，因此，行政给付的期限制度、简易给付制度、绩效评价制度等程序制度的建立显得尤为重要；四是控制之给付，现代的社会救助给付建立在公民社会权利的基础之上，已不同于济贫法时代，但在给付的过程中仍然承载实现一定社会主流价值观的控制目标，如申请必须以家庭为单位或附带的工作要求，就蕴含着社会整合的目的，附带了促进社会成员重视家庭互助、劳动自救、自力更生的价值观念。①

　　虽然行政给付的多样性决定了其并没有一套普遍适用的程序规范，但为了方便研究和对实践的指导，笔者在相关学者的研究基础上，以基本的操作程序为线索进行分析，这套基本的程序为：申请前的准备阶段、申请阶段、审查阶段、批准阶段和发放阶段。

（一）申请之前阶段：信息提供义务

　　基于行政给付的适用对象往往是社会的弱势群体，他们对行政给付的相关法律及政策一般了解不多，更难以知晓行政给付的相关程序，因此，行政主体负有信息提供义务，以便行政相对人清楚掌握行政给付的内容、主体、程序等信息，从而保障其对于行政给付申请的自主性。也因此，行政给付的信息公开，已成为政府信息主动公开的重点内容之一。德国《联邦行政程序法》第 25 条规定，行政机关负有咨询义务、告知义务和帮助义务。在社会行政领域，咨询、提供信息、帮助等义务则被规定得更为严格。行政机关提供信息不仅要准确，而且必须以行政相对人可理解的方式告知，从而能够让接收信息的人产生信赖，并使其能够相应地作出自己的判断。

（二）申请阶段：申请给付主义为主，职权给付主义为辅

　　正当程序的启动分为行政机关依据职权主动启动与依据申请人的申请被动启动两种。行政给付被归为依申请行为，所以，原则上应以申请给付主义为主，如我国《城市居民最低生活保障条例》就规定，申请"由户主向户籍所在地"街道或镇政府提出"书面申请"，并出具有关证明材料。但这并不意味着行政机关不能或不应当依职权主动启动。申请给付主义有利于尊重行政相对人的自愿和自主，也有助于行政机关减少或降低需要受助者的信息收集成本及可能产生的失误，将有限的给付资源配置给真正需要的受助人。但行政给付又是一种积极行政行为，因此，不论成文法有无申请的明文规定，均不妨碍行政相对人行使实体的给付请求权的存在。当行政相对人因欠缺意思决定能力或者意思决定能力不充分而无法申请时，以职权给付主义作为补充就显得十分必要了。从世界各国的立法例来看，一般情况下多适用申请给付主义，如持续性给付最低生活保障金等事项；职权给付主义则主要适用于紧

---

① 参见黄鼎馨：《"给付"抑或"不给付"？——从宪法受益权/社会权保障功能论社会救助给付行政之目的及正当程序》，东吴大学法律学院 2008 年硕士论文，第 40—44 页。

急行政给付或行政相对人欠缺意思决定能力的情况，如自然灾害、疫情发生、恐怖袭击等突发事件发生时，都是由政府主动启动救助活动的。

对于申请行为应当简明化。德国《社会法典》第1编第16条对申请的提出、受理作出了最有利于申请人的规定，如"代为申请"制度的设置、当事人申请的可补正、无管辖权机构的转送（申请）义务等，都是"亲民"作风的体现，值得我们借鉴。

（三）审查阶段：最低限度之合理必要的调查

行政给付的适用者以需要和必要为前提，因此在审查前还有一个调查程序。当然，落实到公共产品的供给、社会保障行政和资助行政三种不同的行政给付，调查或审查的主要方式是有区别的。

1. 社会保障行政

源于英国济贫法传统，行政给付特别是行政救助，不同程度存在家计调查或收入调查。因为调查往往容易造成对申请人的隐私、私生活自由、人格尊严等权利的侵害，因此，应在尊重行政相对人权利的前提下，行政调查等相关行为的展开需在最低限度之合理必要的范围内为之，避免给行政给付的行政相对人造成人格和心理的伤害。如我国《城市居民最低生活保障条例》第7条第2款规定："管理审批机关为审批城市居民最低生活保障待遇的需要，可以通过入户调查、邻里访问以及信函索证等方式对申请人的家庭经济状况和实际生活水平进行调查核实。申请人及有关单位、组织或者个人应当接受调查，如实提供有关情况。"说明我们已经有了家庭收入调查制度，但总体上还比较原则，缺乏操作性的细化规定。除此之外，我国实践中还有"民主评议"制度和张榜公布制度。"民主评议"是组织社区居民或者村民进行民主评议，就申请人的申请征求群众意见，接受群众监督。张榜公布则是由行政给付机关采取适当形式以户为单位予以公布。需要指出的是，在民主评议和张榜公布制度实施中，还需要注意保护申请人的隐私和人格尊严。[135]

2. 公共产品供给

主要的方法是通过公正、公开的招投标方式，选择最佳的提供者，公共财政再对其进行补贴或者税收优惠。

3. 行政资助

主要的审查方式是举行听证会，做到兼听则明，从而来权衡提供财政补贴的必要性和补贴程度。

（四）批准阶段：合理期限与说明理由

这是直接决定申请人能否获得期待中的给付结果，因而是最重要的体现正当程序的阶段。这一阶段的程序主要有三个步骤。第一，设置合理的审查期限，超过期限则认定行政主体不作为而构成违法，以防止不积极行政和缓作为的问题出现。德国有法谚："给得快等于给双倍。"所以，德国《社会法典》第 17 条强调了行政机关迅速作出决定的义务。第二，必要的听证程序或者听取陈述程序，保障行政给付过程的公正性和透明度，实现兼听则明。第三，不予给付的说明理由。当行政主体作出不予给付的决定时，应当书面说明理由，如《城市居民最低生活保障条例》第 8 条就规定："县级人民政府民政部门经审查，对不符合享受城市居民最低生活保障待遇条件的，应当书面通知申请人，并说明理由。"

（五）发放阶段：高效与便民原则

行政给付的发放，既可以由行政机关直接实施给付，也可以委托其他公益性机构具体给付。其方式的选择以高效和便民为原则。

六、行政给付行为的救济

行政给付行为既可以通过行政复议、行政诉讼、国家赔偿等法定程序予以救济，也可以通过和解、调解等非诉讼程序进行救济。

在行政给付的救济程序中，最重要的是信赖保护原则的兑现。信赖保护原则是德国法的创造，现已为各国行政程序法所普遍采纳。而德国《社会法典》在授益性行政行为的撤销、废止方面更加重视对接受给付当事人的信赖利益保护。根据《社会法典》第 10 编第 45 条第 2 款、第 4 款规定，在通常撤销行政行为的情况下，授益性行政行为仅面向未来丧失其效力。这意味着，授益性行为被依法撤销后，受益人不必返还已经获得的利益。其第 3 款还规定，对于具有持续性特点的授益性行政行为，法律对其信赖保护的程度更加周全，其撤销期限被限定为自行政行为作出后 2 年的时间。我国法律制度中，虽然没有明确规定信赖保护原则，最相近似的是《行政许可法》第 8 条的表述，但信赖保护的理念在行政救济中应当加以落实和体现。[136]

第十三章　依申请行为（四）：行政奖励

一、行政奖励的范围与特征

对行政奖励的研究始于 1986 年，姜明安教授在《行政法概论》一书中，首次将行政奖励作为一种独立的行政行为设专节加以研究分析。有意思的是，国外行政法学教科书几乎不讨论行政奖励这种行政行为。所以从某种角度讲，行政奖励制度是具有中国特色的行政法问题。

（一）关于范围界定

我国早期的行政法学研究，倾向于对行政奖励作广义的界定，主流的界定是："行政奖励是国家行政机关为了鼓励先进、鞭策落后，激励人们奋发向上，积极为国家和人民作贡献而对于严格遵纪守法、认真完成国家计划的任务，在一定领域内为国家和人民作出了重要贡献的先进单位和先进个人所给予的精神鼓励和物质鼓励。"[1] 今天来审视这一定义，带有明显的时代局限，不仅带有计划经济的痕迹，也缺乏现代行政法学基本的理念和语境，失之过宽，更多的是一种道德评价和判断，也与实践状况明显脱节。

目前，行政法学界倾向于将行政奖励作狭义的界定，但具体也有不同的观点和认识。有代表性的是应松年教授的观点："行政奖励指的是，行政主体为了更好地实现其行政目标，肯定、引导、激励、支持个人或组织实施一定的同政府施政意图相符的行为，而给予行政相对人物质、精神及其他权益的非强制性行为。"[2] 傅红伟教授也作出了类似的定义："行政奖励是指行政主体为实现行政目标，通过赋予物质、精神及其他权益，引导、激励和支持行政

---

[1]　姜明安著：《行政法概论》，北京大学出版社 1986 年版，第 226 页。
[2]　应松年著：《行政法与行政诉讼法》，法律出版社 2009 年版，第 211—212 页。

相对人实施一定的符合政府施政意图行为的非强制行政行为。"① 笔者基本认同这类定义。

行政奖励，是行政主体为了实现公共利益或者特定的行政管理目标，通过给予物质性或者精神性的利益，鼓励和刺激公民、法人或者其他组织做或者不做某种行为的一种依申请行政行为。行政奖励有如下法律要素：（1）行政奖励的主体是行政管理或者行政执法主体，包括各级人民政府及其职能部门，以及法定授权组织；（2）行政奖励的对象是作为行政相对人的公民、法人或者其他组织，尤其是以公民个人为主要对象；（3）行政奖励的目的是为了更好地实现公共利益、公民权利保护等行政管理目标；（4）行政奖励的方式是授予对象一定的物质利益和精神利益，如奖金、奖品、荣誉称号等，还包括其他权益，如减免所承担的义务、减免税费、享受优待等；（5）行政奖励是行政主体的依申请行为，而不是依职权行为，但行政主体有一定的裁量权。

基于此定位，笔者认为，行政奖励要排除两种奖励形式。一是公务人员的内部奖励。从目前的行政法学研究来看，基本是将其纳入行政奖励制度研究范围的。笔者认为，这完全没有必要，从法理上来说也缺乏理由，公务员的内部奖励制度本质上是一种行政评价制度，以检验公务员的工作质量，激发内部的工作热情，所以并不具有具体行政行为的特性。退一步说，即便行政内部行为属于行政法学研究范畴，因而有理由将此列入行政法学研究范围，也应当在行政组织法和公务员法的奖惩制度中去研究，而不是作为独立的具体行政行为去研究。二是荣誉性的奖励。有国家级荣誉奖励，人民团体有"五一劳动奖章""三八红旗手""新长征突击手"等荣誉性奖励，地方如上海市人民政府对外国居民颁发"白玉兰荣誉市民奖"等。有学者主张就荣誉奖励制度制定《国家勋章法》，与《政府奖励法》相配套，以此与行政奖励区隔开来。② 笔者虽然并不认同其具体的立法建议，但认为其将两者分离是有道理的。因为与行政行为以实现行政管理目的为使命不同，荣誉制度侧重于奖励公民对社会、国家的贡献行为，这种贡献往往是基于荣誉感而非利益而存在的，因为"利他性道德行为就根本特征是体现了愿望的道德，是使整个社会更加美好的行为"③。[137]

---

① 傅红伟著：《行政奖励研究》，北京大学出版社 2003 年版，第 33—34 页。
② 参见钱宁峰：《论〈行政奖励法〉的立法思路》，载于《河北法学》2014 年第 8 期。
③ 参见王方玉：《利他性道德行为的法律激励》，载于《河南法学》2013 年第 5 期。

（二）行政奖励的法律特征

行政奖励是一种顺应民主政治和市场经济的新型行政模式，也是一种符合现代行政管理发展方向的行政行为方式。与强制性、制裁性的行政行为相比，行政奖励将国家管理目标寓于积极的诱导、鼓励中去实现，其消极作用可明显少于某些带强制性、制裁性的行政行为。① 行政奖励的功能具有如下先进性：体现了现代行政法民主、平等、合作价值；具有激励和引导功能；能实现促进公共利益的目的；能弥补市场失灵，引导社会资源与自然资源的高效配置。当然，对行政奖励的积极功能也要理性地看待，不能过分地夸大，将其视为包治百病的灵丹妙药，其只是行政主体实现行政管理目标所能采取的多种手段之一，而且不是最主要的手段。

行政奖励具有如下法律特征：（1）特定性，它属于一种具体行政行为，是以特定的人和组织为对象，以特定事项为客体的；（2）积极性，它是以鼓励公民、法人或者其他组织积极履行社会义务和通过行使其权利促进公共利益实现为目的的，是鼓励社会成员积极向上的一种行政行为②；（3）单方性，行政奖励是行政主体根据自己单方面的意志、无需获得行政相对人的同意就可以作为的，虽然行政奖励属于依申请行为，需要有当事人提出申请的程序，但本质上并不是当事人的一种自然权利，申请只是启动行政奖励的一种且不是唯一一种方式；（4）授益性，它的结果是给行政相对人带来一定的利益报酬，是对其对社会和他人作出贡献和付出的一种回报，是行政相对人应当获得的正当利益；（5）非强制性，它是行政主体依申请的行为，对行政相对人并不具有强制性，也就是说，行政相对人有权申请也有权拒绝接受奖励，行政主体不能因此对行政相对人作出不利处分。

（三）对行政奖励制度的现状评价

目前，我国行政奖励制度在实践中存在着下列主要问题：

1. 法制化程度不高

这句话的意思并不是说，我国行政奖励制度没有任何法律依据，而是法

---

① 参见姬亚平著：《行政奖励法制化研究》，法律出版社 2009 年版，第 24 页。

② 但这种积极性与道德上、政治上的先进性并不是同一概念。法律关注的是合法性和适当性。这里其实涉及的是法律与道德的关系问题，行政奖励的是基本道德所涉及的领域，自然既符合道德标准，也符合法律标准，即"法律所守的道德底线"。但如果属于先进范畴的内容，就不是法律所能解决的范畴。

律依据不统一，缺乏基本规范。有研究者对北大法意网法律法规库以"奖励"为标题的立法条目进行搜索，得出如下数据：宪法法律类有 1 件、行政法规类有 36 件、部门规章有 522 件、司法解释有 8 件、地方性法规和政府规章达 4929 件、地方政府规范性文件有 2268 件。[①] 可见行政奖励类的立法不算少。基于对这些规则的分析，不难发现存在的问题。有学者将行政奖励法制化存在的不足概括为以下五点：一是缺乏统一的行政奖励规范，导致行政奖励自由裁量权过于宽泛，随意性过大；二是行政奖励的主体不明确，出现重复奖励或应奖励的未奖励；三是没有规定奖励的形式和等级，导致同一领域的奖励部门之间、区域之间差异性大；四是没有统一的行政奖励程序，影响行政奖励的实体合法与公正；五是缺乏法律责任和救济途径，导致奖励对象的权利不能保障。[②]

但是，对于行政奖励要不要法定，本身是个有争议的话题。有学者认为行政奖励是"法定行政行为"[③]，也有学者认为，行政奖励是一种行政赋权而不是限权行为，要求行政奖励法制化，使行政奖励有章可循，但不等于说，行政奖励是一种法定行为，与行政处罚一样，无法律、法规的明文规定便一律无效。在有法律、法规明文规定的条件下，行政主体实施行政奖励必须符合该法法规；但在无法律、法规规定的条件下，行政主体可以依据自由裁量权作出行政奖励。笔者认为，行政奖励制度的实施主要有赖于：（1）公共财政制度的完善，对奖励经费有预算安排；（2）坚持原则与规则并重的新行政法理念；（3）有正当程序规范，能够公开和监督；（4）有效的法律救济途径。严格的法定原则并不适用行政奖励。当然，如果条件成熟，能够出台一部《行政奖励法》，也是值得乐见其成的。

2. 行政法理论研究不够深入

在法学界，最早关注行政奖励行为的是姜明安教授，他在 1986 年出版的教材中首次介绍行政奖励。到目前为止，几乎所有的行政法教材都会在介绍行政行为时介绍行政奖励，但内容大同小异，都只是蜻蜓点水，不够深入，处于边缘地位。据姬亚平在中国期刊网上检索，发现在 1994 年至 2005 年的期刊中，篇名中含有"行政奖励"的论文只有 14 篇，与此同时，篇名中含有

---

① 参见钱宁峰：《论〈行政奖励法〉的立法思路》，载于《河北法学》2014 年第 8 期。

② 参见姬亚平著：《行政奖励法制化研究》，法律出版社 2009 年版，第 102—104 页。

③ 参见姜明安主编：《行政法与行政诉讼法》，北京大学出版社、高等教育出版社 1999 年版，第 194 页。

"行政处罚"的论文竟多达 1772 篇，是前者的 100 多倍。[①] 这种状况是极不正常的，也是不应该的。

3. 奖励经费不统一、无保障

目前，行政奖励的经费来源，有财政专项经费、部门日常工作经费、社会捐赠等多种途径。但由于公共财政制度尚未成熟，各地财政状况的不平衡，一些国家统一实施的行政奖励制度，在各地的实施情况就存在着不小的差距。因为允许社会捐赠，因而还存在着"寻租"、弄虚作假等腐败和违法的隐患。

二、行政奖励的特定原则

行政奖励属于依申请行为，但与行政许可、行政给付等依申请行为不同的是，行政机关对行政奖励具有较大的自主性和裁量权。基于此，其特定原则更多的是针对行政主体而言的。

（一）事先公开原则

公开原则似乎是依法行政应普遍遵循的基本原则。但对于行政奖励来说，还具有特别的内涵。因为行政奖励是一种依申请行为，需要引导和激励公民积极参与，所以将行政奖励的内容和要求，通过公众方便接收的方式和途径事先公开，是实施这一制度的一个基本前提。

（二）奖与功相称原则

与错罚相当的行政处罚原则正好相反，行政奖励自然要遵循奖与功相称的原则。这不难理解。但要做到并不那么容易，因为行政奖励并不是行政主体与行政相对人之间的对价或等价交换关系，功即贡献也很难用金钱来直接衡量，所以要通过精神奖励等来弥补。

（三）正当程序原则

行政奖励应当遵循"同等情况同等对待"的原则，做到无特权、不歧视。因为行政奖励相对于其他行政行为来说，行政主体拥有更大的自由裁量权。

---

① 参见姬亚平著：《行政奖励法制化研究》，法律出版社 2009 年版，第 32 页。

现实存在的突出问题之一，也是行政自由裁量权过大，在立法中，行政奖励的标准也经常是"成绩突出""重大贡献""较好""较大"等不确定法律概念，给行政奖励客观上带来了较大的自由裁量权，加之缺乏程序有效控制，造成不公正的结果，影响行政奖励制度的公信力。基于行政奖励的领域广泛、形式多样，标准各异，很难制定一部《行政奖励法》来实现实体标准上的统一规范，所以需要通过基本的正当程序来实现奖励的公平正义，其中，公开透明的事先公示，独立、专业的评审机构的专业论证，听证会的兼听则明，异议处理的必要程序，法律救济的保障等，都是正当程序的应有之义。

（四）诚实守信原则

行政奖励涉及公民、法人和其他组织的权益，行政主体是有奖励的承诺在先的，在行政相对人符合奖励条件之后，行政主体应当信守诺言，兑现奖励，而不能失信于民。实际工作中确实存在着行政机关反悔、心态失衡，不想兑现承诺的情形，这类案例有很多。现实中还存在着一些领域的行政奖励，政府长期不兑现奖励的现象，如计划生育奖励制度，在全国便存在着这种情况，有待积极解决。

（五）及时性原则

行政奖励是一种授益性行政行为。俗话说，"好事要办好"，对于应予兑现的奖励，应当做到及时兑现、充分兑现，不能打折扣。

三、行政奖励的主要形式

行政奖励的形式较多，涉及的领域也较多元，主要形式可以归纳为以下五类，即科技进步奖励、见义勇为奖励、举报悬赏奖励、激励性奖励和经济发展贡献奖励。[138]

（一）科技进步奖励

科技进步奖励，可以说是我国实施最早、持续时间也最长的一项行政奖励制度。早在 1949 年全国政协通过的宪法性文件《共同纲领》第 43 条就规定，要"奖励科学的发现和发明。"据此，20 世纪五六十年代，国家先后发

布了《关于奖励有关生产的发明、技术改进及合理化建议的决定》（1950 年 8
月）、《保障发明权和专利权暂行条例》（1950 年 8 月）、《中华人民共和国发
明奖励条例》（1963 年 11 月）、《中华人民共和国技术改进条例》（1963 年 11
月）。自改革开放以后，除了修订原来的条例、规定外，国务院于 1984 年 9
月颁布了《中华人民共和国科学进步奖励条例》；1993 年 7 月，全国人大通过
了《中华人民共和国科学技术进步法》，其中专章规定了"科学技术奖励"；
1999 年 5 月，国务院发布了《国家科学技术奖励条例》，增设了国家最高科学
技术奖。

目前，国家层面的科技奖励主要有五种形式：国家最高科学技术进步奖，
由国家主席签署并颁发证书和奖金；国家自然科学奖、国家技术发明奖和国
家科学技术进步奖，由国务院颁发证书和奖金；国际科学技术合作奖，由国
务院颁发证书。

有学者评价，以《宪法》和《科技进步法》为统帅，以《国家科学技术
奖励条例》、省部级科学技术奖励管理办法、社会力量设立科学技术奖管理办
法等法规规章为骨干，具有地方特点的地方性法规规章为补充的独具中国特
色的科技奖励法律制度已经形成。①

笔者认为，对此的评价也许过于乐观了。其实，科技进步奖励制度在实
践中还存在着不少问题和难点，其引领、激励作用并没有达到应有的程度和
效果。概括起来有以下几方面。一是评审行政化倾向严重，程序不合理，评
审程序不够公开，公众参与不足，社会效果不明显。二是奖励形式过于重视
物质奖励，精神奖励关注不够。奖励的目的是为了激励科技创新，现在那种
提高奖金额度的做法是否能够奏效，值得论证。三是奖励制度的法律责任过
于简略，缺乏操作性，法律责任过轻，不能有效遏制奖励中的违法甚至犯罪
行为。四是民间奖励制度还不完善，为社会力量设奖还不够普遍，不利于发
挥社会力量的科技创新积极性。这方面与一些市场经济发达的国家存在较大
的差距。五是奖励派生的待遇问题成为科技界争论的一个焦点，实践中问题
突出。科学家获得科技奖励后额外享受的各种荣誉和物质待遇，存在着明显
的马太效应，这一方面有利于优化科技资源配置，能发挥科技领军人物的引
领和带头作用，但另一方面也会造成科技资源的过度垄断，抑制竞争，不利
于后起之秀的崛起，也不利于整个科技界的良性竞争和共同进步。

---

① 参见姬亚平著：《行政奖励法制化研究》，法律出版社 2009 年版，第 157 页。

（二）见义勇为奖励

目前，在国家层面上，并没有对见义勇为奖励制度进行统一立法，而各地方倒是有一些见义勇为的立法，有的是地方性法规，有的则是地方政府规章。

2012年7月，国务院转发了民政部等七部委《关于加强见义勇为人员权益保护的意见》（国办发〔2012〕39号），算是在国家层面上的统一规范，其中明确了对于见义勇为人员的奖励政策：

（1）保障低收入见义勇为人员及其家庭的基本生活。对符合城乡低保条件的，应按有关规定纳入低保范围，做到应保尽保；符合相关条件的还可申请相应的专项救助和临时救助。按照国家规定享受的抚恤金、补助金不计入家庭收入，见义勇为人员所得奖金或者奖品按照现行税收政策的有关规定免征个人所得税。对致孤人员，属于城市社会福利机构供养范围的优先安排到福利机构供养，符合农村五保供养条件的纳入农村五保供养范围；对致孤儿童，纳入孤儿保障体系，按照相关标准发放孤儿基本生活费。

（2）提高见义勇为负伤人员医疗保障水平。对见义勇为负伤人员，医疗机构要建立绿色通道，坚持"先救治、后收费"的原则，采取积极措施进行救治。对急危重症的，要优先救治。

（3）扶持就业困难的见义勇为人员就业。只要其有就业能力和就业愿望，优先纳入就业援助，予以重点支持。地方政府开发的公益性岗位，要优先安排符合就业困难人员条件的见义勇为人员。见义勇为人员申请从事个体经营的，工商、税务、技术监督等有关部门应优先依法办理证照，有关费用依法给予减免。

（4）加大对适龄的见义勇为人员或其子女受教育的保障力度。其入公办幼儿园的，在同等条件下优先接收。义务教育阶段，要按照就近入学的原则安排在公办学校就读。其中考、高考给予一定优待，各省、自治区、直辖市人民政府可结合国家有关政策和当地实际研究制定具体办法。对因见义勇为死亡或致残以及经济困难的家庭，教育部门要根据有关规定优先落实教育资助政策。

（5）解决见义勇为人员家庭住房困难。对符合廉租住房、公共租赁住房和经济适用住房保障条件的城市见义勇为人员家庭，优先纳入住房保障体系，优先配租、配售保障性住房或发放住房租赁补贴。对符合农村危房改造条件的见义勇为人员家庭要给予优先安排。

上述《意见》还对因见义勇为而死亡的人员明确了优抚政策：

（1）凡符合烈士评定条件的，依法评定为烈士，其家属按照《烈士褒扬条例》享受相关待遇。

（2）不符合烈士评定条件，属于因公牺牲情形的，按照《军人抚恤优待条例》有关规定予以抚恤。

（3）属于视同工伤情形的，享受一次性工亡补助金以及相当于本人40个月工资的遗属特别补助金，其中一次性工亡补助金由工伤保险基金按有关规定支付，遗属特别补助金由当地财政部门安排，民政部门发放。

（4）不属于上述情形的，按照上一年度全国城镇居民人均可支配收入的20倍加40个月的中国人民解放军排职少尉军官工资标准发放一次性补助金，有工作单位的由所在单位落实待遇；无工作单位的由民政部门会同见义勇为基金会负责发放。

对见义勇为致残人员，也明确了优抚政策：凡符合享受工伤保险待遇条件的，依据《工伤保险条例》落实相应待遇；不符合享受工伤保险待遇条件的，按照《伤残抚恤管理办法》及有关规定，由民政部门评定伤残等级并落实相应待遇。

《意见》还强调，加大精神奖励力度，对已落实伤亡抚恤补助政策的，原则上不再另行发放一次性物质奖励；对仍有特殊生活困难的，要采取积极措施给予帮扶。

（三）悬赏奖励

悬赏奖励，又被称为举报奖励，顾名思义，是对公民举报违法甚至犯罪行为和人员所给予的一种物质奖励。悬赏可以分为民事意义上的悬赏和行政意义上的悬赏。对此，在法理上存在着争议：行政悬赏是民事要约行为还是行政行为？有观点认为，行政悬赏是一种民事行为，提出悬赏条件实际上是一种民法上的要约行为，受奖人接受要约是一种承诺。但笔者倾向认为，行政悬赏属于行政奖励的一种，是一种为实现行政目的而实施的一种激励机制。

从悬赏奖励的内容来看，可以涉及许多行政管理领域，如环境污染、破坏公共设施、偷税漏税、假冒伪劣等。有的还有立法性规定，如2001年10月，财政部、国家工商行政管理总局与国家质量监督检验检疫总局联合制定的《举报制售假冒伪劣产品违法犯罪活动有功人员奖励办法》，便是一例。

《检举纳税人税收违法行为奖励暂行办法》第21条规定："对有特别突出

贡献的检举人，税务机关除给予物质奖励外，可以给予相应的精神奖励，但公开表彰宣传应当事先征得检举人的书面同意。"根据该规范，对普通检举人的奖励与"对有特别突出贡献的检举人"存在着一定的差别，这种差别也就是广义的奖励与狭义的行政奖励之间所存在的区别。

有些领域的悬赏奖励，可能会对其性质产生争议和讨论，如配合刑事案件的侦破而设置的悬赏奖励。例如：

公安部于 2004 年 3 月 1 日发布的对在逃杀人犯罪嫌疑人马加爵的 A 级通缉令，声明将对提供准确线索的公民给予 20 万元人民币奖励。3 月 16 日新华网发布消息：在海南三亚市公安机关 3 月 15 日抓获通缉犯马加爵后，公安部刑侦局有关代表今天下午将在三亚市现场向举报有功人员、摩的司机陈贤壮颁发奖金 20 万元。此外，三亚市政府也将给予陈贤壮奖励。

对于上述案例的悬赏奖励，是否属于行政奖励范畴？可能会有争议，但笔者认为仍属于行政奖励，因为其目的没有突破为了维护公共秩序和社会安宁的范畴。

（四）激励性奖励

有时，用行政处罚无法实现的行政管理目标，用行政奖励的柔性方式，却能达到意想不到的效果。例如：

上海浦东新区北蔡镇面对街面门前公共卫生"三包"责任落实不到位的顽症，以往采取以处罚和强制方式处置，并未取得良好效果。在 2010 年迎接世博会的过程中，镇政府实现制度创新，采取了变处罚为奖励的方式，由镇政府拿出一笔奖励基金，对自觉维持门前公共卫生"三包"的业主进行适当奖励，取得了意想不到的效果，被称为"北蔡模式"。

这种变处罚为奖励的行政管理方式，其实在许多领域都可以复制和推行。如面对各种"白色污染"，行政处罚的方式显得十分苍白无力，若采取以低廉的价格回收的方式，既能变废为宝，又能通过利益诱导达到环境保护的行政目的。上海曾经实践过的对塑泡饭盒奖励回收的制度，被证明是十分有效的，达到了预期的回收效果。

（五）经济发展贡献奖励

所谓经济发展贡献奖励，是指有一个时期各地纷纷出台的对招商引资有贡献的单位和个人给予的金钱和物质奖励。但这类奖励一直是个有争议的制度。湖北省大冶市的案例便是其中一个缩影：

湖北省大冶市于 2009 年 2 月公布了一项招商引资的奖励政策，即《大冶市招商引资和外贸出口奖励规定》。根据规定：邀请到世界 500 强企业董事长或总裁，按 1.2 万元 / 人次奖励；邀请到副总裁、投资发展部部长，按 6000 元 / 人次奖励；邀请到国内 500 强企业董事长或总裁，按 1 万元 / 人次奖励；邀请到副总裁、投资发展部部长，按 5000 元 / 人次奖励；凡提供招商引资信息并邀请客商到大冶考察洽谈项目的单位、社会中介组织、企业和个人，均按同等标准奖励。此外，凡成功引进符合国家产业政策和大冶市产业要求项目的单位和个人，根据引进投资额度、项目，分别给予 10 万元至 50 万元奖励，引资额越大，奖励越多。所有的奖励费用都由财政列支，报请市政府同意后兑现。这一政策引发舆论的讨论和质疑，有评论认为：招商引资是公务员分内的事情，何以引进了企业就能够得到额外的金钱奖励？这样的奖励就像是企业搞赞助，明着拿了还要吃回扣。当然也有为之叫好的。也有学者"对大冶是同情大于愤怒"。2009 年 10 月，关于"邀请来世界 500 强等企业老板来大冶考察可以获得奖励"的相关措施被取消。有关人员说："实际效果并不好"，导致招商新政"无疾而终"，前后实施只有 8 个月的时间。

招商引资奖励制度，无疑是一种政府行为，应当按照依法行政的要求来实施。而我国目前对包括招商引资在内的经济发展贡献奖励的设定等基本问题没有统一的规定，各地往往以规范性文件的形式，甚至以会议纪要的形式出台相关奖励办法，并没有上位法的依据。这本身就不符合依法行政的基本要求，最起码应当以规章的形式加以规范。虽然其主要的奖励对象是政府机关和事业单位工作人员，但不能适用内部规范，因为涉及公共财政的支出，需要纳入法制的范畴。具体需要注意的是：

（1）在国家没有统一立法的前提下，各地政府规章在规制该类行为时，应当明确奖励的实施主体、实施条件、奖励方式与标准、奖励程序等。

（2）还须考虑的是，行政奖励资金来自公共财政，物质奖励也是来源于对公共利益的再分配。因为是将公共资金用于特定相对人的奖励，可能会涉及分配不公的问题，需要综合平衡各方利益，避免顾此失彼。

（3）在市场经济条件下，市场机制应当是资源配置的主体，行政奖励作为一种行政手段应避免过多地介入市场领域。依此理念，地方政府应逐步退出招商引资活动组织者和项目投资合作主导者的角色，专注于做好区域投资环境营造者和市场秩序监管者的角色。

（4）需建立经济发展奖励的救济制度。行政相对人如果对行政奖励决定或者未按照承诺兑现奖励不满，可以通过行政复议和行政诉讼予以救济。不能因为没有法律依据而是各地自己制定的政策而违背承诺，这在实际生活中是个突出的问题，其实质是政府违背了信赖保护原则，理当通过行政救济程序来维护当事人的正当权益。

四、行政奖励的基本程序

现有法律、法规对行政奖励的规定有三种情形：一种是法律、法规规定了具体的奖励程序，如《国家科学技术奖励条例》；第二种是法律、法规将受奖程序授权给奖励机关拟定和自由裁量，如《消防条例》；第三种是只规定奖励条件与权限，未对奖励程序作任何规定，目前大多数的法律、法规都属于此类情形。典型的法律文本的表述以《老年人权益保障法》第8条为例："各级人民政府对于那些积极维护老年人合法权益，以及敬老、爱老、养老成绩突出的组织、集体或者个人给予相应的奖励。"这样的表述显然根本无法操作。还有一种情形未列入：没有法律、法规规定，行政机关自行决定的。

行政奖励程序，应松年教授认为应有提出、审批、公布、授奖四个阶段。[①] 傅红伟认为应建立奖励公开、专家论证、回避、说明理由、异议处理等程序，并认为听证是行政程序公正的核心。[②] 笔者提出如下七个基本程序：

（一）公开奖励内容

行政奖励涉及公共财政的支出，因而最好设定为一项法定制度，明确在行政管理的哪些领域可以实施行政奖励。行政奖励是一种依申请行为，需要

---

① 参见应松年主编：《行政法学新论》，中国方正出版社2004年版，第205页。

② 参见傅红伟著：《行政奖励研究》，北京大学出版社2003年版，第193—200页。

广大公民的积极参与，所以应当事先"广而告之"，让全社会的人都知道其权利和义务。上述两点原因决定了行政奖励的内容和程序都要向社会公开。

对于一些常态化的奖励制度，可以通过立法或者规范性文件的形式予以公布；对于一些临时性的、特定事项的悬赏，如悬赏在逃的通缉犯等，可以通过发布通告的方式及时发布。

（二）接受奖励申请或建议

行政奖励既是依申请行为，自然需要由当事人或者相关人提出申请或者请求，所以，需要按照规定，定期或者随时接受奖励申请。相关行政主管部门应当设置受理窗口，明确分管的机构，公开办事程序。

奖励的申请一般采取两种方式：一种是行为当事人自己提出申请；另一种是由知情人或者组织推荐，提出建议，或代为申请，如见义勇为奖励制度，就采取了这两种方式。案例如下：

2006 年的"公益维权申报行政奖励"案件中，当事人邱建东向福建省上杭县政府递交了一份奖励申请书，并在该申请书中向上杭县人民政府提出了要求给予 475 元行政奖励的请求，这是我国出现的第一例由相对人主动向行政主体申请行政奖励的情形。邱建东认为他对邮政局的诉讼具有很强的公益性质，此诉讼的完成使得当地同城特快专递资费从之前的每单 20 元降到了后来的每单 10 元，这一诉讼结果使得当地广大的消费者从中受益。并且其申请行政奖励的目的并不在于 475 元的财产收入本身，而是希望借此推动公益诉讼奖励在行政奖励制度的落实。

如果有分层级的奖励制度，则高层次的奖励人选在低层次奖励的基础上择优推荐产生。如在乡镇、街道见义勇为获奖者中，推荐事迹更为突出的为区、县见义勇为奖励人选，以此类推。

（三）认定事实

对行政奖励的事实认定是核心环节。为此，设置专家评审制度，保持事实认定的公平性、客观性。设置回避制度，让利益相关人员"不当自己案件的法官"，是公正原则的基本要求。必要时设置听证程序，做到兼听则明，也是体现公正透明的必要程序。

（四）决定

在事实得到公正认定的基础上，行政机关依照职责，作出最后的行政奖励决定。对提出申请未予奖励的，按照正当程序原则，即对于不利处分应当说明理由。这种说明理由原则上应当是"一对一"的特别告知。

（五）公示与报告

行政奖励应当通过适当的方式向社会公示。行政机关应当依法将这些信息主动公开，通过政府的公报、网站、报刊或者电视台等方便让公众知晓的方式进行公开，而且尽可能地拓展政府奖励信息公开的渠道，接受社会公众的监督。

对于行政奖励的经费使用情况，应当参照政府信息公开的相关规定，在每年的政府工作报告中如实报告行政奖励的金额、获奖者情况等情况，纳入公共财政的预决算监督内容。

（六）异议处理

将行政奖励结果进行公示之后，若利害关系人或者社会公众对其产生异议，可以依法申请异议审查程序。异议审查要求行政主体在实施行政奖励时，应当设置合理的异议期限，相关利益人若在异议审查期限内提出了异议申请，行政主体必须调查核实，并在一定期限内给予异议申请人明确的答复，告知该相关利益人调查核实的结果。这种制度安排可通过社会公众的监督，确保行政奖励程序公开性和行政奖励结果的公正性。

相关利益人提出异议的具体程序和方式可参照法律上其他有关异议处理的规定，一般应当要求异议人对行政奖励提出书面申请，并说明异议的理由和依据。对于利害关系人异议不予支持的情形，行政主体应当说明理由，给予异议人合理的答复。

（七）法律救济

如果行政相对人对于异议申请的处理决定不服，则有权申请行政复议或提起行政诉讼。实践中，公民专门就行政奖励提出申请的案例很少，为此提出行政复议和行政诉讼的更少。

第十四章 依职权行为（一）：行政处罚

一、行政处罚的性质与定位

行政处罚是指行政机关依法对违反行政管理秩序的公民、法人或者其他组织，以减损权益或者增强义务的方式予以惩戒的行为。① 行政处罚，顾名思义，是对行政相对人违法行为的一种惩罚性举措，目的是维持社会秩序、公共利益和他人正当权益。就性质而言，行政处罚的前提是有违反行政管理规范的行为发生，但还未构成犯罪，所以行政处罚所针对的违法行为的"恶性"是相对较轻的。在《行政处罚法》颁布前，我国对行政处罚的规范都散见于各种专门的法律、法规和规章中。直到 1996 年 3 月全国人大通过并颁布了《行政处罚法》，才实现了行政处罚的统一和规范。当时立法的目的有两个：一个是治"乱"，即乱处罚；一个是治"软"，即该处罚的不处罚。[139] 其后，《行政处罚法》于 2009、2017 年二次修正，于 2021 年 1 月进行了第一次全面修订。

二、行政处罚的特定原则

行政处罚需要遵循一些依法行政的共性原则，如法定原则，公开、公正原则，权利救济原则等，同时还要遵循一些与行政处罚特点相联系、相匹配的特定原则。

（一）错罚相当原则

错罚相当，可以被认为是行政处罚的特定原则。《行政处罚法》第 5 条

---

① 《行政处罚法》第 2 条。

规定："设定和实施行政处罚必须以事实为依据，与违法行为的事实、性质、情节以及社会危害程度相当。"行政处罚不能畸轻畸重，也就是说，对违法程度较重的，不能轻罚，否则就不能达到惩戒的目的；对违法程度较轻的，则不能重罚，否则会侵害当事人的合法权益。需要说明的是，"错罚相当"并不是世界各国行政处罚时普遍使用的原则。总结各国的实践，行政处罚有三种不同的模式：一种是轻错重罚模式，新加坡就属于这种类型的代表，即所谓"乱世用重典"的理念；另一种是重错轻罚模式，欧洲国家大多主张这种理念，因为他们有刑事"轻罪"制度，对够不上轻罪的，一般认为其恶性不大，社会危害性也不会大，所以对行政处罚倾向采取轻罚的制度；第三种就是我国采用的错罚相当模式。从理念上分析，我国的错罚相当原则是最科学的，但从实际操作来看，难度是最高的。因为要实现错与罚的"相当"，需要法经济学的定量分析和评价，而由于我国没有引入过法经济学的成本效益分析方法，所以对怎么才是"相当"，其实是很难判断的。

（二）教育与处罚相结合原则

《行政处罚法》第 6 条规定："实施行政处罚，纠正违法行为，应当坚持处罚与教育相结合，教育公民、法人或者其他组织自觉守法。"实施行政处罚中，既不能"以罚代教"，也不能"以教代罚"，教育的主要方式是"责令改正或者限期改正"，这里的责令改正并不是一种惩罚措施，只是要求"恢复原状"，其名为"责令"，实质上并不具有强制性，其要求的"恢复原状"也并不属于行政强制法中"恢复原状"的行政强制执行，只具有劝导功能。

（三）"一事不二罚"原则

在世界行政法领域，"一事不二罚"或称"一事不再罚"是个基本的理念和原则，目的是防止处罚过多过狠，多头执法造成重复处罚，背离错罚相当的原则，从而保护行政相对人的正当权益。该原则的核心理念是：行政相对人基于其实施的一个违法行为受到一个行政主体处罚后，任何其他机关不得以同一事实和理由再次对其行政处罚。在《行政处罚法》立法过程中，对这一理念如何体现是有过激烈争论的，反对者提出的理由是：立法上对行政管理领域的划分与处罚实施主体设置的对应关系很难清晰；实际发生的违法行为是否符合具体法律规范所确立的特征条件几乎难以办到，意味着执法交叉、重复在实践中是难以避免的。①博弈的结果是反对派占了上风，达成的妥协是确立"一事不二罚款"的原则，②不得再次罚款，但可以再次作出其他种类的处罚。其守住了遏制行政执法主体"寻租"冲动的底线，不让其以罚款代替教育。但最终，我国的行政法中仍未确立"一事不二罚"的原则，这不能不说是一种遗憾。[140]

（四）受处罚不免除民事责任原则

《行政处罚法》第 8 条规定："公民、法人或者其他组织因违法受到行政处罚，其违法行为对他人造成损害的，应当依法承担民事责任。"确立这一原则的理由是：

（1）行政处罚是公法上的责任，是行为人对国家承担的责任；民事责任是私法上的责任，是行为人对另外的公民或者法人、组织承担的责任，两者不能替代。

（2）在现代法治社会，维护社会秩序，保护公共利益与保护公民、法人和其他组织的合法权益，从总体上说是统一的、一致的，行为人依法承担民事责任，从国家和制裁违法行为的角度看，多一些平等协商，少一些强制对抗，适用法律的成本也会较低，有利于形成和谐的社会秩序，所以要鼓励行为人承担民事责任。

（3）为了防止"以罚代赔"，即以行政处罚代替民事责任的侵权赔偿现象，如在没收违法所得、非法财物时，对消费者所受到的损失不予关注或者不予补救。

（五）公共利益与个人利益兼顾原则

一方面，对个人利益的保护要以不直接损害国家利益、公共利益为前提；另一方面，应当确立最有利于行政相对人利益的价值取向，即遵循最小的利益侵害原则。用通俗的话来表述：可罚可不罚的，不罚；可从重也可不从重的，不从重；可从轻可不从轻的，从轻。

---

① 参见应松年主编：《行政法学新论》，中国方正出版社 2004 年版，271 页。

② 所谓"同一违法行为"的基本特点是：（1）是违反一个法律规范的行为，违反了两个以上法律规范的行为，则是一种规范竞合的行为；（2）是一次性行为，在同一时间或者连续的时间内实施的两个以上的违法行为，则是连续几个违法行为；（3）是一个当事人实施的行为，两个以上当事人共同实施的违法行为，是共同违法行为，而不是同一个违法行为。参见汪永清编著：《行政处罚法适用手册》，中国方正出版社 1996 年版，第 110 页。

三、行政处罚的分类与种类

法律离不开对权利与义务的处分，行政处罚也离不开对行政相对人剥夺权利或者科处义务。从学理上来概括，行政处罚分为四类：申诫罚（又称声誉罚），即对违法者的名誉、荣誉、信誉等精神上的利益造成一定的损害；财产罚，即强迫违法者履行金钱给付义务或者剥夺其财产的处罚；行为罚（又分为能力罚、资格罚），即对违法者的行为能力予以限制或者对作出行为的资格予以剥夺；人身罚，即对公民的人身自由进行限制或者剥夺。就惩罚的力度来说，四种处罚依次是从轻到重的排列。这是世界各国普遍采用的行政处罚方式。我国的《行政处罚法》将这四类处罚细化为十三种行政处罚种类，即申诫罚的警告、通报批评；财产罚的罚款、没收违法所得、没收非法财物；行为罚的暂扣许可证件、降低资质等级、吊销许可证件；限制开展生产经营活动、责令停产停业、责令关闭、限制从业；① 人身罚的行政拘留。[141]

（一）申诫罚

原《行政处罚法》设置的申诫罚只有一种：警告。修订后的《行政处罚法》新增了一种申诫罚：通报批评。

1. 警告

系指对违法者予以告诫和谴责，申明其行为已经构成违法，要求其以后不再重犯。警告是以影响行为人的声誉为内容的处罚，一般适用于情节比较轻微的违法行为，属于最轻的处罚种类。

需要注意的是警告的特性，对于并不在意个人声誉或者根本谈不上有声誉的人来说，惩罚效应是微乎其微的。正如美国学者詹姆斯·科尔曼（J. S. Coleman）所说，对于"有损社会声望的惩处对处于社会底层的人影响不大"；相反，对有较好物质生活水平的人士来说，则是相当严厉的处罚。② 因此，行政执法者是需要注意的。在立法中，"警告"一般不单独处罚，而是和罚款或者没收违法所得和非法财物一并处罚。

---

① 其中，前三项属于资格罚；后四项属于能力罚。
② ［美］詹姆斯·科尔曼著，邓方译：《社会理论的基础》（上），社会科学文献出版社 1992 年版，第315 页。

2. 通报批评

其实，通报批评这种处罚形式在《行政处罚法》颁布之前就散见在有关立法中。在《行政处罚法》起草过程中，有人认为"通报批评"更带有内部教育性质，与外部处罚的性质不太吻合，所以最后没有明确，但依据"法律、行政法规规定的其他行政处罚"的兜底性条款，原来法律、行政法规所规定的通报批评仍然有效。直到这次修改时又被肯定了下来。

而实践中，还有一些类似申诫罚的行为，如诫勉约谈、纳入重点监管对象（黑名单）、剥夺荣誉称号、责令具结悔过等，也可以纳入申诫罚的范围。

（二）财产罚

财产罚是仅次于申诫罚的一种较轻的行政处罚种类。原《行政处罚法》设定了三种财产罚：罚款、没收违法所得、没收违法财物。此次修订并没有增减，但对没收违法所得作了进一步的细化规定。

1. 罚款

系指强制违法者在一定期限内向国家缴纳一定数量货币而使其遭受一定经济利益损失的处罚形式。罚款要求违法者缴纳的钱款应是其合法收入。对于依赖公共财政支出的事业单位，因其不存在财政拨款之外的合法收入，因而一般不作出罚款的处罚。罚款是行政处罚中适用最为广泛的形式。对此是好事还是坏事，有待进一步研判。但过度依赖罚款的行政管理流于简单粗暴，是不争的事实。另外需要说明的是，行政处罚中的罚款与刑法中的罚金是两个完全不同的概念。罚金属于刑罚的附加刑，是一种执行罚，由人民法院行使职权；而罚款只是行政主体的制裁手段而非执行措施。

2. 没收违法所得

系指行政主体依法将行政相对人以违法手段取得的金钱及其他财物收归国有的行为。没收违法所得，起源于"任何人不得从自己的违法行为中获利"这一古老的罗马法规则。没收违法所得可以有效解决某些领域中存在的因为违法成本过低造成的违法行为屡禁不止的问题。但长期以来，我国学界及实务界中关于违法所得的计算标准并没有达成共识，其是否属于一种行政处罚一直存在争议，也是此次《行政处罚法》修订过程中讨论甚至争议最多的话题之一。

其争议的核心是没收违法所得应不应该扣除违法者所支付的成本、税费。原《行政处罚法》没有明确说法，在不同的部门专业法里则出现了不同的规定，有的是明确扣除违法者的成本，有的则不扣除违法者的成本，从而产生了没收违法所得法律属性的争议，概括起来有行政处罚说、行政强制说和行政命令说三种观点。基于没收违法所得是否要扣除成本、税费的不同认知，在没收违法所得的认定标准上也相应地形成了不同的观点，主要有总额说与利润说之争。总额说的观点认为，应以违法行为直接获得的全部收入作为违法所得，不应当扣除违法行为前期投入的成本、税费、人力资源等间接费用。因为没收违法所得必然会涉及合法利益，具有适法性的成本在违法活动中已经与收益实质混同而无法排除，而且在执法实践中也存在成本难以计算的问题。实践中，如在食品药品领域，行政执法部门一般采用总额说的观点，违法所得包括成本、收入，即"所取得的相关营业性收入"或是"全部经营收入"；在动物防疫领域，违法所得也是指"全部收入"。利润说的观点则认为，计算违法所得应当扣除违法者成本乃至缴纳的税费等成本。没收的违法所得应当是"非法收益"，追缴的是"违法得利"，因此，其功能仅是剥夺非法收益，不具有惩戒功能。利润说的本质是否定没收违法所得属于行政处罚的种类。也有学者认为："违法所得应该指违反法律法规等义务规范产生的全部利益，应当扣除已经缴纳的税费，但不能扣除所谓的成本。"①这本质上的是一种狭义利润说。实践中，如在市场监管领域，执法部门一般采纳利润说的观点，违法所得的认定"应当扣除合理的支出"。在价格管理领域，违法所得是"消费者或者其他经营者的多付价款"。在环境保护领域，当事人违法所得在全部收入扣除当事人直接用于经营活动的合理支出，为违法所得。此外，在能源领域也持利润说，要"扣除直接用于生产、经营等活动的合理支出"。

　　问题是，一旦将违法者的合理成本扣除之后，所没收的违法所得并不是违法者的正当收入，并不构成对当事人的金钱损益，因此不具有惩戒性、制裁性的行政处罚特征，因而有学者建议将其从行政处罚的种类中移出，改为行政处罚的前置性行为，与教育和立即改正等行为相类似。这样就颠覆了现有《行政处罚法》对没收违法所得法律性质的基本认定，给法律修订也带来了新的挑战和难度。从新《行政处罚法》第 28 条第 2 款的规定来看，明确违法所得是实施违法行为所取得的款项，原则上不扣除成本，同时给法律、行政法规、部门规章开了口子，允许对计算标准作出规定。②从中可见，新《行政处罚法》对违法所得的界定，即肯定了总额说，也未否定利润说，因而可以认为是采纳了

---

① 马怀德：《〈行政处罚法〉修改中的几个争议问题》，载《华东政法大学学报》2020 年第 4 期。
② 黄海华：《新行政处罚法的若干制度发展》，载《中国法律评论》2021 年第 3 期。

折中说。现在学界和实务界一种普遍性的观点认为：总额说是原则，利润说为补充，即以总额说为优先。笔者认为，对于新《行政处罚法》第28条第2款对违法所得的界定，应当认定为前面的总额说是一般规定，即普遍授权；而后面计算方法授权隐含的利润说是特别规定。那么，按照特别法优于一般法的基本法理，我们可以得出相反的结论，即利润说是优先适用，总额说是一般性适用。即法律、行政法规、部门规章能对本领域没收违法所得作出扣除成本规定的，应当优先适用扣除成本的操作程序。因为从法理上来说，扣除成本的没收违法所得更符合法理和公平、公正、合理的法治精神，更符合比例原则即最小的利益侵害原则。在优化营商环境的大背景下，为了保护市场主体的正当权益和保护中小企业的市场活力，采用利润说实施没收违法所得更能实现优化营商环境的目标，更有利于搞活和繁荣社会主义市场经济。

实践中，经常遇到的另一个问题是：当发现了违法所得的事实以后，相关专门法里没有设定没收违法所得的法律责任，执法机关能否直接依据《行政处罚法》作出没收违法所得的决定？很长一段时间里，因为没有明确的规定而说法不一，上述问题成了一线执法人员的困惑之一。在新《行政处罚法》对违法所得作出界定之后，这一问题应该说是迎刃而解了。基于总额说是一般法的普遍授权，除非需要特别规定，各领域的没收违法所得，需要专门法的特别规定，可以直接依据《行政处罚法》第28条作出决定。作为立法参与者的全国人大常委会法工委立法规划室副主任黄海华也明确回答："新《行政处罚法》将没收违法所得作了普遍授权。意味着行政机关可以直接依照新行政处罚法作出没收违法所得处罚决定。""这一方面符合任何人不得因违法而获益的基本法理，另一方面也回应了执法实践需求以及要求在规章设定权重增加没收违法所得的相关意见。"[①]

3. 没收非法财物

系指行政主体依法对行政相对人所占有的违禁品或者用以实施违法活动的工具收归国有的行为，如非法出版物、淫秽物品、腐烂变质的销售食品、在车船飞机上查出的易燃易爆物品等。实践中，对何谓非法财物的界定，也存在着不确定的难题，如腐烂变质的销售食品、在飞机上查出的易燃易爆物品要认定为非法财物，可能会引发争议。易燃易爆物品在飞机上或许是非法的，但在其他地方可能是有用的爆破材料。实践中，我们有将非法财物扩大

---

① 黄海华：《新行政处罚法的若干制度发展》，载《中国法律评论》2021年第3期。

化的倾向，客观上造成对公民法人合法财产的过渡限制甚至剥夺。此外是将非法财物与违法工具相混淆，造成对违法工具的不当没收。如笔者在行政复议工作中就遇到过：在整治非法行医的执法活动中，在将非法的针筒没收之外，连带将放针筒的微波炉当作非法财物一起没收；整治无证设摊时，将餐桌、板凳也一并当违法工具没收。这些执法行为是明显过度的，不是不合理的问题，而是不合法的问题。

（三）行为罚

行为罚是比财产罚程度更重的一种处罚类型。原《行政处罚法》对这类处罚种类没有作仔细厘清，仅列举了责令停产停业、暂扣或者吊销许可证、暂扣或者吊销执照，并没有穷尽。修订后的《行政处罚法》主要新增了多项行为罚种类，并把行为罚细分成了两类：一类是资格罚，包括暂扣许可证件、降低资质等级、吊销许可证件等；另一类是能力罚，包括限制开展生产经营活动、责令停产停业、责令关闭、限制从业等。

1. 资格罚

暂扣许可证件、降低资质等级、吊销许可证件三种行为罚，其共有的法律特性是一种资格罚。资格罚和能力罚都属于行为罚，是行政主体依法限制或者收回已赋予其的授益性权利的处罚行为。如：暂扣，系指中止违法者已拥有的从事某种活动的权利或者资格，待其改正违法行为或者在一段期限后，再恢复其权利或者资格；吊销，系指通过收回已赋予行政相对人从事某种活动的权利和资格，达到禁止其继续从事此项活动的目的。严格地说，这是一种剥夺行为，是非常严厉的一种处罚，因而实践中需要慎重对待，不轻易作出。

2. 能力罚

限制开展生产经营活动、责令停产停业、责令关闭、限制从业四种行为罚，其性质则属于与资格罚有所差别的能力罚。这种行为罚有以下特征：

一是它对违法者行为能力的限制，虽然限制开展生产经营活动、责令违法者停产停业、责令关闭、限制从业会间接影响其经济利益，但主要针对的是对违法者生产、经营能力的限制，因而不属于财产罚。

二是限制开展生产经营活动、责令停产停业、责令关闭、限制从业等只限制违法者从事生产经营行为，并未剥夺其生产经营的权利和资格，因而与吊销许可证或者执照的资格罚相区别，相对于吊销许可证和执照的资格罚，责令停产停业等能力罚还是相对比较轻的一种处罚。但和申诫罚和财产罚相比，能力罚又是相对严厉的处罚。

三是能力罚的适用范围较窄，针对某些特定对象，主要是取得合法资格的工商企业和个体工商户。如果行为人不具有生产经营的资格，也就是我们平时说的"无证经营者"，则不适用停产停业，而是责令其改正或者限期改正。四是能力罚一般附有限期整顿的要求，如果受处罚者在一定期限内改正了违法行为、履行了法定义务（包括接受了相应处罚）后，仍可以继续从事生产经营活动。

（四）人身罚

人身罚的种类仅有一种：行政拘留。行政拘留系指公安机关等法定机构依法对违反行政管理秩序的行政相对人采取短期限制其人身自由的处罚行为。人身罚是一种最严厉的行政处罚。行政拘留涉及对人身自由的限制，所以，其设定属于法律保留事项，法规、规章都不能设定。目前，行政拘留只有公安机关有权实施。

实践中，经常会将行政拘留与刑事拘留相混淆。虽然两者都是由公安机关实施的，但两者的区别是明显的。行政拘留是对行政违法者所作的行政制裁；刑事拘留则是对该逮捕的现行犯或者重大犯罪嫌疑人实施的临时剥夺其人身自由的刑事强制措施。两者实施的依据也是各不相同的。

（五）"兜底性"规定

《行政处罚法》采取的立法方式是"列举＋口袋"，在列举了上述四类十三种行政处罚后，又有一个"兜底性"规定，赋予全国人大及其常委会、国务院可以在特殊情况下，规定其他种类的行政处罚。立法本意有两方面考量：一是可以保留现行的法律、行政法规已经规定的其他处罚种类，如《外国人出入境法》设定的"驱逐出境"，也是一种行政处罚；二是为以后的立法留有余地。如法人约谈、黑名单等制度都属于申诫罚的种类，在《行政处罚法》中没有规定，但在实践中已有应用。

四、行政处罚的设定权

行政处罚遵循法定原则。那么谁有权设定行政处罚权呢？这涉及中央与地方、权力机关与行政机关之间的立法权划分。《行政处罚法》对此遵循了两个原则：中央立法为主、地方立法为辅；地方人大立法为主、地方政府立法为辅。具体分为四个层次：

（1）法律：可以设定所有种类的行政处罚，而且拥有人身罚的专有立法权。

（2）行政法规：有权设定除限制人身自由以外的所有行政处罚。

（3）地方性法规：有权设定除限制人身自由和吊销企业营业执照以外的行政处罚。之所以不赋予地方性法规吊销营业执照的处罚权，是因为对企业的设立、登记、合并、停业和撤销等，在全国是执行统一的法律规定，这是维护全国统一的大市场，保障商品在全国流通，防止地方保护主义产生的举措。

（4）规章：只能设定警告、通报批评和一定数额的罚款。其中，国务院部门规章的罚款限额由国务院规定；地方政府规章的罚款限额由省级人大常委会规定。

五、行政处罚的实施主体

《行政处罚法》因为是第一部行政行为法，所以其实施主体的规定，全面体现了法学界的理念。而在之后，大家的认识都有新的提高和深化，所以在《行政许可法》和《行政强制法》中，对实施主体的规定有所变化，这种变化体现了认识上的一种进步。

因为在本书第三章中，对行政执法主体已作了专门的分析，所以这里只作简单的阐述。行政处罚主体可以概括为三种：法定行政机关、法定授权组织、行政委托组织。

（一）法定行政机关

行政处罚是国家行政权力的一个组成部分，且是一种限制行政相对人权利或者科以义务的刚性执法，原则上应当由行政机关来行使。但并非所有的行政机关都有行政处罚权，只有特定的行政机关才能取得实施行政处罚的权力，其必须具备三个条件：具备外部行政管理职能，属于执行性行政主体；依法取得行政处罚权；在法定职责范围内行使。

（二）法定授权组织

这种必要的授权执法，受到严格的限制。一方面是只有法律和法规可以授权，意味着只有全国人大及其常委会、国务院、地方人大及其常委会三类主体可以授权；授权的方式是在法律、行政法规和地方性法规中予以明确。另一方面是只能授权给具有管理公共事务职能的组织。这类组织可以是事业单位，不少行政机关所属的执法类事业单位即属于这类组织；也可以是企业单位，如盐业公司因有授权而承担着行政处罚职权；还可以是社团组织，如残联组织拥有吊销残疾人证和对残疾人车非法载客的处罚权等权力。但行政处罚权不能授权给个人。

（三）行政委托组织

行政委托执法需要具备几个条件：一是只能委托给具有管理公共事务职能的事业单位，意味着受委托主体比授权主体要少，不能委托给企业单位和社团组织，一般这类事业单位是行政机关所属的事业单位；二是需要通过法律、法规和规章明确规定，这比授权执法要求低一些，规章不能授权但可以委托；三是受委托组织只能以委托机关的名义执法而不能以自己的名义执法；四是受委托组织不能再行委托给其他组织执法。

行政委托执法是在我国政府机构与职能配置不尽合理科学的前提下，采取的过渡性举措，不是一种长久性的制度安排。尤其是受委托事业单位不以自己的名义而以委托机关的名义执法，客观上造成了职权与职责的不对等，使之有执法权而无需承担法律责任。这种机制并不科学。所以，在《行政处罚法》实施后，国家相关职能部门通过组织调研，得出结论：行政委托执法不宜发展和扩大，应当从严从紧。这一精神在之后的立法中其实已经得到体现。《行政许可法》明确不能委托给事业单位从事许可，而只能委托给其他行政机关执法；《行政强制法》则更严格限制，既不能委托给事业单位，也不能委托给其他行政机关，只有授权或者自己承担。

（四）相对集中行政处罚权制度

相对集中行政处罚权制度在《行政处罚法》立法中是个亮点，也是行政执法体制改革精神的一种具体体现。尽管对这一制度，行政法学界有不同评价，也有不少质疑其违背法治原则的声音，但笔者对此总体予以肯定的评价。《行政处罚法》第18条第2款规定："国务院或者省、自治区、直辖市人民政府可以决定一个行政机关行使有关行政机关的行政处罚权。限制人身自由的行政处罚权只能由公安机关和法律规定的其他行政机关行使。"由一个行政机关行使另一个行政机关的行政处罚权，听起来似乎违背了职能合理分工的常理，但之所以作出这样有悖常理的规定，一定有它合理的动因，这一动因是看到了我国行政体制改革的艰难性，简政放权常走入"减—涨—再减—更涨"的循环，所以，让一个行政机关同时行使几个机关的行政处罚权，其实是为以后简政放权的行政体制改革作了预设，留下了空间。从这点上，笔者是持赞成的观点。

也正因为这一制度具有改革性质，立法也是十分慎重的，起先只赋予了国务院以改革权，必要时，国务院可以授权给省级人民政府作出决定。实践中，一开始，国务院是自行授权的，最早得到授权的是北京市西城区城管执法领域。在经过一段时间实践后，国务院授权给了所有省级人民政府自行决定，才有了以后的各地相对集中行政处罚权的积极探索，大多集中在城管执法领域，还有文化市场执法等领域。2021年修订《行政处罚法》才把这一实践成果固定下来，同时赋权给国务院和省级人民政府。从今天来看，这一制度对于深化行政体制改革仍有其积极的价值。

六、行政处罚程序

行政处罚是典型的依职权行为，兹对《行政处罚法》中一些亮点的程序性制度作如下分析：

（一）执法人员亮证执法制度

在此之前，并没有统一的亮证执法的规范性要求，以致有些领域的行政执法人员未经专业培训，就上岗执法了。因为《行政处罚法》明确了亮证执法的程序性要求，客观上促进了行政执法人员的择优录用、专业培训、持证上岗等制度的确立。在此之后，除行政处罚外，行政强制、行政调查等依职权执法行为，亮证执法已成为一种规范性动作，不再需要专门作出规定。

（二）当场处罚的简易程序

建立当场处罚程序的法理基础是：行政机关履行职务有保证行政效率的

特性，需要及时作出反应；当场处罚一般适用于事实清楚、情节简单而且后果轻微的案件；当场处罚的目的是直接对行政相对人的权利义务施加影响，以顺利实现行政管理职能。所以，当场处罚遵循法定程序原则、不影响被处罚人行使合法权利原则、效率原则和处罚轻微原则。适用当场处罚的包括违法事实确凿且有法定依据；对公民处以 200 元以下、对法人或者其他组织处以 3000 元以下罚款或者警告的行政处罚。

（三）事先告知与申辩制度

《行政处罚法》第 44 条规定："行政机关在作出行政处罚决定之前，应当告知当事人拟作出行政处罚决定内容及事实、理由及依据，并告知当事人依法享有的陈述、申辩、要求听证等权利。"这一制度的设定，是为了保障公民、法人和其他组织的陈述权、申辩权的行使，往大里说，是保障行政相对人的基本人权（政治权利：陈述申辩权利是公民政治权利之一）；往小里说，是确保行政主体做到"兼听则明"。简单说，事先告知制度就是为了保障当事人的陈述、申辩权，所以《行政处罚法》第 45 条明确规定："行政机关不得因当事人申辩而加重处罚。"当然，实施中也有对此意义并不明白的行政执法主体。笔者在行政复议工作中就遇到过这样的案例：一个行政执法单位对一家企业作出行政处罚，将事先告知书与行政处罚决定书一并送达当事人。当事人不服提出行政复议。当复议机关询问处罚机关为何将事先告知书与行政处罚决定书一并送达时，其申辩说，他们没有错，其是将事先告知书放在行政处罚决定书之上的，当事人应该先看到事先告知书，再看到处罚决定书。其没有弄明白事先告知程序设定的目的，是为了让当事人行使陈述权和申辩权。

（四）听证会制度

《行政处罚法》在行政法律制度乃至整个国家法律制度中首次引入了听证制度，体现了程序正义。在行政处罚程序中，听证是指在行政主体作出处罚决定之前，由该行政机关中相对独立的法治机构人员主持听审，由该行政机关的调查取证人员和行为人作为双方当事人参加的案件，听取意见，获取证据的法定必经程序。听证会遵循三项原则：一是公开，即行政机关要公开所有拟作出行政处罚所依据的事实和证据；二是公正，听证主持人应当处于独立和居中地位，不能成为行政机关一方的利益代表；三是合法，即在实体和程序上都要依法办事。对于听证会的适用情形，《行政处罚法》第 63 条规定了下列情形：（1）较大数额罚款；（2）没收较大数额违法所得、没收较大价值违法财物；（3）降低资质等级、吊销许可证件；（4）责令停产停业、责令关闭、限制从业；（5）其他较重的行政处罚。

（五）罚缴分离制度

罚款与收缴相分离制度，是在"收支两条线"制度上的一种制度升华。始于 20 世纪 80 年代中期的罚没收入与执法机关行政经费"收支两条线"的政策，从理念上是进步的，但实践中却被大打折扣，原因是罚没收入是由行政执法机关收取之后再上缴财政的，客观上成了行政主体在活动经费上讨价还价的筹码，使"收支两条线"形同虚设。《行政处罚法》确立的"罚缴分离"制度，剥夺了行政主体收取罚没款的权力，改由银行直接收取罚没款，从而减少了"行政寻租"的途径和空间。同时，对可以当场收缴罚款的情形作了特别规定：一是依法给予 100 元以下罚款的；二是不当场收缴事后难以执行的；三是在边远、水上、交通不便地区，当事人向指定的银行或者通过电子支付系统缴纳罚款确有困难，经当事人提出。[142]

（六）行政处罚与刑事处罚竞合适用规则

这涉及同一违法行为同时触犯了刑法和行政处罚规范时，应如何处理，即能否同时适用行政处罚和刑事处罚双重责任？对此，有三种观点：一是互为代替，理论上称"代替主义"，即只能选择一种制裁措施，具体按照适用法律责任的"重者吸收轻者"的原则和刑法优先适用的原则，选择刑罚；二是并行适用，理论上称"二元主义"，即既要适用刑罚，又要适用行政处罚；三是附条件并科，也称"免除代替"，即行政处罚与刑罚可以并科，但任何一个执行后，认为没有必要再执行另一个时，可以免除执行。《行政处罚法》基本采纳了第二种观点，即对同一违法行为，只要同时触犯了刑法和行政处罚规范，就可以同时适用刑罚和行政处罚。主要理由：（1）行政处罚与刑法是两种功能、形式和性质均不相同的制裁措施，两者虽关系密切，但仍是制裁体系中两种彼此独立的处罚；（2）我国立法实践中已承认同一违法行为受行政处罚和刑罚双重处罚，如刑法第 116 条规定："违反海关法规，进行走私，情节严重的，除按海关法规没收走私物品并可以罚款外，处三年以下有期徒刑或者拘役，可以并处没收财产。"[143]

当然，行政处罚与刑罚两者并行适用也要遵循必要的规则：（1）违法行为构成犯罪，人民法院已经判处了拘役或者有期徒刑时，行政机关已经给予当事人行政拘留的，应当依法折抵相应刑期；（2）违法行为构成犯罪，人民法院判处罚金时，行政机关已经给予当事人罚款的，应当折抵相应罚金；（3）违法行为构成犯罪的，行政机关必须将案件移送司法机关，依法追究刑事责任，不得以行政处罚代替刑事处罚，这是刑事优先原则所决定的；（4）在无法判断违法行为是否构成犯罪时，行政机关可以先行适用行政处罚。①

七、对《行政处罚法》实施状况的评估

《行政处罚法》作为我国第一部行政行为法，于 1996 年 5 月实施，应该说总体较为平稳，未出现大的波折和争议，直到 2021 年 1 月才第一次修订。说明立法的理念是比较成熟的，总体来说是一部良法。但实践中也面临下列问题：

（一）关于简易程序执行

《行政处罚法》将行政处罚程序分为简易程序和一般程序两种：简易程序可以一个执法人员单独执法，罚款可以当场收缴；一般程序则要两人以上一同执法，也无权当场作出行政处罚。立法的本意是在一些简单的执法领域，通过简易程序提高执法效率，减少执法成本。但实践中，因为行政机关一般都有一般执法程序，所以很难在事先就知道或者判断适用简易程序还是一般程序，造成简易程序在实践中很少操作。只有公安交警的执法一般是一人单独执法，适用简易程序。所以，这一立法目标在实践中实现不多。这是需要反思的。

（二）关于听证制度的实施

行政处罚开创了听证制度入法，得到法学界的高度肯定。但实践中，实际发生的处罚听证案件很少，远不如立法听证、物价听证等领域多。什么原因，说不清楚。是因为行政机关尚未作出处罚决定，使行政相对人有思想顾

---

① 参见汪永清编著：《行政处罚法适用手册》，中国方正出版社 1996 年版，第 116—120 页。

虑，还是中国传统文化中缺乏程序正义的传承，还是行政主体没有真心告知听证权利？需要在实证分析后才能作出准确评估。听证制度的另一个问题是，听证笔录的效力问题，即听证笔录是否作为行政处罚的唯一依据，还是重要依据，或者是主要依据，又或者只是依据之一？因为《行政处罚法》没有明确规定，实践中的把握也各不相同。直到《行政许可法》才确立听证笔录是作出行政许可决定的唯一依据。①

（三）从轻或者减轻处罚的争论

《行政处罚法》有从轻处罚和减轻处罚两个概念。但两者是指一种情形还是两种情形，在法学界和实务界都存在争论。核心的问题是从轻是在法定种类和法定幅度内作出较轻的选择；而减轻能否参照刑罚的规定，在法定最低限度以下适用处罚。学界和实务界都有两种声音：一种认为不能超出法定幅度的下限作出处罚；另一种则认为可以低于法定幅度的下限作出减轻处罚②。一些地方的人民法院也赞同这种观点。对此，笔者的观点是否定的，具体已在本书第五章"行政执法行为的合法性认定"进行了分析与说明。这一争论直接影响到了法制统一的问题，目前尚未解决。

（四）不予行政处罚的适用

《行政处罚法》除了规定从轻或者减轻处罚的情形外，还规定了一种"不予处罚"的情形，原《行政处罚法》第27条第2款规定："违法行为轻微并及时纠正，没有危害后果的不予行政处罚。"该规定明确了不予处罚的三个条件：一是违法行为轻微；二是及时纠正；三是没有危害后果。

新修订的《行政处罚法》对不予处罚情形作了扩展，其第33条新增规定："初次违法且危害后果轻微并及时纠正的，可以不予行政处罚。""当事人有证据足以证明没有主观过错的，不予行政处罚。法律、行政法规另有规定的，从其规定。"而新增的这两种不予处罚情形，在学界和实务部门都产生了新的争议。一是如何认定"初次违法"，是在什么范围、什么领域里认定初次。若认定在全国范围内，那肯定不具有操作性，也不是立法本意。那么，认定是在省级行政区域内还是市、县行政区域内？《行政处罚法》对此没

---

① 《行政许可法》第48条第2款明确："行政机关应当根据听证笔录，作出行政许可决定。"
② 参见应松年主编：《行政法学新论》，中国方正出版社2004年版，第270页。

有明确表述。还有，认定是在什么领域内适用？从实践现状来看，只能限于同一领域内，否则更加无法操作。而要认定"初次违法"，必须建立在一个前提下，就是行政执法信息实现了数据库的互联与整合，如上海的"一网统管"，并且对初次违法行为有记录制度。而这两点，目前尚未完全实现，因此此项新增的制度面临着无法操作或者不具备条件的问题。二是如何认定"没有主观故意"。从《行政处罚法》的规定来看，这是由管理相对人（当事人）提供证据来证明，那么相关行政机关怎么认定是否没有主观故意呢？过去并没有这方面的实际操作，没有先例可循。从笔者向实践部门的询问结果来看，大多数人不知道怎么操作，也基本没有操作。三是将主观因素作为考量行政处罚的依据，从法理上颠覆了行政处罚遵循"行为罚"的基本理念，因为行政处罚的基点是不考虑主观因素和危害结果的，只要有违法行为就进行处罚，是否有主观故意和是否有危害结果只是考量是否从重处罚的依据。对"行为罚"基本原理的颠覆是否有必要，法理上是否站得住？值得进一步研究。

（五）罚缴分离例外的执行

《行政处罚法》所规定的"罚缴分离"制度在理念上无疑是先进的，是对地方实践中好的探索的总结推广。但《行政处罚法》对"罚缴分离"还作了特别规定，正是这些特别规定，造成了实践中的困惑。该法第69条规定了可以当场收缴罚款的例外，即在边远、水上、交通不便地区，经当事人提出，可以当场收缴。实践中遇到两种情形：一种是交通过于方便的地区（如民航、铁路、公共交通场所）不属于该条所规定的情形，但若不当场收缴，事后难以执行，若当场收缴又没有法律依据；另一种是属于规定的范围（如海上对邻省渔船非法捕捞行为的处罚），但当事人不主动提出，能否当场收缴罚款？若不能，法的执行力如何保证？这暴露出立法中的两个问题：一是没有穷尽特定的需要当场收缴罚款的情形；二是规定要当事人主动提出的规定，有点理想主义，不具有操作性。这些问题在实践中还没有得到很好的解决。

（六）政府规章罚款限额问题

对政府规章设定罚款的限额制度，在实践中遇到了未能与物价的总体水平同步增长，使违法成本逐年降低的动态平衡问题。以上海为例，1996年市人大常委会第一次确定的限额是：（1）对非经营活动中违反行政管理秩序的行为设定罚款，不得超过 1000 元；（2）对经营活动中违反行政管理秩序的行为设定罚款，不得超过 3 万元；（3）个别规章对某些违反行政管理秩序的行为设定罚款，确需超过上述限额的，由市人民政府提请市人民代表大会常务委员会审议决定；（4）市人民政府制定规章时，可以在罚款限额的规定范围内，根据过罚相当的原则，对公民、法人或者其他组织设定不同的罚款幅度，根据经营活动中违反行政管理秩序行为的不同情况，规定适当的罚款计算方法。2006 年，即 10 年以后，市人大常委会根据行政执法的客观需要，对行政处罚罚款限额作了第一次调整：不再区分经营行为和非经营行为，对违反行政管理秩序的行为设定罚款的限额为 3 万元。但对涉及公共安全、人身财产安全、生态环境保护、有限自然资源开发利用方面违反行政管理秩序的行为，可以设定不超过 10 万元的罚款。2014 年，市人大常委会又作了第二次调整：对违反行政管理秩序的行为设定罚款的限额提高到 30 万元。不少省市都有与上海相似的提高行政处罚罚款限额的情形。[144]

（七）先行登记保存制度的争议

《行政处罚法》第 56 条规定："行政机关在收集证据时，可以采取抽样取证的方法；在证据可能灭失或者以后难以取得的情况下，经行政机关负责人批准，可以先行登记保存，并应当在七日内及时作出处理决定，在此期间，当事人或者有关人员不得销毁或者转移证据。"这就是"先行登记保存"制度。从立法本意看，先行登记保存制度是在尚未制定《行政强制法》的情况下，为了实现行政处罚与行政强制制度的衔接，而由《行政处罚法》创设出来的一项过渡性的制度。在《行政强制法》颁布实施后，虽然先行登记保存制度仍然保留下来了，但实践的意义已不大，因为完全可以直接运用行政强制措施实现法律目的了。

实践中遇到的最大争议性问题是，保存在谁那里才是合法的。能否保存在行政机关那里，能否保存在第三方那里，若保存在行政机关那里或者第三方，能否收取保管费？从立法本意看，应当理解为保存在行政相对人那里，否则与扣押没有区别了。但实践中遇到的具体复杂的问题，又使立法部门和国务院法制办作出了可以保存在行政机关和第三方的"扩大解释"。但一开始对能否收费没有明确规定，致使有一段时间，先行登记保存成了行政寻租的又一空间。很长一段时间之后，才明确行政机关不能收费，第三方只能收取必要的工本费。[145]

（八）违法行为二年期限后不再处罚问题

原《行政处罚法》第 29 条规定："违法行为在二年内未被发现的，不再给予行政处罚。""前款规定的期限，从违法行为发生之日起计算；违法行为有连接或者继续状态的，从行为终了之日起计算。"这一条规定是《行政处罚法》在实施过程中在法理上引发的最大争议话题。关键是如何认定违法行为"终了"的节点和标准。以违法建设行为为例，如何认定违法建筑已经建设完成了呢？是看其结构封顶，还是看是否已经装完门窗，可以封闭使用？还是看是否接进水电煤，可以正常生活或工作？对于有违法后果持续存在的，能认定为违法行为尚未终了吗？即使违法行为二年内未被发现，不能给予行政处罚，那么还有让当事人限期改正违法行为结果的执法权吗？这里所提出的一系列问题，都是实践中被提及，但并没有统一结论的问题，都是有待以后进一步研究的问题。新修订的《行政处罚法》第 36 条又增加了："涉及公民生命健康安全、金融安全且有危害后果的，上述期限延长至五年。法律另有规定的除外。"这在实务部门和学界引发了新的争议：涉及生命健康和金融安全的危害后果更严重，是否有必要延长至五年，与原立法本意是否有悖？值得进一步研究论证。[146]

第十五章　依职权行为（二）：行政强制

一、行政强制的特点和种类

行政强制与行政处罚、行政许可构成了我国三大具体行政行为的种类，这是就数量而言的。对这三种行为的立法，1996 年最早出台《行政处罚法》，2003 年完成《行政许可法》制定，而《行政强制法》出台最晚，也是立法时间最长。从 1999 年 3 月全国人大常委会第一次审议，至 2011 年 6 月通过，历经十二年，经过三届全国人大常委会的五次审议，才最终通过，可谓是"十年磨一剑"。至此也标志着我国行政行为法体系"三部曲"立法宣告完成。①

笔者认为，我国行政强制法体系不是由一部《行政强制法》构成的，而是与《突发事件应对法》共同构成。因为，按照国际行政法学的普遍认知，行政强制必然要包括即时强制，在有些国家，行政强制主要是指即时强制，而我国的即时强制制度是由《突发事件应对法》予以确立的，所以，《行政强制法》有意无意地将即时强制排除在外了，主要规范了行政强制措施和行政强制执行两种行为。这在法理上是说不通的。

（一）行政强制的特点

行政强制，涉及对行政相对人的人身权、财产权的限制乃至剥夺，极容易产生对行政相对人正当权益的侵害。英国的葛德文（William Godwin）指出："强制的必要性是由少数人的错误和堕落而产生的……社会和政府，本身各不相同，并有不同的起源。社会由我们的需要产生，而政府则由我们的不道德行为产生。社会永远是对人有益的，而政府，即使在最好情况下，也必

---

① 全国人大法工委的同志在作辅导报告时的评语。——作者注

然是作恶的。"① 行政强制则是政府所谓"必要之恶"中最具"恶性"的行为。

行政强制具有四个特点：

一是公共性，也可称公益性，行政强制是发生在行政管理领域中，为了实现公共目的，包括维护公共秩序和公民生命财产安全，而由行政主体依照法定的行政程序作出的行政行为。

二是服从性，即行政强制是典型的行政主体单方行为，当事人必须服从决定，没有自由选择的余地。服从性特点可以将行政强制与行政指导、行政许可、行政给付等非强制性行为区分开来。

三是物理性，即行政强制是直接作用于当事人的人身、财产等权利，具有限制人身和改变财产物理状况效果的行政行为，其是发生可见动作的有形行为。物理性可以将行政强制与行政处罚、责令停止建设等行政命令相区分。

四是依附性，即行政强制尽管作为一类独立的行政行为存在，但依附性仍是其特点，行政强制本身不是目的，不能为了强制而强制，行政强制总是为其他行政行为的作出或者实现而服务的。

（二）行政强制的种类

行政强制可以分为三种：行政即时强制、行政强制措施、行政强制执行。[147]

关于行政即时强制、行政强制措施和行政强制执行三者之间的关系，学界一直有不同的理解和归类。一种认为，行政强制措施是行政强制执行和行政即时强制的上位概念，立论依据是认为行政强制措施是行政主体在行政执法过程中运用的具有强制性的各种手段和方法，进而分为"执行性"措施（行政强制执行）和"管理性"措施（行政即时强制）。另一种观点认为，行政即时强制具有行政强制的物理性特点，但与行政强制措施和行政强制执行都有交叉，即行政即时强制有时发生在行政强制执行领域（如《行政强制法》第50条立即代履行），有时又发生在行政强制措施领域（如《行政强制法》第19条紧急强制措施），因此不必单列出来。《行政强制法》就是按照后一种观点定位的，所以只把《突发事件应对法》作为《行政强制法》的特别法来对待。②

---

① ［英］葛德文著，何清新译：《论财产》，商务印书馆2013年版，第123页。

② 参见全国人大常委会法制工作委员会行政法室编：《〈中华人民共和国行政强制法〉释义与案例》，中国民主法制出版社2011年版，第56—57页。

但笔者认为，行政即时强制应当作为与行政强制措施和行政强制执行并列的概念来表述和分析，主要理由是，行政即时强制除了前述的特点外，还有一个特征就是紧急性，这一特征决定了其在实施过程中，实施主体、程序要求和救济途径都与行政强制措施和行政强制执行不一样；还有一个重要理由是，对于行政即时强制的立法目的，与对于行政强制措施、行政强制执行的立法目的也是完全相反的，前者是为了确保行政主体在紧急状态下有及时处置权而立足于赋权，《突发事件应对法》所列举的行政强制都具有这一特征；而后者则主要是规范行政主体不滥用行政强制权的控权，《行政强制法》的立法目的就体现了这一宗旨。这也是笔者坚持认为的我国的行政强制法律规范应当由《行政强制法》和《突发事件应对法》两部法律共同构成的法理依据。

1. 行政即时强制

通俗点说，即时强制是在紧急状态下，为了公共利益和人民的生命财产安全，即便在没有具体法律规定的情况下，也有权对相关自然人直接进行人身、财产的限制。日本学者南博方对即时强制的定义："是指（1）为了排除目前的紧急障碍，在没有下达命令以规定义务的余暇的情况下，或者（2）依照其情况的性质，通过下达命令来规定义务，难以实现其目的的情况下，直接对人的身体及财产施加实力的作用。"南博方教授举例：酩酊大醉者横躺在马路上时，即使警察官命令其随行，也只能是对牛弹琴。在这种情况下，便只能以实力将其带到适当的场所，加以保护。这就是即时强制。[①] 这种权力往往是由警察执行，因此，即时强制又称为"警察强制"。[②]

在我国，即时强制是在自然灾害、事故灾难、公共卫生事件和社会安全事件等突发事件发生后，或者其他紧急状态下，依法采取的性质属于行政强制的应急措施、临时措施，以及立即代履行等紧急处置行为。行政即时强制必须是在认定或宣布为突发事件后采取的应急处置措施。

行政即时强制的手段包括：

（1）对人身的约束，如有人意图自杀，得以强力拘束其行为；精神异常或者醉酒引起的狂暴行为，不约束会有生命、人身的危险；暴行或斗殴，不约束不能预防其伤害行为等。

（2）对物的扣留、使用、处置或限制使用，如对凶器、武器及其他可能

---

① 参见［日］南博方著，杨建顺译：《行政法》（第六版），中国人民大学出版社2009年版，第129页。

② 陈新民著：《行政法学总论》（修订八版），台北三民书局2005年版，第464页。

造成生命、人身伤害之危险物的扣留；对食物中毒现场相关之物的封锁、扣留；对因地震等造成危险建设物的即刻予以拆除；对生猪感染口蹄疫等的即刻予以扑杀等。

（3）对住宅、建筑物及其他处所的进入。住宅等私人所属建筑物属于"风能进、雨能进，国王不能进"的受宪法特别保护的空间，但行政即时强制赋予了行政执法人员以进入权，但应以人民的生命、人身、财产遭受迫切的现实危险为限，如果仅是为了查缉赌博，尚不足以构成正当理由。①

由于突发事件和其他紧急状态是一种特殊的社会状态，具有阶段性、应急性特点，往往情势较为紧迫，需要采取果断措施才能解决，行政秩序和行政效率占主导地位，因此有必要的容忍义务，程序也可以根据紧急情况从简。因行政即时强制使当事人的人身、财产遭受特别损失的，可以请求补偿；但因当事人或者其他能认定责任人的原因造成的，政府不承担补偿责任。

2. 行政强制措施

这是指行政机关在行政管理过程中，出于防止违法行为、防止证据损毁、避免危害发生、控制危险扩大等目的，依法对公民的人身自由实施暂时性限制，或者对公民、法人或者其他组织的财物实施暂时性控制的行为。行政强制措施是在行政决定作出前所采取的一种中间性、暂时性行为。

从法理上说，行政强制措施可以分为人身强制和财产强制两种。我国《行政强制法》明确了四类行政强制措施：一是限制公民人身自由，包括人身检查、拘留、禁闭约束、隔离、强制带离、强制戒毒等；二是查封场所、设施或者财产（指不动产和不离开原地的财物）；三是扣押财物（指动产）；四是冻结存款、汇款。上述四类中，第一类是人身强制，其余三类都是财产强制。

实践中，还有大量属于人身、财产强制措施性质的行政行为并未列入《行政强制法》，如交通管制、交通工具等安全检查、进入企业执法检查、进入私人住宅检查等，但这并不意味着这些行为不属于行政强制措施，只是不适用《行政强制法》，而是适用相关特别法的规定。

3. 行政强制执行

这是指行政机关或者行政机关申请人民法院，对不履行行政决定的公民、法人或者其他组织，依法强制其履行义务的行为。

从法理上说，行政强制执行分为直接强制执行和间接强制执行。《行政强

---

① 参见李惠宗著：《行政法要义》，元照出版有限公司2012年版，第563—565页。

制法》明确了五类行政强制执行：一是划拨存款、汇款；二是拍卖或者依法处理查封、扣押的场所、设施或者财物；三是排除妨碍、恢复原状；四是加处罚款或者滞纳金；五是代履行。其中，前三类属于直接强制执行，后两类属于间接强制执行。也有观点认为，"排除妨碍、恢复原状"还不能简单地归为直接强制或间接强制，要视具体情况而定，排除妨碍和恢复原状都可以是代履行的行为。

实践中，还有其他属于行政强制执行性质的行为未纳入《行政强制法》，如强制销毁违禁物品、强制报废、强制接种疫苗、强制服兵役等强制执行类行为，虽未列入《行政强制法》调整范畴，但仍适用相关法律规定。

二、行政强制的特定原则

行政强制既遵循一般行政程序法共有的原则，如法定原则；保障陈述权、申辩权、复议权、诉讼权和请求国家赔偿权，公开公正便民原则等，还有行政强制特有的原则。

（一）适当原则（即比例原则）

适当原则可以说是行政强制的一个核心原则，[①] 因为无论是采取行政强制措施，还是强制执行，情况不一样，可采取的手段也多种多样，行政机关有相当大的自由裁量权，执法时要把握好实现行政管理目的和保护公民权利之间的平衡。决定强制方法时，应尽可能考虑使当事人和公众受到最小侵害。立法中，原来参照了域外立法，用了"以最小损害当事人的权益为限度"的表述，在审议中，有意见认为这种表述比较学理化，执法人员不易掌握，最后修改为："行政强制的设定和实施，应当适当。采取非强制手段可能达到行政管理目的的，不得设定和实施行政强制。"[②]

（二）教育与强制相结合原则

教育与强制相结合原则，也可以说是与《行政处罚法》共有的原则，《行

---

① 参见全国人大常委会法制工作委员会行政法室编：《〈中华人民共和国行政强制法〉释义与案例》，中国民主法制出版社 2011 年版，第 34 页。

② 参见《行政强制法》第 5 条。

政处罚法》是教育与处罚相结合，不能"以教代罚"，也不能"以罚代教"。相类似的，教育与强制也应该是这样的关系，两者应当相结合，不能以教育代替强制，也不能以强制代替教育。

（三）禁止谋利原则

禁止谋利原则，即行政机关及其工作人员不得利用行政强制权为单位或者个人谋取利益。① 这是《行政处罚法》和《行政许可法》都未曾表述过的特有原则。我们理解，并不是行政处罚、行政许可过程中没有这种谋取私利的所谓"寻租"现象，而是当年立法时对这种现象的认识没有现在清晰和深刻。所以，从某种角度讲，这一原则其实也并不是《行政强制法》的特定原则，而是共有原则。

（四）应急性原则

应急性原则，即根据公共利益的需要，在紧急情况下行政主体采取的非法行为可以有效。例如在战争、流行疫情、自然灾害、社会骚乱事件等非常情况下，有时维护公共利益的必要性会超过合法性，这时的行政活动常常是有效而不是无效。应急性原则作为合法性原则的例外是必要的。需要说明的是，适用这种例外本身也应尽可能通过立法实现。② 从某种意义讲，这一原则是针对即时强制确定的，与前面三项原则的适用范围是明显不同的。

三、行政强制的设定权

行政强制的设定权争议一直贯穿于《行政强制法》立法的全过程，也是影响该法出台的重要原因之一，即使现在法律已经通过，分歧依然未完全消除。③ 具体争议分为三个方面：一是行政法规的设定权究竟该有多大；二是地方性法规的设定权究竟该有多大；三是规章是不是应当有设定权。[148]

---

① 参见《行政强制法》第 7 条。
② 参见罗豪才主编：《行政法学》，中国政法大学出版社 1989 年版，第 41 页。
③ 参见全国人大常委会法制工作委员会行政法室编：《〈中华人民共和国行政强制法〉释义与案例》，中国民主法制出版社 2011 年版，第 25 页。

（一）行政即时强制的设定权

关于行政即时强制的设定权，《突发事件应对法》并没有明确的表述，但从该法的具体内容来看，主要涉及对人身自由的限制措施、对非国有财产的征收征用，根据《立法法》第 11 条的规定，这些事项都属于法律保留的立法权，所以可以据此推定，只有全国人大及其常委会制定的法律才有行政即时强制的设定权。

（二）行政强制措施的设定权 ①

1. 行政强制措施由法律设定，也就是说，全国人大及其常委会制定的法律可以设定所有的行政强制措施的种类。

2. 尚未制定法律，且属于国务院行政管理职权事项的，行政法规可以设定除限制公民人身自由、冻结存款或汇款以外的所有行政强制措施，即可以设定查封场所、设施或者财物与扣押财物两类行为，还可设定法律保留外的其他行政强制措施。而后者，地方性法规无权设定。原因是，一些行政法规规定的行政强制措施已超出了《行政强制法》的规定，一方面这些强制措施是非常必要的，另一方面这些强制措施还不够用，若不保留的话，将严重影响行政执法的力度，打乱现行的行政管理秩序。所以也可以说，这一设定权是对立法和执法现状的一种妥协。

3. 尚未制定法律、行政法规，且属于地方性事务的，地方性法规可以设定查封场所、设施或者财物与扣押财物两种行政强制措施。立法过程中，也有主张不宜将行政强制措施设定权授予地方的，但另一种观点认为，我国地域辽阔，各地经济社会发展不平衡，情况复杂，中央立法不可能将所有情形都考虑到，应当赋予地方性法规一定的设定权，发挥地方立法的积极性，也与《立法法》《行政处罚法》赋予地方性法规立法权相匹配。立法采纳了后一种观点。

4. 规章和规范性文件一律不得设定行政强制措施。对此，立法过程中，多数意见表示认同。理由是，权力不得自授是公认的法治原则，随着《行政处罚法》《行政许可法》的颁布实施，这种观念已被社会所接受。虽然也有意见建议参照《行政许可法》，给予临时性设定权，即授权地方政府规章可以对查封、扣押这两种行政强制措施设定一年的临时行政强制措施，但最终这种意见未被采纳。

---

① 参见《行政强制法》第 10 条。

（三）行政强制执行的设定权

行政强制执行的设定权比行政强制措施更加严格，只有《行政强制法》可以设定。① 这是严格意义上的法律保留原则的体现。

对于法律没有规定行政机关强制执行的，作出行政决定的行政机关只能申请人民法院强制执行。

四、行政强制的实施主体

简单一句话：由行政机关、法定授权组织在法定职权范围内实施。

与《行政处罚法》《行政许可法》相比较，行政强制实施主体有三个区别：一是行政机关的主体资格要有法律、法规的规定，意味着规章不能规定行政强制实施主体；二是取消了行政处罚和行政许可中地方性法规授权执法的权力，只保留法律、行政法规授权具有管理公共事务职能的组织实施行政强制措施和行政强制执行权；三是取消了行政处罚、行政许可中的行政委托执法，明确行政强制权一律不得委托。

五、行政强制的实施程序

行政强制的三种形式，即行政即时强制、行政强制措施和行政强制执行，三者并没有统一的实施程序，而是各自有一套实施程序和规范。

（一）行政即时强制的实施程序

《突发事件应对法》将突发事件分为自然灾害、事故灾难、公共卫生事件和社会安全事件四种。对突发事件的处置程序则分为两类，前三者（自然灾害、事故灾难和公共卫生事件）为一类，后者社会安全事件为一类。[149]

对于自然灾害、事故灾难或者公共卫生事件，履行统一领导职责的人民政府可以采取下列一项或者多项应急处置措施：（1）组织营救和救治受害人员，疏散、撤离并妥善安置受到威胁的人员以及采取其他救助措施；（2）迅

---

① 参见《行政强制法》第13条。

速控制危险源，标明危险区域，封锁危险场所，划定警戒区，实行交通管制以及其他控制措施；（3）立即抢修被损坏的交通、通信、供水、排水、供电、供气、供热等公共设施，向受到危害的人员提供避难场所和生活必需品，实施医疗救护和卫生防疫以及其他保障措施；（4）禁止或者限制使用有关设备、设施，关闭或者限制使用有关场所，中止人员密集的活动或者可能导致危害扩大的生产经营活动以及采取其他保护措施；（5）启用本级人民政府设置的财政预备费和储备的应急救援物资，必要时调用其他急需物资、设备、设施、工具；（6）组织公民参加应急救援和处置工作，要求具有特定专长的人员提供服务；（7）保障食品、饮用水、燃料等基本生活必需品的供应；（8）依法从严惩处囤积居奇、哄抬物价、制假售假等扰乱市场秩序的行为，稳定市场价格，维护市场秩序；（9）依法从严惩处哄抢财物、干扰破坏应急处置工作等扰乱社会秩序的行为，维护社会治安；（10）采取防止发生次生、衍生事件的必要措施。[①]

对于社会安全事件，组织处置工作的人民政府应当立即组织有关部门，并由公安机关采取下列一项或者多项应急处置措施：（1）强制隔离使用器械相互对抗或者以暴力行为参与冲突的当事人，妥善解决现场纠纷和争端，控制事态发展；（2）对特定区域内的建筑物、交通工具、设备、设施以及燃料、燃气、电力、水的供应进行控制；（3）封锁有关场所、道路，查验现场人员的身份证件，限制有关公共场所内的活动；（4）加强对易受冲击的核心机关和单位的警卫，在国家机关、军事机关、国家通讯社、广播电台、电视台、外国驻华使领馆等单位附近设置临时警戒线；（5）法律、行政法规和国务院规定的其他必要措施；（6）严重危害社会治安秩序的事件发生时，公安机关应当立即依法出动警力，根据现场情况依法采取相应的强制性措施，尽快使社会秩序恢复正常。[②]

对于突发事件，还有共同可以采取的应急处置措施：（1）履行统一领导职责或者组织处置突发事件的人民政府，必要时可以向单位和个人征用应急救援所需设备、设施、场地、交通工具和其他物资；（2）请求其他地方人民政府提供人力、物力、财力或者技术支援；（3）要求生产、供应生活必需品和应急救援物资的企业组织生产、保证供给；（4）要求提供医疗、交通等公

---

① 参见《突发事件应对法》第49条。

② 参见《突发事件应对法》第50条。

共服务的组织提供相应的服务；（5）应当组织协调运输经营单位，优先运送处置突发事件所需物资、设备、工具、应急救援人员和受到突发事件危害的人员。①

（二）行政强制措施的实施程序

1. 一般程序要求，也就是普通程序。根据《行政强制法》第16条至第19条的规定，实施行政强制措施应当遵守的程序规定有：

（1）立案程序，即实施前须向行政机关负责人报告并经批准；对于情况紧急，需要当场实施行政强制措施的，行政执法人员应当在24小时内向行政机关负责人报告，并补办批准手续；行政机关负责人认为不应当采取行政强制措施的，应当立即解除。

（2）执法人员，应当由两名以上行政执法人员实施，即适用一般执法程序而非简易执法程序；出示执法身份证件，表明执法人员具备合法资格。

（3）告知权利，通知当事人到场；当场告知当事人采取行政强制措施的理由、依据以及当事人依法享有的权利、救济途径，即完成不利处分的说明理由程序和救济权利告知程序。

（4）调查取证，听取当事人的陈述和申辩；制作现场笔录；现场笔录由当事人和行政执法人员签名或者盖章，当事人拒绝签名或者盖章的，在笔录中予以注明；当事人不在场的，邀请见证人到场，由见证人和行政执法人员在现场笔录上签名或者盖章。

2. 查封、扣押和冻结的特别程序。查封、扣押和冻结是实践中最为常用的行政强制措施。对实施查封、扣押的，应当制作并当场交付查封、扣押决定书和清单；实施冻结存款、汇款的，应当向当事人交付冻结决定书，向金融机构交付冻结通知书；对查封、扣押的场所设施或者财物，行政机关应当妥善保管，不得使用或者损毁。

3. 时限要求。主要规范了限制人身自由、查封和扣押、冻结存款和汇款等强制措施的期限。一是严格限定限制人身自由不得超过法定期限。实施行政强制措施的目的已经达到或者条件已经消失，应当立即解除。按照一般立法规律，对于程序，《行政强制法》作为一般法应当作出明确规定或者原则规定，特别法又在此基础上作出特别规定，而《行政强制法》对限制人身自由

---

① 参见《突发事件应对法》第52条。

的期限并没有作出具体规定，而是只作了"不得超过法定时限"的表述，这是有违立法常规的。从立法释义中可见，原因是限制人身自由的强制措施情况比较复杂，时限都已由单行法规定了，且都不统一，如《治安管理处罚法》规定为 8 小时，不能超过 24 小时，《海关法》《集会游行示威法》规定不得超过 24 小时。因此，这种表述又是对现状的一种妥协。二是严格限定查封、扣押的期限，不得超过 30 日；情况复杂的，经行政机关负责人批准，可以延长，延长期限不得超过 30 日。对物品需要进行检测、检验、检疫或者技术鉴定的，查封、扣押的期间不包括检测、检验、检疫或者技术鉴定的期间。三是严格存款、汇款的冻结期限，期限也为 30 日，延长不超过 30 日。不得重复冻结。

（三）行政机关自行执行程序

行政强制执行程序分为行政机关自行执行和申请人民法院强制执行两种。立法的价值取向是以申请法院强制执行为主，行政自行执行为辅。《行政强制法》中规定的行政机关自行执行的程序为普遍授权，即行政机关无需特别法的规定，直接依据《行政强制法》的规定就可以执行。具体有以下主要环节：[150]

一是催告制度，即当当事人未及时履行行政决定时，行政机关以书面形式督促当事人履行义务。催告制度具有缓冲作用，有利于减少直接强制执行带来的冲突，这既是教育与强制相结合的体现，也是保障当事人的申述申辩权，这是《行政强制法》首次新增的制度。

二是中止执行程序和终结执行程序。其中关于中止执行程序的亮点是第 39 条第 2 款规定："对没有明显社会危害，当事人无能力履行的，中止执行满三年未恢复执行的，行政机关不再执行。"体现了信赖保护原则和及时积极作为的效率原则。

三是执行回转制度，系指执行中或者执行完毕后，发现行政决定确有错误或者执行过程中发生错误，即对行政机关违法执行进行弥补的制度。具体要求恢复原状、退还财物或者依法补偿。

四是执行和解制度。行政执行机关通过与当事人达成执行协议，当事人采取补救措施的，可以减免加处的罚款或者滞纳金。这一制度在国外鲜有所闻，具有鲜明的中国特色。尽管这一制度一直存在争议，有人担心这会导致执法者与被执法者之间产生交易行为而背离比例原则，但这一制度已经合法化，效果如何有待实践检验。

五是人性化执法规定。这也是这部法中被媒体赞誉较多的条款。第43条规定："行政机关不得在夜间或者法定节假日实施行政强制执行。但是，情况紧急的除外。""行政机关不得对居民生活采取停止供水、供电、供热、供燃气等方式迫使当事人履行相关行政决定。"

六是对违法建筑的强制拆除。第44条规定，首先，限期让当事人自行拆除，否则，"行政机关可以依法强制拆除"。解读认为，这里的所谓"依法"，并不是指《行政强制法》，而是其他特别法的规定。因为如果本法规定了可以强制拆除，就不用再强调"依法"的表述，所以意味着《行政强制法》并未授予行政机关自行拆除违法建筑的权力，而按照行政强制执行属于法律保留事项，只有法律可以设定行政强制执行。如在《城乡规划法》等特别法中有相应规定。

七是对金钱给付义务的执行。分为两个阶段：逾期不履行金钱给付义务的，先加处罚款或者滞纳金；之后超过30日期限仍不履行义务的，有权行政机关自行强制执行，没有执行权的行政机关申请法院强制执行。其中，根据执法实践的需要，创设了一条规定："在实施行政管理过程中已经采取查封、扣押措施的行政机关，可以将查封、扣押的财物依法拍卖抵缴罚款。"这条规定部分解决了长期以来执法部门面对不来接受处理的查封、扣押财物无法处置，进退两难的窘境。①

八是代履行。立法中面临的法理问题是：行政机关能否成为代履行的主体？因为按照一般的理解，代履行应当是行政主体与行政相对人之外的第三方，代行政相对人履行相关法定义务。若行政主体代为履行，就与执法没有分别了。但立法者最终妥协了，考虑到截至2010年底，已有13部法律、19部行政法规规定了行政机关可以代履行，《行政强制法》将代履行的主体规定为行政机关或委托没有利害关系的第三人。但对代履行的适用范围作了一定限制：仅对危害交通安全、造成环境污染或者破坏自然资源的三类行为可以代履行。为了控制代履行的费用，《行政强制法》规定，代履行的费用按照实际成本合理确定，由当事人承担。

---

① 对暂扣物和查封物，行政机关自行处置的话，会面临擅自处分公民、法人私有财产的法律质疑，但不处置的话，保管的行政成本又太高，无法承受，所以长期困扰着行政执法机关。《行政强制法》的这一规定，部分解决了这一执法难题。

（四）申请人民法院强制执行

我国行政强制执行体制是混合模式，即一部分由行政机关自行强制执行，一部分申请人民法院强制执行，这是由我国的国情和实际情况决定的。所以，申请人民法院强制执行是我国行政强制执行制度的重要组成部分。对行政机关的申请，人民法院是否进行实体审查？这是个法理上长期争论并无定论的问题，也是这次立法审议过程中主要争论的三大问题之一①。学界一般认为，行政机关的决定本身具有公定力、确定力、执行力和不可争力，人民法院不应对其实体进行审查。但是法院在实践中担心行政机关的决定违法或不当影响司法执行的公信力，所以一般要进行实体审查。对此，《行政强制法》给出的回答是法院对申请进行书面审查，一般 7 日内作出裁定，且只有三种情形可以进行实体审查：明显缺乏事实根据的；明显缺乏法律、法规依据的；其他明显违法并损害被执行人合法权益的。②总体上是坚持了原来的申请法院强制执行期间不停止执行的原则。

六、对《行政强制法》实施状况的评估

（一）违法建筑拆除的实践困惑

对于违法建筑物、构筑物、设施的强制拆除，《行政强制法》第 44 条作了专门规定："对违法的建筑物、构筑物、设施等需要强制拆除的，应当由行政机关予以公告，限期当事人自行拆除。当事人在法定期限内不申请行政复议或者提起行政诉讼，又不拆除的，行政机关可以依法强制拆除。"这里的"依法"指什么法？由于行政强制执行属于法律保留的立法权，所以必须依据全国人大及其常委会的法律作为依据。

实践中面临的最常见也是矛盾最突出的问题是：对于正在搭建中的违法建筑，能否当场拆除？对此，并没有明确的结论。因为从《行政强制法》上述规定来看，并没有赋予行政机关这一强制权，因为要在当事人行使行政复议和行政诉讼后才可以依法强制拆除，自然不包括当场拆除。在《行政强制

---

① 《行政强制法》立法过程中主要争议的三大问题：一是关于行政强制立法的指导思想，是治"乱"还是治"软"；二是关于行政强制的设定权，是广泛授权还是严格授权；三是行政强制执行的体制，要不要改变现有的混合模式。参见全国人大常委会法制工作委员会行政法室编：《〈中华人民共和国行政强制法〉释义与案例》，中国民主法制出版社 2011 年版，第 24—32 页。

② 参见《行政强制法》第 56 条、第 57 条。

法》颁布前，对于正在搭建的违法建筑，各地大多依据地方性法规的授权，拥有了强制拆除权，但《行政强制法》之后，由于行政强制执行属于法律保留的设定权，所以地方的授权都失去了效力。那么，法律中有没有可以当场拆除违法建筑的权力呢？理论界和实务界对此并没有统一共识。实践中也探索了多种途径：一是依据《行政强制法》第 50 条的规定，当事人不履行排除妨碍、恢复原状等义务的行政决定，经催告仍不履行的，行政机关可以代履行，但其适用范围限于危害交通安全、造成环境污染或者破坏自然资源三种情形；二是依据《行政强制法》第 52 条的规定，对道路、河道、航道或者公共场所等特定场所的违法建筑，当事人不能拆除的，行政机关可以立即代履行，但其范围也是有局限的，并不能解决在小区内大量发生的违法建筑；三是最为充分的依据来自《城乡规划法》第 68 条："城乡规划主管部门作出责令停止建设或者限期拆除的决定后，当事人不停止建设或者逾期不拆除的，建设工程所在地县级以上地方人民政府可以责成有关部门采取查封施工现场、强制拆除等措施。"但能否依据此规定拆除正在搭建的违法建筑？在实际工作中，人大和法院的同志是有疑虑的，因为该法条所说的是"措施"而不是"执行"。所以在一段时间内，许多地方都在这一问题上"卡壳"了，认为法律依据不足。上海是在 2014 年面对违法建筑、群租、黑车、无序设摊等城市顽症蔓延的情况下，才下决心将《城乡规划法》第 68 条作为拆除正在搭建的违法建筑的直接依据。但依据的效力是否足够，并没有权威部门的解释。[151]

与此相关的另一个问题是：对节假日违法搭建行为能否当场制止？因为《行政强制法》第 43 条规定："行政机关不得在夜间或者法定节假日实施行政强制执行。但是，情况紧急的除外。"实践中遇到行政相对人在法定节假日违法搭建，行政机关发现后，能否当场制止？从《行政强制法》的立法本意来看，该条文并不针对违法建设行为，但拆除违法建筑是否属于情况紧急的除外情形也很难说。所以，实践中对于节假日不停止正在搭建的违法建设行为，行政机关能否查封现场和强制拆除？倾向认为，法律依据不足。[152]

（二）查封、扣押物的拍卖程序如何实施

实践中遇到的难题是：行政机关依法查封、扣押的物品，当事人不按期来接受处理，行政机关该怎么办？能否处理被查封、扣押物？以往都是被限制的，理由是不能擅自处置民事主体的财产权利。《行政强制法》第 46 条第 3 款规定："没有行政强制执行权的行政机关应当申请人民法院强制执行。但

是，当事人在法定期限内不申请行政复议或者提起行政诉讼，经催告仍不履行的，在实施行政管理过程中已经采取查封、扣押措施的行政机关，可以将查封、扣押的财物依法拍卖抵缴罚款。"这一规定被解读为是以间接的方式解决了被查封、扣押物长期由行政机关保管而无法处置的现实难题。

但实际操作中，仍面临难题：周期太长。首先要作出一个罚款的行政处罚，使当事人有履行财物负担义务，其中要经事先告知程序，决定作出后要有送达程序，并满足行政相对人在法定期限内不申请行政复议或者提起行政诉讼，这个期限是 6 个月（行政诉讼）；之后要按照第 35 条要求履行催告程序，可以设置合理期限，但应当以能让当事人行使陈述、申辩权为前提，因为面对的是不来接受处理的行政相对人，往往要以公告的方式送达，所以这一期限一般也不能低于 1 个月，之后才可以进入依法拍卖的程序。上海在实践中面临最多的是被扣押的"黑车"，当事人不来接受处理，但要按此程序操作，大概要 9 个月，到那时，被扣押的"黑车"都已残旧不堪了。因此，这一看起来挺不错的新制度，还是难以落地。[153]

（三）如何解释申请人民法院强制执行

申请人民法院强制执行，是我国行政强制执行制度的重要组成部分。总体上，我国行政强制执行体制是混合模式，就是对当事人不履行行政决定，一部分由行政机关自行强制执行，一部分申请人民法院强制执行。这是由我国的国情决定的。但从《国有土地上房屋征收与补偿条例》开始，强调以申请法院强制执行为主的体制。但人民法院如何强制执行，《行政强制法》没有作具体规定，主要是适用《民事诉讼法》有关民事执行的有关规定。但在《国有土地上房屋征收与补偿条例》实施过程中，法院系统普遍不愿意直接实施强制执行，一些地方法院因此提出由法院对行政机关的强制执行申请作出执行裁定，之后仍由行政机关执行。对此，行政机关提出，这种执行行为属于什么性质，是司法执行行为还是行政执行行为？可否提起行政复议和行政诉讼？法律责任该如何分配？《行政强制法》对这些问题没有明确，但在相关释义中肯定了法院系统的探索。① 但实际工作中，上述问题并没有得到解决，也影响了这一制度的实施。[154]

---

① 参见全国人大常委会法制工作委员会行政法室编：《〈中华人民共和国行政强制法〉释义与案例》，中国民主法制出版社 2011 年版，第 45 页。

第十六章　依职权行为（三）：行政命令

一、行政命令的概念与特征

行政命令，无论是国外的行政法学还是国内的行政法学，都有两层含义。一层含义是一种行政规定，即抽象行政行为，如政府制定的行政法规和规章，都属于行政命令，其发布也都是以"令"的形式发布。在域外有个名称，叫"法规命令"①。另一层含义是一种行政决定，即具体行政行为，系指行政主体要求可确定的行政相对人履行一定的作为或不作为的意思表示，它是通过指令行政相对人履行义务来达到维护社会秩序的目的。这种行政命令在域外也有另外的名称，叫"职权命令"②，或者叫"一般命令"③，也有学者称为"命令处分"④，系指命令行政相对人为特定作为、不作为或忍受某种措施，或解免作为、不作为义务之行政处分。⑤法规命令与一般命令这一区分来源于德国行政法，英美法系国家也有类似区别⑥。行政命令一经作出，行政相对人便有了相关义务，必须按行政命令要求履行一定的作为或不作为义务，否则须承受行政主体给予的包括处罚、强制执行在内的不利后果。这里所指的是第二种意

① 如我国台湾地区《行政程序法》第150条1项规定：行政机关获得法律授权对多数不特定人民就一般事项所作抽象之对外发生法律效果之规定，称为"法规命令"。参见陈新民著：《行政法学总论》（修订八版），台北三民书局2005年版，第270页。

② 如我国台湾地区立法明确，各机关依其法定职权或基于法律授权订定之命令，应视其性质分别下达或发布，并即送立法院。据此，行政命令可以分为"职权命令"和"授权命令"（即法规命令）两种。前者机关只要依"法定职权"，即可取得合法订定行政命令，不以获得法律授权为必要。参见陈新民著：《行政法学总论》（修订八版），台北三民书局2005年版，第289页。

③ 参见［德］哈特穆特·毛雷尔著，高家伟译：《行政法学总论》，法律出版社2000年版，第333页。

④ 参见李惠宗著：《行政法要义》，元照出版有限公司2012年版，第343页。

⑤ 台湾行政法学里的"行政处分"相当于大陆行政法里的具体行政行为，但范围更宽——作者注。

⑥ 《布莱克法律词典》对行政命令的解释即包括"一般命令"和"法规命令"两个层次："其一，政府机构在裁判听证之后所作出之命令。其二，解释或适用法律规定之行政规章。"

义上的行政命令，即作为具体行政行为的行政命令。[155]

　　行政命令有下列法律特征。一是意思性。行政命令是一种意思表示行为而不是一种物理行为，它只是表达要求行政相对人自我履行作为或不作为义务的意思，而不是直接作出某项物理性动作，因而其具有非处分性的特点。二是限权性。行政命令实质上是对行政相对人设定了某项特定的作为或者不作为的具体义务，而不是赋予行政相对人某项权利，因而它是限权性行为而不是赋权性行为。三是强制性。行政命令为行政相对人设定义务后，如果行政相对人不遵守或不履行的话，就可能引起被制裁的后果。这种强制性是显而易见的。因此，虽然行政命令没有处分性，但对行政相对人的权利和义务仍是有直接影响的，具有强制性。

　　我国行政法学界对行政命令的研究，相对于行政许可、处罚、强制、征收与补偿等研究来说，不够系统和深入。而在实践中，行政命令鉴于其常常是在特殊情况下使用的，所以难免存在着简单化和不规范。这也正是本章研究的价值所在。

二、行政命令的种类

　　行政命令有形式意义上的和实质意义上的区分。形式意义上的行政命令是指所有冠以"命令""令"等名称的行政决定或者措施。《辞海》对行政命令的释义就是从这一角度界定的："行政命令简称'政令'。国家行政机关颁布的施政命令。我国国务院办公厅于1987年2月发布的《国家行政机关公文处理办法》规定：发布重要行政法规和规章，采取重大强制性行政措施，任免，奖惩有关人员，撤销下级机关不适当的决定等，用'命令（令）'。"①而本书要研究和阐述的是指实质意义上的行政命令，即作为行政执法行为之一的行政命令。

　　实质意义上的行政命令的认定不能简单地看是否有"命令"或"令"的文字表达，而是要看其实际功能。如授权令、执行令、嘉奖令、任免令等，都是"令"，但不属于行政命令的范畴；有的表述中并没有"命令"或者"令"，但却是行政命令，如"责令限期拆迁的决定"，实质上是一种行政

---

　　① 《辞海》(1999年版缩印本)，上海辞书出版社2000年1月版，第961页。

命令。我国《立法法》里就有相关表述，第 91 条规定：国务院各部、委员会、中国人民银行、审计署和具有行政管理职能的直属机构以及法律规定的机构，可以根据法律和国务院的行政法规、决定、命令，在本部门的权限范围内，制定规章。部门规章规定的事项应当属于执行法律或者国务院的行政法规、决定、命令的事项。没有法律或者国务院的行政法规、决定、命令的依据，部门规章不得设定减损公民、法人和其他组织权利或者增加其义务的规范，不得增加本部门的权力或者减少部门的法定职责。上述条文中三次提到的"命令"，是放在"决定"之后表述的，从合逻辑性来推定，应当不是指"法规命令"，而是"一般命令"，即行政决定类的命令。[156]

行政命令可以分为以下几类：

（一）外部命令与内部命令

外部命令，即对外发布，对行政相对人有作为或者不作为要求的行政命令，如行政处罚执法中的责令改正或者限期改正、责令限期拆除违法建筑等。我国台湾地区的"命令处分"也属于这类外部命令，例如汽车超速之警告、对违法建设行为和责令停止、对违反消防法的公共建筑物命令其限期改正等。

内部命令，在域外被称为"行政规则"，也就是我们所讲的内部规范性文件，是有行政机关依职权制定后下达给下级部门执行的，对内具有强制性。具体可以分为：组织性行政规则，即规定内部组织与职权及人事管理等事项的行政命令；作用性行政规则，即应用性解释、行政裁量基准、事实认定的标准等行政命令；补充法律的行政规则，即对客观存在的法律漏洞，行政管理有无法回避的事项制定规范性文件予以明确的行政命令；规范具体化的行政规则，系指在特别技术性的领域，由行政机关自行制定功能性的技术规则或标准，以供行政机关遵守的行政命令。①

本书在这里所研究和阐述的只是外部命令，不涉及内部命令。

（二）临行性命令与常态性命令

以行政命令的时间效力的不同，可以分为临时性命令和常态性命令。

临时性命令，往往是专为某项活动或者临时的事由而向社会发布的禁止或限制行政相对人行为的命令。如为保障节日的重大活动安全，需要发布在

---

① 参见李惠宗著：《行政法要义》，元照出版有限公司 2012 年版，第 425—429 页。

一些路段和一定时间内禁止机动车通行，甚至禁止行人进入等通告。一般而言，适用期在一年之内的通告，都可以视为临时性命令。北京筹办奥运会期间和上海筹备世博会期间发布的一系列行政命令性质的临时性行政管理措施（以通告的形式发布），其有效期都定为一年。

常态性命令则显得比较特殊，如道路交通管理中设置的禁止通行的标识，其实质也是一种依职权的行政命令，但其时间效力则没有限定，处于常态管制状态。

（三）作为命令与禁止命令

基于行政命令表现为行政主体要求行政相对人进行一定的积极的作为或者消极的不作为，行政命令无非有两种：一种是"作为令"，即要求行政相对人进行一定作为的命令，如命令纳税、命令出境（外国人）；另一种是"禁止令"，即要求行政相对人进行一定的不作为的命令，如禁止通行的通告、禁止携带危险品上车的布告等。[1]

（四）紧急命令与非紧急命令

紧急命令是在发生突发事件时，行政主体为了保护人民生命、财产安全和国家利益、公共利益而不得不对行政相对人作出的作为或者不作为的意思表示行为。但紧急命令与即时强制并不是一回事，即时强制具有强制性和处分性，而紧急命令只是一种意思表示，属于非处分性行为。

非紧急命令则是按照社会管理的日常需要所作出的行政命令。前面所说的临时性命令和常态性命令都属于这类性质的行政命令。

三、行政命令的特殊性

行政命令的特殊性体现在其具有独立性与被吸收性的双重性。行政命令的独立性，是指其可以作为一种独立的行政行为而存在，并作为一个独立行为被法律救济；而被吸收性则是指行政命令比其他行为更易被其他行政行为所吸收。如当行政主体对行政相对人实施进入住宅检查时，同时命令行政相

---

[1]   参见胡建淼著：《行政法学》（第三版），法律出版社 2010 年版，第 205 页。

对人将门开启，这时的行政命令（要求行政相对人将门开启）就会被行政检查（进入住宅检查）行为所吸收。当行政主体对行政相对人实施强制执行而对行政相对人发布一个执行令，这个执行令就会被行政强制执行所吸收。①

行政命令的非处分性特征，体现为其只是一种意思性，要求行政相对人自行履行作为或不作为义务，而不具有强制性的后果。但这并不意味着对违背该行政命令的行为无所作为，而是通过另外的行政行为来实现行政命令的法律目的，这也就是其通过被吸收性来实现法律目的，如禁止性命令，若有人违反了，行政命令本身并没有强制执行力，而是通过以此为依据所作的行政处罚来实现法律的执行力，这就是行政命令被行政处罚所吸收的体现。[157]

四、个案分析：通告的法律属性

通告，作为一种公文，其"适用于在一定范围内公布应当遵守或者周知的事项"②。通告也是一种具有一定法律效力的文本，在实践中被广泛运用。2008 年北京市为迎接和举办奥运会而发布了一系列通告；上海在 2010 年筹备世博会期间也发布了一系列通告。仔细分析，其中既有政府规章，也有实施性规范性文件，还有行政命令。但实践中，面临着实施性规范性文件与行政命令两种文本的界定争议。举例来说：

2015 年 5 月，上海市公安局发布了《关于调整本市部分高架道路（城市快速路）交通管理措施的通告》（以下简称《限行通告》），其主要内容是，根据《道路交通安全法》有关规定，对本市部分高架道路（城市快速路）交通管理措施进行调整：每日 7 时至 10 时、16 时至 19 时，通告所列举的 8 条高架道路禁止悬挂外省市号牌的小客车、未载客的出租车及实习期驾驶人驾驶的小客车通行（周六、周日、国定假日除外）；违反本通告规定的，由公安交通管理部门按照道路交通安全法律法规，依法予以处罚。

上述《限行通告》其实是对原有通告的一种调整，即将限行的时间延长

① 参见胡建淼著：《行政法学》（第三版），法律出版社 2010 年版，第 206 页。
② 参见 2012 年 7 月实施的《党政机关公文处理工作条例》第 8 条。

了。有公民因此就《限行通告》提起行政诉讼。对此《限行通告》能否提起行政诉讼，有两种观点，一种认为，《限行通告》属于行政命令，因而是一种可诉的行政行为；另一种观点认为，其属于实施性规范性文件，不能独立提起行政复议和行政诉讼。那么，《限行通告》究竟是实施性规范性文件还是行政命令呢？

（一）实施性规范性文件与行政命令的区别

对于实施性规范性文件和行政命令的法律特征，前面都已有阐述。两者比较，有一些相似之处，如：实施性规范性文件以不特定的行政相对人为适用对象，而行政命令也不像其他具体行政行为那样有明确的特定对象，而是适用于对象可以界定但不能预估的不特定行政相对人；实施性规范性文件可以反复适用，而行政命令有的也不局限于临时性适用，而是具有长效的、日常的适用性；两者也都是约束将来可能发生的行政相对人行为。但两者的区别也是明显的，最主要的区别是：实施性规范性文件不能创设行政相对人的权利义务，也不能超出法律、法规减损行政相对人的权利或者增设行政相对人的义务，只能在上位法已经设定了权利义务边界的情况下，对上位法进行实施性细化；而行政命令根据法律、法规的授权，可以具体设定和调整行政相对人的权利和义务。而前面所说的相似之处，在本质上也是有区别的，并不是真的相同。[158]

（二）通告与行政命令

基于上述案例中上海市公安局的《限行通告》是对国家《道路交通安全法》第 39 条的实施性规定，就有必要对该条文作出分析。该法第 39 条规定："公安机关交通管理部门根据道路和交通流量的具体情况，可以对机动车、非机动车、行人采取疏导、限制通行、禁止通行等措施。遇有大型群众性活动、大范围施工等情况，需要采取限制交通的措施，或者作出与公众的道路交通活动直接有关的决定，应当提前向社会公告。"

根据实施性规范性文件与行政命令的区分标准，若是制定实施性规范性文件，需要上位法对行政相对人的权利义务作出明确界定，才能进行实施性的细化，但上述第 39 条规定并没有明确规定行政相对人的权利义务，而是作了授权性规定，赋予了公安交通管理部门采取相应措施的权力，因此，可以认定，《限行通告》只是一种行政命令，可以提起行政复议和行政诉讼。

　　上述第 39 条规定，还正好印证了通告作为行政命令的两种类型：一种是临时性的通告，即临时性命令，如遇有大型群众性活动、大范围施工等情况，需要采取限制交通的措施，对于这种通告，大家是有共识的，并没有异议；另一种则并不是临时性的通告，而是根据道路和交通流量的具体情况采取相应措施，发布的是可以较长时间适用的通告，属于常态性命令，正是这种特性，使大家容易将其与实施性规范性文件相混淆。笔者认为，对《限行通告》的法律性质争议正是由此引发的。

第十七章　复合性行为（一）：行政征收征用与补偿

一、范围界定

所谓征收征用，泛指国家为了公共利益的需要并基于主权原则强制实施的损害私人权益的一切合法的公权力行为。广义的征收至少包括税收、收费、征收私人所有的不动产及其他财产性权利，以及征兵、征调劳力等非财产性权利。狭义的征收征用，则只对私人所有的不动产、动产和其他财产性权利依法予以剥夺或者限制的行为。这里仅从狭义的角度进行阐述，主要分析集体土地征收、房屋征收和行政征用行为，不包括收税和收费①。[159]

行政征收或征用，都离不开补偿制度，所区别的只是先补偿还是后补偿的差异，但基本理念是：无补偿便无征收征用。所以就此意义上来说，征收征用与补偿制度的结合，构成了一种复合性行政行为。

二、我国行政征收征用制度的历史沿革

在我国，征收征用基本由政府实施，所以公益征收征用与行政征收征用基本同义。我国在很长一段时间内，没有区分征收与征用，都以"征用"的概念表述。2004 年《宪法修正案》才第一次区分了征收与征用。所以可以以2004 年《宪法修正案》为标志，划分为前后两个阶段。

---

① 关于集体土地征收、房屋征收和行政征用的内容，可以参见由本人主编的《征收征用与公民财产权保护》，上海人民出版社 2012 年版。关于行政收费，在本书第十七章另有论述。

1. 起点：《国家建设征用土地办法》

1953 年 12 月，经中央人民政府批准，政务院发布的《国家建设征用土地办法》是新中国成立后第一个关于建设项目征用土地的法律。这部法律的意义在于：其一，第一次使用了"国家建设"的法律概念，其第 2 条明确："凡兴建国防工程、厂矿、铁路、交通、水利工程、市政建设及其他经济、文化建设等所需用之土地，均依本办法征用之。"此后，"国家建设"这一法律概念一直沿用至今。其二，第一次使用了"征用土地"的法律概念，这一法律概念一直使用至 2004 年《宪法修正案》通过为止。其三，区分了"国家建设"与"非国家建设"在征用土地方面的差异，其 19 条规定："私营经济企业和私营文教事业用地，得向省（市）以上人民政府提出申请，获得批准后由当地人民政府援引本办法，代为征用。"表明立法者有意识地将这类建设用地明确区别于国家建设用地，隐约含有区分公益性建设用地与非公益性建设用地的潜在意义，但并没有明确提出征用土地必须遵循公共利益的法律原则。其四，征用的客体对象既包括私有土地也包括国有土地、公有土地，既包括农村土地也包括城市土地。[①]

2. "五四宪法"

1954 年 9 月第一届全国人大通过的"五四宪法"，其第 13 条规定："国家为了公共利益的需要，可以依照法律规定的条件，对城乡土地和其他生产资料实行征购、征用或者收归国有。"这是新中国立法史上第一次明确关于征用土地遵循公共利益的原则，而且是以宪法形式作出的明确规定。当然，就宪法的功能而言，"五四宪法"不可能解决征用土地的具体化。所以，1957 年 10 月，国务院对《国家建设征用土地办法》进行了修正，严密了"国家建设"这一法律概念的含义；扩大与完善了"非国家建设"概念的范围；缩小了"征用"概念的适用范围，即仅适用于城乡个人私有土地、农村生产合作社所有土地；与此同时，第一次出现了专门适用于国有土地、公有土地的"核拨""拨用"的法律概念。这一立法修改，是以后我国征收土地房屋制度分为征用集体所有土地和拆迁城市房屋两大法律制度的缘起，也是划拨国有土地使用权制度的缘起。这部法律一直实施至 1982 年国务院发布的《国家建设征用土地条例》生效为止。

---

① 参见顾长浩：《中国征收土地房屋法律制度中公共利益原则之历史演变》，载于上海市行政法制研究所编：《通往法治政府之路（2010—2012 年研究报告集）》，上海人民出版社 2013 年版，第 2 页。

需要指出的是，"五四宪法"第13条所确立的征用土地遵循公共利益的原则，并没有得到实践的贯彻，长期处于虚置状态。"七五宪法""七八宪法"还曾经删除了这一公共利益原则，直到"八二宪法"才被重新明确。

3."八二宪法"

1982年12月通过的"八二宪法"第19条第3款规定："国家为了公共利益的需要，可以依照法律规定对土地实行征用。"这一规定基本恢复了"五四宪法"确立的原则，但也有两方面差异：一是被征用对象（土地）的所有权结构发生了重大变化，"五四宪法"中国家征用的对象包括城乡范围内的国有土地、农村生产合作社所有土地、私有土地三大类。随着1956年资本主义工商业的社会主义改造完成，1958年人民公社化运动的结束，私有土地基本实现了公有化，城乡个人私有土地不存在，我国开始进入全面公有土地时代，包括国家所有和集体所有两大体系。二是征购、征用、收归国有的三种征用土地方式被缩减为"征用"一种。作为对"八二宪法"实施性细化的1982年《国家建设征用土地条例》第一次正式使用了对国有土地的"划拨"制度，其第31条规定："国家建设使用有荒山、荒地、滩涂以及其他单位使用的国有土地，按照本条例规定的程序和审批权限无偿划拨。"从此基本奠定了我国建设项目用地资源分配的两大制度：对于集体所有土地的征用制度和对于国有土地的划拨制度。但其存在的明显缺陷是没有明确"八二宪法"所确立的征用土地遵循公共利益原则。

4.《城市房屋拆迁管理条例》

1991年国务院发布的《城市房屋拆迁管理条例》，第一次以行政法规的形式统一了全国城市房屋拆迁法律制度。这一立法只是将建设项目划拨国有土地制度中必然包含的收地（收回国有土地使用权）具体落地而已。该条例仍没有克服1986年《土地管理法》中的公共利益原则缺失的弊端，通篇没有明确为了公共利益需要才能拆迁城市房屋的宪法原则，凸显出计划经济体制下权力行政的痕迹。2001年重新制定的《城市房屋拆迁管理条例》虽然明确了房屋拆迁补偿安置标准遵循市场化原则，增加了保护拆迁人合法权益的条款，但仍然没能明确限于公共利益需要的宪法原则。

5. 2004年《宪法修正案》

这是征收征用制度进入第二个阶段的标志。2004年3月全国人大通过的《宪法修正案》，将原《宪法》第10条第3款修改为："国家为了公共利益的需要，可以依照法律规定对土地实行征收或者征用并给予补偿。"而且在原

《宪法》第 13 条中增加了"国家为了公共利益的需要，可以依照法律规定对公民的私有财产实行征收或者征用并给予补偿"的内容，正式区分了征收与征用的制度。这一宪法修正案较为完整地确立了征收征用需要遵循公共利益原则的理念，成为我国征收征用制度的一次立法转折。这一变化可以从 2004 年《土地管理法》的修改、2007 年《物权法》的制定、2007 年《城市房地产管理法》的修改中得到印证，不仅完成了主观认识上的重大转变，而且完成了土地房屋征收制度的框架构建。

6.《物权法》

2007 年全国人大审议通过的《物权法》，被认为是我国征收征用制度最具突破意义和实践价值的立法。有学者认为，即便与 2004 年《宪法修正案》相比较，《物权法》仍有五大进步：（1）首次以民事基本法的形式强调征收的原因限于公共利益目的；（2）首次以法律形式确立了征收集体土地时"保障被征地农民生活"的补偿原则；（3）第一次对征收、征用制度予以明确区分；（4）明确了征收个人住宅的补偿原则，从保障人权的角度考虑，规定了在征收个人住宅时，除依法给予拆迁补偿外，还应保障被征收人的居住条件；（5）首次单独规定了对所有权人之外的关系人的补偿。《物权法》第 121 条规定了征收征用时对用益物权人的补偿；第 132 条进一步规定了征收承包地时对承包经营权人的补偿，强调了用益物权的独立财产价值。①

三、征收与征用的概念与异同

目前，法律上的征收是指国家为了公共利益的需要，依据法律、法规规定，基于公益目的，以国家强制力为后盾，从公民、法人或者其他组织处获得财产或非财产所有权并给予公平补偿的行为，包括有形财产如土地、房屋、车辆等所有权，也包括无形财产如专利权、商标权、特许经营权等权利。法律上的征用则指国家按照法律、法规的规定，基于公益目的，以国家强制力为后盾，获取公民、法人或者其他组织的财物使用权或者调用劳务并给予公平补偿的行为。

---

① 参见宋志红、邹威：《我国物权法中征收征用制度之理解与评析》，载于《中国国土资源经济》2007 年第 10 期。

从历史的演绎来看，征收与征用的共性是主要的：实施主体基本都是行政机关，目的都是基于公共利益的需要，法理依据都是"特别牺牲理论"和"共同负担理论"，行为属性都具有强制性和单向性，行为标的都指向公民或单位的财产权利，行为过程都应当遵循正当程序，行为后果都具有补偿性。

征收与征用的主要区别：前者是所有权的转移，后者则只是使用权的暂时转移；征收适用于多种情形，征用主要适用于紧急状态等特定情形；征收标的限于财产性权利，征用还可包括劳务征调；征收必须"先补偿后征收"，而征用则可以事后补偿；征收的救济只涉及补偿费用请求权，征用则还有财产返还请求权和损害赔偿请求权。[160]

四、集体土地征收

土地征收制度在各国虽然存在一定差异，但具有共同的特性，即都有强制性、公益目的性、权属转移性、正当程序性和补偿性。目前，我国集体土地征收的主要法律依据是《宪法》第 10 条、《土地管理法》和《民法典》。主要制度有：

（一）前置程序

前置程序有公益性认定、征前土地调查、征地预公告和征收标的确认、协议价购四个步骤。（1）公益性认定，应当是个独立程序，由用地人申请土地管理部门进行公共利益认定，具体由土地征收部门将调查结果、听证结果和收集的意见归纳整理后提交土地管理部门，土地管理部门作出认定意见后报同级人民政府决定。（2）征前土地调查，应当是一种行政调查行为，是征地部门对拟征地情况进行信息收集与分析的必要过程。应当经过事前报批、组成调查组、事先告知当事人、障碍物移除及其补偿、相关标注设置、制作调查报告等环节。报告供审批部门决策时参考。（3）征地预告和征收标的确认，是指在征地前期调查后，征地方案报批前，通过张贴布告，召开村民代表大会等形式，公告征地方案草案，告知拟征地的位置、范围等基本情况。对经由征前调查所确认的征收标的现状应予保全，作为将来确定征收补偿的依据；对公告征收标的有争议的，可由各方协商解决，或者在听证程序中解决。（4）协议价购，这是许多域外国家和地区征收程序中的做法，值得借鉴。

具体实践中，需要明确征收申请人在未经努力不能与土地所有人达成转让协议的，不得申请征收，并可根据征收土地范围，对协议价购的时限要求作出规定。其次，还要对协议价购的程序作出可操作性的规定，确保协议价购是征收申请人与土地所有人"一对一，面对面"的谈判。

（二）土地征收实施程序

主要有征收补偿款的预存、征收的通知与公告、补偿安置方案的协商确定、补偿安置方案的裁决、补偿安置方案的公告与实施等步骤。（1）征收补偿款的预存，是我国在征收实践中探索的一种新做法。目的是防止拖欠征地补偿款，确保补偿费用及时足额到位。为此需要设立征收补偿费专户，专款专用。（2）征收的通知与公告。征收人应当将征收事项通知到每一户利害关系人，同时在村务公开栏和其他明显位置张贴公告，公告时间应不短于3个月。公告事项应当包括：征地单位名称，批准用途，核准征收机关、文号及时间，被征收土地的所有权人、位置、地类和面积，补偿标准和安置途径，办理征地补偿登记的期限和地点，公告期间提出异议及行政救济的期限，公告征收后的禁止事项。公告程序对于土地征收应有实质性约束，未依法公告的，征收核准决定应视为无效。（3）补偿安置方案的协商确定。征地补偿安置方案需要听取被征地的农村集体组织和农民的意见。这需要从两方面着手：一是建立完整的信息披露制度，解决信息不对称的问题；二是完善听证程序发挥其兼听则明的功效。（4）补偿安置方案的裁决。对于土地征收补偿标准的争议，我国采用的是"先协调、后裁决"的做法。协调权在县级以上地方人民政府；而裁决权在省级政府和国务院。（5）补偿安置方案的公告与实施。征地补偿安置方案的公告应当包括下列内容：被征收土地的位置、地类、面积，地上附着物和青苗的种类、数量，需要安置的农业人口的数量；土地补偿费的标准、数额、支付对象和支付方式；安置补助费的标准、数额、支付对象和支付方式；地上附着物和青苗的补偿标准和支付方式；农业人员的具体安置途径；其他有关征地补偿、安置的具体措施。

（三）土地征收补偿程序

土地征收补偿的原则存在着完全补偿说、不完全补偿说和相当补偿说三种学说。核心是要平衡公共利益与被征收人的合法权益，以公平为原则进行补偿。

补偿标准体系中，市场价值补偿应作为一个基础性的标准，即在一个自由且公开的市场上，就被征收的财产而言，一个自愿的卖方所愿卖出的价格以及一个自愿的买方所愿支付的价格，为征收补偿标准。

当市场价值补偿无法确定或者市价补偿严重偏离补偿的公正性时，则运用重置成本补偿、加成补偿或者收益价值补偿予以补充。重置成本标准是指补偿权利人所获得的补偿额，能够满足其在其他地域内获得同等面积、同等条件以及同等利用价值的土地；加成补偿标准是指在市价补偿基础上再额外给予补偿权利人一定比例的补偿，作为对其附随损失的补偿；收益价值标准是指以被征收标的可能产生的经济收益来确定补偿费的一种标准。如对季节性的农作物，需要考量其收益价值补偿。农民补偿标准的确定，需要考量三个因素：一是农民因土地被征收而实际发生的损失（可获收益和相关附属物）；二是土地的市场价值；三是农民丧失土地后的生活保障。[161]

（四）土地征收补偿方式

货币补偿是主要方式。前面所说的市场价值标准、重置成本标准、加成补偿标准、收益价值标准等，都是以货币补偿方式为基础确立的征收补偿标准。另有安置补偿方式，包括留用地安置方式、社会保险安置方式、入股分红安置方式、土地债券补偿方式、替代地补偿安置方式、就业补偿安置方式等。

五、房屋征收

房屋征收，首先要厘清房屋与土地的关系，因为房屋必须依附于土地。房屋与土地的关系，概括起来有两种模式。一种是一元主义模式，即土地所有权与建筑物所有权不可分离。依罗马法地上物属于土地的附合原则，建筑物属于土地的一部分，其所有权应归属于土地所有人，也就是"房随地走"。另一种是二元主义模式，即土地与房屋是两种独立的财产，对房地产的保护关乎对土地权利和房屋权利的同时保护，其交易流转也必须依法定方式进行。而上述两种模式都以土地与房屋都是私有为前提的。那么，我国土地与房屋的关系属于哪种模式呢？有学者认为基本属于二元主义模式，因为土地使用权可以转让，意味着是将房屋和土地作为两项独立的财产。① 但笔者倾向认为，我国仍是一元模式。在基于土地为国家集体所有而非私有的前提下，地上建筑物与土地使用权是一体的，即所谓"房随地走，地随房走"。具体来说，相对于土地的所有权而言，房屋所有权依附于土地，属于"房随地走"，即土地使用权一旦被国家（所有者）收回，就意味着其土地上的房屋所有权同时转移；而相对于土地使用权而言，房屋所有权又支配着土地，属于"地随房走"，即土地使用权会随着房屋所有权的获得、转移、灭失而同步变化。[162]

目前我国房屋征收制度的主要法律依据是《宪法》第 13 条、《土地管理法》《民法典》《城市房地产管理法》和《国有土地上房屋征收与补偿条例》。主要制度有：

（一）房屋征收主体

依据《宪法》《民法典》以及《国有土地上房屋征收与补偿条例》所确定的征收制度，政府是房屋征收的主体。理论上说，只有国家可以为了公共利益的需要征收公民的私有财产。而现实中，能代表国家实施征收行为的是中央人民政府和地方各级人民政府。政府可以确定房屋征收部门组织实施，这是《国有土地上房屋征收与补偿条例》的明确授权，实践中，各地负责房屋征收的部门不尽相同，但没有超出房屋、土地和规划等部门。

政府还可以委托房屋征收实施单位承担具体工作。这项制度在立法过程中是较有争议的，有些人担心，委托征收会让过去由开发商或以营利为目的的机构承担拆迁的现象改头换面、死灰复燃。这种担心不无道理。

（二）房屋征收补偿方案的拟定

这是房屋征收程序的第一个环节，是"先补偿、后征收"理念的体现。房屋征收补偿方案不是传统的拆迁申请人拟定，而是由"房屋征收部门拟定征收补偿方案，报市、县人民政府"，这也是一种进步。房屋征收补偿方案还需经过专业论证，包括组织有关部门论证，一般包括财政部、发改委、土地规划、房屋管理、环境保护、文物保护、住宅建设、交通等部门；还离不开专业机构作为独立的第三方的参与，至少有两个方面离不开专业机构的参与：

---

① 参见陈云霞、张利国、史晓娟：《论征收集体土地房屋拆迁法律问题》，载于《西南民族大学学报（人文科学版）》2006 年第 9 期。

一是该地区房产交易价格及租赁价格的核实；二是旧城区房屋实际残值的评估。房屋征收补偿方案还需公开征求公众意见，既包括不特定的公众，也包括被征收人。在此基础上，政府才能作出决定。

（三）征收前的内部保障程序

这是《国有土地上房屋征收与补偿条例》所增设的两项风险控制程序：一是以人为对象的社会风险评估制度；一是以物（钱）为对象的征收补偿费的拨付监管制度。

社会稳定风险评估的内容包括：（1）方案是否符合当地经济社会发展的总体水平和需求；（2）方案是否能被绝对多数的被征收人所接受；（3）方案是否兼顾了被征收人的现实利益和长远利益，不会留下后遗症；（4）方案是否能做到公平、公正、公开，一视同仁，不歧视；（5）方案是否有引起群体性事件的因素等。

征收补偿费的拨付监管制度要求在"作出房屋征收决定前，征收补偿费应当足额到位、专户存储、专款专用"（见《国有土地上房屋征收与补场条例》第12条第2款）。

（四）房屋征收的决定

作出房屋征收决定的主体，理论上说只有市、县人民政府，那么，谁能代表市、县人民政府呢？按照组织法的相关规定，有两个主体：一是按照行政首长负责制的原则，市、县政府负责人有权决定；二是按照民主集中制和集体领导的原则，由市、县政府常务会议讨论决定。《国有土地上房屋征收与补场条例》第12条第1款明确："房屋征收决定涉及被征收人数较多的，应当经政府常务会议讨论决定。"从中也可推理出，除此情形外，行政首长都可直接作出决定。实践中较难把握的是，"人数较多"没有一个客观标准，各政府间把握差距过大的话，会影响法制统一。

征收决定一旦作出，要及时向社会公告，满足当事人的知情权，并要做好具体内容的解读、解释，解答公众的疑问。从法理上来判断，从拆迁时代的拆迁申请的核准到征收时代的政府直接作出征收决定，是将行政审批行为改变为行政强制行为，但其理念上的进步远超过行为改变本身的含义，真正体现政府作为公共利益代表者的角色。

（五）房屋征收的补偿

从学理上作一划分，可分为直接损失与间接损失；客观损失与主观损失两对范畴。[163]

直接损失是指因征收行为带来的具有直接因果关系的物质损失；间接损失是由征收引起的可得财产利益的损害，但不能由实体补偿和后果补偿方式而给予任何补偿的损失。

客观损失是指某特定损害事故一般情形下所造成的损害，客观损害的衡量并不考虑与补偿权利人所处的特定主观环境相牵连而发生的损害；主观损害则指某特定损害事故在补偿权利人财产上所造成的具体损害，衡量主观利益应将补偿权利人所处的特别环境考虑在内，因此主观利益会因个人所处的环境不同而不同。

对房屋财产所有者权益的补偿一直是房屋征收的直接补偿范围。有争议的是对违法建筑是否应当予以补偿？对此长期争论的问题，《国有土地上房屋征收与补场条例》坚持了"不予补偿，并依法拆除"的立场，也使争议有了明确的结果。对房屋征收中的间接损失要不要补偿，世界各国的认识和规定有很大差异。我国也承认间接补偿，主要有三部分：一是因征收房屋造成的搬迁、临时安置的补偿；二是因征收房屋造成的停产停业损失的补偿；三是补助与奖励及时搬迁者。

房屋征收补偿的标准。从世界各国实践来看，有不同模式，有法国为代表的以被征收人实际损失的数额为标准的"公平补偿"；有美国为代表的征收时市场上的公平价格补偿的"合理补偿"；有日本为代表的财产权补偿加生活权补偿的"正当补偿"；还有以中国为代表的补偿利益通常小于损失的利益的"适当补偿"。但其共同的规律是：以是否完全补偿为衡量基准，辅以一定条件下的扣除规则。具体应当考虑下列因素：一是被征收房屋的本身价值；二是所有权人为征收后取得同样或类似房屋所要付出的成本；三是所有权人房屋附属物和附随价值（如经营场所产生的利润）等合法财产权利的丧失。

房屋征收补偿的方式。主要是货币补偿和房屋调换两种方式。货币补偿是以货币弥补受侵害人所受的损失的方式；房屋调换则是实物补偿的主要方式，包括回迁、就近安置、跨区域异地安置三种方式。

（六）房屋征收补偿的达成

房屋征收补偿，按双方当事人是否能达成协议分为两种途径：能达成一致的，签订补偿协议；不能达成一致的，由权力部门作出补偿决定。

补偿协议基本属于民事合同，由房屋征收部门与被征收人签订。协议内容应当包括以下内容：补偿协议签订的依据，即市、县级人民政府的征收决定和补偿方案；被征收房屋的认定情况；房屋征收的补偿方式和内容；确定的房屋搬迁费和临时安置费，征收部门支付费用的时限；停产停业的损失补偿金额、支付时限；搬迁期限、过渡方式和过渡期限；特殊困难的补助事项和补助金额；履约搬迁的奖励金额；违约责任。

补偿决定只适用于在规定签约期限内达不成补偿协议（包括因房屋产权共同所有人达不成一致的意见）和被征收房屋所有权人不明确两种情形。补偿决定由房屋征收部门报请市、县人民政府作出。征收补偿决定可视为一份行政合同，其内容应当与同一地块上签订的其他补偿协议保持一致，不能变相惩罚。补偿决定需在房屋征收范围内予以公告。

六、行政征用

行政征用具有公益性、强制性、临时性和补偿性等特征。从 2004 年《宪法修正案》确立了我国新型的行政征用制度以来，已有 10 多部法律、行政法规规定了征用条款。但总体而言，我国行政征用制度还很不完善，尚未形成体系。

（一）行政征用的内容

行政征用主要有四个方面内容。一是自然资源的平时征用，主要包括对土地、草原、林地等资源的征用，其分别在《土地管理法》第 2 条、《草原法》第 38 条、《森林法》第 18 条作了规定。二是戒严时的紧急征用。《戒严法》规定了戒严征用的主体、客体、程序以及征用物品的损坏补偿。三是突发事件应对的紧急征用。《突发事件应对法》第 12 条规定："有关人民政府及其部门为应对突发事件，可以征用单位和个人的财产。被征用的财产在使用完毕或者突发事件应急处置工作结束后，应当及时返还。财产被征用或者征用后毁损、灭失的，应当给予补偿。"根据《突发事件应对法》的界定，突发事件包括自然灾害、事故灾害、公共卫生事件和社会安全事件四类。行政征用也与此相匹配。四是国防征用，《国防法》第 48 条规定："国家根据动员需要，可以依法征用组织和个人的设备设施、交通工具和其他物资。县级以上人民政府对被征用者因征用所造成的直接经济损失，按照国家有关规定给予适当补偿。"《国防动员法》第 10 章则对民用资源征用与补偿作了专章规定。国防征用，既可能是为战时的紧急征用，也可能只是和平时期备战训练所需的平时征用。[164]

（二）行政征用的程序

目前，我国没有专门的行政程序立法，行政征用程序因此也没有统一的规定。就相关立法而言，除《国防动员法》和《民用运力国防动员条例》有较为详细的程序规定外，其他都相当缺乏。这里的程序规则，只是笔者的主观设计。可分为平时征用时的一般程序和战时、突发事件应对征用时的紧急程序两类。

一般征用程序包括：行政征用的申请，作出行政征用的批准决定，公告，开具征用单据，事先适当补偿，被征用物的归还。

紧急征用程序包括：征用申请程序的简化，在某些特定情况下，征用无需申请，直接实施；紧急征用的直接执行，不再有公告程序；征用单据的出具，作为被征用人的凭证，即便在紧急状态下，一般仍需要出具征用单据；征用财产的返还；补偿与给付。

（三）行政征用的救济

行政征用与行政征收的一个明显区别是：后者是"先补偿、后征收"，而征用行为遵循"先征用、后补偿"的原则，所以特别需要予以救济。具体要确保实现被征用者的三项权利：一是财产返还请求权，基于行政征用而发生的财产返还权以行政机关的征用行为为前提，但究其实质是物权的回转，是一种物权返还请求权，故不宜适用行政诉讼时效的一般规定，应给予更长的时效。二是征用补偿请求权，请求补偿的内容应当包括财产使用费用的补偿和财产损耗的补偿。三是损害赔偿请求权，赔偿请求权应当具备三个条件：行政征用行为违法；客观上存在损害后果；损害后果与违法征用行为存在因果关系。

（四）管制性征用

这是一种出于公共利益的需要，国家不直接使用，但对行政相对人使用、处分其财产等权利加以限制或禁止的行为。在国外有很多的立法和司法实践。我国在法律上虽然没有明确这项制度，但实践中已经广泛存在。如 2008 年奥运会期间，北京市对部分机动车试行按车尾号每周停驶一天，引发争议。这实质上是一种管制性征用行为。

目前我国实际存在的管制性征用行为，可以概括为三种类型。一是对财产使用权的禁止或限制。如《防沙治沙法》第 35 条规定，公民可以承包沙地进行改造并取得土地使用权，但一旦将治理后的土地划为自然保护区或者沙化土地封禁保护区，则这块地的使用权等受到限制，因而给予补偿。二是财产处分权的禁止或限制。如《森林法实施条例》第 15 条规定，防护林和特种用途林的经营者，有获得森林生态效益补偿的权利。原因是防护林和特种用途林的特殊功能使其经营者对林木处分的权利受到限制，给予补偿是理所应当的。三是对财产收益权的限制。如《种子法》第 14 条规定，因测定林、试验林、优树收集区、基因库的建立，单位和个人对所有的林木的处分事实上受到了限制，其原有的市场交易权利也受到限制，因此需要给予补偿。需要指出的是，上述管制性立法中，由于立法的概括性，在许多情形下，对于财产使用权、处分权和收益权的限制是混为一体的。[165]

而在一些领域，实际的限制公民法人财产使用权、处分权和收益权的规定，并没有相应的补偿制度保障，违背了公平负担原则，实质构成了侵权的嫌疑，如文物保护建筑不得改变文物原状，且维护、修缮的费用还要由文物保护建筑所有人承担，便是一例。

第十八章 复合性行为（二）：行政收费

一、行政收费的法理依据

行政收费，是指履行行政管理职能的组织（包括行政机关、事业组织、代为履行行政管理职能的社会团体或者其他组织），向特定对象提供有限公共资源产品、特定公共服务，或者实施行政管理过程中按照核定的标准，收取非营利性质的费用的行为。行政收费属于广义的行政征收范畴，但行政法学研究习惯将其独立出来进行研究。目前我国的行政收费还没有法律或者行政法规层面的统一立法。

行政收费制度，表面上看是一种负担性行为，是对行政相对人科以义务的行政行为，但实质上，其是一种收费项目审批加收费标准审批的复合性行为。

行政收费有以下几个法理依据：[166]

一是经济学上的"准公共产品"理论。公共选择理论或公共经济学理论将满足人们需要的产品，根据其性质的不同分为公共产品、私人产品以及介于两者之间的准公共产品三种。其中，准公共产品系指部分为了满足社会共同需要的物品，其具有有限的非竞争性或有限的非排他性，介于纯公共产品和私人产品之间，如教育、公园、公路等，都属于准公共产品。对于准公共产品，不论从公平还是效率的角度来看，都需要政府和市场的介入，由此派生出公共收费机制，即为维持特定社会产品或弥补特定社会公共服务的成本费用而向受益者征收相应收入的一种机制。①

二是行政特别支出补偿理论，也称受益者负担理论。该理论认为，行政收费存在的最根本理由在于：特别支出由特别收入来满足。② 与税收的使用并

---

① 参见赵全厚著：《论公共收费》，经济科学出版社 2007 年版，第 13—17 页。
② 参见应松年主编：《行政法学新论》，中国方正出版社 2004 年版，第 228 页。

不对应缴纳税收者不同，行政收费收入只能专门用于向该缴费者提供服务所需要成本的补偿或该服务项目发展基金的补偿。"补偿"有如下几方面含义：保证行政管理过程中的物质耗费和劳动耗费等成本支出得到合理作价，并及时准确地纳入成本开支范围；为行政收费主体的特别服务提供更新改造和发展资金；弥补实际上的财政拨款不足。

三是国有资源有偿使用理论，也有人称为国有资源产权界定理论。该理论认为，国有资源归国家所有，由国家进行合理配置，交由有关社会主体占有、使用和经营，国有资源的产权如不加以界定，社会主体就会对国有资源进行掠夺性破坏。而界定产权的最好方式就是建立资源有偿使用制度，即收费制度，既可以使国有资源产权规范清晰，避免资源的浪费，又可使国家在保护和再生国有资源方面的投资得到充足的经费保障。

四是"受益者、原因者、损伤者负担"理论。如日本实行各种负担金制度，负担金是指对特定公益事业具有特别利害关系的人，为使其负担该公益事业经费的全部或一部分，对其课以公法上的金钱给付义务。负担金按其理论基础的不同，可分为受益者负担金、原因者负担金和损伤者负担金等。

二、行政收费的种类

根据行政收费的性质、功能、适用条件的不同，可以将行政收费的设定范围概括为四类事项：[167]

第一类，资源补偿类收费，即对有限自然资源、社会共同资源的开发、利用行为需要进行调控、限制的，可以设定资源补偿类收费，包括矿产资源补偿费、水资源费、水土流失防治费、水土保持设施补偿费、水生野生动物资源保护费、耕地闲置费、内河岸线使用费、滩涂有偿使用费、排污费、无线电频率占用费、电信网号码资源占用费等。这类收费除了作为开发、利用有限自然和社会公共资源的对价而要求资源使用者支付相应补偿外，还有一个重要目的，就是通过增加资源使用者的成本，一定程度上限制资源使用的需求，促进资源的节约和有效利用。资源补偿类收费强调应收尽收，从严控制停征和减免。

第二类，行政管理类收费，即行政机关在实施行政许可、行政确认、行政给付等履行公共管理职责行为过程中，因制作证照，办理手续，检验、检测、鉴定，组织考试等而产生成本需要适当补偿的，可以设定行政管理类收费，包括签证费、收养登记费、婚姻登记证书工本费、新药初审费、机动车安全技术检验费、职业技能鉴定费、土地评估师考试费、统计人员岗位培训费等。

第三类，公共服务类收费，即对使用市政公用设施，以及国家档案、公共信息资料等其他公共设施，需要给予成本补偿的，可以设定公共服务类收费，包括档案复制费、档案证明费、地质成果资料有偿使用费、测绘成果成图资料收费、住宅建设配套费、环境监测服务费、民防工程使用费等。公共服务类收费是"使用者付费"的典型情形。

第四类，其他类收费，即法律、行政法规规定可以收费的其他事项。这意味着，地方性法规、规章、国务院决定以及其他规范性文件均不得扩大设定范围擅自设定行政收费。

同时，需要明确不得设定行政收费的事项，如：行政机关履行行政处罚、行政强制、监督检查等管理职责的事项；以限制其他地区的商品、服务进入本地区，或者限制其他地区的个人、企业到本地区从事经营活动为目的的事项；以农民为特定对象的事项；行政管理类收费事项应当由财政预算进行保障的事项，但法律、行政法规另有规定的除外，比如国务院《政府信息公开条例》规定，行政机关依申请提供政府信息的，可以收取检索费、复制费和递送费。这一收费的目的除了补偿一定行政成本以外，还具有限制滥用申请公开权利，以节约公共服务资源的功能。因此，有些行政管理职责即使有财政经费予以保障，只要有法律、行政法规依据的，仍然可以收费。

三、行政收费应遵循的特定原则

一是成本补偿和非营利原则。行政收费的正当理由是弥补行政成本的不足，因此，不能以营利为目的，也不能有太多的盈利，应以适当盈余为限，而且应当"取之于民，用之于民"，不能成为某些行政机关或者其他公益性组织"寻租"的空间。

二是与社会承受能力相适应原则。行政收费并不是行政主体与行政相对人之间的对价行为，对行政成本只起补充作用，所以收费标准不能简单地只考虑成本，而要以社会承受能力和可接受度为考量依据。

三是促进环境保护、资源节约和有效利用原则。行政收费遵循"受益者负担"的特别负担理念，通过有偿使用有限资源，最终目的是实现资源节约、有效利用，防止资源浪费的现象发生，也使国家在保护环境生态方面增加了可投入的资本。

四是符合国际惯例和国际对等原则。有些行政收费项目和标准，还要考虑国际惯例和国家之间的对等原则，这样才能有更充分的正当性。

四、行政收费的审批制度

行政收费的审批制度由收费项目审批和收费标准审批两个环节构成。一个行政收费行为要成立，两者是缺一不可的。从这意义上说，行政收费也是一种复合型行为。

（一）收费项目的审批

收费项目审批，其依据是财政部、国家发改委 2004 年发布的《行政事业性收费项目审批管理暂行办法》。根据该办法，目前行政事业性收费项目设立实行中央和省级两级审批制度。中央国家机关、事业单位、代行政府职能的社会团体及其他组织申请设立一般收费项目，由财政部、国家发改委审批；申请设立重要收费项目的，还要报国务院批准。省级国家机关、事业单位、代行政府职能的社会团体及其他组织申请设立一般收费项目的，经省、自治区、直辖市财政、价格主管部门审批后，还应当报财政部和国家发改委备案。省、自治区、直辖市以下各级人民政府及其部门均无权审批设立政府收费项目。

（二）收费标准的审批

收费标准审批，其依据的是国家发改委、财政部于 2006 年发布的《行政事业性收费标准管理暂行办法》，2018 年 6 月修订为《行政事业性收费标准管理办法》。根据该办法，目前对行政事业性收费标准亦实行中央与省级两级审批制度，即中央有关部门和单位（包括中央驻地方单位），以及全国或区域（跨省、自治区、直辖市）范围内实施收费的收费标准，由国务院价格、财政部门审批。其中，重要收费项目的收费标准应由国务院价格、财政部门审核后报请国务院批准；其他收费标准，由省级政府价格、财政部门审批，并于批准执行之日起 30 日内报国务院价格、财政部门备案。其中，重要收费项目的收费标准应由省级价格、财政部门审核后报省级人民政府批准。

五、行政收费的主要管理制度

行政收费制度尚未实现统一立法，现有的依据只是三个部门规章性文件，即《行政事业性收费项目审批管理暂行办法》《行政事业性收费标准管理办法》以及《收费许可证管理办法》，其中确立了主要管理制度。

（一）行政收费目录制度

《行政事业性收费项目审批管理暂行办法》第 30 条规定，财政部、国家发改委应当于每年 3 月 1 日前编制截至上年 12 月 31 日的全国性及中央单位收费项目目录，向社会公布。省级财政、价格主管部门应当于每年 4 月 1 日前编制本行政区域内截至上年 12 月 31 日的收费项目目录，在全省（自治区、直辖市）范围内公布，并报财政部和国家发改委备案。实践中，中央和省两级的财政、价格主管部门已经做到每年向社会公布行政事业性收费的项目名称、收费机关、收费标准、管理方式、收费及资金管理文件依据等内容，在政府网站及其他媒体上公布，接受社会各方面监督；不少地方还明确，未列入行政事业性收费目录的行政收费，公民、法人和其他组织可以视之为违法收费而拒绝缴纳。

（二）行政收费许可证制度

行政事业性收费经财政、价格主管部门对立项和收费标准进行审批后，收费主体要实施行政事业性收费，还应当凭收费批准文件向价格主管部门申领收费许可证，凭收费许可证实施具体收费。收费许可证是收费主体依法收费的凭证，要接受收费对象和社会的监督，其有公示功能，所以应当在收费现场以公众看得见的方式公开展示；同时也是行政收费的监督部门通过对收费主体、收费事项等进行管理控制的手段。

（三）专用票据制度

1993 年《中共中央办公厅、国务院办公厅〈关于治理乱收费的规定〉的通知》规定，必须使用由省、自治区、直辖市以上财政部门统一制发的收费票据或监制的专用票据，否则视为非法收费予以查处。没有收费许可证、没有持证收费、没有使用规定票据的，任何单位或个人可以拒绝交费。行政事业性收费收据是收费主体已实施收费、收费对象已履行缴费义务的凭证。一旦发生收费争议，收据是证明收费具体行政行为客观存在的证据；并且，收据也是收费对象财务收支的凭证，不使用法定收据，财会人员不能入账报销。与此同时，对行政事业性收费实行专用票据，收费主体则要凭价格主管部门核发的收费《专用收据购买证》购买收据。对不使用收费专用收据的，可给予罚款等处罚，这是财政、价格主管部门对收费主体进行监督检查的事实根据。

（四）行政收费分类使用制度

主要是解决纳入财政预算后的行政收费合理使用的问题。虽然早在1996年发布的《国务院关于加强预算外资金管理的决定》中，就已经出现过分类使用的概念，其规定：对部门和单位的预算外资金收入按不同性质实行分类管理。但具体并不明确，需要进一步规范。因此，行政事业性的收入应当按照其性质分类使用：属于资源补偿类和公共服务类的行政收费，应当按照相关规定专款专用；而对属于行政管理类的行政收费，则可以在纳入财政预算管理后，由同级财政部门统筹安排使用。

（五）"收支两条线"管理

"收支两条线"是指各级行政事业收费的执收部门和单位将其代行政府职能所收取的收费收入全额上缴国库或财政专户，其所需经费支出，由财政部门根据实际情况纳入本级财政部门预算予以核拨。简单地说，就是收入全额上缴国库，支出经财政核拨，收归收，支归支，财政部门安排给部门的支出不能和收入挂钩，而是根据各单位履职需要按标准核定并拨付的资金管理模式。

六、对目前我国行政收费制度的评价

一是行政事业性收费还没有确立法定原则。因为除了法律、行政法规可以设定行政收费外，国家和省级财政部门、价格主管部门也有权依申请批准收费项目和收费标准，自由裁量权过大。而且执法依据层级较低，主要是《行政事业性收费项目审批管理暂行办法》《行政事业性收费标准管理办法》以及《收费许可证管理办法》三个规章性文件。基本上既是规则制定者，又是规则执法者，缺乏权力制约与平衡的机制。期待国家尽早出台《行政收费法》，对行政收费行为进行法律规范。

二是行政收费缺乏科学统一的界定。目前，在散见的涉费规定中，对行政事业性收费的定义没有统一规范的界定，光是行政收费的名称就有收费、基金、资金、附加、保证金、有偿使用金、集资、捐资，赞助等，名目繁多，且概念不明确，界限不清楚。

三是行政事业性收费结构不合理。我国行政收费涉及事项广泛，绝大部分由政府提供的服务都曾经有过收费或者正在收费，具体表现为：管理类收费较多，大多是计划经济体制下形成的，主要用于补充财政经费不足，用以养人、养机构，与政府履行管理职责由财政提供经费保障的原则相背离；资源补偿类收费政策不够完善，资源被大量无偿或廉价使用，生产生活对环境的污染破坏得不到及时治理和补偿。

四是没有建立减征、免征和缓缴的制度。[168]减征和免征的实质是对收费对象的收费标准进行调整，从而减少企业负担，促进市场经济的发展。而根据我国实施行政收费的惯例，收费标准的核定权（包括调整权）在价格部门，因此，减征和免征的实施主体应当赋予价格部门。而减征和免征的对象应当是特定的，而不是面向全体的，用于全体对象的则是收费标准的调整。实际工作中，可以参照税收量能负担原则①，尝试对行政收费的减征和免征进行分析。考虑收费对象的经济负担能力，作为一定的实施依据，使不同经济状况的人员负担不同的收费。根据我国宪法、相关法律以及目前的实践，可以实施减征或者免征的特定对象有以下几类：因身体残疾导致丧失或者部分丧失劳动能力，生活确有困难的；属于抚恤烈士家属、城市和农村最低生活保障对象等经济确有困难的；特定时期因公共利益而需要减征、免征的；基于国际公约、条约、协议规定需要减免征的；其他法律、行政法规明确规定需要减征或者免征的。上述特定对象在享受减免征行政收费时，应当承担向价格部门出具相关证明文件的举证义务。

缓缴行政收费的性质不是征收机构行政收费权的丧失，而只是赋予缴费人延期缴纳的权利。所以，可以将决定缓缴的权力赋予征收机构。对于缓缴的前提，应当作出明确规定：只有因不可抗力导致缴费人无法在规定期限内缴纳行政收费的，在缴费人提出缓缴申请后，征收机构根据具体的情况，才

---

① 税收量能负担原则也可称为量能课税原则，是根据负担能力的大小来确定税收负担水平的原则。负担能力的大小有各种测量指标，其中主要是所得和财产。凡所得多的，说明赋税能力强，应规定较重的税收负担；凡所得少的，说明赋税能力弱，应规定较轻的负担或者不纳税。

可以决定其是否享有缓缴的权利。世界各国的法律大都承认不可抗力是合同当事人免责的正当理由。

五是没有设立停止征收制度。[169]目前我国法律并没有设立行政收费停止征收制度，有的只是运动式的取消收费项目。而这在实践中已显得十分必要和迫切。对于实施停止收费的主体，应当是具有独立财政权的县级以上地方人民政府，主要基于以下几点理由：（1）停止收费的范围必须属于停征主体的调整范围，即收费项目必须属于县级以上人民政府本级的财政收入，其有一定的自主权，可以合法、合理地安排利用本级的财政收入；（2）从停收的功能来看，能更有效地实现减负放权的效果，如果本级财政收入能够负担，又能更好地减轻百姓和企业的负担，就应当实现对百姓、企业（缴费人）有利的放权，这在我国一些经济发达地区以及一些城市并不鲜见；（3）停收是一种非常态的手段，属于收费项目在该取消而未取消前的一种过渡性的措施，对于设定的行政收费项目，当客观情形已发生变化，行政收费已经明显不符合社会、经济、文化发展需要、行政收费对象已经不存在、提供公共服务的设施成本已经收回、其他基于公共利益应当予以取消等情形时，设定机关应当及时取消，当客观情形发生变化，设定的行政收费项目名称、征收机构、收费对象、收费范围、收费标准需要调整的，设定机关也应当及时作出调整。当然，这只是笔者的建议。

六是行政收费的清理缺乏机制保障。我国对治理乱收费问题一直较为重视，有关部门也采取了一系列措施。如从 1990 到 1996 年，国务院办公厅及有关部门先后取消收费项目 306 项。从 1997 年开始，党中央、国务院发布《关于治理向企业乱收费、乱罚款和各种摊派等问题的决定》（中发〔1997〕14 号），从中央到地方，相继取消了一大批收费项目，取消的收费金额在 400 亿元以上。2009 年，在全国统一取消和停止征收 100 项行政事业性收费，减免金额约 190 亿元；2013 年，取消和免征 33 项行政事业性收费；取消全国范围内 314 项省级收费；2015 年，取消和暂停征收 37 项收费；2017 年，又取消或停征 41 项收费。但是，由于我国还没有建立有效的行政收费的统一清理制度，目前一些地方还存在着有些行政审批事项已被国家取消或者收费依据已被废止的收费项目仍在执行；有些无法律、行政法规依据的行政许可类收费仍在执行；因履行行政管理职责而征收的管理类收费，本应由财政保障，但仍向行政相对人收取；属于政府提供公共服务的收费，应当予以取消的仍在执行；与当前社会经济发展需要已不相适应，或者与政府职能转变的行政管理体制改革方向背道而驰的收费仍在执行等情形。

第十九章　行政执法的辅助行为

一、行政规划

行政规划，作为政府的一种管理方式，为世界各国所广泛运用。相对于行政执法而言，其具有明显的辅助性的功能，与行政执法相配套应用。

（一）行政规划的界定

在域外，行政规划又称为行政计划。日本的盐野宏认为："行政计划，是指行政权为了一定的公共目的而设定目标，综合地提出实现该目标的手段的活动。"① 德国行政法把计划行为界定为"预先确定目标，以及设计为实现目标所需要的措施的行为"②。

行政规划在我国还只是行政法学的一个学理概念，通常理解，行政规划是指行政主体为了实现行政管理的目的，就未来一定期限内实现该目的的方法、步骤和措施等所进行的事前安排和部署行为。这里所说的行政规划，是特指作为行政行为的、动态的行政规划，而不是指作为行政行为最终结果的、静态的行政规划。[170]

（二）行政规划的分类

行政规划因约束力不同一般分为指导性规划、指令性规划和调控性规划三种。（1）指导性规划，主要提供数据和预测，其目的是将现在和未来关系的状况通告各级国家机关和私人，为其自己的决定和处置提供材料。其实，这是一种通知，在德国被认定为事实行为；在中国可能更倾向于视为行政指导行为。（2）指令性规划，对特定的行政相对人具有约束力。这里有必要进

---

① ［日］盐野宏著，杨建顺译：《行政法》，法律出版社 1999 年版，第 152 页。
② ［德］哈特穆特·毛雷尔著，高家伟译：《行政法学总论》，法律出版社 2000 年版，第 408 页。

一步区分约束力是限于行政机关还是也包括私人并且为其设定义务。倾向性的意见是第二种情形。指令性规划常常以法律形式将其固定，从而具有法律效力和执行力。对这部分的执行其实已经属于行政执法范畴了。（3）调控性规划，其介于指导性规划和指令性规划之间，要求实施与特定目标相应的手段，但不通过命令和强制，而是通过对符合计划行为的刺激（如补贴、税收优惠等），或者通过对违反规划行为的不利处分（如税收负担增加），其法律效力可能处在事实行为与法律行为之间，要视具体情况而定。[171]

行政规划在我国的实施是很充分的，从理论上说可覆盖政治、经济、社会、文化、生态建设各个领域。我国每五年编制一次的《国民经济和社会发展五年规划》是最综合的行政规划。但从法律的视角来审视，现有的行政规划有两种：一种是有法律效力的行政规划，即强制性行政规划，如城乡规划，由《城乡规划法》规制，是我国最典型的行政规划。根据《城乡规划法》，我国城乡规划体系由城镇体系规划、城市规划、镇规划、乡规划、村庄规划五个层次组成；城市规划、镇规划由总体规划和详细规划两部分组成；详细规划又由控制性详细规划和修建性详细规划两部分组成。另一种是不具有法律效力的行政事实行为，即指导性行政规划，但其对行政机关仍有相当的约束力和执行力，如全国城镇体系规划，又如上海市政府编制和发布的《交通白皮书》。

从时效性作区分，行政规划可分为年度计划、短期规划（2年）、中期规划（5年）、长期规划（10年以上）。

（三）行政规划的法律意义

行政规划对于行政执法来说，是具有相当重要的意义的。其一，行政规划构成行政执法的实施依据，如规划部门依据规划颁发《建设用地规划许可证》；也是判断行政执法行为是否合法的依据。其二，行政规划若在立法中予以明确，本身就具有法律效力，如《上海市城镇环境卫生设施设置规定》第3条规定："本市环卫设施规划有市容环境卫生管理部门编制，经城市规划部门综合平衡后，纳入城市总体规划、分区规划和详细规划。设置环卫设施的用地，应列入城市规划土地的用地指标。"又如《上海市城市道路架空线管理办法》第7条规定："市建设交通委应当会同规划、电力、信息、通信、交通港口等管理部门，制订本市架空线入地规划；区（县）建设行政管理部门应当根据架空线入地规划，会同同级规划管理部门编制本区（县）范围内的城市道路架空线入地建设计划，并听取相关架空线权属单位的意见。"这些规划和计划都由规章作了规定，所以都具有法定的执行力。其三，行政规划不能突破法律规定的底线和法律原则，如行政规划变相成为行政许可数量限制的依据，这在《行政许可法》实施过程中曾出现过，其实质是一种变相的行政许可，是违法的，因为除对有限公共资源的特许外，行政许可都不应有数量限制，所以一些部门想通过制定专项规划，对行业许可实行数量控制，这种规划会构成违法而无效。其四，行政规划一经通过生效，不得随意变动或废止。生效后的规划具有公定力，对行政机关具有约束力。确实需要变更的，要受信赖保护原则的约束，并要遵循"条件法定、程序同一、依法归责"三项原则。[172]

二、技术标准

技术标准，是行政执法的重要技术依托，尤其是在专业执法领域。我国的质量监管，主要有三部法律和一部行政法规作为依据：一是 1985 年 9 月颁布的《中华人民共和国计量法》；二是 1988 年 12 月颁布、2017 年 11 月修订的《中华人民共和国标准化法》；三是 1993 年 2 月颁布的《中华人民共和国产品质量法》；四是 2003 年 8 月颁布的《中华人民共和国认证认可条例》。以此建立起了计量体系、标准化体系和认证认可体系，共同构成了国家质量基础设施的三大支柱。[173]这里，我们只分析其中之一：标准化体系与行政法的关系。

标准，是指农业、工业、服务业以及社会事业等领域需要统一的技术要求。我们平时说的技术标准，在狭义的层面上说，即是指标准化体系。标准化体系可从标准的适用范围作出分级，就内容作出分类，就性质作出区分。

（一）技术标准的分级

按照标准的适用范围，我国的技术标准分为国家标准、行业标准、地方标准和团体标准、企业标准五个等级。（1）国家标准，由国务院标准化行政主管部门制定（编制计划、组织起草、统一审批、编号、发布）。国家标准在全国范围内适用，其他各级别标准不得与国家标准相抵触。国家标准分为强制性标准和推荐性标准。（2）行业标准，由国务院有关行政主管部门制定，报国务院标准化行政主管部门备案。如化工行业标准（代号为 HG）、石油化工行业标准（代号为 SH）由国家工业和信息化部制定，建材行业标准（代号为 JC）由国家住房和城乡建设部制定。行业标准为推荐性标准在全国某个行业范围内适用。（3）地方标准，由省、自治区、直辖市标准化行政主管部门制定，亦为推荐性标准，在地方辖区范围内适用。（4）团体标准，国家鼓励学会、协会、商会、联合会、产业技术联盟等社会团体协调相关市场主体共同制定满足市场和创新要求的团体标准，由本团体成员约定采用或者按照本团体的规定供社会自愿采用。（5）企业标准，企业可以根据需要自行制定企业标准，或者与其他企业联合制定企业标准。企业标准应报当地政府标准化行政主管部门和有关行政主管部门备案，企业标准在该企业内部适用。[174]国家鼓励使用推荐性标准。推荐性标准的技术要求不得低于强制性国家标准；鼓励团体标准、企业标准高于推荐性标准的技术要求。

（二）技术标准的分类

技术标准的种类分为基础标准、产品标准、方法标准、安全卫生与环境保护标准四类。（1）基础标准，是指在一定范围内作为其他标准的基础并具有广泛指导意义的标准，包括：标准化工作导则，如 GB/T1.4—1988《化学分析方法标准编写规定》；通用技术语言标准；数值与数据标准，如 GB/T8170—2008《数值修约规则》等。（2）产品标准，是指对产品结构、规格、质量和检验方法所做的技术规定。（3）方法标准，是指产品性能、质量方面的检测、试验方法为对象而制定的标准，其内容包括检测或试验的类别、检测规则、抽样、取样测定、操作、精度要求等方面的规定，还包括所用仪器、设备、检测和试验条件、方法，步骤、数据分析、结果计算、评定、合格标准、复验规则等。（4）安全卫生与环境保护标准，这类标准是以保护人和物的安全、保护人类的健康、保护环境为目的而制定的标准。

（三）技术标准的性质

国家标准、行业标准和地方标准的性质分为两类：一类是强制性标准，其代号为"GB"（"国标"汉语拼音的第一个字母）；另一类是推荐性标准，其代号为"GB/T"（"T"为"推"的汉语拼音的第一个字母）。对于强制性标准，国家要求"必须执行"，不符合强制性标准的产品，禁止生产、销售和进口；对于推荐性标准，"国家鼓励企业自愿采用"。

这两类标准并非在所有技术标准的种类中无差别的适用。国家标准里使用强制性标准和推荐性标准两类标准：涉及保障人体健康，人身、财产安全的标准和法律、行政法规规定强制执行的标准属于强制性标准；其他标准为推荐性标准。行业标准、地方标准，均为推荐性标准，不具有强制性。[175]

（四）技术标准的监督检查

我国法律规定，县级以上政府标准化行政主管部门负责对标准的实施进行监督检查。县级以上政府标准化行政主管部门可以根据需要设置检验机构，或者授权其他单位的检验机构，对产品是否符合标准进行检验。法律、行政法规对检验机构另有规定的，依照法律、行政法规的规定执行。处理有关产品是否符合标准的争议，以检验机构的检验数据为准。

（五）技术标准与立法规范的关系变化

就世界范围而言，存在着不同的立法理念，尤其在处理立法规范与规划、标准的关系上，有不同的立法模式。基于这三者都是一种管理行为的规范与规则，所以有的国家是将规划、标准纳入法律体系之中的，其技术标准被称为标准法规，如美国。但我们国家在构建法律体系和确立立法规范起始阶段，未将规划与标准纳入法律体系，而是作为三个各自独立的制度体系来实施。但由于三者不可切割的内在联系，在立法中又总是提及相关规划制定和标准制定与运用，笔者将规划和标准认定为两种辅助行政行为。

在新的《标准化法》修订之前，地方性标准也具有强制性标准和推荐性标准两种，所以在地方立法实践中，经常将较难的立法问题通过授权制定具体办法来解决，而很多情况下具体办法都涉及强制性地方技术标准的制定与运用。这就造成了很长一段时间内存在的立法规范对技术标准的依赖现象。

而2017年11月修订的《标准化法》收紧了强制性标准的适用范围，只有国家标准有强制性标准，地方标准仅限于推荐性标准。这一调整也改变了原来地方立法中依赖地方技术标准的可行性和必要性。反之，为了使地方标准在实施中具有刚性和强制性，现在地方立法中开始注意将需要刚性化的地方标准转变成立法规范，通过立法实现地方标准的某种强制性推进。这一变化是好是坏，还有待继续观察和跟踪研究。

三、行政指导

行政指导，作为一种新型的行政管理活动，从 20 世纪 50 年代后开始在日本、德国等现代市场经济国家得到广泛运用，甚至被学界誉为战后日本经济发展的一把"金钥匙"。因而行政指导在日本行政法中占有很重要的地位。①我国法学界从 20 世纪 90 年代中后期开始关注并研究。今天，行政指导已经成为诸多行政机关常用的行政手段。

（一）行政指导的界定

行政指导通常被定义为：行政主体为实现特定的行政目的，在其法定的职权范围内，对特定的行政相对人施以劝告、示范、说服、提醒、建议、协商、提供知识或技术帮助等非强制性方式，并付之利益诱导，指导其作出或者不作出某种行为的行政活动。②

行政指导具有以下特征：一是特定目的性，即行政指导具有明确的目的性，是针对特定的行政目的而实施的；二是非强制性，即行政指导只通过建议、劝告、提示、鼓励、导向性政策、利害分析等柔性方法影响行政相对人，行政相对人没有必须服从的义务；三是利益诱导性，即行政指导的诀窍是"晓之以理、诱之以利、动之以情"，就是将行政目的的实现与行政相对人的利益实现相联结，从而构成公益与私益的利益同构，最终实现行政目的。四是行政能动性，即由行政主体根据实际需求能动地实施，无须法律依据，因而它不是严格意义上的行政执法行为。

日本学者倾向将行政指导视为一种事实行为，是一种非权力性行为。尽

---

①　行政指导的存在是日本行政体制的特征之一。在日本，行政指导有多种形式，但日本学者也认为，日本在各个经济交易领域行政指导之多，违反竞争原理而受到指责。而在环境保护的建设领域行政指导则效果较为正面，所以在评价日本行政指导时，应对经济行政领域和环境保护领域的行政指导区别对待。参见［日］首藤重幸："法治行政的原理"，载于张庆福主编：《宪政论丛》第 1 卷，法律出版社 1998 年版，第 505 页。

②　日本《行政程序法》第 2 条规定：行政指导是指行政机关于其职权或所掌事务范围内，为实现一定的行政目的，对特定人要求一定作为或不作为之指导、劝告、建议以及其他不属于处分之行为。韩国《行政程序法》第 2 条也规定：行政指导即指行政机关为了实现一定的行政目的，在所管辖事务范围内为使特定人做或不做一定行为而进行的指导、劝告及执教等行政作用。我国台湾地区"行政程序法"第 165 条则规定：行政指导是指行政机关在其职权或所掌事务范围内，为实现一定之行政目的，以辅导、协助、劝告、建议或其他不具法律上强制之方法，促请特定人为一定作为或不作为之行为。

管近年来对此观点存在争议。我国学者中也有争议和探讨，但行政指导作为行政行为"大家庭"中的一员是没有争议的，对其现实的积极意义也是有普遍共识的。

杨海坤教授认为，行政指导体现了行政模式和行政法文化的转换，标志着新的行政模式和新的行政文化的产生。具体概括为：由强制型行政走向说服型行政，由对抗型行政走向合作型行政，由统治型行政走向治理型行政，由封闭型行政走向开放型行政，由扰民型行政走向亲民型行政。①

（二）行政指导的积极功能

行政指导具有以下积极功能：

（1）具有弥补法律空缺的作用。行政指导可以灵活自如地采用随机应变的对应措施，通过说服、劝导等方式，促使行政相对人采取或不采取某种行为，从而有效实现政府所制定的决策目标。

（2）具有规制、调整和引导、促进的作用。行政指导对于利益冲突具有一定的中立性，可以对危害公共利益或妨害公共秩序的行为加以规制，防患于未然；对于利益冲突，可以通过行政指导，使利害冲突的各方互让、协作，化解对立矛盾。行政指导对行政相对人赋予利益诱导，能对其行为起到积极引导作用，从而促进行政相对人特定利益的实现。

（3）具有效率保障功能，有助于节约行政成本，实现行政目标。行政指导既是"有限政府"的产物，又是"有为政府"的产物，是一种积极主动履行行政职责的行为。

（4）有利于充分保障行政相对人的意志自由，体现尊重人权和行政民主的要求。行政指导把平等、民主的原则具体融合到行政管理过程中，突破了将行政法定位于单纯"管理法"的窠臼，依赖对话机制的互动，助成了一种平等、民主的人文精神的培养，有利于服务行政理念的革新。②[176]

（三）实施行政指导的条件

对于行政指导，需要具备几个前提条件：一是属于该行政主体权限范围

---

① 参见杨海坤：《中国行政指导理论研究报告》，载于上海市行政法制研究所编：《依法行政与法制政府》，法律出版社 2006 年版，第 63—64 页。

② 参见杨海坤：《中国行政指导理论研究报告》，载于上海市行政法制研究所编：《依法行政与法制政府》，法律出版社 2006 年版，第 65—67 页。

的事项，即不能超越职权来实施行政指导；二是以服从法律优先为原则，不能与法律规定和法律原则相抵触；三是行政相对人具有任意性，不得强迫其接受，也不能因为其不服从指导而进行不利的对待；四是，当行政指导要件由法律规定时，指导权限受法律制约。

（四）行政指导的种类

行政指导按内容来划分，一般可分为三种类型：[177]

1. 助成性行政指导

又称引导性行政指导，即帮助出主意，以使行政相对人达至其期望实现的目标的行政指导行为。这是一种建议性的指导。对助成性行政指导，当行政相对人提出申请，行政主体没有正当理由的，不得拒绝；不能提供行政指导的，要说明理由，而且必须一律公平对待，不能针对不同的行政相对人选择性地提供行政指导。助成性行政指导不以法律依据为前提。

2. 规制性行政指导

又称抑制性行政指导，即对违反公共利益的行为加以规范和制约的指导。这是一种教育性的指导。具体又分为独立的行政指导和附带的行政指导。前者是指与权力性规制无关、独立进行的行政指导；后者是指在权力性规制的同时附带进行的行政指导。①

独立行政指导又可分为应急性行政指导和替代性行政指导。在没有法律根据便无法进行权力性规制的情况下，为应急而进行的行政指导，称为应急性行政指导。在制定法律、法规和规章等，设定法律依据之后再实行权力性规制，不如通过行政指导更能满足行政需要的情况下，代替权力性规制而实施的行政指导，称为代替性行政指导。

附带行政指导又分为事前指导、更正指导和对申请人的指导三种。（1）事前指导，是指行政机关在法律上具有发布命令的权限，而在发布命令之前，对行政相对人进行的有关采取或不采取某种行为的行政指导。发布命令权，只是在行政相对人不接受行政指导的情况下才予以启动。（2）更正指导，是指存在违反法律规定标准的状况时，劝告行政相对人更正该状况的行政指导。存在违反法律规定标准的状况时，命令行政相对人更正该状况的行为，称为更正命令。更正命令属于权力行为，其发布需要有法律依据。而更正指导则

---

① 具体内容参见胡建淼著：《行政法学》（第三版），法律出版社 2010 年版，第 373 页。

是在没有法律根据的情况下进行的，或者虽然有关于更正命令的法律规定，但实际的行政实践中，一般事前进行更正指导，行政相对人不接受更正指导时，才发布更正命令。（3）对于行政相对人要求行政主体采取许可、确认等一定的授益行为的申请，行政主体认为其不符合有关法律规定时，有权予以拒绝。行政主体以此权限为背景，对申请人或者准备申请的人进行撤回申请、变更申请或不申请等的指导，称为对申请人的指导。若行政相对人不接受行政主体的指导，并不发生任何法律效果。但是，只要具备一定条件，行政主体有权拒绝行政相对人的申请。可见，对申请人进行的指导，是在行使申请的权限之前，试图达到与行使该权限相同效果的行政指导，实质也是一种事前指导。

规制性行政指导的实质形态是权力作用。因此，要实现这种权力作用，需要有法律根据，仅有组织上的权限规范还不够，还需要有行为规范作为其基础。

3. 调整性行政指导

又称协调性行政指导，即以调整相互对立的当事人之间的利害关系为目的的行政指导。这是一种居中调解性质的指导。此种行政指导，以行政机关在法律上对当事人某方或双方有一定的权限为基础。

（五）行政指导的可诉性问题争议

从世界各国的行政法律制度来看，大多数国家没有将行政指导纳入行政救济范围，也没有把它纳入行政赔偿范围。这是一种合理的通则。但随着行政法的发展，这一通则开始受到挑战。[178]

在行政指导实践较早的日本，尽管行政指导的可诉性（即行政指导的不利后果可以通过法院予以救济）仍然是一个存在争议的问题，但越来越多的学者倾向认为在行政指导所引起的纠纷中同样具有可诉的利益，并已有一些行政指导案例被法院受理，如"石油卡特尔案""拒绝供水事件"等。①

在我国，鉴于1999年11月《最高人民法院关于执行〈中华人民共和国行政诉讼法〉若干问题的解释》将行政指导行为排除在行政诉讼受案范围之外，因而司法目前基本不介入行政指导的纠纷处理。但争议并没有解决。

---

① 参见陈春生著：《行政法之学理与体系（一）——行政行为形式论》，台北三民书局1996年版，第234—239页。

　　行政指导可能引起纠纷的有如下几种情形。一是被异化的行政指导，即行政指导者以行政指导为名、行行政命令之实，如告知当事人若不按照行政指导的要求做，行政主体将依法给予行政处罚，将行政指导变成了责令改正通知书。二是未兑现承诺的行政指导，如行政指导的机关改变了行政指导的内容导致指导接受者的预期利益受到损失；或者指导接受者在符合条件请求行政机关履行承诺时却遭到拒绝。三是错误的行政指导，也就是行政误导，因行政主体信息失真或决策失误而误导了被指导者，致使指导接受者合法权益遭受损害。如对农作物种植的指导失误造成农民遭受重大损失等。四是违法的行政指导，包括行政指导的内容违法、超越职权指导和滥用行政指导等情形，如指导行政相对人如何规避法律从事走私活动。

　　面对上述"有瑕疵"的行政指导活动，并给被指导者带来客观实际损失的，简单以不具有强制力而不予以行政复议和行政诉讼的救济，似乎于法于理于情都说不过去。因此，行政指导目前已与事实行为一道开始纳入司法救济，可以寻求国家赔偿，或者依据信赖保护原则予以救济。总体而言，这是需要进一步深入研究的问题。

四、行政检查

　　行政检查，也被叫作执法检查，是指行政主体为实现行政管理职能，对公民、法人和其他组织是否遵守法律规范和行政管理要求所进行的察看、调查、监督的活动。有学者将行政检查定性为一种预备行为，与法律行为相对应，笔者认为是妥切的。因为一般的执法检查并不直接对行政相对人的权利和义务产生影响，还不是一种法律行为。也因此，本书将其归类为行政执法的辅助行为。①

　　行政检查是行政执法活动中运用频次最广泛的、最日常的方式，几乎存在于所有的行政程序活动之中，按理应当属于行政法学的中心议题之一。然而，实际上，我国行政法学对此的研究是十分单薄的，这可能与我国行政法学重实体轻程序的传统有关。考察英美诸国的行政法发展历史，无论是以追求法治行政为目的的传统行政法制，还是以追求良好行政为目的的现代行政

---

① 在我国台湾地区行政法学里，还有观点将行政检查认定为一种事实行为。

法治，都对行政检查权的授予与控制、行政检查手段的认可与限制给予了应有的关注。①

（一）行政检查与行政监督的区别

实务中，"行政检查"的概念经常与"行政监督"或者"行政监督检查"②的概念相混淆。其实，仅从文字概念上来推敲，监督与检查并无本质差别，但实践中，需要将行政机关的层级监督与行政执法监督行为区别开来，因而这两个概念被人为地作了区分：行政检查被专指在履行行政管理职能过程中对行政相对人进行的调查、了解、检验、检测等执法行为；行政监督被界定为有权监督的各类主体对行政执法主体实施的监督行为。两者的区别在于：（1）前者的监督主体是行政执法机关或机构，后者的监督主体可能是行政机关内部具有内部监督职能的机构，也可能是公民、法人和其他组织，即原来的被监督者成了监督者，而原来的监督者成了被监督对象；（2）前者是行政执法主体履行行政职权的行为，后者是对行政执法主体的履职行为是否合法合理进行的监督行为；（3）前者的目的是规范行政相对人的行为，纠正行政相对人不合法的行为，后者的目的是规范行政执法主体的行为，纠正行政执法主体的不合法行为；（4）前者是作出行政处罚、行政强制等具体行政行为的前提和基础，后者则是作出行政处分、行政问责的前提和基础。[179]

（二）行政检查与行政调查的区别

行政检查与行政调查有何区别？是何关系？这在行政法学界其实是有争论的。有不同的学说见解：一种是"并列说"，认为行政检查与行政调查是并列而不是包含的关系，是两种独立的行政执法方式和手段，《行政处罚法》的表述被认为是持此种观点③。另一种是"包含说"，即认为两者是包含关系，至于谁包含谁，则又有两种不同的见解：一种认为是行政调查包含行政检查，行政检查只是行政调查中的一种措施；一种则认为是行政检查包含行政调查，

①　参见章志远著：《行政法学总论》，北京大学出版社2014年版，第272页。
②　《行政许可法》则将上级行政机关对下级行政机关的监督行为和行政机关对被许可人的监督行为都称为"监督检查"行为，更是将两者混为一谈。参见《行政许可法》第60条、第61条。
③　《行政处罚法》第55条规定："执法人员在调查或者进行检查时，应当主动向当事人或者有关人员出示执法证件。当事人或者有关人员有权要求执法人员出示执法证件。执法人员不出示执法证件的，当事人或者有关人员有权拒绝接受调查或者检查。"

行政检查是上位概念，行政调查是下位概念。①[180]

从实践的角度去考察，并不那么复杂。客观上，有将这两者区别开来的必要。行政执法以立案为标志，才正式进入法律行为阶段。在此之前，只能是预备行为，此阶段只能进行一些例行的、不能直接对行政相对人科以义务的行为，我们将此行为称为"行政检查"行为。当对某特定行政相对人已经立案后，就可以启动原先不能运用的一切法定调查取证的方式、手段，以查清是否有违法事实，这一阶段的行为我们称为"行政调查"行为。所以，从某种角度讲，笔者所持的是第三种观点，即"前后说"。

行政检查与行政调查的区别，其实也是一种人为的界定。虽然有争议，但笔者认为，将立案前的程序称为行政检查，将立案后的程序称为行政调查，不失为一种理性的选择。因此，这里所说的仅是立案前的行政检查，而不涉及立案后的行政调查即调查取证②。

（三）行政检查的分类

行政检查行为可以分为下列七对范畴：[181]

1. 例行检查与特定检查

例行检查，是指行政主体依照法定职责，对不确定的行政相对人进行的执法检查。如交通警察在道路上的巡查、城管执法人员在社区公共空间进行的日常巡查等。一般例行检查以不增加行政相对人的义务和不减损行政相对人的权益为前提，通常不能对行政相对人提出具体的履行特定义务等要求。当发现其有违法行为或者嫌疑时，则进入特定检查。杨惠基先生在《行政执法概论》一书中提出了"一般检查"和"普遍检查"的概念，与这里所称的例行检查有相同之处，其特点是，所有符合接受检查条件或者属于检查范围的行政相对人都要接受行政机关的行政检查。③

特定检查，是指行政执法主体获得投诉、举报，或者在日常巡查中发现违法行为或者嫌疑后，启动对特定公民、法人或者其他组织的执法检查。此时，行政执法主体可以启动认为有必要的调查取证的手段，包括制作当事人陈述笔录、知情人询问笔录、现场勘查笔录，查阅相关档案、材料。也因此，

---

①　参见胡建淼著：《行政法学》（第三版），法律出版社 2010 年版，第 341 页。

②　关于调查取证的内容，将在本书第二十三章"事实认定：关于调查与取证技术"中进行分析和阐述。

③　参见杨惠基著：《行政执法概论》，上海大学出版社 1998 年版，第 162 页。

特定行政检查有时会与立案后的调查取证相重复、相混淆。关键取决于是否履行了立案程序。

可见，一般例行检查只是启动特定行政检查的前提之一。

2. 普通检查和专业检查

普通检查，是指依赖行政执法人员自身的能力、知识和经验，通过其观察、分析、判断，而无须依赖仪器、设备等技术装备，就能作出违法事实认定的行政检查方式。实践中，大量的现场执法是通过这种方式实现的。

专业检查，是指行政执法主体需要依赖仪器、设备等技术手段才能获得行政相对人是否违法的事实结论的行政检查方式。在食品、药品、环保、安全生产、出入境检验检疫等领域的执法检查，很多都采用这类专业执法检查方式，才能锁定违法事实的证据。

3. 依职权检查与依检举检查

依职权检查，是指行政执法主体根据其职责权限，主动地对不特定的行政相对人进行执法检查的行为，一般的日常巡查就属于这种性质。

依检举检查，是指行政执法主体在接到公民、法人或者其他组织的投诉、举报后，尚未能判断信息是否属实的，实施对特定的行政相对人进行行政检查的行为。

行政执法主体应当积极履行法定职责，主动进行依职权的监督检查。在接到投诉、举报后，应当及时开展有针对性的行政检查，并在规定的期限内将检查结论和处理结果告知投诉、举报人，否则，就构成不作为的违法行政。违法事实属实的，就应当及时立案，开展进一步调查取证和分析证据，作出行政决定。

4. 书面检查与实地检查

书面检查，是指行政执法主体通过查阅行政相对人按照要求提供的书面材料、自查报告，分析、判断其是否符合法定条件和是否有违法行为，从而作出检查结论的检查方式。为了体现便民和高效的行政法治理念，现在比较倡导采用书面检查的方式开展执法检查。2004 年 12 月发布的《上海市监督检查从事行政许可事项活动的规定》第 5 条对书面检查作了详尽的规定：（1）对从事行政许可事项活动采取书面检查方式的，行政机关应当通过书面或者公告等方式，事先通知被许可人书面检查的内容、期限，以及要求报送的书面材料；（2）要求报送的书面材料，法律、法规、规章有规定的，从其规定，法律、法规、规章没有规定的，应当根据行政许可的性质，能够反映被许可人是否依法从事行政许可事项的活动；（3）行政机关收到书面检查材料后，应当及时核查被许可人是否按照被许可的条件、范围等从事特定的活动，经核查合格的，行政机关可以不向被许可人反馈检查结果，发现被许可人从事行政许可事项的活动存在不当但尚不严重的，应当书面告知被许可人并提出相应整改要求。

实地检查，是指针对一些必须到现场才能作出是否合法或者符合条件的领域，行政执法人员到现场调查核实、检验检测的行政检查方式。如对生产经营场所的检查，对设施、设备的检查，必须到现场实地检查才能实现。《上海市监督检查从事行政许可事项活动的规定》第6条对实地检查有具体规定：（1）行政机关进行实地检查时，应当指派两名以上工作人员，除有明确举报被许可人违法从事行政许可活动，或者事先告知可能妨碍检查过程中获得真实情况的外，行政机关进行实地检查应当事先告知被许可人；（2）实地检查可以依法采取勘察现场、查阅有关材料、询问有关人员、听取当事人陈述等方法；（3）实地检查时，行政机关工作人员应当向被许可人出示证件表明身份，并告知被许可人具有的权利和义务；（4）发现被许可人从事行政许可活动存在违法行为的，行政机关应当当场责令其改正或限期改正。

5. 事前检查与事中检查

事前检查，是指行政执法主体对行政相对人从事某一行为之前所作的行政检查。主要是通过行政许可申请的审核，来检查行政相对人是否具备从事所许可行为的条件。符合条件的，发给行政许可证照；不符合的，不予行政许可，并说明理由。

事中检查，是在行政许可发放后或者没有设定行政许可的情况下，行政主体与行政相对人的行为相同步，进行日常的行政检查的行为。事中检查的功能是在行政相对人的行为过程中，及时发现违法行为，及时进行教育，并按照错罚相当的原则进行行政处罚和行政强制；严重的，可以吊销其从业证照，剥夺其从事特定事业的权利。

过去，行政执法比较注重行政许可，而对行政许可之后的日常监督管理不够重视，因此被社会和媒体批评为"重审批，轻监管"。现在，根据新的依法行政的要求，不仅是对于经过行政许可的行政相对人要加强事中事后监管，还要对未经过行政许可的行政相对人实施日常监督管理，要走出"没有我的许可的就不归我管""只管有证的，不管无证的"或者"没有许可就没法监管"的认识误区。只要属于行政主体的行政职责范围内的事项，不管有证还是无证的都要管起来，而且要管得更好。

6. 抽样检查与实时检查

抽样检查，包括检验、检测和检疫，一般是一种专业的监管方式，如出入境检验检疫就经常要采取这类检查方式。当然，抽样检验、检测和检疫应当有科学依据，有一套科学合理的取样技术规范和技术标准。同时，要有法律、法规、规章的依据，没有法定依据的不得擅自抽样检查；抽样检查推行"双随机、一公开"抽查机制，即随机抽取检查对象、随机选派执法人员，检查结果公开，严格限制行政裁量权；要合理确定随机抽查的比例和频次，既要保证覆盖率，又要防止执法扰民。①抽样检查的结果应当在法定或者约定的期限内告知行政相对人；检后样品尚有经济价值的，应当归还被检查人。抽样检查、检验、检测和检疫可以委托具备法定资质的专业技术机构进行。行政机关应当依据专业技术机构的结果报告，作出行政检查结论。

实时检查，既全过程实时检查方式，就是对于某一领域的行政相对人，通过电子监控等手段实行全程的影像记录，以便事后核实、发现违法行为的行政检查方式。典型的就是公安部门的"电子监控"，其实现的就是全过程实时检查。

7. 定期检查与临时检查

定期检查是指行政机关按照行政相对人的行为规律或者设施、设备的运行规律，确定一个固定的周期（如一年、一季度）对行政相对人进行行政检查的行为。这种方式对行政相对人会产生稳定的警诫作用，促使其事先做好准备，尽可能把自己的行为纳入合法的轨道，如对企业的年度检查、对设施设备的季度检测等。②

临时检查，也可称为突击性检查，主要是针对一些经常性违法的领域，采用这种无规律的突击性检查，能获得更具客观性和真实性的情况，避免行政相对人的有意规避行为和掩饰违法行为。

定期检查和临时检查各有不同的特点和功能，或者说各有利弊，行政主体需要根据行政相对人行为的特点，采取相应的执法方式，或者适当地将两者结合使用。

---

① 参见国务院办公厅《关于推广随机抽查规范事中事后监管的通知》（国办发〔2015〕58号）。
② 参见杨惠基著：《行政执法概论》，上海大学出版社1998年版，第164页。

（四）行政检查的一般程序

除书面检查外，一般的行政检查应当遵循以下基本程序：（1）表明身份，以表明自己是在履行行政职权和职责，为有权检查的主体，表明身份一般要口头说明并出示执法证件，必要时可以出具书面说明；（2）说明理由，以表明检查权限或者实施检查的原因和依据；（3）告知权利和义务，包括行政相对人应有的拒绝权、异议权、陈述权、申辩权、申请复议或者行政诉讼权和服从义务、协助义务。

五、行政备案

行政备案制度是在《行政许可法》实施之后，作为一种辅助性制度而进入行政法学视野的。行政备案的目的是对某行政主体职责范围内的事项不再实施行政许可，但对于从事的行政相对人数量和分布仍有必要掌握，便于日常监管的，通过建立备案制度来实现。

（一）行政备案的功能

关于行政备案的功能，行政法学理论并没有给出明确定论，但在实践中已经出现了多种备案方式，其功能也各有不同，归纳起来有三种：一种是为了实现事中监管或日常监督管理的一种辅助性措施，备案是为了对无需许可或者审批但仍需要监管的行政相对人做到"心中有数"，启动的是事中监管；另一种是为了启动审查机制，即所谓备案审查制度，备案是审查其是否符合条件的前提和基础，这是一种事后监督的机制；第三种是事先备案，具有一定的行政审批特征，但对不事先备案的情形不设行政处罚的话，仍不能认定为行政审批行为。但如果名义上用了备案的概念，但不事先备案就给予行政处罚或者剥夺其从事某项活动资格的，其实质是一种行政审批而非备案行为。[182]

总体而言，备案是一种较为柔性的管理方式，是对行政许可或其他行政审批等刚性制度的一种矫正。如对投资行为，现有的管理制度分为行政许可、行政核准和行政备案三个层次。行政许可，行政机关是有准予权的；行政核准，其本质是一种行政确认，行政机关没有裁量权，只要符合条件就要批准；行政备案，则行政机关只进行事后审核。这三种方式就是一个"由刚到柔"的方式转变。

（二）行政备案的依据

行政备案要不要有法律规定，即是否遵循依据法定原则？以往的行政法对此研究甚少，没有定论。实际工作中是遵循法定原则的，因为其性质是增设了行政相对人的义务，若没有法律、法规和规章的规定，行政相对人就没有备案的义务。若行政规范性文件设定了备案制度，则是一种越权行为，需要纠正。

（三）行政备案的程序

行政备案从性质上来界定，属于依职权行为，即由行政机关依法定职权或职责，对行政相对人提出备案的要求，因此，在法律、法规和规章规定了相关行政机关有此权力之后，应当遵循下列基本程序：（1）公布法律依据，明确权力来源；（2）通过有效方式告知相关行政相对人备案义务和具体要求，对有特定对象的，应当通知到人（单位），特定对象太多或者无法确定对象的，通过公开的媒体进行发布；（3）在收到备案材料后，按照规定的要求，分别启动执法检查、资格审查或者事前审批；（4）对应当备案而未履行备案义务的行政相对人，发出责令改正通知，对拒不改正的，纳入社会诚信体系加强监管。

（四）行政备案与行政处罚的关系

对不履行备案义务的行政相对人，能否设定行政处罚？这是在立法过程中遇到的问题。对此，认识并不一致。有的担心不设定处罚，该制度就形同虚设而崩溃；反对的人则认为，设定行政处罚就使备案成了变相的行政许可（类似无证经营），使柔性制度刚性化，不符合该制度设计本意。实际立法中并没有"一刀切"，对涉及公共安全的事先备案未履行义务的设定处罚（如大型群众性公共活动事先向公安部门备案）；对不具公共危害性的事项不备案的，则倾向不设行政处罚。[183]

六、行政鉴定

行政鉴定是行政管理部门依据国家的有关法律、法规，在行政执法或依法处理行政事务纠纷时，对所涉及的专业性问题，委托独立的行政鉴定机构或法律、法规专门指定的检验、鉴定机构进行检验、分析和评判，从而为行政执法或纠纷事件的处理、解决提供科学依据而从事的一项行政活动。行政鉴定结论应当成为行政执法的定案证据之一。

（一）行政鉴定的特点与原则

行政鉴定有如下特点：（1）鉴定活动是行政行为，鉴定结论产生的法律后果由行政机关或法律授权的鉴定机构承担；（2）当事人对鉴定结论有异议的可申请复验、复检等，当事人对行政机关依据鉴定结论作出的行政决定有异议的，可申请行政复议或提起行政诉讼。

行政鉴定应坚持的原则：公正性，鉴定人员与鉴定对象应当无利害关系，否则应当主动申请回避；科学性，鉴定人员应当具备相关专业的科学知识和技能的素养，并且整个鉴定行为具有科学依据；程序性，鉴定人员应当依照法定程序确定鉴定范围、分析和取舍鉴定材料，最后作出客观公正的结论。

（二）行政鉴定与司法鉴定的区别

行政鉴定与司法鉴定虽然具有共同的特点，遵循共同的原则，但两者还是有本质的区别：（1）鉴定主体不同，行政鉴定是由行政机关或者其委托的鉴定机构进行，司法鉴定则是由法院或者其指定、委托的鉴定机构进行；（2）适用的程序不同，行政鉴定主要适用于行政执法的取证调查过程，而司法鉴定适用于诉讼过程中；（3）功能有所不同，行政鉴定主要用于行政执法过程中的案件事实认定，司法鉴定则主要用于诉讼过程中争议事实的认定；（4）作用的范围不同，行政鉴定只能在行政执法程序中发挥作用，司法鉴定则可对行政鉴定结果进行重新鉴定，具有最后的救济作用。[184]

（三）行政鉴定的重新鉴定

当事人认为行政鉴定结论有错误时，可向法院申请重新鉴定，但必须满足如下条件和要求：

（1）原告或第三人的重新鉴定申请必须在举证期限内提出。由于原告或第三人对于行政鉴定存有异议而申请重新鉴定，既是原告或第三人的一项诉讼权利，又是他们反驳对方当事人、履行举证责任的一种手段，故应在举证期限内提出申请，即原告或第三人应在开庭审理前或法院指定的证据交换之日前提出重新鉴定申请，若遇正当理由无法在上述期限内提出，则应在法庭调查中申请重新鉴定。

（2）原告或第三人应以书面形式向法院提出重新鉴定申请，这样可促使当事人严肃地对待诉讼权利，也便于法院进行审查以决定是否重新启动鉴定程序。

（3）原告或第三人申请重新鉴定，必须具有证据或正当理由来表明行政鉴定可能有误，如鉴定机构或鉴定人员不具备鉴定资格、鉴定程序严重违法、鉴定结论明显依据不足、鉴定结论经质证认定不能作为证据使用等情形。[185]

七、行政协助

行政协助，系指行政主体在实施行政职权过程中，基于本身的条件和公务上的需要，请求其他行政主体配合其实施同一行政行为或共同行政行为的法律制度。

行政协助行为有以下几个法律特征：

第一，行政协助发生在平行行政主体或者不相隶属的行政主体之间，由一方接受另一方请求而作出。若是在构成上下级关系的行政主体之间，下级行政主体配合、支援上级行政主体开展的行政执法，不属于行政协助；若是行政主体以外的公民、法人或者其他组织对行政主体行使职权而进行的协助行为，则属于社会协助。

第二，行政协助是提出请求的行政主体和被请求行政主体就同一事项行使各自职权而作出的。双方主体在行使各自行政职权时，可以以共同行政主体的名义出现，也可以以各自的名义独立出现。无论以何种名义出现，双方主体的行政行为之间都存在着相互配合、相互补充的关联关系。如果行政主体之间为了实现共同的行政管理目标而实施没有关联的行政行为，则不属于行政协助。

第三，行政协助具有辅助性，提出请求的行政主体是管理事项的主管主体，而被请求的行政主体是管理事项的非主管主体。提出请求的行政主体在管理事项的全过程中占据主导地位，行为贯穿管理事项的全过程，被请求的行政主体只在管理事项的某一阶段或某一步骤上实施行政协助行为，居于次要地位，发挥辅助作用。

第四，行政协助法律关系中，由于行政协助是相关行政主体为完成同一管理事项而作出的相互关联的行政行为，因此他们对行政协助效果都应承担法律责任。当他们以共同行政主体的名义行使行政职权时，应当共同承担法律责任；当他们分别以自己的名义行使行政职权时，则分别为自己作出的行政行为承担法律责任。

（一）行政协助与行政委托的区别

行政协助与行政委托有相似之处，尤其是行政机关之间的委托，如行政许可的委托与行政协助很像，但仔细追究，两者的区别还是很明显的：（1）行政协助只在行政机关之间进行，而行政委托可以委托给事业单位；（2）行政协助都以各自的名义进行，而行政委托的被委托方不能以自己的名义，而只能以委托方的名义执法；（3）行政协助的性质是共同行政行为，而行政委托则是行政合同行为；（4）行政协助双方主体在行政诉讼中共同做被告，行政委托则由委托方作为被告。（5）行政协助事项并不一定要双方签订书面协议，即使有协议也可以不对外明示，而行政委托则要以签订书面协议或者发文的要式行为为前提，并在实施时向行政相对人明示。[186]

（二）行政协助与行政协作的区别

目前，行政协助已经是一项法律制度，具有刚性。根据行政一体机能的理论，行政主体有行政协助的请求权，被请求行政主体有行政协助的义务。行政协助是行政执法的客观需要，在有些情况下，行政协助是必要甚至是必需的。

行政协作又称执法协作，主要是指在行政执法层面，政府行政执法部门之间为了实现行政管理目的，在各自的法定职权范围内积极配合、协调一致共同实施的行政行为。行政协作的形式主要包括：案件移送、协助调查、信息共享、违法线索移送等。行政协作的途径包括但不限于建立联席会议制度、成立专项工作小组、建设信息共享平台等。例如，《浙江省行政程序办法》第14条规定："行政机关之间可以通过建立联席会议制度、成立专项工作小组、建设信息共享平台、签订区域或者部门合作协议等机制和方式，开展行政协作。县级以上人民政府应当加强对所属行政机关之间行政协作的组织、协调。"

行政执法部门之间的配合协作，是避免执法权限冲突、充分发挥行政整体优势、实现各司其职的有效措施。《法治政府建设实施纲要（2021—

2025）》提出，加强综合执法、联合执法、协作执法的组织指挥和统筹协调。可见，执法协作与综合执法、联合执法是相提并论的。国务院办公厅于2023年9月印发的《提升行政执法质量三年行动计划（2023—2025年）的通知》明确要求："建立健全跨部门、跨区域、跨层级的行政执法协作机制，实现违法线索互联、执法标准互通、处理结果互认。"

与行政协助相比较，行政协作的特点包括如下几个方面：[187]

第一，协作主体在职权行使方面虽然没有隶属关系，但往往是主管部门与协管部门的关系，有职能上的关联性。

第二，协作主体既可以是同级政府的不同行政执法部门，如消防救援机构与公安部门之间的协作、消防救援机构与住建部门之间的协作，也可以是跨行政区域相同行政执法部门之间的协作，如上海市消防救援机构与长三角区域其他省消防救援机构之间的执法协作。

第三，行政协作只是一种行政执法机制的构建，是统筹协调机制之一，不同于综合执法体制的改革。

第四，行政协作相对于已上升为法定制度的行政协助而言，目前仍缺乏明确的法律规制，只是行政执法机关之间的一种内部协调机制。

在行政执法实践中，行政执法机关往往需要根据实际工作需要，同时应用行政协助与行政协作两种工作机制。

（三）可以请求行政协助的情形

行政主体可以请求其他行政机关提供协助的事项，主要有以下情形：①[188]

1. 由于法律上的原因，行政主体无法自行执行公务的。例如，海关没有拘捕人犯的职权。为此，《海关法》第7条规定，海关在执行公务受到抗拒时，可请求公安机关和人民武装警察部队提供职务协助。

2. 由于事实上的原因，特别是缺乏履行公务所必需的工作人员或机构时，行政主体无法自行执行公务的。例如，对在逃的犯罪嫌疑人，公安机关可发布通缉令，请求有关公安机关和海关等协助缉拿。

3. 行政主体执行公务还需要有一定的事实材料，而该事实材料又不得由其自行调查的。例如，行政主体所需要的事实材料在军事禁区或属于国家秘密不对外开放的其他场所、部位的，可请求有关部门协助提供。

---

① 参见叶必丰著：《行政法学》，武汉大学出版社1996年版，第96—98页。

4. 行政主体执行其公务所必要的文件或其他证据，为被请求行政主体占有的。例如，公安机关在办理走私、抗税等治安案件时，往往要请求海关、税务机关提供有关证据，予以协助。

5. 行政主体执行公务，显然比被请求行政主体协助办理需付出更多费用的。例如，行政相对人在外地而需要对其进行调查或执行处罚决定的，可请求行政相对人所在地的有关行政主体协助办理，以节省经费，提高效率。

（四）行政协助的实施

对于请求方而言，行政协助是作为"可以"的权力来行使的，而作为被请求方来说，是否有权拒绝履行协助义务呢？从理论上来说，被请求方如果没有正当理由，一般是不能拒绝行政协助义务的。但这项制度一直未实现法制化，只是一种学理的概念，直到 2021 年新修订的《行政处罚法》才使此项制度有了法定依据，其第 26 条规定："行政机关因实施行政处罚的需要，可以向有关机关提出协助请求。协助事项属于被请求机关职权范围内的，应当依法予以协助。"被请求行政主体认为自己没有提供职务协助的义务或者能力时，应当将其意见和理由通知请求协助的行政主体。请求协助的行政主体对此有异议的，可以提请它们共同的上级行政机关就有无协助义务、是否具备协助能力作出协调或者裁定。

基于行政协助是一种共同行政行为，所以，对于所协助的行政行为的合法性和合理性，行政协助的双方都有审查和把关的义务。被请求行政主体认为不合法的，可以不予协助，并说明理由。

基于公共财政的基本理念，请求行政主体一般不必向被请求行政主体支付职务协助的费用。在被请求行政主体所垫付的费用超过一定限度时，请求行政主体应当根据被请求行政主体的要求支付该项费用。

八、行刑衔接

行刑衔接又被称为两法衔接，是"行政执法和刑事司法相衔接"的简称，指的是检察机关会同行政执法机关、公安机关实行的旨在防止以罚代刑、有罪不究、降格处理等现象的发生，及时将行政执法中查办的涉嫌犯罪的案件移送司法机关处理的工作机制。[189]

（一）问题的提出

行刑衔接机制的产生背景为 2001 年 4 月，国务院在全国集中组织开展了"整顿和规范市场经济秩序"专项工作，针对专项活动中发现的犯罪案件实际发生多、查处少，行政处理多、移送司法机关追究刑事责任少这两个突出的问题。为保证涉嫌经济犯罪的案件能够及时进入司法程序，犯罪嫌疑人最终依法受到刑事责任追究，当年 4 月，国务院发布了《关于整顿和规范市场经济秩序的决定》，提出"加强行政执法与刑事执法的衔接，建立信息共享、沟通便捷、防范有力、查处及时的打击经济法犯罪的协作机制，对破坏市场经济秩序构成犯罪行为的，及时移送司法机关处理"。这是我国第一次提出"行刑衔接"的概念。同年 7 月，国务院又制定了行政法规《行政执法机关移送涉嫌犯罪案件的规定》(2020 年修订)，第一次将行刑衔接提上了法制日程。该《规定》规定："行政执法机关在依法查处违法行为过程中，发现违法事实涉及的金额、违法事实的情节、违法事实造成的后果等……涉嫌构成犯罪，依法需要追究刑事责任的，必须依照本规定向公安机关移送。"同时规定："行政执法机关对应当向公安机关移送的涉嫌犯罪案件，不得以行政处罚代替移送。"2011 年 2 月，中共中央办公厅、国务院办公厅转发国务院法制办等部门《关于加强行政执法与刑事司法衔接工作的意见》，成为当时实施行刑衔接制度的最主要依据。

（二）行刑衔接的基本程序

2011 年 2 月《关于加强行政执法与刑事司法衔接工作的意见》确立了行刑衔接的基本程序和制度，主要内容包括：（1）行政机关是行刑衔接的责任主体，有义务及时移送案件；（2）行政机关案件移送的对象是公安机关（承担刑事侦查职责），其义务是向公安机关通报，由公安机关调查后，决定立案或者不予立案；（3）一旦立案后，行政机关要向公安机关移送全部材料，并将案件移送书及有关材料目录抄送人民检察院；（4）行政机关可以先作出行政处罚，并将行政处罚决定书一并抄送公安机关、人民检察院，没有先行进行行政处罚的，由公安机关或者人民检察院作出最后刑事处理后，再决定是否给予行政处罚；（5）各地要根据实际情况，确定行刑衔接工作牵头部门；（6）建立行刑衔接工作联席会议制度；（7）健全案件咨询制度；（8）建立行刑衔接工作信息共享平台；（9）建立工作举报制度和责任追究制度。

新《行政处罚法》第 8 条第 2 款明确规定："违法行为构成犯罪，应当依法追究刑事责任的，不得以行政处罚代替刑事处罚。"第 27 条则将行刑衔接制度作了具体细化："违法行为涉嫌犯罪的，行政机关应当及时将案件移送司法机关，依法追究刑事责任。对依法不需要追究刑事责任或者免予刑事处罚，但应当给予行政处罚的，司法机关应当及时将案件移送有关行政机关。""行政处罚实施机关与司法机关之间应当加强协调配合，建立健全案件移送制度，加强证据材料移交、接收衔接，完善案件处理信息通报机制。"

（三）行刑衔接制度实施中的难题

根据《关于加强行政执法与刑事司法衔接工作的意见》的规定，在实施行刑衔接的过程中，行政机关案件移送的对象是公安机关（承担刑事侦查职责），行政机关的义务是负责向公安机关通报，由公安机关调查后决定立案或者不予立案。在这个过程中，可能会存在两个争议性问题：

一是行政执法机关在向司法机关移送案件之前，是否可以先行实施行政处罚。从司法部门和学界的一般观点来看，倾向不能先行进行行政处罚。在制定《行政处罚法》过程中，立法者对行刑衔接制度是进行过研究的，全世界总共的有三种模式。一是互为代替模式，理论上称"代替主义"，也可以称为单一模式，认为对违法行为的制裁，只能从行政处罚和刑事处罚中选择一种，并按照"重者吸收轻者"，只能先实施刑事处罚。第二种是并行适用模式，理论上称"二元主义"，认为只要法律上规定了刑罚和行政处罚双重责任，就应当分别执行，否则就是失责。第三种是附条件并科，也称"免除代替"，认为行政处罚与刑罚可以并科，但任何一个执行后，认为没有必要再执行另外一个时，可以免除执行。《行政处罚法》最后倾向的是并行模式，即可以先行进行行政处罚，再移送司法机关实施刑事处罚。[①] 对两种处罚的竞合部分设置了折抵制度。《行政处罚法》第 35 条规定："违法行为构成犯罪，人民法院判处拘役或者有期徒刑时，行政机关已经给予当事人行政拘留的，应当依法折抵刑期。""违法行为构成犯罪，人民法院判处罚金时，行政机关已经给予当事人罚款的，应当折抵相应罚金；行政机关尚未给予当事人罚款的，不再给予罚款。"《关于加强行政执法与刑事司法衔接工作的意见》也明确，行政机关可以先作出行政处罚，并将行政处罚决定书一并抄送公安机关、人民检察院；没有先行进行行政处罚的，由公安机关或者人民检察院作出最后刑事

---

① 参见汪永清：《行政处罚法适用手册》，中国方正出版社，1996 年版，第 116—118 页。

处理后，再决定是否给予行政处罚。

　　二是行政执法机关和公安机关之间对于是否构成刑事犯罪的认定，产生不同的认知乃至争议时，由谁来进行协调。《关于加强行政执法与刑事司法衔接工作的意见》要求各地根据实际情况，确定行刑衔接工作的牵头部门。笔者认为，这一牵头部门确定为司法行政部门是比较合适的，其职责之一就是对行刑衔接中行政执法部门产生的争议进行协调，最终形成行政机关的统一意见。所以，行刑衔接的协调，有必要也完全有可能纳入行政执法争议协调的适用范围。

下篇

行政执法的技巧

第二十章　我国行政法治的背景与现状

一、我国现代法治发展的基本脉络

考察中国法治建设的进程，可以发现一个有趣现象：它是以 30 年左右为一个周期的。

第一个周期从 1949 年建国到 1978 年党的十一届三中全会前，这一时期以《临时共同纲领》、"五四宪法"和"七五宪法"三部宪法或宪法性文件为标志，法治基本处于"有形无实"状态，这一时期基本不被认同为法治状态，而是"人治"状态，有学者把这一阶段的法治特征概括为"革命法制"，即这一时期法律制度的变迁过程内在地遵循着同一种政治逻辑，即革命法制的政治逻辑。① 其中"文化大革命"十年法治更是处于无形无实状态。

第二个周期是从 1978 年 12 月党的十一届三中全会到 2011 年 3 月宣布已形成中国特色社会主义法律体系。法治与改革同步进入了"黄金时代"，从"有法可依、有法必依、执法必严、违法必究"法制十六字方针的确立，到"八二宪法"恢复宪法作为根本大法，开始新的宪治体制；从党的十五大"依法治国，建设社会主义法治国家"治国基本方略的确立，到十七大确立以民为本，建设服务型政府的提出；从政府信息公开制度的确立，到中国特色社会主义法律体系的形成。可以这么说，我们用了 30 多年的时间，基本完成了西方法治国家 300 多年（以英国的法治主义为起点）走完的现代法治历程。这一成就是举世公认的。

从 2011 年 3 月之后，我们其实已经进入了第三个 30 年的周期，是在前 30 年的基础上，进入了一些引进的制度水土不服的"瓶颈期"，也是现代法律制度实现本土化转型的"攻坚期"；虽然从制度层面而言，我们已经形成中国

---

① 参见高全喜等著：《现代中国的法治之路》，社会科学文献出版社 2012 年版，第 130 页。

特色社会主义法律体系，而从文化层面而言，要将那些被社会所认同的观念、规则、行为方式、处世哲学等理念内化为人们的思维习惯、自觉反应和发自内心的遵从，让全社会对法律产生信仰和尊重，尤其要完成由礼治文化向法治文化的转变，这还任重道远。

仅就我国法治的发展历程而言，其真正起点是党的十一届三中全会，即是以第二个 30 年周期为起始的。笔者更倾向于用从 1.0 版到 3.0 版三个版本来概括我国现代法治的三个发展阶段，其分别以党的十一届三中全会、党的十五大和党的十八届四中全会为标志。[190]

（一）法治 1.0 版："法制十六字方针"时期

我国现代法治的起点，也是行政法治的起点，1978 年 12 月党的十一届三中全会确立了"有法可依、有法必依、执法必严、违法必究"的法制十六字方针。十一届三中全会公报中明确指出："为了保障人民民主，必须加强社会主义法制，使民主制度化、法律化，使这种制度和法律具有稳定性、连续性和极大的权威性，做到有法可依、有法必依、执法必严、违法必究……要忠实于法律和制度，忠实于人民利益，忠实于事实真相；要保证人民在自己的法律面前人人平等，不允许任何人有超于法律之上的特权。"十一届三中全会公报，是对"文化大革命"期间奉行长官意志、权大于法、否定法制极端做法的纠正，是对法治与人治道路的重新选择，从而重新确立了法律在社会管理中的最高地位。

这可以被视为邓小平的法治时代，法治属于 1.0 版。这一时期还有以下几个重要发展节点：

1979 年，全国人大常委会作出《关于中华人民共和国建国以来制定的法律、法令效力问题的决议》，规定："从 1949 年 10 月 1 日建国以来，前中央人民政府制定、批准的法律、法令，除了同第五届全国人大制定的宪法、法律和第五届全国人大常委会制定、批准的法令相抵触的以外，继续有效。"《决议》实现了拨乱反正，恢复了"文化大革命"以前所有立法的法律效力，在一定程度上恢复了法制状态，给国家建设以初步的法律保障。

1982 年 9 月，党的十二大召开，通过了新的《中国共产党党章》，重新定位了党与法的关系。新《党章》规定："党必须在宪法和法律的范围内活动。"十二大政治报告指出："新党章关于'党必须在宪法和法律的范围内活动'的规定，是一项极其重要的原则。从中央到地方，一切党组织和党员的活动都不能同国家的宪法和法律相抵触。党是人民的一部分。党领导人民制定宪法和法律，一经国家权力机关通过，全党必须严格遵守。"党的十二大的重要意义在于，重新定位了党与法的关系，确立了宪法和法律在社会管理中的最高地位，明确党领导人民制定宪法和法律，党又要在宪法和法律的范围内活动。这是对过去"权大于法"错误思想的纠正。之后，这一原则一直被严格执行。

1982 年 12 月，第五届全国人大第五次会议通过了《中华人民共和国宪法》，俗称"八二宪法"。与 1954 年我国制定的第一部宪法"五四宪法"相比，其进步十分明显。一是，提升了公民权利的宪法地位，将"公民的基本权利和义务"一章从"五四宪法"的第三章前移为第二章，放在"国家机构"一章的前面，突出了其比国家机构更为重要的宪法地位；公民权利的数量共列出了 24 条，比"五四宪法"多了 5 条。二是，确立了宪法作为根本大法的权威地位。第五条特别规定："一切国家机关和武装力量、各政党和各社会团体、各企业事业组织都必须遵守宪法和法律。一切违反宪法和法律的行为，必须予以追究。""任何组织或者个人都不得有超越宪法和法律的特权。"这个"各政党"当然包括执政党中国共产党。这和党的十二大党章所提出的"党组织要在宪法和法律的范围内活动"相一致。三是，恢复了"五四宪法"的两大原则：独立司法和法律平等。四是，体现了以现代化建设为中心的战略目标，包括保护公共财产和公民的私有合法财产，确认国有企业和集体经济组织的自主权，确认中外合资经营企业的形式和法律地位，使引进外资有了宪法依据。

1987 年 10 月，党的十三大召开。这次大会作出了"把政治体制改革提上全党工作日程的时机已经成熟"的判断，并提出了具体的改革部署。大会报告强调："法制建设必须贯穿于改革的全过程。"意味着基本理顺了法治与改革的关系，即立法决策要与改革决策相结合。

1990 年 10 月，《行政诉讼法》的实施是依法行政的重要里程碑，它确立了"民可告官"制度，政府从此开始"守法的统治"，即守法理念开始确立。之后的《国家赔偿法》《行政复议条例》的颁布实施，共同构成了行政救济的法律体系。

1992 年 10 月，党的十四大召开，明确提出把建立社会主义市场经济体制作为体制改革目标，由此推动了立法进程的加快，使我国法律制度建设进入了快速发展时期。如上海地方立法在 1994 年达到高峰，全年制定地方性法规和政府规章 96 件。党的十四大的重要意义在于，确立了"市场经济就是法制经济"的理念，自此，政府开始通过职能转变，逐渐从市场经济体制下的"运动员"角色向"裁判员"角色转化。

1993年11月党的十四届三中全会《决定》第一次在党的文件中提出"依法行政"，这是依法行政的起始之年。

1996年10月，《行政处罚法》正式实施。这是我国第一部行政行为法，它改变了"重实体，轻程序"的传统执法理念，开始确立程序正义的理念。作为规范行政执法行为的首部行政程序法，《行政处罚法》具有以下几个重要意义：一是，确立了"处罚法定"原则；二是，针对行政处罚混乱的现状，提出了行政处罚设定规范；三是，在行政法律制度乃至整个国家法律制度中首次引入了听证制度，体现了程序正义理念的落地；四是，创新了若干行政执法制度，如亮证执法、相对集中行政处罚权、罚缴分离等。《行政处罚法》的出台，标志着我国行政程序法制迈出了实质性的一大步。

（二）法治2.0版："依法治国，建设社会主义法治国家"时期

1997年9月，党的十五大召开，提出了"依法治国，建设社会主义法治国家"的治国基本方略，标志着党和国家执政方式的转变，也标志着国家从"法制"转向"法治"的阶段。会议强调："依法治国，是党领导人民治理国家的基本方略，是发展社会主义市场经济的客观需要，是社会文明进步的重要标志，是国家长治久安的重要保障。"报告高度概括了依法治国的基本内涵："依法治国，就是广大人民群众在党的领导下，依照宪法和法律规定，通过各种形式和途径管理国家事务、管理经济文化事业、管理社会事务，保障国家各项工作都依法进行，逐步实现社会主义民主的制度化、法律化，使这种制度和法律不因领导人的改变而改变，不因领导人看法和注意力的改变而改变。"党的十五大报告首次将原来的"法制"改为"法治"，标志着我国从"以法治国"，即将法律作为治理国家、管理社会之手段的法律工具论，向"依法治国"，即法律在社会中具有最高统治地位，任何政党、组织和个人均无权超越、违背法律权威的转变。用学界的表述，标志着由"形式法治"转向了"实质法治"。由此，我国法治建设进入了快车道。

这一时期的法治可认为已上升为2.0版。这一时期还有以下几个重要的节点：

2002年11月，党的十六大召开，首次提出了"全面建设社会主义小康社会"的新任务。这是对党的十二大提出小康社会目标的回应。新任务意味着

要让全民分享改革发展的成果，不能只关注"做蛋糕"的效率，还要更加注重"分蛋糕"的公平，意味着法治对社会的调节功能进一步增强。党的十六大报告还首次提出了社会主义政治文明的概念，将建设政治文明与建设社会主义物质文明和精神文明一起，确立为三项基本任务。

2004 年 3 月，国务院颁布了《全面推进依法行政实施纲要》，第一次确立法治政府建设的目标任务，使依法行政进入了一个新的阶段。《纲要》提出了用十年左右时间基本实现建设法治政府的目标，提出了依法行政的七项基本原则，即"七个必须"：必须坚持党的领导、人民当家作主和依法治国三者的有机统一；必须把维护最广大人民的根本利益作为政府工作的出发点；必须维护宪法权威，确保法制统一和政令畅通；必须把发展作为执政兴国的第一要务，坚持以人为本和全面、协调、可持续的发展观，促进经济社会和人的全面发展；必须把坚持依法行政与提高行政效率统一起来；必须坚持开拓创新与循序渐进的统一，既要体现改革和创新的精神，又要有计划、有步骤地分类推进；必须把坚持依法行政与提高行政效率统一起来，做到既严格依法办事，又积极履行职责。同时，《纲要》提出了依法行政的六个基本要求，即合法行政、合理行政、程序正当、高效便民、诚实守信、权责统一。《纲要》围绕转变政府职能、建立健全科学民主决策机制、提高制度建设质量、理顺行政执法体制、建立化解社会矛盾机制、强化对行政行为的监督、不断提高行政机关工作人员依法行政的观念和能力七个方面，提出了三十八项具体任务，并对行政机关依法行政建设和加强领导提出明确要求。

2007 年 10 月，党的十七大召开，首次提出要"建设服务型政府"，意味着从管制行政向服务行政的转变，即强调行政管理要改变过去管制行政、以强制手段为主的管理方式，向权责统一、分工合理、决策科学、执行顺畅、监督有力的行政管理体制转变。

2008 年 5 月，《政府信息公开条例》正式实施，第一次催生了透明政府和阳光政府建设。《条例》确立了"以公开为原则，不公开为例外"的原则，政府信息除涉及国家秘密、商业秘密和个人隐私的外，都应当向社会公开，并且能主动公开的都应当主动公开。这一条例成为民众运用程度仅次于《消费者权益保护法》的立法。

2011 年 3 月，全国人民代表大会常务委员会委员长吴邦国向世界宣布，我们已经形成中国特色社会主义法律体系，即以宪法为统帅，以法律为主干，以行政法规、地方性法规为重要组成部分，由宪法相关法、民法商法、行政法、经济法、社会法、刑法、诉讼与非诉讼程序法等多个法律部门组成的法律体系已经形成。

2012 年 11 月，党的十八大召开，提出了新的法治十六字方针，即"科学立法、严格执法、公正司法、全民守法"，明确把中国特色社会主义法律体系列为中国特色社会主义制度的五个组成部分之一，提出了到 2020 年"依法治国基本方略全面落实，法治政府基本建成，司法公信力不断提高，人权得到切实尊重和保障"的法治建设新目标。围绕推进政治体制改革，强调"更加注重发挥法治在国家治理和社会管理中的重要作用，维护国家法制统一、尊严、权威，保证人民依法享有广泛权利和自由"；围绕全面推进依法治国，提出了"法治是治国理政的基本方式"，明确了依法治国的内涵，即"科学立法、严格执法、公正司法、全民守法，坚持法律面前人人平等，保证有法必依、执法必严、违法必究"。围绕深化行政体制改革，提出了"要按照建立中国特色社会主义行政体制目标，深入推进政企分开、政资分开、政事分开、政社分开，建设职能科学、结构优化、廉洁高效、人民满意的服务型政府"。明确了包括"自由、平等、公正、法治"在内的社会主义核心价值体系。提出了诚信体系建设的新内涵，即"加强政务诚信、商务诚信、社会诚信和司法公信建设"。明确提出了"加快形成党委领导、政府负责、社会协同、公众参与、法治保障的社会管理体制"。第一次把生态文明建设与经济建设、政治建设、文化建设、社会建设并列为"五位一体"。从历史沿革考察看，相比较以往，十八大报告里所体现出来的法治思想是最为充分、最为深刻、最为广泛的，可以说，通篇体现了中国特色社会主义法治思想。

（三）法治 3.0 版："依宪治国与依宪执政"时期

2014 年 10 月，党的十八届四中全会《决定》的颁布与实施，标志着我国的现代法治进入了一个全面推进依法治国的新的更高阶段。

这一时期，法治建设的总目标是要形成"完备的法律规范体系、高效的法治实施体系、严密的法治监督体系、有力的法治保障体系和完善的党内法规体系"，坚持依法治国、依法执政、依法行政共同推进，坚持法治国家、法治政府、法治社会一体建设。

为此，必须坚持中国共产党的领导，坚持人民主体地位，坚持法律面前人人平等，坚持依法治国和以德治国相结合，坚持从中国实际出发。

这一时期的法治建设主要任务：一是正确处理好党的领导和依法治国的

关系，坚持党的领导、人民当家作主、依法治国有机统一；二是健全宪法实施和监督制度，坚持依法治国首先要坚持依宪治国，坚持依法执政首先要坚持依宪执政，完善全国人大及其常委会宪法监督制度，健全宪法解释程序机制，加强违宪审查力度；三是完善立法体制和机制，健全人大主导立法的新制度，加强和改进政府立法制度建设，明确地方立法权限和范围，推进科学立法和民主立法；四是加快建设法治政府，推进机构、职能、权限、程序、责任法定化，推行政府权力清单制度，消除权力设租寻租空间，推行政府法律顾问制度，推进综合执法，理顺执法体制，完善执法程序，加强对政府权力的制约机制，全面推进政务公开；五是提高司法公信力，最高人民法院设立巡回法庭，探索设立跨行政区划的人民法院和人民检察院，探索建立检察机关提起公益诉讼制度，推进以审判为中心的诉讼制度改革，变立案审查制为立案登记制；六是增强全民守法观念，推进法治社会建设，推进多层次多领域的社会治理，建设完备的法律服务体系，健全依法维权和化解纠纷机制；七是加强法治工作队伍建设，推进法治专门队伍的正规化、专业化、职业化，构建与"法治中国"建设相适应的法律职业共同体。

这一时期，还有以下几个重要节点：

2017年10月，党的十九大召开，提出坚持以人民为中心，明确提出到2035年基本建成法治国家、法治政府、法治社会。

2018年3月，党中央组建中央全面依法治国委员会。法治中国建设迈入系统协同推进新阶段。

2018年3月，第五次修宪，在宪法总纲中明确写明：中国共产党的领导是中国特色社会主义最本质的特征。

2019年11月，党的十九届四中全会专题研究国家治理体系和治理能力现代化问题，明确法治是国家治理体系和治理能力现代化的重要依托，要求在法治轨道上推进国家治理体系和治理能力现代化。

2020年11月，中央全面依法治国工作会议召开，正式提出习近平法治思想。

2021年8月，中共中央、国务院印发了《法治政府建设实施纲要（2021—2025）》，明确法治政府建设是全面依法治国的重点任务和主体工程，是推进国家治理体系和治理能力现代化的重要支撑，提出了新的法治政府的标准，即职能科学、权责法定、执法严明、公开公正、智能高效、廉洁诚信、人民满意，确立了法治政府建设的五年总体目标，明确到2025年，政府行为要全面纳入法治轨道，为到 2035 年基本建成法治国家、法治政府、法治社会奠定坚实基础。

2022 年 10 月，党的二十大召开。二十大报告将坚持全面依法治国推进法治中国建设单列一节来表述，体现了党对全面依法治国的高度重视，提出在法治轨道上全面建设社会主义现代化国家全面推进和各方面工作法治化的新使命，并提出了今后一个时期法治建设的主要任务：一是完善以宪法为核心的中国特色社会主义法律体系；二是扎实推进依法行政；三是严格公正司法；四是加快建设法治社会。

二、行政法治的基本规律

就大前提而言，行政法治遵循着法治和法治国家的基本规律，即权力受法律约束。"法治"一词所意味的不只是单纯的法律存在，它指的是一种法律的和政治的愿望，即创造"一种法律的统治而不是人的统治"。德国的毛雷尔给法治国家作了如下定义："法治国家是指公民之间、国家与公民之间以及国家内部领域的关系均受法律调整的国家，其标志是所有国家权力及其行使均受法律的约束。"①

就法治的发展规律和脉络，美国伯克利学派的诺内特（P. Nonet）与塞尔兹尼克（P. Selznick）提出了较为著名的三种法治模式，即压制型法、自治型法和回应型法。②我国罗豪才教授则提出了行政法的三种理想类型：管理法、控权法与平衡法。目前在国内已成为主流学说。

（一）从消极行政到积极行政

考察行政法治史，一个结论是明确的：政府都经历了从消极行政到积极行政的演变过程。在全球性市场经济刚兴起的自由资本主义时期，人们对市场这一"看不见的手"有着盲目的信任，所以有了"国家守夜人"的理论，认为政府和公权力只要管好国防安全和社会治安，别的都可以让市场去解决，于是也有了"小政府、大社会"的古典有限政府理论。对这段历史，英国行

---

① ［德］哈特穆特·毛雷尔著，高家伟译：《行政法学总论》，法律出版社 2000 年版，第 105 页。
② ［美］P. 诺内特、P. 塞尔兹尼克著，张志铭译：《转变中的法律与社会：迈向回应型法》，中国政法大学出版社 2004 年版，第 16 页。

政法学的开山鼻祖威廉·韦德引用一个人的话作了描述："直到 1914 年 8 月，除了邮局和警察以外，一名具有守法意识的英国人可以度过他的一生却几乎没有意识到政府的存在。"① 但随着市场经济的发展，暴露出市场也有失灵的时候，特别是进入 20 世纪 20 年代，资本主义经济危机爆发，西方国家以美国的罗斯福新政为代表的政府干预力度加大，开始进入积极行政时代，之后又进入福利国家时代，政府的职能延伸到"从摇篮到坟墓"。韦德说："如果国家对公民从婴儿照管到死，保护他们生存的环境，在不同的时期教育他们，为他们提供就业、培训、住房、医疗机构、养老金，也就是提供衣食住行，这需要大量的行政机构。"这样就使得警察国家时代进入积极行政时代变得不可避免了。②[191]

　　民法的演变也可从另一个侧面揭示政府为何会从消极行政向积极行政转变的内在逻辑。在民法占主导地位的时代，政府越小越好，即消极行政是好政府的标志。这种自由主义式的自治理想，在现代主权国家兴起前的城市自治时代或近代自由资本主义的短暂时期或许可能，但在现代法治国家的管制时代显得已经不够现实了。现代工业社会所带来的高风险是古典的罗马法体系以及近代民商法体系无法想象和应对的。实际上，1804 年《法国民法典》刚刚确立近代民法三原则（即契约自由、所有权绝对和过错责任）之后半个世纪，民法领域就不得不应对城市化和垄断资本主义带来的新的国家管制问题，契约正义、所有权限制和严格责任被作为民法的修正性原则引入民法体系之中。20 世纪的民法更是出现了社会化和公法化的趋势。至此，民法体系已不再是由买卖关系保障的城市自治权，或由近代宪法与民法典保障的近乎绝对的市场自由，而是应对现代高风险而发展起来的国家积极行政管制体制。

（二）"灯论"的启示

　　英国行政法学里有一个被称为"灯论"的理论，其要义是，行政权力的行使，一般都经历从绿灯到红灯，再到黄灯的发展演变过程，即"绿灯—红灯—黄灯"模式。在"绿灯"阶段，法律规则是以公共秩序的维护为目标，相应的也是立法给行政权力开绿灯多，即给行政机关权力多，要求行政相对人履行义务多。这样的行政管理，一定会使行政相对人的自由和权利减少，

---

① ［英］威廉·韦德著，徐炳等译：《行政法》，中国大百科全书出版社 1997 年版，第 3 页。
② ［英］威廉·韦德著，徐炳等译：《行政法》，中国大百科全书出版社 1997 年版，第 4 页。

行政主体容易滥用权力，造成社会反弹。于是，社会舆论转向质疑行政机关的权力过大，行政法开始转向给行政主体亮"红灯"多了，要求限制和控制行政权力，以防止行政权力过度侵犯行政相对人的权利和自由。这样的"红灯"阶段，必然会带来行政主体不积极行政、消极对待职务的履行，给社会秩序的维护带来普遍不作为的现实困扰，这也不是应有的法治状态。于是，行政法再向"黄灯"阶段转向，即要求既要加快行使，又要警示其注意安全，也就是要求行政主体既不能滥用权力，侵犯行政相对人的权利，又要积极作为，为公民和社会多提供公共产品和公共服务。

"灯论"其实是对行政法治发展规律的一种认识和总结。我国行政法治的发展历程，也印证了这样的规律，即从开始阶段注重公共秩序的维护而给政府权力多，给行政相对人设置义务多，到注重控制行政权力不被滥用，《行政处罚法》《行政许可法》和《行政强制法》三部行政程序法的制定和实施，便是进入这一阶段的体现。而近年来，行政法学界不断有声音要求构建新行政法，就是要在控权行政的基础上升级进化。用姜明安教授的话说："传统的消极行政是通过制约机制，防止公权力滥用，侵犯相对人的合法权益，即所谓制约公权力'做坏事'；而现代的积极行政则是通过激励机制，促使公权力积极作为，为人民谋福利，维护和增进相对人的权利、自由，即所谓推动公权力'做好事'。①"[192]

（三）从管制行政到控权行政

管制行政是政府法治进入积极行政阶段的第一个表现形态。管制行政又可称为秩序法治，它是现代法治的最低层次，但又是基础性的法治状态。霍布斯（Thomas Hobbes）有格言："人民的安全乃是至高无上的法律。"中国香港学者陈弘毅认为："法治的最简单的意义，是指人民的生命和财产得到保障，不受伤害、侵犯和破坏。这种保障主要是由警察所提供的，他们负责执法的工作。虽然这只是法治概念最低或最原始的层次，但它是法治的重要元素之一。"②[193]

管制行政是以维护社会公共秩序为主要目的，以警察国家理论为支撑，以管制为特征主导国家社会生活的一种法律秩序状态。日本行政法学家盐野

---

① 姜明安著：《法治思维与新行政法》，北京大学出版社 2013 年版，第 307 页。

② 陈弘毅著：《法治、启蒙与现代法的精神》，中国政法大学出版社 1998 年版，第 63 页。

宏先生称此为"规制行政"，即指通过限制私人的权利、自由，以实现维护秩序、事先防止危险等目的的行政活动。在现代，国家不仅限于传统的消极的目的，而是为了积极地形成良好的自然环境、生活环境，而展开对私人的权利、自由施加制约的行政。① 我国台湾学者陈新民则用了"秩序行政"的概念，这种行政的主要特征在于维持社会的秩序、国家的安全及排除对人民及社会的危害。行政主体多采用限制人民自由权利行使的手段，属于公权力行为之类型，也是最典型、最具传统色彩的行政种类。②

罗豪才教授所提出的管理法理念，与管制行政的内涵是一致的。管理法中的规则主要是政治性规则，强调权力至上、国家至上、公益至上，因此，管理法不可能去适用民法上的诸如诚实信用原则等以制约行政权。这是管制行政的局限。也有学者倾向将管制行政与"压制型法"相提并论。诺内特、塞尔兹尼克的"压制型法"的特征是：政治与规则不分；注重维护行政的权威；行政自由裁量权不受限制；推行法律道德主义；以命令-服从为主要管理模式等。③ 压制型法具有威慑力和受制于长官意志的偏向，但是并不能还原为镇压二字。④

应当指出，管制行政并不是一种高层次的完美的法治形态，它只是法治的初级阶段，它有明显的缺陷。学者宋功德这样评价："管理论是一种'知性思维'的产物，尽管它将行政主体与行政相对人置于行政关系中加以考察，但它并不承认两者之间的可合作性，而是认为行政主体与相对方各自的'规定性'都是单独有效的，它认为应该通过严格的政治性规则来约束行政相对方，阻防其对行政管理秩序的破坏。可见，管理论只是站在行政主体一方以怀疑的眼光打量着行政相对人。"⑤

尽管管制行政存在着这样的缺陷，但并不影响其成为现代法治不可或缺的一部分。诚如古罗马的西塞罗所言，法律创设的目的在于公民的安全、国家的防务以及人类生活的安宁与幸福。法的目的是公共幸福。德国的拉德布

---

① ［日］盐野宏著，杨建顺译：《行政法》，法律出版社 1999 年版，第 9—10 页。

② 陈新民著：《行政法学总论》（修订八版），台北三民书局 2005 年版，第 52—53 页。

③ ［美］P.诺内特、P.塞尔兹尼克著，张志铭译：《转变中的法律与社会：迈向回应型法》，中国政法大学出版社 2004 年版，第 35 页。

④ 季卫东认为：一种法律是否是压制性的，取决于能否不受制度约束地动用强制力，而与统治者的暴戾或仁慈并无决定性关联。参见季卫东著：《法治秩序的建构》，中国政法大学出版社 1999 年版，第 298 页。

⑤ 宋功德著：《行政法哲学》，法律出版社 2000 年版，第 20 页。

鲁赫则用更富有诗意的语言来描述这种法律秩序："法律秩序关注的是，人类不必像哨兵那样两眼不停地四处巡视，而是要能使他们经常无忧无虑地仰望星空和放眼繁茂的草木，举目所及乃实在的必然和美好，不间断的自我保存和呼救声至少有一段时间沉寂，以使良心和轻语终归能为人们所闻。"①

作为对管制行政的一种反思和矫正，在 20 世纪后，控权行政开始登上历史舞台。控权理论认为："行政法的最初目的就是要保证政府权力在法律的范围内行使，防止政府滥用权力，以保护公民。"②博登海默就指出，法律在本质上是对专断权力之行使的一种限制，因此它同无政府主义状态和专制政治都是敌对的。为了防止为数众多的意志相互抵触的无政府状态，法律限制了私人的权利；为了防止一个专制政府的暴政，法律控制了统治当局的权力。③

控权行政是根据法治的"普遍服从良法"的精神而形成的原则和原理，也就是指政府行为受到正义之法的约束。所以，控权行政无论作为一种政治思想还是作为一种制度实践，它都是法治的组成部分，也是法治的主要部分。④控权行政的主要特征是：严格遵循法定权威，推行严格的规则主义，政治与规则分离，行政自由裁量权受到严格限制，重视程序公正等。诺内特、塞尔兹尼克提出的"自治型法"被认为是控权行政的代表理论。自治型法的主要属性可以概括为：（1）法律与政治分离，司法独立；（2）法律秩序采纳"规则模型"，使行政权力有了衡量的尺度；（3）"程序是法律的中心"，实现规则性公平而非实质正义；（4）"忠于法律"被理解为严格服从实在法的规则。⑤

相比较管制行政，控权行政注重防止政府权力的滥用，无疑是一种进步，但控权行政又走向了另一个极端，它是站在行政相对人的立场，警惕地防范着行政权的恶性发作。宋功德这样评价："从表面上看，控权法更有利于保护公民权利，但是，实质上，控权论所采用的仍然只是'知性思维'，仍然视行政主体与行政相对方为孤立的两个利益主体，只看到两者对立的一面，并将这种对立性无限放大，却并未辩证地考察两者具有合作倾向的一面。"因此，

---

①　［德］拉德布鲁赫著，米健、朱林译：《法学导论》，中国大百科全书出版社 1997 年版，第 11 页。

②　［英］威廉·韦德著，徐炳等译：《行政法》，中国大百科全书出版社 1997 年版，第 3 页。

③　［美］博登海默著，邓正来译：《法理学：法律哲学与法律方法》，中国政法大学出版社 1999 年版，第 233 页。

④　参见孙笑侠著：《法律对行政的控制——现代行政法的法理解释》，山东人民出版社 1999 年版，第 22 页。

⑤　［美］P. 诺内特、P. 塞尔兹尼克著，张志铭译：《转变中的法律与社会：迈向回应型法》，中国政法大学出版社 2004 年版，第 60 页。

控权行政仍不是法治的理想状态。[194]

（四）从实体限权到程序控权

对政府公权力的防范，法制史上经历过从通过严格规则进行限制，到通过公正程序进行控制两个阶段。前者是在实体法上限制行政权力的范围，尽可能少地授权给行政机关；后者是从程序上防止公务人员滥用权力，在过程中实现对行政权力的驾驭、支配。孙笑侠教授把前者称为"限权"，即消极地在数量、范围上做减法；称后者为真正的"控权"，即积极地在程序上予以控制。①

"限权"，也就是严格规则模式，以法国行政法为代表。这种模式注重行政法实体规则的制定，主要以行政权力如何行使规则和行政侵权的救济规则为核心，主要依赖法律的外部环境与局部功能。在20世纪之前，欧美各国基本上奉行形式主义的正义观，推行严格规则模式，明确排斥政治对于法律的干扰，确信法律享有高于权力的地位。

"控权"，即公正程序模式，以英国行政法为典型。这种模式侧重行政程序的合理设计，权力的理由通过相对人的介入和行政主体共同证成，具有"交涉性"与"反思性"特征，主要依赖于法律的自身机制与整体功能。在进入20世纪后，英美国家相继进入垄断资本主义时期，随着政府管制的加强和福利国家的兴起，国家守夜人的角色发生了变化，一方面，行政权力大幅度扩张到"从摇篮到坟墓"，另一方面，由于经济自由主义、个人主义和自由主义政治思潮，以及法律传统的延续性，社会对政府的自由裁量权仍然深深怀疑甚至加倍恐惧，所以对政府公权力滥用的防范越来越成为主旋律。但防范的途径则从严格规则主义转向了公正程序主义，即从传统的数量减少转向通过程序规范自由裁量权来控制公职人员滥用权力的可能。

对上述两种控权模式的优劣，孙笑侠这样评价：严格规则模式过于依赖外部环境条件，用美国新自然法学派的代表朗·富勒（Lon Fuller）的话来表达，就是"法律的外在道德"。当这种外部环境发生变化使得法律的实体目的或"实体自然法"丧失时，严格规则模式也随即失去正义性；而修改、补充实体法规则的工作十分庞杂，代价颇高。而正当程序模式依赖法律内在机制

---

① 参见孙笑侠著：《法律对行政的控制——现代行政法的法理解释》，山东人民出版社1999年版，第2页。

或内在品质，即"法律的内在道德"，它能够不以外部环境的优劣为条件，唯以问题为中心，在缺乏行政法实体规则的情况下，可以通过听取相对人意见的"交涉性"程序来实现控权目的，从而实现正义。"以程序控权来取代实体控权，或者说以正当程序模式的行政法来弥补严格规则模式行政法之不足，已成为当代行政法发展的主流。"①[195]

（五）迈向回应型政府

"回应型"的概念引申自美国学者诺内特、塞尔兹尼克的"回应型法"。产生"回应型法"思潮的社会背景是：20 世纪 60 年代后期，美国社会发生了剧变，越南战争的扩大和挫折导致了社会的信仰危机、贫富分化、环境污染、城市荒废、犯罪激增、民权运动风起云涌……大量的社会问题导致了美国国家正统性的削弱，于是产生了用"软性法治"取代"硬性法治"的要求。"回应型法"正是对那一时代呼声的回应。② 目前我国法治所面临的社会情势，与当年"回应型法"所产生的美国社会背景有许多共通之处。

诺内特、塞尔兹尼克的"回应型法"的主要特征是：（1）在法律推理中目的的权威得以加强；（2）目的可以缓和服从法律的义务，为民间公共秩序的概念网开一面；（3）使法制具有开放性和弹性，从而促使法制的改革和变化；（4）法律目的的权威和法律秩序的整合性来自更有效率的法律制度设计。"回应型法"的实质是使法律不拘泥于形式主义和仪式性，通过理论和实践结合进一步探究法律、政策中蕴含的社会公认准则和价值。因此，"探求回应型法已成为现代法律理论的一个持续不断的关注点。如同 J. 弗兰克所指出的那样，法律现实主义者的一个主要目的就是使法律'更多地回应社会需求'。"③季卫东教授对此评价："回应型法在扬弃和综合压制型法和自治型法的基础上，试图改变法学方法论上自然法与法实证主义二元对立的局面，赋予国家制度以自我修正精神。因此，它既是一种社会变革的法律模式，又是一种法制变革的政策模式。"④

提出构建回应型政府的基点，是对当代行政法特征和规律的重新认识。

---

① 孙笑侠著：《法律对行政的控制——现代行政法的法理解释》，山东人民出版社 1999 年版，第117—134 页。

② 参见季卫东著：《法治秩序的建构》，中国政法大学出版社 2004 年版，第 296 页。

③ ［美］P. 诺内特、P. 塞尔兹尼克著，张志铭译：《转变中的法律与社会：迈向回应型法》，中国政法大学出版社 2004 年版，第 81 页。

④ 季卫东：《〈转变中的法律与社会〉代译序》，中国政法大学出版社 1994 年版，第 7 页。

这是一种现代行政权力（孙笑侠语）或新行政法（姜明安语）。回应型政府应当体现如下特点：[196]

它是一种合作型的行政。它应当是克服了管制行政和控权行政那种管理者与行政相对人之间都视对方为不可合作的、只有对立的理念，承认公权力与私权利、社会权利之间是可以沟通的、彼此理解的，能实现共同治理的。如，从立法到执法到救济，都倡导公众参与，以一种半直接民主的方式实现对公权力的控制与监督。社会团体、基层自治组织等越来越多地提供过去由政府提供的各种"公共物品"，政府则购买各种"公共服务"向社会提供，这是一种为了同一目标而达至的协作关系。

它是一种服务行政。它以提供人民福利为目的，强调政府以及其他行政主体应当提供各种不同的服务措施，例如公用事业、社会救济、文教事业、社会保险等行为，使人民的衣、食、住、行之生活、工作、教育等方面得到国家最多的服务与最大的照顾。服务行政无疑是一种形成性的授益行为。①

它是一种积极的行政。行政本来就具有比司法更强的主动性，而在现代社会，它更主动了。它已摆脱近代传统行政以"管得越少的政府是越好的政府"的消极行政信条，以适应现代社会发展与技术进步要求政府尽最大可能满足社会多样化需求的现实，其范围已经是"从摇篮到坟墓"无所不管。甚至，新的行政法已有限地进入"私域"，对私人财产权、经营权、契约权进行适当干预，对就业、企业用工、劳动条件、工资、福利、保险等进行规制。②

它是一种动态的行政。它已不能信守"法条主义"的形式法治，更加注重实质法治。它要改变传统法律僵化、迟滞的特性，使其更有灵性、更有弹性。"与近代行政相比，现代行政行为的界限具有十分自由的幅度，法律完全穷尽地规定行政事务是不可能的，也不符合行政具有应变性的特点，更不符合现代行政的特点。"③当法律存在不确定的法律概念、法律模糊、法律漏洞，甚至"恶法"时，需要运用"原则优先"定理、个别衡平、法律解释、法律议论、公共政策制定等方式实现必要的填空和矫正，但这种填空和矫正又不能破坏法律整体的稳定性和可预期性。

---

①　陈新民著：《行政法学总论》（修订八版），台北三民书局 2005 年版，第 54—55 页。

②　参见［新西兰］迈克尔·塔格特著，金自宁、钟瑞华译：《行政法的范围》，中国人民大学出版社 2006 年版，第 1—26 页。

③　孙笑侠将现代行政权力的特点概括为：（1）方式积极化；（2）目标福利化；（3）范围扩大化；（4）界限自由化；（5）内容伦理化。参见孙笑侠著：《法律对行政的控制——现代行政法的法理解释》，山东人民出版社 1999 年版，自序第 4—5 页。

　　它是一种自省的行政。作为公权力部门，始终要意识到"权为民所赋"，因而"权为民所用"，始终怀着"以民为本"的胸襟，始终"战战兢兢，如临深渊，如履薄冰"。① 美国米歇尔·罗森菲尔德（Michelle Rosenfeld）教授指出：根据社会契约，为被创造的国家设定了两项必要的义务：对公民享有他们不可转让的自然权利负有不得干涉的消极义务；通过警察保护和执行私人契约的规定阻止或惩罚对公民伙伴实施私人侵犯的积极义务。在此问题上，国家的理性应当是通过自我限制和通过限制可能（消极的）侵犯人权者来保障公民的消极权利。② 罗森菲尔德关注到，政府需要平衡消极义务和积极义务，而这种平衡的判断价值乃是对公民不可转让的生命、自由和财产权利的保护，既要防止自身公权力的侵犯，也要确保不受其他人的侵害。

　　它是一种"生态型"的行政。它不仅调整人与人、人与社会的关系，而且越来越多地调整人与自然、人与环境的关系。现代公权力不仅要更多地关注和保障人权，而且要更多地关注和保障环境、生态和动物福利（亦可称"特别权利"）。③

　　它是一种全覆盖的法治状态。它已经体现在立法、执法、救济、守法等法治过程的各个环节。在立法领域，有"回应型立法"一说，即立法要及时回应民众所关心的领域和事项，而不能"闭门立法"，甚至可以让公众有立法项目的建议权，广泛征求公众对法律条文草案的意见已经成为常态。在行政执法领域，按孙笑侠教授的见解，现在已经从自由本位法阶段转向福利本位法阶段，而在福利本位法的时代，政府不是自由本位时代的以不干涉和无为为准则，而是视合理干涉为正当的，法律的任务是尽量使行政权正当化，其价值追求是公民的福利。在行政救济阶段，更是强调要通过法律途径（复议、诉讼、国家赔偿、行政补偿等）和非法律途径（和解、调解和信访等）多种形式实现对公众权利的保护。而全民守法包括领导和公务人员带头守法将是法律制度实现的基本前提。

　　需要说明的是，关于回应型政府建设与前面所阐述的管制行政、控权行政之间的关系，有两种学术见地，一种认为后一种制度是对前一种制度的替代，如美国学者昂格尔（R.M.Unger）分析其三种法治形式：互动习惯法、官

① 《论语·泰伯》。
② ［美］米歇尔·罗森菲尔德：《法治与法治国》，载于张庆福主编：《宪法论丛》（第3卷），法律出版社，第581页。
③ 参见姜明安著：《法治思维与新行政法》，北京大学出版社2013年版，第120—121页。

僚管理法和法治体系法，它们之间是递进的，后者是对前者的否定，而不是同时存在的，如同我们说从"人治"向"法治"的转变一样，后者是对前者的否定和代替。另一种见地主张彼此是可以同时并存的，如诺内特、塞尔兹尼克提出的压制型法、自治型法和回应型法三种模式之间是有移动和相互渗透的可能性的，即这三者是可以同时并存的。他们认为："一种发展理论无需带有这样的意味，即'高级的'阶段是'最合适的''最适应的'或最稳固的阶段……我们承认在我们的模型中，阶段三（即回应型法）不如阶段二（即自治法）稳固。阶段一（即压制型法）也有自身的各种不稳固根源，包括一种不确定的正统性。"主张"把关注点放在针对阶段二的各种紧张关系的自治型法上，因为这个阶段既产生了退回压制型法的危险，又形成了获得更大回应性的潜能"[①]。笔者赞成第二种见地，主张管制行政、控权行政与回应型行政三者都是现代法治的一种形式，它们有程度和内涵上的差异，但彼此之间都是不能替代的，后者并不是对前者的否定，而是在前者基础上的一种提升和完善。也就是说，回应型政府并不否认管制行政和控权行政的功能和作用，也不想替代管制行政、控权行政而独行天下。

三、对我国法治建设的现状评估

按照党的十八届四中全会《决定》的评价："目前，中国特色社会主义法律体系已经形成，法治政府建设稳步推进，司法体制不断完善，全社会法治观念明显增强。"2021 年 8 月，中共中央、国务院《法治政府建设实施纲要（2021—2025）》进一步评价：党的十八大以来，特别是《法治政府建设实施纲要（2015—2020）》贯彻落实 5 年来，各地区各部门多措并举，改革创新，法治政府建设取得重大进展。党对法治政府建设的领导不断加强，责任督察和示范创建活动深入实施，法治政府建设推进机制基本形成；"放管服"改革纵深推进，营商环境大幅优化；依法行政制度体系日益健全，重大行政决策程序制度初步建立，行政决策公信力持续提升；行政执法体制改革大力推进，严格规范公正文明执法水平普遍提高；行政权力制约和监督全面加强，违法

---

① ［美］P. 诺内特、P. 塞尔兹尼克著，张志铭译：《转变中的法律与社会：迈向回应型法》，中国政法大学出版社 2004 年版，第 29 页。

行政行为能够被及时纠正查处；社会矛盾纠纷依法及时有效化解，行政争议预防化解机制更加健全完善；各级公务员法治意识显著增强，依法行政能力明显提高。同时要看到，同党和国家事业发展要求相比，同人民群众期待相比，同推进国家治理体系和治理能力现代化目标相比，目前的法治建设还存在许多不适应、不符合的问题。

（一）成就举世瞩目

从 1978 年 12 月党的十一届三中全会开始，我国的法治与改革同步进入了"黄金时代"，从"有法可依、有法必依、执法必严、违法必究"法治十六字方针的确立，到"八二宪法"恢复宪法作为根本大法，开始新的宪法实施体制；从党的十五大"依法治国，建设社会主义法治国家"治国基本方略的确立，到十七大确立以民为本，建设服务型政府的提出；从 2008 年政府信息公开制度的确立，到 2011 年宣布已形成中国特色社会主义法律体系；从党的十八大提出"科学立法、严格执法、公正司法、全民守法"新的法治十六字方针到党的十八届四中全会提出依宪治国和依宪执政。有学者认为，我们用了 30 多年的时间，基本完成了西方法治国家 300 多年（以英国的法治主义为起点）走完的现代法治历程。这一成就是举世公认的。

（二）法治面临本土化转型的攻坚期

在看到进步和成就的同时，我们也应该看到，今天，我们的法治国家、法治政府和法治社会建设进入了一些引进的制度水土不服的"瓶颈期"，也是现代法律制度实现本土化转型的"攻坚期"。虽然从制度层面而言，我们已经形成中国特色社会主义法律体系，而从文化层面而言，要将那些被社会所认同的观念、规则、行为方式、处世哲学等理念内化为人们的思维习惯、自觉反应和发自内心的遵从，让全社会对法律产生信仰和尊重，尤其要完成由礼治文化向法治文化的转变，这还任重道远。

（三）亟须解决的三重困境

如果我们理性地、客观地观察当代中国的法治现状的话，就不难发现，我们正面临着三重困惑，即法律共同体的"法条主义"、领导群体的"法律工具主义"与法学者们的"法律浪漫主义"情结的交织。我们亟须解决法条主义、法律工具主义与法律浪漫主义这三重困境。

所谓法律浪漫主义，是指不分场合地抬高法律规则的地位，认为法治的核心就是依法办事，依照成文法的规则行事，似乎立法者所创立的成文法规就能解决现实所有问题，以为只要公权力部门严格按照规则办事，法治秩序就能顺利地实现。所以，我国法学研究中的法治理论，往往是只见规则不见主体，缺乏对法治主体的认真分析。

而法律共同体（包括立法工作者、法官、检察官、行政执法人员、律师和法学家等）普遍遵守的是法条主义观念，这首先是学者和媒体长期灌输的结果。依法行政变成了"依法条行政"，法官则当然没有造法的权力，一切依法条裁判。学者邓正来认为："法条主义论者所从事的基本工作乃是试图建构一个在概念系统上比较完整、逻辑自洽、传达便利和运用有效的有关部门法的规则体系或系统。"① 这种单向性的输入的恶果就是，法律人都成了法条的"奴隶"，他们不知道法律是应当而且也是可以变通的，更不知道如何变通，如何获得这种变通乃至改变法条的权力。②

而在法律人过于拘泥于僵化的法条而不能解决实际问题的情况下，领导群体为了现实和实践的需要，只能把法律当作工具。既然是工具，就有选择性，能用的用，不能用的就变通，或者干脆抛开法律框架，以实用主义的方式解决实际问题。对此，有学者认为这是"良性违法"（在世界法学界也曾讨论过这一概念），并有一些学者持赞成的态度；但也有不少学者持否定的观点，坚持任何改革或者实践必须"法制先行"而不能超出法治的框架和边界。

（四）目前行政执法面临的主要难题

行政执法主要遵循两种路径：合法行政与合理行政，即逻辑推理与辩证推理。检视我国的行政法治现状，无论是合法性推理还是合理性推理，目前都面临着制度缺失和理念滞后等突出问题。[197]

在逻辑推理即合法性认定中，主要面临着三大制度的缺失：一是在界定大前提法律规则时，面对不确定法律概念等"恶法条"问题，由于法律解释制度的缺失，不能得到有效解决；二是在认定小前提法律事实时，由于行政证据规则和取证程序规范的缺失，从而出现"因为缺乏手段，导致不择手段"等违法取证等现象，尚未在制度上得到解决；三是作出结论法律后果时，由

---

① 邓正来著：《中国法学向何处去——建构"中国法律理想图景"时代的论纲》，商务印书馆 2006 年版，第 66 页。

② 陈金钊著：《法律解释的哲理》，山东人民出版社 1999 年版，第 260 页。

于行政裁量基准制度尚未健全，执法的公平正义体现得不够彻底和充分。

在辩证推理即合理性裁量中，更是缺乏相适应的思维能力和方法能力，如：对行政合理性原则的运用能力不足；法的价值判断能力和应用能力欠缺；权力与权利的平衡艺术没有掌握；正当程序尚无法熟练运用；行政执法方式不够优化，等等。这些都是行政执法部门和执法人员普遍缺乏的理念和技能。

如何解决上述实践中的难题，正是本书写作的主要目的和指向。所以，本篇即行政执法的技巧，是本书落笔的重点，当然也是难点所在。

第二十一章 规则界定：如何矫正法律规则的不确定性

一、法律的概念、规则和原则

法律文本一般是一个逻辑推理的三段论结构：大前提即规则＋小前提即事实⇒结论即法律后果。本章要研究的是大前提：法律规则，又称为法定条件。

作为一个行政执法人员，首先要学会正确解读法律文本中的相关条文。

法律文本中的条文，一般是由法律概念、法律规则和法律原则构成的。要正确判断法律规则，离不开对法律概念和法律原则的理解。

（一）法律概念

何谓概念？《辞海》的界定是："反映对象的特有属性或本质属性的思维形式。人们通过实践，从对象的许多属性中，抽出其特有属性概括而成。"① 概念的形成，标志着人的认识已从感性认识上升到理性认识。博登海默说："概念乃是解决法律问题所必需的和必不可少的工具。没有限定严格的专门概念，我们便不能清楚地和理性地思考法律问题。"②

表达概念的语言形式是词或词组。[198]

法律概念是这样一个概念：它把法律调整所欲描述或规范对象之特征穷尽列举设定作为基础，并基于某种设想（规范意旨）就其已被认识之特征加以取舍，并将保留下来之特征设定为充分而且必要，同时把要调整之事实涵

---

① 参见陈至立主编：《辞海》（第 7 版缩印本），上海辞书出版社 2022 年版，第 654 页。
② ［美］博登海默著，邓正来译：《法理学：法律哲学与法律方法》，中国政法大学出版社 1999 年版，第 486 页。

摄在概念的运用中。① 对法律概念的解释主要是释放其固有的意义。《西方哲学英汉对照词典》对"概念分析"的界定是："运用逻辑的方法意图澄清概念或观念的意义的活动。它力图发现组成一个概念的要素是怎样相互联系的。它也陈述某些概念之间的关系，以及某些给定概念之运用的充分必要条件。"②

法律概念中有一些是属于最基本的概念，美国法学家韦斯利·N.霍菲尔德（Wesley N. Hohfeld）称之为"法律最小公分母"，如法律关系、权利、义务、权力、特权、责任和豁免等。由一个法律制度所确定的概念，主要是用来形构法律规则和法律原则的。这阐明了法律概念与法律规则、法律原则之间的内在逻辑关系。

一方面，法律概念是有用的，而且是必不可少的，这种有用在于它们是那些深深蕴藏于我们的法律及法律哲学之中的价值；另一方面，要防止法律概念的专横，因为概念的专横乃是"产生大量不正义现象的根源"，在卡多佐看来，"在很大程度上来讲，当概念导致压制或不正义时，我们就应当把它们视为可以重新阐述和可以加以限制的临时假定来对待"③。而"解释的任务是使法律者把法律概念的内容和范围想象为具体"④。法律解释并不能离开对概念的重点阐述，因为这正是维系法律解释存在的重要特质，离开这一点，就不存在法律解释学。

（二）法律规则

规则是关于法律在各门类情况下对群体的人允许或要求什么行为的一般性陈述。⑤ 法律规则，是指具体规定权利和义务以及具体法律后果的准则，或者说是对一个具体的事实状态赋予一种确定的具体后果的各种指示和规定，它是对人们的行为进行指引的准则。通俗一点说，法律文本中"三段论"中的大前提就是法律规则。

法律规则是构成法律的基本单元，法律就是由一整套规则组成的体系。法律规则即便必须与整体的法律规则体系保持本质上的一致性，但其依然是

---

① 参见陈金钊著：《法律解释的哲理》，山东人民出版社1999年版，第264页。
② ［英］尼古拉斯·布宁、涂纪元编著：《西方哲学英汉对照词典》，人民出版社2001年版，第178页。
③ 转引自［美］博登海默著，邓正来译：《法理学：法律哲学与法律方法》，中国政法大学出版社1999年版，第489页。
④ ［德］卡尔·恩吉施著，郑永流译：《法律思维导论》，法律出版社2004年版，第79页。
⑤ ［美］史蒂文·J.伯顿著，张志铭、解兴权译：《法律和法律推理导论》，中国政法大学出版社2000年版，第16页。

个体的、有其固有的特质。

法律规则一般与法律规范同义。博登海默认为，规则"可以被视为是规范性控制的方式，其特征是它具有很高程度的精确性、具体性和明确性"①。因而法律规则是法律推理的基础性前提。在通常的表述中，法律规则可分为广义与狭义两种，狭义的表述是作为法律文本中的基本单元，与法律概念、法律原则相区分；而广义的法律规则是将法律概念、法律原则都包含在内的，与法律规范的含义相通。

美国法学家凯斯·孙斯坦（Cass R.Sunstein）精辟地指出，在法律体系中，规则有如下的优点和独特功能：（1）规则在具体案件中使决策的信息成本和政治成本最小化；（2）规则是盲目的，不受个人情感的影响；它们能够促进平等待遇，减少偏见和武断的可能性；（3）规则在具体案件中既可鼓励也能约束决策者；（4）规则可为个人参与者、立法者及其他人提高可预见性和计划性；（5）规则也提高了透明度和责任性；（6）规则可使人们避免在自己的特别案件中由于服从官员的自由裁量权而蒙受耻辱。②

同时，孙斯坦也理性地分析了规则的不足之处，即具有僵化的一面：（1）规则涵盖的范围既可能包容过宽，也可能包容过窄，因而按规则作出的裁决可能是不公的；（2）规则可能由于情势变更而落伍；（3）抽象与具体有时掩饰了偏见，当人们处境不同时，相同的对待办法可能并不公平，甚至是错误的；（4）规则使自由裁量权无地容身；（5）规则使做坏事的人逃避责任；（6）规则具有非人性化的特点，且在程序上是不公平的，有时根据具体情况作出修订很有必要或更合适；（7）规则和按规则行事对公务人员具有不利的心理作用；（8）好的判决胜过好的规则，因为规则通常是非常粗泛的。③ 不得不承认，孙斯坦对规则的缺陷的分析是透彻、深刻的，也是符合实际的。[199]

（三）法律原则

原则，来源于拉丁语 principium，其语义是"开始、起源、基础"。在法学中，法律原则是指那些可以作为规则基础或本源的综合性、稳定性的准则，

---

① ［美］博登海默著，邓正来译：《法理学：法律哲学与法律方法》，中国政法大学出版社 1999 年版，第 236 页。

② 参见［美］凯斯·R.孙斯坦著，金朝武、胡爱平、高建勋译：《法律推理与政治冲突》，法律出版社 2004 年版，第 132—138 页。

③ ［美］凯斯·R.孙斯坦著，金朝武、胡爱平、高建勋译：《法律推理与政治冲突》，法律出版社 2004 年版，第 156—162 页。

一般是指对大量具体的法律规则进行同义说明、论证和解释的普遍性规范，这种规范可以作为法律适用过程中法律推理的权威前提。

与法律规则相比，法律原则所涉范围更广泛，阐述也更模糊；另外，这些原则往往还会遇到各种各样的例外。因为，"一个社会所具有的那种明文规定的实在法，永远无法囊括整个社会中的'活法'结构。一个社会总是根据一些原则运行的，而这些原则源出于该社会制度的精神与性质之中，而且也是该社会有效运作所必不可少的，尽管这些原则并未得到立法机关或立宪大会的正式表达"①。

法律原则实际上源于正义原理，是人类理性的产物。多数法律原则来自法学家基于法治理念的探索，而成形于立法者的认可。法律原则是一种较为抽象的规定。"法律原则是证成法律规则，确定法律规则应如何扩展和修正，以及解决法律规则冲突的理论实体。"②[200]

法律原则有如下特点：其一，从形成过程看，法律原则多是历史地形成的，有的是对习惯的确认，有的是对公序良俗的确认，又或者通过宪法规定，大多作为法律的不成文法渊源存在；其二，从适用范围看，大多数法律原则并非针对特定的对象，它基本上可以适用一切法律领域，对行政、司法，甚至部分对立法都有拘束力；其三，法律原则既有程序方面的，也有实体方面的，既有专门的，也有普适的。③

（四）法律概念与法律规则的关系

当然，法律规则的基本材料是法律概念，即词或词组。所以，从某种角度讲，法律规则虽然构成法律的基本单元，但并不是法律的最小单位。这就是法律概念与法律规则的基本关系。有时候，法律概念本身就具有独立的法律意义，与法律规则同义；更多的时候，法律概念只是构成法律规则的基本材料，并不具有独立的法律意义。[201]

（五）法律规则与法律原则的关系

法律规则与法律原则之间是这样的关系：法律规则是法的"细胞"，而法

---

① 参见［美］博登海默著，邓正来译：《法理学：法律哲学与法律方法》，中国政法大学出版社 1999 年版，第 525 页。

② ［美］拉里·亚历山大、肯尼思·克雷斯：《反对法律原则》，载于［美］安德雷·马默主编，张卓明、徐宗立译：《法律与解释》，法律出版社 2006 年版，第 362 页。

③ 参见宋功德著：《行政法哲学》，法律出版社 2000 年版，第 440 页。

律原则是法的"灵魂"，两者密不可分。（1）法律规则具有比较严密的逻辑结构，针对特定的对象；而法律原则并不能构成规则本身，它只是法的一种渊源，它促使规则必须与具体社会关系相互结合。（2）法律规则在适用时是刚性的、明确的，要么有效，要么无效；而法律原则的适用则有灵活性，其并不指明符合规定的条件时将自动发生的法律后果。（3）法律原则具有力量上和重要性上的程度等级，当诸个原则交错的时候，这个冲突必须根据每一个原则在这一情况下的相对分量来解决；而法律规则没有这种程度等级的差别，在一个规则体系内部，不存在一个规则比另一个规则更重要的情况。[①]（4）法律规则必须体现、落实法律原则的抽象的规定，立法制定规则、行政实施规则、司法适用规则，都不能同法律原则违背，否则无效。法律原则对法律规则起着补充作用与统率作用，当法律规则缺失时，法律原则起着补充规则、调整特定社会关系的作用，每一法律原则形成相对独立的以其为核心的完整的规则体系。所以，拉德布鲁赫说："不是法律制度的实质，而是法律制度的目的才是唯一的原则。法律的具体规则可以溯源于这种原则，而只有对那种本体论的，不是目的论的构造才能合理地与之斗争。"[②][202]

德国的行政法学家哈特穆特·毛雷尔指出，法律原则因其一般性而不能适用于具体案件，但它们可以构成有效的实在法律条款的法律基础。这些法律规范在行政法领域里即成为一般行政法原则。[③]法律原则在法理上优先于法律规则，但在运用时，则只有在法律规则的运用已穷尽时，才可以被运用。在一般情况下，法律原则不能被直接运用，而只能适用法律规则。即使有运用法律原则的必要，纯粹的法律原则由于没有明示人们的行为标准和法院的裁判标准，也是不能作为直接裁判案件的依据的。必须通过一个中介，才能在个案中直接运用法律原则，这个中介就是解释者。而解释者也不能随意确定在具体案件中适用法律原则，只在极少数案件中才运用法律原则以弥补法律的漏洞。

当法律文本中的规则与背后的原则不一致，或规则之间有冲突时，规则与原则何者优先适用？答案是：原则优先。这已成为一条定理。[④]主要理由是，

---

① 参见［美］罗纳德·德沃金著，信春鹰、吴玉章译：《认真对待权利》，中国大百科全书出版社1998年版，第46页。

② ［德］拉德布鲁赫著，米健、朱林译：《法学导论》，中国大百科全书出版社1997年版，第171—172页。

③ ［德］哈特穆特·毛雷尔著，高家伟译：《行政法学总论》，法律出版社2000年版，第66页。

④ 德沃金对此理论有详尽的阐述。参见拙著《法治与法治思维》，上海人民出版社2013年版，第219—220页。

与规则相比较，原则具有以下优点和功能：其一，原则比规则有更宽的覆盖面，因为每一个原则都是在广泛的现实或设定的社会生活和社会关系中抽象出来的准则，具有普遍性；其二，原则比规则更具有宏观上的指导性和适用性，即在较大的范围和较长的过程中对人们的行为有方向性的指导作用；其三，原则比规则的稳定性更强。所以，美国的凯斯·孙斯坦指出："运转良好的法律制度一般会采用某种特殊的策略，以在社会不同意见和多元化之间得到稳定和一致：法律纠纷的仲裁者试图形成未完全理论化的协议。有时这些协议确实包括抽象原则，而这些原则是在特定案件中严重分歧的人们所共同接受的。"①[203]

英国人权学者米尔恩认为，原则所起的一种作用应该是证明违反规则为正当。遵守一项规则的人们对于他的行为毫无自由裁量的余地，因为规则已告诉了他。规则着眼于各种的共性，而不考虑个别情况的细节。但是，特殊的环境可能意味着服从一项规则是不利于其宗旨的，因为那样做会使以其为规则的活动归于失败。因此，违反它并做一些更有效的事就被便利的原则证明为正当。②

从实务的视角来审视，在认识法律规则与法律原则的过程中，面临的主要难题是"不确定法律概念""模糊的法律规则""多义的法律界定"等不确定的法律条文问题。而解决这一问题的主要途径，是正确运用法律解释的方法。

二、法律概念或者规则的不确定性

季卫东教授认为，任何法律体系都具有这样的两面性："确定的核心"（core of certainty）与"疑问的半影"（penumbra of doubt）。对法律规范的正确的理解和适用则处于这两者之间。为此需要在这两者之间进行解释和利益权衡。纵览20世纪的法学发展史，可以说德国概念法学是轻视了"疑问的半影"，而美国现实主义法学则轻视了"确定的核心"。③

---

① ［美］凯斯·R.孙斯坦著，金朝武、胡爱平、高建勋译：《法律推理与政治冲突》，法律出版社2004年版，第2—3页。

② ［英］A.J.M.米尔恩著，夏勇、张志铭译：《人的权利与人的多样性——人权哲学》，中国大百科全书出版社1995年版，第29—30页。

③ 参见季卫东著：《法治中国》，中信出版社2015年版，第74页。

法律概念和规则的不确定性是一种常态，这是法治面临的基本规律。而能否解决法律概念、规则的不确定性，则是衡量一个国家和社会法治水平的重要指标。这对于行政执法来说，更具有实践意义。德国的卡尔·恩吉施（Karl Engisch）把法律概念分为四类：不确定法律概念、规范性法律概念、裁量性条款和一般性条款。① 在他看来，规范性法律概念一般不需要解释，需要解释的是不确定法律概念和一般性的条款，而需要发挥的是自由裁量性条款。

法律概念或者规则的不确定性，主要表现为以下几种情形：

（一）不确定法律概念

"不确定法律概念"（Unbestimmter Rechtsbegriff）在行政法里是一个专有名词，是法律概念的一种特殊类型。是指未明确表示而具有灵动的特征之法律概念，其包含一个确定的"概念核心"以及一个多多少少规范不清的"概念外围"。这一界定，与英国的哈特所作的概念的"核心地带"与"边缘地带"的划分极为相似。因不确定法律概念内涵的模糊性和多义性，在法律解释特别是在具体案件的适用中存在很大的困难，其首先是一个主观认识问题，只有在谨慎、全面考虑、评估和权衡各种观点的情况下，才可能做到这一点。但同时，面对不确定法律概念，行政机关又不能回避，必须作出明确的决定。[204]

"不确定法律概念"是行政执法适用法律时经常面临的难题。奥地利学者特茨纳（F.Tezner）首次将"不确定法律概念"从行政裁量中分离出来，并奠定了行政法中"不确定法律概念"研究的基石。② 德国的毛雷尔列举了如下不确定的法律概念：公共利益、共同福祉、重要根据、交通利益、可靠性、能力、必要、特别困难、难堪、对自然风景不利等。③ 日本的南博方也列举了正当的理由、正当的补偿、不适当高额、极其低廉等不确定法律概念的情形。④

上述这些概念，在大陆的法律文本中，同样是难以客观界定的"不确定法律概念"，而且，我们的实践中可能会遇到更多这类不确定的概念。学者尹建国仅以《行政处罚法》和《行政许可法》为样本，就分别罗列出33个和28

---

① 参见［德］卡尔·恩吉施著，郑永流译：《法律思维导论》，法律出版社2004年版，第134页。

② 参见翁岳生：《论"不确定法律概念"与行政裁量之关系》，载于翁岳生著：《行政法与现代法治国家》，台湾祥新印刷有限公司1989年版，第42页。

③ ［德］哈特穆特·毛雷尔著，高家伟译：《行政法学总论》，法律出版社2000年版，第133页。

④ 参见［日］南博方著，杨建顺译：《行政法》（第六版），中国人民大学出版社2009年版，第42页。

个"不确定法律概念"：在《行政处罚法》里包括有效实施、公共利益、社会秩序、法定程序、公正、公开、违法所得、较大的市、非法财物、公共事务、应当有条件、不能辨认或者不能控制、胁迫、轻微、全面、客观、必要时、确有困难、情节复杂、重大违法行为、较大数额罚款、国家秘密、商业秘密、个人隐私、直接利害关系、事后难以执行、玩忽职守、变相私分、情节严重、徇私舞弊、包庇纵容、直接负责、直接责任人员等；在《行政许可法》里包括有限自然资源、公共资源、特殊信誉、特殊条件、特殊技能、能够自主决定、有效调节、能够自律管理、适时、精简、统一、效能、不正当要求、重点行政许可事项、重大利益关系、强制性的资格考试、严重后果、截留、挪用、私分或者变相私分、滥用职权、玩忽职守、超越法定职权、违反法定程序、欺骗、贿赂、重大损害、不可抗力等。① 可见，不确定法律概念在成文法里是一种极常见的现象，可以说，比比皆是。

如何解决"不确定法律概念"的适用问题？德国曾经以"判断余地理论"予以处理。根据奥托·巴霍夫（Otto Bachof）于1995年提出的判断余地理论，行政机关通过适用不确定法律概念获得了一种判断余地，即独立的、法院不能审查的权衡领域或判断领域；行政法院必须接受行政机关在该领域作出的决定，只能审查是否超出该领域的范围。卡尔·赫尔曼·乌勒（Carl Hermann Ule）同时提出的合理性理论也得出了类似的结论：在两个案件中，多个解决办法都是合理的，行政机关在此合理性的范围内作出的决定都应视为合法。但后来，法院不再承认行政机关享有绝对的判断余地，强调行政法院原则上应从法律和事实两个方面对行政决定进行不受限制的审查。但对属于"不确定法律概念"的政策性行政决定以及考试、环保和经济领域的预测与评估等，仍适用判断余地理论。②

从我国的法律实践过程来看，基本也延续了德国从尊重行政机关的合理性审查权到逐步限制这种自由裁量权的规律。在我国，原来在行政诉讼中只对行政处罚的适当性问题作合理性审查，其余领域法院都不作合理性审查，即承认行政机关的自由裁量权（即判断余地）。但2014年11月修正的《行政诉讼法》第53条规定，公民、法人或者其他组织可以一并请求对规范性文件的合法性进行审查。第64条规定，法院经审查认为规范性文件不合法的，

---

① 尹建国著：《行政法中的不确定法律概念研究》，中国社会科学出版社2012年版，第52页。

② ［德］哈特穆特·毛雷尔著，高家伟译：《行政法学总论》，法律出版社2000年版，第134—138页。

不作为认定行政行为合法的依据，并向制定机关提出处理建议。这意味着赋予了法院审查救济抽象行政行为的权力。此权力原来是行政复议中才有，属于行政复议机关的权力。同时，新的《行政诉讼法》在保留对行政处罚明显不当的可以变更的权力外，在第 70 条将"明显不当"作为人民法院判决撤销或者部分撤销的情形之一，意味着合理性审查已经覆盖到所有行政行为领域。这样一来，行政机关的自由裁量权基本都要接受法院行政诉讼的审查和监督。

尽管如此，从法理上推论，"不确定法律概念"仍属于行政机关作出逻辑推理的领域。行政执法部门要学会正确界定、选择和裁量法律文本中常常遇到的"不确定法律概念"，使之变得确定、清晰，可以适用于具体案件事实。

（二）语义不清

法律文本中存在着形形色色的"语义不清"的情况，需要通过语义解释等厘清。所谓"语义不清"主要有以下几种：（1）歧义（ambiguity），指法律的语词在不同的语境中具有不同的含义，在一个语词里可能包含两种或两种以上的普通含义或兼有普通和专门含义，如"人""法律"等；（2）模糊（vagueness），指法律语词或概念所指涉的范围界限不清，从而使有些事项无法确定地加以归类，如"车辆不得进入公园"里的"车辆"是否包括马车、自行车？（3）评价性（evaluation），指法律条文尤其是各种一般条款包含评价性用语，而这些用语所表达的概念并没有与其他评价成分相对应的描述性含义，从而在理解上表现为某种开放性，如"良俗""诚信"等；（4）笼统（generality），指基于法律的目的、一般的背景原则等因素的考虑，法律用语相对于具体的案件事实显得过于笼统——包容过广或过窄。如遗产的"继承人"杀害了立遗嘱人还是否属于合法的"继承人"；（5）情况变化（changed circumstances），指原本清楚的法律用语由于法律制定后社会的发展变化，特别是与法律相关的知识、技术和价值观念等情况的变化，而变得语义不清。①[205]

（三）弹性条款

弹性条款，即有裁量性的条款。而裁量性概念则是法学中最棘手的概念。

---

① 参见张志铭著：《法律解释操作分析》，中国政法大学出版社 1999 年版，第 129—132 页。

日本学界喜欢用另一个概念，叫"复数的法律构成"，他们认为，诉讼真正容易发生的多是处在法律规定边缘的或者容易让人们产生不同理解的法律规定的事件，此时，法律解释的意义通常是复数的，就像加藤一郎所说的："如果在法解释里面，也存在如自然科学的真理那样的唯一正解，那么，就不会发生那么多法律纠纷，也就不会出现上下级法院的审判意见的分歧了……"①

波斯纳则列举了规则治理的四个毛病，其核心就是具有裁量性：一是规则的适用范围也许不确定，因此，法律实施者必须不断地决定，这个规则对制定规则时未曾预见的或至少是未作决定的情况是否适用；二是对同一活动，也许一些不相一致的规则都可以适用，实施者有义务排除这些不一致，但逻辑并不能告诉他们应当放弃哪条规则；三是规则治理存在悖论，一个法律问题可能是确定的，也可能是不确定的，其确定在于有个明确的规则涵盖了这个问题，而不确定在于法律并不一定要遵循规则；四是依据规则作出的决定并不一定比依据标准作出的决定更为客观。因为在确定法律权利义务时，规则只是掩盖了而不是排除了主观的作用和政治的作用。②〔206〕

（四）法律条款之间违背同一律

这里仅指同一文本的法律条款之间逻辑不严密，违背同一律，从而产生矛盾、抵触或者冲突的法律概念或者规则。这是从逻辑学上得出的结论。

至于实践中经常面临的上下位阶的法律规范之间的冲突、同位阶法律规范之间的冲突，则不是通过法律解释制度来解决的，而是运用法律规范的冲突裁决机制来解决。③

（五）法律漏洞

可以说，法律的滞后性决定了任何完备的立法随着时间的推移，都难免出现法律漏洞，也就是法律空白，或者叫"空缺结构"，这就造成法律实施者缺乏依据，无法判决或处置案件；何况很多的漏洞是在立法时就已存在的，需要法律实施者在法律适用时进行填补。德国的卡尔·拉伦茨在名著《法学方法论》中指出："法律只界定一般框架，在个案中法官必须另外评价，来填

---

① 参见张利春著：《日本民法解释学中的利益衡量理论研究》，法律出版社2013年版，第214页。
② 参见〔美〕理查德·A.波斯纳著，苏力译：《法理学问题》，中国政法大学出版社2002年版，第59—61页。
③ 关于法律规范冲突的裁决机制，本书第二十四章《行政执法依据冲突的裁定》有专门的阐述。

补框架的空隙。与此类似的情况尚有：立法者尚未表达立场的新问题出现；立法评价的前提要件消失；规范与规则竞合，而对于法官必须裁判的案件类型，立法者欲赋予何者优先地位实无从认识。"① 具体来说，拉伦茨把法律漏洞概括为三种情形。其一，法律对其规整范围内的特定案件类型缺乏适当的规则。这种欠缺不是没有任何规定，毋宁是欠缺在法律体制内本可得以期待的规则。这种规范的欠缺往往使法律适用难以进行，这可以称为"规范漏洞"或"开放的漏洞"。其二，有些法律规则在整体上存在不圆整性，这可称为"规整漏洞"。其三，依法律可能的字义，似乎已经包含了可供适用的规则，然而，适用这些规则明显违背规则的意义及目的。此时，如果法律中欠缺相关的限缩规定，也可认为是一种"隐藏的漏洞"。②[207]

上述这些存在着法律漏洞的法条往往已经过时、滞后或脱离实际，已不具备实施条件，或者实施的话会产生与立法目的相背离的结果，但从形式上说仍具有法律效力。这种情况，在现有的法律文本中并不少见。

（六）解决之道：运用法律解释

如何解决上述法律概念和规则的不确定性？及时通过修改立法是一种路径，但往往是远水解不了近渴，因为在法律实施过程中，包括行政执法和司法审判过程中，时时刻刻会遇到这类不确定法律概念乃至所谓的"恶法"。所以，统观一般法治国家的做法，最有效的方法就是通过法律解释，即赋予法律实施者以一定的法律解释权，这是必要的，也是最主要的矫正"恶法"的方法。

法律为什么要解释？[208]德国哲学家伽达默尔（Hans Gadamer）这么回答：诠释学的出发点就是构筑桥梁，在过去中重新发现最好的东西。③法律解释学在历史与现实、法律与事实之间架起了理解的桥梁，通过交互对话与理解消解了作为历史的立法者与作为现实的法律实施者之间的时空距离，同时也消解了作为共性的规则与作为个性的案件之间的紧张关系，从而使得理解共识基础上的法治成为可能。④

正是在这一意义上，季卫东教授呼吁，我们应该从"立法者时代"转向

---

① ［德］卡尔·拉伦茨著，陈爱娥译：《法学方法论》，商务印书馆2003年版，第2页。
② ［德］卡尔·拉伦茨著，陈爱娥译：《法学方法论》，商务印书馆2003年版，第249—256页。
③ ［德］伽达默尔著，夏镇平等译：《哲学解释学》，上海译文出版社1994年版，第27页。
④ 参见刘治斌著：《法律方法论》，山东人民出版社2007年版，第231页。

"解释者时代"①。法律解释是职业法律家独有的思维样式和推理技术。"没有法解释学以及职业法律家的实践技艺，法典就形同虚设。从这个意义上甚至也不妨说：法就是解释。"② 在一般法治国家，狭义的法学就是法律解释学，其运用者主要是行政官员和法官。当然，法律解释还需遵循法律优越原则，必须承认法院在具体案件审理方面作出终局性决定的权力，承认在法律解释方面审判权高于行政权。③

三、法律解释的功能与分类

法律解释分为立法解释、行政解释和司法解释，学者专家的学理解释并不是一种有法律效力的解释。

从我国现有的法律解释制度来看，虽然有立法解释、行政解释和司法解释，而其本质上都是属于立法解释或者准立法解释，都是对抽象性法律规则的解释。

按照法律解释的功能定位，具有说明法律、理解法律和发现法律三种功能。与之相对应的是立法者的规则性解释、法律实施者的描述性解释和裁量性解释三种解释。其中，立法者的规则解释只能实现说明法律的功能，而通过描述性解释理解法律和通过裁量性解释发现法律，则是法律实施者的使命，也就是行政执法人员和法官的职权和职责。对于这一点，现有的法律体系中缺乏制度性安排，也就是说，赋予法律实施者即行政执法人员和司法人员在具体案件的适用法律过程中以相应的、有限度的法律解释权，是一般法治国家通常的制度安排。而目前我国的法律制度中，并没有赋予法律实施者在适用法律过程中的法律解释权。但这并不能排除实际上大量发生的行政执法人员和法官对法律文本的解释行为。本章要研究的对法律概念和规则不确定性的解释问题，正是基于这一客观事实，而不仅仅是从法律解释制度的理想构建的角度所做的研究。

笔者基于法律解释服务于立法者说明法律和法律实施者理解法律、发现

---

① 参见季卫东：《在上海交通大学凯原法学院冠名仪式上的致辞》，源自 http://jwd.fyfz.cn/blog/jwd/index/blogid=386170。
② 参见季卫东著：《法治中国》，中信出版社 2015 年版，第 74 页。
③ 参见季卫东著：《法治中国》，中信出版社 2015 年版，第 128 页。

法律三种需求，按照法律解释发展史中立法者主义、文本主义和解释者主义三种理念，将法律解释方法分为三大类：文义解释、体系解释、论理解释。

第一类，文义解释。主要围绕法律概念，立足于探求法律文本中本已存在但未被发觉、不确定或被误解的"立法者"的真实意图，具体包括语义解释、原旨解释、想象性重构三种解释方法。文义解释主要适用于概念解释，以解决模糊概念、不确定的法律概念等问题。所谓语义解释、原旨解释、想象性重构等，都是围绕"立法者意图"所进行的解释活动。所以，立法机关作为语义解释、原旨解释的主体是实至名归。当然，文义解释并不排斥法律实施者（包括行政执法机关和司法机关）立足于"立法者"的立场进行的描述性解释，尤其是想象性重构，完全是由法律实施者来运用，而不是由立法者运用，但其探寻的仍是立法者"应然"的意图。

第二类，体系解释。主要围绕法律规则，遵循文本主义的理念，立足于对"法律文本"框架内存在，但表现为含混的、模糊的法律意思进行理解和阐明，具体包括法意解释、目的解释、逻辑解释三种解释方法。体系解释可以适用于立法机关的立法解释、法律实施者的描述性解释。体系解释主要立足于法律文本自身体系的完整性、融通性，通过解释以发现和阐明法律文本中原本存在着但因各种原因没有被明示，以致出现的规则模糊、含混、相冲突等情形，但这种缺陷，通过立法机关的立法解释，或者法律实施者理性的描述，可以被揭示并克服。同时是还"法律文本"以本来意义，探求的是法律意思的"应然"状态。当然这种本来意义并不一定是当年立法者的原意，而是在法律文本体系中逻辑地存在于内部的应有意义。所以，体系解释是所有三个解释主体（立法机关、行政机关、司法机关）都可以运用的。

第三类，论理解释。主要立足于作为法律实施者的"解释者"对法律框架内存在漏洞，或者有多重选择的规则，按照一定的价值判断进行选择、裁量，从中发现新的法律内涵，并加以适用。具体包括自然正义原则、尊重常识与常理、利益衡量、个别衡平、成本-效益分析、社会学判断六种解释方法。论理解释主要适用于法律实施者的裁量性解释。这类解释是以"解释者"的意志为重心，是三类解释中唯一给予法律实施者以一定主观能动性运用空间的解释种类。其前提是法律文本存在漏洞或有多重选择的相互冲突和矛盾的法律规则，并且法律实施者无法回避的情形。就行政机关与司法机关而言，虽然同为法律实施者，但对裁量性解释的运用程度应有差异，虽然行政机关有行政自由裁量权，也就意味着具有相应的裁量性解释权，但依照依法行政的法治原则，以及接受司法监督的制度设计，行政机关运用论理解释应当采取克制和谦抑的态度。而司法机关作为实现社会公平正义的最后一道救济防线，需要充分运用论理解释以解决疑难案件审理中的法律资源不足的问题，这种一定程度上创制法律的解释资源的需求，司法机关要高于行政机关。立法机关则无需参与这类解释，否则其作出的解释与立法或法律修正行为就没有本质区别了。

关于上述三种解释之间的关系，英国的法理学家约瑟夫·拉兹（Joseph Raz）的分析颇为贴切，他认为，对作者原意的追求不应是解释的目标，但对作品含义的重新寻找则是法律人的任务。这种寻找可能会出现三种情况：一是发现文本中已有的意义，在具体的案件中的重新陈述（与文义解释相对应——作者注，下同）；二是揭示文本中那些被遮蔽的意义，把被遮蔽的意义挖掘出来（与体系解释相对应）；三是通过论证赋予法律文本在案件中以新的含义（与论理解释相对应）。对法治来说，前两种是常用的，而后一种则是被限制运用的。因为第三种是革新性的，革新与法治的基本精神并不一致。法治是要维护传统的，在一般情况下反对革新，要求因循守法。[①]不少法学家都有同样的认知，如美国的欧文·费斯（Owen M. Fiss）就认为："事实上，解释被定义为文本的含义被理解和表达的过程，而理解和表达行为必然伴随着强烈的个人色彩。与此同时，解释者的自由并不是毫无限制的。解释者不能随意地将他们所希望的意思强加给文本。他们受一系列规范的约束……同时还受基本概念的约束。"[②]

那么，不同的法律解释形式之间有没有优先顺序的排列？在国内，比较有共识的观点是：（1）语义解释具有严格的优先性，若语义解释的条件得到满足，它就优先于其他解释方法而被采用；（2）只有具备足够的理由对语义解释的结果表示怀疑时，才有条件考虑上下文解释和体系解释；（3）当这些解释结果都不能明显成立的时候，才可以考虑法意解释和目的解释；（4）上述论理解释仍不能决定解释结果的，比较法解释和社会学解释才被适用；（5）利益衡量或价值判断则通常被看作最后的选择；（6）无论何种解释方法，原则

---

① ［英］约瑟夫·拉兹：《无需重寻愿意的解释》，载于［美］安德雷·马默主编，张卓明、徐宗立译：《法律与解释》，法律出版社 2006 年版，第 218 页。

② ［美］欧文·费斯著，师帅译：《如法所能》，中国政法大学出版社 2008 年版，第 200 页。

上不允许作出超出法条语义可能的范围作出解释结论。①

　　基于笔者已将法律解释概括为文义解释、体系解释和论理解释三类，其优先的逻辑顺序自然是文义解释—体系解释—论理解释。其中，文义解释和体系解释属于逻辑推理即合法性推理范畴，论理解释则属于辩证推理即合理性推理范畴。

---

　　① 参见桑本谦：《法律解释的困境》，载于《法学研究》2004 年第 5 期；梁慧星著：《民法解释论》，中国政法大学出版社 1995 年版，第 243—246 页。

第二十二章　文义解释、体系解释与论理解释[①]

一、文义解释：立法者主义

文义解释（literal rule）也称为文理解释，是指按照法律条文所使用的文字词句的文义，对法律条文进行解释的方法。其基本含义是：寻找和发现文本中概念的真实意思，重在理解和发现立法者的原意，是一种按照法律条文用语之文义及通常使用方式，阐释法律意义的方法，遵循的是"立法者主义"，属于"向后看"的法律实践活动。[209]

文义解释立足于处理立法的"作者"与"法律文本"之间的不确定状态。在日常生活中，我们都感到文字是可以解释的。我们很容易得出结论，意义是文字中所包含的；只要认真阅读，作者注入文字的含义就会在我们的心目中再现出来。因此，文义解释被当作解读文本的基本方法，并成为法律解释方法的首选。[②]

文义解释的法理基础是什么？波斯纳断言："为什么字面含义的进路长期以来都很有吸引力，这就是因为它避免了解释的不确定性。"[③] 由于制定法是一种命令，所以法官等法律实施者不能作"文明解释"（波斯纳语）。因为立法原意本就存在的，只是由于种种原因没有明确，处于"潜在状态"，经过运用修辞学、语法学等方式是能够发现和确认的。文义解释强调"这是一个起点，而不是一个规则体系。"

当然，文义解释属于传统的解释学范畴，其承认法律的形式正当性，强

---

① 本章内容，可参见拙著：《法律解释：良法善治的新机制》，世纪出版集团、上海人民出版社 2015 年版。

② 苏力：《解释的难题：对几种法律文本解释方法的追问》，载于梁治平编：《法律解释问题》，法律出版社 1998 年版，第 33 页。

③ ［美］理查德·A. 波斯纳著，苏力译：《法理学问题》，中国政法大学出版社 2002 年版，第 350 页。

调法律解释的客观性。解释的含义突出三方面的内容：（1）文本原意的理解和说明；（2）使隐藏的东西显现出来；（3）使不清楚的东西变得清楚。所以也被称为"考古学方法"。"文义解释是法律解释之开始，但也是法律解释之终点。易言之，即法律解释始于文义，不能超过可能文义。否则就超出了法律解释的范畴，进入另一阶段之造法活动。解释法律应尊重文字，始能维持法律之尊严及其适用之安定性。"①

对于文义解释的技术合理性，比利时的法理学家马科·范·胡克（Mark Van Hoecke）作了如下总结：

在法律语词中假定：（1）在某一制定法中界定的一个词无论其在该立法的哪部分中使用，都具有该意义，除非在该法律中给出了另一种定义；（2）一个语词具有在普通语言中的意义，除非立法者用其他方式界定之；（3）如果立法者运用了两个不同的词，即使它们意义大体相同，也仍具有不同的意义；（4）如果立法者废止了界定某一词语的制定法的一部分，该语词不再具有先前所界定的意义，且此后应当以其普通意义阅读之。②上述四个假定，从某种角度讲，也是文义解释可以依赖的四条路径。

文义解释可以从语义解释、原旨解释、想象性重构等三种途径去获得结论。

（一）起点：语义解释

一切的解释均从文本的字义开始。语义解释是指按照法律条文用语之文义及通常使用方式，以阐释法律意义内容。语义解释的依据是立法者的意图与法律语词本身的明确含义是一致的，解释者应该从法律所运用的语词本身去寻找立法原意，如果语词本身就能确定立法意图的，解释者就不应诉诸立法史料或任何其他外在的材料来寻找立法意图。在德国，这种解释被称为"符号学解释规则"。按照美国学者布莱克斯通（Blackstone）的观点，法律"文件的意图必须优位。意图必须来自于字词；文件字词的理解是在它们一般被那些赋予了意图的人们所使用的范围内进行；既不将条文限制于无意义上，也不扩展为未包含在内的目标或者立宪者心中未说出的意图上。"③

法律文本的用语是有其独特属性的，即规范性。法律语言追求表意上的

---

① 王泽鉴著：《民法判例研习丛书基础理论》，台湾大学法学丛书编辑委员会 1993 年版，第 130 页。
② 参见［比］马科·范·胡克著，孙国东译：《法律的沟通之维》，法律出版社 2008 年版，第 212 页。
③ 转引自范学进著：《美国宪法解释方法论》，法律出版社 2010 年版，第 52 页。

平实、直接、严谨和准确，而不能运用比喻、夸张、拟人等修辞手法，不能运用感叹号、问号、引号、省略号等标点符号，不能追求个别化的独特语言风格。它所针对的是法律主体的外部行为，而不能在内心刻画、感情描述上比高低；它的形成不可能无拘无束，而必然要受到人们关于立法活动的各种"预设"的制约。①

语义解释分为两种：普通语义（平义）、专门语义（特殊文义）。法国学者对《法国民法典》的评价和德国学者对《德国民法典》的评价，可以分别作为这两种文义解释的代表。② 这种区分与卡尔·拉伦茨（Karl Larenz）的观点一致，拉伦茨就把法律语词区分了"一般的语言用法获得的字义"和"特殊语言用法获得的字义"两种情况。

1. 普通语义

普通语义又称为平义，即平常的含义，其基本含义是：如果法律规则所用的概念是普通语词或词组，而且其"字面含义"在普通语言中是明白的，那么除非有充分理由作出其他不同解释外，就应当以普通说话者所理解"字面含义"为标准作出解释。

为什么要强调优先用普通语义进行解释？日本的星野英一是这么解释的：因为"法律的作用在于能让普通人看到法律以后知道自己的行为在法律上产生什么样的效果，然后去选择期待或者避开这个结果的行为……因此，对法律家来说一件很重要的事情就是，一定要努力把解释的结果尽可能地和普通市民的感觉、期待相一致"。也因此，文义解释不仅是法律解释的起点，而且应当按普通人阅读法律条文后所理解的意义来解释。③

美国大法官奥利弗·温德尔·霍姆斯（Oliver Wendell Holmes）提出过"字面含义"的标准："我们要问的不是作者的含义，而是在这些词使用的环境中、在一个普通的说英语者口中这些词会具有什么含义。"波斯纳则认为霍姆斯的标准有谬误，因为字面含义的进路完全忽视了作者的语言共同体而听任语义流变的摆布。但是，如果语词的含义都取决于文本作者对语词的理解，与此的指涉就会出现奇怪的断裂。④

---

① 参见张志铭著：《法律解释操作分析》，中国政法大学出版社 1999 年版，第 35 页。

② 参见苏力：《解释的难题：对几种法律文本解释方法的追问》，载于梁治平主编：《法律解释问题》，法律出版社 1998 年版，第 33 页。

③ 参见张利春著：《日本民法解释学中的利益衡量理论研究》，法律出版社 2013 年版，第 238 页。

④ ［美］理查德·A. 波斯纳著，苏力译：《法理学问题》，中国政法大学出版社 2002 年版，第 330、331 页。

波斯纳把语义的含混区分为"内部的含混"与"外部的含混"两种。内部含混是指文字中有一种内在的矛盾，或者由于某个词或某个短语具有多种含义，而句子的语法和句法都没有排除这种含混性。语义的内部含混表现为：一个人读了一句话，他懂得书写的语言，但他对语言使用的环境毫不了解，因此会感到不清楚，因为语词包含着多种含义，需要借助于具体的语境来确定语义。举例：

《中华人民共和国宪法》第2条明确规定："中华人民共和国的一切权力属于人民"。对"人民"这个概念，一般民众从字面上都懂得其意思。但是从法律的角度来解读，"人民"是个有多重含义的概念。美国学者萨托利认为"人民"一词的含义至少可归纳为六种：（1）人民字面上的含义是每一个人；（2）人民意味着一个不确定的大部分人，一个庞大的许多人；（3）人民意味着较低的阶层；（4）人民是一个不可分割的整体；（5）人民是绝对多数原则所指的大多数人；（6）人民是有限多数原则的大多数人。① 所以从法律的角度去理解的话，"人民"的概念就存在着内部含混。

法律语义的外部含混则指，语言本身并不存在多种含义，但是语言使用者的外部环境造成了语言的含混。尽管对不了解句子背景的普通人来说这句话会很清楚，但对于一个确实知道其背景的人来说，这句话就会不清楚、被歪曲或者是其含义不同于普通人理解的含义。例如：

番茄是蔬菜还是植物果实？因为在美国有个制定法规定，进口蔬菜要征税，进口植物果实则不用征税，这就发生了关税是否适用于番茄的问题。因为对于植物学家来说，番茄是一种植物果实，豌豆和大豆也是植物果实；但是对于普通大众来说，这些都是蔬菜，都不能当水果吃。② 所以在美国的法律中，番茄就成了一个外在含混的概念，需要作出语义解释予以明确。

上述法律语义的含混都只是法律语词的一种"共时性分歧"。而对法律概念的认知还有一种"历时性变化"，因为法律概念的普通语义即平义在很大

① ［美］乔·萨托利著，冯克利、阎克文译：《民主新论》，东方出版社1998年版，第25页。
② ［美］理查德·A.波斯纳著，苏力译：《法理学问题》，中国政法大学出版社2002年版，第332页。

程度上是由语境决定的，一个语词的内涵不是词所固有的，而是运用这个语词的社会赋予的，当社会中使用这个语词的人赋予它以新含义或其他含义时，这个语词的平义就变化了。因为，"语言总是落后于自身，并落后于它最初提供的语词表述层面。语言似乎并不与语言中表达的东西相符合，并不与语词阐述的东西相符合"①。例如：

婚姻家庭法意义下的"子女"一词，也许在 200 年前，许多社会都将之仅仅理解为婚生子女，并不包括非婚生子女。而在 200 年后的现代社会，人们对子女的理解就改变了，不仅包括婚生子女，还包括非婚生子女，也包括通过人工授精等其他方式生育的子女。而"子女"概念本身在古代法和现代法律中的文字上并没有什么形式的变化。② 这就是一种语词的历时性变化。

如果可供选择的平义（普通语义）不止一个，那么在解释中该怎么选择呢？应当优先考虑相对比较明显的普通语义，或者运用上下文和谐性原理来确认哪种语义最为适当。当然，有时这种选择也很难：

在德国，在马路上静坐堵塞交通是否属于"暴力"？对此，联邦宪法法院第一审判组的 8 名法官中有 4 名认为，"暴力"一词含义不清，从字面看它包括单纯的心理强制；另 4 名法官则不同意，认为如此来理解"暴力"一词，超出了人们通常理解的范围。③ 当然，按照前面所说的优先考虑比较明显的普通含义的话，那么应该支持第二种理解和解释。

2. 专门语义

专门语义又可称为特殊文义。其基本含义是：如果法律规则所用的概念是专门语词或词组，其与人们平常说话、阅读时理解的含义是有不同的，法律解释就应当按照专门的含义作出解释。专门语义解释强调法律文字的专业性，它不能按照常人的使用习惯来理解，而必须按照法律界的习惯意义来理解。这里的专门语词或词组即通常所说的专业术语，它既可能是专业性的法

---

① ［德］伽达默尔著，夏镇平、宋建平译：《哲学解释学》，上海译文出版社 2004 年版，第 89 页。
② 亚图·考夫曼著，吴从周译：《类推与"事物本质"——兼论类型理论》，台湾学林文化事业出版社 1999 年版，第 89 页。
③ 张志铭著：《法律解释操作分析》，中国政法大学出版社 1999 年版，第 123 页。

律术语，如无罪推定、法定代理、诉讼当事人等，也可能是非法律的专业术语。法律语言常常与普通语言不同，如，殴打、不利、实质、程序、惩罚等词的法律含义都是与我们的直感相抵忤的。① 就是同一法律语言也有不同的多种含义，如"程序"一词，具有许多不同的法律含义，要取决于上下文的逻辑才能判明。

那么，如何来识别专门术语？一是根据上下文来推定；二是根据它在法律中使用的历史来确定；三是诉诸某种事实证明。例如：

德国的法律哲学家喜欢将德国帝国法院对"武器"这一法律概念的解释作为文义解释的经典实例。德国的刑法典和帝国议会委员会对武器一词进行了技术性的解释，立法者认为，武器就是刀与其他工具的总概念。但是，在司法实践中，凡是客观上容易造成明显伤害的都是武器或危险器具。例如，狠踢他人的鞋、作为饮料的盐酸、被挑唆的狗、行驶中的机动车、衣架或虽然闭合但用作打击工具的刀子。因此，在司法实践中，帝国法院将"危险工具"作为武器的总概念。②

如果普通语义与专门语义不一致，何者优先呢？这要分两种情形：若普通语义存在含混（包括内在含混和外在含混）时，应当以专门语义优先，这就是拉伦次所认为的"特殊语言用法获得的字义"优于"法律一般用语获得的字义"③；但若普通语义是明确的、清晰的，则应遵循普通语义优先原则，即如果制定法的条文可以根据日常语言进行解释，它应当根据一个使用该语言的普通人所理解的含义来解释，除非有充分的理由表明应当适用其他解释。[210]

（二）原旨解释：寻找立法意图

原旨解释通常也被理解为原意解释，也有学者称为"意图论点"，其强调法律解释要保持与立法者意图的一致性。在德国，这被称为"发生学解释规则"，其基于两个假设：一是存在某种属于立法者的意图；二是解释者可以

① 参见［美］理查德·A.波斯纳著，苏力译：《法理学问题》，中国政法大学出版社2002年版，第3页。

② ［德］伯恩·魏德士著，丁晓春、吴越译：《法理学》，法律出版社2005年版，第80页。

③ 参见舒国滢等著：《法学方法论问题研究》，中国政法大学出版社2007年版，第371页。

发现这种意图。① 原旨解释通常也被认为是一种历史主义的解释。梁慧星认为，历史解释就是"指探求立法者或准立法者于制定法律时所作的价值判断及其所欲实现的目的，以推知立法者的意思"②。德国的伯恩·魏德士（Bemd Rüthers）认为："历史解释力图从法律规定产生时的上下文中确定规范要求的内容和规范目的。"③ 美国的德沃金赞成"历史主义"（historicism）的解释方法，即把合理的宪法解释限制在表达起草者（framers）的历史意图这一原则之内。

那么，同为文义解释，语义解释与原旨解释的区别在哪里？后者认为，探寻立法原意不能局限于法律语言本身（前者的主张正是如此），而必须借助各种立法史料的研究。通过对立法史料（尤其是立法准备材料）的研究，解释者就能了解法律制定时的一般舆论情况，了解使法律得以通过或解决的问题，从而把握存在于法律背后的政治、社会和经济目的。也就是说，为了实现原旨解释，除了诉诸法律文本自身外，解释者通常总是诉诸大量的立法资料或其他学者的解释，例如立法者个人的日记通信，立法前后的社会环境和重大事件，以及其他学者对这些问题的研究。所有这些材料都用来证明某种意图是立法的真正的、原初的意图。

有学者注意到，原旨解释还不能等同于历史解释，因为历史解释是一个包容性很大的概念，原旨主义、原意主义、文本主义甚至非原意主义都可能被包含在内或者交叉与重叠。原意主义与文本主义都离不开历史的考察与探究，一个要考察法律制定者的历史意图，一个要考察文本批准时的历史含义，即使阐明文本在当下的含义，也属于历史——当代史。非原意主义其实并非完全抛弃法律文本，只是说在解释法律文本时，其要考虑更多原初意图或含义以外的因素——社会变迁、公共道德、价值判断等，而这些因素都是需要借助历史才能说明白的。④ 因此，美国大法官沃伦（Warren）在德沃金"历史主义"解释方法的基础上，提出了法律解释的两种方法：原意的历史主义解释和非原意的历史主义解释。这里所说的原旨解释仅指原意的历史主义解释。

在美国，原意的历史主义解释方法最初的表现形式就是"文本原意主义"（textual originalism），其思想的奠基人是威廉·布莱克斯通（William

---

① 参见张志铭著：《法律解释操作分析》，中国政法大学出版社1999年版，第119、123页。

② 梁慧星著：《民法解释学》，中国政法大学出版社1995年版，第219页。

③ ［德］伯恩·魏德士著，丁小春、吴越译：《法理学》，法律出版社2003年版，第340页。

④ 范学进著：《美国宪法解释方法论》，法律出版社2010年版，第31页。

Blackstone）。许多有权威的学者都同意布莱克斯通的一个著名理论："最令人满意的和最合理的解释立法者意志的方法，就是借助最自然和适当的信息探求法律制定时的立法者的意图，这些信息或者是语词、上下文、主要事件、效果和结果，或者是法律的精神或理性，或者引发立法者去实施的原因。"① 在20世纪早期，文本原意主义一直被视为法律解释中的主流方法，该方法伴随着现代学术对形式主义法学的背叛而日渐式微。直至20世纪80年代，原意的历史主义又开始随着美国政治社会中保守主义的抬头而复苏。所以，探求原意的历史主义解释之缘起，需从文本原意主义开始。②

虽然原旨解释即原意的历史主义解释的局限受到来自不同方面的攻击，保尔·利科（Paul Ricoeur）就认为文本一旦产生之后，作者就死了。[211] 法国比较法学家勒内·达维（Rene David）分析："今天，人们越来越倾向于解释过程的独立性，不再认为解释就是单纯地去发现法律词句的语法上的或逻辑上的意义或立法者的意图。"③ 法国最高法院院长 M. 巴洛-博普雷（M. Ballot-Beaupre）也说："我们不追问什么是一个世纪前立法者的意愿，而是追问，假如他知道我们目前的状况，他会有什么意愿。"④ 但原意的历史主义解释理论仍有着深厚的社会根基。考察美国宪法解释历史可见，原意主义法学（originalist jurisprudence）或者原意主义虽在20世纪80年代后成为美国宪政争论最激烈的话题之一，但原意主义之核心理念——立法的意图就是法律——却植根于盎格鲁-美国宪政历史悠久之原则之中，它体现了自美国建国与传统形成以来的基本承诺。⑤

从联合国对九国⑥的调查数据看，对历史主义的解释即立法意图的原意解释获得了各国普遍的承认和运用，因为所有国家都把实施立法意图作为一项崇高的价值予以尊重。所有国家的高等法院都诉诸关于立法意图的某些"预设"，这些预设包括：（1）立法机关懂得国语并据此使用普通语词或专门语词；（2）立法机关意图使自己制定的法律合乎宪法；（3）立法机关不想有

---

① 转引自范学进著：《美国宪法解释方法论》，法律出版社2010年版，第47—48页。

② 参见范学进著：《美国宪法解释方法论》，法律出版社2010年版，第47页。

③ 转引自郭成华著：《法律解释比较研究》，中国人民大学出版社1993年版，第3页。

④ 转引自［美］本杰明·卡多佐著，苏力译：《司法过程的性质》，商务印书馆1998年版，第51—52页。

⑤ 范学进著：《美国宪法解释方法论》，法律出版社2010年版，第42页。

⑥ 联合国曾经组织阿根廷、联邦德国、芬兰、法国、意大利、波兰、瑞典、英国和美国9个国家的学者提交关于本国高等法院在裁判过程中解释制定法事件的报告，报告的分析成果体现在1991年［美］麦考密克、萨默斯主编的《制定法解释比较研究》一书中。

荒谬或明显不公的结果出现；（4）立法机关不想使法律有溯及既往的效力；（5）所有处罚性法律规定都要求有"犯意"（拉丁文：Mens Rea）；（6）条约不得违反。九国中只有英国是个例外，其普遍禁止使用立法准备材料作为法律解释的渊源。①

在目前中国法治生活背景下，原旨解释仍起着重要的作用，虽然现代解释学认为这种追求只是不切实际的一种理性主义理想，但它在法治进程大的原则和方向等问题上的作用仍是不可低估的。

当原旨解释与语义解释相冲突时，遵循如下裁定规则：如果语义解释是清晰的、确定的，一般应以语义解释来消除或取代原旨解释；如果语义解释并不是十分明确的、清晰的，那么原旨解释才可以优先于语义解释来运用。[212]

（三）想象性重构：想立法者所想

想象性重构，是指解释者基于立法者是以合理手段追求合理目的的理性立法者的假设，想立法者之所想，以重构立法者意图的方式解释法律，并弥补法律所可能存在的缺漏。张志铭教授把这一理论称为理性原意说。[213]

"想象性重构"的观点具有漫长的历史，最早可以追溯到亚里士多德。亚里士多德说："当立法者由于过于简单化而犯错误并使我们失望时，纠正这种贻误——说出如果立法者在场他自己可能说的，如果知道的话会制定为他的法律的话——是正确的。"②又说："当法律确定了一项一般性规则而此后发生了该规则的一个例外情形时，那么立法者的声明因具有绝对的性质而有其不完善和错误的一面，所以执行法律的人士就应当首先确定如果立法者本人处于现在这种情形中会作出什么决定、如果立法者知道这一情形的问题所在又会颁布什么法律，然后再据此对原有法规的不完善性加以修正。"③德国历史法学派代表人物萨维尼（Savigny）说："法律应当把某种思想表达出来，使其走向客观化并得以保存。我们必须洞悉法律所隐含的思想，揭示其内容。法律解释等于法律的重建。解释者应该站在立法者立场上，模拟后者再次形成

---

① 张志铭著：《法律解释操作分析》，中国政法大学出版社 1999 年版，第 120 页。
② 转引自［美］理查德·A. 波斯纳著，苏力译：《法理学问题》，中国政法大学出版社 2002 年版，第 131 页。
③ 转引自［美］博登海默著，邓正来译：《法理学：法律哲学与法律方法》，中国政法大学出版社 1999 年版，第 321—322 页。

法律思想。"①

　　想象性重构建立在一种基本法理之上，即对规则与例外的基本规律的承认。"每个例外本身都是一条规则，都是一条能干净利落击败主要规则的规则。"② 当例外的情形摆在眼前时，法律实施者需要通过想象性的重构，模拟立法者的立场和思维来找寻适用例外的法律规则。举一个发生在美国的有关谋杀与继承的著名案例：

　　1882 年，青年帕尔默在纽约用毒药杀死了自己的祖父，起因是他知道他的祖父在现有的遗嘱中给他留下了一大笔遗产，帕尔默担心这位新近再婚的老人会变更遗嘱而使他一无所获。事发后，帕尔默因此遭到指控，并被法庭判处监禁 15 年，但让法官头疼的是帕尔默是否仍然享有继承其祖父遗产的合法权利。纽约州的法律并未明文规定如果继承人杀死被继承人将当然丧失继承权，相反，帕尔默祖父生前所立遗嘱完全符合法律规定的有效条件。帕尔默的律师也辩护说，既然其祖父的遗嘱没有违反纽约遗嘱法所明确规定的条款，那么这份遗嘱在法律上就是有效的。如果法院剥夺帕尔默的继承权，那么法院就是在更改遗嘱，就是用自己的道德信仰来取代法律。一个替代性进路就是，问一问，如果遗嘱人知道自己可能被受赠人谋杀，他是否会在遗嘱上增加条款，剥夺该谋杀者的继承权。几乎可以肯定，遗嘱人会加上这么一条。因此，禁止谋杀者继承，也就是尊重了遗嘱人的意愿，同时也不存在法律原则之间的冲突。纽约州法院最后认定，首先，假定立法者具有一种普遍和广泛尊重传统正义原则的意图是合情合理的，除非他们明确表示相反的意图。其次，既然一条法律是一种更大的智力体系，即整个法律的组成部分，那么法律的构思就应使它与那种更大的体系在原则上相符。法官最后援引了一条古老的法律原则，即"任何人不能从其自身的过错中获益"，以此来说明遗嘱法应被理解为否认以杀死继承人的方式来获取继承权。据此，纽约州最高法院判决帕尔默因杀死被继承人而丧失遗产继承权。波斯纳称此为"这是一种小型的'想象性重构'"。

　　当然，对想象性重构的局限性，也有不少学者直接地予以指出。波斯纳

---

　　① ［德］弗里德里希·卡尔·冯·萨维尼、雅各布·格林著，杨代雄译：《萨维尼法学方法论讲义与格林笔记》，法律出版社 2008 年版，第 7 页。

　　② ［美］理查德·A. 波斯纳著，苏力译：《法理学问题》，中国政法大学出版社 2002 年版，第 58 页。

就提醒，想象性重构"它永久不变的弱点是其适用程度问题。即使荷马确实和你我都一样，都只是芸芸众生，但还是没有什么办法，为了努力理解《伊利亚特》，使你可以设身处地成为荷马"①。波斯纳因此举例说明：我邀请一位朋友7点半赴晚餐，想知道他是否会准时出席。我不可能会试图把自己当成他，而且我即使真的努力了，也不会成功；我会根据他在其他场合是否准时来归纳估计这一次他会早到还是会迟到（以及迟到多长时间），归纳法当然毛病很多，但想象性重构的毛病更多。

二、体系解释：文本主义

体系解释（system interpretaticn）的概念在萨维尼那里就有了，但对其内涵，后来的学者有所发展和深化。德国法学家阿图尔·考夫曼（Arthur Kaufmann）引用萨维尼的用语，将法律解释中的体系要素理解为"它涉及重要的内在关联，这种关联将一切法律制度和法律规则连成一个大的整体"②。伯恩·魏德士则主张，体系解释是根据法律内部体系所进行的解释，它要处理三个层面的问题：首先，具体规范存在于各个法律的上下文中；第二，必须考虑法律秩序中的其他法律；第三，具有远程影响的价值（主要是宪法的价值）发挥着显著的作用。合宪性解释不过是体系解释的一种特殊情形，因为两者都以法律秩序的统一性与层级结构，也就是各种法律渊源的顺序等级作为出发点。③

梁慧星教授认为，体系解释是指根据法律条文在法律体系上的位置，即它所在编、章、节、条、款、项、目以及该法律条文前后的关联，以确定它的意义、内容、适用范围、构成要件和法律效果的解释方法。④

体系解释面对的是不周延的法律规则、模糊的法律意图，或者存在两种以上可选择的法律意思，但在一个法律体系中应当找到且能够找到法意的情形。其旨在探求法律意思的"应然"情形，遵循的是"文本主义"，而不受立

---

① ［美］理查德·A. 波斯纳著，苏力译：《法理学问题》，中国政法大学出版社2002年版，第346页。

② ［德］阿图尔·考夫曼、哈斯默尔主编，郑永流译：《当代法哲学和法律理论导论》，法律出版社2002年版，第160页。

③ ［德］伯恩·魏德士著，丁小春、吴越译：《法理学》，法律出版社2003年版，第335、339页。

④ 梁慧星著：《裁判的方法》，法律出版社2003年版，第89页。

法者意图的局限，具有"向后看"和"向前看"的双重特征。其法理基础是"整个法律秩序，也就是大量有效的具体规范与所有法律部门的法律总合，形成一个统一体、一个体系。法律秩序统一体的观点基于这样的思想，即法律秩序应该是由协调的并且规范的价值标准所组成的有序规范结构。内部存在矛盾的法律秩序将损害对一切公民的、统一的法律标准的要求，并因此损害法律平等的要求。"①[214]

然而，法律规则的多义、不周延是一种无法避免也无法克服的常态。诚如波斯纳所言："如果'真理是无尽期的、无限制的探讨的结果'，那么不确定性就是无法终结的无限制研讨的状态。在这里，你看不到隧道尽头的光明。而在法律中，常常出现这种情况。"② 对此，如果说文义解释是要解释者做立法者的"忠实的代理人"的话，体系解释则是要求解释者做一个"聪明的代理人"。所以也可以这么说，文义解释要寻找的是立法者（作者）的"意图"；体系解释要寻找的则是法律文本中客观存在着的"意蕴"（original meaning）。

现代解释学认为，文本作为文字上的存在与文本作为意蕴上的存在是两个不同的问题。没有被解释的文本，仅是文字上的存在，文本的意蕴则须存在于解释之中，即意蕴并非自在于文本之中，而是存在于文本与解释者的对话之中。解释的过程，可以看作一种对话过程，也即文本意蕴的发现过程。因此，有学者把意蕴比作由理解所产生的介于偏见与文本之间的第三者——一个可能的意义世界。其认为，在意蕴理论里，文本的原意得到尊重，而解释者的能动性得到了发挥。在理解过程中，解释者的思想浸入法律文本，文本以自己的知识、规范体系、原理等抵抗外来的破坏力，防止解释者破坏它的完整性。但任何法律文本又都是一个开放的体系，它必须面对许多亟待解决的冲突和纠纷，法律文本无论如何也阻挡不了解释者对其内容的扩展和丰富，更阻止不了解释者价值观念的融入。虽然波斯纳说"解释是一条变色龙"，③ 但法律的意蕴作为一个新出现的可能世界，并不表明人们对它的解释是随意的，解释者理解法律文本总是要受到两个方面的限制：一是法律文本所载明的确定性意义；二是解释和运用法律的共同体对法律文本的主流理解。所以，任何解释者对法律文本的曲解，都要受到法律文本本身的确定性和解

---

① ［德］伯恩·魏德士著，丁小春、吴越译：《法理学》，法律出版社 2003 年版，第 328—329 页。
② ［美］理查德·A. 波斯纳著，苏力译：《法理学问题》，中国政法大学出版社 2002 年版，第 47 页。
③ ［美］理查德·A. 波斯纳著，苏力译：《法理学问题》，中国政法大学出版社 2002 年版，第 341 页。

释法律的共同体对它的发难。①

　　体系解释可以从法意解释、目的解释和逻辑解释三个途径去获得结论。

（一）法意解释：理解文本原意

　　法意解释在理论上属于客观主义。作为对解释法律目的的追求，它试图站在解释者之外，纯粹以法律文本为对象，探寻法律的原意。正如拉德布鲁赫所言："法律阐释要去努力探究的意志，是立法者的意志，即仅在法律中体现的国家意志。不是法律起草人的意志，不是一种曾想到过的观念，它是处在不断发展中的，一种终结了的历史事实；它回答着具有新意义的，改变了的时代关系所提出的法律需要和法律问题，而对于这种意义，法律起草人根本不会知道。"②

　　法意解释，与原旨解释、历史主义解释和目的解释都有着内在的联系，也都有相似之处，但也有着显著区别。（1）法意解释与原旨解释。两者确有相似之处，所以有学者将两者视为同义，除波斯纳外，我国有梁慧星教授等。法意与原旨在语言学上可以是相通的，两者都是探求客观存在在法律文本中的立法意图。但在法律解释学中，将法意解释和原旨解释分别阐述，是一种有必要的人为区隔，原旨解释是定位在对立法者原初意图的探寻，是明辨一种法律意图的"实然"状态；而法意解释则立足于对法律文本客观存在的、超出立法者本意的立法意图的探寻，是寻找一种法律意图的"应然"状态。（2）法意解释与历史主义解释。法意解释无疑属于一种历史主义的解释，但仅仅是一种非原意的历史主义解释，是对原意的历史主义解释的一种进化。（3）法意解释与目的解释。习惯认为目的解释不同于法意解释，其区别大致有两点。其一，目的可以基于对原意的考察，也可以是今天读者的构建，而一般说来，法意解释拒绝构建的说法（尽管事实上法意解释必然也是构建的）。其二，目的解释从根本上是向前看的，强调为适应未来而解释法律，强调法条现时所具有的合理含义，而法意解释主要是向后看的，强调的是忠实于过去，即立法时的文本意图。

　　法意解释方法有很大的必要性，有助于对文本原意的理解，对偏离法律目的的解释是一种限制。但对这一方法不能推之过高。正如英国丹宁（Alfred

---

① 参见殷鼎著：《理解的命运——解释学初轮》，三联书店 1988 年版，第 91—93 页。
② ［德］拉德布鲁赫著，米健、朱林译：《法学导论》，中国大百科全书出版社 1997 年版，第 170 页。

Thompson Denning）勋爵形象地指出："如果立法者自己偶然遇到法律织物上的这种皱褶，他们会怎样把它弄平呢？很简单，法官必须像立法者们那样去做。一个法官绝不可以改变法律织物的编织材料，但是他可以，也应该把皱褶熨平。"①

苏力教授提出了"语境"的概念。他认为，要理解法律文本，语境是无法回避的。所谓语境，是任何理解和解释都不可能挣脱的支撑性条件。语境可以是泛指的，也可以是狭义的。狭义的语境分析，可以是体系解释的方法，即必须将一个法律文本作为一个整体来理解、把握和解释，而不能将之肢解化地加以理解。泛指的语境分析则包括所要解释的文本之外的东西，其中包括其他文本和读者的因素，甚至可以无限展开，直达伽达默尔的本体论的哲学阐释学。②也有学者用了"语境"的概念来分析字义与语境的关系，强调在解释成文法中的一个字或词时，要留意它的语境，以至整套法律规则。可见，语境解释是将法律文本作为一个有内在完整结构、融贯一致的体系，每个语词和句子都不能和该文本发生冲突。

那么，法意解释应在哪种语境中去寻找？因为语境是一个复杂的体系，人们在运用语境一词的时候，所强调的重点是不一样的。比如语境可以分为法律文本的创立语境和法律文本的适用语境，也可分为发出者的语境和接受者的语境。因此，胡克提出了语境解释需要考虑三个方面：（1）解释者必须将制定法置于尽可能广泛的语境中，既要考虑发出者的语境，也要考虑接受者的语境；（2）当接受者语境在任何方面似乎都是相关的时候，制定法的意义必须根据发出者的意义与接受者的意义之间的互动来界定；（3）解释者必须考虑制定法背后的社会目的。③维特根斯坦（Wittgenstein）把语词比作工具，不同的工具就好像工具箱里的不同工具，它们各有不同用途，而具体的用途是什么则只有在使用的语境中才能得知。④他举例说：

对于"给我这把斧子！"这个语句，如果脱离语境孤立起来看，就很难确定它的含义，而如果这句话是出现在伐木活动中，那么我们就能确定它的含

①　［英］丹宁勋爵著，杨百揆等译：《法律的训诫》，法律出版社 1999 年版，第 13 页。

②　苏力：《解释的难题：对几种法律文本解释方法的追问》，载于梁治平主编：《法律解释问题》，法律出版社 1998 年版，第 48—49 页。

③　参见［比］马科·范·胡克著，孙国东译：《法律的沟通之维》，法律出版社 2008 年版，第 205 页。

④　［德］维特根斯坦著，韩林合译：《哲学研究》，商务印书馆 2013 年版，第 15 页。

义。[1] 如果是在一个杀人现场，则能确定为另外的含义。

法意解释遵循着"语义穷尽解释"的原则，对此的理解有两方面：一方面，当我们在语义解释时，历史的、目的的、逻辑的等体系解释或者论理解释均是为建立文义解释的语境服务的，实际上，其他解释方法作为文义解释的辅助方法，均体现了我们在法律解释过程中对合理性和妥当性的追求；另一方面，在解释过程中应当在制定法的语境中采取合理性、妥当性的解释态度，而不是死抠语义，才能得出适当的结论。

（二）目的解释：法律解释方法的"桂冠"

目的解释也可称为合目的性解释，是以法律规范的目的为根据，阐释法律疑义的一种解释方法。其含义是：如果可以确定一项具体的法律规范的一般目的，那么在个案中对该规定的解释应当与其一般目的保持一致。因此，目的解释是把立法者视为一种意图通过恰当的手段实现目的的工具主义团体。

目的性是人类的行为区别于其他动物行为的标志。一般来说，"法律的历史性和目的性维度强烈地影响着制定法解释的范围"[2]。罗马法系就倾向于认为，解释法律规则的主要目的乃在于确定构成有关法律规则基础的意图或目的。[3] 英国的托马斯·霍布斯说："书面的法律如果太简短，会因为歧义或者词语太简略而模糊，但是如果太冗长，那么处于同样的原因反而更加模糊。可见，书面的法律还是简短扼要的好，而解释则必须服从最终目的，也即只有立法者才知道的目的。"[4] 英国的丹宁爵士明确指出："我们不再按照字面含义解释议会制定的法律，而是按照这些法律的目的和意图解释它们。"[5] 孙斯坦指出："法规范始终在追寻特定目的，且不仅是各该立法者所定之目的，其亦追求法秩序的客观目的，后者是基于法秩序内在的合理性所提出的要求。这些目的的彼此必须有一阶层秩序存在，且其高低秩序又非全然取决于立法者的好恶。"[6] 因此，有外国学者这样评价：自目的-利益法学胜利进军以来，目

---

① ［德］维特根斯坦著：《哲学研究》，转引自张志铭著：《法律解释操作分析》，中国政法大学出版社 1999 年版，第 98 页。

② ［比］马科·范·胡克著，孙国东译：《法律的沟通之维》，法律出版社 2008 年版，第 204 页。

③ ［美］博登海默著，邓正来译：《法理学：法律哲学与法律方法》，中国政法大学出版社 1999 年版，第 527 页。

④ 转引自［德］伯恩·魏德士著，丁小春、吴越译：《法理学》，法律出版社 2003 年版，第 340 页。

⑤ 转引自张志铭著：《法律解释操作分析》，中国政法大学出版社 1999 年版，第 181 页。

⑥ ［德］卡尔·拉伦茨著，陈爱娥译：《法学方法论》，商务印书馆 2003 年版，第 12 页。

的的方法可能越来越替代"字面解释"出尽风头。① 也有外国学者称目的解释为法律解释方法中的"桂冠"，将其定位于其他法律解释方法之上。②[215]

目的解释不仅是法学家们的法治理念，有的已成为国家法定的规范和准则。加拿大在 1849 年就制定了《法律解释法》，在该法中规定："任何法律和法律条款应当本着补救的精神来理解，不论其意图是鼓励为促进公共利益而实施的行为，还是禁止损害公共利益的行为或惩罚这种行为。这种法律条款的含义应当确保法律的目的最佳实现为解释标准，以充分体现立法的意图、意义和精神。"而在后来新颁布的《法律解释学》第 12 条中作了进一步的规定："所有立法均为弥补某种缺陷而设，因此在解释时应当确保最佳体现立法的目的，赋予其公正、全面、开明的含义。"澳大利亚的《法律解释法》第 15 条规定："在对某部法律的条文进行解释的过程中，一个能有助于实现法律之内在目的、目标（无论此种目的、目标是否在该条文中明确说明了）的解释，应优先于那些不利于促进法律目的实现的解释。"

目的解释之法理依据何在？"目的是所有法律的创造者"，这几乎成了自由法学出世后的老生常谈。③ 因为人类行为服从"目的律"的支配，创制法律是一种有目的的行为，法律解释同样也是一种合目的性的行为。恩格斯在《路德维希·费尔巴哈和德国古典哲学的终结》一书中指出："社会发展史却有一点是和自然发展史根本不同的……在社会历史领域内进行活动的，全是具有意识的、经过思虑或凭激情行动的、追求某种目的的人；任何事情的发生都不是没有自觉的意图，没有预期的目的的。"④ 当我们进行法律解释时，不能不问自己，为什么要解释法律？解释法律的目的是什么？所以法律解释一定会自觉不自觉地接受"目的律"的检视。

目的解释实质是个法律意蕴的追求问题。当我们对成文法条文存有疑义或者争议时，应以成文法律的目的来断定成文法的意蕴。当然，这些目的不是法学家经常争论的那种价值，而是体现在法律体系中的一系列原则，如法治、公平、自由、正义、秩序、效率、和平、诚信等。这些原则一方面使法律实施者拥有自由裁量权，因为越是规定得原则，其裁量的弹性就越大；另

---

① ［德］卡尔·恩吉施著，郑永流译：《法律思维导论》，法律出版社 2004 年版，第 97 页。

② 参见［德］耶赛克等著，徐久生译：《德国刑法教科书：总论》，中国法制出版社 2001 年版，第 193 页。

③ 黄茂荣著：《法学方法与现代民法》，台湾大学法学丛书编辑委员会 1993 年版，第 314 页。

④ 《马克思恩格斯选集》第 4 卷，第 243 页。

一方面也是对自由裁量权的约束和限制，因为要基于符合这些价值的实现和体现。波斯纳相信："通常，规则背后的目的是可以发现的，尽管并不总是可以发现，而一旦发现，这些目的就为在新境况中适用规则提供了可靠的指南。"①

梁慧星教授认为，无论何种法律解释方法，原则上不允许作出反于法律条文的解释结论，但有下述情况时应为例外：第一，法律文义与法律之真意及立法目的有冲突；第二，法律条文反于法学、经济学及社会学等基本原理；第三，法律文义反于治国及民主思想；第四，依法条文义将使社会经济地位之弱者较之强者遭受更为不利之结果。②恩吉施强调，在一般情况下，目的解释要和立法目的或法律精神结合起来进行确定。"根据那个古老的著名原则：'如果废除一个法律的意义，法律本身也就废除了'，应该更多地依赖于制定法的目的和根据，而不是其词语的意义。'意义'应该不仅在一个非常多义的字面含义的边界内部，而且在挣脱字面含义的束缚或在限制太宽泛地猜测制定法的表达情况下投出。"③

法律目的在法律文本中的体现有明示与默示两种：所谓明示的目的一般表述在法律文本的总则部分，如《中华人民共和国证券法》第1条规定："为了规范证券发行和交易行为，保护投资者的合法权益，维护社会经济秩序和社会公共利益，促进社会主义市场经济的发展，制定本法。"就立法技术而言，立法目的的表述一般遵循从微观到宏观、从直接到间接、从具体到抽象的规则。但客观上可能存在的一种情况是，后面条文所体现的内容与表述的目的并不一致，或者立法目的在后面的具体法条中并未体现出来，这就需要解释了。另一种是没有明确文字表述的目的，需要从文本中去领悟，其目的一般可从该法律的名称以及法律的具体条文推导出来；一些实施性立法并不作立法目的的表述，但可从上位法的立法目的中找寻到渊源。

就立法而言，目的的把握还相对简单、直接，但对法律解释来说，目的的探寻可能就会有点难度，因为法律目的有立法者目的、合理目的、法律的目的、司法者的目的、执法者的目的、文本的内在目的、文本的外在目的、人类的目的、社会的目的，等等。在法律解释学中，更多的是关注和解释体现在法律文本中的法律价值和法律目的。德国法学家魏德士强调，法律的目

① ［美］理查德·A. 波斯纳著，苏力译：《法理学问题》，中国政法大学出版社2002年版，第321页。

② 梁慧星著：《民法学说判例与立法研究》，中国政法大学出版社1993年版，第50页。

③ ［德］卡尔·恩吉施著，郑永流译：《法律思维导论》，法律出版社2004年版，第97页。

的解释不是指立法者的目的，而是指法律文本中的法律规范的目的，即把"规范目的作为解释目的"。

在目的解释方法中，有两种与之相关的常用方法，即目的性限缩和目的性扩张。有些法学家将这两种方法也界定为目的解释，笔者认为值得探讨。关键是看这种限缩与扩张是否损及法律文义的核心。一般来说，目的解释不应损及法律文义的核心，若目的性限缩和扩张损及法律文义的核心，便超出了目的解释的范畴，改变了原有的法律含义，其实是一种新的立法行为，不能适用目的解释。所以，在运用目的解释时要注意把握与目的性限缩和目的性扩张的区别和分寸。例如：

> 我国《刑法》第 165 条规定了非法经营同类营业罪，该条文表述的主体是"董事、经理"，而没有明确指出厂长是否可以构成本罪的主体。一般而言，"经理"通常是与"厂长"并列的，在《公司法》中，经理往往是指公司的行政负责人，而厂长是指非公司形态的生产企业的负责人，因此，两者互不包含。但是，由于本罪主体的定语是"国有公司、企业"，这里的"企业"显然是指公司以外的企业，其中生产型企业的负责人一般叫"厂长"，而不叫"经理"，他们既是企业的法定负责人，又是企业的行政负责人。因此，这些"厂长"的权力比作为行政负责人的"经理"还大，他们利用职务便利经营同类营业，所造成的危害比公司经理实施的同类行为有过之而无不及，因此，考虑到本规定的立法目的是打击非法经营同类犯罪，本罪中所说的"经理"应当作扩大解释，使其包括厂长。当然，对此扩张解释是否超出了原本文义的核心范畴，实质已变成了一种立法解释，可以进一步探讨。

对于目的解释，应当看到其两面性：一方面，目的解释的最大优点是其具有灵活性和开放性，能矫正法律条文的错误，以更高的人类目的来修正法律的目的。如德国学者耶塞克（Hans-Heinrich Jescheck）所说："解释方法之桂冠当属于目的论之解释方法，因为只有目的论解释方法直接追求所有解释之本来目的，寻求出目的的观点和价值观点，从中最终得出有约束力的重要的法律意思；从根本上讲，其他的解释方法只不过是人们接近法律意思的特殊途径。"① 另一方面，也不能将目的解释过度强调，否则会损害法律意义的

---

① ［德］耶塞克著，许久生译：《德国刑法教科》，中国法制出版社 2001 年版，第 193 页。

固定性和客观性。波斯纳就指出：制定法常常是各派或各种利益集团之间竞争妥协的产物，而目的性解释有可能很轻易地破坏各派或各利益集团之间在立法过程中达成的竞争妥协，使某一派别获得他们在立法上未能赢得的优势。可见，目的解释具有极大的不确定性，霍苟·普罗伊斯（Hugo Preuss）不无夸张地说："目的问题犹如流动的蜡，它会融化任何法律概念。"① 这是需要防范的。所以，目的解释的结果不应超出文本的可能意义的范围。确立文义解释的优先性对于可能的滥用目的解释是一种有益的限制。

（三）逻辑解释：遵循文本的内在逻辑

逻辑解释强调不应以孤立的条文解释法律，而应联系这一条文与本规范性文件中的其他条文，以至其他规范性文件来考虑法律的文字含义。当然，这种逻辑解释的参照系统必须有法律体系上的逻辑关联性。其法理基础是：一般而言，法律是由许多概念、规则、原则所构成的，而这许多概念、规则、原则不是任意的、杂乱无章的堆砌，是依一定的逻辑关系构成的完整体系，各个法律条文所在位置及与前后相关法律条文之间，均有某种逻辑关系存在。②

在萨维尼看来："法律解释具有三个要素：逻辑、语法、历史；不存在单纯的逻辑解释，因为每一个解释都必须同时具备这三个要素。"③ 根据听过萨维尼法学方法论讲座的雅各布·格林（Jacob Grimm）的课堂笔记所记载："每一个解释都必须包含：（1）逻辑要素，它存在于从法律形成的视角对其内容进行阐述的过程中，并且表明法律各部分之间的关系，因此，它是包含于法律之中的思想的发生学阐述；（2）语法要素，它是逻辑的必要条件；（3）同样，历史要素也是逻辑要素的必要条件，法律是在特定时代赋予特定民族的，为了揭示法律所蕴含的思想，必须了解这些历史规定性。"④

逻辑解释似乎更加专注于立法者制定的文本所具有的逻辑自足性，其意在强调反映于制定法文本中的立法者思维的划分及其地位、思维与思维之间的相互关联、相互依赖以及前后一致性。逻辑解释的主要方法包括上下文的逻辑一致性、同一法律部门的概念同一律、反面推理、反类比推理以及黄金

---

① 转引自［德］伯恩·魏德士著，丁晓春、吴越译：《法理学》，法律出版社2005年版，第313页。
② 参见梁慧星著：《裁判的方法》，法律出版社2003年版，第89页。
③ ［德］弗里德里希·卡尔·冯·萨维尼、雅各布·格林著，杨代雄译：《萨维尼法学方法论讲义与格林笔记》，法律出版社2008年版，第8页。
④ ［德］弗里德里希·卡尔·冯·萨维尼、雅各布·格林著，杨代雄译：《萨维尼法学方法论讲义与格林笔记》，法律出版社2008年版，第78页。

规则等。^[216]

1. 上下文的逻辑一致性

这是指法律文本的概念、规则、原则必须保持同一律，也即意味着保持法律文本上下文的内涵与外延的一致性。梁慧星教授曾经将《民法通则》第122 条对责任性质的界定视为逻辑因素解释的示例：

> 我国《民法通则》第 122 条规定："因产品质量不合格造成他人财产、人身损害的，产品制造者应依法承担责任。"不同的归责原则将直接决定着产品制造者的责任风险和赔偿范围，但是，该条并没有明确告知裁判者产品制造者的责任性质，即是过失责任还是严格责任。如果对该条采取文义解释，对于条文中所说的"产品质量不合格"，裁判者可以据此解释为过错责任，而不是严格责任。但梁慧星教授则认为，对该条的解释应该根据法律条文的逻辑体系，在第 122 条的上下文中进行解释，即产品质量责任适用特别侵权行为的归责原则，应采用严格责任的归责原则。①

2. 同一法律部门的概念同一律

逻辑解释是以概念的逻辑同一律为特点的。②"同一法律或不同法律使用同一概念时，原则上应作同一解释；作不同解释，须有特别理由。"③即如果法律文本中使用了众所周知并在学理上有详尽阐述的一般法律概念，就应当以保持该概念在整个法律体系或相关法律部门中的一致使用的观点来解释。例如：

> "契约"的概念在所有法律部门中基本是一个一般法律概念，无论是民法、经济法、刑法还是行政法，都是在同一的语境下使用这一概念的。所以，在一般的法律解释中，"契约"应当是同义的。要说有例外的，可能在行政法领域，即行政"契约"，如在当事人意思自治方面可能有例外的情形。

3. 反面推定

这又称为反证性解释，是指在法律没有作出相反表述时，可以根据法律

---

① 王彬著：《法律解释的本体与方法》，人民出版社 2011 年版，第 294 页。
② 此经典解释由布莱克本爵士在 1878 年的维尔河管理委员会诉亚当森案中提出。
③ 梁慧星著：《民法解释学》，中国政法大学出版社 1995 年版，第 215 页。

的正面规定，推导解释出反面含义的解释方法。反面推定其实是一种"排中律"的法逻辑思维方式，即"非此即彼"的思考样式，源于法律所面对的是关于权利、义务、责任有无的问题，客观上不允许法律实施者承认中间状态。反面推定的解释一般只在下述两种情况下运用：（1）在法条所确定的条件为法律效果的全部条件（即所谓全称判断）时可以进行反证性解释；（2）在法律规定所确定的条件为必要条件时可以进行反证性解释。①

反证思维模式贯穿着批判合理主义。对于法律解释的司法判断中能否进行反证思维的问题，争论一直很激烈。像"天下乌鸦一般黑"这样的全称判断，你当然可以找出多得不可胜数的黑乌鸦来印证它，然而一旦有人发现了一只白乌鸦或灰乌鸦或者花毛乌鸦，哪怕仅仅只有唯一的一只，你就前功尽弃，全称判断就从证实逆转为证否了。不过，季卫东教授认为，在法律领域中情形有所不同。偶尔发现一只白乌鸦的可能性就足以否定"天下乌鸦一般黑"的全称判断吗？未必。反过来，法律上的全称判断一定都不能反证吗？也未必。比如，"精神失常者的行为责任不予追究"的全称判断，就可以被"间歇性精神病患者对自己在心智正常时的行为有责任能力"这一单称判断所反证。当然，反证的结果未必导致该全称判断被完全排除在法律学的命题之外。是否承认反证可能性，取决于对规范的认识是绝对的还是相对的。② 在告别了严格规则主义即法律决定论的时代，承认规则存在例外而且是不可避免的已是社会的普遍共识，因而承认法律解释中的反证也就不足为奇了。

4. 反类比推理

美国大法官霍姆斯有句名言："法律的生命不在逻辑，而在于经验。"英国的哈特认为，霍姆斯的这一判断，可能是美国法学家对于法律观念的最严重误用。③ 也有学者在认真研究了霍姆斯的文章后认为，霍姆斯并不是否定法律与逻辑的关系，只是对那一时期的法律人过分依赖逻辑，信奉法律形式主义提出了批评。在实践中，霍姆斯其实是非常重视法律推理中逻辑的作用的。他不仅运用形式逻辑，也运用辩证逻辑。例如：

---

① 陈兴良主编：《刑法方法论研究》，清华大学出版社 2006 年版，第 58 页。

② 季卫东：《法律解释的真谛（上）——探索实用法学的第三道路》，载于《中外法学》1998 年第6 期。

③ 参见［英］P. S. 阿蒂亚著，刘承韪、刘毅译：《英国法中的实用主义与理论》，清华大学出版社2008 年版，第 38 页。

在"马布里诉联邦政府"（McBoyle v. United States）案中，被告马布里（McBoyle）将一架明知是别人偷来的飞机从伊利诺伊州运到俄克拉荷马州，由于被控违反了美国联邦机动车盗窃法案而被判有罪。马布里不服判决，上诉至最高法院。该案的焦点在于：被告将从一个州偷来的飞机运往其他州，是否被排除于禁止跨州运送机动交通工具（motor vehicle）的规定之外，即是否属于联邦机动车盗窃法案第 2 条所规定的"客车、卡车、小型货车、摩托车或者其他没有列举的在轨道上行驶的机动的交通工具"之列？霍姆斯认为，关键在于如何理解"机动交通工具"这个词在"其他没有列举的在轨道上行驶的机动的交通工具"中的意思。第一步，他将目标案件中的飞机和原案件中法律条文所列举的交通工具进行了比较。从词源学的角度讲，vehicle 可指所有陆上、海上和空中的交通工具。但是，在日常语言当中，对于 vehicle 这个词，我们所能想象得到的就是在陆上行使的交通工具。他通过列举一些案例证明：应该在日常意义上来理解 vehicle，"其他没有列举的在轨道上行驶的机动的交通工具"应当指的是在陆上行使的交通工具，亦即会跑的交通工具，而不包括不常见的会飞的东西。第二步，霍姆斯试图证实或证否第一步外推出的规则，即法案第 2 条"其他没有列举的在轨道上行驶的机动的交通工具"所指的是会跑的而不是会飞的东西。联邦机动车盗窃法案第 2 条列举了客车、卡车、小型货车、摩托车等多种不同的机动车，却只字不提飞机——这种在该法案通过时（1919 年）已经十分常见的东西。霍姆斯主张，鉴于对飞机这个词的使用已经越来越精确，最好把它归为另外的一个类别。第三步，霍姆斯用这条已经证实的规则对案件进行演绎推理，即经由反类比推理，只有跨州运送在地上行使的交通工具应当受到惩罚，本案中跨州运送的飞机不应划归在法案第 2 条所规定的交通工具的范围之内，因此，被告不应受到刑罚处罚。

5. 黄金规则

在英国运用比较广泛的"黄金规则"，可以视为一种逻辑解释。这一规则的经典性表述是：我们将把制定法作为一个整体，从普通含义的角度解释其用语，除非这样的解释会产生不连贯、荒谬或不便利的结果，并足以使法院相信不必这样进行解释。据此"黄金规则"，如果制定法的字面含义在足够的程度上导致不连贯、荒谬或不便利的结果的，就可以对其加以修正。这一规则在中国其实也同样适用。

6. 逻辑解释与语义解释冲突的裁定规则

当逻辑解释与语义解释相冲突时，应当遵循怎样的裁定规则呢？如果逻辑解释与待解释的法律文本的语义（词、词组）的关系足够密切，那么绝大多数国家的法院都认为，逻辑解释支持的特定含义应当消除或取代语义解释的含义，即逻辑解释优先于语义解释。但如果逻辑解释的语词、词组与待解释的语词、词组的关系比较疏远，其主要基于另一部成文法，那么法院就更有可能采用语义解释。逻辑解释凭据的解释材料越疏远，越不准确，其内在效力就越低。在这里，语义解释只具有初始优先性而不是严格优先性。

三、论理解释：解释者主义

论理解释（mischief rule）是指在解释成文法条文时，必须首先了解立法机关在制定此法时所希望达到的目的，然后以这个或这些目的为指导性原则，去解释法律条文的含义，尽量使有关目的得以实现。在这个过程中，不必拘泥于条文的字面意义，而条文如果有缺陷或漏洞，法律实施者（行政执法部门或法院）甚至可以通过解释来予以修正或填补，从而使立法机关在立法时的意愿能够更充分地得到实施。

论理解释是笔者所概括的三种法律解释方法之一，其是在无法运用文义解释和体系解释来解决不确定的法律概念、模糊的法律规则和存在的法律漏洞的前提下最后运用的一种法律解释方法。与文义解释、体系解释主要运用逻辑推理的法思维方法不同，论理解释的特征是基于辩证推理，对法律文本中的谬误和漏洞进行修补的一种较为能动的法思维方式。

在英美法律传统中，论理解释的原则源于 1584 年的黑顿案，原称为"弊端规则"。根据弊端规则，法院在解释某成文法条文时，应首先了解此条文制定之前的有关法律概况及其弊端，从而明白这一条文是针对何种弊端而设、为解决什么问题而订，然后在解释这条文时，尽量应对有关弊端和解决有关问题。论理解释在 20 世纪英美法系中比较盛行，但仍不如大陆法系。陈弘毅教授分析了其中原因：这是由于两个法律传统中法律起草的风格有所不同，相对来说，欧陆法系的法律较为"粗枝大叶"，以大原则为主，英美法系中的成文法较多细微的规定，不少基本概念和原则均不是来自成文法，而是由普通法判例的积累而逐渐发展出来的。①

论理解释的法理基础是语义的流变、时代的变迁、法律功能的调整或重心的转移，它是实用主义的。诗人叶芝（Yeats）说："死者的这些语词，在生者的内心修改。"当我们面对不是以文字表述出来的法律形式（如习惯、善良风俗等）时，看到的是无作者的文本，即出现所谓的法律空白，法律人就得创造性地"解释"法律。论理解释正是属于这类性质的解释。论理解释的主要功能是填补现有法律文本的"法律漏洞"，常常表现为一种"从无到有"的创制法律的情形，具有明显的"向前看"的特征。[217]

那么，如何进行论理解释？论理解释注重法律解释的价值判断，把解释过程视为一个含有重复内容的、建立在价值判断基础上的创造性过程。正因为如此，对解释者的知识、能力和素质提出了更高的要求。价值是法学中的永恒主题。根据价值法学的观点，立法和法律适用的一切活动，均系评价性的过程，是一种价值的选择结果，即使是看起来纯逻辑的过程，也带有或深或浅的价值色彩。② 在这一意义上说，"法律适用总是一种价值实现的行为"③。

美国著名法官卡多佐（Benjamin N.Cardzo）提出了四种论理解释方法：第一种是用法则的指导力量做逻辑推理，可以称为类推规则或哲学方法；第二种是沿着社会发展趋势处理，可称为进化论方法；第三种是沿着社会习惯处理，可称为传统方法；第四种是沿着公正、风尚和社会福利几条线，即按现今习俗道德去处理，可称为社会学方法。④

论理解释的难点在于：既在价值判断基础上，通过一定性质的法律创造填补"法律漏洞"，又能区别于真正的立法或者修法行为，仍能保持在法律解释的合理范围内，不让论理解释被外界解读为"法官造法"而且是正当的。这种边界和分寸的把握是检验法律解释者能力的重要指标。

基于价值判断的论理解释可以考虑的因素很多，法律规则背后的原则也有许多。结合我国已有的实践经验和教训，本文只列举几种主要的方法来进行分析，即自然正义原则、尊重常识与常理、利益衡量、个别衡平、成本-效益分析、社会学判断。

---

① 陈弘毅：《当代西方法律解释学初探》，载于梁治平主编：《法律解释问题》，法律出版社 1998 年版，第 6—7 页。

② 参见黄茂荣著：《法学方法与现代民法》，中国政法大学出版社 2001 年版，第 279 页。

③ ［德］伯恩·魏德士著，丁小春、吴越译：《法理学》，法律出版社 2003 年版，第 331 页。

④ 参见陈金钊著：《法律解释的哲理》，山东人民出版社 1999 年版，第 66 页。

（一）自然正义原则

在所有法律原则中，自然正义原则是其中最受关注的一条重要原则。在拉丁文中，jus 即法，justitia 即正义、公平，它是由 jus 演化而来的；汉语中现在的"法"字由古体"灋"字演变而来，"灋"字中之"水"则代表"平之如水"。可见，中西方在解释法时都兼有正义、公平之含义。

法律解释所追求的自然正义，属于亚里士多德所称的矫正正义（corrective justice），又叫平均正义，强调的是任何人都同样对待，平均分配权利，包括当主体受到损害后其获得赔偿应当与所受损失相等。从矫正正义的观点看，"究竟是好人欺骗了坏人还是坏人欺骗了好人，这无关紧要，通奸者是好人还是坏人，也无关紧要；法律所关注的只是伤害本身的特点，并将双方视作同等，是否一方不公而另一方受到了不公，是否一方造成了伤害而另一方受到了伤害。"① 即强调矫正正义是一个程序原则，而不是一个伦理原则。而在罗尔斯那里，法律解释的自然正义原则应当属于实质正义而不仅是形式正义，其是以制度正义为前提的，在于通过对实体权利与义务的安排，为社会提供一种秩序，使人们都发挥自己的才能，享有自由、平等、安全等权利。

自然正义历来被看作人类社会最基本的美德和普遍的价值理想。因此，运用自然正义原则对一些疑难案件进行判决，在各国司法实践中屡见不鲜。例如：

在英国"瓦朗蒂尼诉加纳里"案中，一个未成年人起诉要求索回他按照一项租房和购置家具的合同所付的钱款。这项偿还钱款的要求是以这种假定为基础的，即未成年人为货物供应所签订的合同根据制定法是完全无效的。然而实际上，英国王座法院却拒绝受理这一诉讼，因为"在一个未成年人已就某样物品支付了款项并消费或使用了此项物品以后，他再要求重新收回他所付的钱款，乃是与自然正义相违背的"②。

法律是善良和公正的艺术。法律应这样调整人的行为，以使财富和负担

---

① 亚里士多德语，转引自［美］理查德·A. 波斯纳著，苏力译：《法理学问题》，中国政法大学出版社 2002 年版，第 392—393 页。

② 来源：［美］博登海默著，邓正来译：《法理学：法律哲学与法律方法》，中国政法大学出版社 1999 年版，第 448 页。

得以公正地分配，互相抵触的利益被公正地衡量，应受刑罚的行为受到公正的处罚。简而言之，法律应对在一个社会当中出现的各种法律问题予以公正地解决。法律是否作出了公正决定，有如下几个衡量标准：

1. 在一个开放社会中，必须在其成员的良知自治当中去寻找其作出公正决定的合法性基础，即每个人在这里都是与其他人同样值得尊重的道德判断者，是个人良知的反应。

2. 当我们需要在不同的目标和利益之间作出权衡的时候，我们的评价往往会彼此冲突。在这里，那些个别的、取决于具体情境的优先考虑作为限制性因素发挥着作用。尽管如此，常常也存在共同一致的广泛基础。而法律决定应以可为大多数人接受的正义观念，而不是个别法官的高度个人化的观点为基础。

3. "具有多数公认力的正义观念"不能被简单地等同于表面上的多数意见。因为多数意见可能是为利益而不是良知所驱使，所以需要将合意过程引上理性的正义考量的轨道。

4. 在现代社会，人们必须借助适当的方式来确定占主导地位的社会道德观念，尤其是法道德观念。最为具体化形式是这个社会既有的法律，尤其是宪法所包含的价值判断。①

（二）尊重常识与常理

日本的星野英一认为："即使是在进行价值判断的时候，也要尽可能地作出按一般人的常识所进行的判断来看是妥当解决方案的解释……法律不是，也不应该是法律家秘传的技艺，对一般社会人之间的纷争，应作出让当事者及其周围的人最大可能接受的判决。因此，常识的结论非常重要。"②

对常识与常理的尊重，得益于科学与理性的发展，使得法律的发展在19世纪末期从哲学层面转向了两个方向：一是物理学和生物学；另一是经验性质的政治-社会科学。具体有三种情势起了积极的推动作用：其一，实证主义的兴起以及由此发生的社会科学的发展；其二，生物学的兴起以及由此而出现的生物学对所有当代思想的影响；其三，现代心理学的兴起以及由此而产生的对群体的研究和对种族心理的研究。于是有了庞德所称的"人种学解释"

① 参见［德］莱因霍尔德·齐佩利乌斯著，金振豹译：《作为正义问题之解决的法》，载于郑永流主编：《法哲学与法社会学论丛》2009年第1期，北京大学出版社2009年版，第115—124页。

② 转引自张利春著：《日本民法解释学中的利益衡量理论研究》，法律出版社2013年版，第246页。

和"生物学解释"。实践中，已经出现大量运用生物学、心理学、生理学、医学等与生命相关的科学常识为依据进行法律解释的案例。美国的"罗伊案"是其中影响最大也是争议最大的案例：

　　1969 年，22 岁的美国女子诺玛·麦克维发现自己意外怀孕了，而当时她尚未结婚。于是，她回到老家达拉斯，谎称自己遭遇性侵而怀孕，请求医院给她做堕胎手术。然而，这一谎言很快被拆穿。而按照当时德州的法律，除非医学需要（即妊娠已经危及该孕妇自身的生命），或因被性侵而怀孕，是不能做人工流产的。于是，麦克维想找个黑诊所一做了之，却发现当地警方把黑诊所都给扫光了。她只好求助律师，要求法院判定该州限制堕胎的法律违反宪法。这起官司打了 3 年，终于德州法院判定，罗伊（麦克维在诉状上使用的化名）有权获得合法的堕胎机会。而在此过程中，她已生下了孩子。此案后来被上诉到联邦最高法院。联邦最高法院的大法官们心里清楚，此判决一下，就等于全美"堕胎是否合法"的问题盖棺定论。因此，以布莱克门为首的多数大法官们（9 人中 7 票赞同，2 票反对）非常谨慎地给出了自己的判决。起初，巡回上诉法院是按照宪法第九修正案，认定宪法并没有规定"女性有权自主决定是否去堕胎"，但并不等于法律就因而禁止了这种选择权。但最高法院并未采纳这一理由，而是转向了更有说服力的宪法第十四修正案"未经正当的法律程序，不得剥夺任何人的生命、自由或财产"的规定，认为在第十四修正案中，包括了一个人的隐私权。当一个女子怀孕时，这一事实应该被视为一种个人隐私权加以尊重，她有权决定是否人为终止妊娠。同时，各州也有权对堕胎行为进行一定程度的干预，以保护未出生的婴儿的正当权益。这两种利益，需要找到一个合适的平衡点。最高法院根据孕妇妊娠期的生理变化规律，认为：在孕早期，堕胎的决定权在怀孕女性及其监护人；孕中期，州政府得加以适当限制；孕末期（最后三个月），除非是为了保护孕妇的生命安全，州政府有权禁止堕胎行为。而德州的相关法律规定，对于整个孕期采取同等的限制措施，明显超越了合理的界限。据此维持了德州法院的判决，德州禁止堕胎的法律无效。

　　尊重常识与常理的法理基础是基于法律的实践理性。实践理性有三个内涵：其一，它强调深思熟虑在实践理性中占据中心位置，深思熟虑被理解为一种要求有高品位个性和智识的研究判断模式；其二，它强调实践理性中的谨慎、深谋远虑、渐进特点，与之形成反差的则是柏拉图式的激进的乌托邦玄想；其三，它强调作为对理论性思考之矫正的传统的重要性，即法律赞美法律推理中的传统价值、方法和语汇。[^①]实践理性是对形式理性的一种矫正和优化，是对机械应用法律概念以致产生或者可能产生不正义结果的一种反叛，尽管这种反叛带着一定的法治风险。[218]

（三）利益衡量

"法起源于对立利益的斗争"，而"法律的最高任务是平衡利益"[^②]。基于公共利益与私人利益既有内在统一性又有冲突对抗性，所以如何实现利益平衡便成为行政执法过程中难度最高的实践能力，也是最深层次的学理研究。

利益衡量，是指在个案中如果两个或两个以上利益发生冲突时，对各个利益从"质"到"量"两方面予以衡量，对于"质高""量广"者予以优先保护。利益衡量理论产生于德国，在日本也被广泛运用。德国学者华特·克莱恩（Walter Klein）就认为，公共利益是受益者尽量广、对受益人生活尽量有益的事物。

利益衡量建立在这样三个法理观基础之上：（1）纠纷的本质乃是利益冲突的社会观；（2）裁判是为了对这些纠纷利益作出妥当安置的裁判观；（3）法律的解释是为了实现法律的目的的解释观。这里所说的法律的目的，是指通过对社会事实的实质的利益考量所得出的妥当的结论，然后再依次从外部赋予法律的目的。[^③][219]

最早系统提出利益衡量解释理论的是以赫克（Philipp Heck）为代表的利益法学派。赫克在《法律解释和利益法学》一书中指出：法律的解释，并不仅仅停留在法律的文字或立法者的主观观念上，而是应追溯到成为法律的原因的"利益"上。他主张将利益的历史探求作为法律解释的基础，法官应给予被承认为在法律中占支配地位的利益以优先权。[^④]赫克强调，正是利益才造成了法律规范的产生，因为利益造就了"应该"的概念。"法秩序所追求的目的是解决社会上各种各样的利益冲突，法律不仅具有调整利益的目的，而

[^①]　参见［美］理查德·A.波斯纳著，苏力译：《法理学问题》，中国政法大学出版社2002年版，第543页。

[^②]　赫克语，转引自张文显主编：《二十世纪西方法哲学思潮研究》，法律出版社1996年版，第130页。

[^③]　参见张利春：《日本民法解释学中的利益衡量理论研究》，法律出版社2013年版，第244页。

[^④]　参见何勤华著：《西方法学史》，中国政法大学出版社1996年版，第225页。

且这种法律本身就产生于利益，是诸利益的产物，各种法律均存在这种利益基础。法律的每一个命令都决定着一种利益冲突，法起源于对立利益的斗争，法的最高任务是平衡利益。"[1]

以日本加藤一郎和星野英一为代表的利益衡量论则把利益衡量上升为法律方法论，在学界很有影响。根据学者的相关研究，日本的利益衡量论是日本学者为了解决过去因盲目继受他国的法律、法学和法学方法论而带来的一系列的问题，立志探索一条真正适合日本的法学之路的产物。它的目的不仅限于对法律漏洞进行补充的方法的探寻，而是扩展到了对法以及法与日本社会之间如何认识如何协调等一系列问题的全面思索。其核心精神是，强调决定裁判的实质因素不是法律的构成，而是法律之外的、对案件事实中诸种冲突利益的比较衡量后得出的决断。这也正是人们习惯地称它为利益衡（考）量论，而非法律衡量的原因所在。[2]

从法律解释学的角度看，利益衡量只是扩大了法律渊源的范围，把各种法律价值以及所隐含的利益当成了规则，用以衡量实在法，以避免不正义、不公平等不符合法律价值精神的判断的出现。陈金钊教授认为，由于我国没有明显的自然法的观念，因而价值（利益）衡量具有特别的意义。它在一定程度上避免了解释法律的过度机械性倾向。利益衡量在各种方法中居于最高境界，法律价值、法律精神在这种方法中时刻都被提起。利益衡量实际上是进行解释过程中，结合社会环境、经济状况、价值观念对各种不同的利益进行比较与衡量，寻求一种妥当的判断，给具体案件的判断以正当化、合理化的裁判理由。所以，利益衡量是一种以结果为取向的解释方法，带有明显的妥协性。[3]

实践中，会经常面临两个相互冲突的利益之间作出艰难选择的难题。如两个公共利益也许不得不放在一起加以权衡，或者一种有价值的个人利益也许不得不与一种极为重要的公共利益放在一起予以调整。在这种情况下，"必须考虑整个社会秩序结构及其占支配地位的价值结构和支配该社会的正义理想，以发现一个能够解决有关相互抵触的原则或社会利益之间的冲突问题的

① 张文显著：《二十世纪西方法哲学思潮研究》，法律出版社 1996 年版，第 129—131 页。

② 参见张利春：《关于利益衡量的两种知识——兼行比较德国、日本的民法解释学》，载于《法制与社会发展》2006 年第 5 期。

③ 参见陈金钊著：《法律解释学——权利（权利）的张扬与方法的制约》，中国人民大学出版社 2011年版，第 218 页。

正确答案"①。[220]

在日本，还经常面临实质正义与适法正义之间的冲突。在现实中，很多判决都被人们或评价为"合法，但却不合理"，或评价为"合理，但却不合法"。这里的"合法"就是指合适法正义，"合理"则是指合实质正义。面对这种冲突，也需要用利益衡量的方法去解决。这从日本关于诉讼时效制度的变迁中可见一斑。日本虽然移植了西方的诉讼时效制度，但在国民的传统意识里面却几乎没有任何关于消灭时效的概念，相反，却有与之完全不同的诸如"父债子还"这类完全不考虑消灭时效的概念。这与我国的情形极其相似。这种法律意识与民众传统意识之间的冲突，在司法实践中就表现为实质正义与适法正义的冲突。比如，A 对 B 负有债务，过了法律规定的诉讼时效仍未履行。此时若按照法律的规定（《日本民法典》第 176 条）剥夺 B 的诉权，虽然实现了适法的形式正义，但却往往会失去大众心目中的实质正义。这对一个长期以来认为是"父债子还"，而且总是羞于向对方——尤其是亲人、朋友——讨债的含蓄的东方人来说，显然是无法接受的飞来横祸。尽管如此，日本司法界和学术界在很长一段时间内，仍然坚守着宁肯牺牲民众的实质正义也要追求适法正义的立场，法院的判决基本上不考虑日本国民意识中欠缺诉讼时效传统的事实。直到 1962 年，这一情况才发生了根本转变。在这一年，谷口知平发表了著名的《权利滥用的效果》一文。在文中他提到了时效援用权的行使也可以构成权利滥用或者信义原则违反的观点，在日本学界和实务界产生了深远而广泛的影响，被当时的下级法院广泛援用，并最终在 1976 年被日本最高法院的判例确定为一项原则——消灭实效的援用不得违背诚实信用原则，构成权利滥用者，法院不得认可——使大众立场的实质正义终于得以实现。谷口知平与以往的法律人的不同在于思维顺序的变化。之前的法官和学者都是以适法正义为思维的起点或者支点，从追求实质正义的目的作为出发点来考察诉讼时效消灭现象的，所以会对案件事实进行实质的利益衡量等操作，自然得出不同的结论和结果。②

（四）个别衡平

个别衡平与衡平法相通，起先是以美国法学家威廉·布莱克斯通为代

---

① 参见［美］博登海默著，邓正来译：《法理学：法律哲学与法律方法》，中国政法大学出版社 1999 年版，第 556 页。

② 张利春著：《日本民法解释学中的利益衡量理论研究》，法律出版社 2013 年版，第 484—486 页。

表所主张的普通法进路的一种解释方式，其主要特征是灵活对待制定法文本，这种灵活是建立在对立法原意或者目的以及普通法的周边材料保持细腻敏感性的基础上。布莱克斯通支持一个叫"荒谬结果规则"（the absurd-results canon），该规则表达的是这样的思想："当词语没有表达出任何意思，或者表达出来的是一个非常荒谬的含义，我们必须适当地偏离它们普通的含义。"[221]① 下面是布莱克斯通引用过的著名例子：有一个博洛尼亚法律规定，任何人如果将血洒到街道上将会被处以最严厉的刑罚，但最终在经历了长时间争论之后，该规定被认为不适用于某一个外科医生为了救治因疾病发作而倒在街道上的病人而不得不打开病人血管的行为。

衡平法的一个重要特征是要在主要规则外发现和证明例外情形。这是波斯纳特别提醒的观点。他有名言："每个例外本身都是一条规则，都是一条能干净利落击败主要规则的规则。"他还举例加以说明：

伊利诺斯州的法律规定，书面合同的诉讼时效是 10 年；一个例外是被告误导了原告，使原告认为有更长的诉讼时效。这个主要规则至少可以使我们得出这样的结论：即如果原告过了 10 年才就某个书面合同提出诉讼，被告就有一个很明显的解释，即诉讼时效已过。然后，我们也许就不得不从头开始，考虑一下被告是否确证了自己可以适用这种例外，驳斥被告的辩解。但是，例外本身也是一条规则，原告只须证明该例外的小前提（如被告确实曾误导自己），就确证了这一诉讼并不晚。②

有学者认为："衡平与适应活的法律已成为现代司法权的典型特征。"③ 即便是日常大量发生的民法领域，这种需要依靠个别衡平来解决的异常案件也比比皆是。如有一条法律规则规定，不动产销售者有义务将抵押权及其他法律留置权通知买方，而且买方可以因卖方未提供法定信息而要求惩罚性的损害赔偿费。如果甲方将其财产出售给乙方，并通知乙方存在着某种永久性的留置权。6 个月之后，甲方从乙方处买回该财产。乙方却没有明确通知甲方有

---

① ［美］阿德里安·沃缪勒著，梁迎修、孟庆友译：《不确定状态下的裁判》，北京大学出版社 2011 年版，第 21—22 页。

② ［美］理查德·A. 波斯纳著，邓正来译：《法理学问题》，中国政法大学出版社 2002 年版，第 58 页。

③ 范学进著：《美国宪法解释方法论》，法律出版社 2010 年版，第 62 页。

关留置权的问题。因为他知道甲方毫无疑问地确知这一留置权。于是，甲方起诉要求惩罚性的损害赔偿费。根据法律条文，他无疑可以胜诉；但按照个别衡平原则，他显然是在滥用该法律的文字意义，法院不可能支持这种恶意诉讼。

在我国，没有明确的衡平法制度，个别衡平理念也只是停留在学理见解层面。但其实司法实践中，已经不可避免地遇到需要运用个别衡平制度去矫正现行法律不能解决的异常案件。

（五）成本-效益分析

成本-效益分析源自法经济学思维。经济分析法学派的理论可以追溯到20世纪60年代初，代表人物是卡拉布勒西（Guido Calabresi）、科斯（Ronald H.Coase）和波斯纳（Richard A.Posner）。其核心思想是："效益"，即以价值得以极大化的方式分配和使用资源，或者说财富极大化，是法的宗旨。波斯纳指出："从最近的法律经济学研究中获得的一个重要成果是，法本身——它的规范、程序和制度——极大地注重于促进经济效益。"在他们看来，既然效益原则是法律得以建立的基础，那么法律制度的构建也应当以此为出发点和归宿。"正义的第二种含义——也许是最普遍的含义——是效率。"[①]

霍姆斯建议法律人要研究经济学，在经济学中，"我们会了解到，如果我们想要得到任何东西，我们都必须放弃其他什么东西，而且我们将学会比较我们的所得和所失，并了解我们选择意味着什么。"法律应当是推进用经济学理解的社会福利的工具。[②]

成本-效益分析是把所有人都视为经济人，即假定所有人的行为动机都是追求个人利益，同时都是具有经济理性的人，即都是追求自我利益极大化，并尽量减少代价和损失的。成本-效益分析有三个原则。其一，最有效的手段达到目的的原则：如果 A 与 B 两种行为方式都可以达到同一目的，而 A 所需投入较小，则理性主体会采用 A 而不采用 B。其二，包含性原则：如果做 A 与 B 两件事，做 A 能够达成一些除 B 所能达到的目的和效果外的目的和效果（一举两得），而做 B 却不能达成 A 所能达成的目的和效果外任何有益的东

---

① ［美］理查德·A.波斯纳著：《法律的经济分析》，转引自尹晋华主编：《法律的真谛——写给执法者的书》，中国检察出版社 2006 年版，第 56 页。

② 参见［美］理查德·A.波斯纳著，苏力译：《法理学问题》，中国政法大学出版社 2002 年版，第 304 页。

西，则理性主体会做 A 而不去做 B。其三，或然率较高原则：A 与 B 两种行为方式所能达成的目的和效果差不多，所付出的代价也差不多，但是完成 A 的或然率比完成 B 的或然率高，则理性主体采用 A 而不采用 B。[222]

科斯定理是经济分析法学的理论基础和基本框架。"科斯定理"的第一定律是：如果交易费用为零，不管怎样选择法律原则，配置权利，有效益的结果都会出现。换言之，当交易费用为零，并且个人是合作行动时，法律权利的任何分配都是有效益的。科斯定理的第二定律是：如果存在现实的交易费用，有效益的结果就不可能在每个法律规则、每种利益配置方式下发生。换言之，在交易费用为正的情况下，不同的权利界定和分配则会带来不同效益的资源配置。有效的权利界定和分配是能使交易费用的效应减至最低的界定和分配。例如：

当工厂的烟尘与居民户外晾晒衣服产生利益冲突时，如果居民享有清洁权，工厂就要花费 150 美元安装防烟罩，其他选择是付出 375 美元继续污染，或花 250 美元为每一户居民购买一个烘干机；反之，如果工厂有污染权，居民就得花费 150 美元为工厂安装防烟罩。①

运用成本-效益分析，可以对违法成本与守法成本的关系作出正确的解释，因为守法成本一旦高于违法成本而不被制止，就会鼓励违法者的行为；而如果违法成本比守法成本高的话，经济人的理性会让其选择守法的行为方式。例如，公路超载现象治理。目前我国法律规定，对违法超载车辆主要是以收费代替罚款的方式进行管理的，一旦缴了费便可达到运载货物到目的地的目的。而这样的话，其违法的成本远比守法者即不超载者的成本低，因此才助长了货运超载现象的蔓延。如果将收费或罚款改为一旦发现违法超载的行为，即对超载部分就地卸载的处置，即便不罚款，违法成本仍然会比守法成本高，就会很有效地治理货运超载现象。

（六）社会学判断

社会学视角的法律解释是指将社会学方法运用于法律解释，着重于社会

---

① "科斯定理"第一定律。参见拙著：《法治与法治思维》，世纪出版集团、上海人民出版社 2013 年版，第 362—363 页。

效果预测和目的衡量，在法律条文的可能文义范围内解释法律规范意义内容的一种法律解释方法。① 运用社会学判断的法律解释有广义和狭义之分。广义的社会学解释包括自然正义、利益衡量、公序良俗等，都属于社会学的解释；而狭义的社会学观察立足于实践理性，寻求一种合乎情理的社会共识。[223]

　　社会学解释实际上是一种扩大了的语境解释，按照伽达默尔的观点来看，社会是一个大文本，解释就是对这一大文本的解释。② 卡多佐在论述法律标准的客观性时认为："在这些问题上，真正作数的并不是那些我认为是正确的东西，而是那些我有理由认为其他有正常智力和良心的人都会合乎情理地认为是正确的东西。"③ 在拉德布鲁赫看来，"法律并不是一种能让社会关系的素材随意塞进去的形式，而是不可抗拒地接受这种素材的形式。立法者可能对于社会的发展无法驾驭，但他确实能够使之较容易、较迅速地形成，即'加速时代的分娩阵痛'"④。当一些法律规定在作文义解释时，可能存在多种理解，即使再作目的解释、法意解释后，仍可能存在复数解释，这时就需要运用社会学的判断进行法律解释，以达到良好公正的社会效果。

　　波斯纳认为，法官寻求真相时还关心其他的价值，这"并不是说，美国法律制度对事实真相毫无兴趣，而只是说，求真的目的会与其他目的（比方说，经济性、保护某些自信、助长某些活动、保护某些宪法性规范）相互竞争"。⑤ 他以举例来论证了这种观点：

　　被告的住宅发生了事故，原告在事故中受了伤，原告以事故后被告修理了住宅作为证据证明该房子事先就有危险，但是这个证据是法院不能认可的。当然，这个证据是相关的，但问题在于，如果认可了这个证据，那么事故之后，伤害者就不敢修理房屋了。

---

　　① 梁慧星著：《民法解释学》，中国政法大学出版社 1995 年版，第 236 页。

　　② 伽达默尔著：《真理与方法》，转引自梁治平主编：《法律解释问题》，法律出版社 1998 年版，第 55 页。

　　③ 转引自[美]理查德·A.波斯纳著，苏力译：《法理学问题》，中国政法大学出版社 2002 年版，第 38 页。

　　④ ［德］拉德布鲁赫著，米健、朱林译：《法学导论》，中国大百科全书出版社 1997 年版，第 28 页。

　　⑤ ［美］理查德·A.波斯纳著，苏力译：《法理学问题》，中国政法大学出版社 2002 年版，第 258—259 页。

第二十三章 事实认定：关于调查与取证技术

一、现状评估

调查与取证，是行政执法中的重要环节，是作出行政决定的前提条件，即事实认定要清楚，而证据是认定案件事实的唯一合法手段。证据是行政执法实现严格、规范、公正、文明的基本条件，也是行政相对人维护自身合法权益的主要手段，还是实现公正司法的基础。因此，调查取证对于行政执法行为而言，具有十分重要的法律意义。

1989 年 4 月全国人大通过的《中华人民共和国行政诉讼法》辟专章对行政诉讼证据作出了规定。2002 年 6 月，最高人民法院审判委员会第 1224 次会议通过了《关于行政诉讼法证据若干问题的规定》，对行政诉讼中举证责任分配和举证时限、提供证据的要求、调取和保全证据、证据的对质辨认和核实都作出了具体规定，《规定》共 80 条，弥补了立法在行政诉讼证据和证明规定上的不足。2014 年 12 月《行政诉讼法》修正案历经三次审议后获得通过，于 2015 年 5 月 1 日正式实施。此次修正在证据制度方面作了 9 项修改，使行政诉讼的证据规则更加完善。2021 年 10 月修订的《行政处罚法》增加了一条证据种类（第 46 条）。2023 年 9 月新修订的《行政复议法》也增加了一节：行政复议证据，共 5 条。

当然，客观地说，在行政证据规则方面，目前仍存在着重大的制度缺失：

一是没有独立完备的取证程序规范。实践中能作为证据规则运用的，也仅有《行政处罚法》所规定的亮证执法、一般执法程序两个人以上等零星的规范，没有细化完备的行政执法取证规则，从而造成行政执法中取证行为的不规范，正如薛刚凌教授在评价上海整治非法客运行政执法中"钓鱼执法"行为时所指出的："因为缺乏手段，导致不择手段。"这种缺乏手段的现象不是存在于交通领域的个别现象，而是整体性的制度规范缺失。

二是缺乏一套证明力规则。对于 8 种证据各自的证明效力如何？何者优先采用？实践中并没有一套形成共识的证明力适用规则，是适用严格证据规则还是适用优势证据规则？并无定论。

三是行政证据规则理论和法理研究缺乏。搜索一下文献便不难发现，目前国内的行政法学教科书中普遍不研究证据制度，仅有少数教科书中有涉及，但也不够系统和深入；专门研究行政证据的专著和论文也极少。以中国政法大学法治政府研究院编的《2013 年度法治政府蓝皮书》所提供的数据为例：2013 年，以行政证据为关键词发表的 CSSCI 论文共 2 篇；扩展到历年全部期刊中以行政证据为关键词的论文的数量也仅有 10 余篇①。有学者这么评价：由于中国尚未制定统一的《行政程序法》，行政程序证据制度迄今欠缺统一规定，学界对行政程序证据制度没有给予足够的关注。② 这是需要我们行政法学界反思的。

四是行政诉讼法对证据的规定并没有与刑事证据规则和民事证据进行严格区分。正如有学者所指出的，长期以来，我国三种诉讼均实行"事实清楚、证据确实、充分"的统一标准。③ 这意味着，对行政诉讼和民事诉讼而言，我国目前使用的证明标准过高、过严，这是不尊重客观规律的表现，是亟须加以改正的。

二、行政证据规则的基本理论

关于行政证据的性质，有两种观点。一种观点认为，行政证据是指行政主体作出行政决定的证据，而不是人民法院审理行政案件的证据。也就是说，行政证据是行政程序中的证据，作为认定法律事实的证据，而不是行政诉讼中的证据。另一种观点认为，行政证据是行政程序证据与行政诉讼证据之总和。胡建森教授赞同第一种观点的立论，理由是：行政程序中的证据与行政诉讼中的证据虽有联系，但毕竟是有区别的。④ 笔者认为，行政证据应当是指

---

① 中国政法大学法治政府研究院编：《2013 年度法治政府蓝皮书》，中国人民大学出版社 2014 年版，第 219 页。笔者通过检索"中国知网"数据库发现，至 2018 年 5 月底，以"行政证据"为关键词发表的 CSSCI 论文共 23 篇；扩展到全部期刊中以"行政证据"为关键词的论文数量也仅有 90 余篇。

② 参见陈光中主编：《证据法学》(第三版)，法律出版社 2015 年版，第 201 页。

③ 参见陈光中主编：《证据法学》(第三版)，法律出版社 2015 年版，第 293 页。

④ 参见胡建森著：《行政法学》(第三版)，法律出版社 2010 年版，第 387 页。

行政决定据此作出的，由行政主体依职权收集或由行政相对人提供的，用以证明某一事实的物质或材料。行政证据在行政诉讼和行政复议中是审查的重要内容。同时，在行政救济过程中，还有一套与之相衔接的证据规则即举证规则。

据此，行政证据规则可以分为实体性规则和程序性规则两类。实体性规则包括行政证据的属性和种类、证据力与证明力等内容；程序性规则按照执法与救济的实际程序，可以分为行政执法取证规则、行政救济举证规则和行政证据证明过程等内容。

（一）客观事实与法律事实

客观事实，又称为客观真实，是指办案人员在执行法律过程中所认定的案件事实符合客观存在的案件事实。英国著名刑法教科书《肯尼刑法原理》指出："我们的证据规则大都是在多年经验的基础上建立起来的，其宗旨只有一条，就是保证求得案件的客观真实，防止发生冤枉无辜的现象。"[1]

客观真实观是对大陆法系内心确信的实体真实理念的继承。大陆法系的"实体真实主义"，是法、德等欧洲大陆国家在资产阶级革命时期反对中世纪末期形式证据制度和形式真实论的斗争中形成的，沿袭运用至今。

坚持客观事实，意味着办案人员应当忠实于案件的事实真相，这是实现实体公正的前提。我国法律制度的基本理念就是"以事实为根据，以法律为准绳"，就是要求办案人员"查明案情"，即事实真相。从办案人员的主观态度方面而言，就是要求忠实于事实真相，避免故意隐瞒、歪曲事实、主观偏见等现象的发生。

对客观事实，存在着传统理论和现代理论两种理念。传统的客观事实理论认为，诉讼中的证明任务就是要确定案件的客观真实，即这些事实必须与客观上实际发生的事实完全符合，确实无疑，即完全客观真实理念。这种要求被认为是不可能做到的，也没有必要实现。现代客观事实理论则认为，客观真实在一定意义上具有绝对的真实的因素，即体现在对关键事实的认定应当而且能够做到确定性和唯一性。同时也承认客观事实具有相对性，一方面，基于主、客观多方面因素，有些案件确实无法查清，另一方面，有些案件虽然基本事实能够查清，但有些细节甚至是一些对责任认定有意义的事实也难

---

[1]　［英］J. W. 塞西尔·特纳著，王国庆等译：《肯尼刑法原理》，华夏出版社1989年版，第484页。

以查清。现代客观事实理论认为，客观真实是绝对真实与相对真实的辩证统一，只承认其中任何一个方面都是片面的。①

坚持客观事实并不意味着为了发现真相而不择手段，只能通过正当程序去发现客观事实；采取刑讯逼供等违法的方法取得的证据材料往往是不真实的，不利于客观事实的发现；程序公正与发现客观事实有时确实存在矛盾，难以两全，这时应当在两者之间平衡价值，妥善处理。

法律事实，又称为法律真实，这是相对于客观事实而提出来的概念，是指案件事实的认定只要符合法律规定的要求就视为真实。法律真实也就是形式真实，它强调认定案件事实的法定程序、规则和要求，而不追求认定事实的结果符合客观实际，而且认为追求客观事实是不可能达到的。

法律真实观也是有历史渊源的，欧洲中世纪的法定证据制度就是其典型代表。当时的封建国家为了加强中央集权，需要统一规范法官的审判行为，使之完全听从于中央政权，由此，法定证据制度开始在欧洲大陆形成并逐步盛行。法定证据制度的特点是，证据证明力的大小以及如何取舍，法律都有明确规定，法院裁判时必须按照法律的规定机械地计算证据的证明力，并在符合法律要求时对案件事实予以认定。这一理论在现代的表现形态即是英美法系的"当事人主义"的诉讼真实观。这种真实观的特征就是将通过正当程序认定的事实视为真实。②

法律事实理论是对传统的客观事实理论不足的理性反思与改进，其倡导的程序正义、程序人权保障、诉讼效率等多元价值观，都具有积极的意义。同时也应看到，法律真实说存在的缺陷：不利于办案人员去查清真相，准确认定案件事实；也为执法者开脱责任开了方便之门。

根据马克思主义辩证法思想，证据规则应当坚持客观真实与法律真实的结合，也就是实现实体公正与程序公正的统一：

（1）客观真实应当是法律追求的最终目标，是实现社会公正的最终要求。案件事实认定要"符合客观真相"，即客观存在的案件发生时的事实情况。

（2）如果不承认法律真实，也是难以做到结果公正的。由于证明的困难等原因是不可避免的，因而在法律实施中也不可避免地要运用推定方式，推定的事实虽能在大多数情况下实现与客观事实相一致，但也可能与客观事实

---

① 参见陈光中主编：《证据法学》（第三版），法律出版社 2015 年版，第 92—93 页。

② 参见陈光中主编：《证据法学》（第三版），法律出版社 2015 年版，第 94 页。

不一致。

（3）从某种角度讲，追求事实真相已不是法律救济的唯一目的。诉讼价值观已经从传统的一元化转向多元化，从单纯追求案件的事实真相转向追求实体公正、程序公正、诉讼效率等多重价值，出于价值平衡的考量，客观真实有时需要为法律真实让出一定的空间，但这并不意味着可以脱离案件的客观事实而满足于所谓的法律事实。[224]

（二）行政证据遵循的基本原则

行政证据的适用既有与刑事诉讼、民事诉讼相同的原则，也有其特殊的原则。概括起来，有依职权调查原则、程序法定原则、明显优势证据原则、真实义务原则和证据裁判原则。

1. 依职权调查原则

行政机关在行政执法过程中，应依职权调查取证，不受当事人主张的约束，对当事人有利及不利事项一律需尽注意义务。由于调查取证系属事实认定的技术问题，原则上，无关行政相对人实体权利义务问题，不属于法律保留的事项，因此，其调查取证的方法，可由行政机关依职权决定；如法律有明确规定调查取证方法和程序的，应当按照法律规定执行。行政机关调查的事实与证据，应当据实制作书面记录。

依此原则，凡具有法定行政执法职权的人员所依法调查取得的证据，皆有证据能力，即便是不同行政执法机关之间因法定职责分工而移送的证据，也都有证据能力；若是不具有行政执法职权的个人或单位提供的调查证据，如新闻媒体记者所调查的证据，则仅具有参考的性质，本身不具有证据能力。

2. 程序法定原则

所谓程序法定原则，是指行政执法、行政复议、行政诉讼中如何收集、审查、判断证据以及如何依据证据认定案件事实，都应当由法律规定的程序加以规范。程序法定原则最早由法国1789年《人权宣言》第7条加以规定："除非在法律规定的情况下，并按照法律所规定的程序，不得控告、逮捕和拘留任何人。"这一原则现已成为世界法治国家所普遍遵行的法律原则。

我国《宪法》和三部诉讼法都规定必须"以法律为准绳"。2014年党的十八届四中全会《决定》明确提出要"健全事实认定符合客观真相、办案结果符合实体公正、办案过程符合程序公正的法律制度"，其中"办案过程符合程序公正"就是程序法定原则的要求。

程序法定原则在证据领域的具体体现有三点。一是要求国家应当保证与证明有关的各种执法活动的程序化和法治化。这一点，在行政执法领域存在着重大的制度缺失，即目前还没有实现行政证据规则和取证程序的法制化，这是亟须改变的。二是国家机关和当事人在收集、运用证据的过程中应当严格执行和遵守法律，做到有法必依。在执行法律与探求案件实体真实发生冲突时，应坚持合法性优先原则，不能以发现案件事实的实际需要为由违反法律，如非法搜查、威逼利诱等。行政相对人也应依法享有复议、诉讼权利，依法履行复议、诉讼规定的相关义务。三是明确违反法定程序的法律责任，确立制裁性措施，即需要确立"非法证据排除规则"。

3. 明显优势证据原则

所谓"优势证据"，是指在双方当事人就某一事实都提供了证据的情况下，看哪方的证据分量和证明力比反对其事实存在的证据更具有说服力，或者比反对证明其真实性的证据的可靠性更高。也就是说，负有证明责任的当事人，其最终所要证明的结果只要能够达到一般常人认为具有某种合理的盖然性的程度就可以了，无须达到排除合理怀疑的证明标准。① 对此的解读有两条：一是，行政执法中的证据要求应当低于刑事案件的证据要求，即不需要达到排除合理怀疑的标准，除非涉及公民人身权、财产权的基本权利，需要更高的证据标准来衡量；二是，与行政相对人对比，行政主体获取的证据应当比行政相对方有明显的证明力的优势，能比对方的证据更有说服力和证明力，更不能被对方的反证所推翻。[225]

优势证据原则是将行政诉讼与刑事诉讼区分开来所确立的一种证据原则，其源于民事诉讼中的"盖然性占优"的证据规则。按照英美法系国家学者的理解，要求证据占优势的盖然性是指："凡于特定事实之存在有说服负担之当事人，必须以证据之优势确立其存在。法官通常解说所谓证据之优势与证人多寡或证据数量无关，证据之优势乃在其使人信服的力量。有时并建议陪审团，其心如秤，以双方当事人之证据分置于其左右之秤盘，从而权衡何种有较大之重量。"②

4. 真实义务原则

所谓"真实义务"，是指案件当事人应当履行真实陈述的义务。真实义

---

① ［日］兼子一、竹下守夫著，白绿铉译：《日本民事诉讼法》，中国政法大学出版社1996年版，第181页。

② ［美］摩根著，李学灯译：《证据法制基本问题》，世界书局1982年版，第48页。

务原则是一项古老的制度，起源于罗马法。罗马法不但对真实义务作出了明确规定，并且对违反者将科以刑罚。随着诚实信用原则在民事诉讼中的确立，真实义务也受到现代各国民事诉讼立法的认可，成为一项真正的法律义务，而不仅仅是对当事人的道德要求。在行政执法中，更是要求当事人配合行政执法的调查取证，履行陈述真实情况的法定义务。

对于行政执法和行政救济，真实义务是一种法定义务，所以并不适用刑事诉讼中的反对强迫自证其罪原则。所谓反对强迫自证其罪，是指不得以暴力、胁迫等方式强迫任何人提供不利于他自己的证言或被强迫承认犯罪。反对强迫自证其罪来源于"任何人无义务控告自己"的古老格言。这无疑是刑事诉讼中应遵循的原则，但这一原则并不适用于行政救济活动。

在行政执法中，对于当事人以外的其他相关人员，也要求履行作证义务。所谓作证义务，是当事人以外了解案件事实的人承担的提供自己所了解的有关案件情况的义务。除了法律有特别规定外，了解案件情况的人都负有作证义务。

5. 证据裁判原则

证据裁判原则的基本含义是：案件事实的认定必须依据证据，而不能是证据以外的任何东西，如主观臆测、妄想、推测等；反之，如果没有证据，不能对有关的事实予以认定。

根据证据裁判原则，必须依据经过法定调查程序核实且有证据能力的证据来认定案件事实。具体包括：（1）必须依据证据认定案件事实，禁止办案人员以非理性的方法判断事实，既不得以证据以外的其他现象认定事实，也不得仅凭办案人员个人的主观推测和印象来认定事实；（2）作为认定案件事实的证据必须经过法定的、正式的证据调查程序来审查，即未经过法定的、正式的证据调查程序审查或者未由当事人充分表达过意见的证据，不能作为认定案件事实的根据；（3）作为认定案件事实的证据必须具有证据能力，所谓证据能力是指作为办案人员认定事实或判决根据的证据须具备的要件或资格，具有证据能力的证据，才具有可采性。[1]

需要指出的是，一般认为，证据裁判原则是刑事诉讼、民事诉讼和行政诉讼普遍适用的基本原则之一。但笔者的研究发现，证据裁判原则在适用于行政诉讼时应当看到其特殊性或者是例外的一面。因为行政诉讼区别于刑事

---

[1] 参见陈光中主编：《证据法学》（第三版），法律出版社2015年版，第119页。

诉讼和民事诉讼的是，行政主体在诉讼之前已经作出了事实认定，并作为其行政行为的依据。因此，行政诉讼程序中，严格地说，法庭并不需要像刑事诉讼和民事诉讼那样认定事实，并作出裁定，而是审查行政主体认定的事实是否具有证据力和证明力。因此，证据裁判中"未经过法定的正式的证据调查程序审查的证据，不能作为认定案件事实的根据"这类的表述并不适合行政诉讼的证据认定。准确地说，应当是，凡是有异议的证据，都应当经过法定的、正式的证据调查程序审查才能作为认定案件事实的根据，即遵循"异议证据裁判原则"。

提出这一理念有如下理由：

（1）民事诉讼中也有当事人的自认、推定证明和拟制的事实等证据裁判原则的例外，也就是说，行政诉讼中的例外情形并不是独有的。

（2）行政诉讼和民事诉讼都有适用简易程序审理的规定，其法理基础也正在于，并不是所有证据都需要在法庭上认定才能作为认定事实的根据，如前所述，民事诉讼中当事人自认的证据就不用法庭再认定，新《行政诉讼法》规定了三种可以适用简易程序的情形：当场作出的处罚、2000元以下的罚款、全部的政府信息公开案件。简易程序意味着，当事人不提出异议的，就视为认可证据的效力，法庭不必对每一个证据都进行质证。

（三）行政证据制度的特点

行政证据制度的特点，可以从与刑事证据制度、民事证据制度的比较中得出：[226]

1. 证明主体不同

刑事诉讼遵循"职权主义"，即主要由检察机关或自诉人承担证明犯罪嫌疑人、被告人有罪的责任，只有特定情形下，如在巨额财产来源不明案或非法持有国家绝密、机密文件、资料、物品案中，犯罪嫌疑人、被告人及其辩护人需要对特定事项承担证明责任。民事诉讼的证明主体则遵循"当事人主义"，即主要是当事人按照"谁主张，谁举证"的原则承担，原被告双方的地位平等。行政诉讼的证明主体，是刑事诉讼加民事诉讼，即"职权主义"加"当事人主义"，在行政诉讼中，行政主体对按照法定职权行使的行为承担举证义务，对于争议的行政行为的合法性，原则上应当由被告即行政机关举证证明，即通常所说的"举证责任倒置"，行政相对人作为当事人一方，也有举证的权利和义务。

2. 证据规则不同

亦即证明标准不同。刑事诉讼遵循"严格证据规则"，即每一个事实，都要有证据来证明，否则就不能认定犯罪事实；民事诉讼则遵循"优势证据规则"，即双方当事人各自举证，证明自己的主张，一方当事人提出本证的，另一方可以提出反证，最后，经过举证、质证、认证的过程之后，法庭采信具备优势证明力的一方的证据并支持其主张。行政诉讼的证据规则与民事证据规则相类似，为优势证据规则，但考虑到行政机关与行政相对人并不是两个完全平等的权利义务主体，行政机关拥有行政执法的权力，所以采用适当增加行政机关举证义务的"明显优势证据规则"①，除限制人身自由和财产自由的行政行为外，一般无需采用刑事诉讼那样的严格证据规则。行政行为只在主要事实不清、证据不足的情况下才被撤销或确认违法，便是佐证。

3. 证明对象不同

上述三种诉讼所要证明的虽然同为实体法事实和程序法事实，但具体的内容是有明显不同的。刑事诉讼的证明对象主要包括犯罪构成要件事实以及量刑情节有关的事实。民事诉讼主要包括能够引起民事法律关系产生、变更或消灭的事实。行政诉讼则主要是与被诉行政行为合法性相关的事实。也因此，行政诉讼中法庭对证据的认定效力与刑事诉讼和民事诉讼都是有区别的。刑事诉讼和民事诉讼的证据都要当庭质证后，经法庭认定才能作为认定案件事实的依据，而行政诉讼的证据并无需经过法庭质证后才能作为认定事实的依据，因为该证据早已经被行政机关作为认定事实的依据，行政诉讼只是审查、核定、判断行政主体所认定的证据是否具备证据力和证明力。从这意义上说，《行政诉讼法》第33条第2款的表述（"以上证据经法庭审查属实，才能作为认定案件事实的根据"）是一种不确切的、错误的表述。

4. 审理程序不同

虽然三种诉讼程序一般都有举证、质证、认证等庭审程序，但具体程序仍有明显区别。刑事诉讼有审前程序，包括侦查和审查起诉阶段，侦查机关要收集证据、审查证据，辩护人可以依法收集证据或查阅、摘抄、复制相关机关的案件材料，而民事诉讼和行政诉讼无审前程序。民事诉讼对举证时效以及证据交换有具体规定，其他两种诉讼则无此类规定。行政诉讼期间，被

---

① 我国台湾地区的行政法称之为"强化的优势证据"。参见李惠宗著：《行政法要义》，台湾元照出版有限公司2012年版，第277页。

告不得自行向原告或证人收集证据，这是行政诉讼特有的规定。按照严格证据规则，刑事诉讼的程序应当适用一般程序，而不能适用简易程序，因为每个相关证据都要当庭质证后认定；而民事诉讼和行政诉讼按照优势证据规则，则可以适用简易程序，相关证据当事人双方都无异议的，并不一定要当庭质证。新修订的《行政诉讼法》也已体现了这种理念，第82条明确规定，涉及依法当场作出的行政行为、涉及2000元以下款额的案件和属于政府信息公开案件三种法定情形，以及当事人各方同意的，可以适用简易程序。

三、行政证据的属性与种类

所谓证据，是指"能够证明某事物的真实性的有关事实或材料"①。

（一）行政证据的学理分类

根据行政证据的不同特性，学理上可以分为以下几类：[227]

1. 本证与反证

所谓本证，是指负有举证责任的当事人所提出的，能够证明待证事实的证据。一般的原则是"谁主张，谁举证"。但在行政诉讼中，则有举证责任倒置的情形，即被告承担举证责任。所谓反证，是指不负有举证责任的一方当事人为了推翻对方所主张的事实而另外举出的证明事实不存在或不真实的证据。如果一方当事人提出的反证足以推翻对方当事人所提出的本证时，他就会胜诉。本证与反证的分类体现了诉讼的对抗性特征，有利于行政复议机关或行政诉讼机关迅速了解案件争议焦点，形成对案件事实的正确认识。

2. 直接证据与间接证据

凡是能够直接证明待证事实、与待证事实存在直接因果关系的证据，称为直接证据，直接证据能直接反映案件主要事实，经查证属实后，能对案件的主要事实作出肯定或否定的判断。凡与待证事实只有间接联系，不能单独、直接证明待证事实的证据，称为间接证据。间接证据需与其他同案证据相结合，形成一个证据链，才能证明案件的主要事实，从而对案件的主要事实作

---

① 中国社会科学院语言研究所词典编辑室编：《现代汉语词典》(第7版)，商务印书馆2021年版，第1673页。

出结论。

3. 原始证据与传来证据

直接来源于案件事实且未经复制或转述的证据，为原始证据，即通常说的"第一手资料"；间接来源于案件事实，即从第一手以外获取的证据，是传来证据，如证人转述第三人话语的证言、物证的照片或复制品、书证的抄本或影印本、合同或文件的复印件等。规律和实践证明，证据转手和传递的次数越多，其真实性和准确性就越低，其失真的可能性就越大，所以要努力寻找原始证据，尽量掌握第一手资料，对传来证据要严加审查和判断。

4. 言词证据与实物证据

凡通过人的陈述，以语言形式表现出来的证据，是言词证据，如证人证言、当事人陈述等。言词证据是相关人员对案件客观事实的主观反映，是与人的身体状况、感知能力、心理状态等生理条件密切相关的，因此易出现失实的情况，故采信时应当慎重。凡以物品的外部形态或其中记载的内容等作为某种客观事实的表现形式的证据，是实物证据，也称为"哑巴证据"，如物证、书证、勘验记录、现场笔录等，视听资料、电子数据的属性虽有争议，但目前倾向于认定为实物证据。实物证据的客观性较强，但容易灭失，需要妥善保存和保管。

（二）行政证据的属性

证据属性的理论在我国证据法学界一直是一个有争议的话题。有两种学说，分别是"两性说"和"三性说"：前者主张证据的基本属性应为"客观性"和"关联性"；后者又增加了主张"合法性"也是证据的属性。目前，"三性说"处于主导地位。[228]

1. 客观性

又被称为确实性。所谓"事实认定清楚，证据确凿"，确凿是对客观性的要求，这被认为是证据最重要的属性。一个证据能够发挥证明与案件有关的事实的作用，原因在于它所具有的对客观事实的正确反映。也就是说，正是由于证据具有客观性，才具有证明能力；如果没有客观性，则证据本身的存在尚存疑问，当然无法发挥证明与案件有关的事实的作用。不可否认，证据经过有关人员的收集程序，可能会带有一定的主观因素，但主观因素不应当是主观随意性，不能歪曲客观事实，否则应当加以排除。强调证据的客观性，目的是确保证据的真实性，即证据必须是真实的，而不能是虚假的、伪造的。

所以，在现在的法律文件中，经常出现以"真实性"替代"客观性"的表述，似乎是一种发展的趋势。

2. 关联性

又称为相关性，是指证据能够反映一定的案件事实。这是一种实质上的关联性。关联性作为证据的基本属性在我国极少受到质疑。关联性的表现形式是多种多样的，如：（1）因果联系，指的是案件主要事实的原因和结果；（2）时间联系和空间联系，指的是属于与案件事实有关的时间、地点、环境等事实；（3）偶然联系和必然联系，指的是证据事实与案件事实之间存在偶然或必然的关系；（4）直接联系和间接联系，是指证据事实与案件事实之间存在的关系是直接或间接的；（5）肯定联系和否定联系，指证据事实与案件事实之间存在或者不存在关系。所有的表现形式，都表明证据反映了与案件有关的事实。

3. 合法性

又可称为有效性，是指证据的形式以及证据收集的主体、方法和程序应当符合法律的规定，并且证据必须经过法定的审查程序，其中重点强调证据收集手段、方法的合法性。① 只有合法的证据才具有法律效力，即具有证据能力和证明力。反之，则适用"非法证据排除规则"，否定该证据的证明能力。在英美法系国家，运用的是"可采性"概念，与我国的合法性属性有相似之处，只是更强调法官有权在综合考虑各种因素后裁量决定该证据是否可采信。

（三）行政证据的种类

《行政诉讼法》第 34 条规定了行政诉讼证据有以下 8 种：书证，物证，视听资料，电子数据，证人证言，当事人的陈述，鉴定意见，勘验笔录、现场笔录。[229] 行政证据的种类与民事诉讼的证据种类基本相似，仅多了一种现场笔录，与刑事诉讼的证据种类则区别明显。

1. 书证

凡是记载或表达人的思想或行为的文字、符号、图画、印章，并用来证明案件情况的书面文件或者材料，称为书证。书证的基本特征是以其记录或表达的内容来证明案件的事实。书证的表现形式和形成方式具有多样性，既可表现为文字、图形，也可表现为符号、印章。书证的载体，既可以是纸张，

---

① 参见陈光中主编：《证据法学》（第三版），法律出版社 2015 年版，第 151—152 页。

也可以是金、石、土、木、布帛或其他材料。制作书证的工具，既可以是笔，也可以是刀、印刷机等。制作书证的方法，既可以是书写，也可以是雕刻或印刷等。书证的表达思想内容往往能直接证明有关的案件事实。

2. 物证

用来证明案件情况的实物或痕迹，称为物证。物证是以外部特征、存在状态、物质属性等来证明有关案件的事实的实物或痕迹。这里的实物包括各种物品、动物、植物、人体等有形物和气体等无形物。物证需要提供原物，但有困难的，也可以提交复制品或照片。物证有变质、灭失的可能时，应采取保全措施。物证一般为间接证据，但客观性强，真实性大，对其他证据起到引出或者印证作用。

3. 视听资料

利用录音磁带、录像带和电影胶片等载体储存能证明案件事实的活动影像、图形或音响的证明材料，称为视听资料。视听资料作为证据表现为含有一定科技成分的载体，因此具有高度准确性和逼真性，具有动态直观性的特性，失真的可能性小，为行政执法和司法公正提供了新的保障手段。但另一方面，视听资料一旦被伪造，则不易分辨和甄别。所以，对视听资料的审查判断有赖科学技术的相应进步。

4. 电子数据

是储存作为证明案件事实的音响、活动影像和图形的电子介质中的信息，包括电子邮件、电子数据交换、网上聊天记录、博客、微博客、微信、手机短信、电子签名、域名等。存储在电子介质中的录音资料和影像资料适用电子数据的规定。电子数据原来与视听资料归为同一类证据，在2014年新《行政诉讼法》修订后才独立出来的。其特点与视听资料基本相同，这里就不再重复。

5. 证人证言

用来证明案件事实的，当事人以外了解案件事实情况的人就其感知的事实所作的陈述，称为证人证言。证人需要具备能够作为证人提供证言的资格，即感知案件事实、具有辨别是非的能力、具有正确表达能力三个条件。虽然任何公民都有作证义务，但按照前面所说的资格条件，精神病患者、没有独立思考能力的儿童不能作证。鉴于证言是由具备一定思维能力的人提供的，难免会受诸多因素的干扰而影响其证言的客观性，因此，对证人证言，需要进行审查：一是审查证人是否如实提供了证言，包括审查证人是否与案件有利害关系，证人提供证言时所处的环境是否有某些外界压力；二是审查证人证言的来源，是耳闻目睹的，还是间接知道的；三是审查证人证言的形成反映是否真实准确。审查证人证言不能孤立地进行，要与其他证据相互印证。对于证人，取证机关应当为其保密，涉及证人隐私的，也应当为其保密；还要为证人提供安全保障和经济补偿。证人证言的客观性强于当事人所作的陈述，证明力较强。

6. 当事人的陈述

指当事人在诉讼中向办案人员所作的关于案件事实情况的叙述。当事人的陈述具有两重性：当事人是争议的法律关系的主体，对争议的事实比较了解；同时，他们与案件有直接的利害关系，故其陈述可能带有主观因素，包括只陈述对自己有利的事实，不陈述对自己不利的事实。因此，在证据审查判断中，既不应忽视这些证据，又不应盲目轻信，要认真审查和判定。对于当事人陈述的法律效力，世界各国有不同的认识，多数国家的立法中没有将当事人的陈述作为一种独立的证据形式，对此，有学者认为值得我国借鉴，一方面，应当改革我国目前的当事人陈述证据制度；另一方面，应当建立类似证人的宣誓具结制度，提高当事人陈述的可信度。①

7. 鉴定意见

系指鉴定人运用自己的专业知识，根据案件的事实材料，对所需鉴定的专门性问题进行鉴定后得出的判断性意见。鉴定意见必须由法定鉴定部门或人民法院指定的鉴定部门作出，而不应是被告人自己进行的鉴定。鉴定意见原来称"鉴定结论"，改称"鉴定意见"是为了避免人们将其与科学结论简单画等号，要求将其与其他证据一道经过严格的检验，确定是否真实可靠。鉴定意见属于意见性证据。目前鉴定意见的种类包括法医学鉴定、司法精神病学鉴定、物证技术鉴定、司法化学鉴定、司法会计鉴定、笔迹鉴定、测谎鉴定、DNA 鉴定、声像资料鉴定等。鉴定意见可以弥补司法工作人员和行政执法人员对专业性问题在判断能力上的不足。

8. 勘验笔录和现场笔录

勘验笔录是指行政机关工作人员或人民法院的审判人员制作的，对与争议有关的现场、物品进行勘验、检验、拍照、摄像、测量等情况的结果的记录。现场笔录则是行政诉讼所特有的一种证据种类，是行政程序的一种重要

---

① 参见陈光中主编：《证据法学》(第三版)，法律出版社 2015 年版，第 180 页。

证据种类，为大量单行行政管理法律、法规和规章所规定。概括而言，现场笔录是指行政机关制作的、符合法定形式要求的、即时记录行政执法过程中行政相对人的状况和行政执法过程的一种证据。记录的方式包括文字记载、现场拍照、摄像等。现场笔录的特征包括：主体只能是行政机关，不包括司法机关；内容为即时记录行政相对人的客观状况，行政执法过程等；制作形式应当符合法定要求。

四、行政调查的启动

《行政处罚法》在一般程序的规定里出现了"调查"和"检查"两个概念。《行政处罚法》第54条规定："行政机关发现公民、法人或者其他组织有依法应当给予行政处罚的行为的，必须全面、客观、公正地调查，收集有关证据；必要时，依照法律、法规的规定，可以进行检查。"这里，在启动调查前，已经"发现"有违法行为的线索，虽然没有交代如何发现的，但按常理推定，不外乎是公民、法人投诉举报，或者执法主体在巡查中发现的。所以，在调查之前，应存在着行政检查行为，条文中所说的"检查"是在调查过程中必要时才启动的，只能推定为现场检查，是狭义的检查概念，与现场调查同义。[230]

为了实施的方便，笔者倾向不将行政检查和行政调查作大小概念的界定，而是作前后程序的界定，将立案前的行政执法行为称为行政检查，其功能为发现违法行为；将立案后的行政执法行为称为行政调查，功能为取得证据；将《行政处罚法》中所称的检查认定为一种现场调查取证方式。

（一）立案

立案，是行政执法的一个必经程序，标志着行政执法行为的正式启动。但由于我国没有制定统一的《行政程序法》，加之行政法学对方法论研究得不够重视，对于应当如何立案，并没有标准的程序规范。

实践中有两种立案观：一种是主张先立案、再调查；另一种则主张先调查、再立案。

持第二种观点的主要是参照了刑事诉讼的立案程序。《刑事诉讼法》第86条规定："人民法院、人民检察院或者公安机关对于报案、控告、举报和自首的材料，应当按照管辖范围，迅速进行审查，认为有犯罪事实需要追究刑事责任的时候，应当立案；认为没有犯罪事实，或者犯罪事实显著轻微，不需要追究刑事责任的时候，不予立案，并且将不予立案的原因通知控告人。控告人如果不服，可以申请复议。"依照此规定，刑事执法是在确认犯罪事实之后才予以立案的。

笔者则持第一种观点，即先立案、再调查。主要理由是：立案的主要功能是启动调查取证程序，而不是确认违法行为后的启动处置程序。先调查后立案的程序则将行政调查与行政检查相混淆。

立案主要针对负担性行政行为（以行政处罚、行政强制为代表），其启动有三种情形：（1）行政主体收到社会成员的投诉、举报，初步认定属于本机关行政职权的管辖范围，并有违法行为嫌疑的，应当立案；（2）行政执法人员在行政检查过程中，发现有违法行为嫌疑，需要进一步调查取证的，应当及时立案；如果因为情况紧急，来不及立案的，可以由现场行政执法的负责人决定先启动调查取证程序，事后再补办立案手续；（3）由其他行政执法主体依法移送的案件。

启动立案是行政执法的内部程序，但也应当规范、依法。立案应当明确下列内容：（1）立案的案由与来源；（2）立案的案号；（3）行政相对人的主要情况，包括涉嫌违法行为的领域和事项；（4）指定的办案人员，一般不少于2人；（5）调查取证的期限。

经立案，完成调查取证后，未能查实违法行为的，予以撤案；认定有违法行为的，进入审理和决定程序，待执行完毕后，予以结案。[231]

（二）调查与取证

调查通常与取证是不可分割的。调查取证是实施行政处罚、行政强制等行政处置行为的前提和步骤。通过调查取证工作，行政主体可以了解违法行为事实，掌握相关的证据，进而查获违法行为人，并在调查取证的基础上，对违法行为的性质加以确定，并依法对违法行为人实施行政处置。①

当然，调查取证程序的启动需要有个前提，即行政执法机关已经立案。

调查取证遵循以下原则：一是全面客观的原则，即调查取证时，必须从实际出发，全面客观地收集与案件事实相联系的所有事物，尽可能地走访与案件有关的所有人员。要重证据，不轻信口供；要兼听则明，不偏听偏信。要分

---

① 参见汪永清编著：《行政处罚法适用手册》，中国方正出版社1996年版，第146页。

析证据与案件事实之间是否有因果联系。要分析证据是否足够充分证明案件事实。二是公正原则，即调查取证时要公平正直，没有偏私，也不受主观好恶的左右。要严格调查取证的程序公正，该回避的回避；调查人员不得少于二人；询问当事人、证人应制作询问笔录和陈述笔录，要让被询问人阅读并签字；询问当事人时，应允许当事人辩解；勘验现场时，应有相关人员在场。严禁刑讯逼供，或者采取威胁、利诱、欺骗等手段取得证据。三是及时原则，即要求行政执法人员迅速赶赴案件现场，询问当事人，访问证人，提取和收集各种证据材料，否则会因现场遭到破坏，证人离开难以找到，或者给违法行为人串供提供时间，致使证据灭失，影响对违法行为的公正处置。[232]

（三）即时调查

即时调查也可称为紧急调查。即时调查程序是与即时强制程序相对应的。面对原因不明的突发事件，如食物中毒事件、公共卫生疫情等，在采取即时强制措施，对现场或疫区进行控制之后，需要相关行政部门及时进行原因调查，这就是即时调查的启动，其启动不需要进行立案，直接以即时强制为前提和依据。[233]

（四）行政调查权的限制

对行政调查权的限制，主要基于国家尊重和保障人权，对公民基本权利即宪法性权利实行绝对保护。这在一般法治国家的宪法里都有相应的明确规定，而且都大致相同，我国也不例外。[234]

1. 对人的身体搜查

因为人身自由不受侵犯，是宪法赋予公民的基本权利之一。《宪法》第37条明确规定："禁止非法搜查公民的身体。"行政执法中，一般不得对公民实施搜身的行为。只有刑事侦查人员才能依照《刑事诉讼法》第109条的授权，必要时进行人身搜查。① 即便如此，也有限制，必须向被搜查人出示搜查证，第112条还规定："搜查妇女的身体，应当由女工作人员进行。"

2. 对私人住宅的调查

公民住宅权也是受宪法特别保护的基本权利。所谓"风能进、雨能进，

---

① 《刑事诉讼法》第109条规定："为了收集犯罪证据、查获犯罪人，侦查人员可以对犯罪嫌疑人以及可能隐藏罪犯或者犯罪证据的人的身体、物品、住处和其他有关的地方进行搜查。"

国王不能进"，就是形象化的说法。我国《宪法》第 39 条明确规定："中华人民共和国公民的住宅不受侵犯。禁止非法搜查或者非法侵入公民的住宅。"目前，依法能够进入公民住宅执法调查的行政主体是消防救援机构和房屋管理部门，其他部门都没有权力进入住宅执法。

3. 对通信状况的调查

我国《宪法》第 40 条规定："中华人民共和国公民的通信自由和通信秘密受法律的保护。除因国家安全或者追查刑事犯罪的需要，由公安机关或者检察机关依照法律规定的程序对通信进行检查外，任何组织或者个人不得以任何理由侵犯公民的通信自由和通信秘密。"也就是说，除了公安和检察机关依法有权外，其他任何机关都无权对公民的通信状况进行调查。

4. 对银行存款的调查

虽然《行政强制法》将冻结存款、汇款纳入了行政强制措施的范畴，但并没有给予行政执法机关调查存款、汇款情况的权力。只有《刑事诉讼法》第 117 条赋予了刑事侦查人员这样的权力："人民检察院、公安机关根据侦查的需要，可以依照规定查询、冻结犯罪嫌疑人的存款、汇款。"

五、行政执法中的取证规则

行政主体在行政执法过程中的取证规则，是行政证据规则的核心内容，其他的如举证规则、证明规则都是由此衍生出来的证据规则。遗憾的是，我国行政法中，目前还没有一套取证规则，实践中没有可遵循的依据，法理研究亦甚少，处于"缺乏手段"（薛刚凌语）的状态，从而导致一些行政机关为达到行政管理目的而"不择手段"。这也从一个侧面反映了行政执法取证规则的现实必要性。

（一）行政证据主要规则

1. 关联性规则

这是关于证据可采性的基础性规则。其基础性地位体现在两个方面：一是，关联性规则涉及的是证据的内容或实体，而不是该证据的形式或方式，因此，关联性规则适用于所有证据形式，在适用范围上具有广泛性；二是，尽管具有关联性的证据并不必然具有可采性，但是没有关联性的证据必然没有可采性。英国的塞耶（James Thayer）曾将关联性规则总结为两条著名的原则：其一为消极原则，即除非具有关联性，否则证据不可采纳；其二为积极原则，即一切有关联性的证据都可采，除非按照可采性规则被排除。这一概括阐明了关联性与可采性的关系，即可采性以关联性为前提，但反之并不成立，具有关联性的证据有可能被其他特殊规则所排除。① 虽然我国立法上目前还没有关联性规则的明文规定，但学界和实务界对"只有对案件事实有证明作用的证据材料才能用作证据"早已达成共识。

2. 非法证据排除规则

这是指因为违反法定程序，以非法方法获取的证据，不具有证据能力，不能在认定事实时所采纳。从形式来看，非法获取的证据，可以分为两大类：一类是以非法方式获取的言词证据，如通过刑讯逼供、威胁、引诱、欺骗等不正当手段获取的言词证据；另一类是以非法方式获取的实物证据，如通过非法搜查、非法扣押等方式获取的实物证据。用通俗的话来表述，用非法手段获取的证据，可能符合客观性、关联性的要求，但因为不符合合法性的要求而丧失了作为证据的能力。非法证据排除规则最先确立于美国宪法第四修正案的规定。② 美国联邦法院关于非法证据排除规则的第一项判决是在1886年"博德诉合众国"一案中作出的；但直到1914年"维克斯诉合众国"一案才得到正式确立。③ 关于非法证据排除规则，国际上有两种实施模式：一种是强制排除模式，如美国、意大利等国；另一种是裁量排除模式，如英国等大多数国家。在我国，非法证据排除规则最初主要适用于刑事诉讼中，最新修订的《行政诉讼法》才正式将此规则适用于行政案件。这一规则在行政诉讼中是法院裁量时遵循的证据规则，也是行政主体在行政执法时应自觉遵循的证据规则。下列证据材料不具有法定效力，不得作为行政执法决定的依据：（1）严重违反法定程序收集的证据材料；（2）以偷拍、偷录、窃听等手段获取侵害他人合法权益的证据材料；（3）以利诱、欺诈、胁迫、暴力等不正当的手段获取的证据材料；（4）当事人超出取证期限提供的证据材料，包括原告、被告；（5）在中华人民共和国领域外或者在中国香港、澳门、台湾地区

---

① 参见陈光中主编：《证据法学》（第三版），法律出版社2015年版，第237—238页。

② 美国宪法第四修正案规定："人们保护自己的人身、房屋、文件及财产不受任何无理搜查和扣押的权利不容侵犯；除非是由于某种正当理由，并且要有宣誓或誓言的支持并明确描述要搜查的地点和要扣押的人和物，否则均不得签发搜查证。"

③ 参见陈光中主编：《证据法学》（第三版），法律出版社2015年版，第243页。

形成的没有办理法定证明手续的材料；（6）当事人无正当理由拒不提供原件、原物，又无其他证据印证，且对方当事人不予认可的证据的复制件或者复制品；（7）被当事人或其他人做过技术处理而无法辨明真伪的；（8）不能正确表达意志的证人提供的证言；（9）违反法律禁止性规定或者侵犯他人合法权益而取得的证据；（10）不具备合法性和真实性的其他证据材料。[235]

3. 免证规则

免证规则是指无需借助其他证据可以直接认定案件事实的法律规定。依据《最高人民法院关于行政诉讼若干问题的规定》第68条规定，下列事实，可以直接认定：（1）众所周知的事实；（2）自然规律及定理；（3）按照法律规定推定的事实；（4）已经依法证明的事实；（5）根据日常生活经验法则推定的事实。但是（1）、（3）、（4）、（5）项，当事人有相反证据足以推翻的除外。

4. 最佳证据规则

这是一项适用于书证的规则，其含义是，在证明一项文书内容的过程中，如果其内容对案件审理重要，除非是因可证明的提出人重大过失之外的其他原因，否则必须使用原始的文书。最佳证据规则是英美法最古老的证据规则之一，起源于普通法的发源地英国。"最佳证据"这一用语最早出现于1700年，首席大法官霍尔特（Holt）在一个案件中指出："仅仅需要事物本身所能具有的最佳证据。"著名证据学家摩根（E. M. Morgan）曾有经典阐述："所谓最佳证据法则，在现在则为关于文书内容之证据容许性法则。该法则需要文书原本之提出，如不能提出原本，直至有可满意之说明以前，则拒绝其他证据，其理由之至为明显。盖文字或其他符号，如差之毫厘，其意义则可能失之千里；观察时之错误危险甚大，尤以当其在实质上对于视觉有所近视时为然。因此之故，除提出文书之原本以供检阅外，于证明文书内容时，诈伪及类似错误之机会自必甚多。"[①]最佳证据应当根据下列规则分别认定：（1）国家机关以及其他职能部门依职权制作的公文文书优于其他书证；（2）鉴定结论、现场笔录、勘验笔录、档案材料以及经过公证或者登记的书证优于其他书证、视听资料和证人证言；（3）原件、原物优于复制件、复制品；（4）法庭主持勘验所制作的勘验笔录优于其他部门主持勘验所制作的勘验笔录；（5）原始证据优于传来证据；（6）其他证人证言优于与行政相对人有亲属关系或者其

---

① ［美］摩根著，李学灯译：《证据法之基本问题》，台北中华书局1982年版，第385页。

他密切关系的证人提供的对该行政相对人有利的证言；（7）出庭作证的证人证言优于未出庭作证的证人证言；（8）数个种类不同、内容一致的证据优于一个孤立的证据。[236]

5. 谁主张、谁举证规则

在行政执法程序阶段，也与行政救济阶段一样，有一个举证责任的分配问题。总结世界各国的立法例，对于行政程序中的举证责任分配，基本实行"谁主张，谁举证"的原则，与民事诉讼的证据规则相似。行政机关作出不利于行政相对人的决定，产生争议的，行政机关应当承担举证责任；行政机关依行政相对人的申请，作出对行政相对人有利的决定，产生争议的，由行政相对人承担举证责任。行政执法程序中的举证责任分配规则，并不能简单地延续到行政救济程序，还需具体情况具体分析。[237]

6. 补强证据规则

补强证据规则是指某一证据由于其存在证据资格或证据形式上的某些瑕疵或弱点，不能单独作为认定案件事实的依据，必须依靠其他证据的佐证，借以证明其真实性或补强其证据价值，才能作为定案的依据。不能单独作为定案依据的证据主要包括：（1）未成年人所作的与其年龄和智力状况不相适应的证言；（2）与一方行政相对人有亲属关系或者其他密切关系的证人所作的对该行政相对人有利的证言，或者与一方行政相对人有不利关系的证人所作的对该行政相对人不利的证言；（3）难以识别是否经过修改的视听资料；（4）无法与原件、原物核对的复制件或者复制品；（5）经一方行政相对人或者他人改动，对方行政相对人不予认可的证据材料；（6）其他不能单独作为定案依据的证据材料。

（二）行政证据的收集

收集证据，是指行政执法或救济主体依照法律规定的权限和程序，发现、搜集和提取与案件有关的各种证据材料的活动。收集证据是在主要的行政执法阶段，在行政复议和行政诉讼阶段必要时也需收集证据。证据收集不能违反法定的权限和程序，不能对公民、法人和其他组织的合法权利构成不必要的侵害，否则取得的证据会被非法证据排除规则所排除。

调查的基本方法。调查是指行政执法人员依照法定程序向案件当事人、证人了解案件事实的活动。调查活动必须由两名以上执法人员共同完成，并事先出示证件，证明合法的行政执法身份，与案件有利害关系的人员应当主动申请回避。调查的对象有三个：当事人、证人和相关现场。

1. 询问当事人

当事人也是违法嫌疑人，所以是最重要的调查对象。对当事人来说，既有陈述事实的义务，也有进行辩解的机会。在对当事人实施调查时，首先要验明身份，确保身份无差错；其次要仔细询问与案件事实相关的所有情节和行为，听取当事人陈述的每一个环节；再次要耐心听取当事人的辩解，并记录在案；询问笔录的内容应当包括时间、地点、询问人、被询问人、询问的主要内容；询问结束后，笔录应交被询问人核对，对于没有阅读能力的，应当向其宣读；被询问人提出补充或者更正的，应当尊重；被询问人确认笔录无误后，应当让其在笔录上签名或者盖章；被询问人拒绝签名或者盖章的，应当在笔录上注明。当事人有两个以上的，应分别询问。对当事人提出的回避请求，应依法予以办理。

2. 询问证人

询问证人对查明案件事实有重要意义，实践中也是认定案件事实的重要途径。对证人证言，未经证人同意的，原则上应当保密，以免当事人事后打击报复。在调查时，首先要问明证人的真实身份、从事的职业，及与当事人的关系；要告知其应当如实陈述事实的法定义务，以及故意作伪证和隐匿案件事实的法律责任后果；引导证人就其所知道的案件事实作连续的详细叙述，然后对其叙述的事实问明来源和根据；调查人员可以对某些问题进行提问，但不能作提示性的发问，也不能暗示其如何回答；证人要求自行书写，应当允许；询问笔录，经证人核对、更正、补充后，应由被询问人签名或者盖章。要给证人以宽松的提供证言的环境，打消其思想顾虑。

3. 现场勘查

行政证据中有勘验笔录和现场笔录两种证据，都具有现场性。两者的区别在于：勘验笔录是对特定场所或者物品进行勘查、测量、检测后，将有关情况和结果记录下来形成的，其记录对象具有静态特点，内容通常是对通过技术测量手段获得的数据及状态的真实记录；现场笔录则是对行政活动过程的记录，包括行政活动中对象的状态及行政活动本身的情况等的记载，如行政执法检查结果记录、对行政相对人的违法事实进行调查的记录、对执法过程的客观记录、对现场处置情况的记录等，记录的事实具有动态特点，所记载的事实通常是对事后难以复制的活动的客观记载。正因为如此，人民法院不可能成为现场笔录的制作主体。

4. 调取法律文书

这是收集书证的重要方式。主要收集有关案情的文字资料，如审批文件、营业执照、施工许可证等。只有收集到这些书证，才能判断出行政相对人是否履行有关的行政审批手续，这是认定和作出行政处置的前提。例如，在环境保护方面，夜间施工扰民是一个难题。国家规定晚10点至次日早晨6点所有建筑工地不准施工，特殊情况的必须经过环境保护行政管理部门的批准，办理夜间施工许可证后，方可施工。执法人员对于施工噪音，一般先查询是否有夜间施工许可证，如果没有审批应立即阻止，并作出行政处罚。

5. 收集视听资料

这是形象再现客观事实的最有利的证据收集方式。当然，通过视听资料固化证据时，声音资料应当附有该声音内容的文字记录；录像资料应当对当时的场所位置、执法现场、建筑物或其他参照载体及方位坐标、时间等进行说明。

6. 收集、分析电子数据

执法人员根据案件线索，收集、分析电子数据交换、电子邮件、网络博客、手机短信、电子签名、网页、网上聊天记录、电子签名、域名等，固定相关证据。收集电子数据应该制作笔录，详细记载取证的参与人员、技术方法、步骤和过程，记录收录对象的事项名称、内容、时间地点等，或将收集电子数据的过程拍照或录像。

7. 查封、扣押、先行登记保存

查封、扣押、先行登记保存所获得的证据一般是第一手物证，证明力更强。

8. 专业鉴定

行政执法主体委托专业鉴定机构，对案件中的专业性问题，运用科学技术手段进行技术鉴定，得到鉴定意见。

（三）执法过程中的证据保全

证据保全是指在证据可能灭失或者以后难以收集的情况下，通过采取必要的强制措施，对证据加以固定和保护的行为，以防止证据隐匿、转移、销毁或者防止证据灭失，其目的是及时查明案件事实，依法公正作出行政处置决定。

在《行政处罚法》起草过程中，对于要不要赋予行政机关以证据保全的强制性权力，有过赞同和反对两种观点，最终，从行政执法的实践需要出发，还是给予了行政执法主体一定的证据保全的权力。原《行政处罚法》第 37 条就是这场争论的结果："行政机关在收集证据时，可以采取抽样取证的方法；在证据可能灭失或者以后难以取得的情况下，经行政机关负责人批准，可以先行登记保存，并应当在七日内及时作出处理决定，在此期间，当事人或者有关人员不得销毁或者转移决定，在此期间，当事人或者有关人员不得销毁或者转移证据。"这里所明确的证据保全制度有两种：一是抽样取证；二是先行登记保存。

六、行政救济中的举证规则

举证责任应当是一种当事人对自己提出的主张或实施的行为依法提供证据的义务。[①] 举证责任也可称为证明责任，是指一定的法律救济主体对于其所主张、所认定的案件事实是否存在负有提出证据、运用证据加以证明的义务。

证明责任制度起源于古罗马法中著名的"谁主张，谁举证"原则。举证责任或者证明责任在性质上是一种义务。在法理上，义务就是一种负担或不利后果，证明责任主体如果不履行法定的证明责任，就要承担不利处分的法律后果。

（一）行政行为证明责任的分配规则

我国《行政诉讼法》正式使用了"举证责任"一词，但对其含义没有明确界定。

行政行为的举证责任，本质上应当有实体法的具体规定，并按照实体法执行。但现实中大量存在着实体法没有明文规定的情形，才产生举证责任的分配原则问题。

目前，国内大多数学者认为，与民事诉讼"谁主张，谁举证"的举证责任分配制度相反，行政复议或行政诉讼中被诉行政行为违法的主张由原告及行政相对人或利害关系人提出，但行政行为的合法性由被告即行政机关承担

---

① 参见张尚鷟主编：《行政法学》，北京大学出版社 1991 年版，第 322 页。

举证责任，即实行举证责任倒置①。但也有少数学者提出相反的观点，认为由被告负举证责任并不违背"谁主张，谁举证"的一般举证原理，而恰恰是这一原理在行政诉讼中的特殊体现。其理由是，从形式上看，原告似乎处于主张者的位置，但其主张的是某一特定行政行为的违法性。而从本质看，违法性是与合法性相对应的，既然行政机关即被告主张其行为的合法性，就应当承担其合法性主张的举证责任。这种观点不无道理。所以，不必去追究行政证据是否遵循"举证责任倒置"原则，只需认定被告对行政行为的合法性承担举证责任。[238]

另一方面，按照"职权主义"和"当事人主义"相结合的原理，除了行政机关对自己作出的行为的合法性承担举证责任外，原告也有相应的举证责任，主要是：（1）行为意义上的举证责任，即原告可以提供证明行政行为违法的证据，即合法性的"反证"；（2）对被告不履行法定职责的起诉，原告应当提供其曾经提出申请、投诉、举报的证据材料；（3）在行政赔偿、行政补偿起诉案件中，原告应当对行政行为造成的损害事实提供证据，包括对自己遭受的损害事实和程度、损害与行政行为之间存在因果关系提供证据。

在日本，行政诉讼在一般情况下，是与民事诉讼一样，遵循"谁主张，谁举证"的证明责任分配原则，但有下列例外：（1）在处分撤销诉讼中，由行政机关承担处分合法性的证明责任，这在实践中不存在任何异议；（2）涉及裁量性的处分，由谁来承担举证责任，学说上存在分歧，南博方先生认为，只要不存在被认为特别的情况，就应当由主张撤销的原告承担证明责任；（3）当相关资料全部由行政机关保存、持有的情况下，首先应当由行政机关基于相当的根据、资料进行主张、举证，否则，便可以从事实上推认被告所作出的判断具有不合理性；（4）在处分的无效确认诉讼中，由原告对处分具有作为无效原因的重大且明显的瑕疵进行主张、举证。②这些规则，对我国无疑是有借鉴意义的。

（二）行政机关事后补证的限制

这是行政诉讼证明规则与刑事诉讼和民事诉讼的不同之处：对被诉行政

---

① 我国台湾地区的行政法也遵循"行政机关应先就行政处分之合法性负举证责任"的原则，具体情形包括负担处分、撤销既存之授益处分、裁量处分、涉及不确定法律概念判断等。参见李惠宗著：《行政法要义》，元照出版有限公司 2012 年版，第 289—290 页。

② 参见［日］南博方著，杨建顺译：《行政法》（第六版），中国人民大学出版社 2009 年版，第 204—205 页。

行为合法性承担举证责任的被告在行政诉讼过程中，禁止自行收集证据。这是基于"先取证，后决定"的程序规则。被告只有在两种情形下才可以补充证据，《行政诉讼法》第36条分别规定了被告可以延期提供证据和补充证据的两种情形：延期提供证据适用于被告在作出行政行为时已经收集了证据，但因不可抗力等正当事由不能提供的，经人民法院准许后，可以延期提供；补充证据适用于原告或者第三人提出了在行政处理程序中没有提出的理由或者证据的，经人民法院准许，被告可以补充证据。[239]

（三）人民法院的有限调取证据权

人民法院除有权要求当事人提供或者补充证据外，还有依职权调取证据权（《行政诉讼法》第40条）。但是，人民法院不得为证明行政行为合法性调取被告作出行政行为时未收集的证据。这是因为，先取证、后决定是行政行为合法的基本要求。人民法院还可以根据原告申请调取其不能自行收集的相关证据，但不能代替当事人举证。需要指出的是，人民法院在行政诉讼中的调取证据权仍是有限的，总的是要强化当事人的举证与对抗，弱化职权主义色彩。在日本，这种职权证据调查只有在当事人所主张的事实、证据不够充分，因而得不到心证（确信）的情况下，才允许法院补充性地依职权进行证据调查。而且，实际上，这种补充性职权证据调查，也几乎没有付诸实施。①但也有观点认为，这种对抗主义的追求应当弱于民事诉讼，因为过于弱化职权主义理念，会淡化人民法院发现案件实体真实的职责，从而会损害公共利益和实体正义。[240]

（四）救济过程中的证据保全

这里所说的证据保全，是在行政诉讼或者行政复议过程中，面对证据可能灭失或者以后难以取得的情况下，救济主体采取一定措施对证据先行加以固定的措施。与行政执法过程中的证据保全制度旨在赋予行政机关强制性权力不同，行政诉讼与行政复议中的证据保全是保证当事人提供证据的补救方法，它有利于保护当事人的合法权益，有利于行政复议和行政诉讼的顺利进行。证据保全的方法和措施，应根据不同的证据特点分别采用：证人证言的

---

① 参见［日］南博方著，杨建顺译：《行政法》（第六版），中国人民大学出版社2009年版，第203—204页。

保全，可采用制作证言笔录、录音、录像等；物证等可以采用拍照、录像、制作勘验笔录等。

证据保全也可以说是一种特殊的调查取证方法。保全措施既可以由诉讼、复议参加人主动申请，也可以由人民法院依职权主动采取。①

七、行政证据的证明规则

与行政执法中的取证规则、行政救济中的举证规则相配套的，还有一套规则，即证明规则，它要解决的是证据的证明力问题。

（一）从证据力到证明力

证据力也可称为证据能力，即"证据的适格性""证据资格"，是指某一材料能否用于证明待证事实"是否存在"的能力或者资格，也就是能够被允许作为证据加以调查并得以采纳的资格。这种证据能力具有严格的形式性，表现为两个方面：一是法定证据方法的限制；二是法定调查程序的限制。也就是说，关于案件事实的调查与证明，必须在依法律规定所准许的证据获取方法的范围之内，并且依据法律规定的调查证据程序加以实施。② 前面所述及的行政证据的"三属性"即客观性、关联性、合法性，都是用来证明证据的证据能力的。其核心是"非法证据排除"问题。

证明力，是指证据对于案件事实有无证明作用及证明作用如何。证明力也是证据本身固有的属性。证明力是建立在材料具有证据能力基础上的，有证据力是拥有证明力的基础和前提。不同的证据虽然都拥有证据能力，但其所拥有的证明力可能是不同的，是有强弱层次之分的。对于证明力，实践中运用得最多的概念，就是"证据确凿"，即证据的充分性。[241]

在证据规则基础上，证明力也需要拥有自身的一套规则，即证明规则。这套规则包括证明对象、证明标准和证明过程。证明规则既适用于行政执法过程，也适用于行政复议和行政诉讼过程。

---

① 《行政诉讼法》第 36 条规定："在证据可能灭失或者以后难以取得的情况下，诉讼参加人可以向人民法院申请保全证据，人民法院可可以主动采取保全措施。"

② 参见林钰雄著：《刑事诉讼法》（上册。总论编），中国人民大学出版社 2005 年版，第 348 页。

（二）证明对象

证明对象主要解决"证明什么"的问题，是指在行政执法、行政复议和行政诉讼中需要用证据加以证明的案件事实，又称为待证事实。作为证明对象的待证事实应当是与案件具有关联性，并具有实际影响的事实，通常是法律规范所确定的要件事实，是必须运用证据加以证明的事实。

证明对象主要包括两部分。一是实体法事实，是指对于解决案件中的实体问题具有法律意义的事实。在行政执法、行政复议和行政诉讼中主要是有关行政主体行政行为合法性的事实。二是程序法事实，是指本身与案件的实体问题无直接的关系，但对于程序上如何处理具有法律意义的事实，主要包括回避理由的事实、采取强制措施的事实、复议或诉讼期间的事实、涉及证据能力的事实等。上述两部分内容中，实体法事实无疑是证明对象的关键部分和核心内容；而程序法事实也是实现公正的重要途径，因此也是证明对象的重要内容。[242]

（三）证明标准

证明标准主要解决"证明到何种程度"的问题，即证明主体履行证明责任所要达到的程度和要求。证明标准是最终对证明活动结果加以衡量和评价的尺度。

证明标准是一个具有多元化、层次性的有机体系。从刑事、民事、行政三种诉讼来看，由于诉讼性质不同，诉讼结果对当事人权益的影响不同，证明标准也应有所不同。从诉讼目的看，刑事诉讼更强调查明案件事实真相，以量刑定罪；民事诉讼更侧重于解决争议；行政诉讼则限定为对行政行为合法性的审查。也因此，一般认为，刑事诉讼应当采用最高标准，即"严格证据规则"；行政诉讼次之，可采取明显优势证据规则；而民事诉讼可以采取相对宽松的标准，即优势证据规则即可。例如：

在查处"黑车"的证据标准上，存在着严格证据规则与明显优势证据规则的争议。上海在整治非法客运的地方立法中，曾面临两种不同证据规则的选择：一种是采取电子警察取证方式，如通过电子警察发现某私家车在交通道路上随意载客3次以上，交通管理部门便通知车主前来举证，若能证明其所载的都是家属、亲戚或朋友的，不认定为非法客运；若举证不出的，便认定从事非法客运行为成立。另一种观点认为还不能认定，因为认定非法客运是一种经营行为，必须要有金钱交易的证据认定，而这种情形，电子警察基本是拍摄不到的。上述两种证据规则，正是优势证据规则与严格证据规则的区别。最后，在立法中还是采纳了优势证据规则，即只要发现3次以上搭载陌生人的行为就认定为非法客运行为，依法予以处置。这意味着，电子警察的录像作为视听资料，可以作为认定事实的依据。①

　　在英美证据法上，依证明所需的确定性程度划分，证明标准由高到低共有以下几个层次：（1）绝对的确定——由于认识论的限制，认为这一目标无法达到；（2）排除合理怀疑——为刑事案件中有罪认定所必需，也是诉讼证明方面的最高标准；（3）清楚且有说服力的证明——适用于某些民事案件以及某些管辖法院对死刑案件中保释请求的驳回；（4）优势证明——适用于多数民事案件以及刑事诉讼中被告人的肯定性抗辩；（5）合理根据——适用于逮捕令状的签发、无证逮捕、搜查及扣留、控诉书和起诉书的发布、缓刑及假释的撤销，以及对公民逮捕的执行；（6）有理由的相信——适用于"阻截和搜身"；（7）有合理的怀疑——无罪释放被告人的充足理由；（8）怀疑——适用于调查的开始；（9）无线索——不足以采取任何法律行为。② 由于各国的国情不同，美国这套证据标准并不能简单地移植到我国。但证据规则的多层次原理是相通的。一般而言，对人身权、财产权甚至生命权将产生重大影响的，必然要求适用较高的证明标准；其他权利则可采取较为低层次的证明标准。这种原则在三种诉讼中都是通用的。

　　行政证据标准，在我国实体法里并没有明确的表述，在《行政诉讼法》和《行政复议法》里的表述也不尽统一。在《行政诉讼法》第69条表述为"证据确凿"的予以支持；对"主要证据不足"的予以撤销或者部分撤销。在《行政复议法》表述则是："认定事实清楚、证据确凿"的予以维持（第68条）；对"主要事实不清、证据不足"的，决定撤销（第64条）。尤其是"主要证据不足"或者"主要事实不清"的表述具有行政证据的特点，本质上体现了优势证据规则的理念，而不拘泥于每一个事实的证据确凿。[243]

---

　　① 2014年7月修订的《上海市查处车辆非法客运办法》第11条（证据采集）明确规定："交通行政执法机构和公安机关依法收集的录音、录像等视听资料、证人证言以及检查笔录等，可以作为认定车辆非法客运的证据。"

　　② 参见卞建林译：《美国联邦刑事诉讼规则和证据规则》，中国政法大学出版社1996年版，第22页。

笔者认为，行政证据标准的设定，应当考虑行政事务的复杂性、多元性的特性，如有正常情形与紧急情形的区别；有涉及人身权、财产权的情形与不涉及基本权利情形的区别；有负担性行政行为与授益性行政行为的区别，等等。应当区分行政行为的不同性质，确定不同的证明标准，即意味着在行政证据标准上也要有多元化的体系。从大的方面可以划分为一般标准和特殊标准。

行政证据的一般标准，应当适用明显优势证据标准，具体体现为三个要素：（1）证据确实，每个证据都具有证明能力，即都具有关联性、客观性和真实性；（2）证据有效，每个证据都具备合法性、可采信，对非法取得的证据，即便符合客观性和关联性，也要排除；（3）证据充分，证明案件事实的证据在数量上要达到一定的量，足以证明案件的真实情况，证据不充分即意味着证据不足，从而不能认定事实。[244]

行政证据的特殊标准，主要包括以下情形：（1）涉及严重影响行政相对人的人身权、财产权等基本权利的行政行为，适用最高的排除合理怀疑标准，即与刑事诉讼的严格证据规则相同；（2）行政机关对突发事件的即时性紧急处置行为，适用具备合理怀疑或者合理根据标准，即只要有合理的理由证明行政机关应当采取紧急处置措施的，就应当认定其合法；（3）授益性行政行为，如行政许可、行政奖励、行政给付案件，适用实质性证据标准；（4）对认定主要事实的证据，要体现充分、确凿的证明标准，而对非主要事实，可以适当降低证明标准。[245]

总之，我们亟须改变目前行政诉讼案件适用同一证据标准的传统的、刑事化庭审方式，在实践中做到区分不同情形适用不同的证明标准。

（四）证明过程

证明过程，也就是认定证据的证明能力和判断其证明力程度的过程。

1. 质证

这是当事人及其代理人在行政复议或者庭审过程中围绕证据的客观性、关联性、合法性，针对证据有无证明效力以及证明效力大小进行对质、辩论、核对。

2. 审查证据

这是救济主体依照法定的程序，在质证基础上，对证据的客观性、关联性和合法性（"三性"）进行审查、核实的活动。行政执法主体对收集来的证据进行审查，对符合"三性"的证据确认为认定事实的证据；行政复议和行政诉讼机关则对双方当事人所提供的证据进行"三性"审查，决定哪些证据可以采信，哪些应当排除，哪些不予采信。

3. 认定证据

这是救济主体在审查证据基础上，对证据的证明能力和证明力进行进一步核实和判断，并对案件事实结论作出认定的活动，也被称为认证的过程。认证规则包括了证据能力认证规则与证明力认证规则，主要判断举证者的证明能力和证据本身的证明力，即是否达到"确实、有效、充分"的证据标准。在行政复议和行政诉讼过程中，抗辩双方经过举证、质证，最终有些证据按照"明显优势证据规则"可以被采信，而其他不具备优势的证据则不予采信。证明能力的认证规则主要包括证据关联性认定、证据真实性认定和证据可采性认定等内容；证据证明力认定规则包括证明同一事实的不同种类证据证明力大小认定规则、电子邮件等数据资料的证明力认定、自认的证据的证明力、不能单独作为定案依据的证据、证明妨碍及其法律后果等内容。[①]

4. 证明的推定

所谓推定，是以既存的事实，依据经验法则，根据事实之间的常态联系，推知另一不明事实的存在。推定反映的是已知事实和未知事实、前提事实和推定事实之间的关系。推定的发生依据包括两种。一种是依法律规定进行的推定，称为法律推定。法律推定具有举证责任转换的效果。另一种是依经验法则进行的推定，称为事实推定。事实推定的救济方法是反证。[②]

推定在诉讼中的积极意义是可以缓解某些证明上的困难，避免诉讼陷入僵局；有的案件事实虽然不是根本无法查清，但很难取证证明，推定制度可以解困这类案件。但推定也有明显的局限性，即通过推定确认的事实，其真实程度具有一定的盖然性，不能保证百分之百符合客观真实。因此，对推定不可滥用，而且要尽量允许反驳。

在行政行为中，推定主要表现为：（1）能力推定，如按照年龄不满14岁和16岁，进行无行为能力人和限制行为能力人的行为能力推定；（2）意思推定，如《行政处罚法》的事先告知，行政相对人在规定的期限内没有行使陈述和申辩，视为没有异议；（3）过错推定，如国家工作人员违反国家保密

---

① 关于行政证据证明能力认定规则和行政证据证明力认定规则的具体内容，参见陈光中主编：《证据法学》（第三版），法律出版社2015年版，第436—443页。

② 参见李惠宗著：《行政法要义》，元照出版有限公司2012年版，第287页。

法规定，泄露国家重要机密，即可推定行为人有过错；（4）证据事实的推定，如行政许可中经常面对的其他行政机关颁发的证照（如房地产权证、营业执照等）作为核定资质的材料的，其经过程序性审查，未发现有虚假、涂改的，即视为材料合法有效；（5）一般程序事实的推定，如行政主体按照法定方式，将行政文书作留置送达，并邀请第三方人员作了见证的，就可以推定已经送达，当事人应视为知道或者应当知道。[246]

第二十四章 法律适用：行政执法依据冲突的裁定

一、行政执法依据的合法性标准

作为行政执法依据的立法，应当符合"良法"的标准。良法包括法的实质善良性和形式善良性两个方面。

法的实质善良性，是指法蕴含的人文性、价值性、合目的性，如法的终极价值自由、法的内在价值公平、法的普遍价值正义、法的基础价值秩序、法的经济价值效率、法的社会价值和平等。每一项立法都应当体现上述法的价值中的一个或者几个价值，否则就不是良法。

法的形式善良性，是指法的形式正义，是立法、执法、司法和守法各环节中普遍遵循的基本原则。美国新自然法学派的代表朗·富勒提出的法律合法性的八项要素是经典的表述：（1）法的普遍性，意味着同样的情况应同样的对待；（2）法的稳定性，即法律不应频繁改变，更不应朝令夕改；（3）法的公开性，因为法律是人们必须遵守的规则，而只有人们直接了解或从别人的法律行为范式中间了解法律规则，才能够去遵守；（4）法的明确性，法律必须使它所针对的人对它的内容能够充分理解，至少是律师、法官能够弄懂它的确切含义；（5）法不溯及既往，即不能用明天的法律规则治理今天的行为，亦不能因人们先前的某种行为现在看来是违法的而处罚他们；（6）法的不矛盾性，如果法律本身相互矛盾，公民就只能自行解决这一矛盾，必将严重损害法治；（7）法的可操作性，即可为人遵守，法律不应当规定人们无法做到的义务，实现不可能实现的事情；（8）官方行动与法的一致性，即官员的行为必须符合自己已经公布的规则，面对公民执法是必须忠实地解释法律规则的真意。这八大要素缺少任何一个，法将会失去其存在价值。这也被叫作"自然程序法"。①

二、行政执法依据冲突的裁定规则

良法的标准之一是法规范之间是和谐的、不相冲突的、不矛盾的，但现实的成文法之间又是不可避免地会存在法规范之间的不一致、相抵触的情形，属于"规范冲突"现象，也称"法律冲突"。"法律冲突"原来是国际私法的一个基本概念，之后也沿用到国内法律之间的冲突现象，通常指"立法打架"的现象。在刘莘主编的《国内法律冲突与立法对策》一书中，将法律冲突概括为"法律规定之间有冲突、法律规定之间不一致、法律规定相互抵触"。

对于相冲突的法规范，需要有一套裁定规则和矫正的机制，使相冲突的法之间最终能实现平衡，不影响法律规范的实施。法规范冲突的裁定规则可以分为实体性裁定规则和程序性裁定规则两类。

（一）实体性裁定规则

所谓实体性裁定原则，是指对于法律文本和条文之间的抵触和不一致，只要按照法律规定就可作出明确无误的裁定的情形。这在《立法法》里有明确规定，包括以下主要规则：

1. 上位法优于下位法

这是解决上下位阶法规范冲突的规则，即等级高的主体制定的法规范，其效力高于等级低的主体制定的法规范，也被称为高法优于低法，即效力阶位高的行政依据优先于效力阶位低的行政依据。在我国，宪法作为根本大法，是母法（法律的法律），其效力最高；由全国人民代表大会及其常委会通过的基本法律和一般法律（都称为"法律"），其效力高于由国务院制定的行政法规、地方人大及其常委会制定的地方性法规、国务院部门规章和地方政府规章；国务院的行政法规效力则高于地方性法规、国务院部门规章和地方政府规章；地方性法规的效力高于本级和下级政府规章；省、自治区的规章的效力高于本行政区域内设市的区、自治州的规章。② 对于下位法违反上位法规定

---

① 参见张文显著：《二十世纪西方方法哲学思潮研究》，法律出版社 1996 年版，第 63—65 页。

② 参见《立法法》第 98 条、第 99 条、第 100 条。

的、上一级有立法权的机关可以予以改变或者撤销。①［247］

2. 新法优于旧法，也称为后法优于前法

这是解决同位阶法律规范之间冲突的规则之一，是针对同一主体在不同时间制定的、调整同一类社会关系的法不一致而言的。当新的规定与旧的规定不一致的，适用新的规定。②由于新法往往是在旧法无法适应新的社会关系调整时而进行的新的规范，因而比旧法更接近实际情况，更具适应性。

关于新法与旧法的关系，实践中还常常遇到超出上述主要规则的情形，需要制定一些特别的裁定规则，这些特别规则是：（1）实体从旧、程序从新原则，即实体性规范按照旧法规定，程序性规范按照新法规定执行；（2）从新兼从轻原则，即原则上按照新法规定执行，但同时要比较新法和旧法何者对行政相对人科以的义务较轻，若旧法较轻的，则优先适用旧法；（3）从新兼从优原则，即在原则上适用新法的前提下，比较新法和旧法何者对行政相对人更有利，若旧法对相对人更有利的，优先适用旧法；（4）不溯及既往原则。［248］

3. 特别法优于一般法

这是解决同位阶法规范之间冲突的另一规则，针对同一主体制定的不同的法之间有冲突而言的。从理论上来说，同一位阶之间的法规范不应出现冲突，但实际上又是难以避免的。当特别规定与一般规定不一致的，优先适用特别规定。③原因是，一般法所涉及的内容较为笼统和抽象，针对性不强，而特别法是有针对性的立法，更为具体和明确。如《行政处罚法》《行政许可法》《行政强制法》三部程序法对于行政处罚、行政许可、行政强制来说，都属于一般法，其他法律中所规定的行政处罚、行政许可、行政强制与一般法不一致的，都可以认定为是特别法的规定，应当优先于三部程序法而适用。又如《行政许可法》第51条规定：实施行政许可程序，本节（即第六节特别规定——笔者注）有规定的，适用本节规定；本节没有规定的，适用本章其他有关规定。这意味着，即使在一部法律里，也存在一般法与特别法的关系。

特别法优于一般法的适用，需要同时具备两个条件：一是，只有在同一主体制定的行政依据之间才适用这一原则，不同主体制定的行政依据之间的优先适用按其他原则处理；二是，只有在"旧的一般规定与新的特别规定"，

---

① 具体权限参见《立法法》第107条。
②③ 参见《立法法》第103条。

或在"同一时间的特别规定与一般规定"之间规定不一致时才适用。[249]

4. 变通法优于被变通法

这是指当某一下位法依法对上位法进行变通时，在这一区域内应当优先适用变通的法规范。这一原则由《立法法》第90条所确立："自治条例和单行条例依法对法律、行政法规、地方性法规作变通规定的，在本自治地方适用自治条例和单行条例的规定。经济特区法规根据授权对法律、行政法规、地方性法规作变通规定的，在本经济特区适用经济特区法规的规定。"[250]

5. 行为地法优于人地法

这系指当行政主体针对行政相对人作出某一行为，而行政相对人的所在地与其行为地不一致时，应优先适用行为地法，所以又被称为"行为发生地原则"。这一规则的要求是：当事人行为发生地的执法依据应当优先适用于当事人所在地的执法依据。

（二）程序性裁定规则

所谓程序性规则，是指对于法律文本和条文之间的抵触和不一致，法律不能确定如何适用，即效力待定时，明确由相关主体作出裁定的情形。主要有以下几种情形：

1. 新的一般规定与旧的特别规定不一致

按照《立法法》第105条的规定，法律之间对同一事项的新的一般规定和旧的特别规定不一致，不能确定如何适用时，由全国人民代表大会常务委员会裁决。行政法规之间对同一事项的新的一般规定与旧的特别规定不一致，不能确定如何适用时，由国务院裁决。第106条规定，同一机关指定的新的一般规定与旧的特别规定不一致时，由制定机关裁决。[251]

2. 地方性法规与部门规章不一致

按照《立法法》第106条的规定，地方性法规与部门规章之间对同一事项的规定不一致，不能确定如何适用时，由国务院提出意见，国务院认为应当适用地方性法规的，应当决定在该地方适用地方性法规的规定；认为应当适用部门规章的，应当提请全国人民代表大会常委会裁决。学界认为，该条文的设计有些诡异，它突破了此前法规效力高于规章的常规，所以不得不设计这套如此繁复的裁决程序。也有人认为是有将简单事情复杂化之嫌。我们理解，《立法法》实际已剥夺了部门规章的创制权，仅作为对法律、行政法规的实施性配套立法，最起码也是按照国务院的决定、命令，在本部门的权限范围内制定规章。① 所以其定位应当是中央立法的性质，当地方人大立法与其不一致时，属于效力待定，应由上级机构（国务院和全国人大常委会）作出裁定。[252]

3. 规章之间不一致

按照《立法法》第 102 条的规定，部门规章之间、部门规章与地方政府规章之间具有同等效力，在各自的权限范围内施行。由于国务院部门之间存在着管理权限划分不清或者交叉，因而存在着部门规章之间冲突的可能；同时，国务院部门规章与地方政府规章之间调整的社会关系往往是重合的，因而两者之间也难免产生冲突。对此，《立法法》第 106 条规定，部门规章之间、部门规章与地方政府规章之间对同一事项的规定不一致时，由国务院裁决。经裁决，国务院可以改变或者撤销一方的规定。[253]

4. 授权制定的法规与法律不一致

按照《立法法》第 106 条第 2 款的规定，根据授权制定的法规与法律规定不一致，不能确定如何适用时，由全国人民代表大会常务委员会裁决。由于根据授权制定的行政法规和经济特区法规享有较大的立法权限，或可以对法律作变通规定，因此，当它们与法律不一致时，需要判断是不是对法律作出了不合理的变通和细化，这一判断和裁决权自然属于全国人大常委会。[254]

三、行政规范性文件的适用

行政规范性文件属于行政规定的范畴，即归类为抽象行政行为。规范性文件有广义与狭义之分，广义的规范性文件泛指所有的抽象行政行为，既包括行政立法（行政法规、部门规章、政府规章），也包括其他规范性文件。狭义的规范性文件则专指"其他规范性文件"，排除了行政立法范畴的文件。本书所说的行政规范性文件是指狭义上的"其他规范性文件"。

（一）行政规范性文件的种类

1. 实施类规范性文件

这是指对法律、法规和规章进行实施性细化的配套性文件。这类规范性

---

① 参见《立法法》第 91 条。

文件可以作为行政执法的依据，但不能单独引用，只能与法律、法规和规章一并引用。对这类规范性文件的合法性审查标准有两条：一是不得减损行政相对人的权利；二是也不得增设行政相对人的义务。

2. 改革类规范性文件

最早在 2006 年，深圳在促进改革与创新的地方立法中涉及了这类创制性文件的合法性问题，之后上海浦东新区由国务院授权综合配套改革试点中再次提出这一问题。最终，各方形成共识：因改革需要而创制的规范性文件具有合法性。如上海市人大常委会专门作出决定，授权市政府和浦东新区可以制定规范性文件，在综合配套改革的三大领域（政府职能转变、经济运行方式和城乡二元结构调整）内可以对地方立法的内容作变通规定；国家 16 个部委也分别授权浦东对现有法律制度作变通性执行。这类规范性文件虽然有设定行政相对人权利和义务的创制权，但必须满足一个前提，即得到国家层面"先行先试"的依法授权，才算是拿到"尚方宝剑"。

3. 落实政策类规范性文件

这是指为了解决历史遗留问题而制定特定的政策，实践中如私房落实政策、户籍落实政策等，都是未纳入法律救济程序，只依靠专门的公共政策来解决的。

4. 解释类规范性文件

这是指行政机关在行政执法过程中，运用规范性文件对相关的法规、规章作应用性解释。这种应用性解释虽不具有立法解释的效力，当应用性解释与立法解释不相一致时，要服从立法解释。但应用性解释在行政执法中，对行政执法人员仍有规范作用。

（二）行政规范性文件的制定规范

关于行政规范性文件的制定与备案，国家层面上并没有统一的立法规范。一般都是由省级人民政府通过政府规章予以规范的。

以 2016 年 9 月制定的《上海市行政规范性文件制定和备案规定》为例，明确规范性文件从起草到最终发布一般应当经过六个程序：组织起草、听取意见、法律审核、有关会议审核决定、签署、统一编号登记公布。目前，大多数地方的规范性文件都设立了有效期制度，即所谓"日落条款"，规定有效期一般不超过 5 年；冠以"暂行""试行"的规范性文件，有效期一般不超过 2 年；名称为"通告"的规范性文件，有效期一般不超过 1 年。对规范性文件，一般还规定清理、评估制度，并明确自行评估和有效期届满前评估的启动机制。

（三）行政规范性文件的监督机制

对行政规范性文件的监督机制有三种途径：

一是行政内部监督，即备案审查制度。一般分为前置审查、备案审查和复议审查三种。前置审查是规范性文件制定环节的法律审核，是由起草部门的法制机构进行审核把关的一种事前控制方式；备案审查是规范性文件制定以后报送上级行政机关备案，由上级行政机关法制机构进行审查的一种事后监督手段；复议审查是指在行政复议阶段，当事人对行政行为所依据的规范性文件的合法性提出异议，要求一并审查后，由复议机关对规范性文件的合法性进行的事后审查。

二是立法机关监督，主要也是通过备案和审查来实现的。党的十八届四中全会《决定》中赋予了全国人大及其常委会"把所有规范性文件纳入备案审查范围，依法撤销和纠正违宪违法的规范性文件，禁止地方制发带有立法性质的文件"的监督权。依照《监督法》，地方各级人大也都有对同级政府及其部门制定的规范性文件进行备案审查的权力。

三是司法监督。新修订的《行政诉讼法》第53条、第64条赋予了人民法院以新的权力："公民、法人或者其他组织认为行政行为所依据的国务院部门和地方人民政府及其部门制定的规范性文件不合法，在对行政行为提起诉讼时，可以一并请求对该规范性文件进行审查。""人民法院在审理行政案件中，经审查认为本法第五十三条规定的规范性文件不合法的，不作为认定行政行为合法的依据，并向制定机关提出处理建议。"这意味着，司法机关已拥有了与行政复议机关同样的一并审查规范性文件合法性的权力。

至此，对行政规范性文件的监督机制已然健全，构建起了立法、行政和司法全方位的监督体系。

第二十五章 公正结论：行政裁量权基准的运用

一、行政裁量概说

所谓行政裁量，是指立法者赋予行政主体在遂行某项目时，享有依特定的方针，自己在斟酌一切与该案件有关的重要情况，并衡量所有的正反观点之后，决定其行为的自由。行政裁量又可分为决定裁量与选择裁量两种。决定裁量是指法律授权行政主体决定是否想要作成某一个合法的处置（决定采取措施与否）；选择裁量则是指行政主体就数个不同的合法的处置中，选择作成某一个处置。① 规范行政裁量的意义在于实现个案正义。

行政裁量一词源于德国法学家迈耶（F. F. Mayer）的首创，其在 1862 年出版的《行政法之原则》一书中首次提出了行政裁量的概念，并将行政裁量分为纯行政裁量与法律适用裁量两种。之后的奥地利学者特茨纳（F. Tezner）将不确定法律概念从行政裁量中分解出来，并引发了两个概念的"分合之争"。

美国行政法学者伯纳德·施瓦茨说："自由裁量权是行政权的核心。行政法如果不是控制自由裁量权的法，那它是什么呢？"② 英国行政法学家威廉·韦德也认为："所有的自由裁量权都可能被滥用，这乃是个至理名言。"③ 因而从一定意义上说，一部行政法历史也就是行政裁量权日益扩张与对其控制和限制的历史。

---

① 参见翁岳生编：《行政法》（上册），中国法制出版社 2009 年版，第 261—262、266 页。
② ［美］伯纳德·施瓦茨著，徐炳译：《行政法》，群众出版社 1986 年版，第 566 页。
③ 转引自胡建淼著：《行政法学》（第三版），法律出版社 2010 年版，第 51 页。

（一）行政裁量与不确定法律概念的区别

行政裁量与不确定的法律概念，是否应予区别，世界行政法学界其实是有争议的。主要存在着如下三种学说：①[255]

一种是质的区别说，认为不确定法律概念只发生在构成要件上，不会出现在法律效果上；对不确定法律概念只有判断的余地，没有裁量的余地。德国行政法持这种见解，认为行政裁量是：（1）对产生法律效果的选择；（2）裁量指各种选择皆属于合法（仅发生适当与否问题及合理性问题）；（3）司法机关以不审查为原则，瑕疵裁量则属于应受审查的例外情形。反之，不确定法律概念是：（1）存在于构成要件事实之中；（2）虽有多种解释或判断的可能，但只有一种属于正确的；（3）司法机关以审查为原则，但属于行政主体之判断余地者，则尊重其判断。结论：两者是有本质上的区别的。

另一种是量的区别说，认为行政裁量与不确定法律概念，均属于立法者欲授权行政主体于适用法律时，有自行判断之余地。在依法行政原则下，行政主体的判断均不可恣意行使，否则皆无法免于司法审查。所以两者并无本质区别，仅属于量的或程度上的差别，即在适用不确定法律概念时，行政主体所受司法机关的监督，或许较行政裁量的规定更为严格，仅此而已。

第三种是无区别说，日本通说承认构成要件之裁量与效果之裁量，②也即否定不确定法律概念与行政裁量的区别。我国台湾地区的行政法也持与日本相同的理念。

笔者认为，将不确定法律概念与行政裁量相区分，有其学理上和实践上的双重意义。将不确定的法律概念界定在法律推理的大前提法律规则的范围内使用，主要解决法律概念的模糊性；而将行政裁量界定在法律结果（效果）的选择处置上，主要解决结果处分的妥当性，这有利于使法律制度精细化、合理化。因此，笔者在本书中遵循了质的区别说，将不确定的法律概念作为法律规则环节的重点问题来研究③，将行政裁量作为法律结果环节的重点问题来研究，从中总结出不同的规律和解决的方法途径。

（二）从行政自由裁量权到行政裁量权的演变

我国的行政法学历史在这方面是与国际接轨的，从行政法学开始起步时，

---

① 参见翁岳生编：《行政法》（上册），中国法制出版社 2009 年版，第 277 页。

② 参见［日］盐野宏著，杨建顺译：《行政法》，法律出版社 1999 年版，第 91 页。

③ 参见本书第二十三章《规则界定：如何矫正法律规则的不确定性》。

行政裁量权就一直是学术研究的热门课题，老中青几代行政法学者都曾涉足这一领域，形成了相当数量的论文和专著。

在 2004 年以前，行政裁量权的术语一直沿用了"行政自由裁量权"的表述，对此率先撰文提出质疑的是杨建顺教授。他认为，在"行政裁量权"前面添加"自由"，是对"自由裁量权"的误解，根本无法揭示"行政裁量权"的丰富含义，应当以"行政裁量权"取代"行政自由裁量权"。①之后其他学者也表示了认同。目前，"行政裁量""行政裁量权"的概念逐渐成为行政法学界的正统观点。国务院 2004 年《全面推进依法行政实施纲要》还是将行政"自由裁量权"和"行政裁量权"混用的，要求"行使自由裁量权应当进行细化、量化和规范，防止滥用行政裁量权"。2006 年中办、国办联合下发《关于预防和化解行政争议健全行政争议解决机制的意见》，则只提"行政裁量权"，明确"对行政机关的行政裁量权进行细化、量化和规范，防止滥用行政裁量权"。这种提法上的变化是与学界的共识同步的。[256]

2007 年以后，开始推进行政裁量基准制度。行政裁量基准制度，最初是以一种改革的姿态出现的，实务界的实质推进是以 2008 年国务院《关于加强市县依法行政的决定》为标志，其中直接提出"建立行政裁量权标准制度"。2010 年国务院《关于加强法治政府建设的意见》则进一步明确："建立行政裁量权基准制度，科学合理细化、量化行政裁量权，完善适用规则，严格规范裁量权行使，避免执法的随意性。"这标志着行政裁量权基准制度正式在面上得到推广。对实务部门的探索，行政法学界多数是持积极肯定的态度的。不少学者还积极撰文，对行政裁量基准制度的性质、效力、功能等基本理论问题进行法理阐释，对制定主体规范来源、制定程序等制度构建给予意见建议。但是，学界的质疑之声也一直未断。质疑者认为，裁量基准的适用可能引发裁量的僵化等诸多弊端，将会出现裁量控制的简单化和技术的误用，甚至其本身也面临合法性、有效性危机，行政裁量权的良好行使只能寄望于多元控制手段的综合运用。②

（三）行政裁量权的规制

行政裁量权的行使，并非完全的自由，不受任何拘束。对行政裁量权的

---

① 参见杨建顺：《行政裁量权的运作及其监督》，载于《法学研究》2004 年第 1 期。
② 参见王锡锌：《自由裁量权基准：技术的创新还是误用》，载于《法学研究》2008 年第 5 期。

拘束，来自如下几个方面：一是受法律原则的约束，如诚信原则、对人类尊严的尊重等法律原则；二是受宪法的约束，特别是对生命权、自由权、财产权、追求幸福的权利等人类不可剥夺权利的保护；三是受合目的性约束，即应符合法律授权的目的；四是不得超越法律规定的裁量范围。这就意味着，对行政裁量权也需要进行必要的规制。

杨海坤教授是国内最早撰文研究行政自由裁量权规制问题的行政法学者之一，他于 1988 年最先提出了对行政自由裁量权的"三重控制论"主张，即立法控制、行政控制、司法控制。具体包括：在立法环节尽量减少一揽子的授权；行政监控环节建立严格的行政程序制度和行政责任制度；在司法控制的最后一道防线上，明确行政自由裁量权司法审查的标准。① 姜明安教授则认为行政控制和司法审查两种机制最为重要。王锡锌教授在与其他学者争论中提出了复合控制模式："以程序的竞争性控制为核心、辅之规则的命令控制模式、原则的指导控制模式和监督的审查控制模式。"② 后来，学界逐渐倾向以行政控制——裁量基准制度——为核心，实现对行政裁量权的规制。

二、行政裁量基准制度

实施行政裁量的行政主体在实现法律规定的构成要件时，必须对不同的行为方式作出选择，即法律规定是和构成要件相联结的，不是一个单纯的法律结果，其中该决定至少有两种甚至数种可能性，或者被赋予某种程度的行为自由。

行政裁量基准制度的实质，是将法律规则转化为更具操作性的法律标准，以避免行政执法中"畸轻畸重"，防止"同案异罚""处罚不公""滥用裁量"等现象的发生。因为行政裁量需要认真及正确的行使，遵循诚信原则，按照合理及公正理念行事，并且最大限度地考虑公共利益及法律政策的一致性，而不是可以按照个人观点，随心所欲、独断地、模糊地、幻想地、专横地行

---

① 参见杨海坤：《论行政机关的自由裁量行为及行政法上对它的控制》，载于《社会科学战线》1988年第 2 期。

② 参见王锡锌：《自由裁量权基准：技术的创新还是误用》，载于《法学研究》2008 年第 5 期；《行政自由裁量权控制的四个模型——兼论中国行政自由裁量权控制模式的选择》，载于《北大法律评论》第 10 卷第 2 辑，北京大学出版社 2009 年版。

使权力。

有学者认为，行政裁量基准制度本身存在着理论悖论，大致可以分为三组相互对应的认知模式，即"核心控制术还是唯一控制术""地方性知识还是行业性经验""事实拘束力还是法律拘束力"。① 第一个问题，实际已超出行政裁量基准制度的范畴，是立足行政裁量权研究基准制度本身的定位问题，后面两个问题则是行政裁量基准制度中的具体问题。

（一）行政裁量基准制度的功能定位

行政裁量基准制度的功能目标，恰好指向我国行政执法过程中行政裁量权行使所暴露出的核心问题。从实践中对裁量基准制度的预设目标看，裁量基准制度被赋予以下几个方面的功能期待：

一是提升行政执法的公正性。裁量虽是在追求个案正义，但如遇相同或相似个案，作出差异性过大的裁量决定，不仅违反法律平等原则，亦与个案正义所追求的目标不相符合。通过制定裁量基准，即可以防止行政裁量中可能出现的"同案异罚"，有效地实现行政机关的自我约束。裁量基准的这种内在功能，也构成了其正当性存在的主要现实基础。

二是提高行政执法行为的可预测性。行政相对人可以通过裁量基准了解到具体的行政执法标准，从而在一定程度上预测有关行政主体会如何处理与自己有关的行政案件。这有利于行政相对人事先（在有关行政主体作出行政处罚之前）为避免不利利益而修正自己的行为，也有利于其在行政主体作出行政处理时主张权利和行使抗辩权。

三是提高行政效率。行政执法人员面对大致相同的行政违法事实，可以按照裁量基准立即给予恰当的行政处理，取消或者简化了逐级汇报、集体讨论等复杂的办案程序，避免行政执法人员将大量办案精力放在较为简单并且重复性的案件上，从而大幅提高行政执法效率。

四是强化对行政执法权的内部监督机制。对行政合法性的监督是行政法治原则的首要要求，而对行政合理性进行监督，则是行政法治原则的深层要求。裁量标准的细化和公开化，使上级行政机关有明确的依据对行政裁量权行使监督，增强了行政执法监督的针对性和可操作性。

---

① 参见章志远著：《行政法学总论》，北京大学出版社 2014 年版，第 292 页。

（二）行政裁量基准的制定主体

就基本法理而言，行政裁量基准依附于裁量权之中，也就是说，只要享有裁量权就能够制定裁量基准。美国行政法学者戴维斯（Davis）就说："任何官员只要拥有裁量权，就必定拥有公开说明如何行使相关裁量的权力，而且任何此等说明都可以通过规则制定程序进行，而不论立法机关是否单独赋予该官员制定规则的权力。"① 这也就是我国实践中推进的行政裁量基准制度与行政裁量权制度之间存在的悖论。因为基准制度的实质是"回收"了裁量者本已有的自由裁量权。而裁量基准制度又是行政执法现实的一种呼唤，是对现实困境的一种回应，有它的必要性。

既然要建立基准制度，必然要对制定主体作出界定和选择，否则如果谁都可以制定规则的话，就无需建立这一基准制度了。关于制定主体，现实的选择其实并不多，也就是在省级还是县级之间作出选择；至于是由"块"里（即一级政府）还是"条"里（即政府职能部门）制定，基本没有异议：当然由"条"里去制定，这是执法的专业性的自然要求。一级政府不可能将各领域的行政执法规律都掌握得一清二楚，因而没有这种能力。

笔者倾向由省级政府各职能部门来制定非中央垂直领导部门的行政裁量基准。理由很简单，既然建立这一制度的目的就是要解决相同部门对同一违法事项作出不同的处理的不公正问题，那么由其共同上级来制定统一的基准，是最合适的选择，也便于其进行指导和监督。对于实行中央垂直领导体制的部门，则理所应当由国务院相关部委来制定基准。[257]

至于学界所探讨的"地方性知识还是行业性经验"问题，根据笔者对实践的观察，主要属于行业性经验，因为地方一级政府本身较少直接行使行政执法权。地方性知识更多的是在地方立法中加以体现，而不是在裁量基准制度中去细化。

（三）行政处罚裁量基准的模式选择

基于对实践的归纳，目前行政裁量基准制度主要在行政处罚领域得到推行，有三种行政处罚裁量的基准制度，它们有着各自特点和适用领域。[258]

1. 无裁量性模式

这是指一种违法行为对应一个处罚幅度，不考虑任何违法情节，实际上

---

① ［美］肯尼斯·卡尔普·戴维斯，毕洪海译著：《裁量正义——一项初步的研究》，商务印书馆2009年版，第74页。

是取消了裁量空间。在这种裁量基准模式中，行政机关在制定基准时详细列举了每一个罚款额度所对应的违法行为，行政执法人员在执法过程中不需要另行考量违法行为的主客观因素、违法情节和程度，只需进行"对号入座式"的执法。如《道路交通安全法》第 90 条规定："机动车驾驶人违反道路交通安全法律、法规关于道路通行规定的，处警告或者 20 元以上 200 元以下罚款。本法另有规定的，依照规定处罚。"该条对于违法行为的一般责任条款设定的裁量幅度为警告、罚款 20 元至 200 元。该条所涵盖的违法行为非常丰富，但各地公安部门在就该条制定裁量基准时，采取的是一种违法行为对应一个处罚额度，不考虑任何违法情形，也没有任何裁量的余地。例如《上海市道路交通安全违法行为处罚标准（暂行）》第 7 条规定，根据《道路交通安全法》第 90 条的规定，机动车驾驶人违反通行规定具有的 20 种行为都处100 元罚款。从而否定了从 20 元到 200 元的裁量权。

　　无裁量性模式最大限度地统一了执法标准，对行政执法人员的适用具有最强的拘束效果，基本消灭了执法人员的裁量权。但是，这样的一种裁量基准模式在实践中也受到质疑。在我国台湾地区于 2000 年 6 月 30 日制定的《电子游戏场业违规营业罚金标准》中规定，违反电子游戏场业管理条例第 17条第 1 项第 6 款者，一律处以 250 万元台币最高额罚款。该罚金标准同上述交警部门制定的处罚标准类似。当时，有营业者违反了该条规定，被处以 250万元台币的罚款。该案诉至法院，法院就认为，该标准将法定罚款幅度 50 万元台币以上 250 万元台币以下，统一为 250 万元台币，不符合立法者授权裁量的目的，有违比例原则，更无法促成具体个案的正义，从而作出了否定性的判决。可见，持异议者主要认为，"无裁量性模式"将裁量幅度压缩至零，导致裁量权的消灭，与立法授予行政主体裁量权的初衷相悖。

　　无裁量性模式的裁量基准主要适用于三种情形。第一，法律授予的裁量幅度不大的情形。比如，国家制定某部法律授予某个行政机关就某个违法行为可以处以 50 元至 200 元的罚款。对于地方来说，对该违法行为即使处以200 元罚款仍属违法成本太低，为了有效制止该行为的发生，就直接选择罚款的最高限额作为统一的处罚额度。第二，执法效率可适当优先于执法公平的情形。比如《道路交通安全法》的立法目的就规定了"维护道路交通秩序，预防和减少交通事故，保护人身安全，保护公民、法人和其他组织的财产安全及其他合法权益，提高通行效率"。其中"提高通行效率"是交通安全执法的一个重要目标，在不显失公平的情况下，是可以通过制定统一、方便操作的裁量基准可以大幅提高执法效率。第三，运用非现场执法技术的情形。比如，目前道路交通执法领域大量使用"电子眼"，鉴于这种非现场执法技术不可能行使裁量余地的判断，也可以就这类执法案件制定无裁量性的裁量基准。

2. 单一裁量模式

这是在裁量基准中主要根据违法情节一个要素对裁量格次作出划分。比如，在《南京市市政设施管理类行政处罚裁量规则》中，对违反《南京市城市道路设施管理条例》第 24 条的处罚规定，作出了如下裁量规则：首先，对于"初次违法，未造成损失的"，或者"违法行为情节轻微能够及时纠正的"，处以 100 元罚款；其次，对于"违法行为造成道路轻微损坏的"，或者"违法行为造成道路一定程度损坏能主动赔偿损失的"，处以 100 元以上 300 元以下罚款；最后，对于"违法行为造成道路设施一定程度损坏的"，"违法行为产生不良社会影响能主动消除的"或者"危及公共安全能主动纠正的"的，处以 300 元以上 500 元以下罚款。显然，这种按照违法情节的轻重进行"三段式"的划分方式，比较符合大多数行政执法人员的日常习惯和经验法则，也易于为行政主体所掌握和行政相对人所接受，因此，作为一项普适性的方法，在各地行政裁量基准制定中得到广泛的应用。

行政单一裁量模式将行政裁量标准聚焦于违法案件的"核心"——情节，即执法人员在执法中考量频率最高的违法情形，使基准既能保持较强的可适用性，又方便易行，能够保证执法效率。而实质上，在这种模式中，作为构建行政裁量基准的违法情节，一般只是该违法行为的重要考量情节，但该情节绝不是唯一性的情节。在大多数行政处罚案件中，行政裁量往往涉及各种不同利益的博弈，裁量的过程涵摄着对各种不同利益的考量，其实质是一个利益衡量的过程。例如，在 1997 年美国农业部对圣路易斯的一家食品连锁店进行的便衣调查中，以 300 美元从那家店的雇员那里违法购买了价值 600 多美元的食品券，然后农业部的食品与消费者服务局（FCS）指控食品店主人违反了食品券管理方面的法律，并处以 4 万美元的最高限度罚款。但是，根据《包装和储藏法》的规定："在根据本节而决定处罚的时候，农业部长应考虑违法的严重程度、所涉及企业的规模以及处罚对其继续从事商业活动的能力之影响。"然而，FCS 所采纳的标准却完全没有考虑这些因素，而是只考虑当事人在违法之前的一年中平均兑现食品券的数量，然后运用一个公式计算罚款。法院判决这种处罚标准不符合立法的本意，构成了行政裁量权的任意行使。

在很多情况下，行政执法人员只考量违法情节一项内容，会造成裁量过于简约，无法反映客观实际、实现个案正义。比如，在对违法占道行为的处罚中，如果仅考量"占路面积"这一个情节，而忽略其他所有可能影响处罚轻重的情节，如占路时间、占路的地点、占路的目的等，将会使得处罚行为的正义性受到质疑。因此，单一裁量模式也有其局限性。这一模式主要适用于两种情形。第一，核心情节对处罚决定的影响远大于其他情节的情形。比如，环境污染类案件中，造成环境污染、生态破坏的程度应当是主要考量的情节。第二，只有某一个违法情节是可衡量的情形。由于该模式主要通过量化违法情节的方式来划分裁量幅度。因此，当某类违法案件中只有某一项违法情节是可以评估或者测量的，那就可以适用该模式。

3. 综合裁量模式

在很多领域中，影响行政处罚裁量权行使的违法情节并不是单一或单向的，而是多种甚至多向情节交织存在的。这种数个违法情节并存于同一案件的情况，在理论上被称为"情节的竞合"。在这样的情况下，如何将不同的违法情节就案件的异同分别给予组合，并与应当给予的行政处罚范围相关联？只能采用综合裁量模式。综合裁量模式没有直接将违法行为的核心情节简单地与裁量幅度相关联，也不是仅仅将相关违法情节一一列举，而是通过制定裁量指南，将同类案件的相关违法因素进行细化，采取给各个违法因素打分的方法，对每一项违法因素设定分值，指导执法人员按照不同案件的相关违法因素，进行综合考量，并以综合考量的结果来决定在什么情况下从轻处罚，什么情况下从重处罚。

原上海市食品药品监督管理局在这方面作出了有益的尝试，在其《食品药品处罚案件裁量指南》中将裁量情节归纳为：涉案产品风险性、违法行为危害后果、违法行为人主观因素、违法行为性质、违法行为程度及历史情况、社会影响程度六项指标。再细列考虑的主要因素，确定各项的权重，其中前三项为0—5分，后三项为0—3分。根据不同的扣分值作出不同幅度的行政处罚。以生产假药案件为例，执法人员在对每个项目进行扣分后，扣分在0—2分的可减轻处罚，扣分在3—4分之间的可从轻处罚，扣分在5—9分之间的一般处罚，扣分在10分以上（含10分）的从重处罚。[1]

----

① 设定罚款最低倍数（数额）为A，最高倍数（数额）为B，从轻处罚的，在A到A+（B−A）×30%之间进行处罚；一般处罚的，在A+（B−A）×30%到B−（B−A）×30%之间处罚；从重处罚的，在B−（B−A）×30%到B之间处罚。此外，有罚款最低限额的，且减轻处罚后需适用罚款的，罚款最低不得少于法定罚款最低限额的5%。

在这种裁量基准模式中，行政机关在制定基准时全面考虑了与该类案件违法行为的相关因素，针对个案给予了相关度最高、最为全面的裁量标准。该模式从"全面考虑违法因素，综合限定裁量范围"出发，构成一种较为精细化的行政处罚裁量权控制模式。但是如何确定每一类行政处罚案件的违法因素，又如何确定各个因素的权重，是这一模式需要解决的关键问题。该模式理想化的价值追求与执法效率、执法成本之间的矛盾更是我们在选择该模式时不得不思考的问题。

综合裁量模式主要适用于情节复杂、需要全方位考察违法案件的不同因素的情形。此外，制定如此精细化的裁量基准的成本和实施该基准的执法成本必须是经济的。

（四）行政裁量基准的准确运用

对行政裁量基准制度，要公正合理、善意而且仅为正当目的去行使，并与法律授权的精神和内容相符合。需要防止的是如下五种不当行使裁量权的情形：[259]

1. 裁量逾越

即行政主体裁量时所选择的法律效果超出了裁量基准规定的范围，则构成逾越。如行政罚款的额度，超出了规定的上限或者下限，都构成裁量逾越。

2. 裁量怠惰

即行政主体依法享有裁量权，但因故意、过失或者出于错误认识而不行使其裁量权。这种怠惰，往往也是基于不符合授权目的的因素所作的消极性裁量。如为了省却麻烦，一律不批准法律规定当事人可以从事的某一类活动。

3. 裁量滥用

即行政主体在行使裁量权时，未按照法律目的、未充分考虑相关因素等，造成不当行使裁量权，构成滥用裁量权。我国台湾地区行政法学者陈秀清对裁量权滥用的情形作了很全面的概括：（1）依行政人员个人之意欲而来之随意；（2）无动机的情绪；（3）不能理解的对事物之谬误而引起之恣意；（4）加以损害之意图；（5）奸计或恶意妨害；（6）政治上之偏见而引起之权力滥用；（7）对个人不利之先天的反感或嫌恶；（8）对个人有利之同情；（9）个人之动机或利益，如由于行政人员个人之利益或好恶；（10）一般对事件之无关联性与违背目的性。①

4. 违背基本权利

即宪法所保障的公民基本权利，包括生命权、人格权、财产权、言论自由、结社自由、宗教信仰自由等基本人权的保障，在行政裁量权实施中未能遵循。

5. 违背行政法一般原则

即行政裁量基准实施中未能遵循行政法所确立的合法行政、合理行政、平等对待、正当程序、高效便民、公开透明、信赖保护、权责统一等基本原则。

对于上述五种不当行使裁量权的行为，都应当加以避免。

三、行政裁量基准的效力问题

围绕行政裁量权的效力问题，实践中遇到两个疑难问题：不按照行政裁量基准行使行政裁量权是否构成违法？行政裁量基准能否直接作为行政执法的依据？若构成违法，那就意味着行政裁量基准具有法律拘束力。但是，对第二个问题的回答则是倾向不能在行政执法文书中直接引用裁量基准作为行政执法的依据，这就又否定了其具有法律拘束力，因为所有行政执法依据都应当告知当事人，这是依法行政的基本准则。[260]

从行政裁量基准制度的载体来看，基本是行政规范性文件，本身不能直接作为行政执法依据，只是一种内部规范，意味着只在内部对行政执法人员有拘束力，而不具有外部的拘束力，因而更倾向于是一种事实拘束力。也就是说，违反行政裁量基准作出的具体行政行为，并不必然导致该具体行政行为违法。但是，如果仅仅是一种内部规范，没有外部性效应，那么，因违反行政裁量基准而可能给行政相对人造成的权益影响，其却不能作为依据来维权，这又显然背离了实施这一制度的初衷。因此，最好的制度安排应当是，行政裁量基准制度同时具有对内和对外双重效应。行政裁量基准制度从性质上应属于内部基准，即意味着对行政裁量基准制度的设定，并不需要法律的授权。但是，由于行政裁量基准制度既是行政执法人员的执行标准和依据，

---

① 参见翁岳生编：《行政法》（上册），中国法制出版社 2009 年版，第 273 页。

也是行政相对人所应当遵循的规范，所以，行政裁量基准都应当向社会公布。因而这一内部基准其实并不是纯粹内部的。

从趋势来看，有关行政裁量基准制度是具有法律拘束力还是具有事实拘束力的争论正在逐步淡化。因为实施这一制度的行政主体一般都将行政裁量权的基准以便民的方式予以公开，而且基本上都在总则性条款中明确作出了"本机关或本行政区域内行政处罚实施机关必须遵守和适用"的类似规定，从而客观上使行政裁量基准具有了法律拘束力。这也使法理上的争论变得越来越失去意义了。

对行政裁量基准制度的实施是否准确、到位，在行政复议和行政诉讼中是作为行政合理性的问题来审查的，这点基本没有异议。但是，对于已经公布的裁量基准，如果行政主体未遵照实施，出现裁量逾越、裁量怠惰、裁量滥用、违背基本权利的保护、违背行政法一般原则等情形，虽然是合理性问题，但也应当严格纠正。这应当与没有建立行政裁量基准制度的情形区别开来，应采取更加严格的要求。

此外，笔者认为，对非典型案件仍应超越基准制度适当保留行政裁量权，否则会背离法律裁量制度之功能定位。从这一意义上说，对违反行政裁量基准作出行政决定的，不能简单认定为违法而使具体行政行为无效。另一方面，违反行政裁量基准虽不构成违法行政，但需要说明正当理由，否则违背平等保护和信赖保护原则，即便不构成实体不公正，也构成程序不正义，可以予以撤销或确认违法。

第二十六章　行政合理性在实务中的运用

一、法思考模式辨析

法的合理性论证是一个辩证推理的过程。这一推理过程并不像逻辑推理有固定的程式，而是一个在法治框架下包含着许多能动性因素的权衡、选择过程。其根本的渊源在于人的行为的多元性和复杂性。英国的葛德文指出："自然哲学有一个伟大原则，它宣称宇宙里没有两个形状相同的物质原子。法制忽视了这个原则，一心要使受成千上万的变化无常因素影响的人的行为服从于一个标准。人们观察了法制以后，得出一个奇怪的格言：'严格的公正常常是最大的不公正。'"①

如果说，法的合法性论证的法思考模式是"法律—事实—结论"的话，那么，法的合理性论证的法思考模式则是"事实—法律—结论"。

日本利益衡量论的奠基人加藤一郎曾把概念法学的法思考归结为"法律—事实—结论"模式（这也是逻辑推理的思考模式——笔者注），而把自由法学的法思考归结为"事实—结论—法律"模式。他分析认为，前者只在当"法律大于或等于事实"的场合有效，因为只有在这种场合下，所有的事实才能在从法律到事实的涵摄过程中被涵摄入内。而法律的历史已经告诉我们，"法律能够涵摄事实"只是一种天真的幻想。而按照自由法学派的"事实—结论—法律"的法思考模式，不会出现传统法思考"法律无法涵摄事实"的问题，而且，这种从"结论到法律"的思维还可以很好地兼顾从妥当的结论出发来修正已经滞后的法律的目的。②

今天中国的法律人不都是遵循着"法律—事实—结论"的传统法思考模

---

① ［英］葛德文著，何清新译：《论财产》，商务印书馆 2013 年版，第 148 页。
② 张利春著：《日本民法解释学中的利益衡量理论研究》，法律出版社 2013 年版，第 380 条。

式吗？也就是我们通常所说的逻辑推理的"三段论"模式。而这种从概念出发思考问题的结果，必然使僵化的法条主义盛行。而"事实—结论—法律"的法思考模式，正是法律解释所秉持的思维方式：从事实出发，立足解决问题而去适用乃至发现法律。当然，这种过于能动和自由的法思维方式，中国的法律职业共同体还不能完全接受，因为这有将法律当作工具之嫌。那么，除了逻辑推理外，辩证推理的法思维应当遵循怎样的路径呢？笔者认为，应当遵循"事实—法律—结论"的法思考模式，即从法律事实出发，找寻到适用的法律规则，即所谓"以事实为依据，以法律为准绳"，再得出合乎正义的法律结论。[261]

作为行政执法者，首先要学会的合理性推理即辩证推理方法，遵循"事实—法律—结论"的法思考模式，解决如何平衡好公权力与私权利的关系，如何运用法的价值判断来矫正逻辑推理无法得出公正结论的不确定法律概念、规则的例外情形等疑难问题。这类问题很多，笔者结合实践，列出以下四个常见性的主题，即权利与义务的关系问题、价值衡量的运用、比例法则的遵循、行政执法如何实现刚柔相济，以及如何从法条主义到法理主义，加以重点分析与阐述。

二、如何以权利为本位

权利与义务是法律制度调整的一对主要范畴，法律的核心就是调整权利与义务。但法治是一种权利本位的组织结构形式，是以承认或尊重个人权利为其存在的基础和来源。权利本位意味着权利义务在主体范围内的同一，在对象内容中的相互关联和对应；意味着消除特权，把权利关系明确地、平等地赋予全部社会成员。①

（一）权利与义务的辩证关系

"没有无义务的权利，也没有无权利的义务。"这就是权利义务一致性的原理，这是学界和社会普遍认同的法的理念和法学主张。其基本观点是：（1）权利与义务是相互对应的，一定的权利总是与一定义务并存，一定的义

---

① 参见王人博、程燎原著：《法治论》，山东人民出版社 1998 年版，第 102 页。

务也与一定的权利同在；（2）权利与义务是相辅相成的，权利是义务的前提，义务是权利的保障，义务以权利为根据，是权利实现的条件，权利以义务为要求，是义务履行的目的；（3）权利与义务是彼此并重的，即不应当片面强调权利也不应当片面强调义务，法在赋予权利时应要求义务，在要求义务时应赋予权利；（4）法在实施过程中，各法律关系主体都应当在享有权利时自觉履行义务，在履行义务时依法享有权利。在英国人权学者米尔恩（A. J. M. Milne）看来，"一切成员只有义务而无权利的共同体在逻辑上是不可能的，因而是无法想象的。做一个成员，就必然既享有权利又承担义务，这是成员身份的一部分"①。

对于政府与公民而言，公民的权利便是政府的职责（义务），如社会秩序与公共安全的维护，又如大多数的行政许可和行政确认行为。反之，对政府是职权（权利），对行政相对人就是义务，如大多数的管理类行政行为、行政执法行为。

对于政府自身而言，按照权责统一原则，在行使职权的同时也要注意承担相应的职责，如在接受行政许可申请与实施审核时履行救济权利的便民告知义务。

另一方面，权利与义务又具有天然不对等性。权利与义务的一致性是从社会整体结构而言的。从个体的视角，结论却大相径庭。人的趋利避害的自然本性，使得每个人都有追求权利而回避义务的倾向，这是由权利与义务的不同属性决定的：其一，权利本身就具有直接满足人的需要的属性，但义务本身却没有这种属性，而需通过权利来实现需要；其二，各种权利都能直接成为满足权利主体相应需要的现实，而各种义务却不能；其三，权利可以直接成为人的需要的客体、人的自然本性的需要物，而义务却不能。所以，权利比义务更能调动人的积极性和能动性。保障权利的法比明确义务的法更能得到人们的遵守和执行。[262]

（二）法的价值：权利本位论

法的价值目标只是权利而绝非义务。就文化层面而言，存在着两种本位论，即权利本位论和义务本位。从世界法治的发展轨迹来看，有一个从义

---

① ［英］A. J. M. 米尔恩著，夏勇、张志铭译：《人的权利与人的多样性——人权哲学》，中国大百科全书出版社 1995 年版，第 144 页。

务本位向权利本位演化的过程。而在我国传统文化里，则一直延续着义务本位的思想和观念，个中缘由就不详细分析了。从现代法治的价值目标而言，结论是明确无误的：法的价值目标只有权利而绝非义务，即认同"权利本位论"。

"权利本位论"的基本理念有三条。其一，在权利与义务的关系中，权利是首要的，是义务得以存在的前提和根据；义务来源于权利，从属于权利。其二，权利是目的，义务是手段，权利的实现和保障需依赖义务的设立和履行。其三，法律仅受制于权利，即使表面上受制于义务的法律，而义务性法律最终是为权利服务的。其四，权利是法学的最基本的概念和范畴，法学应是权利之法。①

法为人的权利而存在，义务为权利而存在，义务从属于权利，并与权利一起服务于人。

在行政执法过程中，执法所涉及的行政相对人的权利是各种各样的，有法定实体权利，有法定程序权利，也有非法定的实体与程序权利（人的自然权利），如生命、自由、财产权和正当程序权，既可以是法定的，也可以是非法定的。在特定情况下，即使没有法律的明文规定，执法机关对人作为自然人，或作为社会成员所自然应具有的这些权利，也不能予以否认和拒绝保护。②

行政执法中，我们需要把对行政相对人的权利保护放在优先的位置，而不能为其他因素所干扰。如平时我们经常讲的"法、理、情"之间的关系，是不能按照"情—理—法"排列的，要是先讲情字，再讲理字，法就沦为工具了；正确的排列应当是"法—理—情"，只有先判断是合法还是违法，在认定为合法的前提下，再讲合理性，最后考虑人之常情，才是法治社会正确的守法理念。核心问题是法律对公民来说是权利还是义务的理念博弈。举一个堪称经典的案例：

在一列由重庆开往福州的火车上，重庆青年吴某进入自己所在的软卧车厢时，发现本应属于自己的下铺睡着一名陌生妇女。吴某拿出自己的车票叫醒那名妇女。但该名妇女因自己有孕七个月在身，躺着不肯起身换位，并称吴某"太自私"，双方遂发生争吵。列车员闻讯赶来调解，孕妇夫妻愿意补偿

① 参见卓泽渊著：《法的价值论》，法律出版社1999年版，第385页。
② 参见姜明安著：《行政执法研究》，北京大学出版社2004年版，第22页。

两倍的上下铺差价给吴某，但吴某坚持不肯换位。后列车长赶来，了解情况后，作出处理决定：吴某去孕妇原来的上铺，其下铺归难以攀爬的孕妇使用，同时后者将上下铺车票的差价照价补偿给吴某。这一决定引起吴某的强烈不满，冲动之下，吴某突然拽起孕妇欲夺回床位，二人撕扯在一起。乘警见状分开双方，并将吴某控制住带离车厢。随后列车开动驶往福州。①

　　本案在网络上引发热议。本案的实质是道德与法律之间的关系。道德是义务本位的，强调个人对社会和他人的奉献；而法律则是权利本位的，强调个人有权在法律范围内按照自己的个人意愿行使自己的权利。本案中，吴某购买了火车软卧下铺票，与列车之间形成了明确的合同关系。按照合同法规定，吴某有权乘坐该软卧下铺，且受法律保护，其他人，包括列车长和乘警都无权干涉。那位孕妇躺在下铺，本来就已侵犯了他人权利。在处理该纠纷中，就有是讲"法—理—情"还是讲"情—理—法"两种思维模式。按照法律思维即"法—理—情"的思维模式，吴某与孕妇可以自愿交换床铺，是一种交换合同行为，按照契约自由精神，列车方应乐见其成；但吴某坚持主张自己的下铺使用权，也是其正当权利，你可以谴责其道德素质低下，但其法定权利应当受到保护。所以，按照法律思维即"法—理—情"的正确做法，在双方交换铺位协商不成的前提下，列车长应当要求孕妇离开下铺，而不是强行要求吴某换铺位，并且不兑现对方已承诺的补偿两倍的铺位差价。列车长现实中的做法其实是将法律问题道德化了，即按照"情—理—法"的思维模式，以保护孕妇的权益为由而作出强行交换铺位的处理决定，这是强行使用公权力干预受法律保护的私权利，因为这里并不涉及公共利益，所以构成对公民合法权利的不当侵犯，从而使简单事情复杂化，违背了公平正义的原则，更重要的是破坏了法的稳定性。两种思维方式相比，孰优孰劣不难分辨。正如有学者所言，公权力基于道德的名义违法，是一种"毒树之果"，其对法治的破坏性要远大于私人违法的后果。

（三）立法规范：义务本位论

　　有意思的是，从法规范的视角看，"权利本位论"又受到根本性的挑

---

① 参见澎湃新闻：《媒体报道重庆男子拒换火车下铺给孕妇遭拘留，多地警方辟谣》，源自 www.thepaper.cn/news Detail_forward_1322134. 访问日期：2018 年 5 月 28 日。

战。因为权利在很大程度上不需要法律去规定，人的自然本性会驱使他们行使权利，而且权利是个开放的体系，会随着社会发展而不断扩展。用法律去规定权利不是法的应有功能。而恰恰是对权利行使中的阻力和障碍，法应当去为之清除，即当义务不能自觉履行时，法律要发声音。英国学者葛德文（William Godwin）就认为："权利是个人对他的应得利益的要求，这种利益是从别人尽了他们的各项义务的过程中产生的。"① 所以，从法规范的角度看，权利实现应当以义务性规定为重心，即认同"义务本位论"。

权利以法的义务规范为保障。其实这是个浅显的道理，只有通过法律规定，强制性地让相关个人和法人履行其法定的义务，权利人的权利才能实现。而没有法律规定的义务，只是道德范畴去调整的权利，则具有不确定性。当然，法律规定的义务，鉴于其违背人的自然倾向和本能选择，应当以必要、适当与可行为准则。法定义务不是越多越好，这会无谓造成实现的难度。那么，那些法律没有去规范的权利怎么行使？按照"法不禁止即为权利"的原理，公民、法人和其他组织可以正常地去行使和扩展。[263]

（四）行政执法中如何体现权利本位

1. 公民、法人和其他组织的权利即行政主体的义务（职责）

这要求在立法中体现行政相对人的权利与行政主体义务（职责）的平衡。对行政相对人权利的立法，更多体现在民生和社会保障立法中，也就是罗豪才教授主张的"立软法"的行为。对这种立法，因为"软"而容易弱化行政主体的职责，这是立法实践中常常可见的情形。所以，在行政执法中，不能因属于"软法"而不作为或者缓作为。

2. 特定公民、法人和其他组织的权利即其他公民、法人和其他组织的义务

立法就是通过规定非权利人相应的义务来实现权利人的正当权益的，所以，行政执法的重要内容就是检查和监督行政相对人是否履行了法定义务，对不履行法定义务者科以法律责任和必要惩罚来强制其履行法律义务，也就是以执法中的义务本位来实现法律目的的权利本位。

3. 行政主体职权与职责的统一

过去强调管制行政阶段的立法中存在着对行政相对人设定义务多，对行

① ［美］葛德文著，何慕李译：《政治正义论》，商务印书馆1982年版，"本文原则概说"第12页。

政管理者设定权力多。经常出现一种被质疑的现象：老百姓违法就有依据可以进行严肃的执法和处罚，而当行政机关不作为或乱作为时，因没有具体条款设定其义务而可以不予追究法律责任。这种职权与职责的不平衡是需要克服的。在立法中，在对行政相对人设定义务（即为管理者设定权力）的时候，也要注重为管理者设定义务（即职责），以便对其应作为未作为的行为有法可依，予以追究。[264]

三、如何进行法的价值衡量

在行政执法和司法领域，自然法学的方法被演变成价值衡量的方法，其强调，按照实体法推导出来的结论，应当和社会公认的价值相符，否则就应当按照自然法的原则修改。拉伦茨就指出："事实上，当我们将该案件事实理解为法律构成要件所指涉的事实时，已经带有价值判断的性质，或者，其本身已然是一种有评价性质的归类行为。"①

实践中面临的问题是，作为价值衡量标准的"法律价值"具有多元性特征，某一结论可能与多种价值冲突，那么多种价值之间哪种价值更高？哪种价值具有优先地位？如自由与公平之间、公平与正义之间、效率与公平之间、秩序与自由之间、公平与和平之间何者更重要？这些都是法理学上长期争论而无明确定论的问题。从逻辑上来看，法律所追求的自由、公平、正义、效率、秩序、和平等价值属于不同质的东西，所以它们之间很难分出绝对的优劣高下，需要以特定的法律制度和具体的司法个案为背景才能衡量。

这一过程中，对价值的"衡量"行为难免融入法官、行政执法者的个人主观倾向。为了克服这种逻辑上的多元性和主观性问题，使价值衡量变得可操作，一些法学家提出了一种理论：要根据人们的需要来判断，即以"利益衡量"的方法来代替"价值衡量"，其主旨是将各种价值还原成各种利益，对利益这种同质的东西可以进行逻辑上多与少的比较，进而可以从利益的多少来判断，应当以何种价值来矫正人们对法律的判断，从而有了利益衡量学说。② 当然，这种以"利益衡量"替代"价值衡量"并不是万能的、普遍适

---

① ［德］卡尔·拉伦茨著，陈爱娥译：《法学方法论》，商务印书馆2003年版，第2页。
② 关于利益衡量学说，在本书第二十一章"论理解释"部分已作了阐述。

用的。当不同的价值产生矛盾甚至冲突的时候，仍需要进行合乎理性的衡量，并努力实现某种程度的平衡。[265]

（一）自由与公平的衡量

自由与公平（或平等）的冲突问题，是西方法理学一直关注的一个难题。法治就是尽可能使社会各个成员获得充分的自由和最大限度的公平的一种制度。从静态看，由于自由和公平都是抽象的理想，因而它们是兼容的、和谐的。但从动态来看，由于人们之间自然力量（智力和体力）的天然不平等，更由于人为的或社会的不平等，自由活动的结果是造成更大的不平等，这就出现了自由和公平的矛盾和冲突。早在 20 世纪初，英国哲学家索利（William Sorley）就指出，自由与平等很容易发生对立，因为自由的扩大并不一定会促进人类平等。一个把不干预私人生活确定为政府政策之主要原则的社会制度，可能会产生出高度不公平的社会形式。另一方面，绝对的强调公平，则可能抹杀促进人的才华的那些因素，而这种才华对于人类文明进步是大有裨益的。所以，必须建立能够使自由的理想与平等的理想协调起来的社会政策。①

罗尔斯将自由和平等（公平的主要内涵）结合起来考察，认为平等的正义观由两个基本原则构成：其一，每个人都将具有这样一种平等权利，即和他人同样的自由并存的最广泛的基本自由；其二，社会和经济的不平等将被安排得使人们能够合理地期望它们对每个人都有利，并使它们所依附的地位与公职对所有人开放。第一个原则为"最大的均等自由原则"，第二个原则为"差异原则"。两者的次序是，第一个原则优先于第二个原则。其意味着，自由只有因自由本身的缘故才能被限制。概括起来说，前者是"无差别"的平等保护，是一种绝对的平等；后者则是"按比例"的倾斜保护，是一种相对平等。只有在自由的基本权利实现的情况下，才能考虑经济社会权利的平等问题。最终目标是实现真正的公平。

英国的米尔恩评价到，罗尔斯的正义理论以"作为公平的正义"为标题作了概括，但并没有对"公平"作出系统考察。米尔恩把公平概括为"比例平等"原则，其内容是：（1）某种待遇在一种特定的场合是恰当的，那么在与这种待遇相关的特定方面是相等的所有情况，必须受到平等的对待；

---

① 参见张文显著：《二十世纪西方法哲学思潮研究》，法律出版社 1996 年版，第 536—537 页。

（2）在与这种待遇相关的特定方面是不相等的所有情况，必须受到不平等的对待；（3）待遇的相对不平等必须与情况的相对不同成比例。这一"比例平等"原则适用于分配、裁判、评论和竞争四种场合。①

通俗一点说，自由与公平是有矛盾和冲突的。当两者冲突时，何者优先？这是一个见仁见智、没有定论的问题。所以，绝对的自由和绝对的公平都是不可能变成现实的幻想。公权力的行使，要在自由与公平之间实现一种动态的平衡。这是一种高超的执法技巧，甚至可以称为艺术。一方面，要把实现个人自由作为法治的终极目的来对待，但在实现路径上，要防止为了实现个人自由而牺牲对他人的公平。有一句话值得很好品味：自由只有因为自由本身的缘故才能被限制。公权力的行使，只有为了更多人的自由才能去依法限制一部分人的自由，而不能为了公职人员的自由而限制百姓的自由。平等保护也好，倾斜保护也好，其最终的目标是实现每个人应当得到的最大程度的自由。[266]

（二）公平与正义的衡量

公平与正义常常是放在一起表述的，似乎是同义的。但仔细推敲，两者的内涵其实是有差别的。

公平是法治所具有的内在因素和重要价值，诚如亚里士多德所言：公平为百德之总。但法治意义上的公平并非平均主义式的公平，它是个人自由与公平的社会分配同时并存的一种平等，是以承认社会成员间的自然差别为前提，注重缩小社会差距的一种公平。公平可以分为权利公平、机会公平和规则公平三种。权利公平就是法律基本权利的平等，即"法律面前人人平等"，是一种作为"法律人"的平等，也是博登海默所说的"人类基本需要的平等"，它通过宪法保障的公民基本权利来实现。机会公平是与市场经济相适应的、作为一种"经济人"的公平，博登海默称之为"交换对等之平等"，旨在让所有人都有发挥才干、靠自由的劳动和智慧增长财富的机会。当然其结果往往是不平等的。规则公平本身就包含着对弱势群体的倾斜保护，是一种作为"社会人"的平等，博登海默所说的"法律待遇的平等"、罗尔斯所称的"补偿正义"、米尔恩所概括的"比例平等"都属于规则公平的范畴。"那些需

---

① 参见［英］A.J.M.米尔恩著，夏勇、张志铭译：《人的权利与人的多样性——人权哲学》，中国大百科全书出版社 1995 年版，第 59 页。

求较大的人应该得到较多，较强壮的人应该承受较重的负担。"①

上面所说的第三种公平，即规则公平，其实就是正义的体现。所谓正义，是指以一种正当的分配方式，满足个人的合理需要和主张，同时促进生产进步和提高社会内聚性的程度，从而达到一种理想的社会秩序。"正义"，从汉语字义上讲，包含有正当、合理、应然的意义。用柏拉图的表述，正义意味着一个人应当做与他的能力使他所处的生活地位相匹配的工作②。在亚里士多德看来，正义是一种善，是一种品质，正义是指实施正当的行为，以正当的方式行事。亚氏把正义分为一般正义和特殊正义，后者是指社会经济利益关系中要实现个人分配的平等。其中，又存在着国家与公民关系的分配正义（distributive justice）和规范个人关系的矫正正义（corrective justice）两类。分配正义强调的是每个人各得其所，是以承认人天生的智力和体力的不平等为前提的；矫正正义则强调任何人都同样对待，平均分配权利，即矫正正义是一个程序原则，而不是一个伦理原则。可见，正义的实现并不容易，诚如博登海默所言："正义有着一张普洛透斯似的脸，变幻无常、随时可呈不同形状并具有极不相同等面貌。"③

所谓公平与正义的平衡，其实就是公民权利平等保护与倾斜保护两者之间的平衡。如果把公平看作强调平等保护的话，正义则是强调各得所需的倾斜保护。"对平等地位的人平等对待，对地位不平等的人根据他们的不平等给予不平等待遇，这是正义。使一些政治和经济物质的拥有者在不同的程度上占有的多些，另一些人占有的少些，这也合乎正义。"④在公共秩序的维护执法中，应当是遵循平等保护，或者说是"一视同仁"的理念；而在给付行政中，则要体现正义的倾斜保护理念。[267]

（三）效率与公平的衡量

在行政法上，效率与效益基本同义，是指有效产出减去投入的结果。法的效率是追求以最小的投入获得最高的回报。

---

① ［英］A. J. M. 米尔恩著，夏勇、张志铭译：《人的权利与人的多样性——人权哲学》，中国大百科全书出版社 1995 年版，第 60 页。

② 参见［美］博登海默著，邓正来译：《法理学：法律哲学与法律方法》，中国政法大学出版社 1999 年版，第 7 页。

③ ［美］博登海默著，邓正来译：《法理学：法律哲学与法律方法》，中国政法大学出版社 1999 年版，第 252 页。

④ ［美］艾德勒著，郗庆华译：《六大观念》，北京大学出版社 2004 年版，第 39 页。

　　效率与公平之间有一种天然的紧张关系，甚至会产生冲突。美国的经济分析法学家波兰斯基（M. Polinsky）用假定的一个例子来说明公平与效率的一致和不一致情形：假定一个团体的人们要分配一块蛋糕，这一分配有公平标准和效率标准两个目标。如果蛋糕按照任何合意的方式分割，就不存在公平与效率的冲突，因为蛋糕越大，每个人所得份额就越大。但如果为了制作一个较大的蛋糕必须采用分配给有制作能力和经营方法的人较大的份额的不平等方法，效率和公平之间就会出现冲突。①

　　效率与公平的不平衡甚至冲突问题，在我国也是长期困扰着人们。在改革开放前的 30 年里，公平一直占据着主导地位，导致平均主义盛行。进入改革开放和现代法治建设进程之后，以经济建设为中心的社会主流价值的趋势，开始确立"效率优先、兼顾公平"的理念，并成为有广泛社会共识的响亮口号。在这样的理念指导下，经济和社会发展的速度明显加快，但也带来了为了效率而牺牲公平的现象，如在城市旧区改造的拆迁时代，为了追求动拆迁的速度而未兼顾好被动迁居民的利益的现象是客观存在的。所以，当我国人均国民生产总值达到 1000 美元，党的十六大提出全面建设小康社会的新目标，进而提出要让全体人民分享改革发展的成果之后，"效率优先、兼顾公平"的口号开始受到质疑，大家普遍的心态是，不能为了效率而继续牺牲公平，由此还引发了一场各界人士（包括政治学、社会学、行政管理学和法学等方面）广泛参与的大讨论。有学者甚至提出应当把口号倒过来，改为"公平优先、兼顾效率"。经过大半年的讨论和争辩，最后达成基本共识："坚持效率优先，更加注重社会公平"，这是对我国现阶段的国情作出的正确的回应。

　　我们在讲公平的时候，还不能放弃效率这一价值目标，而且仍要优先于公平。不能只讲分蛋糕的公平而不讲如何做大蛋糕的效率，否则只会坐吃山空。从这意义上说，所谓"做蛋糕"与"分蛋糕"的关系只是一个伪命题，因为在实践中，这种分割没有意义。为什么仍要坚持效率（效益）优先？正如英国学者拉斐尔（D. Raphael）所说，效益是一个普遍承认的价值，依据效益标准分配财富是"值得的"。如果资源是稀缺的，就应该分配给能够使有限资源价值极大化者。② 这就是政府为什么对有限的公共自然资源和服务资源实行特许经营制度的法理依据。[268]

---

　　①　参见张文显著：《二十世纪西方法哲学思潮研究》，法律出版社 1996 年版，第 603 页。
　　②　转引自张文显著：《二十世纪西方法哲学思潮研究》，法律出版社 1996 年版，第 604 页。

（四）自由与秩序的衡量

就自由与秩序的关系而言，前者是法要实现的终极价值，而后者是法的基础价值，即法没有不为一定秩序服务的。因为秩序是人类生存的条件，是人类发展的要求。从一定意义上说，法本身就是为建立和维护某种秩序而建立起来的。法能为社会秩序提供预想模式、调节机制和强制保证。所以，博登海默会说：法律是秩序与正义的综合体。①

作为法律意义上的秩序，具有两种含义。一种是实质意义上的"法律秩序"，主要是指一种安宁、和平、有序的社会合法状态。因为寻求安全是人类的基本需要之一。马斯洛（Abraham H. Maslow）的需求层次理论以及其他心理学家的研究结果都表明，在一个缺乏安全保障的社会，人们要取得充分的自由和发展是不太可能的。社会首要的目标是建立起最必要的人际秩序，使人与人之间能够安全、和平地共存，从而获得人身的自由。另一种是形式意义上的"法律秩序"，主要是指法律必须具有一定的稳定性、连续性以及法律规范之间的相互协调性。因为人们在谋求自由和发展的时候，必须注意到社会发展的连续性、协调性和相对稳定性，以期实现社会变迁的顺利进行。休克疗法被实践证明在社会变革中的代价太大。

与法律秩序相关的还有一个从属性、派生性的概念，就是安全。安全有助于使人们享有诸如生命、财产、自由和平等等其他价值的状况稳定化，并尽可能地维持下去。所以，霍布斯有格言："人民的安全乃是至高无上的法律。"②法律在许多方面都践行着一种重要的安全功能：（1）法律力图保护人的生命和肢体，预防家庭关系遭到来自外部的摧毁性破坏；（2）法律对侵犯人民财产权规定了救济手段；（3）法律在创立防止国内混乱的措施和预防外国入侵的措施方面都发挥着重要作用；（4）法律有助于构造一种社会群体所认同的文化框架，使个人能从中发现有益于其精神健康所必要的内在稳定性；（5）法律所支撑的社会保障制度，使工业时代后的人们能避免公害、老龄、疾病、事故、失业等带来的风险和恐惧。当然，在法的价值体系中，安全的价值并不具有绝对性，博登海默认为："在个人生活和社会生活中，一味强调安全，只会导致停滞，最终还会导致衰败。从反论的立场来看也是这样，即

---

① ［美］博登海默著，邓正来译：《法理学：法律哲学与法律方法》，中国政法大学出版社 1999 年版，第 318 页。

② 转引自［美］博登海默著，邓正来译：《法理学：法律哲学与法律方法》，中国政法大学出版社 1999 年版，第 293 页。

有时只有经由变革才能维持安全，而拒绝推进变革和发展则会导致不安全和社会分裂。"①

自由的价值固然重要，但秩序是法的直接追求，其他价值都是以秩序价值为基础的法的企望，包括自由。所以也可以说，没有基本的社会秩序存在，人的自由是无法实现和保证的。这就是法国的让-雅克·卢梭（Jean-Jacques Rousseau）的名言所蕴含的深意："人生而平等，但又无往不在枷锁之中。"可见，秩序价值在法律价值中是比较特别的一种价值，如果说其他法的价值对公众意味着权利的话，秩序价值对公众来说则更多的是义务，是不妨碍公共秩序和他人自由的义务。罗尔斯也认为："自由可以因公共安全和秩序而得到限制，因为公共秩序的维持是实施任何自由所不可缺少的先决条件。"②

总体而言，法的秩序价值都是通过法的社会控制得以实现的。而狭义上的社会控制，是指社会、国家、社会群体等对偏离法律规范的越轨行为所采取的法的限制措施以及限制过程。在凯尔森看来，法就是一种强制秩序。"当制裁已在社会上组织起来时，对破坏秩序所适用的灾祸就在于剥夺所有物（possession）——生命、健康、自由或财产。由于所有物是违背本人意志而被剥夺的，所以这种制裁就具有一种强制措施的性质……凡设法制定这种强制措施来实现社会所希望有的人的行为，这种社会秩序就被称为强制秩序。"③ 所以，尤尔根·哈贝马斯（Jürgen Habermas）对现代法律的理解是："法律规范必须具备的形式，即在不同的场合能同时被看作强制的法律和自由的法律。"④这样的法律规范，一定是实现了自由与秩序平衡的法律。[269]

（五）和平与公平的衡量

古希腊的海希奥德（Hesiod）认为，法律乃是建立在公平基础上的一种和平秩序，它迫使人们戒除暴力，并把争议提交给仲裁者裁断。⑤凯尔森指出："只有这样一种法律秩序，它并不满足这一利益而牺牲另一利益，而是促成

---

① ［美］博登海默著，邓正来译：《法理学：法律哲学与法律方法》，中国政法大学出版社 1999 年版，第 296 页。

② 转引自［美］博登海默著，邓正来译：《法理学：法律哲学与法律方法》，中国政法大学出版社 1999 年版，第 178 页。

③ ［奥］凯尔森著，沈宗灵译：《法与国家的一般理论》，中国大百科全书出版社 1996 年版，第 18—19 页。

④ ［德］尤尔根·哈贝马斯著，曹卫东译：《包容他者》，上海人民出版社 2002 年版，第 296 页。

⑤ ［美］博登海默著，邓正来译：《法理学：法律哲学与法律方法》，中国政法大学出版社 1999 年版，第 4 页。

对立利益间的妥协，以便使可能的冲突达到最小的限度，才有希望比较持久地存在。只有这样一种法律秩序才能在比较永久的基础上为其主体保障社会和平。"①

和平是文明的必要基础，是人类行为及相互关系的内在要求。和平，意味着社会成员之间没有激烈的冲突，意味着没有战争和不使用武力解决争端，意味着人们懂得用非暴力的方式表达意见乃至抵抗公权力，意味着人们学会用第三人居中裁决的法律方式解决纠纷。

新实证主义代表人物哈特（H. L. A. Hart）的最低限度内容的自然法，从一个侧面分析了法对和平价值追求的动因，表明法的和平理性是与人的自然需求相一致的。哈特指出，人类社会有一个自然目的和五个自然事实。一个自然目的就是生存和继续生存。"人类活动的固有目的是生存，这个假定依据的是大部分人在大部分时间希望继续生存这一简单的、永恒的事实。"五个自然事实是：（1）人是脆弱的。人们既可能偶然地向他人进行肉体攻击，又一般地容易地受到别人的肉体攻击。（2）人类大体上平等。人类在体力、机智上互不相同，在智能上甚至有更大的差别。但任何一个人都不会比别人强大到没有合作还能较长时期地统治别人或使后者服从，所以必须有一种相互克制和妥协的制度，它是法律和道德两种义务的基础。（3）有限的利他主义。如果说人不是恶魔的话，人也并不是天使，他们是处于这两个极端之间的中间者，这一事实使得相互克制的制度既有必要也有可能。（4）有限的资源。人类需要食品、服装、住所，但这些东西不是无限丰富、唾手可得的，而是稀缺的，必须有待成长或从自然中获得，或必须以人的辛勤来制造。单单这些事实就使某种最低限度的财产权制度以及要求尊重这种制度的特种规则必不可少。（5）有限的理解和意志力。在社会生活中，人们的相互利益是显然的要求。但无论是对长期利益的了解，还是意志的力量或善良，都不是所有人都同样具有的，而这两者又都是这些不同的服从动机的实效所依赖的东西。因而，之所以要求"制裁"，并不是作为通常的服从动机，而是确保那些自愿服从的人不致牺牲给那些不服从的人。所以理性所要求的是在一个强制制度中的自愿合作。哈特的结论是，与这些自然目的和自然事实相适应，人类社会必须有禁止使用暴力杀人或施加肉体伤害的规则，要求相互克制和妥协的规则，保护财产权利的规则，镇压盗窃、诈骗的规则等。这些规则就是最低

---

① ［奥］凯尔森著，沈宗灵译：《法与国家的一般理论》，中国大百科全书出版社1996年版，第13页。

限度内容的自然法。①

　　在人类努力建构有序且和平的国家组织中，法律一直起着关键和重要的作用。因为法律是合理分配权力、合理限制权力，从而实现公平的一种工具。一个社会的法律制度只有建立了这种公平的机制，才能调和这个社会单位中不同成员间的冲突，从而实现和平。

　　和平，是法的一种社会价值。但这种价值的实现，需要以整个社会的公平有序为前提。法律的目的是要起到一种制度性手段的作用，即用人际关系的和平形式去替代侵略性力量。这就是法律对于促进和平的功能。

　　所以从某种角度讲，和平与公平是互为因果的。越是公平的社会，越能避免暴力和武力等不理性行为的发生；而越是和平理性的社会，就越会构建起公平的社会秩序。作为政府来说，既要有依靠强制力维持公共秩序，防止暴力行为对社会和民众的侵害的能力，更要着力构建一个公平的、提供均等化公共产品和公共服务的社会，从而在源头上避免非和平现象的爆发。[270]

四、如何遵循比例法则

　　比例原则即目的与手段平衡原则，波斯纳称之为"手段-目的理性"，将其归类为一种实践理性。波斯纳认为，"手段-目的理性只是对在通常极不确定的条件下如何作出政策判断作了一个描述。"文森·维尔曼（Vincent Wellman）则认为："手段符合目的是法律中使用的唯一正当化办法。"②

　　比例原则的思想渊源最早可追溯到古希腊雅典的立法者梭伦（Solon），其对限度与过度的思想给予高度重视，其哲学思想用一个短句来表述："别太过分了。"③比例原则被称为公法中的"帝王条款"④，它可以追溯到1215年的英国《大宪章》中"人民不得因轻罪而受到重罚"的规定。在近代首先体现在19世纪的德国警察法中，认为警察权的行使唯有在"必要时"才能限制公民的权利，旨在强调国家在进行管制行政时，不得为达目的而不择手段。比

---

　　① 参见张文显著：《二十世纪西方法哲学思潮研究》，法律出版社1996年版，第97—100页。
　　② 参见［美］理查德·A.波斯纳著，苏力译：《法理学问题》，中国政法大学出版社2002年版，第135页。
　　③ 参见胡建淼主编：《论公法原则》，浙江大学出版社2005年版，第十五章比例原则。
　　④ 陈新民著：《行政法总论》，台北三民书局1997年版，第92页。

例原则又称为禁止过分原则，要求对公民权利的限制和不利影响，只有在公共利益所必要的范围内方得为之。在法国，近些年来，比例原则概念的重要性呈现出增长的趋势。①

比例原则可分成宪法意义的和行政法意义的两种：

（一）宪法意义的比例原则

宪法意义的比例原则，强调对人民权利的限制只有在公共利益所必需的范围内方可为之，包括不能侵犯公民所拥有的不可剥夺的人权，即生命权、自由权、财产权、参与权和追求幸福的权利。[271]

所谓生命权，又称为生存权，是指任何人不会因为他人或集体的利益而被剥夺生命。国家不能坐视其人民冻饿至死，要保障其基本的福利和救助。

所谓自由权，是指个人享有个人行动、个人选择、个人创造并拥有个人财产的权利，失去了拥有个人财产的权利，独立行动就无法得到保障。公民有免于行政权力非法侵害之权利。这是最重要且最基本的人权。

所谓财产权，是指个人只要合法取得的财产权利，国家就有尊重及保障的义务。个人因行政权力违法的侵犯，致产生财产上的损失，可以依法取得救济和赔偿。

所谓参与权，是指公民有积极参与国家活动的权利，包括政治上的参政权、接受义务教育的权利、担任公务人员的权利等。

所谓追求幸福的权利，是指在尊重他人相同权利的前提下，任何人有权为了自己而生活、可以选择能给自己带来幸福的生活方式并予以实现，也就是说，任何人都不必为了他人或集体的幸福而牺牲自己的幸福，集体不能决定个人的生存目的，也不能左右他追求幸福的方式。

当行政执法人员在履行职权过程中，遇到行政相对人上述被称为不可剥夺的人权时，尽管出于公共利益的需要，也要保持足够的谦抑，权衡利弊和是否必需。

（二）行政法意义的比例原则

行政法意义的比例原则，是指政府实施行政权的手段与行政目的之间，

---

① ［英］L. 赖维乐·布朗、约翰·S. 贝尔著，［法］让－米歇尔·加朗伯特协助，高秦伟、王锴译：《法国行政法》（第五版），中国人民大学出版社 2006 年版，第 223 页。

应存在适度的比例关系，即"手段-目的"的平衡性。① 比例原则包含三层含义：[272]

1. 妥当性

又称为合目的性，即所采取的措施可以实现所追求的目的，一个法律手段是紧紧服务于立法目的的，也是能达到立法所要实现的目的的。行政权力的行使应当以达成下列目的为边界，超出者就违反了妥当性原则：一是防止妨害他人自由的行为；二是避免紧急危难的行为；三是维持社会秩序的行为；四是增进公共利益的行为。

2. 必要性

指一个行政行为只要能达到行政目的就足够了，不可过度侵犯人民权利，使人民的权利尽可能遭受最小的侵害。这意味着除选择采取的措施外，没有其他给利益相关人或公众造成更少损害的适当措施，意味着在诸多手段中选择对私人权益侵害最小的方法和手段，也被称为"尽可能的最小利益侵害原则"。所以，在德国，比例原则还与"最小利益侵害"的术语相通，其内容是一致的。② 这在行政裁量权的使用中尤其要遵循。

3. 相称性

又称均衡性，指一个行政权力的行使虽是达成行政目的所必要的，但是不可给予人民超过行政目的和价值的侵害，即采取的必要措施与其追求的结果之间不能不成比例，只有在确定所要实现的利益绝对大于造成的权利损失时，才能运用这一手段侵害权利。德国行政法学家弗莱纳（F. Fleiner）的名言是："勿以炮击雀。"③ 中国的传统文化语言则是："杀鸡不必用牛刀。"

（三）比例原则的适用领域

比例原则在行政执法中，可以说是一个通用原则，即在管制行政、控权行政、给付行政等领域都可以运用。[273]

1. 在管制行政中禁止过度干预

我国台湾地区《行政程序法》第 7 条将行政执法时的比例原则作了具体规定："行政行为，应依下列原则为之：一、采取之方法应有助于目的之达

---

① 参见陈新民著：《行政法总论》，台北三民书局 1997 年版，第 59 页。

② 参见［德］哈特穆特·毛雷尔著，高家伟译：《行政法学总论》，法律出版社 2000 年版，第 238—239 页。

③ 陈新民著：《行政法总论》，台北三民书局 1997 年版，第 89 页。

成；二、有多种同样能达成目的之方法是，应选择对人民权益损害最小者；三、采取之方法所造成之损害不得与欲达成目的之利益显失均衡。"

2. 给付行政中禁止过多

在行政给付中，出现于事物本质无关的"恣意给付"，即超过给付目的的"过多给付"，也是违背比例原则的，这涉及对行政裁量权的滥用，也会常常背离平等原则。我国的行政给付也是常常以"送温暖"等慈善行为的名义进行，造成多头、重复给付，做好事往往忽视了平等原则，同时违背了比例原则。

3. 倾斜保护中禁止不足

在包括给付行政在内的倾斜保护各种社会弱势群体的工作中，也要防止一种与过度保护相反的情形：保护不足，即社会福利性措施，对于应受保护或者救济的人群反而没有受制度上应有的保护，包括各种社会保险制度的实施过程中，容易出现的不公平、歧视等现象。

（四）最小利益侵害理念的确立

在实践中，如何遵循"最小利益侵害原则"，是迫切需要强化的理念。因为这一理念在执法人员包括领导干部中并未真正确立起来。所谓"最小利益侵害"的含义是：即便是针对违法者，对其正当的权利仍要给予充分的保护，应当让处罚控制在必需范围内，对其的权益侵害控制在最小的幅度内，将惩罚这种"必要的恶"限定在真正必要的范围内。2010年《国务院关于加强法治政府建设的意见》里明确要求"行政执法机关处理违法行为的手段和措施要适当适度，尽力避免或者减少对当事人权益的损害"。这是"最小利益侵害"原则的具体体现。如依法没收违法工具，不是所有与违法行为相关的工具都可予以没收，而是工具本身具有违法性或属于违禁品，可以用于合法功能的工具都不应当予以没收。而现在，较为流行的倾向是"乱世用重典"的理念，使"最小利益侵害"原则没有受到重视甚至忽视，这是需要防止和矫正的[274]。这方面，延安警察收缴黄碟案是个经典案例：

2002年8月18日晚11时许，延安市宝塔公安分局万花派出所民警接到群众举报，称新婚夫妇张某在位于宝塔区万花山乡的家中播放黄碟。民警即前往张某夫妇家中，试图扣押收缴黄碟、VCD机和电视机，于是双方发生争执，民警将张某制服后带回派出所，同时扣押了黄碟、VCD机和电视机。第二天，在家人向派出所缴纳了 1000 元暂扣款后，张某被放回。同年 10 月 21 日，事发两个月后，宝塔公安分局以涉嫌"妨碍公务"为由，将张某刑事拘留。10 月 28 日，警方向检察机关提请逮捕张某。11 月 4 日，检察院以事实不清、证据不足为由退回补充侦查。11 月 5 日，张某被取保候审。11 月 6 日，张某被医院诊断为多处软组织挫伤，并伴有精神障碍。12 月 5 日，宝塔公安分局决定撤销此案。此后，张某提起行政诉讼。12 月 31 日，张某夫妇及其律师与宝塔公安分局达成补偿协议。协议明确：宝塔公安分局一次性补偿张某 29137 元，宝塔公安分局有关领导向张某夫妇赔礼道歉，处分有关责任人。

此案中撇开其他内容不谈，双方产生争执的起因是警察要扣押甚至收缴黄碟、VCD 机和电视机。虽然法律上赋予了公安部门以扣押的行政强制权，但按照比例原则或者最小利益侵害原则来衡量，扣押行为应符合法律目的，行政强制措施的法律目的是为了预防危险发生、保全证据和防止危险扩大。而此案中，警察的扣押行为都不符合这些法律目的，其真正的目的是迫使当事人第二天前来派出所接受处理。这就违背了最小利益侵害原则，构成了对当事人合法财产权利的不当侵害，当事人的不服是有理由的。

五、如何做到刚柔相济

行政执法要刚柔相济，这是经过多年依法行政的实践经验和教训总结出来的规律。我们曾经有过管制行政的阶段，即立法、执法都注重赋予管理者权力，对行政相对人设置义务，这种管制行政难免受到社会的质疑。之后，我们曾经有过"一边倒"的柔性执法阶段，以致法律的约束力和执行力尽失，出现了"用眼神执法""只教育不处罚"等怪现象。今天，应该到了刚柔相济的时代了。

德国的耶林（Rudolf von Jhering）以诗化的语言描绘了法律的"刚与柔"："法不只是单纯的思想，而是有生命的力量。因此，正义之神 ① 一手提着天秤，用它衡量法；另一只手握着剑，用它维护法。剑如果不带着天秤，就是赤裸

---

① 正义之神在西方是法律的象征，她是一位女神，蒙着双眼，一手提着天平秤，另一只手握着把剑。

裸的暴力；天秤如果不带着剑，就意味着软弱无力。两者是相辅相成的，只有正义之神操剑的力量和掌秤的技巧并驾齐驱的时候，一种完满的法治状态才能占统治地位。"① 博登海默也认为："只有那些以某种具体的和妥切的方式将刚性和灵活性完美结合在一起的法律制度，才是真正伟大的法律制度。"② 诺内特、塞尔尼克同样认为："柔顺的法只有有限的能量去实现法律调整的最基本的功能——权力正统化。法律始终是一种用于证明规则、命令或官职的正统性的装置。"③ 可见，执法要刚柔并举，是法律人的普遍共识。[275]

（一）破窗理论及其启迪

破窗理论又称破窗效应。其含义是，一扇窗户被打破，如果没有及时修复，将会导致更多的窗户被打破，甚至整栋楼被拆毁。由美国政治学家詹姆士·威尔逊（Jemes Q. Wilson）和犯罪学家乔治·凯琳（George L. Kelling）观察总结的这一理论指出，环境可以对一个人产生强烈的暗示性和诱导性。

破窗理论是基于一个犯罪心理实验的成果。美国斯坦福大学心理学家菲利普·辛巴杜（Philip Zimbardo）于 1969 年进行了一项实验。他找来两辆一模一样的汽车，把其中的一辆停在加州帕洛阿尔托的中产阶级社区，而另一辆停在相对杂乱的纽约布朗克斯区。停在布朗克斯区的那辆，他把车牌摘掉，把顶棚打开，结果当天就被偷走了。而放在帕洛阿尔托的那一辆，一个星期也无人理睬。后来，辛巴杜用锤子把那辆车的玻璃敲了个大洞。结果呢，仅仅过了几个小时，它就不见了。以这项实验为基础，威尔逊和凯琳提出了一个破窗效应的理论：如果有人打破了一栋建筑物的窗户玻璃，而这扇窗户又得不到及时的维修，别人就可能受到某些示范性的纵容去打烂更多的窗户，久而久之，这些破窗就给人造成一种无序的感觉，在这种公众麻木不仁的气氛中，犯罪就会滋生、猖獗。

纽约市交通警察局长威廉·布拉顿（William Brattain）受到了破窗理论的启发。纽约地铁被认为是"可以为所欲为、无法无天的场所"，针对纽约地铁犯罪率的飙升，布拉顿采取的措施是号召所有的交警认真推进有关"生活质

---

① ［德］鲁道尔夫·封·耶林，潘汉典译："权利斗争论"，载于《法学译丛》1985 年第 2 期。
② ［美］博登海默著，邓正来译：《法理学：法律哲学与法律方法》，中国政法大学出版社 1999 年版，第 405 页。
③ ［美］P. 诺内特、P. 塞尔兹尼克著，张志铭译：《转变中的法律与社会：迈向回应型法》，中国政法大学出版社 2004 年版，第 58 页。

量”的法律，他以破窗理论为师，全力打击逃票现象。结果发现，每 7 名逃票者中，就有 1 名是通缉犯；每 20 名逃票者中，就有 1 名携带凶器。结果，从打击逃票开始，地铁站的犯罪率竟然下降，治安大幅好转。这一做法显示，小奸小恶正是暴力犯罪的温床。针对这些看似微小却有象征意义的违章行为进行大力整顿，就能大大减少刑事犯罪。

破窗理论给我们的启迪是：任何一种不良现象的存在，都在传递着一种信息，这种信息会导致不良现象的蔓延和扩展。所以要高度警惕那些看起来是偶然的、个别的、轻微的"过错"，否则会纵容更多的人"去打烂更多的窗户玻璃"，就极有可能演变成秩序崩溃的大恶果。所以，对违法的行为应当采取"零容忍"的态度，在第一时间就纠正和打击。[276]

（二）对过度柔性执法的反思

近年来，行政执法出现了由刚性执法向柔性执法的转变，这应是一种进步。柔性执法是一种理性、平和、文明、规范的执法，适度减少执法的强制力，扩大教育性，缩小对立面，有助于实现法律效果与社会效果的有机统一。但是，实践中也存在着对柔性执法的误读，过度强调柔性执法而影响了法律的有效实施。这方面有不少案例，如：

2009 年 6 月，武汉市某区城管大队在整治占道夜排档过程中，在对占道经营的夜市老板劝说、宣传无效后，几十名执法队员围成一圈，双手背在身后，沉默地注视着食客和坐在一旁的老板。最终，食客因吃得不是滋味而离去，老板因受不了这种尴尬，也草草收摊。这一执法方式被媒体称为"眼神执法"。

这只是武汉城管所探索的所谓 36 种柔性执法方式中的 1 种，其他还有诸如"鲜花执法""下跪执法""标语执法""潜伏执法"等。对这类所谓人性化的执法方式，并没有得到媒体和公众的认同，认为这不是一种进步，而是一种无奈，甚至有人认为这是一种"冷暴力执法"，表明行政执法不能矫枉过正，从一味刚性执法走向一味柔性执法的另一个极端。柔性执法并不意味着对违法行为可以无底线地一味妥协、姑息纵容，而应当体现"刚柔相济"的理念，做到"柔的更柔，刚的更刚"，前提是对于违法行为要分清原委、程度、区别对待，再施以引导、教育。对于一些恶性的违法行为、屡禁不止的行为，如果法律已经赋予强制手段的，要坚决执行，绝不手软。[277]

六、从法条主义到法理主义

现代行政法治已经无法信守法条主义的形式法治，需要更加注重实质法治。我们要改变传统法律僵化、迟滞的特性，使其更有灵性、更有弹性。"与近代行政相比，现代行政行为的界限具有十分自由的幅度，法律完全穷尽地规定行政事务是不可能的，也不符合行政具有应变性的特点，更不符合现代行政的特点。"① 因此，由法条主义向法理主义的转变是现代行政法治发展的逻辑必然。当法律存在"空缺结构"和"恶法"时，需要运用"原则优先"定理和制定公共政策实现必要的填补与矫正，但这种填补和矫正又不能破坏法律整体的稳定性和可预期性。

长期以来，我们的行政执法也好、司法审判也好，都严格遵循着法条主义理念，政府依法行政就是"依法条行政"，即行政执法只要实现合法性即可，合理性基本不用考虑。这样的法条主义理念，从 2010 年 7 月江苏省句容法院的拆除违章书报亭案开始受到质疑，直到 2017 年 2 月于欢案引发的反响和争议而完成了向法理主义思维的转变。

于欢案为 2016 年 4 月发生在山东聊城冠县的一桩刑事案件。主要案情如下：

2016 年 4 月 13 日，因债务纠纷，债权人吴学占在借款人苏银霞已抵押的房子里指使手下排便，将苏银霞按进马桶里，要求还钱。当日下午，苏银霞四次拨打 110 电话和市长热线，但并没有得到帮助。次日，催债手段升级，由社会闲散人员组成的 10 多人催债队伍在苏银霞的工厂接待室里限制苏银霞、她的儿子于欢以及另一位职工人身自由，多次骚扰、辱骂、殴打苏银霞，讨债人杜志浩甚至脱下裤子，露出下体，侮辱苏银霞。于欢目睹其母受辱，濒临崩溃。在眼看警察到场仍不能得到解救的情况下，混乱中，于欢从工厂接待室的桌上摸到一把水果刀乱捅，致使杜志浩等四名催债人员被捅伤，其中，杜志浩因未及时就医导致失血性休克致死，另外两人重伤，一人轻伤。

---

① 孙笑侠将现代行政权力的特点概括为：（1）方式积极化；（2）目标福利化；（3）范围扩大化；（4）界限自由化；（5）内容伦理化。参见孙笑侠著：《法律对行政的控制——现代行政法的法理解释》，山东人民出版社 1999 年版，自序第 4—5 页。

2017 年 2 月 17 日，山东聊城市中级法院一审以故意伤害罪判处于欢无期徒刑，引起社会广泛反响。2017 年 6 月 23 日，山东省高级人民法院作出二审判决，认定于欢属于防卫过当，构成故意伤害罪，判处于欢有期徒刑 5 年。2018 年 1 月 18 日，于欢案二审主审法官、山东省高级人民法院吴靖在北京表示，通过二审开庭审理，最大限度地还原整个案件的事实情节，并在此基础上通盘考虑天理、国法、人情，依法作出裁判。2 月 1 日，于欢案入选"2017 年推动法治进程十大案件"。

于欢案一审判决之后，最高人民法院在济南主持召开刑事审判工作调研座谈会。在会上，最高人民法院提出："要将个案的审判置于天理、国法、人情之中综合考量，首先要最大限度追求法律正义，同时要兼顾社会普遍正义，司法审判不能违背人之常情，努力实现法理情的有机结合。"其认为，坚持严格司法，依法裁判，既是不能动摇的原则，也是必须坚守的底线。但是固守单纯法律观点，机械执法、就案办案，在实践中也是行不通的。我国有着数千年文化传统，天理、国法、人情是深深扎根人们心中的正义观念，蕴含法治与德治的千古话题。所谓天理，反映的是社会普遍正义，即人之常理，其实质就是民心。民心是最大的政治，民心所向关系到执政根基。一个案件的审判，首先要最大限度追求法律正义，同时要兼顾社会普遍正义，因为法律正义有时与社会正义的认知并不一致，这体现了德治的要求，也体现了对民意的尊重，是讲政治的表现。人情是德治应有之义。讲人情，不是要照顾某些个人的私人感情和私人利益，而是要尊重人民群众的朴素情感和基本的道德诉求，司法审判不能违背人之常情。实现法理情的有机结合，既要靠完备的法律制度，更要考法官的经验、智慧和良知。无论是制定司法政策，还是办理司法案件，都要统筹法律正义与社会正义，坚守法律底线和道德底线，努力探讨和实现法理情的有机结合。

此案件的改判，从某种角度讲，是我们国家的法治理念从法条主义向综合考量天理、国法、人情的法理主义转变的标志，即司法审判和行政执法都从单纯的讲法条转向综合考量天理、国法、人情和注重讲法理的新阶段。

概而言之，无论是行政执法还是司法审判，讲天理，意味着执法者要始终保持一种正义的信念，考量人之常理，维护人们普遍认同的社会公正；讲国法，就是要严格依法执法、依法裁判，维护法律的尊严，即维护法律公正；讲人情，就是要了解民情民意，在行政执法、裁判过程中体现人文关怀，考量人之常情。执行法律（包括行政执法和司法裁判）的过程并不是机械地适用冰冷的法律条文，而是天理、国法、人情的统一与运用，最终形成的法律文书也不是呆板的逻辑推理结果，而是通过对法律的解释来向当事人讲述生活中的基本道理。一份好的行政执法决定书或者司法判决书，一定是遵守法律、符合道义、体恤民情的论法说理的产物。[278]

第二十七章　权力与权利的平衡艺术

一、权力与权利：相互制约

权力与权利的关系，无疑是行政法学要重点研究的基本关系之一。具体而言，可以分为三个层次来研究，即公权力的边界问题、群体利益的界定与维护问题、个体利益如何保护问题。对于行政执法者来说，需要把握的核心问题是如何掌握权力与权利的平衡艺术。[279]

权力与权利的平衡也就是公权力与私权利的平衡，最通常的理解，就是公权力与私权利之间的相互制约，使之都不能超出法律规范而被滥用。社会法学派创始人庞德认为，一个法律制度之所以成功，乃是因为它成功地在专断权力之一端与受限权力之另一端间达到了平衡并维持了这种平衡。这种平衡不可能永远维持下去。文明的进步会不断地使法律制度失去平衡；而通过把理性适用于经验之上，这种平衡又会得到恢复，而且也只有凭靠这种方式，政治组织社会才能使自己得以永久地存在下去。① 博登海默更是直言："法律对权利来讲是一种稳定器，而对失控的权力来讲则是一种抑制器。"②

权力制约权利有坚实的法理基础。香港大学的陈弘毅教授指出："人民为什么要遵守国家的法律？……一种比较易于接受的看法是，由于政府和它所执行的法律制度的存在是对社会整体有利的——因为它维持治安和公共秩序、保障社会成员的权益、提供各种公共设施和社会福利服务、防止外国侵略。所以社会成员应服从这样的政府和遵守它的法律。"③

---

① 转引自［美］博登海默著，邓正来译：《法理学：法律哲学与法律方法》，中国政法大学出版社1999年版，第149页。

② ［美］博登海默著，邓正来译：《法理学：法律哲学与法律方法》，中国政法大学出版社1999年版，第293页。

③ 陈弘毅著：《法治、启蒙与现代法的精神》，中国政法大学出版社1998年版，第72页。

　　反过来，权力也要受到权利的制约。郭道晖先生认为："人民的权利是约束与平衡权力的一种社会力量，在一定条件下还是决定性的基本力量。"① 英国的韦德用了一个概念：行政公平。他指出："行政公平是贯穿始终，承上启下的原则，每一个要点问题都是：法学怎样才能为政府管理方法的改善尽一份力？……研究已建立起来的庞大的行政权，公众应当可以依赖法律保证所有这些权力的使用与公平交易和善良政府的思想相一致。限制了自由，就必须增加公平。政府行使的权力越多，公众舆论对任何类型的滥用职权或不公正就越敏感。"②

二、正确界定公权力的边界

　　很长一段时间内，行政权力在实践中的主要问题是"手伸得太长"，管了很多公权力不该管、不能管和管不好的事项。从 2002 年延安警察收缴"黄碟案"开始，我国的公权力部门尤其是行政执法部门开始意识到公权力也是有明确边界的。但边界在哪里？认识是不清晰的，也是不统一的。

　　笔者想引申性地借用英国上诉法院常任高级法官帕特里克·德富林（Patrick A.Devlin）在题为"道德与刑罚"的演讲中所举的关于酗酒的案例来说明这一问题。酗酒是一种不良的社会现象，但政府并不是都能管的。第一种情形：若一个公民乐意每天晚上在自己家里酗酒，除他本人外，没有其他人因此受伤害，那么，这就属于个人隐私，政府就不应去干涉（用中国话来表述，正所谓"清官难断家务事"——笔者注）。第二种情形：当事人在饭店等公共场所酗酒，喝醉后与别人打架斗殴，这时，警察应该出来管，因为涉及公共秩序的维护。还有第三种纯粹假设的情形：这个国家的公民都只在家里酗酒，没有引发公共秩序问题，但当这个国家有四分之一以上的人都有这种坏习惯，每天喝得酩酊大醉，第二天上班都是无精打采的，那么，这个社会会成什么样子呢？这时，政府也该出来管，因为这涉及国家利益和公共利益。同样的假设可以用到赌博、卖淫等现象。上述例子说明，政府的职能概括起来有两块：人与人之间的利益调整和国家利益公共利益的维护，其余部

---

　　① 郭道晖著：《法的时代精神》，湖南出版社 1997 年版，第 294 页。

　　② ［英］威廉·韦德著：《行政法》，徐炳等译，中国大百科全书出版社 1997 年版，第 7 页。

分应当让私权利（即民事法律关系）和社会权利（即社会自治组织的自治规约）去调整。[280]

（一）公权力只能为了自由而限制自由

马克思曾精辟地指出："法律在人的生活即自由的生活面前是退缩的。""只是当人的实际行为表明人不再服从自由的自然规律时，这种表现为国家法律的自由的自然规律才强制人成为自由的人。"① 英国的政治哲学家约翰·洛克（John Locke）也说："法律的目的并不是废除或限制自由，而是保护和扩大自由。"

法治状态下的公权力所保障的自由，本质上是法律尺度下的自由。这种尺度既是针对公民的，更是针对法律本身的，即法律本身应具有一种对自由限制的尺度。这个尺度有以下几条准则：其一，法律对自由的限制及其标准必须是公开的、明确的；其二，限制自由本身不能成为限制的目的；其三，法律对自由的限制应当保证最低程度的自由，如应以确保和满足个人作为社会成员应享有的基本自由权利（如必要的生活自由、确保生命健康和安全、政治权利的保障等）。

法律与自由应是这样一种关系：（1）法的权利是为自由而设定的，法的义务也是为自由而设定的；（2）法的授权固然是对自由的确认，法的禁止也应是为确保自由而设立的，离开了自由，法的授权、禁止都失去其本身的价值；（3）法的制定要以自由为出发点和归宿，以自由为核心，法的实施必须以自由为宗旨，法的保护无论是打击、奖励还是制裁，都应以自由的实现为依归。概括而言，"法律的自由"来自被规范行使的"自由的法律"，法律只能是为了自由而去限制某种自由。[281]

（二）伤害主义还是父爱主义？

西方法治国家从对个人自由的保护出发，政府的行为准则一般遵循伤害原则，即"禁止伤害别人的原则"。这一原则是由英国思想家约翰·密尔（John Mill）最早提出，并得到后人进一步发展。密尔于1859年发表的名著《论自由》中主张给予个人最广最大可能的自由。他试图去发现一个标准，以便区分两种行为：留给个人自决的行为和法律干涉是正当的行为，即自涉性

---

① 《马克思恩格斯全集》第 1 卷，第 72 页。

行为和涉他性行为。其中，只有伤害到别人的行为才是法律干涉的对象，未伤害任何人或仅仅伤害自己的行为不应受到法律的惩罚。简言之，社会干预个人行动自由的唯一目的是（社会）自我保护。只有为了阻止对别人和公共利益的伤害，法律对社会成员的限制才是合理的，可以证成的。这就是著名的伤害原则，又称密尔原则。密尔的这一伤害主义理论对西方国家的法治影响巨大。100 多年来，它一直是英美等西方国家的政府所采取的主要标准。①

法律家长主义，亦称父爱主义，其基本思想是：禁止自我伤害的法律，即家长式法律强制是合理的。所谓家长式法律强制是指为了被强制者自己的福利、幸福、需要、利益的价值，而由政府对一个人的自由进行的法律干涉，或者说是指强迫一个人促进自我利益或阻止他自我伤害。家长式法律强制自古有之。在西方，随着 20 世纪出现的法律社会化运动，此类法律强制愈加增多。在中国，传统的"包青天"文化意识，使政府和民间都对这种家长式法律强制有认同感。如对个人的自杀行为，按照伤害主义原则，政府不用去干预；但按照父爱主义原则，政府自然需要去干预。中国的现实是遵循着父爱主义，而且作为政府部门，谁也不会去思考是否还有第二种思路（如伤害原则）和方式去处理。这是一种文化的惯性和本能。

仔细分析，父爱主义的法律强制有三个特点。一是，家长式法律强制不仅用来阻止自我伤害，而且也用来产生或促进自我利益。前者如禁止使用毒品的法律，后者如强制接受普及义务教育的法律。二是，家长式法律强制很少是绝对家长式的。大部分有非家长式的因素，因为自我伤害的行为很可能对他人产生第二性的有害影响。如控制毒品使用、安全驾驶、限制参加危险性体育活动等法律强制，都属于这种性质。三是，从家长式法律强制中受益的人不一定总是其自由受到限制的人。如医生要获得许可才能开业，受益者是可能的病人。有时候自由受到限制的人和利益受到保护的人是同一的，例如，法律要求驾驶和乘坐小汽车的人必须系安全带的情形。据此，家长式法律强制又可分为纯粹的和非纯粹的两种，前者的自由受到限制的人同时也是利益受到保护的人；后者除了限制受益者外，还包括限制其他人的自由。②

对照中国法治实践的现状，无疑可以被归纳为父爱主义的权力观（同时

---

① 参见张文显著：《二十世纪西方法哲学思潮研究》，法律出版社 1996 年版，第 547—548 页。

② 参见张文显著：《二十世纪西方法哲学思潮研究》，法律出版社 1996 年版，第 553—554 页。

也是自由观）。我们没有充分的理由予以否定，但这种父爱主义是否也不自觉地忽视了对公民、法人的权利和自由的保护，是有反思和检讨的空间的。公权力是否行使得过度了？是否管了不该管的、管不了的事？正在推行的"负面清单"是否是对公权力过多过大的一种矫正？伤害主义是否值得我们借鉴？这些问题都有待我们在实践中去重新认识。[282]

（三）如何界定公共利益？

根据 19 世纪流行的理论，政府等社会组织只是国家的"守夜人"，公共利益是非常有限的，它只是指各单个社会成员自愿转让而集合成的利益，此外都属于个人利益。但根据 20 世纪流行的价值取向，政府等社会组织却是社会的服务组织，公共利益的范围日益广泛，认为凡是未被单个社会成员所占有的利益或尚未被分配的利益都属于公共利益。①

在我国，公共利益的界定从"重庆最牛的钉子户"事件开始引发了广泛的讨论和争论。事实上，公共利益的界定在全世界都是没有客观统一的标准的。美国学者介绍，这个问题在美国从建国开始争论了 200 多年，到今天仍没有共识，在不同的州，司法判例对公共利益的界定是大相径庭的。在"重庆最牛的钉子户"事件引发的争论中，有一个颇为有趣的现象：在讨论涉及商业性利益的动迁是否可以认定为公共利益时，学界形成赞成和反对两个阵营，双方都引用美国的案例印证自己的观点，有的案例证明只要涉及商业利益的动迁就不属于公共利益；有的则证明，即使是纯商业动迁，只要它涉及国家荣誉（如纽约世贸大楼建设）、能增加税收和就业（如引进一个制药企业），都可以认定为公共利益。为此，2008 年 5 月，上海市行政法制研究所与美国耶鲁大学中国法律研究中心联合举行了关于公共利益界定的中美研讨会，有五位美国专家前来参加。他们证实，中国学者引用的截然相反的美国案例，都是真实的。什么是公共利益？在美国，这个问题争论了 200 多年，依然没有形成共识。各州的司法判例确实大相径庭。因此，他们把公共利益定性为"不确定的法律概念"。

目前我们能形成的共识是：公共利益，是一个"罗生门"式的概念，确实是一个"不确定的法律概念"。[283] 由于其"既极具抽象性，又是一种正面价值评断的概念，因此必须以一个变迁中之社会中的政治、经济、社会及文

---

① 参见叶必丰著：《行政法的人文精神》，湖北人民出版社 1999 年版，第 42 页。

化等因素及事实，作为考量该价值的内容"①。公共利益的不确定性体现在四个方面：范围不确定，具有高度抽象性；对象不确定，具有宽泛性；价值不确定，具有主观性和开放性；内涵不确定，具有历史动态性。

对于公共利益界定的标准选择，有实体界定与程序界定两种路径。根据我国的法治现状，以实体界定与程序界定相结合的模式为宜，即（1）由立法机关根据宪法，规定公共利益的实体界定标准，并行使立法监督权，判断和监督对实体标准的实施是否符合立法本意；（2）由行政机关依据法律规定的标准实施并兑现公共利益的承诺，但其有一定的认定和裁量权；（3）对过程中的争议，由司法机关进行救济性判断。

公共利益的实体性标准可以包括：一是，以提供公共产品为标准；二是，以国家的经济、文化、国防等建设目标为标准；三是，以资源配置的效益为标准；四是，以促进社会可持续发展为标准。

（四）政府如何按照公意行使权力？

这里首先要搞清楚一个法理前提，即公共利益与个人利益的关系问题。总体而言，公共利益与个人利益具有高度的一致性。两者的辩证关系有三类特征。其一，两者是互相包含的。个人利益包含着公共利益，即社会成员应享有、已享有、正享有或将享有的那份公共利益。而公共利益在被提取出来之前，就被包含在个人利益之中。公共利益也包含着个人利益，公共利益实质上是各社会成员享受相同或共同的个人利益。其二，两者是互相依赖的。公共利益依赖于个人利益，个人利益越多、越充分，可供提取为公共利益的份额也就越多；可供社会成员占有的全社会物质利益和精神利益越多，公共利益也就越多。个人利益也依赖公共利益，公共利益越多、发展得越快，需从个人利益中提取的份额就越少，可供分配的社会成员享受的利益就越多。其三，两者是互相转化的。公共利益作为一种社会成员的共同利益，是从个人利益中分离出来而成为一种独立利益的，也就是从个人利益中提取、转化而来的，是一个将个人利益进行分离，并集合为公共利益的过程；反之，公共利益最终将通过分配形式而转化或还原为个人利益，其基本特征是进行重新分配，包括自然资源利用、营建公共设施、向社会成员提供安宁的社会秩序和人文资源、让社会成员充分享受人格尊严、人性完善以及集体荣誉和自

---

① 陈新民著：《德国公法学基础理论》，法律出版社2010年版，第259页。

豪等。① 也就是说，国家对公共利益的维护，从根本上是对全社会成员个人利益的维护。[284]

公意说是卢梭的理论贡献，成为现代法治国家普遍遵循的理念。但卢梭在提出公意说的同时，又提出了众意说。这里，有必要对卢梭关于公意和众意的学说作一仔细解读。卢梭认为，只要公权力符合公意，那么人们就必须服从。为此，他明确划分了公意与众意的差异。"众意与公意之间经常总是有很大的差别：公意只着眼于公共利益，而众意则着眼于私人的利益，众意只是个别意志的总和。但是，除掉这些个别意志间正负相抵消的部分而外，则剩下的总和仍然是公意。"②[285]

我们理解，公意不是个人利益的简单总和，而是有两层含义：一是代表公共利益，这种公共利益具有长远性、综合性、整体性、战略性，其中包括国家利益；二是对众意所不能包含的部分，即少数人的正当权利进行倾斜性保护。法律的本质是保护每一个人的正当权益，尤其对特殊弱势群体的权益需要实施倾斜性保护，给付行政的很大部分是体现这一功能的。

按照公意行使权力，不仅意味着维护好国家利益，还意味着要兼顾好全社会各种利益的平衡，该平等保护的一视同仁，该倾斜保护的多送温暖。正如邓小平所指出的："我们必须按照统筹兼顾的原则来调节各种利益的相互关系。如果相反，违反集体利益而追求个人利益，违反整体利益而追求局部利益，违反长远利益而追求暂时利益，那么势必两头都受损失。"③

三、群体利益的界定与维护

群体利益，是指由一定社会组织所控制的该社会组织全体成员或绝大多数成员的集合利益，也有学者称之为整体利益。群体利益有如下法律特征：（1）它是一种共同利益，只有单个社会成员相同或共同的利益，才有可能成为一种群体利益；（2）它是一种集合利益，它是从各单个社会成员的共同利益中提取、分离出来后的一种有机集合；（3）它的主体是一定的社会组织，因为共同利益需要社会成员的共同努力才能得以实现；（4）它是一个社会组

---

① 参见叶必丰著：《行政法的人文精神》，湖北人民出版社 1999 年版，第 142—144 页。
② ［法］卢梭著，何兆武译：《社会契约论》，商务印书馆 1980 年修订第 2 版，第 39 页。
③ 邓小平："坚持四项基本原则"，见《邓小平文选》，人民出版社 1983 年版，第 162 页。

织内全体成员的共同利益，社会组织至少在产生时是得到全体成员或绝大多数社会成员的支持和拥护的，所代表的利益也是全体社会成员的共同利益。①

（一）群体利益与公共利益的辩证关系

首先，公共利益与群体利益具有内在一致性。如总体上一个地区的群体利益是体现该地区居民共同正当利益的，为该区域的全体居民所共享，本身就是公共利益的具体体现和实现。社会关注民生建设和弱势群体利益，建立和完善社会保障体系，就是公共利益的重要内容。社会公益性组织代表和维护该组织成员的群体利益，主流是代替政府承担对同业人员的维权、教育和管理，履行的其实是准公共职能。

其次，群体利益具有相对独立性，有时会与公共利益产生冲突。如，公共设施（如公共厕所、垃圾处理设施等）的设置，是必要的公共利益，一般都会得到社会和百姓的赞同，但要具体"落地"，放到哪里都会引发邻避效应。广州番禺因垃圾焚烧厂选址引发的纠纷案便是典型的一例：

关于番禺区生活垃圾处理系统规划于 1999—2001 年编制完成，2001 年通过专家评审，2002 番禺区人大常委会审批通过。规划中，选出番禺的 11 个地点，作为未来生活垃圾处理设施可能的选址地点。2006 年 8 月，广州市规划局批准了番禺区生活垃圾综合处理厂的选址地为番禺大石会江村与钟村镇谢村，并下发项目选址意见书。

2009 年 2 月 4 日，广州市政府就此事发出通告，将在大石会江村与钟村镇谢村建立日处理 2000 吨垃圾的焚烧厂，计划于 2010 年建成投入运营。此举遭到愈 30 万名居民的反对。10 月 25 日下午，番禺大石数百名业主发起签名反对建设垃圾焚烧发电厂的活动，此举得到积极响应。10 月 30 日，针对番禺生活垃圾焚烧发电厂项目召开情况通报会，区市政园林局局长和四位专家发表了各自意见。11 月 5 日，广东省情中心对选址 8 公里内 12 个小区的调查显示，91.7% 受访居民反对建垃圾焚烧发电厂。11 月 22 日，广州市政府召开新闻发布会，通报番禺垃圾焚烧厂的选址工作，表示听取公众意见是下阶段环评报告书编制工作的重点。11 月 23 日，番禺区长召开了"创建番禺垃圾处理文明区工作座谈会"，与 30 多名小区业主进行面对面谈话，表示环境影响

---

①　参见叶必丰著：《行政法的人文精神》，湖北人民出版社 1999 年版，第 39—41 页。

评价通不过绝不开工；绝大多数群众反映强烈，也绝不开工。12 月 10 日，番禺区表示，暂缓垃圾发电厂项目选址及建设工作，推迟到 2011 年以后，并启动选址全民讨论，这场全国关注的纷争才告一段落。

最后，公共利益本质上是对不同群体利益的理性平衡。公共利益的受益主体，从纵向看，有许多层次；从横向看，有许多不同内涵的事项。这种受益主体的多层次性和多元化的特点，要求公共利益的代表者要对不同层次和内涵的群体利益进行理性的、公正的平衡。具体可以从两个维度去实现：一是以公平为原则，对相同的利益实施"平等保护"，坚持非歧视的行为准则；二是以正义为原则，对各类社会弱势群体实施"倾斜保护"，做到雪中送炭，维护社会和谐和可持续发展。①[286]

（二）从社会管理到社会治理

考察国家与社会关系的发展轨迹，是一个从政府单向管制向社会共同治理的转变过程。

按照依宪治国的理念，一方面应在行政领域，以行政法和行政诉讼管辖优先地位突出在国家中的保护；另一方面，应通过自治体现国民参与国家管理。德国的拉德布鲁赫认为，自治关系到具体的国民，关系到国家的社团。社团自治则只在国家的城市、乡镇、县、省当中，国家放弃一部分行政的职权范围，由监督下的社团在该范围内自行处理本身事务。②

在党的十八大之前的官方文件里，一般用"社会管理"的表述，体现强调政府在社会管理中的功能和作用，对公民、法人来说，这种管理可能意味着更多的权利限制和更多的义务承担。党的十八大报告中用了"社会建设"的表述，其进步在于，在坚持社会管理的基础上，增加了提供公共产品和公共服务的内容，体现了积极行政和服务行政的理念。党的十八届三中全会《决定》中又调整为"社会治理"的表述，与社会管理虽只是一字之差，但内涵已有明显变化，其增加的是体制外的力量在社会生活中的功能和作用，强调公权力、社会权利和私权利之间的良性互动，共同治理。社会治理的主要途径有基层社区自治、基层民主协商和行业协会自治等。[287]

---

① 参见刘平主编：《征收征用与公民财产权保护》，上海人民出版社 2012 年版，第 112—113 页。
② 参见［德］拉德布鲁赫著，米健、朱林译：《法学导论》，中国大百科全书出版社 1997 年版，第 134—135 页。

（三）基层社区自治

社区是指聚居在一定地域范围内的人们所组成的社会活动共同体。社区是城市和农村的基层单元。基层社区自治是一般市民社会的文化传统。在我国也有宪法的依据，现行《宪法》第 111 条规定："城市和农村按居民居住地设立的居民委员会或者村民委员会是基层群众性自治组织。居民委员会、村民委员会的主任、副主任和委员由居民选举。居民委员会、村民委员会同基层政权的相互关系由法律规定。"也就是说，我国基层社区自治的主要组织是城市的居民委员会和农村的村民委员会。

在 20 世纪 90 年代后，通过相关法律性文件规定，又诞生了另一个社区的自治主体——业主大会。2003 年 6 月国务院《物业管理条例》确立了现行的业主大会和业主委员会制度，其第 9 条规定："一个物业管理区域成立一个业主大会。"业主大会应当代表和维护物业管理区域内全体业主在物业管理活动中的合法权益。

但在实践中，面临着居委会与业主委员会的关系不顺、业主大会与业主委员会的关系不顺、业主大会与物业管理公司的关系不顺等诸多难题。更主要的是，目前，我们还没有形成一种社区自治规则，社区治理模式还处于初步探索阶段。这也给行政执法提出了诸多挑战。

推进居民自治，激发基层社区活力，需要建立健全居民区党组织为领导核心、居委会为主导，居民为主体，业委会、物业公司、驻区单位、群众团体、社会组织等共同参与的居民区治理架构。这是中共上海市委 2014 年开展的主题为"关于创新社会治理，加强基层建设"的 1 号调研课题得出的基本结论。

1. 居民委员会和村民委员会的自治定位

从我国宪法的结构判断，居委会和村委会具有政体性质，其被放在《宪法》第三章第五节"地方各级人民代表大会和地方各级人民政府"表述，表明其是作为国家基层政权的自然延伸组织，与基层政权有着密切的联系。从其功能看，除了办理本居住地区的公共事务和公益事业，调解民间纠纷外，还有协助维护社会治安，向人民政府反映群众的意见、要求和提出建议的权利和义务。

实践中，关于居委会与基层政府应该是个什么样的关系是个很纠结、很难厘清的问题。有一种代表性的声音认为，现在的居委会过于"行政化"，成了政府的"传声筒"，认为居委会未能保持与政府的相对独立，缺乏自治的能力和定位。这种观点有一定的道理，但不全对。从宪法的定位来看，居委会应当与基层政权保持密切的联系，包括为基层政府承担某些公共事业和公共服务。并不是说，居民自治就是居委会抛开政府自行其是，或者成为政府的"压力集团"。关键是，居委会所承担的是否为居民谋福利的事情，或者自我教育、自我维权的事情。作为基层政府也需要反思，我们是否让居委会承担了太多本应由政府部门承担的服务和管理事项。居委会不能成为乡镇、街道以下的又一级政府机构，不能承担与其自治功能背道而驰的事项，这是底线。[288]

2. 社区的业主自治

业主大会及其执行机构业主委员会是建立在物权基础上的自治性组织。我国住房制度改革与房屋产权制度的变更是业主大会与业主委员会出现的时代背景。中国第一家业主委员会于1991年在深圳成立，参考的是中国香港、新加坡等地的业主组织。此后不久，在国家建设部规章和地方立法的推动下，业主大会和业主委员会制度在各地大量建立起来。业主委员会的功能界定，就是"代表和维护住宅小区内房地产产权人和使用人的合法权益"（建设部1994年第33号令《城市新建住宅管理办法》）。但实践中，直到目前为止，业主大会和业主委员会的运作都存在着问题，不少社区的业主大会和业主委员会都没能正常运行，甚至根本就建立不起来。

完善业主自治，需要处理好与居委会、房屋主管部门、物业公司等多方面的关系。

现实中较为突出的矛盾是居委会和业主委员会的关系没有理顺。业主委员会作为业主大会的执行机构，与居委会都属于基层自治性组织，又都在社区，所以其功能有不少交叉和重叠之处，这是客观事实。但两者的定位毕竟是有差异的，业主委员会并没有政治组织的内涵，所以，居委会的地位应当高于业主委员会，可以赋予其对业主大会和业主委员会进行指导、协调的功能。现有的《物业管理条例》第20条其实已有明确界定，要求：业主委员会在物业管理区域内应当与居委会相互协作，共同做好社会治安工作；配合居委会依法履行自治管理职责，支持居委会开展工作，并接受其指导和监督；业主委员会作出的决定应当告知居委会并认真听取后者的建议。可见，既有立法将业主委员会定位为层次低于居委会的自治性组织。问题是实践中，这种"法定"的关系并没有确立起来。对此，中共上海市委2014的调研报告中提出的"探索符合条件的居委会成员通过合法程序兼任业委会成员"的改革思路，是值得肯定的。[289]

业主大会和业主委员会还要处理好同房管部门的行政指导关系。《物业管理条例》第10条规定："同一个物业管理区域内的业主，应当在物业所在地的区、县人民政府房地产行政主管部门的指导下成立业主大会，并选举产生业主委员会。"业主大会的筹备要在房管部门和街道办事处（乡镇人民政府）的指导下进行。实践中，房管部门如何行使好指导作用，而不是包办，甚至变相行政审批，是考验我们依法行政能力和水平的一种检验。笔者注意到在多起业主委员会选举中，因有不同意见导致房管部门不予备案而引发争议的事例。如：

> 某一小区进行了业主委员会的改选，老的业主委员会因不愿意放权，而举报新选出的业主委员会成员都有违法搭建行为，都不符合业主委员会委员资格，以此来杯葛选举结果。房管部门因此不准予备案，即不承认新的业主委员会。但业主们并不认同房管部门的做法，该小区的业主委员会运作因此陷入僵局。

值得讨论的是，房管部门要不要对此表达不准予备案的意见。即便一些地方立法赋予了房管部门备案的权力，其仍然是行政指导功能的延续，而不应该是否决权。此时，行政主管部门应当遵循尊重业主自治的理念，履行行政指导职责（如说明业主委员会候选人不符合规定的条件），如果业主们坚持选出他们认为合适的人选，房管部门不应当不予备案，否则就是变相的行政许可行为，有违业主自治的原则。这也反映出，行政管理部门还不习惯自治程序。

业主大会或业主委员会与物业公司的关系是比较微妙的。从法律关系上说，两者是委托合同关系。物业公司受业主大会委托，为小区全体居民提供物业维护和治安保障服务。业主大会及业主委员会有权监督和选择物业公司。实践中遇到的最大问题是，物业公司能承担多少管理义务。突出的是对违法搭建行为的处置。舆论和业主都倾向于认为物业公司应当承担起发现、制止、举报、拆除的功能。但实际上，对物业公司来说，这是勉为其难的。因为法律上并没有赋予这一类非行政主体以行政强制权。但物业公司应当承担起发现、劝诫、向有权处理部门及时举报等有能力履行的义务。[290]

实践中，还出现了业主委员会决定不聘请物业公司，由业主自行提供物业服务。笔者并不主张这种做法。因为物业服务是一项专业性较强的管理业务，需要电工、五金工、泥水工等多方面专业人员。由小区的业主自行来提供物业维护服务，不是说不可能，但从确保日常维护的有效性来看，聘请专业公司更为稳定、持续、可靠。从社会发展的规律来看，分工越来越细化，是一种进步。关键是业主对物业公司的运行成本能实现有效的监管，这样便能为业主们减少成本支出。

就业主内部而言，还需处理好业主大会和业主委员会的关系。实践中往往是业主大会形同虚设，缺乏对业主委员会进行有效监督和控制的方法和途径，使一些业主委员会在不受业主们的监督下自行其是，不规范地动用维修基金等业主们共同的资金，有的甚至构成犯罪。所以，需要做实业主大会，使重大的决策事项由业主大会来直接行使，避免业主委员会代行业主大会权力带来的风险。当然，面对松散的业主群体无法集体讨论的现状，要探索替代召开业主大会进行决策的新机制。[291]

3. "三分之二规则"的运用

社区业主自治的主要方式是通过小区公约形成规则。那么，小区公约能规定什么内容呢？举例：

2013年初，上海中远两湾城为了解决小区内道路上乱停车影响车辆通行的顽症，经业主大会三分之二以上业主的表决同意，授权物业公司对乱停在小区道路上的车辆实行锁车，并对车主进行罚款50元的处罚。媒体因此争论：业主大会是否有设定处罚和强制锁车的权力，是否构成违法？

有律师认为其违法，因为业主委员会不是行政执法单位，没有处罚权和强制执行权。笔者认为，这恰恰是小区自治"三分之二规则"的一种实践。所谓"三分之二规则"，是国际上在处理社区居民群体利益时普遍采用的一种自治决策方式，当一种意见获得三分之二以上的居民同意时，意味着得到绝对多数的赞成，便获得了实施的正当性，不同意的少数人应当无条件遵守。实践中，这一比例不尽相同，有的高达90%以上，但三分之二是底线，体现民意达到绝对多数的支持。这一规则在我国《物权法》中也第一次得到了体现，第76条规定，在涉及筹集和使用建筑物及其附属设施的维修资金，改建和重建建筑物及其附属设施时，应当经专有部分占建筑物总面积三分之二以上的业主且占总人数三分之二以上的业主同意。在旧区改造中，这一规则也得到了运用，如上海"平改坡"实事项目、广州旧楼加装电梯工程，都以三分之二以上居民同意为决策依据。

中远两湾城的居民为了解决小区乱停车的现状，通过"三分之二规则"表决通过了授权物业公司行使管理权，属于其社区自治的权限范围，与行政执法无关。事实上，交通行政执法部门也没有法定依据和权限进入居住小区道路进行执法，也证明了小区道路属于自治范围。只要是依据小区公约所规定的权限和程序作出的决定，就具有自治范围的执行力。而目前，我们的社区自治恰恰缺乏像中远两湾城这样的自治意识和从实际出发解决问题的实践。

实践中，"三分之二规则"的实施并不顺畅。据报道，广州的旧楼加装电梯工程日前已宣布暂停；上海的部分"平改坡"工程也因为少数居民不愿意或无能力承担费用而搁浅。笔者注意到，广州从当初推动旧楼加装电梯宣布三分之二住户同意即可申请，随后又补充"须征得利益受影响的住户同意"的规定，实际上已由"三分之二规则"演变成了"一致同意"规则。也有学者对"三分之二规则"提出质疑，认为私人物权就得个人作主，其他人（哪怕是绝对多数人）凭什么来决定个人的物权处分。这就使行政主管部门更没了底气。[292]

一个常识是不言自明的："一致同意"规则在民主决策程序中一般是难以实现的，所以只在一些特殊领域（如政治领域）中运用。在社区群体利益的决策中，是否该运用三分之二的绝对多数人规则？无论是从宪法还是从民法的角度来论证，结论都应该是肯定的。从宪法的角度看，公民既有实现自我权利和价值的积极自由，也有限制或牺牲一部分个人权利才能在一个团体里生存的消极自由。从民法的角度看，业主的物权还要受建筑物区分所有权和相邻关系的限制。那种"我的物权我作主"的绝对权利观，既不是法治的理念，也不符合社会实际，因此是不宜倡导的。

实际操作中的难题是：对少数人的不合作该怎么依法解决？目前法律并未给予政府以强制执行权，因为这不属于公共利益范畴。通过业主委员会的自治管理来执行，既没有法律依据，也不具有可操作性。唯一的途径是申请人民法院强制执行。据笔者与德国、美国等法律界同行交流了解，社区"三分之二规则"在他们那里很少遇到少数人不配合的尴尬。原因是大家都已有这种少数服从多数的规则意识，一旦谁破坏了这种规则，他（她）便得不到社区居民的尊重，这对当事人来说是一种不能承受的压力。要解决我国少数人不合作的问题，靠政府的行政干预不是上策，加紧培养公民意识，让居民懂得如何尊重他人的权利，懂得遵守少数服从多数的自治规则，这才是治本之策。

（四）基层民主协商

党的十八大报告首次提出"社会主义协商民主是我国人民民主的重要形式"。党的十八届三中全会《决定》进一步明确，协商民主是我国社会主义民主政治的特有形式和独特优势，是党的群众路线在政治领域的重要载体。

民主概念经历了一个复杂的演变过程，即使在今天，仍不能说它的意义空间已经封闭了。对于当下讨论而言，民主概念的两个历史转变显得尤其重要：一是熊彼特将古典的民主概念（直接民主亦即人民的自我统治）转变为工具性概念（代议制民主中选择政治精英的方式）；二是福利国家或行政国家的出现，凸显了行政民主的重要性。沿着这一思路，可以从一个特定的角度区分民主概念的两个方面：即权力的来源与权力的行使。第一个方面侧重于解决政府权力来源的合法性问题。在当今世界的绝大多数地方，选举已成为权力合法性的唯一基础（至少在理论上是如此），第二个方面侧重于政府决策的公开性以及民众参与的问题。

就世界范围而言，协商民主兴起于 20 世纪 80 年代。这个概念的形成被认为标志着民主理论发展的新方向。协商民主的出现源于传统的选举民主在"真正的民主治理"方面做得不够，是对选举民主的一种修正和发展。一般来说，从不同的角度，协商民主可以理解成一种理性的决策方式，或者是一种组织形态，或者是一种治理形式。概括起来讲，协商民主是一种半直接民主的回归，是对代议制间接民生的补充和优化。其中，参与公共协商的公民是平等的、自由的，他们提出各种相关的理由，说服他人，或者转换自身的偏好，最终达成共识，从而在审视各种相关理由的基础上赋予立法和决策以合法性。综观学者们关于协商民主的描述，基本都认为协商民主应具有协商性、平等性、合法性等重要特征，具有对话、磋商、交流、听证、沟通等多种形式。

对中国政治生活而言，协商民主的概念虽是个舶来品，但有着本土的政治文化渊源。新中国在成立之初，就是以协商的方式凝聚社会共识，通过中国人民政治协商会议的协商和选举，新的政权获得了政治正当性和民众的拥护。1991 年 3 月，江泽民总书记在第七届全国人大四次会议党员负责人会议上的讲话中就明确指出，选举投票和事前的内部协商是社会主义的两种民主形式，并且视之为与西方民主相比较而言的中国民主的优势所在，协商作为一种民主形式在国家层面得到了承认。

我国社会主义协商民主主要有五个层面：一是中国共产党作为执政党，就经济社会发展中的重大问题在党内外进行广泛协商，特别是加强同民主党派的政党协商；二是国家政权机关的立法、决策协商，主要包括人大的立法协商和政府与社会的行政协商；三是人民政协的参政议政协商，这是协商民主的重要渠道；四是各类社会团体参与的社会协商；五是基层民主协商，包括恳谈会、听证会、咨询会等多种形式的基层民主协商制度。比如，浙江温岭市探索创建的"民主恳谈会"制度，从最初主要是农村思想工作载体，逐步转向以民主参与、民主决策、民主监督为核心的乡镇基层治理模式。可见，基层民主协商是社会主义协商民主的重要组成部分。

需要强调的是，我国社会主义协商民主与西方协商民主存在差别：西方协商民主是资本主义民主实践的产物，建立在资本主义经济制度和多党制的基础上；而我国社会主义协商民主是在总结社会主义民主实践的基础上提出来的，以坚持中国共产党的领导和中国特色社会主义制度为前提和基础。不少学者从传统文化、实践经验、经济制度等方面，对社会主义协商民主的内涵进行阐释。他们认为：我国传统文化中的"和""合"等基本因素，与协商民主具有天然的融合性；中国共产党在革命和建设时期积累了丰富的协商民主经验，建立了行之有效的协商民主制度；我国公有制为主体的经济体制，为协商民主营造了良好的外部条件，等等。这些观点突破了西方协商民主的范畴，对于正确认识和把握我国社会主义协商民主的内涵具有重要意义。

由于中国特殊的政治发展逻辑，决定了很长一段时间内，中国的协商民主理论与实践关注的重点是落在政治制度层面上，强调中国共产党同各民主党派政治协商，而对其他领域问题的协商关注不够。因此在中国，最初对"民主协商"内涵的理解即特指政治协商。经过30多年的改革开放，国家与社会关系发生了深刻的变化，社会主义协商民主的理论和实践得到了长足发展。现在，"民主协商"的内涵也有了拓展，不再只是一个专用名词，而是协商民主的一种形式，如中国共产党和各民主党派的党内民主协商，人民代表大会中的民主协商，基层民主协商，等等。民主协商的内容也不仅限于政治性议题，而深入拓展到与公共利益相关的公共事务、与人民群众的切身利益相关的领域。基层民主协商制度正是这种发展的结果。

党的十八大报告中，在健全社会主义协商民主制度部分提出了"积极开展基层民主协商"的要求，这在党的政治报告中也是第一次提出。基层民主协商是社会主义协商民主的重要组成部分。作为我国社会主义协商民主第五层面的"基层民主协商"，是一种社会主义协商民主视阈下的，以民主参与、民主决策、民主监督为核心的基层社会治理模式。

基层民主协商制度具有三个特点：一是主体的自主性。即作为协商主体的民众的意志是自由的，协商的过程是其表达意志、参与决策、作出选择的过程，而不是被动地接受强加给他们的决策结果。这也就是民主内涵的体现。二是利益的相关性。即协商的内容应当是与其切身利益有关，大多是直接关系到其基本民生和权益保障的事项，起码是涉及与其相关的公共利益的。这种协商遵循着"当事人是自身利益的最佳的、最敏感的选择者"的理念。这与公众的政治参与有明显区别。三是决策的草根性。即协商的方式无需扩大到太多的人或较高的层次，只需在基层、社区的层面就能解决，且成本低、效果好，更容易操作。从行政层级角度来看，基层民主协商所指的"基层"，是指作为基础层级的政权组织和社区组织，应是乡、镇、街道及以下层级的组织。从事项范围角度来看，一般是直接关系特定基层社区建设的公共事务和群体性的利益，包括基层政府的重大行政决策事项，或者是上级政府作出的直接关系某特定区域民众权益的公共决策事项、社区民众特定的群体性利益。

也正因此，基层民主协商制度与法定的、正式的公众参与不同。法定的、正式的参与权一般是把公民作为直接当事人，法律规定指向的是陈述权和申辩权，公民基本上只能表示反对或沉默。这种法定、正式的公众参与体现的是公民政治权利的实现，而基层民主协商是一种非正式的公众参与形式，立足于建设性地解决实际问题。

基层民主协商也不同于基层群众自治。基层群众自治制度，主要包括农村的村民委员会制度、城市的居民委员会制度，其主要特征是群众自治和直接民主，即在基层社会生活中，由群众自己决定自己的事，实行自我管理、自我教育和自我服务，其实质在于为广大城乡基层劳动群众充分行使宪法赋予的管理经济、文化事业和社会事务的民主权利，提供了有效途径和制度保障。而基层民主协商是一种以行政民主为特色的、以吸纳民众参与公共事务决策过程为主要内容、以改善基层政府的决策质量为直接目的的一种民主建设途径。

分析借鉴国外协商民主实践以及国内不同形式的公众参与模式，笔者归纳总结出四种基层民主协商模式，即听证式民主协商、民调式民主协商、谈判式民主协商和绝对多数民主协商。[293]

1. 听证式民主协商

主要适用于公共利益与特定地区公民特定利益有矛盾、容易引发决策方与部分人群利益冲突的公共决策。这类公共决策有如下特点：一是该决策给某地区带来的负外部性往往会远远大于正外部性，甚至是单一的负外部性，这就造成该地区全体居民对该决策均持抵制态度；二是该决策的正外部性虽然使更多人受益，但是鉴于"搭便车"的心理，该部分不确定的人群不可能为该决策进行辩护，因此就该决策进行民主协商，容易形成社会上只有反对的声音，没有赞成的声音；三是这类公共决策往往具有较强的专业性，难以通过协商谈判的方式消除决策的负外部性。

以架设高压线为例。首先，暂且不论高压线对邻近居民的身体健康是否有害，但其必然降低邻近住宅项目的价值，而高压线项目又为其他地区供电，因此，高压线邻近地区只承受了该项目的负外部性，而没有享受其带来的正外部性。这就造成邻近居民会对该公共决策持有强烈的负面评价，进而与决策者形成利益冲突，其实质是更为广泛的公共利益与特定地区居民的局部利益之间的冲突。因此，无法在单一地受负外部性影响的地区内实现利益平衡。其次，享受供电带来的正外部性的居民，并不会为该高压线项目进行辩护，因为他们将供电视作政府应当提供的公共服务。最后，高压线架设是否会影响身体健康，不是由公众讨论决定，而是应当由科学论证决定。因此，协商的重点不在于架设标准，而在于如何让邻近地区的居民更为接受架设方案。

听证式民主协商的定位：协商成分相对较少，政府或者其他组织更多需要做的是如何让该部分利益受损群体理解整个决策的公益价值。在此基础上，了解这部分群体的建议，在可行的前提下，改善原决策内容。因此，该模式并不试图将受影响者都聚合在一起，通过集体协商达成解决方案，而是通过"适当考虑"相对人利益诉求，适当优化方案化解决策风险。

听证式民主协商的基本程序有四个步骤。（1）公开说明。组织者应当全面公开决策的内容、依据和形式（即举行听证会），接受公众的质询，并做好说明解释工作。（2）听证代表的产生与公示。听证代表从利益相关的居民中推选产生，具体参与人数由听证组织机关核定，一般来讲，听证代表不超过10人。听证候选人产生后，由听证组织机关以一定方式进行公示，公示期满，没有异议的，听证代表正式产生。（3）召开听证会。听证会议程可以分为四个阶段：一是决策组织者介绍该决策的主要内容和背景情况；二是专家陈述专家意见；三是听证代表陈述代表意见；四是提问与商讨。民主协商的内容主要体现在最后一个阶段，即听证代表既可以向决策机关或者专家提问，也可以就决策方案提出自己的意见和建议，作为中立第三方的专家可以就听证代表的意见和建议作出专业上的回应。通过这样的三方商议，寻求决策的优化方案。（4）公布听证意见及采纳情况。将达成一致的意见和存在分歧的内容，以及未采纳意见的理由，予以重点说明。

2. 民调式民主协商

主要适用于与特定地区居民利益相关但又属于多元化的、开放性的公共决策。这类公共决策有如下特点：一是该决策没有预设的最终方案，可以根据利益相关的居民的意见进行设计或者调整；二是所需决策的内容往往是利益多元化的，不同群体有不同的诉求，要求决策过程更多地反映各方利益诉求；三是在利益表达的基础上，组织者应当让不同利益群体进行商议、博弈；四是决策最终方案的选定权仍在公权力部门。

以公共项目的预算安排为例。首先，公共项目预算方案具有开放性，组织者没有任何倾向性的意见，可以完全根据公众的选择来决定具体项目建设与否或者优先程度；其次，在不同群体利益诉求差异性很大的情况下，组织者不必单方面进行项目预算调整，可以组织不同利益群体，让他们自行协商，寻找一个多方都能接受的方案；最后，公共项目的预算安排仍然由政府向同级人大提出议案，由同级人大表决通过。因此，预算安排的决定权仍然在公权力部门。但是，并不能由此否认民调式民主协商在其中的作用。一方面，通过民调式民主协商让公众的利益诉求全部得以反映，使政府决策、人大表决有一定的民意基础。另一方面，经过民主协商这一程序，政府所提交的议案必然会反映协商结果，人大代表在表决议案时也会将协商结果作为行使表决权的重要参考。浙江温岭的"民主恳谈会"属于此类。

民调式民主协商的定位：协商成分较之听证式协商民主要多，组织者在了解不同群体利益诉求的基础上，可以公开民意调查结果，引导不同群体自行协商讨论决策方案。因此，该模式立足于民意表达基础上的利益平衡，利益平衡既体现在政府决策过程中对各方民意的吸纳，也体现在不同利益主体之间对各自利益主张的博弈与妥协。

民调式民主协商的基本程序有七个步骤。（1）参与代表的产生。参与代表可以由三种途径产生：一是按照管辖地人口随机抽样产生；二是由各个利益群体自己推选代表；三是组织者按照民意调查结果从不同利益群体中选择代表。无论哪种途径，代表都需要经过公示后方能确定。（2）组织召开说明会。会上应当将公共决策的背景情况向公众做详细说明，并通过民意调查问卷的方式搜集公众意见。说明会可以采取若干个小组的形式召开，每个小组都有专门的工作人员进行说明和解答。（3）参与代表按照个人意愿，填写第一次民意调查问卷。（4）整理、统计意见。列出集中反映民意的事项（以得票多少为序），并在参与者范围内公布。（5）组织召开讨论会。民调式民主协商的重点在于给不同利益主体表达自身利益诉求的机会，通过不同利益主体之间的交流、协商，为互相理解、达成妥协提供一种可能。因此，讨论会的议程可以分为三个阶段：一是小组讨论，每位成员发表意见，最后推出代表小组意见的发言人；二是大组交流，不同利益群体的代表提出本小组的利益诉求或者支持的决策方案并说明理由；三是与会代表之间可以互相提问和商议，寻找互相都满意的利益平衡点。（6）填写第二次民意调查问卷，通过问卷调查的形式体现利益协调结果。（7）公布讨论会结果。一方面是将第二次问卷调查结果予以公开；另一方面是将讨论会的会议记录供公众查阅。

3. 谈判式民主协商

主要适用于因私人行为引起的社区治理问题。这类社区治理问题有如下特点：一是该问题是由于私人行为而引起，而且该私人行为的动机是为自己谋利，而非为公益；二是该私人行为对特定社区同时产生正外部性和负外部性，而且正负外部性同时作用于同一人群；三是行为人与受影响群体之间存在一定的共生关系。

以小区内设摊为例。首先，设摊是某一个人的自主选择，是纯粹的私人行为。其次，设摊在为小区居民的日常生活带来便利的同时，又会给这些居民的交通出行或者社区环境造成一定影响，可见设摊行为的正负外部性统一作用于同一人群。最后，小区居民与摊贩的关系，从设摊行为的负外部性角度来看存在矛盾冲突，但是，从设摊行为的正外部性来看，他们两者之间又是相互依存的，小区居民需要摊贩提供便捷的生活服务，而摊贩也需要小区居民光顾其生意。正是存在这样一种依存关系，因此，他们之间的利益冲突完全可以通过谈判、协调的方式予以解决。

该模式也可适用于其他由私人行为引起的社区治理问题。这类行为所引起的正外部性与负外部性是分离的，分别作用于不同人群。比如，小区晨练的噪声问题、小区路面停车问题、群租问题等。

谈判式民主协商模式的定位：立足于利益双方既有冲突又存在一定的依存关系，即利益互惠关系，这使得利益协调更基础。因为存在利益冲突，使协商有了需要；因为存在依存关系，使这种协商有了解决的可能。

谈判式民主协商的基本程序有三步骤。（1）推举社区代表。由社区居民共同推选社区代表，具体参与人数视该私人行为影响程度决定。一般来讲，代表不超过10人。（2）召开协调会。协调会可以由当地人民调解组织召开，相关政府部门的工作人员可以列席。会议主要议题即由社区代表和行为人进行协商，共同寻找治理对策。政府部门的工作人员作为管理部门对具体建议提供专业意见。（3）签订规约或协议。对达成的协商结果，以书面的形式确定下来，并在社区内予以公布，接受大家的监督。

4. 绝对多数式民主协商

主要适用于可以由全体利益相关人通过投票结果来作出决定的公共决策。这类公共决策有如下特点：一是此处的公共决策应当作广义理解，既包括政府的行政决策，也包括社区自治中的集体决策，前者如"旧区改造"，后者如"小区地面停车位设置"；二是该公共决策是为谋求公益或者集体利益，能给整个社区带来正外部性，但是，鉴于个人利益的多元化，该公共决策可能会影响部分社区成员的私人利益，即对某些个体存在负外部性；三是必须有制度明确规定票决结果对公共决策具有刚性约束，此处的制度既包括政府出台的立法或者规范性文件，也包括各种自治规约。

以"平改坡"为例。首先，"平改坡"工程实行"三个一点"，即政府补贴一点、承包商让利一点、居民自理一点。由于需要财政给予部分补贴，因此，是否实施"平改坡"，需要纳入政府行政决策的范畴。其次，"平改坡"不但能美化小区环境，可以大大改善广大居民的生活环境和居住条件，更能从根本上解决楼顶屋面漏雨和防寒隔热差的问题。可见"平改坡"能给整个社区及其居民带来正外部性。但是，"平改坡"也会导致楼房高度增加，影响底层居民日常光照；还有居民在屋顶饲养信鸽，因为"平改坡"而无法继续坚持自己的爱好。因此，也不是所有人都欢迎"平改坡"。其中仍然会存在利益冲突。最后，"平改坡"工程一般需要征得小区居民中绝对多数比例的同意后方可实施。

绝对多数式民主协商模式的定位：在实施某项公共决策时，由全体利益相关者参与投票，以规定的能体现绝大多数人（三分之二以上）意愿的比例，作为决策的依据，低于规定比例的，将暂缓或停止实施相关决策事项。所以，这是四种模式中民主程度最高、基本体现直接民主特征的一种模式。举例：

上海市普陀区梅川路255弄怒江苑7号是一个典型的六层老式公房，四分之三的居民是老人，因为没有电梯，出行难成了他们共同的烦恼。于是，7号楼一些居民自发倡议，启动加装电梯工程，经过动员和努力，得到了全体居民的支持。过程中，召开了至少30多次协商会议，最后商讨出一个最为合理的费用分摊方案，安装电梯的总价为50万元，除去政府补贴的40%，每户居民分摊1.6万—11.5万，楼层越高分摊比例越大。最终，7号楼居民通过了这一方案，全小区超过三分之二的居民也表示同意。2015年3月8日，加装电梯工程项目开工仪式正式举行。据称，这是上海第三个通过民主协商成功实施老公房加装电梯的住宅楼。①

绝对多数式民主协商的基本程序有五个步骤：

（1）公开决策事项与说明。政府或者自治组织应当全面公开决策的依据和内容，并确定表决的基本规则，包括认定为表决通过的投票数量或比例（不低于三分之二为底线）。

（2）异议登记。对整体决策内容有异议的，可以到指定部门或者自治组织登记，并详细说明理由。具体部门或者组织应当根据登记的内容，进行分类整理，形成若干个有待协商解决的具体问题。

（3）分别组织召开专题协商会。就不同的议题召开不同的专题协商会，协商会由支持决策的业主、提出异议的业主、相关政府部门共同参加，讨论解决方案。

（4）提请表决。根据分组协商的结果，完善决策内容，照顾到各方利益，最终将完善后的决策方案提请全体利益相关者表决。

（5）根据表决结果，由组织者宣布是否实施提请决策的事项。

（五）行业协会的自治

在市场经济和法治社会的大背景下，行业自治协会的功能和作用已越来

---

① 见《新民晚报》2015年3月8日A7版。

越被大家所认识。行业协会在德国称为公法团体。它们是法人的公法协会，自我管理内部事务，同时按照自治原则和分散原则分担国家、政府的任务。行业协会与居住地点、营业地点等一般特征无关，而是以职业、经济、社会和文化等方面的特征划分其成员。与区域性自治团体（如居委会、村委会等）相对应，行业协会为"属人团体"。

在群体权益维护方面，行政执法主体应当注意发挥行业协会的功能和作用。主要有以下方面：

1. 承担政府委托的任务

按照"小政府、大社会"的格局，政府在职能转变过程中，会将一部分"减负"下来的管理职能委托给行业协会去实施。如行业培训与资格管理。行业培训原来有不少是由政府部门承担的。《行政许可法》第 54 条规定了行政主体"不得组织强制性的资格考试的考前培训，不得指定教材或者其他助考材料"之后，行业技能培训已经实现社会化，而行业协会自有其组织优势和人才优势，完全可以组织开展比较权威的行业培训。与培训相联系，可以进行非行政许可行业资格的管理制度，如烹饪协会就承担着烹饪师等级证书的考试与发证。

2. 参与制定行业技术标准

在国家未制定强制性国家标准的领域，而又需要在全国某个行业范围内统一技术要求，可以制定行业标准。行业标准由国务院有关行政主管部门制定，并报国务院标准化行政主管部门备案。在这一制定过程中，行业协会可以发挥专业优势，积极参与，提供行业标准的建议稿，或者对国家有关行政部门的行业技术标准提出有益的建议。在公布国家标准之后，该项行业标准即行废止。

3. 建立行业黑名单

这可能是个有争议的话题。在行政执法中，原则上是慎用黑名单制度的，除非有法定依据和管理现实的必要。行业协会能否运用黑名单制度？从国际上来看，是有先例的，如国际钻石行业就有黑名单制度，一旦被列入黑名单者，其终生都不能再在世界上任何地区从事钻石生意。这样的制度是与建立社会诚信体系相适应的。所以，对有些组织结构相对闭合（即具有唯一性的）的行业协会，可以从实际出发，建立黑名单的行业诚信体系。

4. 建立行业信誉等级制度

现代行政管理使政府的职责边界越来越清晰。如对行业管理，政府管底线、管安全，不管等级和信誉。最典型的例子是星级饭店的评定工作。原先是由行政部门直接评定的，之后变成间接评定，即名义上由专门设立的星级饭店评委会评定，实际是行政部门操控的，现在则是由行业协会在政府主管部门的指导下开展评定工作。统观国际社会旅馆业的星级评定，都是由行业协会来实施的。

5. 加强自我管理，维护行业成员的合法权益

行业协会有自我教育、自我管理、自我维权的自治功能。这方面可作为的领域有许多，如对行业或成员单位面临的国际诉讼与仲裁进行应诉与指导。如温州打火机协会积极应诉，并打赢了欧洲认定中国打火机倾销的诉讼，便是成功的一例。[294]

作为行政主体如何发挥好行业协会在维护群体合法权益中的功能和作用，实践中还需重点处理好三个问题：

一是如何避免行业协会成为"第二政府"。我国行业协会与政府的关系一直被社会质疑为行政化色彩过浓，成了"第二政府"，这违背了行业协会的自治性质。所以，现在已有明确规定，现职党政领导不能兼任行业协会职务，力图从组织结构上与政府划清界限。但因为仍有不少刚退下来的行政领导担任行业协会职务，所以仍没有从根本上改变行业协会的行政化倾向，缺乏应有的民间性、自治性、自愿性和自主性。甚至有不少行业协会强烈要求公共财政保障其正常运行，即由政府财政"包养"。行业协会的正确定位是自治功能，如果仅仅是将政府的管理职能换个主体来行使，则就没有发展行业协会的必要。

二是如何克服"一地一会"和"一业一会"的限制。目前行业协会都受制于"一地一会"和"一业一会"的规定限制，即每一个行业在一个省级范围内只能成立一个协会，一个地区只能设立一个分会。这种限制既不适应现实发展的需要，也不符合国际惯例。客观地说，有些行业确实不适合在一个地区同时建立多个自治组织，但仍有许多行业没有这种限制的必要，设限反而是对行业发展的一种制约。而将竞争机制引入行业协会，对许多行业来说并不是洪水猛兽，而是有效的选择和优化机制。

三是如何体现政府指导而不领导。行业协会的行政化弊端，一部分原因在协会，更多的原因在政府。政府不应当把行业协会当作延伸的一个管理部门，而应当指导其履行自治功能。政府可以委托行业协会实施部分服务类的政府职能，如技术培训、行业资质管理等，但总体上是委托而不是授权，

即不让行业协会以政府的名义实施相关管理，从源头上解决"行政化"的问题。[295]

四、个人利益的保护

叶必丰教授认为，个人利益即私人利益，是由单个社会成员所控制的利益。从源头上说，个人利益由自留利益和分享利益两部分构成。①

自留利益，是指由单个社会成员自行保留、未被纳入再分配领域的利益。它又包括特殊利益和共同利益两部分：特殊利益是指一定范围内的利益主体所具有的，不同于其他利益主体或多数利益主体利益的一种利益，因其不具有普遍性，不能被提取和分离出来进行再分配，只能由各单个社会成员保留，成为个人利益中比较稳定的构成部分；共同利益就是一种普遍利益，按德国学者伏德罗斯（Alfred Verdross）的理解："共同利益既不是单独个人所欲求的益处的总合，也不是人类整体的利益，而是一个社会通过个人的合作而创造的事物价值的总和，这种合作为使人类通过努力和劳动能够塑造其生活而必须存在，从而使之与人类个性的尊严相一致。"② 共同利益即一定范围内全体成员或绝大多数社会成员的相同利益，也可以称为相同利益。这与卢梭所说"众益"相类似。

分享利益，是指各单个社会成员所分享的那份公共利益。社会组织从单个社会成员的个人利益中提取和分离出那部分共同利益，集合为公共利益，并不是为了自己的消费，而是为了保障和促进个人利益的发展，并分配给各单个社会成员来享受。

（一）法律以保障个人自由为基点

康德（Immanuel Kant）说："自由乃是每个人据其人性所拥有的一个唯一的和原始的权利。"③ 自由被古希腊人看作最高道德价值，所以，法律与自由是一致的，城邦的要素就是在法律之下的个人自由。古罗马的西塞罗（Cicero）

---

① 参见叶必丰著：《行政法的人文精神》，湖北人民出版社 1999 年版，第 37—39 页。

② 转引自［美］博登海默著，邓正来译：《法理学：法律哲学与法律方法》，中国政法大学出版社 1999 年版，第 317 页。

③ 转引自尹晋华主编：《法律的真谛》，中国检察出版社 2006 年版，第 35 页。

就有一句名言：为了得到自由，我们才是法律的臣仆。可以说，整个法律和正义的哲学体系就是以人的自由观念为核心而建构起来的。[296]

　　法律需要以个人自由为基点，即以人的自由为其存在的基础；反之，个人自由需要法律为尺度和后盾。哈耶克（Hayek）将自由置于其理论体系的核心地位，提出了"法律下的自由"概念。他认为，自由与法律相互联结，自由离不开法律的保障，法律的目的是保障自由的实现。米尔恩对此分析认为："法律下的自由的权利属于一般的自由权，它只受服从法律的一般义务的限制。它也是一项豁免权。你有权不受任何对你的行为自由的干涉，只要这种干涉没有得到法律的认可……法律对其所辖的人们的活动施加半强制。假如人们遵从这些强制，他们就能自行其是。这就是法律下的自由的权利成为一项宪法性权利的缘由所在。"①

　　追求自由是人的本能，是一种按照自己意愿生活的"生物性的自由"本能。但考察人类发展历史会轻易地发现，自由从来就不是绝对的、不受限制的。17、18世纪的启蒙思想家几乎都是自由主义的拥护者，但没有一个把自由解释为"随心所欲"或"想干什么就干什么"，从霍布斯到洛克，从孟德斯鸠到卢梭，都严守着这条思维路径：自由必须有个合理的限度，超过这个限度，就不再是国家法律保护的范围。孟德斯鸠（Montesquieu）的一段话可称得上是经典的总结："政治自由并不表示愿意做什么就做什么。在一个国家里，也就是说，在一个有法律的社会里，自由仅仅是：一个人能够做他应该做的事情，而不被强迫去做不应该做的事情。……自由是做法律所许可的一切事情的权利；如果一个公民能够做法律所禁止的事情，他就不再自由了，因为其他的人同样也会有这个权利。"②

　　总体而言，法律要尊重个人的尊严和人格独立，尊重个人自我生存和发展的愿望。马克思有段关于自由与法律的名言："法律不是压制自由的手段，正如重力定律不是停止运动的手段是一样的……恰恰相反，法律是肯定的、明确的、普遍的规范，在这些规范中自由的存在具有普遍的、理论的、不取决于别人的任性的性质。法典就是人民自由的圣经。"③

---

　　① ［英］A.J.M. 米尔恩著，夏勇、张志铭译：《人的权利与人的多样性——人权哲学》，中国大百科全书出版社1995年版，第195页。

　　② ［法］孟德斯鸠著，张雁深译：《论法的精神》（上册），商务印书馆1961年版，第154页。

　　③ 《马克思恩格斯全集》第1卷，第71页。

（二）积极自由与消极自由的平衡

法律作为自由的尺度，能确定自由的范围及边界，其实质上也意味着对自由的限制。在各种自由观中，最有影响的要数英国牛津大学社会和政治学教授伯林（Isaiah Berlin）的积极自由和消极自由的分类。

何谓消极自由？这是一个古老的概念。在拉丁语中，自由意味着从束缚中解放出来。在罗马法中，自由权被定义为"凡得以实现其意志之权力而不为法律禁止是自由"。消极自由观由三个命题组成：个人不能没有自由，自由不能不受限制，对自由的限制本身不能不受限制。

消极自由观有三点。第一，自由就是不受他人的干预。"法律的沉默"范围越大，给主体留下的活动空间就越多，主体就越自由。这一意义的自由就是霍布斯以来流行的自由观。第二，限制自由是因为存在着与自由的价值同等或比自由价值更高的价值，例如平等、正义、幸福、文化、安全等。这是洛克和孟德斯鸠的自由观。第三，必须保留一定绝对的不受侵犯的自由领域，保留人们发展他的最基本的自由能力、追求其理想的必需条件。所以，对限制自由的本身必须加以限制。消极自由观探讨的是自由控制的范围问题。

何谓积极自由？积极自由观来源于主体要成为自己的主人的愿望，即自身的生活和活动取决于自身的选择，而绝非取决于某种外在的力量。古希腊的斯多葛学派就持这种观念，他们声称奴隶与宝座上的皇帝一样自由。

积极自由观包括两种形态。一是精神避难，它是指在外部强制因素面前退却，回避与之正面冲突，以获得所谓精神上的自由。因为其在精神上是自治的。二是自我实现，它指获得自由的唯一真正办法，是运用普遍的理性，认识什么是必然的，什么是偶然的，以根据对必然性的认识支配自己。积极自由观探讨的是自由控制的来源问题。

伯林认为，各种形式的积极自由观最终都导致一个不自由的结论：积极自由观所追求的自由是虚假的自由、不切实际的自由，只有消极自由观追求的自由才是真实的自由。[①]

区分消极自由与积极自由的实践价值，是让人们更明白地认识法对自由的维护与限制。博登海默因此说："法律始终是增进自由的一种重要力量，与

---

① 参见宋功德著：《行政法哲学》，法律出版社 2000 年版，第 126—127 页。

此同时也是限制自由范围的一种重要力量。"①〔297〕

（三）私权利本位还是公权力本位？

这既是个理论问题，更是个实践难题。在《物权法》实施后，有一种私权利时代到来的兴奋。学界和舆论都较多地渲染私权利本位的观念，社会心理也跟着适应了这种权利观。但理性地来分析一下，把私权利本位观绝对化未免有失偏颇。哈贝马斯对此有独到的见解，他在《论法治国家与民主之间的内在联系》一文中指出："私人自主（即个人意志——笔者注）与公共自主（即公众意志——笔者注）互为前提，无论是人权，还是人民主权，都不能宣称自己具有优先性。"因为"一方面，公民在私人自主受到平等保护的基础上充分独立，这样他才能恰当地利用其公共自主；另一方面，公民只有在恰当地运用其政治自主时，才能有效地控制其私人自主，并相互达成一致"②。

从宪法原理上说，人的权利一分为三：一部分让渡给了国家机关，形成公权力体系；一部分让渡给社会自治组织和行业协会，构成社会自治权利；还有一部分保留在自己手里，构成私权利。若在公权力范畴，强调私权利本位或者私权利优先，是站不住脚的，否则征收征用制度就不能成立了。在公权力领域，仍然是公权力本位及公共利益优先，私权利和社会自治权利都要让步；在社会自治权领域，当然是社会权利优先，公权力也轻易不干预；只在私权利领域，才是私权利本位。所以，我们讲以人为本，并不意味着以个人利益为本，公共利益也是以个人的利益为最终目的的；我们讲以民为本，并不意味着对每一个人实行绝对的平等保护，而是要平等保护与对特殊弱势群体的倾斜保护相平衡。哈贝马斯给出的结论是："平等公民的私人自主只有在公民积极行使其公共自主时才能得到保障。"③〔298〕

五、对公序良俗的尊重

波斯纳直言："法律是种习惯或传统，而不是一种职业活动，或者更准确

---

① ［美］博登海默著，邓正来译：《法理学：法律哲学与法律方法》，中国政法大学出版社 1999 年版，第 285 页。

② ［德］尤尔根·哈贝马斯著，曹卫东译：《包容他者》，上海人民出版社 2002 年版，第 302 页。

③ ［德］尤尔根·哈贝马斯著，曹卫东译：《包容他者》，上海人民出版社 2002 年版，第 305 页。

地说，法律是一种受习惯、传统、社区情感以及其他因素约束和影响的职业活动。"① 本杰明·卡多佐也主张：好的法官是按照法官自己对时代习俗和公益促进的理解，对他的全部哲学、逻辑、推理、历史、习惯、权利意识进行衡平而审理案件的。②

对历史的考察，让法学家得出这样的结论：在早期社会中，法律规则并不是自上而下设定的，而是作为社会成员间体力协作及脑力协作以及他们间相互关系的结果自下而上生成的。按照萨维尼的观点，习惯法产生于一个民族的社会安排（这些安排是经由传统和习惯而得到巩固的，而且是与该民族的法律意识相符合的），而不是源于政府当局的政令。③

法律规则从本质上说，是以一种明确的方式固化社会生活中的习惯和风俗，并以国家强制力为后盾，要求人们予以认同和遵循。从法律的发展史可见，人造法就是从人们的习惯到习惯法逐步演进过来的。所以，从常态来看，制定法的规则一般不能违背社会生活中人们已形成的习惯和风俗等世俗的行为准则。这是人们对法律信仰的心理基础。在拉德布鲁赫看来，"规定我们的意愿和行为的伦理上的应然法则乃有 3 种：道德、习惯以及法律。它们相应提供了善良的、应有的、公正的行为标准。在历史上，首先产生的是其中的习惯，然后才由习惯分离出法律，最后又出现了道德……习惯规则依然绝对地有着现实的特征：至今仍然发生的、作为传统的东西，也应于将来发生，它要求凡是大家都做的，大家所需要的，你也应该去做；它崇尚习惯势力，平常之人就是它的理想之人，而且正常就是它的标准。"④

周祯祥教授认为，规范命题作为某种行为准则的命题形式，大致上可以分为六种认同模式：强制认同模式、习俗性认同模式、契约式认同模式、表决性认同模式、权威式认同模式、随机认同模式。其中，法律规范属于最为典型的强制认同模式，而一个相对稳定的生活社区，在一个相对较长的时间内形成的约定俗成的规范，则属于一种渐进性的、习俗性的认同模式。⑤ 波斯

---

①　[美] 理查德·A. 波斯纳著，苏力译：《法理学问题》，中国政法大学出版社 2002 年版，第300 页。

②　参见范学进著：《美国宪法解释方法论》，法律出版社 2010 年版，第 62 页。

③　参见 [美] 博登海默著，邓正来译：《法理学：法律哲学与法律方法》，中国政法大学出版社 1999 年版，第 381 页。

④　[德] 拉德布鲁赫著，米健、朱林译：《法学导论》，中国大百科全书出版社 1997 年版，第 1—2 页。

⑤　参见周祯祥：《规范、动态道义逻辑和法律规范知识表达》，载于梁庆寅主编：《法律逻辑研究》（第 1 辑），法律出版社 2005 年版，第 212 页。

纳专门研究了法律与"时间的检验"的关系，指出"一种广泛传播的信仰坚持得越是长久，在世界观与文化的变迁中和知识的发展中存活下来，它就越有可能是正确的。各代之间的共识更为可靠（你不可能在所有时候欺骗所有的人）。我们一般知识中的主要部分以及基本的道德信仰都是以这种方式证实的，而且没有其他方式可以证实。"因此，"除初等逻辑的和数学的真理是可争议的例外外，共识是我们拥有的唯一操作性的真理概念"①。

拉德布鲁赫十分强调法律要体现对民众习惯的尊重，因为"法律上的效力只能在毫不脱离民众生活实际的情况下才能实现，否则民众生活就会拒绝服从它；一项法律只有在其实际运用于大多数情况下都能指望切实可行时，才会'产生效力'。因为对法权而言，法律实质上不仅是欲然和应然，而且还是人民生活中的一种实际有效的力量。因而，法律的具体创新大体上是要尽其所能地只作这样一些规定，它们在没有其他任何附加影响的情况下，发展了与人民生活现实紧密相关的习惯"②。而由于立法者的局限性，可能导致某些制定法的规则在将习惯或习俗制度化时，不能充分表达其内在的实质蕴含，或者根本是对习惯和习俗的扭曲和无视。在这种情况下，法律规范会存在实现度的困境。对此，需要在法律解释时进行矫正。

在英美国家，习惯与法律的关系还表现为一种古老过时的法律规范让位于某种在社会习惯中表现出来的新的活法。这时，就将"法律失效"原则适用于这类情形，并给予法官无视该古老法律规范的权力。例如：

星期天禁止娱乐活动，否则将受到惩罚，在一些基督教国家曾经是一种古老的刑事法律规制。而在公众普遍认为星期天活动已经发生了重大变化，而且在星期天进行体育活动已经成为习惯之后，假设有人试图恢复一种对在星期天打棒球科以处罚的古老刑事法律规则的效力，法官会根据该法律规制已长时间未使用而且已被那种认为星期天进行娱乐活动是正当的相反习惯所替代，并认为，法律不仅可以通过立法机关的投票而被否弃，而且还可以通过一致的默示同意而不予实施。

在日本现代法治进程中，也面临过在引进外来法律制度和编纂法典过程

---

① ［美］理查德·A. 波斯纳著，苏力译：《法理学问题》，中国政法大学出版社 2002 年版，第 142、143 页。

② ［德］拉德布鲁赫著，米健、朱林译：《法学导论》，中国大百科全书出版社 1997 年版，第 2 页。

中如何保留必要的习惯与习俗的问题。对于惯习（日本学者的习惯用语），他们坚持以下原则：有益的惯习自然保留；那些即使保留也无害的也加以保留；对于虽然有害但必须保留的惯习，尽量在将其加以改造的基础上加以保留；那些非常有害的惯习，只能修正。在法典编纂过程中，也确实遵循了这一原则展开了对日本惯习的调查，并对法典编纂起到了重要作用。这是值得我们借鉴的。对日本的民法典中异地之间契约的成立采用发信主义还是到达主义？法典调查委员会到日本各地商业会所进行了详细的商业习惯的调查。这个结果被反馈到法典调查委员会后，对立法者最后的决定起了重要的作用。今天《日本民法典》在一般的意思表示中采用到达主义（《日本民法典》第97条第1款），在异地间契约成立的问题上却采用发信主义（第526条第1款），基本是起草者在尊重当时商业习惯调查结论的基础上讨论的结果。①

川岛武宜的研究也发现，日本普通市民之间的契约观有如下两个迥异于西方的特点：仅仅有合意并不能完全约束对方，还必须要有文书、手续方可；但仅仅是合意并不意味着一定没有约束力。所以，民法意义上所规定的契约是否成立的问题，对普通的日本市民来说并不重要。在纠纷发生之时，人们解决纠纷的依据也并不是契约中所明定的权利义务，而是更多地依靠"行规""常识"等社会一般观念以及共同体关系之内的彼此的诚信。② 即便在今天，我们仍可以从诉讼案件中看到日本社会中传统的义理秩序以及传统的义理观的残留，并影响着审判的进程。

我国《民法典》第8条规定，民事主体从事民事活动，不得违反法律，不得违背公序良俗。这既是民事行为的基本准则，也是行政执法应遵守的基本原则，在严格执法的前提下，也要对社会习惯和风俗予以足够的尊重。[299]

---

① 张利春著：《日本民法解释学中的利益衡量理论研究》，法律出版社2013年版，第51页。

② 参见张利春著：《日本民法解释学中的利益衡量理论研究》，法律出版社2013年版，第71、79页。

第二十八章　行政正当程序的运用

一、正当程序的法文化价值

考察法治发展史，对法律的程序研究一直滞后于对实体权利的关注。将程序作为独立的法律现象研究始于 19 世纪早期的英国法学家杰里米·边沁（Jeremy Bentham），他最早提出了与实体法相对的程序法观念，他视程序为实体法的"附属法"，并提出了"程序的工具性价值"理念，即程序的正当性需要通过其所实现的实体结果来衡量，程序本身被视作达成一定实体权利义务的工具，脱离了实体法的程序不具有价值。①边沁的这一思想影响深远，在相当长时间内在世界学术界占据着主导地位。

美国社会法学派创始人罗斯科·庞德（Roscoe Pound）的法社会学和波斯纳的法经济学，都从不同的角度对边沁关于法的"程序的工具性价值"作了深化和拓展研究。庞德的正当程序理论赋予法律程序一种社会意义上的广泛含义，即通过正当程序规则，保证人人都能分享到赖以生存的财物，从而获得实体上的利益。波斯纳的经济分析法学则使法律程序的研究由传统的定性分析转向"成本-效益"的定量分析，将程序的工具性价值拓展到一个新的层面。

美国哈佛大学法理学教授、新自然法学派的朗·富勒则最早提出，程序并不仅仅具有工具性价值，程序本身就是法治的重要组成部分，它具有独立的价值取向与目标。他将自然法划分为实体的和程序的两种。实体自然法是法的外在道德，指法的实体目的或理想如人类交往和合作应当遵循的基本原则、抽象的正义等。程序自然法是法的内在道德，指有关法律的制定、解释和适用等程序上的原则或法治原则，是法律之所以能成为法所必需的先决条

---

① 参见李龙主编：《良法论》，武汉大学出版社 2001 年版，第 134 页。

件。"在富勒之后，没有一个法学家能够忽视对基本程序及作用的研究。"①

对正当程序理论的拓展和深化有突出贡献的是哈佛大学教授约翰·罗尔斯，1971 年，他在代表作《正义论》中集中阐述了以程序正义为重心的社会正义思想，在西方世界引起广泛关注。在他看来，程序设计的关键在于程序本身应符合一些正当性或合理性的客观标准，如果过程是好的，则结果也将是令人信服的，而这正是正当程序独立价值核心之所在。他把程序正义与实体正义的关系分成了三类：

1. 完善的程序正义

即程序正义能带来直接的实体正义。其有两个基本特征：首先有一个决定什么结果是正义的独立标准；其次，设计一种保证达到预期结果的程序是可能的。他以切蛋糕为例：让一人来切蛋糕分给大家，他自己得到最后的一份，这样的正义程序，带来的结果一定是公平的、正义的。但罗尔斯也指出，在具有重大实践利害关系的情况下，完善的程序正义如果不是不可能的，也是很罕见的。

2. 不完善的程序正义

即程序是正义的，实体并不能全部实现正义。其基本标志是：虽然有一种判断正确结果的独立标准，但却没有肯定产生正确结果的切实可行的程序。他以司法审判为例：司法审判无法穷尽事实真相，要设计出能永远产生正确结果的法律规则是不可能的。在此情况下，"一个无罪的人可能被判作有罪，一个有罪的人却可能逍遥法外，在这类案件中我们看到了这样一种误判：不正义并非来自人的过错，而是因为某种情况的偶然结合挫败了法律规范的目的"。

3. 纯粹的程序正义

即程序是正义的，实体的正义与否是无需评价的。在纯粹的程序正义中，不存在对正当结果的独立标准，而是存在一种正确的或公平的程序，这种程序若被人们恰当地遵守，其结果也会是正确的或公平的，而无论它们可能会是一些什么样的结果。他以赌博为例：赌博如果有公平的程序，如打赌自愿、没有人在打赌中进行欺骗等，赌博结果在利益分配方面是正当的。罗尔斯进一步论证，纯粹的程序正义之所以能担当分配或决定社会合理的利益或负担之划分的重任，原因在于在满足正义的要求时，它不再需要追溯无数的特殊环境和个人在不断改变着的相对地位，专门注意个人变化着的相对地位是错

---

① 转引自张宏生主编：《西方法律思想史》，北京大学出版社 1990 年版，第 466 页。

误的，要求被孤立地考察的每一改变本身是正义的想法也是错误的。①

美国康奈尔大学法理学家、社会法学派的罗伯特·萨默斯教授则第一个提出了法律程序的独立价值标准问题。②萨默斯强调："独立的价值应通过独立的方式得到保障。"他关注对程序正义的制度性保障。萨默斯这样阐述程序价值的基本内容：（1）程序的参与性；（2）程序的正规性，"人们愿意通过一种他们所同意或认可的程序而不是强加给他们的程序接受统治"；（3）程序的和平性；（4）程序的人道性和尊重个人的尊严；（5）程序中的个人隐私，即防止个人隐私受侵犯；（6）程序的合意性；（7）程序的公平性；（8）程序法治，即按照法律的程序进行统治的程序运作等更具有确定性并具有更大的可预见性，而确定性和预见性本身就是有价值的；（9）程序理性，就是为了限制恣意和妄为；（10）程序的及时性和终结性。当然，即便是萨默斯本人也认为，上述列举的内容并未穷尽程序价值这一命题。③[300]

我国虽然从1996年《行政处罚法》作为第一部行政程序法颁布以来，改变了传统"只讲实体、不讲程序"的状况，但法文化的现状总体还是处于"重实体、轻程序"的阶段，所以尤其需要建立一整套与公权力行使和制约相匹配的程序性制度。

二、行政正当程序的分类

政府行政活动的程序化，与政府活动的民主化、法治化相联系，它是后者的体现和反映。一个合法的行政行为，应当由实体和程序两方面的合法性构成，这已成为一种共识。而行政程序按照其不同的功能和性质，可以作出不同的分类。④

（一）外部行政程序与内部行政程序

外部行政程序，系指行政主体进行的涉及行政相对人的行为程序，也就

---

① ［美］约翰·罗尔斯著，何怀宏、何包钢、廖申白译：《正义论》，中国社会科学出版社1988年版，第81—83页。

② 萨默斯于1974年发表的《对法律程序的评价与改进——关于"程序价值"的陈辩》一文，被公认为是研究法律程序价值问题的经典文献。

③ 参见李龙主编：《良法论》，武汉大学出版社2001年版，第139—140页。

④ 参见胡建淼著：《行政法学》（第三版），法律出版社2010年版，第412—413页。

是行政主体实施外部行政行为所必须遵循的程序。如行政许可程序、行政处罚程序、行政强制程序等。内部行政程序，系指行政主体及行政人员所进行的不涉及行政相对人的行为程序，也就是行政主体和行政人员实施内部管理过程中所应当遵循的程序，如国家公务员的奖惩、任免，单位公车管理等。行政程序法一般以规范外部行政程序为限。内部行政程序以内部规范性文件为载体进行规范，所以也不属于政府信息公开范围。

（二）法定行政程序与意定行政程序

法定行政程序，系指由法律、法规和规章明文规定的行政程序，如我国《行政处罚法》所设置的听证程序便属于法定行政程序。意定行政程序，系指由法律、法规和规章以外的规范性文件规定的，或者由行政主体及其工作人员自己决定的行为程序，如自己按照行政执法的需要决定听证程序。法定行政程序涉及合法性；意定行政程序涉及合理性。在行政复议和行政诉讼过程中，复议机关或者人民法院一般限于对法定程序的违法进行撤销；对意定程序，可以根据正当程序标准予以审查。

（三）强制性行政程序与任意性行政程序

强制性行政程序，系指行政程序当事人必须遵循的程序规则，违反该程序将导致对当事人不利的后果，如《行政处罚法》规定了作出处罚决定前必须告知当事人行政处罚的事实、理由、依据和有关救济权利，这被称为事先告知程序，否则该行政处罚行为就不能成立。任意性行政程序，系指行政程序当事人可以遵守也可以不遵守的程序规则，如行政指导程序便属于此类程序。

（四）主要行政程序与次要行政程序

主要行政程序，系指构成基本程序规则的主要程序步骤和方式等，不经过这种步骤或不采用这种方式，会直接影响当事人的程序权利。如重大行政决策规定的五个必经程序，即"公众参与、专家论证、风险评估、合法性审查和集体决定"，应当是主要行政程序。在这一决策过程中也可以增加其他民主程序，如征求人大、政协、律协、消费者权益保护委员会等组织和团体的意见，它们是次要行政程序。次要行政程序，系指行政程序的非基本步骤与方式，不遵守这些步骤与方式并不会影响当事人的权利。如行政复议决定的作出超过 1 天法定期限，它虽然违法，但不会构成对行政相对人实体权利的直接影响，因而不会影响处于该程序中的实体行为效力。这类区分的意义在于对程序违法的效力认定：主要行政程序违法，其实体行为无效；次要行政程序违法，只要经过瑕疵补正，不影响实体行为的效力。

三、从法定程序到正当程序

行政诉讼法和行政复议法以程序违法为纠错的前提，这是否意味着意定程序不会被法律救济程序作为依据，不会被纠正呢？过去实践中可能是这种情形，即不会因为没有违背法定程序，只是违背正当程序而被纠正。但在今天，结论可能正相反，违背正当程序的行为也可能依据合理性原则而被纠错。

因为，对程序的正当性判断涉及一个重要的法理问题，即正义问题。作为正义的两个方面，实体正义和程序正义应当并重，单纯的实体正义或是单纯的程序正义都不能确保正义的目的。孙笑侠教授认为，程序的正当性标准至少应当从四个方面考虑。一是程序性权利，即行政相对人的程序性权利是否在行政程序中受到承认和保障，是行政程序正当与否的前提标准。不能充分保障行政相对人的程序权利的行政程序是不正当的、武断的、专横的。二是权力的控制，即行政主体的行为和权力是否受行政程序的控制，是行政程序正当与否的核心。正当的行政程序应当是约束适用者权力的重要机制、进行理性选择的有效措施。三是效率的合理，即行政效率的考虑是否建立在合理基础上，是行政程序正当与否的关键。这实际上涉及效率与公平、效率与民主等关系的协调问题。四是实体权利目标，即能否确保行政主体从相对人实体权利角度来考虑问题，是行政程序正当与否的最好标准。从程序对行政相对人权利和利益的影响程度来看，对行政相对人权益影响愈严重，则程序正当的标准就应愈严格。[①]

这就要求行政执法人员确立新的程序观，即从遵循法定程序理念转向遵循正当程序理念。江苏省句容市人民法院判决"陈刚诉句容市规划局、城市管理局城建行政命令案"，是法院直接以正当程序原则判定行政行为违法的第

[①]　参见孙笑侠著：《法律对行政的控制——现代行政法的法理解释》，山东人民出版社 1999 年版，第 229—232 页。

一案①：

1994 年 7 月，原告陈刚在句容市人民路进修学校以东路北侧搭建亭棚 4 间，面积约 40 平方米。2010 年 7 月 4 日，句容市规划局和句容市城市管理局以该建筑未经许可系违法建设为由，依据《中华人民共和国城乡规划法》和《江苏省城市市容和环境卫生管理条例》的相关规定，向陈刚下达《限期拆除通知书》，"责令其在收到通知书之日起 7 日内自行拆除"。同月 7 日，陈刚向句容市人民法院起诉，要求撤销两局作出的《限期拆除通知书》，其理由是：两被告所作的《限期拆除通知书》未履行听证程序亦未告知原告申请复议和提起诉讼的权利；其所建亭棚有与句容县城市规划建设管理综合执法大队签订的协议，经过合法许可。2010 年 11 月 25 日，句容市法院经审理认为，两被告所作出的《限期拆除通知书》，其性质是一种行政命令，具有可诉性；两被告的行为虽属于其职责和权限范围内的履职行为，但该行为未适用具体法律条款，未告知原告享有陈述、申辩的权利，违反了行政正当程序的要求，故该行政行为程序违法，应予撤销。鉴于两被告在诉讼期间，于 2010 年 7 月 20 日自行撤销了该《限期拆除通知书》，已不具有可撤销内容，故判决确认被告的行为违法。

在本案审理中，法院认为，针对本案《限期拆除通知书》而言，《城乡规划法》对责令限期拆除的程序并未作出具体规定，是否意味着就不必遵守任何程序？答案应当是否定的，法律在这一问题上存在漏洞，如何来进行填补，是值得探究的。为此，国务院《全面推进依法行政实施纲要》对依法行政作出了具体要求，其中重要的一条就是程序正当。因此，行政机关必须遵循上述相关规定。

上述判例标志着我们已从法定程序时代进入了正当程序时代。违反法定程序构成行政行为违法；违反正当程序原则属于行政行为不合理，但在行政复议和行政诉讼中，都可以依据其行为"显失公正"而予以撤销或者确认违法。[301]

当然，强调从法定程序到正当程序并不意味着行政程序不需要法定化。尽管引入正当程序原理，可以填补法律规范的不完善或者"空窗"的弊端，

---

① 参见《江苏省句容市人民法院（2010）句行初字第 14 号行政判决书》。

但让行政机关自行来判断"正当"的相同或差别待遇，仍不免会产生不公的问题。德国对社会领域的立法已渐渐向"依法律行政"之立法方向发展，即强调程序的法定化，中国台湾学者陈新民称之为"依法行政"的倒向发展，是一个值得注意的现象。①

对于正当程序运用中可能出现的自由裁量权过大的问题，有学者提出可以通过两个制度来弥补：一是引入平等原则，即按照"相同情况相同处理"的原则来对待；二是引入比例原则，按照最小利益侵害理念来处置。②

四、行政正当程序的主要方式

行政正当程序具有法治的一般特性，所以基本是与国际接轨的。主要可以归纳为回避制度、事先告知及听取申辩、流程公示、不利处分说明理由、听证、法律文书查阅、救济途径与时限告知、政府信息公开等。[302]

（一）回避制度

回避制度，是最直观的"一个人不能在自己的案件中做法官"这一自然正义原则的体现。《行政处罚法》第 43 条明确规定："执法人员与案件有直接利害关系，或者有其他关系可能影响公正执法的，应当回避。"第 64 条关于听证制度中也规定："当事人认为主持人与本案有直接利害关系的，有权申请回避。"也就是说，听证主持人与案件有直接利害关系的，应当主动回避。从《行政处罚法》实施开始，有利害关系的公务人员的回避制度已经从制度上建立，观念上也已基本确立。

（二）事先告知及听取申辩

这是自然正义原则第二条"人们的抗辩必须公正地听取"的体现。事先告知程序作为一种行政程序，其核心是行政机关在作出可能对相对人不利的行政决定之前，法律设定一种程序来保障当事人享有必要的知情权，并在此基础上行使辩护权和防卫权，以切实维护自身合法权益，促进行政机关依法

---

① 参见陈新民著：《行政法学总论》（修订八版），台北三民书局 2005 年版，第 83 页。
② 参见陈新民著：《行政法学总论》（修订八版），台北三民书局 2005 年版，第 84—85 页。

公正行使权力。在法国，"明显地，法律或规章中设立的所有程序要求或规则都必须得到遵守，而且无论何时，只要权利受侵害一方没有在其需要应对的状况出现之前被告知并给予充分的机会表达其观点，那么这项决定就将被废止"①。

我国《行政处罚法》第 44 条规定："行政机关在作出行政处罚决定之前，应当告知当事人拟作出的行政处罚内容及事实、理由、依据，并告知当事人依法享有陈述、申辩、要求听证的权利。"我们将其概括为事先告知制度。

事先告知制度是为了确保当事人行使陈述权和申辩权，从而能"兼听则明"，作出公正合法合理的行政处理决定。所以，《行政处罚法》第 45 条与 44 条相配套，作出了如下规定："当事人有权进行陈述和申辩。行政机关必须充分听取当事人的意见，对当事人提出的事实、理由和证据，应当进行复核；当事人提出的事实、理由或者证据成立的，行政机关应当采纳。"②"行政机关不得因当事人申辩而加重处罚。"后面一点当时是有针对性的，即行政机关普遍未意识到当事人具有陈述权和申辩权，而把当事人的申辩视为"认错态度不好"，所以会有加重处罚情形的出现。今天来看，这种因当事人的申辩而加重处罚的情形基本不会出现了，但对当事人的陈述和申辩的尊重和认真对待还是有差距的。

（三）流程公示

流程公示，我们平时称为"便民告知"，即通过受理现场公告栏、政府网站开设的栏目等途径，公开办事的流程、需要提供的材料、办事的注意事项等内容，方便当事人及时知道自己的权利和义务，从而提高行政效率。如《行政许可法》第 29 条明确："行政机关应当将法律、法规、规章规定的行政许可的事项、依据、条件、数量、程序、期限以及需要提交的全部材料和目录和申请书示范文本等在办公场所公示。""申请人要求行政机关对公示予以说明、解释的，行政机关应当说明、解释，提供准确、可靠的信息。"

---

　　① ［英］L. 赖维乐·布朗、约翰·S. 贝尔著，［法］让-米歇尔·加朗伯特协助，高秦伟、王锴译：《法国行政法》（第五版），中国人民大学出版社 2006 年版，第 221 页。

　　② 德国行政法学者何意志在为奥托·迈耶所著的《德国行政法》一书所作的中文版序中对此作出了高度评价："考虑到中国的政治文化历史背景，1996 年的《行政处罚法》第 32 条实在十分了不起，提出了自然正义的概念……此乃过去几年全国人大所颁布的最有重大意义的法律条款。"参见［德］奥托·迈耶著，刘飞译：《德国行政法》，商务印书馆 2002 年版，第 11 页。

（四）不利处分的说明理由

按照现代行政法的要求，行政机关在作出对行政相对人的不利处分前，如行政处罚、行政强制、不予行政许可等，都应当说明作出该不利决定的理由和依据。这被称为说明理由制度。《行政处罚法》第 59 条规定，行政处罚决定书应当载明当事人违反法律、法规、规章的事实和证据、行政处罚的种类和依据。就是我们平时说的"以事实为依据，以法律为准绳"。《行政许可法》第 38 条第 2 款也明确："行政机关依法作出不予行政许可的书面决定的，应当说明理由，并告知申请人享有依法申请行政复议或者提起行政诉讼的权利。"《行政强制法》在第 18 条实施行政强制措施的一般程序中，规定了要"当场告知当事人采取行政强制措施的理由、依据以及当事人依法享有的权利、救济途径"，并要"听取当事人的陈述和申辩"；第 37 条规定，实施强制执行时，要在书面决定中载明"强制执行的理由和依据"；此外，在第 24 条规定实施查封、扣押，第 31 条规定实施冻结，第 51 条规定实施代履行时，都明确要求说明理由和依据。可见，对不利处分的说明理由，已经成为一项基本的正当程序。

（五）听证

听证，是一般民主法治国家的一项基本正当程序制度，具有广泛的适用性。在英国行政法里，听证制度被称为"法定调查"，是在对某些影响公民权利或者利益的政府政策问题作出最终决定之前，给予持异议者一次公平听证机会的典型行政措施。韦德认为，这是英国行政法不同于其他各国的一个特征。因为，"根据预防比治疗要好的原则，这种英国式的制度对预先调查作了细致严谨的规定。其主要目的在于，保障从公共利益出发作出尽可能好的决定，同时也保障公民所提出的异议得到公正的斟酌"①。在日本，听证程序主要适用于不利处分之中的许可等的撤销、相对人的资格或者地位的剥夺等，对上述不利程序严重的事项，可以进行法定听证；另一种是，行政机关根据其裁量判断，认为必要的，也可以采取听证程序，这属于任意听证。②举一个法国的案例：

---

① ［英］威廉·韦德著，徐炳等译：《行政法》，中国大百科全书出版社 1997 年版，第 700 页。
② 参见［日］盐野宏著，杨建顺译：《行政法》，法律出版社 1999 年版，第 216 页。

1966 年 1 月，法国一位公立中学的女校长将一个学生开除并要求她的父亲把她从学校领走，她应当首先声明她这种要求的原因，并给予这位父亲说明这些原因的机会，也就是应当举行一个公平的听证会。这位女校长的决定因形式上的缺陷（即程序不适当）而被撤销。①

我国在法律中第一次引入听证制度的是《行政处罚法》，之后在《行政许可法》《行政强制法》中都明确了听证制度。我国的听证制度也可分为法定听证和任意听证两类。《行政处罚法》在第五章行政处罚的决定里设专节规定了听证程序，明确适用听证的情形：较大数额罚款；没收较大数额违法所得、没收较大价值违法财物；降低资质等级、吊销许可证件；责令停产停业、责令关闭、限制从业；其他较重的行政处罚。还规定了听证的程序，但未明确听证笔录在处罚决定中的效力，仅说应当根据听证笔录作出处罚决定。《行政许可法》也有专节规定了听证，明确了适用听证的三种情形：一是法律、法规、规章规定行政许可应当听证的事项；二是行政机关认为需要听证的涉及公共利益的重大行政许可事项；三是行政许可直接涉及申请人与他人之间重大利益关系的事项。比行政处罚听证有进步的地方，一是在法定听证外增加了任意听证的情形，二是明确了听证笔录的法律效力，即应当作为行政许可的依据。《行政强制法》第 14 条规定，在法律、法规草案起草时，拟设定行政强制的，起草单位应当采取听证会、论证会等形式听取意见，并向制定机关说明设定该行政强制的必要性、可能产生的影响以及听取和采纳意见的情况。这一听证制度虽然是在立法阶段，但与立法听证有所不同，是针对涉及相对人切身利益的一项措施出台前的听取意见，所以不是要求立法机关举行听证。

（六）法律文书查阅

法律文书查阅，也可称为卷宗阅览权。在行使或者保护自身合法利益的必要范围之内，当事人有权阅览在程序中制作的案卷。阅卷权与听证权联系紧密，因为只有了解案卷才能有效行使听证权。阅卷权的法理依据是当事人公开原则和参加人平等原则。

在德国行政法里，阅卷权作为一项程序性权利，实行有限公开原则，即

---

① ［英］L. 赖维乐·布朗、约翰·S. 贝尔著，［法］让-米歇尔·加朗伯特协助，高秦伟、王锴译：《法国行政法》（第五版），中国人民大学出版社 2006 年版，第 233 页。

限于程序参加人和具体程序的进行过程中。其理由是：因为无限制的阅卷权不仅会妨碍行政机关执行公务，而且会损害国家和公民的保密利益。① 相比较而言，德国在这方面比美国和北欧国家要相对保守些。但对信息公开与保密的平衡却是需要在制度上合理设计与安排的。

我国法律规定里明确阅卷权的是《行政许可法》第 61 条，该条规定："行政机关依法对被许可人从事行政许可事项的活动进行监督检查时，应当将监督检查的情况和处理结果予以记录，由监督检查人员签字后归档。公众有权查阅行政机关监督检查记录。"将之与德国的制度比较，我国的阅卷权适用对象比德国广，公众即可，也就是说没有利益相关的限制。但可查阅的资料亦有限制，仅限于行政机关在执法检查过程中自己制作的检查记录，理论上说应包括现场勘查记录、当事人陈述笔录、相关人员调查笔录。但向非当事人公开当事人和相关人员的笔录是否合适？在实践中是有顾虑的，在法理上也有待深入研究。

（七）救济途径时限告知

《行政处罚法》第 59 条规定，行政处罚决定书应当载明"申请行政复议、提起行政诉讼的途径和期限"及救济权利的告知程序。实践中，有些行政机关在法律文书中有意或无意地未告知当事人法律救济的途径和期限，其结果是对当事人更有利。因为可以认定其不知道救济权利，不受复议或行政诉讼期限的限制，即不受行政复议应当在知道该行政行为之日起 60 日内提出申请；行政诉讼应当在知道行政行为 6 个月内提出的限制。按照新的《行政诉讼法》第 46 条规定："因不动产提起诉讼的案件自行政行为作出之日起超过二十年，其他案件自行政行为作出之日起超过五年提起诉讼的，人民法院不予受理。"言下之意，只要不动产案件不超过 20 年，其他案件不超过 5 年，当事人都有权提起行政诉讼。而行政复议因没有具体规定，按法理可以在任何时候提出，起码可以参照行政诉讼法的规定执行。

（八）政府信息公开

2008 年 5 月 1 日开始施行的《政府信息公开条例》，是我国行政程序正义

---

① 参见［德］哈特穆特·毛雷尔著，高家伟译：《行政法学总论》，法律出版社 2000 年版，第 468—469 页。

的一项重要制度推行，具有里程碑意义。有学术机构对中国公民用法状况进行的调查表明，《政府信息公开条例》属于公众运用第二多的法律文本（位居第一的是《消费者权益保护法》），足见政府信息公开制度对公众政治权利实现的作用之大。政府信息公开，实现的是公民的知情权，而知情权是公民其他政治权利的基础，如参与权，即参政议政权，在信息不对称的情况下，要真正实现参政议政是难以做到的；表达权，即表达自己意志、思想、陈述和申辩，都离不开了解行政权的运行和对自己权利的处置状况；监督权，即监督公权力是否依法行使，前提当然是知道公权力是如何运作的。

　　目前，政府信息公开的类型分为主动公开、依申请公开和不予公开三类。对政府来说，除了依法应当不予公开的政府信息外，应当以公开为原则，不公开为例外。能主动公开的应当尽可能地主动公开。对公民来说，政府信息公开的申请，既是一种程序性权利，即对自己想了解但未能看到政府已主动公开的信息，都可以向相关部门提出申请；同时也是一种实体性权利，即部分政府信息的公开是有限制的，只对那些相关者开放。对公众的政府信息公开申请，公开义务机关应当按照"明不明—是不是—有没有—给不给"的顺序进行审查，具体按下列程序进行。（1）对申请公开的内容不明确的，应当给予补正，并引导申请人根据本机关公布的政府信息公开目录进行申请。（2）对指向明确的申请，先审查其"是不是"：一审是不是与行政机关有关。如果申请内容属于党委、司法等非行政机关制作的，即函告申请人不属于政府信息公开申请；二审是不是属于法定的政府信息。若不属于《条例》所界定的政府信息，作出不属于政府信息的答复；三审是不是属于本机关的职责范围。与本机关无关的，作出非本机关公开职责的答复。（3）是本机关公开职责的，再审查"有没有"该政府信息。没有的如实答复；已主动公开的，告知其获取的方式和途径。（4）有该政府信息的，决定"给不给"。如果涉及国家秘密、商业秘密、个人隐私等法定情形的，作出不予公开的答复；属于涉及"三安全一稳定"（即《条例》第14条规定的公开后可能危及国家安全、公共安全、经济安全和社会稳定）情形的，作出不予提供的答复。

第二十九章　行政执法方式的优化

一、法理依据：从形式理性到实质理性

理性（rationality），即指运用明确的、抽象的、可算度的推演规则和程序，而非依靠直觉、情绪、传统或常识来解决问题。博登海默说："理性乃是人用智识理解和应对现实的（有限）能力。"①

法律思维就是一种理性思维。古罗马法学家西塞罗指出："法律是最高的理性，从自然生出来的，指导应做的事，禁止不应做的事"，"这种理性，当在人类理智中稳定而充分地发展了的时候，就是法律"②。

德国的马克斯·韦伯（Max Weber）通过对人类社会法律理性演变过程的剖析，将法律理性抽象为四种理想类型：

其一，形式非理性。即法的创造和发现，并不是通过一般性的规范引导出来，而是通过超越理性控制的各种方式（神明裁判、神谕等）以及在礼仪上采用形式主义程序进行的。这种非逻辑分析的过程，其立法和司法的结果是不可预测的。

其二，实质非理性。即法的创造和发现并非通过一般性的规范引导出来，而是通过一个事例所作的感情评价，完全恣意地决定来进行的，比如衡平。其立法和司法的结果也是不可预测的。

其三，形式理性。以形式理性为特征，主要重视在诉讼程序上的明确要件标记。法律形式理性化，主要表现为法律规范逻辑意义上的严格性与确定性——在实体和程序两个方面都具有确凿一般性的事实。其立法和司法的结果有较大的可预测性。

---

① 参见［美］博登海默著，邓正来译：《法理学：法律哲学与法律方法》，中国政法大学出版社 1999 年版，第 113 页。

② 转引自张宏生主编：《西方法律思想史》，北京大学出版社 1990 年版，第 58、59 页。

其四，实质理性。通过打破外在形式主义或逻辑的形式主义的逻辑性、功利性、政治性、合目的性原理，对法的创造和发现给予决定性明确；它遵循意识形态整体的原则（道德、宗教、权力政治等），而非法律本身。其立法和司法具有一定的可预测性。比如德国的自然法理论、美国的实用主义法学以及实质意义上的自然法，都具有这种特点。①

形式理性带有鲜明的工具理性特点，又可称为技术理性。法律具有自主性，即实体的自主、制度的自主、方法的自主以及职业的自主。实体的自主是指存在一套独立的法律规范；制度的自主是指存在独立的司法系统；方法的自主是指法律共同体使用的思维方法如类推、遵循先例等是相对独立的；职业的自主是指法律职业者从事法律活动具有自治性，即司法的独立性和司法的权威性。这样一种自主性决定了法治具有一种可以反复复制、预期和推理的工具理性。对形式理性，波斯纳作了有力的辩护："从特殊到抽象是科学的关键，因此在一定意义上，所有的科学，而不仅仅是经济科学，都是形式主义的……而之所以有如此众多的法官和法律学者都在努力促使法律成为一个形式主义的学科，部分原因就是由于真正的形式主义具有的威望。"②[303]

但形式理性并不能包打天下，它在实践中会面临困境，而其原因是自身天然的缺陷。形式理性的缺陷表现在三个方面：

（1）依据逻辑而创制的规则，尽管有可能保证规则体系结构的逻辑的严密，但人为的规则总不能穷尽社会丰富多元的情形，并不能完全消除哈特所称的规则的"空缺结构"，难免例外情形的存在。列宁就说过："任何规律都是狭隘的、不完全的、近似的。""现象比规律丰富。"③若把人定规则视作规律的固化，规律的缺陷同样会折射在规则上。

（2）从规则到法律秩序是一个从应然到实然的转化过程，而这一过程的复杂性、多元性、不可预测性，完全不是逻辑推理那么简单。在许多情况下，是难以百分之百地实现的。

（3）规则是死的，生活是活的，以静态的规则去适用动态的社会，其滞后性是难以克服的，而要克服这些缺陷，离不开实质理性的运用。[304]

中国法学界一般都认同这样一个判断：我国的法律传统历来普遍倾向于重视实体正义，轻视程序正义，也就是缺乏马克斯·韦伯所说的形式理性。

---

① 转引自宋功德著：《行政法哲学》，法律出版社 2000 年版，第 6 页。
② ［美］理查德·A. 波斯纳著，苏力译：《法理学问题》，中国政法大学出版社 2002 年版，第 78 页。
③ 《列宁全集》第 38 卷，第 133、134 页。

但这一判断其实并不准确，由于没有程序正义的制度奠基，我们也并未真正实现实体正义，并没有形成实质理性的法律思维习惯，最终往往陷于实质非理性，这种实质非理性在现实的公权力运行中其实已有很强烈的表现，如目前最流行的"案结事了"就是这种观念的反映。这是需要防范和克服的。

自然法学派遵循的就是实质理性，它也是可预测的，并能克服形式理性的缺陷。归纳起来，有自然理性、目的理性、实践理性。[305]

（一）自然理性

自然理性，是人的认识对客观规律的尊重和遵循。人的认识能力是能够透过现象看到本质。而法的预期是对人的自然需求的一种理性把握。马克斯·韦伯认为，从自然法的观点看，"自然"和"理性"是合法的实体性标准。两者是同一的，由此产生的规则也是同一的，因此，有关调整实际关系的一般命题和普遍的行为规则均被认为是一致的。人类理性获得的知识被认为与"事物的本性"或人们常说的"事物的逻辑"相一致。"应该"与"存在"，即与宇宙中存在的东西相一致。根据对法律和伦理的概念所作逻辑分析而产生的规则，作为"自然法"，属于具有一般拘束力的规则，"连上帝也不能改变之"，任何法律秩序也不可与之相抵触。① 这也就意味着，法律的执行不能违背客观自然规律。

（二）目的理性

现代法律以目的理性为基础。目的理性适用于主体与客体之间。当主体把客体作为达成主体的目的之手段或工具时，主体所体现的是目的理性。如人类以科技驾驭自然，从而创造出丰富的物质文明，便是目的理性的成果。人为法的制定过程，一定是为了追求某种目的或价值的实现过程。法的价值追求，包括自由、公平、正义、秩序、效率、和平、安全等，就是法的目的理性的具体体现。离开这些目的，法就成了无本之木、无源之水，便没有了生命。"通常，规则背后的目的是可以发现的，尽管并不总是可以发现，而一旦发现，这些目的就为了在新境况中适用规则提供了可靠的指南。"② 对于行政

---

① ［德］马克斯·韦伯著，张乃根译：《论经济与社会中的法律》，中国大百科全书出版社1998年版，第290页。

② ［美］理查德·A.波斯纳著，苏力译：《法理学问题》，中国政法大学出版社2002年版，第321页。

执法来说，时不时地要回头看看，我们实施这部法律的目的是什么，是不是我们在不知不觉中背离了法律制度设计所要达到的目的，以及我们如何用最佳的方式实现法律目的。这就是实质理性的思维方式。

（三）实践理性

实践理性，涉及确立一个目标，以及选择最适于达到目的的手段。所以，这一术语主要被用来指一种方法论。实践理性强调的是法对人的行为的调节功能，是一种动态的理性。新托马斯主义法学代表马里坦（Jacques Maritain）断言：“法学是一门实践科学，因而它的目的是按正义调节人的社会行动；而它的对象是人的行动，是可由理性尺度来衡量因而服从于一种强制力量的人的行动。”①

马克斯·韦伯专门分析过当事人在法律规范的产生和发展中的作用，指出：“各种社会行为都可能早已适应了现有条件；但在条件变化时，人们会感到需要调整自己的行为，以便更有利于当事人的经济和社会利益。在选择的过程中，经调整的行为得以保存，并且最终成为所有人的行为准则。很难说哪个人‘改变’了其行为……这种情况不仅现在是经济上重新定位的渊源，而且存在于所有以某种合理化标准作为生活模式的制度之中。”②

德沃金认为，法的历史中积蓄起来的许多法律规则、先例等素材与文学作品同样构成一个文本，要求一定的前后照应的连贯性，即所谓“故事的整合性”。对于法的这种理解表明，法不是一种过去已经完成的作品，而是与时俱进的待续故事，具有实践之链的特征；参加法律实践的人既是解释者也是创作者，立法与法律解释的二分法图式是不能成立的。因此，法律解释的对象不是个别的条文、先例以及法规，而是法律实践史的整体性含义。③

就法律而言，实践理性的特殊意义在于，它可以高度肯定地回答一些伦理问题。因为，在法律决定中，很常见的情况是，其正确在于政治而不在于其认识，在于其实用主义而不在于其逻辑。④

---

① 参见张文显著：《二十世纪西方哲学思潮研究》，法律出版社 1996 年版，第 55 页。

② ［德］马克斯·韦伯著，张乃根译：《论经济与社会中的法律》，中国大百科全书出版社 1998 年版，第 67 页。

③ 参见季卫东著：《法治秩序的建构》，中国政法大学出版社 1999 年版，第 405 页。

④ ［美］理查德·A. 波斯纳著，苏力译：《法理学问题》，中国政法大学出版社 2002 年版，第 96、380 页。

二、新型执法监管方式

中共中央、国务院印发的《法治政府建设实施纲要（2021—2025）》是行政机关依法行政的最新的纲领性指导文件，其中透露出对行政执法监督的一些新理念和新要求，需要我们认真学习领会其精神实质。

（一）行政执法"三项制度"

行政执法"三项制度"原来只是国务院文件中提出的要求。《法治政府建设实施纲要（2021—2025）》明确要求：全面严格落实行政执法公示、执法全过程记录、重大执法决定法制审核制度。2021 年 7 月修订的，《行政处罚法》将这"三项制度"写进了法律，使之实现法制化。

一是行政处罚公示制度。《行政处罚法》第 39 条规定："行政处罚的实施机关、立案依据、实施程序和救济渠道等信息应当公开。"

二是行政处罚全过程记录制度。《行政处罚法》第 47 条规定："行政机关应当依法以文字、音像等形式，对行政处罚的启动、调查取证、审核、决定、送达、执行等进行全过程记录，归档保存。"

三是行政处罚的法制审核制度。《行政处罚法》第 58 条规定："有下列情形之一，在行政机关负责人作出行政处罚的决定之前，应当由从事行政处罚决定法制审核的人员进行法制审核；未经法制审核或者审核未通过的，不得作出决定：（1）涉及重大公共利益的；（2）直接关系当事人或者第三人重大权益，经过听证程序的；（3）案件情况疑难复杂、涉及多个法律关系的；（4）法律、法规规定应当进行法制审核的其他情形。""行政机关中初次从事行政处罚决定的法制审核的人员，应当通过国家统一法律职业资格考试取得法律职业资格。"可见，新聘任的行政执法法制审核人员需要通过法律职业资格考试合格，取得法律职业资格。这是项法定要求，需要严格遵守。

需要说明的是，行政执法"三项制度"并不限于在行政处罚程序中适用，行政许可、行政强制、行政征收等行政执法程序中也同样适用。具体可参照《行政处罚法》的相关规定进行具体细化。

（二）新型监管机制

《法治政府建设实施纲要（2021—2025）》明确提出："健全以'双随机、一公开'监管和'互联网＋监管'为基本手段、以重点监管为补充、以信用监管为基础的新型监管机制。"这是对规范行政执法提出的最新要求。如何来解读？[306]

一是明确了"一刚一柔"两种基本执法手段，实现线上线下一体化监管。"刚"的手段就是"互联网＋监管"，在有些关系生命健康和公共安全的重要领域，要依托互联网技术，实行全领域、全时空的即时监控，如生态环保、食品安全、交通秩序等领域，依靠全覆盖的电子设备进行不间断的监控，及时发现并制止违法行为。而"柔"的手段就是实施"双随机、一公开"，即在市场经济和社会生活等领域，要减少和避免对微观经济活动和人民正常生活的不当干预，"双随机"即随机抽取执法检查单位和随机抽取执法人员，以体现客观公正执法，其核心是随机抽取被检查单位，并不是抽取的单位越多越好，而是要保持相对低的比例，从原来的不超过3%到现在的不超过10%，目的就是执法检查以不干扰微观经济的正常活动的标准。为此，《法治政府建设实施纲要（2021—2025）》还明确要求："规范涉企行政检查，着力解决涉企现场检查事项多、频次高、随意检查等问题。"

二是对于涉及人民生命健康和公共安全的行政执法领域，有可能的话，应当确定本部门执法领域的重点监管对象。一旦确定了重点监管对象，那么执法的比例、频率就不受"双随机、一公开"的限制，可以根据实际情况，确定执法方式。如《消防法》第17条规定："县级以上人民政府消防救援机构应当将发生火灾可能性较大以及发生火灾可能造成重大的人身伤亡或者财产损失的单位，确定为本行政区域内的消防安全重点单位，并由应急管理部门报本级人民政府备案。"《机关、团体、企业、事业单位消防安全管理规定》第13条明确了实行严格管理的消防安全重点单位：（1）商场（市场）、宾馆（饭店）、体育场（馆）、会堂、公共娱乐场所等公众聚集场所；（2）医院、养老院和寄宿制的学校、托儿所、幼儿园；（3）国家机关；（4）广播电台、电视台和邮政、通信枢纽；（5）客运车站、码头、民用机场；（6）图书馆、展览馆、博物馆、档案馆以及具有火灾危险性的文物保护单位；（7）发电厂（站）和电网经营企业；（8）易燃易爆化学物品的生产、充装、储存、供应、销售单位；（9）服装、制鞋等劳动密集型生产、加工企业；（10）重要的科研单位；（11）其他发生火灾可能性较大以及一旦发生火灾可能造成重大人身伤亡或者财产损失的单位。此外，高层公共建筑、地下公共建筑、城市重要交通隧道、物资集中的大型仓库和堆场、重点工程的施工现场等，也要按照消防安全重点单位来进行严格管理。而对于消防安全重点监管对象，应当根据不同领域特点和风险程度，确定监管内容、方式和频次，应当有一套特定的执法监管方式，如等距离执法、突击检查、集中检查等方式，以提高监管精准化水平。

三是要发挥信用监管体系的基础性作用。信用监管体系是与行政执法相配套、以"人格罚"为特征的新型规制体系。从2016年开始，国家开始实施信用联合奖惩体系，其基础性的功能越来越得到发挥。这要求各行政执法领域都要建立信用奖惩体系。当然，目前的信用奖惩体系已经过了各自为政、自主设置的阶段，进入"过惩相当"和"严格依法依规"的新阶段，尤其是2020年国务院办公厅发布的《关于进一步完善失信约束制度构建诚信建设长效机制的指导意见》（国办发〔2020〕49号）明确提出，严格规范失信行为认定依据，依法依规确定公共信用信息公开范围，严格限定严重失信主体名单设列领域范围，严格规范严重失信主体名单认定标准，依法依规确定失信惩戒措施，涉及上述五项制度的实施，都必须以法律、法规或者党中央、国务院政策文件（决定、命令），或者相关的法律文书为依据；没有依据的，任何部门都不得擅自增加或扩展适用标准、范围。同时，要求建立信用修复制度，避免过惩不相当，进而影响市场经济秩序的健康发展。

国务院办公厅于2023年9月印发的《提升行政执法质量三年行动计划（2023—2025年）的通知》对此新型监管方式作了进一步表述："依法健全以信用为基础的新型执法机制，规范涉企行政检查，完善联合检查、'双随机、一公开'监管、非现场执法等工作机制，推动监管信息共享互认，避免多头执法、重复检查；对直接涉及公共安全和人民群众生命健康等的特殊行业、重点领域，依法依规实行全覆盖的重点监管。"

（三）包容审慎监管方式

《法治建设实施纲要（2021—2025）》明确要求："完善与创新创造相适应的包容审慎监管方式。"其实质是要我们处理好行政执法与改革开放的辩证关系。依法行政要为改革开放创造良好的营商环境，而不是成为改革开放的制度性障碍。为此，《法治建设实施纲要（2021—2025）》还要求："严禁地方政府采取要求特定区域或者行业、领域的市场主体普遍停产停业的措施。"

因此，需要我们提高行政执法的能力。包容审慎监管方式，从某种角度讲，是一种"法外开恩"，因此要严格限制，仅适用于创新创造领域。当行政执法行为给改革开放和经济社会发展带来重大影响时，要权衡利弊，审慎执法；对行政相对人因创新创造程序中产生的轻微违法，要采取包容的态度。[307]如《消防法》第 70 条第 4 款规定："责令停产停业，对经济和社会生活影响较大的，由住房和城乡建设主管部门或者应急管理部门报请本级人民政府依法决定。"《上海市消防条例》第 73 条进一步规定："当事人逾期不履行停产停业、停止使用、停止施工决定的，有作出处罚决定的住房城乡建设管理部门或者消防救援机构强制执行。责令停产，对经济和社会生活影响较大、执行确有困难的，由住房城乡建设管理部门或者消防救援机构提出意见，并由住房城乡建设管理部门或者应急管理部门报请本级人民政府依法决定。"这可以视为消防领域采取审慎包容监管方式的具体体现。

（四）轻微违法免罚制度

《法治政府实施纲要（2021—2025）》明确要求："全面推行轻微违法行为依法免于处罚清单。"这项制度是由上海首创，现已在全国推广。当然，需要对这项制度的法理性有个准确的认识。严格说来，《行政处罚法》中没有规定免罚制度，而只规定了不予处罚制度 ① 和从轻减轻处罚制度 ②。需要说明的是，不予处罚与免于处罚，在法理上是两个完全不同的概念。不予处罚是指其违法行为轻微到不应当对其进行行政处罚；而免于处罚是意味着其行为已经构成可以行政处罚的条件，但考量特别因素而免除对其实施行政处罚。因此，《法治政府实施纲要（2021—2025）》中所提出的免罚清单，其实质是指运用好《行政处罚法》中的不予处罚制度和从轻减轻制度。同时也为了调动地方的积极性，新修订的《行政处罚法》增加了规章可以设定从轻或者减轻行政处罚的情形，这是对地方轻微违法免罚制度给予的法制保障与法理支撑。

---

① 《行政处罚法》第 33 条规定："违法行为轻微并及时改正，没有造成危害后果的，不予行政处罚。初次违法且危害后果轻微并及时改正的，可以不予行政处罚。""当事人有证据足以证明没有主观过错的，不予行政处罚。法律、行政法规另有规定的，从其规定。"

② 《行政处罚法》第 32 条规定："当事人有下列情形之一的，应当从轻或者减轻行政处罚：（一）主动消除或者减轻违法行为危害后果的；（二）受他人胁迫或者诱骗实施违法行为的；（三）主动供述行政机关尚未掌握的违法行为的；（四）配合行政机关查处违法行为有立功表现的；（五）法律、法规、规章规定其他应当从轻或者减轻行政处罚的。"

（五）行政许可与证明事项告知承诺制

《法治政府建设实施纲要（2021—2025）》要求，分级分类推进行政审批制度改革。依托全国一体化政务服务平台等渠道，全面推行审批服务"马上办、网上办、就近办、一次办、自助办"。坚决防止以备案、登记、行政确认、征求意见等方式变相设置行政许可事项。推行行政审批告知承诺制。行政审批告知承诺制是由上海浦东率先探索，于2015年由国务院在全国推广。该项制度是指行政机关在办理有关行政审批事项时，以书面形式将法律法规规定的材料义务或者条件一次性告知当事人，由申请人书面承诺个人已经符合这些条件、标准和要求，同时也愿意承担承诺不实的法律责任，行政机关就视为其符合行政审批的条件，直接予以办理。承诺的行政相对人需要在其后的两个月内补齐相关材料和条件。目前上海有70%的行政审批事项都实行了告知承诺制。[308]

之后，告知承诺制又运用到登记等证明事项领域，实施了证明事项告知承诺制。证明事项告知承诺制首先是由国务院在2019年5月国务院常务会议上提出；同月，司法部印发了《开展证明事项告知承诺制试点工作方案》，在13个省（市）和5个国务院部门开展试点；《法治政府建设实施纲要（2021—2025）》更明确要求："全面落实证明事项告知承诺制，新设证明事项必须有法律法规或者国务院决定依据。"从而从源头上解决了要求当事人提供各种"奇葩证明"的乱象。

2020年10月，国务院办公厅发布《关于全面推行证明事项和涉企经营许可事项告知承诺制的指导意见》（国办发〔2020〕42号），要求在行政许可、行政确认、行政给付等依申请的行政事项和办理涉企许可事项时，全面实行告知承诺制，推动形成标准公开、规则公平、预期明确、各负其责、信用监管的治理模式。

（六）广泛运用行政指导方式

《法治政府建设实施纲要（2021—2025）》要求创新行政执法方式，广泛运用说服教育、劝导示范、警示告诫、指导约谈等方式，努力做到宽严相济、法理相融，让执法既有力度又有温度。前面所列举的柔性执法方式，从行政法法理上来说，都可归为一类行政行为，即行政指导行为，意味着我们要学会并广泛运用各种行政指导方式，进行柔性执法方式的创新。关于行政指导的理念，我们已经宣传了很长时间，但具体的制度落地仍显滞后。行政指导强调事先指导与预防功能。行政审批告知承诺制中，行政机关的告知行为的实质就是一种行政指导，虽然没有法律约束力，但对行政相对人避免违法是十分有效的；现在推广的"谁执法、谁普法"制度，其实也是行政指导的方式之一。

（七）从"人本行政"理念提升到"生态行政"理念

行政执法强调以人为本，相对于传统的"官本位"理念，应当是一种进步。但相对于现代行政法而言，这种理念也暴露出它的局限性。现代行政法关注的一个重点是生态文明建设，因而是一种"生态型"的行政。以人为本的传统行政法调整的是人与人的关系，而"生态行政"不仅调整人与人的关系，更要调整人与自然、人与环境的关系。从某种角度讲，以人为本是近代工业文明的产物，其基于"人定胜天"的哲学信仰，但正如恩格斯在《自然辩证法》一书所指出的："我们不要过分陶醉于我们人类对自然界的胜利。对于每一次这样的胜利，自然界都会对我们进行报复。"30 年前，我们要发展经济，看不到这点；20 年前，我们意识到了这点，但下不了决心；只有今天，我们才能坦然地面对这一挑战，才敢将"人本行政"提升为"生态行政"。为了生态环境，我们人类的生存权和发展权也可以让位。如在确立将上海崇明岛建设为世界级生态岛之后，明确人口只做减法不做加法，房屋高度只能限于六层以下，产业发展更要符合绿色循环标准，显然，为了生态文明，我们对岛上人们的生存权和发展权都作了限制。但这是新时代的发展需要，也是这代人必须付出的代价。

三、行政执法方式优化的案例介绍

（一）变"为民做主"为"让民作主"

2007 年修订后的《物权法》实施之后，上海在旧区改造中探索的二次征询意见制度堪称变"为民做主"为"让民作主"的经典。

旧区改造中的二次征询意见制度，是上海在旧区改造和房屋征收领域率先探索的一种基层民主协商形式。其动因是《物权法》实施后，传统的政府拥有绝对主导权的动拆迁模式受到了挑战。旧区改造是否属于公共利益，在学界和实务部门也有争议，旧区改造的目的是为了城市功能发展还是改善居民居住条件，也成为争议中的议题。二次征询意见正是在《物权法》和 2011 年《国有土地上房屋征收与补偿条例》实施后，为体现旧区改造以改善居民居住条件为本，要尊重居民意愿的理念而设计的新制度。

二次征询意见，是指在旧区改造的两个不同阶段，征收者与被征收者以及被征收者之间所进行的协商与沟通。

第一次意见征询，是对居民"是否愿意接受旧区改造和房屋征收"的意见征询。只有同意搬迁的户数超过规定比例，才能够办理地块房屋征收的前期手续；如果达不到规定比例，旧区改造暂缓。因此，意愿征询的结果将直接决定旧区改造项目能否启动。目前，同意的比例一般设定为不低于旧区改造居民总户数的 85% 以上。

第二次意见征询，是对征收补偿安置方案的意见征询。此次征询结果将直接影响旧区居民签订"附生效条件补偿安置协议"的比例，而规定期限内签订附生效条件补偿安置协议的比例达到居民总户数的三分之二以上，即 67% 以上，"附生效条件的补偿安置协议"才会生效，旧区改造项目才能够真正进入实施阶段；如果达不到 67% 的规定比例，已签订的"附生效条件的安置补偿协议"无效，第二次征询活动中止，旧区改造项目暂缓启动实施。

二次征询意见制度中民主协商的基础是信息公开透明。所以，二次征询意见要求做到信息的全面公开。一是意愿征询过程及情况公开。二是基本情况信息公开，包括被拆迁房屋的面积及户籍人口等基本信息情况。这些基本信息由动拆迁小组上门与动拆迁户逐一核实后，予以公开，旧区改造地块范围内的居民都可以翻阅、查询。三是补偿安置方案公开，包括动拆迁方最初制定的方案、根据征询居民意愿不断优化的方案以及经过公示旧区居民认可确定的最终方案。补偿安置方案的内容，不但包括旧房屋的市场评估价格、补偿的方式及计算标准，还包括房屋拆迁费用、居住面积、动迁费、集体奖、标准性补贴、廉租户补贴、住房托底保障金额，等等。四是签约情况公开，旧区居民签订的"附生效条件的安置补偿协议"不但在第一时间公布上墙，而且协议签订统计情况也会适时更新公布。旧区居民能够随时清楚地知道已有多少户签约，哪些户已经签约，签约比例达到多少，全过程了解签约情况。五是补偿安置结果公开，居民不但能够知道自己补了多少，也能够知道邻居补了多少，同等条件的其他人家补了多少。对于每一户动迁家庭来说，动迁补偿安置费用，都不再是笔"糊涂账"。

二次征询意见制度的实施，唤醒了居民的自我维权意识，大大降低了居民与政府的对立情绪，也大大减少了因动迁和征收引发的纠纷。[309]

（二）变事前监管为事中事后监管

变事前监管（如行政许可）为事中事后监管，是行政执法的一种新理念。但如何做到？其在实践层面的探索相对滞后。对此的理解有两种：一种是在事前监管（即有行政许可）的基础上，加强事中事后监管，改变"重许可，轻监管"的消极观念，这在行政许可法中就已有体现，其有专章规定监督检查；另一种是取消事前监管，即取消行政许可，按照职责范围进行事中事后监管，改变"只管有证的，不管无证的"消极观念。现实中，这两种情形都存在，但就难度而言，是后者，因为其涉及立法、执法和司法全方位的理念改变。[310]

以上海在《精神卫生条例》修订过程中对心理咨询机构及其人员的管理所作的立法探索为例，很能说明这一问题。关于心理咨询机构和人员的资质管理，现有的监管体系是由三个行政机关分别负责：工商行政部门负责经营性心理咨询机构的市场准入许可，民政部门负责对非营利心理咨询机构的准入许可，对于心理咨询人员，人保部门将心理咨询视为一种职业技能，负责心理咨询师的考试发证。但面对现实中心理咨询机构鱼龙混杂，造成对公民权利侵害的情况，工商行政和民政部门都承认无法从专业的角度进行管理；对于心理咨询师的执业管理，人保部门也认为超出了其职责范围。所以，客观上要求卫生计生部门承担起专业管理的职能，但国家层面的立法并没有给予其行政许可权，也没有明确其行政执法权。

按照变事前监管为事中事后监管的改革理念，在 2014 年修订《上海市精神卫生条例》时，探索性地赋予了卫生计生部门相应的事中监管权，设定了心理咨询机构和人员的行为规范（而不是设置条件，以与行政许可相区别）。对于心理咨询机构，明确要符合下列要求：（1）有固定的提供心理咨询服务的场所；（2）具备必要的心理测量设施和设备；（3）有三名以上符合心理咨询师从业要求的咨询人员，其中至少有两名具有心理咨询师二级以上国家职业资格。并明确：心理咨询机构应当建立健全内部管理制度，加强自律，依法开展心理咨询服务；应当定期对从业人员进行职业道德教育，组织开展业务培训，提高其职业道德素养和业务能力；不得安排不符合从业要求的人员提供心理咨询服务。① 对于心理咨询师，除要求经考试合格取得国家职业资格

---

① 参见《上海市精神卫生条例》第 23 条、第 25 条。

证书外，还要求在依法设立的心理咨询机构或者精神卫生医疗机构实习一年，经实习单位考核合格后（即由心理咨询机构向其颁发执业证书），方可从事心理咨询服务。同时明确，心理咨询人员不得从事心理治疗或者精神障碍的诊断、治疗。① 这些立法规定，为卫计部门实施事中事后监管提供了执法依据。卫计部门的执法就是检查相关材料，审查其是否符合法定的行为规范，对违反规定的，给予处罚，直至停产停业（但没有吊证权）。

这种事中事后监管立法，在上海地方性法规中还是第一次，具有开创性，它为以后的同类立法提供了范式和借鉴。

（三）变网格化执法为等距离执法

行政执法一般遵循例行性执法模式，即常规性的日常巡查，有些领域将此模式称为网格化执法，即将需要执法的空间划分为若干单元，平均分配执法力量，按照正常的作息时间，进行外部空间的巡查。这种方式对于交警、城管执法等可能是较为有效的，但并不适用于所有的行政执法领域。其主要的缺陷是执法精力分散，缺乏针对性，无法突出重点。

作为对网格化执法方式的改进，原国家工商行政系统推出了一种等距离执法模式，值得探索和研究。所谓"等距离执法"，是指将行政相对人按照守法与违法状况作出分类，将执法的频度与违法的频度和程度相对应，违法行为发生少的行政相对人，执法的频度就低；违法行为发生多或者违法程度高的行政相对人，执法频度就高，从而体现让越守法者感觉越自由，让越违法者感觉越不自由。对于行政主体来说，也可以节省执法力量和时间，集中精力针对经常违法者执法。

当然，启动等距离执法需要有一个前提，就是要建立行政相对人完整的诚信信息体系，即建有诚信档案，能对行政相对人的守法状况作出合乎实际的分类。若没有这样的信息数据库，等距离执法将是无本之木，难以实施的。[311]

（四）变遵守法定时限为遵守承诺时限

这是民事承诺优先原则在行政法中的运用，也是私法原则运用到公法中来的一个范例。按照依法行政原则，在行政执法过程中严格遵守法定时限，

---

① 参见《上海市精神卫生条例》第24条、第26条。

在法定时限内履行相关的法定义务，是应有之义。但在今天，这样的要求已是最低的要求，是依法行政的底线。社会现实已经提出了更高的标准，要求按照高效和便民的原则来履行法定职责。客观上，要求行政机关引入民事法律中的"约定优先"和"承诺优先"原则，即在法定时限之上，可以与行政相对人约定或者承诺短于法定时限的办事时限。一旦约定或者承诺，就必须做到，否则在行政复议和行政诉讼中就构成违法行政，需确认违法。这在行政审批中已经得到广泛的运用。[312]

（五）变管理权力为服务义务

这是现代法治行政对政府提出的更高的标准。通常而言，行政主体有管理乃至管制的权力，这是种"必要的恶"，但即便是管理的权力，在服务型政府理念之下，行政主体也可以把它当作义务来行使。这方面，湖南率先作出了积极的探索。2011年5月，湖南省政府出台了全国首部《湖南省政府服务规定》，其中创设了一个概念——管理服务。他们界定的管理服务是指行政机关在管理国家行政事务时为社会，为公民、法人或者其他组织所提供的服务。这是与政府提供公共服务相对应的范畴。他们认为，中国政府所具有的职能是经济调节、市场监管、社会管理和公共服务四项①，除公共服务外，其他三项都是管理职能。所以，其所称的管理服务是指政府在履行经济调节、市场监管和社会管理三项职能时，为社会，为公民、法人和其他组织所提供的服务。他们创新这一概念的理由是：管理和服务就如同政府的两只手，一只是管理的强硬之手，一只是服务的温柔之手。以前，政府强调管理过多，强调服务不够，只注重强硬之手，忽视了温柔之手，一手硬，一手软。现在两手都要硬，尤其是要让温柔之手硬起来，同时让强硬之手稍微软下来，就是要在服务上做加法，在管理上做减法，让政府从管制行政向服务行政转变。②[313]

虽然将政府所有的管理职能都变成服务职能，可能会存在法理上的不充分性和实践的不可行性问题，毕竟管理的刚性是其基本属性和本质反映，全部软下来是否会背离其客观规律？存有疑问。但这种强化服务行政的理念是值得充分肯定的，而且在一定领域内有其适用性，如在行政审批领域，就完

---

① 党的十八大报告中又增加了"生态环境保护"一项职能。
② 参见《湖南省政府服务规定学习读本》，法律出版社2011年版，第84页。

全可以将审批这一行政权力变成服务来操作。行政审批中的流程公示、权利告知、公开透明、全程可跟踪、告知承诺等制度，都是将权力当成服务职能来履行的体现。

四、几种探索性执法方式评析

实践中，各地近年来也从各自实际出发，探索了一些新的具有创新意义的行政执法方式，有的得到了肯定并得到了推广，有的则引发了理论界和实务界的讨论甚至争议，因此有必要作些分析和评价。

（一）大联勤执法模式

所谓"大联勤"执法模式，是在第三级执法领域即乡镇、城市街道层面围绕城市管理内容的综合执法机制探索。最早探索"大联勤"执法制度的是上海嘉定区真新街道，时间在 2010 年。

"大联勤"执法的主要做法是：在街道、乡镇层面，将各支执法队伍组合起来，实行"联勤联动"，即混合编组、联合执法检查，对查获的违法行为，按照行政执法的法定职责，由相关部门依法作出处理决定。具体是将长年驻扎在街道、乡镇层面执勤的公安民警、城管执法人员、工商行政、食品安全、安全生产、社区保安人员和城管协管员等重新合理混编分组，按街道、乡镇辖区分为若干个网格化管理区域，以三班轮流运转模式，保证执法力量 24 小时上街流动巡查，从而实现了多部门联合执法的常态化、长效化。这一做法被评价为"不增加人员编制、办公场所、人员经费、不改变行政隶属关系，通过对条线资源重新优化组合，改变各支执法队伍'各自为战'的局面"①。这一模式得到了国家有关部门的充分肯定，被认为是城市综合管理方式的一种创新，并在一定范围内得到了推广。

客观地说，"大联勤"执法模式是行政执法实务部门采取"问题导向"，从立足解决现实执法难题所做的努力，是值得肯定的。其目的是为了解决在乡镇、街道层面行政执法任务重而人手少的突出问题，其思路是立足于"内

---

① 参见上海市依法治市领导小组办公室编：《上海依法治市 2011——实践探索与理论研讨》，上海社会科学院出版社 2012 年版，第 115 页。

部挖潜"，将派驻在第三级的行政执法人员统一组合起来，实行混合编组、联合执法，形成了"联勤联动"的执法新局面。

如果仅从法治的角度来评判，"大联勤"执法模式并非完美无缺，甚至还会被质疑为违法行政。因为按照职权法定的原则，以及执法主体资格制度，让一个部门的人员去为其他行政部门的领域执法检查，确实缺乏法律依据和法理基础。

但所有的体制和机制都是为实现法律目的服务的。当现实执法体制机制不能满足执法需求，并且目前又无解决办法的情况下，基层的这种执法机制的改革探索是值得肯定的。

当然，"大联勤"这种执法机制只能是过渡性的，并不能上升到体制层面，因为其不能解决与法理相悖的问题。最终，乡镇、街道层面的执法，还是要通过完善和健全第三级行政综合执法体制来解决。笔者认为，在乡镇、街道，应当建立健全三支综合执法队伍：一是建立市场综合监督管理部门派驻乡镇、街道的综合执法机构，实现除文化市场外的全部市场综合执法；二是建立城市管理综合执法部门派驻乡镇、街道的综合执法机构，实行比现在城管更综合的执法，队伍实行"条属块管"或"块属块管"；三是实现公安民警与社区治安联防队的综合执法。有了这三支综合执法队伍的依法履职，"大联勤"执法机制就可以功成身退，退出历史舞台了。

（二）行政"黑名单"制度

"黑名单"只是一种俗称。"黑名单"制度集中表现为对违法主体名单和违法事实的记录或者公布。这在食品药品安全监管、环境监管、交通治理、人口与计划生育管理等行政执法领域得到越来越多的应用。

但在行政法理论上，其内涵和外延都没有明确的界定。有的是进行负面信息曝光，有的是进行内部存档；有的运用在事后执行领域，有的则运用在事前监督领域。

行政"黑名单"可以做如下分类：根据有无依据来分，可分为有法定依据的"黑名单"和无法定依据的"黑名单"两类；根据适用范围不同，可分为外部"黑名单"和内部"黑名单"；根据产生的依据来分，可分为行为不规范和技术标准不合格两类。

行政"黑名单"制度有多种表现形式，概括起来有四种功能形式：[314]

（1）警示性功能。警示性的黑名单主要是由行政机关在一定范围内公布，或向社会公布的预告、警示性的企业或产品名单，目的是引导督促行政相对人。如国务院《建设工程质量管理条例》第13条规定："建设单位在领取施工许可证或者开工报告前，应当按照国家有关规定办理工程质量监督手续。"实践中，对未办理工程质量监督手续的建设单位名单进行公布，其目的就是警告、督促相关单位尽快办理相关手续。

（2）惩罚性功能。惩罚性的黑名单是指以对行政相对人施以惩罚为主要目的的行政黑名单。如《上海市安全生产条例》第38条规定："安全生产监管部门应当建立安全生产违法行为登录制度，在安全生产网页上记载生产经营单位及其主要负责人、安全生产中介服务机构的有关违法行为机处理情况。任何单位和个人都有权查询。"这其实是一种行政处罚的配套监管措施，是对企业违法行为处罚的"增量处罚"，其性质属于声誉罚。

（3）备案功能。备案性质的黑名单是指行政机关根据监管的需要，在系统内部设立，不向社会公开的具有与该机关行政管理相关的不良记录，主要起到存档备查作用。如，《上海市监督检查从事行政许可事项活动的规定》第17条规定："被许可人以欺骗、贿赂等不正当手段取得行政许可，依法属于直接关系公共安全、人身健康、生命财产安全的事项，被依法撤销行政许可后，在3年内不得再次申请该行政许可的，行政机关应当建立该被许可人的不良记录档案，通过互联网实现信息共享，供有关行政机关备查。"这类属于内部"黑名单"制度。

（4）普法功能。具有普法功能的黑名单是指由行政机关定期或不定期在大众媒体上公布一些典型违法案件，主要通过举一反三，起到向全社会进行法制宣传教育的作用。如工商行政管理部门经常公布年度十大商标侵权案件、十大虚假违法广告案件等，在报纸和电视上予以发布。

行政"黑名单"制度具有一定的法理基础，体现为公共利益优先、对生命权的尊重等原则。实践中的难点是公益保障与私益侵害之间如何平衡，错罚相当的原则如何体现，即如何避免一事多罚。为此，实践中需要把握以下几点：

1. 对"黑名单"制度的运用应遵循审慎原则

具体需要分类规范。对于惩罚性的"黑名单"，需要进行法律控制，坚持形式合法性，应当列为《行政处罚法》中的"其他行政处罚"，即需要以法律或者行政法规作为依据，这意味着地方立法没有创设惩罚性"黑名单"制度的权限。按照《行政处罚法》的规定，行政处罚必须具有"法定依据"，遵守

"法定程序"，并且依据"必须公布"。对于警示性功能的"黑名单"制度，最接近行政指导行为，不具有强制性，但应当适用《突发事件应对法》以及相关特别法的相关规定，需评估其发布的必要性。对于备案功能的"黑名单"制度，属于内部行政行为，可以适用社会诚信体系，无需严格的法律依据。对于普法功能的"黑名单"，虽然不能认定为具有法律效力的行政行为，但因为涉及"增量处罚"的法律问题，需遵循过罚相当的原则，也应当有明确的法律依据，或者在法制宣传时隐匿相关企业单位的名称。

2. 区别对待创设性与实施性的行政"黑名单"

有法定依据，实体与程序都有法律、法规相应规范的，应当依法认真执行；规章创设的对外公布的"黑名单"制度其性质属于法律依据不足，不应当实施；规范性文件创设的更属于违法行为，不能实施。

3. 注重程序规范，保障过罚相当

一是，应当设定事先告知程序，尊重和保障相对人的知情权，便于其行使陈述权和申辩权；二是，设定复核程序，以避免实际生活中可能出现的张冠李戴的现象；三是，应有相应的救济程序，当事人应当可以通过申请行政复议和诉讼依法维权；四是，应有行政"黑名单"的撤除程序，以避免过度惩罚，背离过罚相当的行政法治原则。[315]

（三）暗中执法

这里所要分析的暗中执法方式有两种：一种是执法人员的暗访式执法；另一种是移动电子警察的暗中执法。

行政执法进行微服的暗访式执法，似乎明显与《行政处罚法》所要求的亮证执法相抵触。但细细推敲，其实并不能简单地否定。《行政处罚法》所规范的只是一种负担性行政行为，需要严格控制行政权力；但还有一种授益性行政行为，是一种要求积极作为的行政行为。对于提供公共产品、购买公共服务、公共设施的提供和维护等，都是服务政府的应有职责。在这一领域的执法，就很难说不能运用暗访的方法。比如，行政执法人员以行政相对人的身份向服务窗口申请行政许可，以检查行政许可程序中是否存在违法或不当行政的问题；以病人的身份去医院看病，以检查医院提供的公共服务是否合法合理等。这样的暗中执法，能及时发现公共产品和公共服务中的不足，只会对老百姓有利，对于那些提供服务的行政相对人的"突然袭击"，是"必要之恶"，应当是允许的。

即便是在负担性行政行为的执法领域，出于能发现违法行为的需要，必要时，在不影响和扰乱生产经营活动的前提下，也不应当绝对排除暗中执法。比如行政执法人员以消费者的身份去大卖场检查商品质量、标识是否符合法定的标准，大卖场工作人员是否履行了查处不合法产品上架的义务等，如果亮证执法可能达不到特定的执法目的，在此情况下，暗中执法就变得必要和正当了。当然，这种暗中执法的行为，应当以必要为前提，是有组织安排的执法活动，而不是执法人员随意的、任性的行为。

对于移动电子警察的暗中执法方式，学界和舆论是有讨论和质疑的。但笔者认为无可厚非。移动电子警察并没有引诱违法，也没有设置陷阱，只是客观记录了驾驶员的超速驾驶等违法行为，不存在取证程序不当的问题。对于目前在高速公路和其他公路上出现的在固定"电子警察"设备前200米设有预告提醒的做法，笔者反而认为是不恰当的，是与电子警察的设置目的相背离的。所有电子警察的设置，都是为了一个目的，就是实时发现和记录驾驶员的违法驾驶行为，而不是为了预警和提示功能。提前提醒的做法，只是让驾驶员及时规避超速违法，并不能使其养成自觉守法驾驶的习惯。所以，必要的电子警察的暗中执法，防止驾驶员的侥幸心理作怪，无疑是行政执法中可以采取的方式。[316]

（四）"打折式"执法

所谓"打折式"执法，是指行政执法部门以"柔性执法"，或者从轻、减轻处罚为名，对于行政相对人的违法行为，通过协商等方式，作出低于法定幅度的处罚行为。举例：

杭州市萧山区物价局在检查当地医院的收费情况时，发现有严重的乱收费现象。但在执法时却没有依法处置，而是与医院"协商定价"，打折处罚。物价局查出萧山区第三人民医院违规多收费70万元，但打折后的罚款数目锐减到22万多元；萧山区第四人民医院2006年实际多收费50多万元，但物价局打折后只认定10万元。媒体对此评价，"打折执法"为医院继续盘剥者签发了"通行证"，不仅没有保护患者的权益，也让政府信誉受到重创。①

---

① 参见《新京报》2009年4月2日报道。

对于"打折式"执法，社会舆论基本是予以否定的，认为是对法律面前人人平等原则的亵渎，也是社会不和谐的根源之一，还是体制内腐败现象的一种表现。一些媒体经过深究，发现执法部门给予"打折"的对象，往往是有钱有势的单位或个人，对弱势群体即无钱无势者一般不会给予这种待遇。

"柔性执法"并不意味着可以"人情执法"，法律并没有"友情操作"的空间，更不能任性和随意，而是要严格依法办事。

其实，对于从轻或者减轻处罚，《行政处罚法》是有明确规定的，其27条规定了可以从轻或减轻的四种情形：主动消除或者减轻违法行为危害后果的，受他人胁迫有违法行为的，配合行政机关查处违法行为有立功表现的，其他依法从轻或者减轻行政处罚的。上述案例中，萧山物价局的处罚行为都不属于法定的从轻或减轻的情形，因而是一种法外开恩，是让特定主体享受了特权，有违法律的平等原则。更严格地说，是属于"擅自改变行政处罚种类、幅度"的行为，是可以追究直接负责的主管人员和其他直接责任人员行政处分责任的。[317]

行政执法疑难问题 300 问

亲爱的读者，如果你在行政执法或者日常生活中遇到下列法理或者实务的问题，可以尝试着在本书中寻找参考答案。

1. 执法是不是行政机关的专有权力？（参见第 4 页［1］）

2. 行政机关是否具有立法、执法、司法"三权合一"的特性？（参见第 5 页［2］）

3. 行政执法与依法行政是什么关系？（参见第 5 页［3］）

4. "管执分离"的提法对不对？（参见第 6 页［4］）

5. 行政执法与履行职务行为是一回事吗？（参见第 6 页［5］）

6. 行政执法是否可以等同于具体行政行为？（参见第 7 页［6］）

7. 行政机关可否选择以私法行为实现行政目的？（参见第 7 页［7］）

8. 行政执法行为有哪些特征？（参见第 8 页［8］）

9. 行政执法是为了实现哪些法律目的？（参见第 10 页［9］）

10. 如何正确理解"法不溯及既往"？（参见第 13 页［10］）

11. 行政执法行为是否适用于外国人，如何适用于外国人？（参见第 14 页［11］）

12. 法的效力与法的实效是什么关系？（参见第 16 页［12］）

13. 如何理解行政执法行为具有公定力？（参见第 17 页［13］）

14. 如何理解行政执法行为的确定力？（参见第 18 页［14］）

15. 为什么说行政执法行为具有执行力？（参见第 19 页［15］）

16. 行政执法行为的不可争力是对谁说的？（参见第 20 页［16］）

17. 一个行政执法行为要成立，必须具备哪些要素？（参见第 21 页［17］）

18. 如何解读"权为民所赋"？（参见第 23 页［18］）

90. 行政程序违法是否都要作出撤销的决定？（参见第 128 页［94］）

91. 行政执法行为违法，而相对人的违法行为也成立的情况下，行政主体是否一定要重新作出行政行为？（参见第 129 页［95］）

92. 行政主体违法的广义责任与狭义责任有什么区别？（参见第 129 页［96］）

93. 行政处分有哪几种？该如何实施？（参见第 131 页［97］）

94. 行政问责与行政处分是什么关系？（参见第 134 页［98］）

95. 什么叫引咎辞职？引咎辞职与责令辞职有何区别？（参见第 134 页［99］）

96. 为什么要建立行政责任的豁免制度？（参见第 136 页［100］）

97. 行政行为的法律功能有哪些？（参见第 140 页［101］）

98. 区分依职权行为与依申请行为的法律意义？（参见第 141 页［102］）

99. 如何区分授益性行为与负担性行为？（参见第 142 页［103］）

100. 什么叫复效性行政行为？其与授益性行为和负担性行为是什么关系？（参见第 142 页［104］）

101. 给付行政是否可以称为服务行政、福利行政？（参见第 143 页［105］）

102. 羁束性行为与裁量性行为，与行政行为合法性和合理性是什么关系？（参见第 144 页［106］）

103. 区分单一性行为与复合性行为有什么现实意义？（参见第 145 页［107］）

104. 复合性行为与竞合行为、吸收行为、合并行为有何区别？（参见第 146 页［108］［109］［110］）

105. 是否可以针对事实行为提起行政诉讼和行政复议？（参见第 148 页［111］）

106. 如何理解行政执法行为的无效、生效、有效和失效？（参见第 148 页［112］）

107. 现实中，有将行政许可行为视为"万恶之源"，也有视其为"万能工具"，该如何理性、客观地评价行政许可制度？（参见第 152 页［113］）

108. 我国《行政许可法》确立了哪三项行政许可的功能，规定了哪六种行政许可种类？（参见第 154 页［114］［115］）

109.《行政许可法》所确立的"四个优先"设立原则是指什么？（参见第

131.《行政处罚法》的立法目的是治"乱"还是治"软"？（参见第 203 页 [139]）

132. 如何理解行政处罚的"一事不二罚"原则？（参见第 205 页 [140]）

133. 行政处罚的种类有哪些？什么叫申戒罚、财产罚、行为罚、人身罚？（参见第 206 页 [141]）

134. 建立"罚缴分离"制度的意义何在？（参见第 216 页 [142]）

135. 行政处罚与刑事处罚可以并行适用吗？（参见第 216 页 [143]）

136. 政府规章的罚款限额是有谁来规定的？（参见第 220 页 [144]）

137.《行政处罚法》中为什么要设立"先行登记保存"制度？财物应保存在谁那里？（参见第 220 页 [145]）

138. 如何来认定"违法行为在两年内未被发现"？如何来认定违法行为处于连续状态或者继续状态？（参见第 221 页 [146]）

139. 行政强制的种类有哪些？即时强制是否属于行政强制的范畴？（参见第 223 页 [147]）

140. 行政强制的设定权归谁？（参见第 227 页 [148]）

141. 突发事件分为几种？实施程序可作怎样的分类？（参见第 229 页 [149]）

142. 行政机关自行强制执行的基本程序有哪些？（参见第 232 页 [150]）

143. 发现正在搭建的违法建筑，行政机关可否自行强制拆除？拆除依据什么法律规定？对节假日发现的违法搭建行为能否当场制止？（参见第 235 页 [151][152]）

144. 对查封、扣押物的拍卖程序该如何实施？（参见第 236 页 [153]）

145. 行政机关如何执行经人民法院裁定的行政强制执行决定？（参见第 241 页 [154]）

146. 行政命令是抽象行政行为还是具体行政行为？（参见第 238 页 [155]）

147. 如何理解行政命令？有"命令""令"名称的是否都是行政命令？（参见第 239 页 [156]）

148. 与其他具体行政行为相比，行政命令有什么特殊性？（参见第 241 页 [157]）

149. 实施类规范性文件与行政命令有何区别？（参见第 242 页 [158]）

150. 税收和收费是否属于行政征收的范畴？（参见第 244 页 [159]）

［230］）

220. 行政执法中，应当是"先立案、后调查"，还是"先调查、后立案"？（参见第 377 页［231］）

221. 行政执法调查取证应遵循哪些原则？（参见第 378 页［232］）

222. 紧急状态下的即时调查是否需要立案程序？（参见第 378 页［233］）

223. 在哪些领域，行政调查权需要受到严格限制？如何理解"风能进、雨能进，国王不能进"的谚语？（参见第 378 页［234］）

224. 在行政执法中，如何遵循非法证据排除规则？（参见第 381 页［235］）

225. 什么叫最佳证据规则？主要适用于哪种证据种类？（参见第 382 页［236］）

226. 行政执法取证阶段，是否遵循"谁主张、谁举证"的规则？（参见第 382 页［237］）

227. 行政救济阶段的举证责任遵循什么规则？是否存在"举证责任倒置"？（参见第 386 页［238］）

228. 在行政复议和行政诉讼阶段，行政机关还能事后补充证据吗？（参见第 387 页［239］）

229. 在行政诉讼过程中，法院能否行使调取证据权？（参见第 387 页［240］）

230. 证据力与证明力有什么区别吗？（参见第 388 页［241］）

231. 行政证据要证明的对象是什么？（参见第 389 页［242］）

232. 行政证据的一般标准是否遵循明显优势证据规则？行政复议和行政诉讼中的"主要事实不清"或"主要证据不足"是否是优势证据规则的体现？（参见第 390 页［243］、第 391 页［244］）

233. 行政证据除一般标准外，有没有特殊标准？内容是什么？（参见第 391 页［245］）

234. 什么是证据的推定？证据推定的主要表现有哪些？（参见第 393 页［246］）

235. 什么叫"上位法优于下位法"？什么叫"新法优于旧法"？什么叫"特别法优于一般法"？什么叫"变通法优于被变通法"？（参见第 396 页［247］［248］、第 397 页［249］［250］）

236. 当新的一般规定与旧的特别规定不一致时，应当如何裁定？（参见第

（参见第 428 页［271］、第 429 页［272］）

257. 比例原则在管制行政、控权行政、给付行政等领域应当如何适用？
（参见第 429 页［273］）

258. 在行政执法中如何遵循"最小利益侵害原则"？（参见第 430 页
［274］）

259. 为什么说行政执法要"刚柔相济"？（参见第 432 页［275］）

260. 什么是破窗理论？破窗理论给我们行政执法有何启迪？（参见第 433
页［276］）

261. 对武汉城管探索的 36 种"柔性执法"方式该如何评价？（参见第
433 页［277］）

262. 为什么要从法条主义转向法理主义？（参见第 436 页［278］）

263. 为什么说权力与权利是相互制约的关系？（参见第 437 页［279］）

264. 公权力的边界在哪里？（参见第 439 页［280］）

265. 为什么公权力只能为了自由而限制自由？（参见第 439 页［281］）

266. 什么是伤害主义与严父主义？何者更优越？（参见第 441 页［282］）

267. 为什么说公共利益是一个罗生门式的不确定法律概念？（参见第 441
页［283］）

268. 公共利益与个人利益两者是怎样的辩证关系？（参见第 443 页
［284］）

269. 卢梭的公意说与众意说分别是什么含义？两者的区分有何意义？
（参见第 443 页［285］）

270. 群体利益与公共利益是怎样的辩证关系？（参见第 445 页［286］）

271. 社会管理与社会治理两者有何区别？（参见第 445 页［287］）

272. 居委会、村委会与基层政府应是什么关系？居委会、村委会是否是
基层政权的自然延伸？（参见第 447 页［288］）

273. 在基层社区，居委会与业主委员会应当建立怎样的和谐关系？（参见
第 448 页［289］）

274. 业主委员会与物业公司应当建立怎样的法律关系？（参见第 448 页
［290］）

275. 业主大会与业主委员会在法律上是什么关系？（参见第 449 页
［291］）

276. 什么叫"三分之二规则"？在社区自治中如何运用"三分之二规

参考书目

一、中文论著

1. 罗豪才主编：《行政法学》，北京大学出版社 1996 年版。

2. 应松年著：《行政法与行政诉讼法》，法律出版社 2009 年版。

3. 应松年主编：《行政法学新论》，中国方正出版社 2004 年版。

4. 姜明安著：《行政法概轮》，北京大学出版社 1986 年版。

5. 姜明安主编：《行政法与行政诉讼法》，北京大学出版社、高等教育出版社 1999 年版。

6. 姜明安主编：《行政执法研究》，北京大学出版社 2004 年版。

7. 姜明安著：《法治思维与新行政法》，北京大学出版社 2013 年版。

8. 胡建淼著：《十国行政法——比较研究》，中国政法大学出版社 1993 年版。

9. 胡建淼主编：《论公法原则》，浙江大学出版社 2005 年版。

10. 胡建淼著：《行政法学》（第三版），法律出版社 2010 年版。

11. 张树义著：《行政程序法教程》，中国政法大学出版社 2005 年版。

12. 叶必丰著：《行政法学》，武汉大学出版社 1996 年版。

13. 叶必丰著：《行政法的人文精神》，湖北人民出版社 1999 年版。

14. 叶必丰著：《行政行为原理》，商务印书馆 2014 年版。

15. 张尚鷟主编：《行政法学》，北京大学出版社 1991 年版。

16. 张文显著：《二十世纪西方法哲学思潮研究》，法律出版社 1996 年版。

17. 张文显著：《法哲学范畴研究》（修订版），中国政法大学出版社 2001 年版。

18. 张宏生主编：《西方法律思想史》，北京大学出版社 1990 年版。

19. 何勤华著：《西方法学史》，中国政法大学出版社 1996 年版。

20. 季卫东著：《法治秩序的建构》，中国政法大学出版社 1999 年版。

21. 季卫东著：《法治中国》，中信出版社 2015 年版。

22. 章志远著：《行政法学总论》，北京大学出版社 2014 年版。

23. 于安编著：《德国行政法》，清华大学出版社 1999 年版。

24. 王名扬著：《美国行政法》，中国法律出版社 1995 年版。

25. 王名扬著：《英国行政法》，中国政法大学出版社 1987 年版。

26. 王名扬著：《法国行政法》，中国政法大学出版社 1989 年版。

27. 张越编著：《英国行政法》，中国政法大学出版社 2004 年版。

28. 李龙主编：《良法论》，武汉大学出版社 2001 年版。

29. 王人博、程燎原著：《法治论》，山东人民出版社 1998 年版。

30. 卓泽渊著：《法的价值论》，法律出版社 1999 年版。

31. 孙笑侠著：《法律对行政的控制——现代行政法的法理解释》，山东人民出版社 1999 年版。

32. 孙笑侠著：《法的现象与观念》，群众出版社 1995 年版。

33. 陈弘毅著：《法治、启蒙与现代法的精神》，中国政法大学出版社 1998 年版。

34. 郭道晖著：《法的时代精神》，湖南出版社 1997 年版。

35. 宋功德著：《行政法哲学》，法律出版社 2000 年版。

36. 李惠宗著：《行政法要义》，元照出版公司 2012 年版。

37. 翁岳生编：《行政法》，中国法律出版社 2009 年版。

38. 翁岳生著：《行政法与现代法治国家》，台湾祥新印刷有限公司 1989 年版。

39. 陈新民著：《行政法学总论》（修订八版），台北三民书局 2005 年版。

40. 陈新民著：《公法学札记》，中国政法大学出版社 2001 年版。

41. 陈新民著：《德国公法学基础理论》，法律出版社 2010 年版。

42. 林纪东著：《行政法》，台北三民书局 1988 年版。

43. 殷鼎著：《理解的命运——解释学初轮》，三联书店 1988 年版。

44. 黄茂荣著：《法学方法与现代民法》，台湾大学法学丛书编辑委员会 1993 年版。

45. 陈春生著：《行政法之学理与体系（一）——行政行为形式论》，台北三民书局 1996 年版。

46. 梁治平编：《法律解释问题》，法律出版社 1998 年版。

47. 张志铭著：《法律解释操作分析》，中国政法大学出版社 1999 年版。

48. 张利春著：《日本民法解释学中的利益衡量理论研究》，法律出版社 2013 年版。

49. 范学进著：《美国宪法解释方法论》，法律出版社 2010 年版。

50. 舒国滢等著：《法学方法论问题研究》，中国政法大学出版社 2007 年版。

51. 梁慧星著：《民法解释学》，中国政法大学出版社 1995 年版。

52. 梁慧星著：《裁判的方法》，法律出版社 2003 年版。

53. 郭成华著：《法律解释比较研究》，中国人民大学出版社 1993 年版。

54. 陈兴良主编：《刑法方法论研究》，清华大学出版社 2006 年版。

55. 陈光中主编：《证据法学》（第三版），法律出版社 2015 年版。

56. 薛刚凌主编：《国有土地上房屋征收与补偿条例理解与运用》，中国法制出版社 2011 年版。

57. 喻少如著：《行政给付制度研究》，人民出版社 2011 年版。

58. 傅红伟著：《行政奖励研究》，北京大学出版社 2003 年版。

59. 姬亚平著：《行政奖励法制化研究》，法律出版社 2009 年版。

60. 许兵著：《政府与社会保障——基于给付行政角度的分析》，国家行政学院出版社 2013 年版。

61. 赵全厚著：《论公共收费》，经济科学出版社 2007 年版。

62. 刘平主编：《征收征用与公民财产权保护》，上海人民出版社 2012 年版。

63. 刘平著：《法治与法治思维》，世纪出版集团、上海人民出版社 2013 年版。

64. 杨惠基著：《行政执法概论》，上海大学出版社 1998 年版。

65. 高全喜等著：《现代中国的法治之路》，社会科学文献出版社 2012 年版。

66. 邓正来著：《中国法学向何处去——建构"中国法律理想图景"时代的论纲》，商务印书馆 2006 年版。

67. 陈金钊著：《法律解释的哲理》，山东人民出版社 1999 年版。

68. 陈金钊著：《法律解释学——权利（权利）的张扬与方法的制约》，中国人民大学出版社 2011 年版。

69. 尹建国著：《行政法中的不确定法律概念研究》，中国社会科学出版社2012年版。

70. 王泽鉴著：《民法判例研习丛书·基础理论》，台湾大学法学丛书编辑委员会1993年版。

71. 刘治斌著：《法律方法论》，山东人民出版社2007年版。

72. 王彬著：《法律解释的本体与方法》，人民出版社2011年版。

73. 尹晋华主编：《法律的真谛——写给执法者的书》，中国检察出版社2006年版。

74. 林钰雄著：《刑事诉讼法》（上册·总论编），中国人民大学出版社2005年版。

75. 上海市行政法制研究所编：《依法行政与法制政府》，法律出版社2006年版。

76. 上海市行政法制研究所编：《行政执法：挑战与探索（2007—2009年研究报告集）》，上海人民出版社2011年版。

77. 上海市行政法制研究所编：《通往法治政府之路（2010—2012年研究报告集）》，上海人民出版社2013年版。

78. 汪永清主编：《中华人民共和国行政许可法释义》，中国法制出版社2003年版。

79. 全国人大常委会法制工作委员会行政法室编：《〈中华人民共和国行政强制法〉释义与案例》，中国民主法制出版社2011年版。

80. 中国政法大学法治政府研究院编：《2013年度法治政府蓝皮书》，中国人民大学出版社2014年版。

81. 郑文伟主编：《上海法治建设30年要闻解读》，上海人民出版社2008年版。

82. 上海市依法治市领导小组办公室编：《上海依法治市2011——实践探索与理论研讨》，上海社会科学院出版社2012年版。

二、外文译著

83. ［奥地利］凯尔森著，沈宗灵译：《法与国家的一般理论》，中国大百科全书出版社1996年版。

84. ［美］博登海默著，邓正来译：《法理学：法律哲学与法律方法》，中国政法大学出版社 1999 年版。

85. ［英］威廉·韦德著，徐炳等译：《行政法》，中国大百科全书出版社 1997 年版。

86. ［德］奥托·迈耶著，刘飞译：《德国行政法》，商务印书馆 2002 年版。

87. ［日］南博方著，杨建顺译：《行政法》（第六版），中国人民大学出版社 2009 年版。

88. ［日］盐野宏著，杨建顺译：《行政法》，法律出版社 1999 年版。

89. ［美］理查德·A.波斯纳著，苏力译：《法理学问题》，中国政法大学出版社 2002 年版。

90. ［美］伯纳德·施瓦茨著，徐炳译：《行政法》，群众出版社 1985 年版。

91. ［美］罗纳德·德沃金著，信春鹰、吴玉章译：《认真对待权利》，中国大百科全书出版社 1998 年版。

92. ［美］麦考密克、魏因贝格尔著，周叶谦译：《制度法论》，中国政法大学出版社 1994 年版。

93. ［美］凯斯·R.孙斯坦著，金朝武、胡爱平、高建勋译：《法律推理与政治冲突》，法律出版社 2004 年版。

94. ［英］丹宁勋爵著，杨百揆等译：《法律的训诫》，法律出版社 1999 年版。

95. ［美］艾德勒著，郗庆华译：《六大观念》，北京大学出版社 2004 年版。

96. ［美］伯纳德·施瓦茨著，王军等译：《美国法律史》，中国政法大学出版社 1998 年版。

97. ［法］皮埃尔·勒鲁著，王允道译：《论平等》，商务印书馆 1988 年版。

98. ［德］拉德布鲁赫著，米健、朱林译：《法学导论》，中国大百科全书出版社 1997 年版。

99. ［法］狄骥著，钱克新译：《宪法论》，商务印书馆 1962 年版。

100. ［韩］金东熙著，赵峰译：《行政法》，中国人民大学出版社 2008 年版。

101. ［德］哈特穆特·毛雷尔著，高家伟译：《行政法学总论》，法律出版社 2000 年版。

102. ［德］平特纳著，朱林译：《德国普通行政法》，中国政法大学出版社 1999 年版。

103. ［日］杉原泰雄著，吕昶、渠涛译：《宪法的历史——比较宪法学新论》，社会科学文献出版社 2000 年版。

104. ［德］汉斯·J. 沃尔夫、奥托·巴霍夫、罗尔夫·施托贝尔著，高家伟译：《行政法》，商务印书馆 2002 年版。

105. ［日］大桥洋一著，吕艳滨译：《行政法学的结构性变革》，中国人民大学出版社 2008 年版。

106. ［美］詹姆斯·科尔曼著，邓方译：《社会理论的基础》，社会科学文献出版社 1992 年版。

107. ［德］卡尔·恩吉施著，郑永流译：《法律思维导论》，法律出版社 2004 年版。

108. ［美］史蒂文·J. 伯顿著，张志铭、解兴权译：《法律和法律推理导论》，中国政法大学出版社 2000 年版。

109. ［英］A. J. M. 米尔恩著，夏勇、张志铭译；《人的权利与人的多样性——人权哲学》，中国大百科全书出版社 1995 年版。

110. ［比利时］马科·范·胡克著，孙国东译：《法律的沟通之维》，法律出版社 2008 年版。

111. ［美］约翰·罗尔斯著，何怀宏、何包钢、廖申白译：《正义论》，中国社会科学出版社 1988 年版。

112. ［德］马克斯·韦伯著，张乃根译：《论经济与社会中的法律》，中国大百科全书出版社 1998 年版。

113. ［美］葛德文著，何慕李译：《政治正义论》，商务印书馆 1982 年版。

114. ［德］尤尔根·哈贝马斯著，曹卫东译：《包容他者》，上海人民出版社 2002 年版。

115. ［美］P. 诺内特、P. 塞尔兹尼克著，张志铭译：《转变中的法律与社会：迈向回应型法》，中国政法大学出版社 2004 年版。

116. ［英］P. S. 阿蒂亚著，刘承韪、刘毅译：《英国法中的实用主义与理论》，清华大学出版社 2008 年版。

117. ［美］本杰明·卡多佐著，苏力译：《司法过程的性质》，商务印书馆

1998 年版。

118.〔美〕乔·萨托利著，冯克利、阎克文译：《民主新论》，东方出版社 1998 年版。

119.〔德〕伽达默尔著，夏镇平、宋建平译：《哲学解释学》，上海译文出版社 2004 年版。

120.〔德〕维特根斯坦著，韩林合译：《哲学研究》，商务印书馆 2013 年版。

121.〔德〕伯恩·魏德士著，丁晓春、吴越译：《法理学》，法律出版社 2005 年版。

122.〔新西兰〕迈克尔·塔格特著，金自宁、钟瑞华译：《行政法的范围》，中国人民大学出版社 2006 年版。

123.〔美〕安德雷·马默主编，张卓明、徐宗立译：《法律与解释》，法律出版社 2006 年版。

124.〔德〕卡尔·拉伦茨著，陈爱娥译：《法学方法论》，商务印书馆 2003 年版。

125.〔美〕欧文·费斯著，师帅译：《如法所能》，中国政法大学出版社 2008 年版。

126.〔英〕葛德文著，何清新译：《论财产》，商务印书馆 2013 年版。

127.〔德〕弗里德里希·卡尔·冯·萨维尼、雅各布·格林著，杨代雄译：《萨维尼法学方法论讲义与格林笔记》，法律出版社 2008 年版。

128.〔德〕阿图尔·考夫曼、哈斯默尔主编，郑永流译：《当代法哲学和法律理论导论》，法律出版社 2002 年版。

129.〔德〕耶赛克等著，徐久生译：《德国刑法教科书：总论》，中国法制出版社 2001 年版。

130.〔美〕阿德里安·沃缪勒著，梁迎修、孟庆友译：《不确定状态下的裁判》，北京大学出版社 2011 年版。

131.〔英〕J. W. 塞西尔、特纳著，王国庆等译：《肯尼刑法原理》，华夏出版社 1989 年版。

132.〔日〕兼子一、竹下守夫著，白绿铉译：《日本民事诉讼法》，中国政法大学出版社 1996 年版。

133.〔美〕摩根著，李学灯译：《证据法制基本问题》，世界书局 1982 年版。

134.［美］肯尼斯·卡尔普·戴维斯著，毕洪海译：《裁量正义——一项初步的研究》，商务印书馆 2009 年版。

135.［美］葛德文著，何慕李译：《政治正义论》，商务印书馆 1982 年版。

136.［法］卢梭著，何兆武译：《社会契约论》，商务印书馆 1980 年修订第 2 版。

137.［法］孟德斯鸠著，张雁深译：《论法的精神》，商务印书馆 1961 年版。

138.［英］L. 赖维乐·布朗、约翰·S. 贝尔著，［法］让-米歇尔·加朗伯特协助，高秦伟、王错译：《法国行政法》(第五版)，中国人民大学出版社 2006 年版。

图书在版编目(CIP)数据

行政执法原理与技巧/刘平著. —2 版. —上海：
学林出版社，2024
(法治原理与实务丛书)
ISBN 978 - 7 - 5486 - 2012 - 9

Ⅰ. ①行…　Ⅱ. ①刘…　Ⅲ. ①行政执法-研究-中国
Ⅳ. ①D922.114

中国国家版本馆 CIP 数据核字(2024)第 099263 号

责任编辑　张嵩澜　李晓梅
封面设计　周剑峰

法治原理与实务丛书

行政执法原理与技巧(第二版)

刘　平　著

出　　版　学林出版社
　　　　　　(201101　上海市闵行区号景路 159 弄 C 座)
发　　行　上海人民出版社发行中心
　　　　　　(201101　上海市闵行区号景路 159 弄 C 座)
印　　刷　上海商务联西印刷有限公司
开　　本　720×1000　1/16
印　　张　35
字　　数　59 万
版　　次　2024 年 9 月第 1 版
印　　次　2025 年 2 月第 2 次印刷
ISBN 978 - 7 - 5486 - 2012 - 9/D・103
定　　价　108.00 元